Dagmar Türck-Wagner · Claudia Fornara

# Italienische KÜCHE

Dagmar Türck-Wagne

# Italie

# KÜC

Claudia Fornara

# ische

# CHE

## DAS GROSSE BUCH DER REZEPTE

*Über 800 einfache bis raffinierte Original-*
*rezepte aus der italienischen Landküche*

**Südwest**

# Inhalt

## Italienisch genießen



## Die Rezepte

## *Zum Nachschlagen*

Bozen
Florenz
Mailand
Genua
Sardinien

Triest
ITALIEN
Rom
Neapel
Palermo
Sizilien

# Italienisch

# genießen

*Nichts im Leben ist so wichtig wie gutes Essen – davon sind die Italiener fest überzeugt. Wichtigste Voraussetzung für die Gaumenfreude sind Spaß am Kochen und beste Grundzutaten.*
*Die folgenden Kapitel geben Ihnen einen kurzen Überblick, welche Lebensmittel in der italienischen Küche besonders wichtig und deshalb häufig vertreten sind – angefangen bei frischem Gemüse über italienische Käse- und Wurstspezialitäten bis hin zu leckerem Gebäck. Außerdem viel Wissenswertes über die typischen Gerichte in den einzelnen Regionen sowie Informatives rund um den italienischen Wein.*

# Vorwort

Es war für uns nicht einfach, mit „nur“ 800 Rezepten eine einigermaßen umfassende Übersicht über die italienische Küche zu geben, die sich aus den vielen Spezialitäten der 19 verschiedenen Regionen zusammensetzt, wobei jede dieser Regionen im Laufe der Jahrhunderte aufgrund ihrer eigenen geographischen Gegebenheiten und unter dem Einfluß einer Vielzahl von Fremdherrschern ihre ganz besonderen Gerichte entwickelt hat.

Und nicht nur das: Alle Italiener sind ausnahmslos „campanilisti“, überzeugte Lokalpatrioten. Niemand mag gerne als Italiener bezeichnet werden – man ist nicht nur in erster Linie Piemontese, Ligurer, Römer, Kalabrese, Sizilianer, sondern man bezieht sich vor allem auf seinen jeweiligen Herkunftsort. Das erklärt, warum Bewohner nicht nur der gleichen Region, sondern auch der gleichen Provinz – die Regionen sind jeweils in Provinzen aufgeteilt – sich leidenschaftlich darüber streiten können, auf welche Weise ein Gericht zuzubereiten ist, das zwar in der ganzen Region den gleichen Namen trägt, aber in jedem Ort anders hergestellt wird. Doch haben sich die Zeiten auch ein wenig geändert, und eine große Zahl von Gerichten hat sich inzwischen in ganz Italien durchgesetzt.

Erst 1861 wurden die verschiedenen Regionen Italiens zu einem Staat zusammengeschlossen, und bis heute ist die Kluft zwischen Nord und Süd nicht überbrückt, was in der Politik mehr denn je zum Ausdruck kommt. Eines ist den Bewohnern des italienischen Stiefels allerdings gemeinsam: Die Liebe zum guten Essen und Trinken, ganz unabhängig von den finanziellen Möglichkeiten, steht unter den Genüssen im Leben in der Regel an allererster Stelle.

Und wenn überhaupt eines die Italiener eint, ist es die gemeinsame Überzeugung, daß die Zutaten gut und frisch sein müssen. In diesem Fall variiert man auch gerne ein Gericht: Ist eine Zutat gerade nicht verfügbar, ersetzt man sie durch eine andere – frische! Italien war ursprünglich ein Land der Bauern und Fischer, und so hat sich in vielen Familien bis heute die Gewohnheit erhalten, Wildkräuter oder Pilze zu sammeln.

Wer dieses Land nicht nur als Pauschaltourist bereist, sondern sich auch kleine Trattorien sucht oder das Glück hat,

von einer italienischen Familie auf dem Land eingeladen zu werden, weiß: Noch immer gibt es nichts Köstlicheres als eine von der „Mamma“ nach einem seit Generationen überlieferten Rezept zubereitete Pasta oder ein Stück gutes Landbrot, mit Olivenöl beträufelt, dazu Wurst, Käse, Oliven, allerlei Eingelegtes und hausgemachter Wein – der natürlich niemals exportiert wird. Und man trinkt zwar gerne zum Essen, aber es ist nicht üblich, nach dem Essen weiterzutrinken – höchstens noch einen Grappa oder einen Magenbitter, einen Digestivo. Den Aperitif vor dem Essen nimmt man in der Regel in der Bar ein, nur bei festlichen Anlässen wird er vor dem Essen gereicht.
Dem Frühstück wird fast im ganzen Land keine besondere Bedeutung beigemessen, zumal man in der Regel immer noch zweimal am Tag warm ißt. Doch machen sich die Italiener – vor allem die Berufstätigen – auch dies zum Vergnügen. Häufig nimmt man das Frühstück in der nächsten Bar an der Ecke ein, in einem der kleinen italienischen Stehcafés, wo die Espressomaschine schon ganz früh am Morgen bereits emsig in Betrieb ist, wo die frischen Hörnchen duften, und wo ein kleiner Plausch mit dem „Barista“ und allen, die gerade da sind – ob man sie nun kennt oder nicht – den Weg zur Arbeit erleichtert.
Ein wirklich umfassendes Buch dieser so überaus vielseitigen Küche – im Kapitel über die einzelnen italienischen Regionalküchen finden Sie eine Zusammenstellung der jeweiligen regionalen Spezialitäten – müßte Tausende von Rezepten enthalten, doch haben wir uns bemüht, eine repräsentative Auswahl zu treffen. Einige Rezepte haben wir auch den deutschen Eßgewohnheiten angepaßt. So werden die Gemüse in Italien häufig sehr lange gekocht – in diesem Fall haben wir die Zeiten reduziert –, und in manchen Gegenden liebt man noch immer das Schmalz, das wir, so es eben ging, durch das weit gesündere Olivenöl ersetzt haben.

Viel Spaß beim Ausprobieren!

Dagmar Türck-Wagner
Claudia Fornara

# Kleines Lexikon der italienischen Küche

Die italienische Küche beruht im wesentlichen auf zwei Prinzipien: Zum einen legt man in Italien höchsten Wert auf die Qualität der Grundzutaten. Abgestandene getrocknete Kräuter im Glas, schlechtes Olivenöl, muffiger Parmesan aus der Tüte oder gepanschter Wein können ein ganzes Gericht ruinieren, auch wenn die übrigen Zutaten von guter Qualität sind – eine Speise kann immer nur so gut sein wie die schlechteste ihrer Zutaten. Zum anderen folgen alle italienischen Regionalküchen den Jahreszeiten, und an dieses vernünftige Beispiel sollte man sich halten. Das heißt: Bereiten Sie die Gerichte nach Möglichkeit stets aus dem, was gerade frisch auf dem Markt ist – das gilt natürlich ganz besonders für Gemüse und Kräuter.

In vielen Gegenden Italiens findet man heute Bio-Bauern, Verbände für alternativen Landbau und reine Naturkostläden, doch haben sie längst nicht soviel Zulauf wie bei uns. Italiener betrachten Bio-Produkte nicht selten mit Skepsis, sehen in Bezeichnungen dieser Art vor allem werbewirksame Begriffe, und dieses gesunde Mißtrauen beruht nicht zuletzt auf schlechter Erfahrung. Lieber vertraut man sich selbst oder einem Bauern, den man kennt. Abgesehen von den großen Städten ist Italien noch immer weitgehend ein Agrarland, und wer nur eben kann, hält sich einen eigenen Gemüsegarten. Schon immer war es üblich – und ein Sonntagsvergnügen –, Pilze und wilden Spargel zu suchen, und schon lange, bevor die Bio-Kost „in Mode“ kam, sammelte man sich gern die Wildkräuter für den Salat.

Die italienische Küche ist überaus schmackhaft, doch hat zu ihrem großen Erfolg – Beweis dafür sind die zahllosen italienischen Restaurants in aller Welt – nicht zuletzt auch das berühmte Schlagwort von der „Mittelmeerdiät“ beigetragen. In den fünfziger Jahren unternahm der amerikanische Ernährungswissenschaftler Dr. A. Keys eine Reihe von Untersuchungen, um zu ergründen, worauf die hohe Sterblichkeit durch Herzerkrankungen in den USA und anderen „reichen“ Ländern beruht. Er verglich über zehn Jahre die Ernährungsgewohnheiten der Menschen in sieben unterschiedlichen Ländern – USA, Italien, Griechenland, Finnland, Jugoslawien, Japan und Südafrika – und kam zu dem Schluß, daß Herzinfarkte in den USA und in Finnland am häufigsten, in den Ländern rund um das Mittelmeer dagegen sehr viel seltener vorkommen. Damit bewies er, daß eine Ernährung, die reich an Proteinen, tierischen Fetten und gesüßten Speisen, jedoch arm an Ballaststoffen ist, für die sogenannten Zivilisationskrankheiten verantwortlich ist. Auf diese Weise wurde die „Mittelmeerdiät“ entdeckt, die im wesentlichen aus Brot, Nudeln, Früchten, Gemüsen, Fisch und weißem Fleisch (Geflügel und Kaninchen) besteht und in erster Linie das erwiesenermaßen gesunde Olivenöl verwendet.

Welche Lebensmittel in der italienischen Küche eine Rolle spielen, zeigt Ihnen der folgende Überblick.

## Aceto balsamico

Historisch belegt ist, daß bereits Kaiser Heinrich II. zu seiner Krönung im Jahr 1046 ein Fäßchen Balsamessig als Geschenk erhielt. Ebenso war es früher in Adelsfamilien Sitte, diesen Essig als Mitgift in die Ehe mitzubringen.
Guter Balsamessig ist köstlich, aber teuer, doch das hat seinen Grund. Seit Jahrhunderten wird er in den Provinzen Modena und Reggio Emilia in einem sehr langwierigen und aufwendigen Verfahren hergestellt, und das Geheimnis seines vielgerühmten Aromas liegt in der Zubereitung und der Behandlung, die er während der Lagerung erfährt. Im Gegensatz zum Weinessig wird er aus unvergorenem Traubensaft – vorwiegend aus Trebbiano-Trauben – hergestellt. Dieser wird in Kupferkesseln zu einem süßen Sirup verkocht, dann werden Essigsäurebakterien zugegeben, und schließlich läßt man die Flüssigkeit in einem Holzfaß gären. Im Laufe dieses Reifeprozesses wird junger Essig mit altem Essig vermischt und immer wieder in verschiedene Fässer aus jeweils anderem Holz umgefüllt (Kirsche, Wacholder, Eiche, Kastanie, Maulbeerbaum), die dann ihre Aromastoffe an den Essig abgeben. Junger Essig ist drei bis fünf Jahre, alter Essig 15 bis 20 Jahre alt. Wirklich guter Balsamessig besitzt ein unglaubliches Aroma und sollte nur sehr sparsam verwendet werden, da er einen sehr intensiven Geschmack hat. Sehr billige Produkte sollte man möglichst meiden.

## Alchermes

Ein traditioneller Kartäuser-Likör, der mit Zimt, Koriander, Gewürznelken, Muskat und Blumenessenzen gewürzt wird.

## Amaretti

Delikates Bittermandelgebäck aus dem Piemont.

## Amaretto

Berühmt ist der *amaretto di Saronno*, ein fruchtiger Likör auf Mandelbasis, der sich sehr gut für die Zubereitung von Desserts eignet, etwa für *tiramisù.*

## Artischocken

Die Artischocken, Blütenköpfe einer Riesendistel, wurden ursprünglich von den Arabern in Europa eingeführt; in altitalienischen Texten werden sie erstmals um das Jahr 1300 erwähnt. Die Artischocke, von der es mindestens hundert Sorten gibt, ist ein Wintergemüse und – je nach Sorte – etwa von Oktober bis zum Frühling auf dem Markt. Bei uns gibt es vor allem zwei Sorten: die großen runden Artischocken, von denen man nur das fleischige Blattende und den Boden ißt, und die kleinen länglichen Artischocken mit lila Spitzen, die man vorrangig in der italienischen Küche verwendet, weil sie sehr viel zarter sind und sich für viele Gerichte eignen. Sehr frische Artischocken essen die Italiener gerne auch roh. In jedem Fall schneidet man die harten Spitzen ab, entfernt die äußeren Blätter und den Stiel und kratzt das „Heu" aus. Es empfiehlt sich, sie danach sofort in Wasser zu tauchen, das mit Zitronensaft angesäuert ist, damit sie nicht braun werden, und sie aus dem gleichen Grund auch nicht in Aluminium-, sondern in Edelstahltöpfen zu garen.

## Asiago

Ein strohgelber halbfetter Käse aus Vollmilch mit kleinen bis mittelgroßen Löchern. Junger Asiago, der

nicht länger als vier bis fünf Monate gereift ist, schmeckt sehr delikat und wird als Tafelkäse gegessen. Käse mit einer Reifezeit von über einem Jahr ist pikanter und wird auch gerieben verwendet, vor allem zur Polenta. Als besonders würzig gilt der Asiago aus der Hochebene von Vezzena.

### Auberginen
Vermutlich aus Indien stammend, brachten die Araber sie im 13. Jahrhundert nach Europa. Heute werden sie überall in Italien, vor allem aber im Süden angepflanzt. Dieses Nachtschattengewächs ist nicht sehr nährstoffreich, da sein Wassergehalt etwa 92% beträgt, doch fördern seine Bitterstoffe die Fettverdauung und senken damit den Cholesterinspiegel. Die rundlichen oder keulenförmigen violetten Früchte sind in der Regel von Juni bis Oktober erhältlich. Beim Einkauf sollten Sie darauf achten, daß sie noch sehr fest sind und die Haut glänzend und ohne Runzeln ist. Für die Zubereitung empfiehlt es sich, die Früchte in die gewünschte Form zu schneiden und lagenweise zu salzen, damit sie einen Teil ihrer bitteren Flüssigkeit verlieren. Danach etwa eine Stunde ruhen lassen, waschen, trockentupfen und nach Belieben zubereiten.

### Basilikum
Ein wunderbares Würzkraut, das sich hervorragend mit Tomatensaucen verträgt und aus der italienischen Küche nicht wegzudenken ist. Basilikum ist eine Sommer-Sonnen-Pflanze, die nur in der Wärme gut gedeiht und ihr kräftiges Aroma entfaltet. Getrocknetes Basilikum zu verwenden ist unsinnig, da es zu langweilig schmeckt; als Ersatz verwendet man in Italien im Winter zu Tomaten und Mozzarella z.B. gerne Oregano, der auch getrocknet seine Würze behält. Auch tiefgekühltes Basilikum erinnert nur entfernt an das frische.
Die beste Konservierungsmethode: Reichlich schönes, frisches Basilikum waschen, fein hacken, in ein gut verschließbares Glasgefäß geben und mit bestem Olivenöl übergießen. Dann können Sie es nach Bedarf entnehmen, doch muß immer ein Fingerbreit Öl darüberstehen. Das Glas sollte an einem kühlen, dunklen Ort stehen, allerdings nicht im Kühlschrank, weil das Öl sonst Fettknöllchen bildet. Das Öl läßt sich selbstverständlich auch zum Würzen verwenden.
Es gibt verschiedene Basilikumarten: das oreganoblättrige, das salatblättrige, das feinblättrige und das eher seltene violette. Bei uns findet man in der Regel das oreganoblättrige, das sowohl roh als auch gekocht verwendet wird. Das große salatblättrige Basilikum ißt man vor allem roh. Das feinblättrige schmeckt roh zu streng, während das violette sich universell verwenden läßt.

### Bel paese
Ein halbfester, milder Schnittkäse aus der Lombardei. Er ist elfenbeinfarben, von zarter, weicher Konsistenz und hat eine glatte, gelbe Rinde. Er wird aus pasteurisierter Vollmilch hergestellt und hat einen Fettgehalt von 45 bis 52%. Bel paese eignet sich gut zum Überbacken.

### Bitto
Ein traditionsreicher Käse, der aus dem Valle di Bitto im Veltlin kommt und eng mit den Gerichten dieser Region verbunden ist. Heutzutage bereitet man ihn aus reiner Kuhmilch, ursprünglich wurde Ziegen- oder Schafsmilch beigemischt. Er wird sowohl als Tafel- wie auch als Reibekäse verwendet. Der fettreiche Bitto mit seinen vielen kleinen Löchern reift nur sehr langsam und muß ein Mindestalter von sechs Monaten haben, bevor er in die Küche kommt. Mit zunehmender Reifezeit wird der Käse pikanter und härter und ähnelt dann dem Grana.

## Bohnenkraut
In Italien verwendet man es in der Regel nicht als Würzkraut für grüne Bohnen, sondern für getrocknete Hülsenfrüchte. Es unterstützt die Verdauung und macht Schweres leichter bekömmlich.

## Borretsch
Die Pflanze mit den haarigen Blättern und den schönen blauen Blüten heißt bei uns auch Gurkenkraut. In Italien wächst sie häufig wild und wird vor allem in der ligurischen Küche in vielerlei köstlichen Gerichten verwendet.

## Bresaola
Gepökeltes, luftgetrocknetes Rindfleisch aus dem Veltlin, ähnlich dem Bündner-Fleisch. Das trockene kalte Klima dort begünstigt den Prozeß der Haltbarmachung. Mit Öl, Zitrone und Pfeffer angemacht, wird die Bresaola gerne als Vorspeise serviert. Einmal aufgeschnitten, muß sie bald verzehrt werden, da sie sich schnell dunkel verfärbt und dann an Geschmack verliert.

## Brokkoli
Von dieser Kohlsorte, auch Spargelkohl genannt, werden die Blütenstände und der zarte obere Teil der Stengel gegessen. Brokkoli ist sehr nährstoffreich und enthält mehr Eisen als Spinat, außerdem Kalium, Kalzium und viel Vitamin C. Beim Einkauf unbedingt darauf achten, daß die Röschen dunkelgrün und fest sind! Sobald sie aufzublühen beginnen und gelblich werden, sind sie nicht mehr frisch und entwickeln einen strengen Kohlgeschmack. Die grüne Farbe bleibt erhalten, wenn man die Röschen in kochendem Wasser blanchiert und abschreckt.

## Caciocavallo
Dieser Käse aus Kuhmilch wird in fast allen süditalienischen Regionen, heute zum Teil auch in Mittel- und Norditalien hergestellt. Zunächst wird er in Salzlake eingelegt, danach am oberen Ende eingeschnürt, so daß er seine spezifische Birnenform erhält, und zum Reifen aufgehängt. Als Tafelkäse läßt man ihn etwa drei Monate reifen, als Reibekäse ist er sechs bis zwölf Monate alt. Jung schmeckt er sehr mild, doch wird sein Geschmack mit der Zeit immer würziger. Caciocavallo wird auch geräuchert angeboten.

## Caciotta
Dieser Name steht für eine Anzahl verschiedener Käsesorten, die in der Toskana, im Latium, in Umbrien und in den Marken entweder aus reiner Kuhmilch oder aus einer Mischung aus Kuh- und Schafsmilch gewonnen werden. Die Caciotta war ursprünglich ein reiner Hirtenkäse. Die *caciotta toscana* stammt vor allem aus der Gegend von San Gimignano, Monte Amiata, aus der Maremma oder dem Casentino, wo man diesen Käse sehr frisch, aber auch ausgereift ißt. Die *caciotta romana* wird in der Gegend rund um Rom in kleinen Betrieben hergestellt und wie der *scamorza*-Käse in der römischen Küche sehr vielseitig verwendet – meist frisch als Tafelkäse, häufig aber auch in der Pfanne gebacken.

## Campari
Aperitif aus Chinarinde und Kräutern.

## Colomba pasquale
Ein typisches Ostergebäck, das ursprünglich aus der Lombardei stammt. Als Hefegebäck in Form einer Taube ist es in verschiedenen Größen erhältlich.

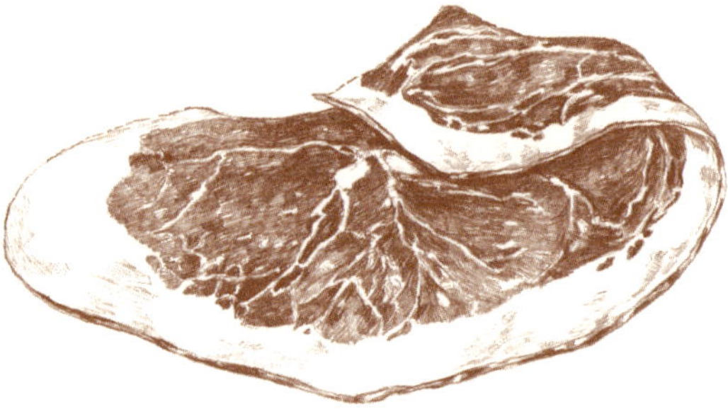

## Coppa
Gepökelter und luftgetrockneter Schweinehals, der in verschiedenen Regionen Italiens hergestellt wird.

## Cotechino
Diese äußerst beliebte Schweinskochwurst, eine Spezialität aus Modena, wird aus einer nicht allzu grob gehackten Mischung aus Muskelfleisch, Schwarte und Hals- und Kopfstücken hergestellt. Das Fleisch wird mit Weißwein und Gewürzen abgeschmeckt und in Schweinedarm gefüllt. Da die Wurst langsam und relativ lange gegart werden muß, sticht man sie zuerst von allen Seiten an, damit das Fett austritt und die Haut nicht reißt. Danach gart man sie meist getrennt und gibt sie erst dann an das jeweilige Gemüse, z.B. Kohl oder Linsen.

## Crescenza
Dieser halbfette quadratische Käse, der keine Rinde hat, wird in der Lombardei aus Vollmilch gewonnen und frisch verzehrt. Der Teig ist weiß und glatt. Legt man ihn an einen warmen Ort, geht er auf wie ein Hefeteig, und in seinem Inneren bilden sich Löcher (ital. *crescenza* = Wachstum). Früher wurde die Crescenza als *stracchino* bezeichnet, ein Name, unter dem alle ungekochten Frischkäse der Lombardei zusammengefaßt wurden.

## Eskarol
Die *scarola* ist eine Endivienart mit glatten, relativ harten und leicht bitteren Blättern. Als Salat schmeckt sie sehr gut mit gemischten Kräutern, Sie können sie aber auch schmoren. In Italien verwendet man die gefüllten Blätter gerne als Suppeneinlage. Wie alle Endivienarten enthält Eskarol reichlich Kalzium sowie viel Kalium und Vitamin A, B2 und C.

## Feigen
Im Altertum waren diese Früchte als Hauptnahrungsmittel hochgeschätzt und galten als Fruchtbarkeitssymbol. Heute sind die Feigen zu Unrecht ein wenig aus der Mode gekommen, und in Italien werden die Bäume häufig nicht einmal abgeerntet. Dabei schmekken sie nicht nur köstlich, sondern gehören auch zu den gesündesten Früchten: Sie sind reich an Vitaminen und Mineralstoffen, fördern Blutbildung und Verdauung und stärken die Nerven.

## Fenchel
Man unterscheidet drei Sorten: wilden Fenchel, Gewürzfenchel und Gemüsefenchel. Der wilde Fenchel wird in Italien – vor allem im Süden – bei einer Reihe von Gerichten verwendet. Vom Gewürzfenchel nimmt man nur die Samen. Bei uns gibt es meist den großen, fleischigen, aromatischen Gemüsefenchel, dessen Knollen einen leichten Anisgeschmack haben und sowohl roh gegessen als auch gekocht oder gedünstet werden. Vor allem das Grün ist sehr vitaminhaltig und sollte stets mitverwendet werden. Zudem zählt der Fenchel zu den kalorienärmsten Gemüsen. Beim Einkauf sollten Sie darauf achten, daß die Knollen keine dunklen Flecken oder eingetrocknete Ränder aufweisen und die Blättchen noch frisch und grün sind. Fenchel gibt es das ganze Jahr hindurch, in optimaler Qualität vor allem im Winter.

### Fontina
Ein köstlicher Schnittkäse aus Vollmilch mit etwa 45% Fettgehalt. Er stammt aus dem Aosta-Tal, wo die Kühe auf den Almen in großer Höhe weiden und auch heute noch eine Vielzahl von frischen Würzkräutern finden. Er schmeckt nicht nur frisch sehr gut, sondern schmilzt auch sehr leicht und eignet sich deshalb hervorragend für Käsesaucen, Cremes, Fondues und zum Überbacken. Abgelagerter Fontina ist ein guter Reibekäse.

### Garnelen
Sie werden häufig unter der Bezeichnung „Shrimps“ gehandelt, und in jedem Fall verbirgt sich dahinter eine Vielzahl von verschiedenen Sorten, die meist vorgekocht, tiefgefroren oder konserviert angeboten werden und bei erneutem Aufwärmen leicht zäh werden. Falls Sie keine frischen Garnelen bekommen können, sollten Sie deshalb nach Möglichkeit immer roh eingefrorene Ware kaufen. Krabben – die Sandgarnelen der Nordsee – sind roh überaus schmackhaft. Heutzutage werden sie jedoch meist unmittelbar nach dem Fang abgekocht und mit Konservierungsmitteln versehen. Bei dem „Crabmeat“, das in Dosen verkauft wird, handelt es sich in der Regel um Krebsfleisch, z.B. vom Taschenkrebs oder von der Königsspinne.

### Gorgonzola
Ein Edelpilzkäse aus Vollmilch mit einem Fettgehalt von etwa 50%, der auf eine lange Tradition zurückgeht – schon in Texten aus dem 9. Jahrhundert wird er erwähnt – und ursprünglich in der Lombardei hergestellt wurde. Heute wird er auch im Piemont produziert. In große zylindrische Formen gepreßt, wiegt er in der Regel zwischen 6 und 13 kg. Der Käse muß mehrere Monate lang reifen; dabei wird er immer wieder mit Salz bestreut und von einem bestimmten Reifegrad an mit Nadeln angestochen und mit dem Schimmelpilz Penicillium glaucum „geimpft“, der den Käse in grünlichen Adern durchzieht und für seinen ausgeprägten Geschmack verantwortlich ist. Inzwischen wird sehr häufig ein mit Mascarpone durchsetzter milderer Gorgonzola angeboten, der sich auch gut für Pasta-Saucen eignet.

### Grana padano
Ein delikater, strohgelber halbfetter Käse aus Vollmilch, der in einigen Provinzen nördlich des Po hergestellt wird. Er benötigt eine Reifezeit von mindestens sechs Monaten, optimal schmeckt er jedoch erst nach zwei Jahren. Der große zylindrische, nach außen gewölbte Laib wiegt zwischen 24 und 40 kg. Grana wird das ganze Jahr über produziert, doch unterscheidet man ihn nach der Jahreszeit, in der er hergestellt wird: *invernengo* (Dezember bis März), *di testa* (April bis Juni), *tardivo* (Juli bis September) und *terzole* (Oktober bis November), wobei der *di testa* als die beste Sorte gilt, da die Kühe in dieser Zeit frisches Gras fressen. Wie der Parmesankäse eignet sich der Grana gut zum Reiben.

### Granatapfel
Schon seit ältester Zeit wurde ihm große symbolische Bedeutung beigemessen. Wegen ihres Samenreichtums und der leuchtend roten Farbe galt die Frucht des Granatbaums als Sinnbild der Lebensfülle, und im Hohelied wird die Schönheit der Braut mit der des Granatapfels verglichen. Bei frischen Früchten kann man nicht nur das Fleisch, sondern auch die vitaminreichen Kerne essen, die seit der Antike bis heute auch als Garnitur für allerlei Gerichte genutzt werden. Außerdem gelten sie traditionell als Wurmmittel, was inzwischen auch wissenschaftlich erwiesen ist.

### Grappa
Tresterschnaps, der vor allem in Norditalien hergestellt wird.

### Grissini
Ursprünglich eine Spezialität aus dem Piemont, sind sie längst in ganz Italien verbreitet. Die dünnen, knusprigen Brotstangen bekommt man heute vielerorts neben Brot zum Essen gereicht.

### Hornhecht
Die schmale, aalähnliche *aguglia* wird 40 bis 80 cm lang und hat ein zartes, schmackhaftes, fettarmes Fleisch.

### Hülsenfrüchte
Durch ihren hohen Gehalt an Eiweiß, Mineralstoffen, Vitaminen, Kohlenhydraten und Ballaststoffen gehören die Hülsenfrüchte mit zu den wertvollsten Nahrungsmitteln. In der italienischen Küche spielen sie eine wichtige Rolle, weshalb man in Italien meist sehr frische Hülsenfrüchte aus der letzten Ernte bekommt, z.B. eine Vielzahl von verschiedenen Bohnensorten. Besonders köstlich sind auch die im Winter abgepackten gemischten Hülsenfrüchte – Erbsen, Linsen, verschiedene Bohnen oder Kichererbsen. Es lohnt sich auf jeden Fall, in italienischen Spezialitätengeschäften danach zu forschen.

### Kapern
Die Blütenknospen eines Mittelmeerstrauchs, die in Salz oder Essigwasser eingelegt werden. In der italienischen Küche zieht man die in Salz eingelegten Kapern vor, weil sie dadurch ihr Eigenaroma besser bewahren. Die großen Kapern sehen zwar schöner aus, doch schmecken die kleinen in der Regel besser. Kapern dienen als Würze für eine Vielzahl von Saucen und anderen Gerichten.

### Kichererbsen
Wie alle Hülsenfrüchte sind auch die Kichererbsen reich an Vitaminen, Mineralstoffen, Ballaststoffen und pflanzlichem Eiweiß. In Italien weiß man, daß die im Herbst und Winter gekauften Kichererbsen noch relativ jung sind, da sie im Sommer geerntet wurden. Kauft man sie dagegen im Sommer, stammen sie aus dem vergangenen Jahr. Für die Qualität ist das nicht weiter von Belang, da sie länger als ein Jahr haltbar sind, wohl aber für die Einweichzeit: „Junge" Kichererbsen brauchen nur etwa 8 bis 10 Stunden, „alte" sollten bis zu 48 Stunden eingeweicht werden. In jedem Fall aber müssen sie mindestens 2 Stunden gekocht werden. Hier kann ein Dampfkochtopf, durch den sich die Kochzeit erheblich verringert, sehr nützlich sein.

### Knoblauch
Er ist nicht nur ein Würzmittel, sondern vor allem sein Saft gilt seit alter Zeit auch als Volksheilmittel. Die umstrittene Knolle, die keine Kompromisse zuläßt – entweder man liebt sie oder man haßt sie – ist wichtiger Bestandteil zahlreicher italienischer Spezialitäten. Wichtig ist es, möglichst frischen, festen Knoblauch zu kaufen. Hier lohnt es sich nicht, am Geld zu sparen, da frische Knollen länger haltbar sind und man bei den älteren zudem meist viel Abfall hat. Bei älterem Knoblauch, der einen penetranteren „Duft" verbreitet, sollte man außerdem immer den grünen Trieb entfernen. Knoblauch ist zwar gesund, aber nicht unbedingt leicht verdaulich. Dem können Sie abhelfen, indem Sie ihn zuvor eine Weile in Milch einlegen. In jedem Fall ist kurz gegarter Knoblauch am besten verträglich, das heißt, man gibt ihn – meist durchgepreßt – am besten erst ganz am Schluß an die Sauce. Außerdem sollte man durchgepreßten Knoblauch nie gleich zu Beginn ins heiße Öl geben, weil er sonst leicht braun und bitter wird. Eine andere Möglichkeit ist es, einige Tropfen Olivenöl zu nehmen, das mit Knoblauch vorgewürzt ist (siehe Olivenöl, Seite 38).

## Kürbis
Der Kürbis ist in den heißen Gegenden Asiens, Afrikas und Amerikas beheimatet, wo man die großen, runden Exemplare häufig auch ausgehöhlt als Gefäße verwendet. Kürbisse können riesig werden und halten sich im kühlen Keller ziemlich lange frisch. Einmal angeschnitten, müssen sie allerdings schnell verbraucht werden. Der vitaminreiche Kürbis hat einen Wasseranteil von etwa 95% und zählt zu den kalorienarmen Gemüsen. In Italien bereitet man aus Kürbis u.a. köstliche Suppen oder Raviolifüllungen.

## Lollo
Man unterscheidet zwischen dem roten *lollo rosso* und dem grünen *lollo biondo*, wobei der rote Salat etwas herzhafter schmeckt als der grüne. Beide Sorten bleiben länger frisch als Kopfsalat.

## Lorbeerblätter
Im Süden verwendet man sie fast ausschließlich frisch, da der immergrüne Lorbeer überall wächst. Frische Blätter sind ungleich aromatischer als getrocknete, so daß sich die Anschaffung einer eigenen Pflanze lohnt. Bei getrockneten Blättern sollten Sie darauf achten, daß sie nicht zu alt sind: Alte Blätter sind nicht mehr grün, sondern graubraun.

## Majoran
Stammt ursprünglich aus Nordafrika und gilt bei uns als beliebtes Leberwurstgewürz. Bis auf Ligurien wird er in den meisten italienischen Regionalküchen allerdings nicht sehr häufig verwendet.

## Mangold
Vom Mangold, der in Italien sehr beliebt ist, gibt es verschiedene Sorten: Schnittmangold mit dünnen grünen Stielen, Blätter mit dünnen roten Stielen und der großblättrige Mangold mit dikken weißen Stielen. In der italienischen Küche bereitet man von der letzteren Sorte Blätter und Stiele meist getrennt zu: Die in Stücke geschnittenen Stiele werden kurz in Salzwasser gegart und dann in der Pfanne sautiert oder im Ofen überbacken. In der Regel wird Mangold, den es fast das ganze Jahr über gibt, wie Spinat zubereitet. Die Blätter sollten kräftig grün und glänzend sein, die weißen Stengel fest und fleckenlos. Mangold ist sehr nährstoffreich und enthält u.a. reichlich Vitamin A sowie viel gesundes Kalzium.

## Maraschino
Likör aus vergorenen Maraschinokirschen, der vor allem für Süßspeisen und Fruchtsalate verwendet wird.

## Mascarpone
Ein fetter Frischkäse aus Sahne, die mit Hilfe von Zitronensäure zum Gerinnen gebracht wird. Er eignet sich für die Zubereitung von Desserts, als Tortenfüllung und wird in Pastasaucen häufig als Ersatz für Butter oder Sahne verwendet.

## Meeräsche
Meeräschen (italienisch *cefali*), von denen es rund 100 Arten gibt, leben in tropischen und gemäßigten Gewässern, haben festes, weißes, feinwürziges Fleisch und nicht viele Gräten. Kleinere Arten werden häufig gegrillt, größere eher gedünstet.

## Melonen
Zu den Zuckermelonen zählen alle Melonen mit orangefarbenem, weißem oder grünlichem Fruchtfleisch. Bei uns bekannt sind vor allem die leuchtend gelben Honigmelonen, Galia-Melonen mit gelbgenetzter Schale, große Kantalup-Melonen mit gelb-

grüner Schale sowie Cavaillon- oder Charentais-Melonen mit hellgrüner, gerippter Schale. Trotz ihres Wassergehalts von 90 bis 94% enthalten sie sehr viel Vitamin A, B und C sowie eine Reihe von Mineralstoffen, besonders Kalium (vor allem die Melonen mit gelborangefarbenem Fruchtfleisch), wirken verdauungsfördernd und blutverdünnend. Reife Melonen können Sie daran erkennen, daß sie am Stielende einen intensiven Duft ausströmen, während das gegenüberliegende Ende auf leichten Fingerdruck elastisch nachgeben muß. Die Wassermelonen sind die wasserhaltigsten Früchte (über 95%) und weit weniger nährstoffhaltig. Doch sind sie sehr durststillend und wirken harntreibend. Reife Wassermelonen „klingen", wenn man an die Schale klopft.

### Miesmuscheln

Wichtig ist, beim Einkauf darauf zu achten, daß sie wirklich frisch sind. Geöffnete Muscheln oder Muscheln mit zerbrochenen Schalen sollten Sie sofort wegwerfen, ebenso solche, die sich nach fünf Minuten Kochzeit noch nicht geöffnet haben. Miesmuscheln dürfen nur sehr kurz garen, weil sie sonst zäh werden.

### Mortadella

Diese riesige Wurst ist eine berühmte Spezialität aus Bologna und im Vergleich zu anderen italienischen Aufschnittsorten eher preiswert. Sie wird aus Schweinefleisch, Speck und Gewürzen hergestellt und schmeckt besonders köstlich auf ganz frischem Brot. Früher würzte man sie mit Myrtenbeeren, woraus sich wahrscheinlich ihr Name ableitet („myrtadella"). Beim Einkauf sollten Sie nach echter italienischer Mortadella verlangen, denn die Wurst, die hierzulande unter diesem Namen hergestellt wird, reicht qualitativ bei weitem nicht an das Original heran.

### Mozzarella

Ein vollfetter Weichkäse, der in Salzlake eingelegt wird. Er ist in Kampanien beheimatet und wird dort schon seit Jahrhunderten produziert. Ursprünglich bereitete man ihn nur aus Büffelmilch. Aufgrund der enormen Nachfrage (da er leicht schmilzt, ist er der Pizza-Käse schlechthin, und Tomaten mit Mozzarella und Basilikum haben sich zu einem absoluten „Hit" entwickelt) stellt man ihn inzwischen überwiegend aus Kuhmilch oder einer Mischung aus beidem her. Der hochwertigere Büffelmozzarella ist teurer, dafür aber besonders delikat. Der Käse schmeckt frisch sehr gut und angenehm säuerlich, ist leicht verdaulich und eignet sich gut zum Überbacken und für Käsesaucen.

### Oliven

Die Früchte des Olivenbaums, die je nach Herkunft, Reifegrad und Einlegeverfahren in Geschmack und Qualität sehr unterschiedlich sein können. Im Handel findet man die milden grünen Oliven (häufig gefüllt mit Sardellen, Paprika oder Mandeln), die hellvioletten, halbreif geernteten und die schwarzen, vollreifen Oliven, die einen besonders kräftigen Geschmack haben. Zum Kochen eignen sich die naturbelassenen, nur in Öl oder in *salamoia* (Salzlake) eingelegten Früchte am besten. Je nach Einlegeart variiert der – allerdings stets beträchtliche – Nährwert. Oliven sind gesund, fördern die Verdauung und helfen bei Leber-, Gallen-, Hautkrankheiten oder Anämie.

### Oregano
Ein ursprünglich wildwachsender, heute auch kultivierter Verwandter des Majoran, der als Gewürzkraut fast immer getrocknet und häufig für Tomatensaucen verwendet wird. Dost, der mit dem Oregano verwandt ist und auch in unseren Breiten wächst, schmeckt etwas weniger kräftig.

### Pancetta
Luftgetrockneter Bauchspeck.

### Panettone
Mailänder Weihnachtskuchen aus Hefeteig, der mit Fruchtlikören, Süßwein oder kandierten Früchten zubereitet wird. Heutzutage bekommt man ihn auch in den meisten anderen Regionen.

### Panforte
Köstlicher harter Pfefferkuchen, der mit vielerlei Gewürzen angereichert wird. Eine Spezialität aus Siena.

### Paprikaschoten
Ursprünglich in Mittelamerika beheimatet, wurden sie in der zweiten Hälfte des 16. Jahrhunderts in Europa eingeführt. Es gibt verschiedene Sorten: länglich oder rund, grün, rot oder gelb. Bei den grünen Schoten unterscheidet man zwischen Früchten, die auch reif grün bleiben, und unreifen Früchten, die anschließend gelb oder rot werden. Der dunkelrote Tomatenpaprika aus Ungarn ist etwas pikanter im Geschmack und schmeckt am besten roh oder nur kurz gedünstet. Paprikaschoten sind leichter verträglich und bewahren ihre Nährwerte besser, wenn sie roh gegessen werden. Beim Einkauf sollten Sie darauf achten, daß die Früchte fest und ohne Makel sind und die Haut glatt und glänzend ist.

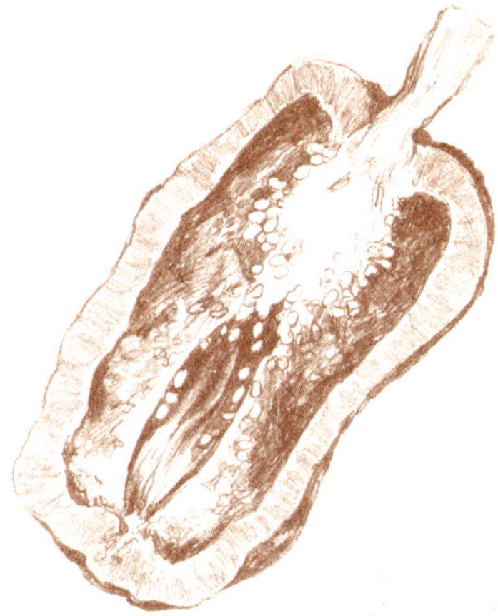

### Parmigiano reggiano
Der Parmesan gilt als der König unter den italienischen Käsen und behauptet seinen dominierenden Platz in der italienischen Küche seit vielen Jahrhunderten. (Die Herstellung des Parmigiano reggiano wurde erstmals im 13. Jahrhundert geregelt.) Das klassische Produktionsgebiet erstreckt sich von der Provinz Parma über die Provinz Mantua bis zur Provinz Bologna. Der Begriff „Parmesan“ ist nicht geschützt, und jeder trockene geriebene Käse darf sich so nennen. Man sollte deshalb möglichst niemals billigen Tütenkäse kaufen, der häufig muffig schmeckt, sondern immer frischen Käse am Stück. Das Herstellerkonsortium des echten alten Parmigiano reggiano (der allerdings immer seinen Preis kostet) überwacht Herstellung und Handel und kennzeichnet die Käselaibe mit dem Brandzeichen „Parmigiano reggiano“.
Der hell-strohgelbe halbfette Käse mit seinem harten Teig aus Kuhmilch wird traditionell jedes Jahr vom 1. April bis zum 11. November hergestellt, wobei die Reifung mindestens bis zum Sommerende des folgenden Jahres dauert. Je länger er über diese Zeit hinaus reift, um so wertvoller wird er. Die Laibe sind zylindrisch, leicht konvex geformt und haben ein Mindestgewicht von 24 kg. Parmesankäse schmeckt pikant und intensiv, aber nicht scharf.

## Pecorino

Ein Schafskäse, der in vielen Regionen Italiens hergestellt wird. Römischer, sardischer, sizilianischer und toskanischer Pecorino sind als Hartkäse im Handel, der sich gut zum Reiben eignet, doch findet man ihn auch weniger abgelagert als Tischkäse. In Mittel- und Süditalien ersetzt er häufig den Parmesan.

• Pecorino romano
Er gilt als der älteste Käse Italiens und gehört zu den bekanntesten Käsesorten, weshalb er zu großen Teilen exportiert wird. Der halbfette Hartkäse (30% Fett) wird in der Zeit von März bis Juni gewonnen und reift etwa acht Monate. Die Laibe sind zylindrisch geformt, wiegen zwischen 8 und 20 kg, haben eine dunkelbraune Rinde und einen harten, körnigen, weißlich-strohfarbenen Teig mit pikantem, leicht scharfem Geschmack. Der Käse eignet sich auch gut zum Reiben.

• Pecorino sardo
Ein vollfetter Hartkäse (mindestens 40% Fett), der zylindrisch oder in Kegelform angeboten wird. Dafür formt man den Teig zu Kegelstümpfen, von denen jeweils zwei an den Grundflächen miteinander verbunden werden. Dieses Verfahren nennt sich *a schiena d'asino* (nach Art des Eselrückens). Die Rinde des jungen Käses ist gelb, die des alten dunkelt nach und wird graubraun. Der Teig ist weiß bis gelblich und von pikantem Geschmack, der mit zunehmendem Alter kräftiger wird. Ein bis zu drei Monate (oder auch länger) gereifter Käse wird als Tafelkäse gegessen. Nach sechs Monaten ist er ein idealer Reibekäse (z.B. für *pesto*).

• Pecorino siciliano
Dieser vollfette Hartkäse (mindestens 40% Fett) wird in den ersten Tagen der Herstellung in besonderen Körben aufbewahrt, den *canestri*, weshalb man ihn auch *canestrato* nennt. Die Herstellungsperiode erstreckt sich von Oktober bis Juni. Danach muß der Käse mindestens vier Monate reifen. Die zylindrischen Laibe wiegen zwischen 4 und 12 kg. Auf der weißgelben Rinde kann man das Flechtmuster der Körbe erkennen, in denen sie aufbewahrt wurden.

• Pecorino toscano
Er stammt in der Regel aus der Gegend um Siena und unterscheidet sich von den anderen Schafskäsen, denn er schmeckt auch nach längerer Reifung eher mild und zugleich ein wenig bitter. Die Laibe wiegen nur zwischen 1 und 2 kg. Er wird oft frisch gegessen.

## Peperoni

Die Peperoni (italienisch *peperoncini*) sind Verwandte der Paprikaschote mit länglichen roten oder aber grünen, rot gesprenkelten Schoten (seltener in Kirschenform). In Italien zieht man sie in der Regel dem Pfeffer vor, da sie den Gerichten Schärfe verleihen, ohne den Geschmack zu überdecken; im Süden liebt man sie vor allem als Saucenwürze. Frisch schmecken die Peperoni am besten; bei getrockneten Schoten sollte man auf eine kräftige rote Farbe achten, denn dunkle Schoten sind alt und schmecken leicht muffig. Eingelegte Schoten sind zum Kochen wenig geeignet. Man sollte sie stets mit Vorsicht verwenden und möglichst mit Gummihandschuhen zerbröseln oder zerschneiden, da sie meist teuflisch scharf sind. In Italien werden sie deshalb auch *diavolini* – „Teufelchen" – genannt.

### Pinienkerne
Pinienkerne (italienisch *pinoli*) sind die Früchte einer bestimmten Pinienart und unerläßlich im ligurischen Pesto und für eine Reihe von Kuchen und Süßspeisen. Röstet man sie im eigenen Fett in der Pfanne, geben sie allerlei Gemüsesaucen zusätzliche Würze.

### Prosciutto di Parma
Der berühmte Parmaschinken wird aus der Keule frisch geschlachteter Schweine geschnitten und erfährt außer der Kühlung keinerlei konservierende Behandlung. Unmittelbar nach dem Einpökeln wird er 10 bis 12 Monate lang getrocknet. Laut Gesetz dürfen die Tiere nur aus einem begrenzten Gebiet zwischen der Emilia Romagna und dem Piemont stammen, und auch Schweinerasse, Zuchtmethode und Mastverfahren unterliegen strengsten Vorschriften. Als Garantie für Händler und Verbraucher wird der Schinken mit einem Brandsiegel versehen. Er ist sowohl entbeint als auch als Knochenschinken im Handel. Knochenschinken ist von besserer Qualität, aber teurer, weil der Händler mehr Abfall einberechnen muß. Der zarte Parmaschinken ist mild und sehr würzig und sollte frisch aufgeschnitten sofort gegessen werden.

### Prosciutto di San Daniele
Auch dieser Schinken hat inzwischen weltweite Berühmtheit erlangt. Er stammt aus dem Friaul, und die trockene, klare Luft dieser Region – vor allem in der Gegend von San Daniele del Friuli – verleiht ihm seinen kernigen Geschmack und seine typische milde Würze. Die Schweinskeule wird zuerst zwischen zwei Bretter aus Tannen- oder Pinienholz gepreßt, um ihr die charakteristische Geigenform zu geben. Danach wird sie eingepökelt, traditionell in der Zeit zwischen 1. Oktober und 31. März. Anschließend wird der Schinken unter geeigneten klimatischen Bedingungen ohne künstliche Konservierungsmittel mindestens 9 Monate lang getrocknet.

### Provola
Dieser Käse ist in Mittel- und Süditalien beheimatet. Ursprünglich aus Büffelmilch bereitet, wird er heute häufig auch aus Kuhmilch hergestellt. Die kleinen, unregelmäßigen Kugeln wiegen zwischen 700 und 800 g. Den Provola gibt es in vier verschiedenen Sorten: frisch, gereift, frisch geräuchert und gereift geräuchert. Der frische Käse schmeckt sehr mild, ähnlich dem Mozzarella; gereift schmeckt er intensiver.

### Provolone
Den weißen bis strohgelben Käse gibt es in drei verschiedenen Sorten: mild, pikant und geräuchert. Nach ein bis zwei Monaten Lagerungszeit schmeckt er süßlich-mild, nach vier Monaten buttrig-würzig, nach sechs Monaten sehr herzhaft – dann eignet er sich auch gut zum Reiben.
Dieser vollfette Hartkäse aus Kuhmilch mit etwa 45% Fettanteil wird in allen nur möglichen Formen und Größen produziert. Die häufigste Form ist der längliche, oben und unten abgerundete Zylinder, der zwischen 1 und 6 kg wiegt. Zur Reifung wird er in Schnüren eingebunden und paarweise aufgehängt. Es werden aber auch riesige Laibe hergestellt, die einen Durchmesser von bis zu einem Meter haben können.

### Radicchio
Die Salatart, die sich am längsten hält. Man unterscheidet im wesentlichen zwischen dem runden *radicchio di Verona* und dem länglichen *radicchio di Treviso*, der etwas bitterer ist und in Italien gerne gedünstet oder leicht gegrillt wird und z.B. im Reis sehr gut schmeckt. Beide Sorten geben gemischten Blattsalaten Farbe und enthalten u.a. Vitamin A und C, Kalzium und Eisen.

### Rauke
Die Rauke (italienisch *rucola*), wächst wild im Mittelmeerraum, wird heute vielerorts aber auch angebaut. Traditionell gilt sie als Aphrodisiakum (was wissenschaftlich allerdings nicht erwiesen ist) und war deshalb früher in den italienischen Klöstern verboten. Die köstlichen Blätter mit ihrem sehr ausgeprägten Geschmack eignen sich hervorragend als Würze in Blatt- oder gemischten Salaten, als Beilage zu Carpaccio oder als Basis für Nudelsaucen. Die Rauke – vor allem die wildwachsende Pflanze – ist reich an Vitamin A und C sowie Eisen und Kalzium.

### Ricotta
Wird aus der Molke von Kuh-, Schafs- oder Ziegenmilch gewonnen und in fast allen Regionen Italiens hergestellt. Am bekanntesten sind der *ricotta romana* und der Ricotta aus dem Piemont, die beide aus Schafsmilch bereitet werden. „Ricotta“ bedeutet „wiedergekocht“, das heißt, die Molke wird langsam erwärmt, bis das Eiweiß ausflockt und abgeseiht werden kann. Danach wird der zurückbleibende Frischkäse in Formen gepreßt. Er schmeckt frisch ganz köstlich und wird häufig auch für Pasta-Füllungen verwendet.

### Robiola
Ein vollfetter, milder, fein säuerlicher Frischkäse (mindestens 45%), der in verschiedenen Gegenden des Piemont in unterschiedlichen Geschmacksnuancen produziert wird. Er wird inzwischen meistens aus Kuhmilch hergestellt, manchmal auch aus einer Mischung aus Kuh- und Schafs- oder Ziegenmilch. Er reift nur etwa 8 bis 15 Tage. Läßt man ihn weiterreifen, entwickelt er ein pikantes, eigenwilliges Aroma.

### Römischer Salat
Dieser Salat (italienisch *lattuga romana*) hat lange, kräftige grüne Blätter mit fleischigen Stielen und schmeckt besonders gut, wenn man ihn mit kräftigen Gewürzen anmacht. Er enthält reichlich Vitamin A sowie Vitamin C und eine Reihe von Mineralstoffen, vor allem Kalium.

### Rosmarin
Die Nadeln des immergrünen Strauchs mit dem harzig-würzigen Aroma schmecken am besten frisch, sind bei uns jedoch häufig nur getrocknet erhältlich. Rosmarin sollte vorsichtig verwendet werden, da er leicht dominiert. Gut schmeckt er vor allem zu gebratenem Fleisch wie etwa Lamm oder auch zu Geflügel.

### Rote Meerbarbe
Die *triglia* ist wegen ihres zarten, würzigen Fleischs einer der beliebtesten Mittelmeerfische, enthält jedoch viele Gräten. Da sie keine Galle hat, wird sie häufig unausgenommen zubereitet – gegrillt, gedünstet oder gekocht.

### Safran
Die Blütenfäden einer bestimmten Krokusart, die in Kleinasien beheimatet ist. Wird in Italien vorwiegend in den Abruzzen gezogen

und ist als Fäden und in Pulverform im Handel. Da Safran das teuerste Gewürz der Welt ist, wird es gerne gefälscht. Man geht deshalb sicherer, wenn man es in Fäden kauft. Ist in kleinsten Dosen zu verwenden, weil es sonst allzu penetrant nach „Apotheke“ schmeckt. Unerläßlich im berühmten *risotto alla milanese*.

### Salami

Ursprünglich eine Mailänder Spezialität, inzwischen Sammelbezeichnung für eine ganze Reihe italienischer Wurstsorten aus den verschiedensten Regionen. Sie unterscheiden sich je nach Herkunft und Herstellungsweise sowie nach Größe, Würze und Alter. Meist wird Salami aus Schweinefleisch hergestellt; manchmal wird auch Rind- oder Kalbfleisch beigemischt. Sie wird mit Pfeffer und oft mit Wein und Knoblauch gewürzt. Salami nur aus Schweinefleisch heißt *puro suino*. Es gibt Salami aus Eselsfleisch (*salame di musso*) oder Pferdefleisch (*salame equino*), während die Genueser Salami mit Kalbfleisch zubereitet wird. Berühmt sind auch die *salamini di cinghiale*, Wildschweinwürstchen aus der Toskana, und die süditalienischen Salami (vor allem aus Kalabrien), die mit Peperoncino gewürzt sind.

### Salbei

Salbeiblätter schmecken frisch weit besser als getrocknet. Am besten verwendet man sie allein, in zerlassener, leicht gebräunter Butter, mit der man hausgemachte Ravioli überzieht. Sie passen auch sehr gut zu Leber.

### Salsiccia

Hinter dieser Bezeichnung verbergen sich eine Reihe verschiedener Wurstsorten, die sich sowohl hinsichtlich der verwendeten Fleischsorte als auch durch ihre Herstellungsweise unterscheiden. Es gibt sie frisch, kürzer oder länger abgehangen, geräuchert oder gekocht.
Sehr beliebt ist die so bezeichnete Schweinsbratwurst, die je nach Region anders gewürzt wird. Sie wird häufig „vom Meter“ verkauft, roh gegessen oder als Basis für Saucen verwendet.

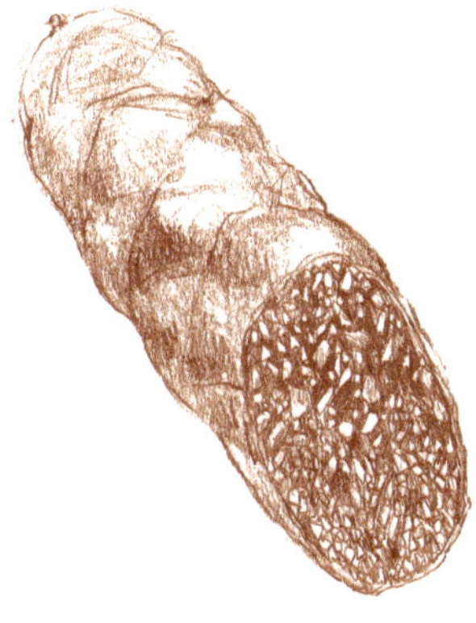

### Sanguinaccio

Blutwurst aus Schweineblut, Semmelbröseln, Zitronenschale und vielerlei Gewürzen. In manchen Regionen des Südens wird sie noch mit Schokolade, Mandeln oder kandierten Früchten angereichert.

### Sardellen

Die kleinen Fische heißen in Italien *acciughe* oder *alici*. Je nach Region gibt es noch eine Reihe anderer Dialektnamen. Sardellen gibt es auch bei uns – frisch allerdings meist nur auf Vorbestellung, meistens werden sie tiefgekühlt verkauft. Man ißt sie mariniert, gebraten, fritiert oder gefüllt. In Öl oder Salz eingelegte Sardellen, bei uns auch Anchovis genannt, sind ein wesentlicher Bestandteil der italienischen Küche. Die in Salz eingelegten Sardellen sind vorzuziehen, weil sie ihren Eigengeschmack besser bewahren.

### Sardinen

Für Sardinen gilt im wesentlichen das gleiche wie für Sardellen, nur sind sie größer. Bei uns kennt man sie vorzugsweise als Ölsardinen. Sehr billige Produkte sind nicht unbedingt zu empfehlen, da man nur dann ordentliche Qualität erwarten kann, wenn die Fische in gutem Olivenöl eingelegt sind.

### Saubohnen (Dicke Bohnen)
Bei uns ißt man sie meist samt ihrer ledrigen Haut, die Gerbstoffe enthält und bitter schmeckt. In Italien gehören sie zu den beliebtesten Frühjahrs- und Sommergemüsen, und außer bei ganz jungen Bohnen verwendet man in der Regel nur die zarten, jungen Kerne. Man verzehrt sie auch roh mit Salsiccia, Salami oder Pecorino.

### Scamorza
Ein Büffelkäse aus Mittel- und Süditalien. In Kalabrien ist er länglich, in Apulien rund oder als Schweinchen geformt. Er wird häufig zum Überbacken verwendet oder, in Scheiben geschnitten und mit Öl und Pfeffer gewürzt, gegrillt.

### Scampi
Tiefseekrebse, auch „Kaisergranate" genannt, mit langen Scheren und leicht gekrümmtem, fächerförmigem Schwanz. Ausgelöste Schwänze werden auch als Langustenschwänze angeboten. Frische Scampi haben zartes, äußerst wohlschmeckendes Fleisch. Häufig werden unter dieser Bezeichnung auch andere Krustentiere wie Hummerkrabben oder Riesengarnelen angeboten, die man gut an dem spitz zulaufenden Schwanz erkennen kann.

### Schinken
In Italien gibt es eine Reihe hervorragender Schinken, die traditionell nach festgelegten Regeln hergestellt und streng kontrolliert werden, etwa der *prosciutto di Parma* und der *prosciutto di San Daniele*. Doch werden auch in anderen Gegenden, etwa in der Toskana und in Venetien, ausgezeichnete luftgetrocknete Schinken produziert.

### Schwertfisch
Dieser Fisch (italienisch *pesce spada*) kann bis zu vier Meter lang werden, wobei ein Drittel davon das „Schwert" ist. Er hat sehr festes, hellbeiges bis rötlichbraunes Fleisch, ist relativ fett und überaus wohlschmeckend.

### Seeteufel
Die *rana pescatrice* mit dem furchterregenden Maul hat festes, wohlschmeckendes Fleisch mit fast langustenähnlichem Aroma und nur einer knochenartigen Mittelgräte – ideal für alle, die Gräten scheuen! Der Seeteufel schmeckt gegrillt, gebraten und geschmort.

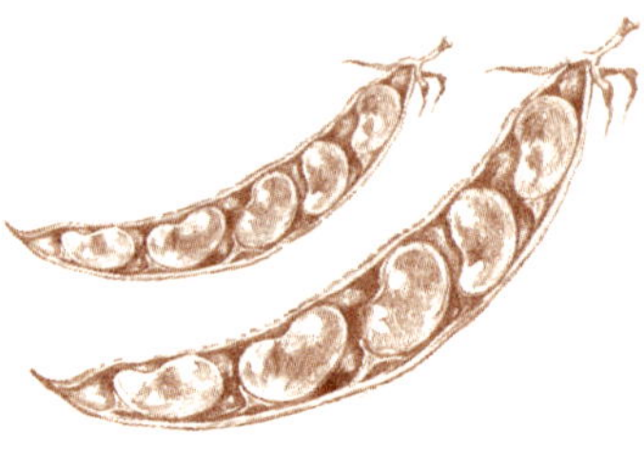

### Sellerie
Gibt es als Knollen- oder Stangensellerie. Knollensellerie verwendet man nur in einigen Gegenden Norditaliens, im übrigen zieht man den Stangensellerie vor. Hier unterscheidet man die gebleichten von den grünen Stauden. Sellerie ist roh, gedünstet oder als Suppengemüse äußerst vielseitig verwendbar. Er ist das ganze Jahr hindurch erhältlich, doch seine beste Zeit ist der Winter. Beim Einkauf sollten Sie darauf achten, daß die Stauden fest und ohne Flecken und die Blättchen frisch sind. Sellerie ist ein gesundes, sehr nährstoffhaltiges Gemüse (der grüne ist in dieser Hinsicht dem gebleichten vorzuziehen), wobei vor allem die Blättchen viele Vitamine enthalten. Er regt den Stoffwechsel an und wirkt entgiftend bei Leber- und Nierenerkrankungen.

### Soffritto
Die Basis vieler Saucen ist ein sogenannter *soffritto*: Fein geschnittene Zwiebel und/oder Knoblauch, denen man häufig fein gehackte Petersilie und je nach Rezept auch Stangensellerie und Karotte beigibt, werden in Öl oder Butter, manchmal unter Zugabe von kleingeschnittenem Schinkenspeck, glasig gedünstet, ohne daß Zwiebel bzw. Knoblauch

dabei braun werden dürfen; da dies beim Knoblauch schnell geschieht, ist es ratsamer, die leicht zerquetschte Zehe vor dem Erhitzen ins Öl zu geben, bis dieses Aroma gezogen hat, und anschließend wieder herauszunehmen. Häufig wird der Soffritto mit Rot- oder Weißwein aufgegossen, den man eindampfen läßt, bevor man die weiteren Zutaten hinzufügt.

## Sopressata

Hinter diesem Namen verbergen sich die verschiedensten Wurstsorten aus unterschiedlichen Regionen. Berühmt sind beispielsweise die *sopressata veneta* und die sehr pikant gewürzte *sopressata calabrese*, die beide zu etwa 70% aus magerem Schweinefleisch bestehen, das mit Speck vermischt, mit unterschiedlichen Gewürzen und Wein aromatisiert, in Schweinedarm gefüllt und eine Zeitlang gepreßt wird. Dadurch erhält die Wurst die gewünschte Form bzw. werden eventuell noch vorhandene Luftblasen beseitigt, die die Qualität beeinträchtigen könnten.

## Spargel

Bei uns ist vor allem der weiße Spargel beliebt. Er bleibt weiß, weil er gestochen wird, ehe er durch den aufgehäufelten Boden dringt, während man grünen Spargel erst sticht, wenn er aus dem Boden herausgewachsen ist. In den Mittelmeerländern zieht man den grünen Spargel bzw. den Spargel mit den violetten Köpfen vor, der herzhafter schmeckt und zudem reicher an Vitaminen und Mineralstoffen ist als der weiße Spargel.
Weißen Spargel findet man in Italien nur in der Gegend um Bassano del Grappa. Alle Spargelsorten sind nicht sehr nährstoffreich und haben nur wenig Kalorien. Am gesündesten ist der wilde Spargel, der im Süden Italiens als Köstlichkeit gilt und besonders intensiv schmeckt.
Frischer Spargel ist an den noch hellen, feuchten Schnittflächen zu erkennen bzw. daran, daß der untere Teil des Stengels nicht schrumpelig ist. Eine weitere Frischeprobe: Bricht man eine Stange glatt durch, ist der Spargel frisch, biegt sie sich, ist das Gegenteil der Fall. In ein feuchtes Tuch eingeschlagen, hält sich Spargel etwa zwei Tage im Kühlschrank frisch. Grüner Spargel braucht nicht geschält zu werden, doch sollten die holzigen Enden äußerst großzügig abgeschnitten und die Stangen – je nach Größe und Frische – eventuell leicht abgeschabt werden.

## Speck

Der Südtiroler Bauernspeck, eine typische Spezialität dieser Region, wird in Italien einfach nur *speck* genannt. Vom Speck gibt es zweierlei Sorten: den fetten Bauchspeck und den weniger fetten Hinterschinken, die beide einem speziellen Räucherverfahren unterzogen werden. Das Fleisch wird zuerst einige Wochen gepökelt, dann mit verschiedenen Gewürzen aromatisiert und schließlich geräuchert. Der Traditon entsprechend wird das Feuer mit Tannen- oder Pinienholz unterhalten, in das man Wacholderbeeren wirft.

## Taleggio

Dieser weiche Vollfettkäse aus Vollmilch stammt ursprünglich aus dem Voralpengebiet rund um Bergamo, wird inzwischen aber auch in anderen Gegenden hergestellt. Der weiße bis strohgelbe Käse reift 40 bis 50 Tage, wiegt etwa 2 kg und hat eine dünne, weiche Rinde. Er schmeckt herzhaft und wird mit zunehmender Reifung immer würziger.

### Thunfisch
Der größte unter den Speisefischen ist in Italien sehr beliebt, egal, ob frisch oder aus der Dose.
Der rote Thun mit rötlichem Fleisch kann über drei Meter lang und bis zu 300 kg schwer werden, während der kleinere weiße Thun nur etwa einen Meter erreicht. Sein Fleisch ist aromatischer als das des roten und wird gerne gegrillt oder gebraten, allerdings wird es auch leicht trocken. Beim Einkauf sollte man darauf achten, wirklich frischen Thunfisch zu bekommen. Bei uns gibt es Thunfisch – „au naturel“ oder in Öl – vorwiegend in Dosen eingelegt.

### Thymian
Schon die Römer verwendeten ihn, um Fettes leichter verdaulich und Speisen würziger zu machen. Vom Thymian gibt es unterschiedliche Sorten, wobei unser Gartenthymian milder ist als der im Süden wachsende. Auch getrocknet ist er gut verwendbar, besonders für Gemüsesaucen.

### Tintenfische
Unter diesem Sammelbegriff verbergen sich eine Reihe verschiedener Tiere: *seppia*, der echte Tintenfisch mit dem großen Tintenbeutel, aus dem man gerne den *risotto nero* zubereitet, ist bei uns nur schwer zu bekommen, ebenso die zarten, jungen *seppioline*. Der *calamaro*, der in manchen Regionen auch *totano* heißt, hat einen langen, schlauchförmigen Körper und dünne Fangarme. Frisch schmeckt er gegrillt besonders köstlich, er wird aber auch gerne gefüllt. (Tiefgekühlte Kalmare unbedingt langsam im Kühlschrank auftauen lassen und nur kurz garen, da sie sonst zäh werden.)
*Polpo*, Krake oder Oktopus, ist selten frisch zu bekommen, wird aber inzwischen auch tiefgekühlt verkauft. Er wird mit pikanten Saucen zubereitet oder vorgegart und dann kalt mit Knoblauch, Petersilie und Olivenöl als Salat gereicht. Besonders köstlich, aber auch selten und teuer sind die *moscardini*, die kleinen Jungtiere. Sie schmecken am besten in einer würzigen Tomatensauce.

### Toma
Dieser Käse, in der Regel aus Kuhmilch gewonnen, manchmal aber auch mit Schafs- oder Ziegenmilch vermischt, wurde ursprünglich vor allem in den Alpenregionen des Piemont und den Voralpengebieten der Lombardei erzeugt. Inzwischen wird er auch in anderen Gegenden Italiens, z.B. in Sizilien, hergestellt, wo er *tuma* heißt. Der Toma ist zylindrisch geformt und wiegt 8 bis 9 kg, sein zunächst weißer Teig färbt sich mit zunehmender Reifung gelblich. Der frische Käse ist mild, während der gereifte pikant schmeckt und deshalb gerne als Würze für Polenta-Gerichte verwendet wird. Er hat allerlei „kleine Verwandte“, so den *tometta*, der höchstens 2 kg wiegt und gereift verwendet wird, und den streichfähigen *tomino*, der meist nur 200 g wiegt und häufig frisch gegessen oder in gewürztem Öl eingelegt wird.

### Tomate
Die *pummarola*, wie die Neapolitaner sie nennen, ist aus der italienischen Küche nicht wegzudenken. Doch ist sie keineswegs in Italien beheimatet, sondern stammt ursprünglich aus Peru. Erst nach der Entdeckung Amerikas gelangte sie um 1530 über Spanien nach Italien, wo sie lange Zeit als giftig galt. Später wurden die sonnenhungrigen Tomaten nirgends so begeistert aufgenommen wie im sonnenreichen Kampanien, wo auch die Tomatenkonser-

ven-Industrie entstand. Die *pelati,* geschälte Eiertomaten (*pomodori di San Marzano*), werden heute auch in der Emilia und in Kalabrien zu Konserven verarbeitet. Für Tomatensaucen sind nur die wirklich reifen Früchte geeignet, so daß Sie zum Kochen die in der Sonne gereiften *pelati* stets den unreifen Treibhaustomaten vorziehen sollten. Das gleiche gilt für die durchpassierten Tomaten (*passata*) oder die abgezogenen pürierten Tomaten (*polpa di pomodoro*), die es auch bei uns gibt. Freilandtomaten haben in der Regel eine leicht grünliche Färbung, und frische Tomaten müssen am Stiel immer ausgeprägt nach ... Tomate riechen! Wintertomaten, die entweder aus dem Treibhaus kommen oder einen längeren Transportweg hinter sich haben, sind relativ nährstoffarm, während die sonnengereiften Früchte viele aromatische Fruchtsäuren, Zucker, Vitamine und Mineralstoffe enthalten, vor allem Vitamin C, Karotin und Kalium.

## Trüffeln

Knollenartige, unterirdisch wachsende Pilze, die in Symbiose mit Bäumen in lichten Wäldern leben, z.B. mit Eichen, Steineichen, Buchen, Pappeln, Weiden, Haselsträuchern. Besonders hochgeschätzt – und teuer – ist die weiße Trüffel aus der Gegend um Alba im Piemont sowie die schwarze Trüffel aus Norcia. Hauchdünn gehobelt werden sie stets roh verwendet.

## Venusmuscheln

Diese kleinen Muscheln, die es in verschiedenen Unterarten gibt, ißt man in Italien gerne in Verbindung mit Pasta oder in einem Risotto mit Meeresfrüchten. Inzwischen bekommt man sie frisch, tiefgekühlt oder als Konserve auch bei uns. Bei der Zubereitung gilt das gleiche wie für Miesmuscheln: Geöffnete oder beschädigte Muscheln sollten Sie fortwerfen, ebenso Muscheln, die sich beim Kochen nicht öffnen. Außerdem darf man sie nur ganz kurz garen (bis sie sich eben geöffnet haben), weil sie sonst zäh werden.

## Zampone

Eine delikat gewürzte Schweinskochwurst, ähnlich dem *cotechino*, die in einen ausgehöhlten Schweinsfuß gefüllt wird. Eine Spezialität aus Modena.

## Zucchini

Diese kleine hell- oder dunkelgrüne Kürbisart mit glatter oder leicht „stachliger" Haut ist wegen ihres nicht sehr intensiven Eigengeschmacks vielseitig verwendbar: roh, gedünstet, fritiert, gefüllt oder gekocht. Auf keinen Fall sollte man sie zu lange garen, weil sie sonst fade schmecken.
Sie sind nährstoffhaltig – besonders die Blüten – und zugleich kalorienarm. Die Blüten schmecken sehr gut gefüllt, fritiert oder in einem leichten Teig ausgebacken. Je kleiner (jünger) die Zucchini, desto wohlschmeckender und gesünder sind sie.

# Kleiner Küchensprachführer
## Italienisch – Deutsch

acciughe – *Sardellen*
aceto – *Essig*
affumicato – *geräuchert*
aglio – *Knoblauch*
agnello – *Lamm*
agro – *sauer*
agrodolce – *süßsauer*
al forno – *im Ofen*
albicocche – *Aprikosen*
alla griglia – *gegrillt*
allo spiedo – *am Spieß*
anguilla – *Aal*
animelle di vitello – *Kalbsbries*
arance – *Orangen*
aringa – *Hering*
arista – *Schweinebraten*
arrosto – *Rollbraten*
asparagi – *Spargel*
baccalà – *Klippfisch*
barbabietola – *Rote Bete*
barolo – *Rotwein-Sorte*
basilico – *Basilikum*
bietole – *Mangold*
bigoli – *Nudelsorte*
biscotti – *Kekse*
bistecca – *Steak*
borragine – *Borretsch*
branzino – *Seebarsch*
brasato – *geschmort*
brodo – *Brühe*
bucatini – *Nudelsorte*
budino – *Pudding*
buridda di pesce – *Fischtopf*
burro – Butter
calamaretti – *kleine Tintenfische*
calamari – *Tintenfische*
caldo – *warm*
cannelloni – *Nudelsorte*
capesante – *Jakobsmuscheln*
capriolo – *Reh*
carciofi – *Artischocken*
carne – *Fleisch*
carote – *Karotten*
carpa – *Karpfen*
cartoccio – *in der Folie*
casseruola – *Kasserolle*
castagne – *Kastanien*
cavolfiore – *Blumenkohl*
cavolini di bruxelles – *Rosenkohl*
cavolo bianco – *Weißkohl*
ceci – *Kichererbsen*
cetrioli – *Gurke*
cinghiale – *Wildschwein*
cinque – *fünf*
cipolle – *Zwiebel*
cipolline – *Zwiebelchen*
cipollotti novelli – *Frühlingszwiebeln*
ciriole – *Nudelsorte*
con – *mit*
conchiglie – *Nudelsorte*
coniglio – *Kaninchen*
cosciotto d'agnello – *Lammkeule*
costata di manzo – *Rinderlende*
costine di maiale – *Schweinerippchen*
costolette d'agnello – *Lammkoteletts*
costolette di maiale – *Schweinekoteletts*
costolette di vitello – *Kalbskoteletts*
cozze – *Miesmuscheln*
crema – *Creme, Cremesuppe*
crescione – *Kresse*
crespelle – *Crêpes*
crocchettine di patate – *Kartoffelkroketten*
crudo – *roh*
datteri – *Datteln*
ditalini – *Nudelsorte*
erbe – *Kräuter*
erbe aromatiche – *Würzkräuter*
fagioli – *weiße Bohnen*
fagiolini – *grüne Bohnen*
fagottini – *Nudelsorte*
faraona – *Perlhuhn*
farfalle – *Nudelsorte*
fatta in casa – *hausgemacht*
fave – *Saubohne*
fegatini di pollo – *Hühnerleber*
fegato – *Leber*
fettuccine – *Nudelsorte*
fichi – *Feigen*
filetti di bue – *Rinderfilet*
finocchi – *Fenchel*
fiori di zucca – *Kürbisblüten*
formaggio – *Käse*
freddo – *kalt*
fricassea – *Frikassee*
frittata – *Eierkuchen*
frittelle – *Ausgebackenes*

fritto – *gebacken, frittiert*
frutta – *Früchte*
frutta fresca – *frisches Obst*
frutta secca – *Trockenfrüchte*
frutti di mare – *Meeresfrüchte*
funghi – *Pilze*
fusilli – *Nudelsorte*
gallina – *Huhn*
gamberetti – *Krabben*
gamberi – *Krebsschwänze*
gamberoni – *Krebsschwänze*
gratinato – *überbacken*
in foglia – *in der Folie*
inglese – *englisch*
insalata – *Salat*
integrale – *Vollkorn*
involtini – *Röllchen*
latte – *Milch*
lattughe – *Kopfsalat*
lenticchie – *Linsen*
lepre – *Hase*
limone – *Zitrone*
lingua – *Zunge*
lingua salmistrata – *Pökelzunge*
linguine – *Nudelsorte*
mandorle – *Mandeln*
manzo – *Rindfleisch*
marinato – *mariniert*
marmellata – *Marmelade*
marroni – *Maroni*
melanzane – *Aubergine*
mele – *Äpfel*
melone – *Melone*
menta – *Minze*
merluzzo – *Seehecht*
miele – *Honig*
minestra – *Suppe*
moscardini – *kleine Tintenfische*
mostarda – *Senf*
nasello – *Merlan*
nero – *schwarz*
noci – *Nüsse*
olio – *Öl*
olive – *Oliven*
ortiche – *Brennesseln*
orzo – *Graupen*
pane – *Brot*
pangrattato – *Semmelbrösel*
pappardelle – *Nudelsorte*
patate – *Kartoffeln*
pâté di fegato – *Leberpastete*
penne – *Nudelsorte*
peperone – *Peperoni, Pfefferschote*
pere – *Birnen*
pesce – *Fisch*
pesce spada – *Schwertfisch*
pesche – *Pfirsiche*
petto di pollo – *Hühnerbrust*
petto di vitello – *Kalbsbrust*
piselli – *Erbsen*
pistacchi – *Pistazien*
pollo – *Huhn*
polmone – *Lunge*
polpette – *Frikadellen*
polpi – *Polypen*
pomodori – *Tomaten*
porri – *Porree*
prezzemolo – *Petersilie*
prosciutto – *Schinken*
ragù d'agnello – *Lammsauce*
rhum – *Rum*
rigato – *gerillt*
ripieno – *gefüllt*
riso – *Reis*
rosmarino – *Rosmarin*
rosso – *rot*
rucola – *Rauke*
sale – *Salz*
salmone – *Lachs*
salmone affumicato – *Räucherlachs*
salsa – *Sauce*
salvia – *Salbei*
santo – *heilig*
sarde – *Sardinen*
scaloppe di vitello – *Kalbsschnitzel*
secco – *getrocknet*
sedano – *Sellerie*
semolino – *Grieß*
seppie – *Tintenfische*
sott'olio – *in Öl eingelegt*
spiedini – *Spießchen*
spinaci – *Spinat*
spuntature di maiale – *Schweinerippchen*
stoccafisso – *Stockfisch*
sugo – *Sauce*
taccole – *Zuckerschoten*
tagliatelle – *Nudelsorte*
timo – *Thymian*
tonno – *Tintenfisch*
tortelli – *Nudelsorte*
trenette – *Nudelsorte*
triglie – *Meerbarben*
trippa – *Kutteln*
trota – *Forelle*
uovo – *Ei*
uva – *Weintraube*
verde – *grün*
verdure – *Gemüse*
vermicelli – *Nudelsorte*
verza – *Wirsing*
vino bianco – *Weißwein*
vino dolce – *Süßwein*
vino rosso – *Rotwein*
vitello – *Kalbfleisch*
vongole – *Venusmuscheln*
zafferano – *Safran*
zite – *Nudelsorte*
zucca – *Kürbis*

# Typisch italienisch: Pasta

Italien ohne Pasta – undenkbar! Die *pasta secca*, wie man in Italien die getrockneten, fertig zu kaufenden Nudeln nennt, wird aus Hartweizengrieß, Salz und Wasser zubereitet. Die Qualität der Nudeln hängt in erster Linie von der verwendeten Mehlsorte ab (und natürlich auch von der Qualität des Wassers), aber beinahe ebenso wichtig ist die sorgfältige, fachkundige Herstellung. Italien, das selbst einen gigantischen Pastaverbrauch hat und zudem Nudeln in alle Welt exportiert, baut zwar selbst große Mengen Hartweizen an, muß aber zusätzlich Hartweizen importieren. Aus Weichweizen hergestellte Nudeln, wie es sie in Deutschland vor der Entdeckung der italienischen Pasta ausschließlich gab, werden leicht pappig. Hin und wieder findet man Produkte, denen trotz gegenteiliger Versicherung Weichweizen beigemischt ist. Sie sind daran zu erkennen, daß sie leicht zusammenkleben, überaus schnell garen und das Kochwasser trüben. Im Zweifelsfall sollte man sich deshalb an die Produkte bekannter Firmen halten, die einen Namen zu verteidigen haben.
Eiernudeln waren früher der häuslichen Eigenproduktion vorbehalten, doch werden sie inzwischen auch industriell hergestellt. Wachsender Beliebtheit erfreuen sich die farbigen Nudeln, die es inzwischen in immer neuen Variationen gibt und die durch Zugabe von pürierten Tomaten, roten Beten, Möhren, Spinat, Brennesseln, Kürbis, Pilzen, Kräutern, Knoblauch, aber auch Kakao, Zitrone oder Safran gefärbt und gewürzt werden. Sie sind in der Regel etwas teurer als die „normalen" Nudeln, doch kann man sie auch leicht selbst herstellen.
Durch das wachsende Interesse an vollwertiger Ernährung gibt es mittlerweile vielerorts auch Vollkornnudeln: Nudeln aus Hartweizenkorn, aber auch Mehrkornnudeln (z.B. Hartweizen, Weichweizen, Hafer, Hirse, Roggen, Gerste), Hirsenudeln (Hirsegrieß und Hartweizengrieß), Sojanudeln (Sojamehl und Hartweizengrieß) und andere mehr. Um sicher zu gehen, daß die Nudeln Getreide aus kontrolliert biologischem Anbau enthalten, sollten Sie sich auch in diesem Fall möglichst an Produkte bewährter Firmen mit eingetragenem Warenzeichen halten.
In Italien gibt es zahllose Nudelsorten, und manchmal verbirgt sich hinter unterschiedlichen Bezeichnungen die gleiche Nudelart, weil die Namen je nach Region wechseln, so daß sogar die Italiener nicht immer wissen, um welche Nudel es sich jeweils handelt. Immer wieder werden neue Nudelsorten erfunden, und selbst berühmte italienische Designer zerbrechen sich den Kopf über die „Idealnudel", die besonders viel *sugo* (Sauce) aufnehmen kann – eine Eigenschaft, die man an den gerillten Röhrennudeln oder schraubenförmigen Nudeln wie den Fusilli so schätzt.
Im folgenden finden Sie eine Auswahl der wichtigsten Nudelsorten:

### Agnolotti
Runde, halbrunde oder viereckige, mit Fleisch, Gemüse oder Käse gefüllte Teigtaschen. Auch im Handel zu bekommen.

### Anellini
Kleine Nudeln in Ringform.

### Bigoli
Venezianische Bezeichnung für Spaghetti.

### Bucatini
Lange, glatte Röhrennudeln, dicker als Spaghetti. Werden gern zu kräftigen Saucen mit Fleisch, Schinkenspeck, Gemüse, Eiern serviert.

### Campagnoli/ Fusilli rustici
Sie sehen aus wie zwei aneinanderklebende Spaghetti, die an einem Ende miteinander verflochten sind, und sind etwa 8 cm lang. Besonders gut passen sie zu Tomatensauce oder leichten Saucen, z.B. auf Ricotta-Basis.

### Cannelloni
Große Röhrennudeln, die man selbst aus frischem Teig bereiten oder fertig kaufen kann. Die vorgeformten Cannelloni werden gefüllt und mit einer Sauce im Ofen gegart. Oder man gart Lasagne-Blätter zur Hälfte vor, füllt sie, rollt sie ein und gart sie im Ofen fertig.

### Capellini/Fidellini
Sehr dünne, runde Fadennudeln, häufig auch zu Nestern aufgerollt. Man serviert sie vor allem als Suppennudeln oder nur mit Butter, Parmesan und eventuell auch mit Sahne vermischt.

### Conchiglie/Conchigliette/Conchiglioni
Muschelförmige Nudeln in unterschiedlicher Größe. Die großen Conchiglioni lassen sich wunderbar füllen und dann im Ofen gratinieren. In der Regel kombiniert man sie mit leichten Saucen auf der Basis von Tomaten und Ricotta.

### Dite/Ditalini
Sehr kurze, glatte oder gerillte Röhrennudeln. Die kleinen werden gerne als Suppeneinlage verwendet, die größeren lassen sich gut mit Gemüse, z.B. mit Bohnen kombinieren.

### Eliche/Riccioli/Spirali
Spiralenförmige Nudeln, die gern mit Tomaten- oder Fleischsaucen gegessen werden.

### Farfalle/Farfalline/ Farfalloni
Die „Schmetterlingsnudeln“ gibt es in drei Varianten. Die kleinen Farfalline gart man in Fleischbrühe oder nimmt sie für die *minestrone*, eine Gemüsesuppe, in der man in Italien stets Nudeln oder Reis mitkocht. Farfalle serviert man dagegen gern mit leichten Saucen, z.B. aus Schinken oder Lachs.

### Fettuccine
Als Fettucine werden die in Italien sehr beliebten und vielseitig verwendbaren Bandnudeln bezeichnet.

### Fusilli
Die „Korkenzieher-Nudeln“ gibt es sowohl lang als auch kurz, in kompakter und in Röhrenform. Sie lassen sich mit vielerlei Saucen kombinieren, z.B. auf der Basis von Fleisch, Tomaten und Ricotta.

### Garganelli
Handgedrehte Röhrennudeln aus der Romagna, die man in manchen Feinkostläden findet.

*(Agnolotti)*

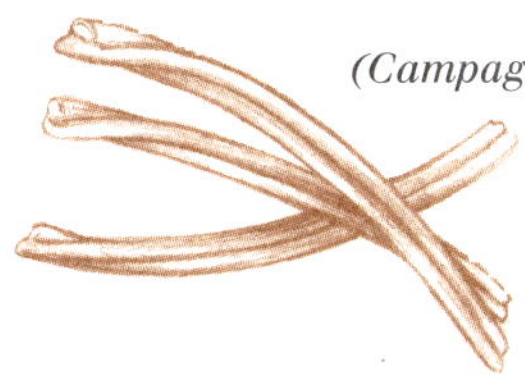
*(Campagnoli)*

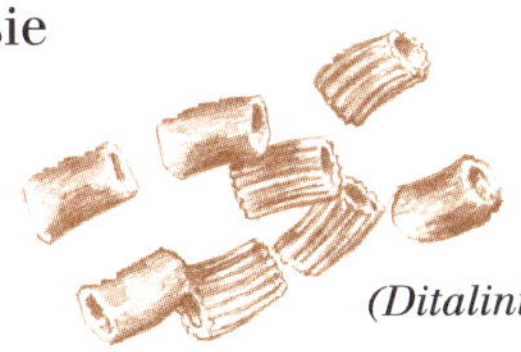
*(Ditalini)*

*(Canelloni)*

*(Farfalle)*

### Gnocchi/Gnocchetti
Sie sind in der Form den *conchiglie* sehr ähnlich, erinnern aber auch an Kartoffelgnocchi. Man kombiniert sie gern mit *pesto*, leichten Sommersaucen und nicht allzu schweren Fleischsaucen.

### Lasagne
Rechteckige oder quadratische Teigplatten, die es auch grün, d.h. mit Spinat gefärbt, gibt. Abwechselnd mit einer Saucenfülle werden sie schichtweise übereinandergelegt und im Ofen überbacken. Als Lasagne wird aber auch eine Art breite Bandnudeln bezeichnet (siehe *reginette*).

### Linguine/Bavette
Schmale, etwa 3 mm breite Bandnudeln. Sie gelten wie die *trenette* als ligurische Spezialität und werden gerne mit *pesto* oder mit Fischsaucen serviert.

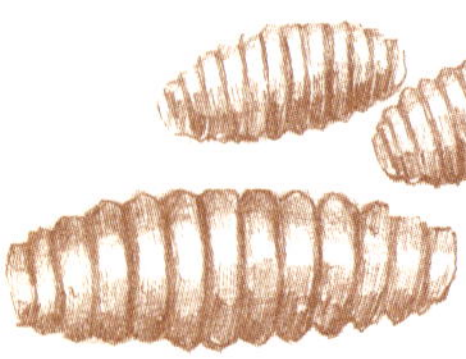
*(Gnocchi/ Gnocchetti)*

*(Penne)*

### Lumacche/ Mezze maniche/ Gomiti/Chifferi/Pipe
Relativ kurze, dicke Röhrennudeln, gerade oder gebogen, glatt oder gerillt. Man bereitet sie in der Regel eher mit leichten Saucen zu, z.B. mit Sommersaucen aus rohen Tomaten und frischen Kräutern.

### Maccheroni/ Maccheroncini
Glatte oder gerillte Röhrennudeln in unterschiedlichster Größe und Länge. Übergeordnet versteht man auch ganz allgemein Nudeln darunter, denn in den verschiedenen Regionen Italiens findet man vor allem bei hausgemachter Pasta auch Maccheroni-Arten, die ganz anders geformt sind.

### Nidi
Zu „Nestern“ gedrehte Band- oder Fadennudeln.

### Orecchiette
„Öhrchennudeln“. Die kleinen, runden, in der Mitte leicht eingedrückten Nudeln sind eine Spezialität aus Apulien und werden dort häufig zu Hause frisch zubereitet. Besonders gerne ißt man sie mit Gemüsesaucen.

### Paglia e fieno
„Heu und Stroh“ sind schmale gelbe und grüne Bandnudeln, die man meist mit Sahnesaucen serviert.

### Pappardelle
Etwa 2,5 cm breite Nudelbänder, glatt oder mit gewellten Rändern. Schmekken gut zu Wildsaucen.

### Penne/Mezze Penne/ Pennette
Kurze, dicke Röhrennudeln, die an beiden Enden wie Federkiele schräg abgeschnitten sind und sowohl glatt als auch gerillt sein können. Pennette sind etwa 2 cm lang, die dickeren Penne etwa 6,5 cm. Penne, besonders die großen gerillten, nehmen die Sauce sehr gut auf. Man serviert sie oft zu Fleisch- oder Fleisch-Gemüse-Saucen und überbackt sie im Ofen. Pennette werden gern mit leichteren Saucen, häufig auf Tomatenbasis, kombiniert.

### Perciatelli/Mezzani/ Zite/Zitoni
Lange, sehr dicke oder auch kurze Röhrennudeln. Die Perciatelli mit etwa 4,6 mm Durchmesser sind die dünnsten, die Zitoni mit etwa 9,2 mm die dicksten. Sie werden häufig mit kräftigen Fleischsaucen oder auch in Aufläufen serviert. Traditionell bricht man sie, bevor man sie ins Wasser wirft, jeweils in 4 unregelmäßige Stücke. Kenner ziehen die lange der kurzen Form vor, weil die gebrochenen Enden die Sauce besser aufnehmen.

### Ravioli
Viereckige oder halbrunde Teigtaschen, gefüllt mit Fleisch, Käse oder Kräutern, mit glattem oder gezacktem Rand.

### Reginette/Lasagne/Tripolini/Mafaldine
Lange Bandnudeln, 1,15 bis 3,2 cm breit. Die Lasagne (nicht zu verwechseln mit den großen Auflauf-Teigstücken) gibt es in glatter Form und (wie die Reginette) an beiden Seiten gewellt, während die Tripolini nur an einer Seite gewellt sind. In der Regel kombiniert man sie mit eher gehaltvollen Fleischsaucen (auch von Wild und Geflügel).

### Rigatoni/Sedani/Sedanini/Gnocchetti/Maniche/Gigantoni rigati
Kurze Röhrennudeln in den unterschiedlichsten Formaten, die sowohl glatt als auch gerillt, gerade oder gebogen sein können. Die größten, die *gigantoni rigati*, werden häufig gefüllt und im Ofen gratiniert. Die größeren Nudeln serviert man eher mit gehaltvollen, die kleineren meist mit leichteren Saucen.

### Ruote/Ruotelle
Rädchenförmige, außen gerillte Nudeln, die es in zwei Größen gibt. Die kleinere Variante wird auch gerne als Suppeneinlage verwendet. Gut passen leichte Tomaten- oder Fleischsaucen dazu, da die Sauce auch zwischen die „Speichen" dringen soll.

### Spaghetti/Spaghettini
Spaghetti, das berühmteste Mitglied der großen Pasta-Familie, sind dünne, lange, runde Nudeln, während Spaghettini noch um einiges feiner sind. Zu Spaghetti paßt fast jeder *sugo*, auch gehaltvolle Fleischsaucen. Spaghettini serviert man gerne mit Fischsaucen (vor allem mit *vongole*, Venusmuscheln), aber auch mit *aglio, olio e peperoncino*.

### Tagliatelle/Tagliolini/Taglierini
Die sehr schmalen (Tagliolini, Taglierini) oder auch etwas breiteren Bandnudeln (Tagliatelle) sind als Hartweizengrieß- und Eiernudeln im Handel. Eine der beliebtesten Formen für hausgemachte Nudeln, kombinierbar mit vielerlei Saucen und auch für Aufläufe gut geeignet.

### Tortelli
Aus runden oder rechteckigen Teigblättern geformte gefüllte Teigtaschen.

### Tortellini
Nabelförmige Teigtaschen, gefüllt mit Fleisch, Wurst oder Käse.

### Trenette/Reginelle/Fettuccelle/Fettucce
Lange, sehr flache Spaghetti, die zwischen 2,1 und 6,5 mm breit sind. Trenette werden besonders gern zu Fischsaucen (zum Beispiel mit *vongole*) serviert, die Fettucce vor allem zu Saucen mit Butter, Eiern und Käse.

### Vermicelli/Vermicelloni
Die „Würmchen" sind eigentlich Spaghetti, nur ein wenig dünner. Man serviert sie meist mit Tomaten- oder anderen Gemüsesaucen, *aglio e olio*, oder man sautiert sie vor dem Servieren, bereits mit der Sauce vermischt, noch einmal kurz in der Pfanne.

*(Ravioli)*

*(Tortellini)*

*(Spaghetti)*

# Über das Pastakochen

Eine wichtige Faustregel: Nudeln sollte man in einem großen Topf und in viel Wasser garen – man rechnet etwa 1 Liter pro 100 Gramm Pasta. Der Grund: Nudeln müssen stets in sprudelndem Wasser gekocht werden, weil sie sonst leicht ankleben. Gibt man eine größere Menge Nudeln in zu wenig Wasser, kühlt das Wasser ab und braucht zu lange, um wieder aufzukochen.

•

Sobald das Wasser aufsprudelt, gibt man etwa eine Handvoll grobes Meersalz hinein (Sie können natürlich auch feines Salz verwenden, doch in Italien nimmt man stets das grobe). Vor allem bei frischen Teigwaren empfiehlt es sich, dem Kochwasser noch einen Schuß Öl beizugeben, damit sie nicht aneinanderkleben. Danach gibt man sofort die Nudeln ins Wasser. Kurze Pasta wirft man einfach hinein, Spaghetti und andere lange Nudeln gibt man nicht im Bündel, sondern möglichst locker ins Wasser, um zu verhindern, daß sie aneinanderkleben.

•

Wenn alle Nudeln im Wasser sind, stellt man die Hitze so hoch wie möglich und deckt den Topf zu. Sobald das Wasser wieder aufkocht, nimmt man den Deckel ab und regelt die Hitze: Das Wasser soll kochen, aber nicht allzu heftig sprudeln, denn vor allem hausgemachte oder gefüllte Nudeln können sonst Schaden nehmen oder nicht gleichmäßig garen. Während des Kochvorgangs muß man mehrfach umrühren, damit die Teigwaren nicht aneinander- oder am Boden kleben. Kurze Nudeln rührt man mit dem Holzlöffel um, lange mit einer Holzgabel, weil sie sich damit besser lockern lassen.

•

Die magischen Worte *al dente* bedeuten auf gut deutsch „bißfest". Tatsächlich ist es für das Gelingen eines Pasta-Gerichtes sehr wichtig, den richtigen Garpunkt abzupassen. Zu lange gekochte Nudeln werden wäßrig und matschig, weil sie zu viel Wasser aufgesogen haben, zu kurz gekochte sind noch hart. Am besten probiert man gegen Ende der angenommenen Garzeit eine Nudel. Wenn sie eben durch ist, seiht man die Nudeln sofort ab, weil sie abgegossen noch leicht nachgaren.
Frische Pasta gart naturgemäß sehr schnell, in etwa 2 bis 5 Minuten – je nachdem, wie lange die Nudeln durchgetrocknet sind. Gefüllte Nudeln brauchen ein wenig länger. Getrocknete Nudeln müssen in jedem Fall länger gekocht werden, wobei die Garzeit vom jeweiligen Format abhängt. Am besten nehmen Sie die Zeitangabe auf der Packung als Richtwert, machen aber trotzdem die Bißprobe, da die Garzeit je nach Wasserhärte variieren kann.

•

Gefüllte Pasta, dünne hausgemachte Nudeln, Gnocchi und einzelne Lasagneblätter hebt man am besten mit dem Schaumlöffel heraus, Fertigpasta gießt man direkt ins Sieb ab. Das muß rasch gehen, denn die Nudeln sollten danach gleich in einer möglichst vorgewärmten Schüssel mit ihrer Sauce vermischt werden, damit die Pasta nicht antrocknet, sondern sich perfekt mit der Sauce verbindet. Ist die Sauce nicht sehr flüssig, darf den Nudeln ruhig noch etwas Kochwasser anhaften. Nach Bedarf kann man auch noch nachträglich ein wenig Kochwasser untermischen. Soll die Pasta erst später weiterverwendet werden oder will man sie kalt – etwa als Nudelsalat – servieren, ist es ratsam, sie nach dem Abgießen mit kaltem Wasser abzuschrecken, um den Garprozeß sofort zu beenden.

•

Falls man alles zusammen in einer Schüssel serviert, vermischt man den Reibekäse sofort mit der Pasta, gibt dann die Sauce hinzu und mischt noch einmal gut durch. Dadurch schmilzt der Käse leichter und aromatisiert so das Gericht. Nach Belieben kann man auch noch ein Stück zimmerwarme Butter untermischen. Will man die Sauce getrennt servieren, sollte man in jedem Fall etwas Butter oder Olivenöl untermengen, damit die Nudeln geschmeidig bleiben.
Bei einer sehr tiefen Schüssel besteht die Gefahr, daß die Sauce trotz sorgfältigen Durchmischens weitgehend in der Tiefe verschwindet. Vor allem bei leichteren Saucen sollte man deshalb eine weite, flache Schüssel verwenden, weil der *sugo* sich auf diese Weise besser mit der Pasta verbindet. In jedem Fall ist es günstig, einen kleinen Teil der Sauce getrennt zu servieren, damit man den möglicherweise Zukurzgekommenen noch etwas Sauce nachreichen kann.

•

Als Menge rechnet man etwa 100 Gramm Pasta pro Person. Ist die Pasta nur Teil einer Speisefolge, kann auch weniger ausreichen; ist sie hingegen Hauptgericht, sollte man 125 bis 150 Gramm rechnen, je nachdem, wie gehaltvoll die Sauce ist.

•

Noch ein paar Tips zu den Saucen: Wenn Sie eine Tomatensauce als zu säuerlich empfinden, geben Sie eine Prise Zucker hinzu – italienische Hausfrauen tun das fast immer. Und: Zu Fischsaucen reicht man niemals Käse. Das kann natürlich jeder halten, wie er mag, doch werden sich Italiener angesichts eines solchen Vergehens mit Grausen abwenden!

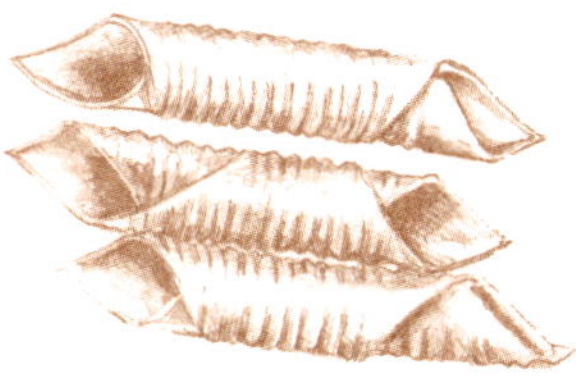
*(Garganelli)*

*(Capellini)*

*(Conchiglie)*

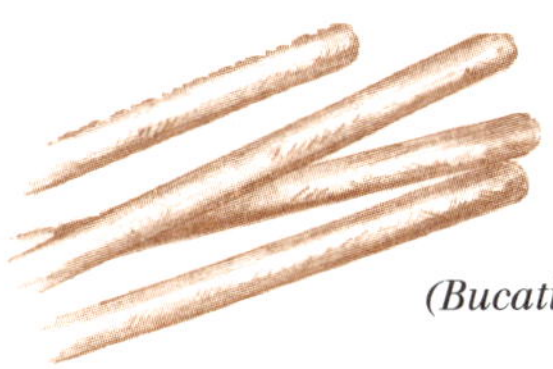
*(Bucatini)*

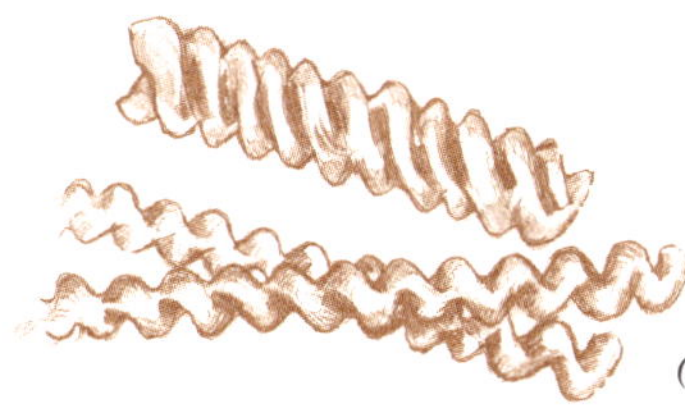
*(Fusilli)*

# Olivenöl – Grundlage der italienischen Küche

Der Olivenbaum wurde wahrscheinlich schon vor etwa 6000 Jahren als erster aller fruchttragenden Bäume im syrisch-palästinensischen Raum kultiviert – für Thukydides im 5. Jh. v. Chr. das Zeichen, daß die Menschheit sich aus der Barbarei erhoben hatte. Zwischen dem 2. und 1. Jh. v. Chr. gelangten der Olivenbaum und die Kenntnis von der Ölbereitung mit mykenischen, phönizischen und griechischen Schiffen auch in den westlichen Mittelmeerraum, und bald prägten die immergrünen Bäume mit ihren silbrig in der Sonne glänzenden Blättern und ihren knorrigen, charakteristischen Stämmen ausgedehnte Landstriche Italiens. Plinius der Ältere spricht im 1. Jahrhundert n. Chr. bereits von 15 verschiedenen Olivenbaumarten, und schon damals galt das Olivenöl als wertvolles Handelsgut, das mit Gold aufgewogen wurde! Das Olivenöl diente in der Antike nicht nur als Nahrungsmittel, sondern brachte auch Licht oder wurde zur Massage und als Heilmittel verwendet – und das gilt bis heute.

Der starke, robuste Olivenbaum braucht ein mildes Klima. Er gedeiht auch auf kargem Boden, und das Wurzelwerk verklammert sich bis ins Gestein. Er wächst langsam und wird uralt, doch braucht er gute Pflege und sorgsame Beschneidung, damit er gute Früchte trägt. Nach der Blüte im Mai und Juni beginnen die Oliven im Lauf des Sommers zu reifen, sind zuerst grün, werden dann bläulich, rötlich und schwärzlich, bis sie – je nach Region – zwischen November und März geerntet werden. Dafür gibt es verschiedene Methoden: Entweder werden die Oliven per Hand gepflückt – die älteste und beste Methode (aber auch die kostenaufwendigste), weil die Oliven auf diese Weise nicht beschädigt werden –, oder man holt die Oliven mit großen Holzkämmen vom Baum. Eine weitere Methode ist es, Netze zu spannen und die heruntergefallenen Oliven einzusammeln und die restlichen Früchte mit langen Stöcken abzuschlagen – oder aber der Baumstamm wird von einer speziellen Maschine gerüttelt, bis die Oliven herabfallen.

Rohe Oliven sind ungenießbar, weil allzu bitter. Um ihnen diesen bitteren Geschmack zu nehmen, werden sie einer weiteren Behandlung unterzogen, die je nach Region und Sorte variiert und auch davon abhängig ist, ob die Oliven zum Verzehr oder zur Ölgewinnung gedacht sind. Nur etwa 20% des Olivenernte wird zu Öl weiterverarbeitet. Ein wirklich gutes Olivenöl verlangt große Sorgfalt bei der Herstellung, doch fehlen leider immer noch eindeutige gesetzliche Regelungen

zum Schutz der Qualität. Im Zuge der EG will man wie beim Wein ein D.O.C. einführen, gegen das sich aber vor allem die kleinen Olivenbauern in guten Anbaugegenden wehren, weil sie ihr kostbares Öl nicht in eine allgemeine regionale „Suppe“ einbringen wollen.
Gutes Olivenöl gibt Speisen nicht nur ein besonderes Aroma, sondern ist auch gesund, da es einen großen Anteil an ungesättigten Fettsäuren hat. Es hat einen günstigen Einfluß auf den Cholesterinspiegel und wirkt so Herz- und Kreislauferkrankungen sowie Arteriosklerose entgegen, außerdem regt es die Gehirnfunktionen an.
Olivenöl ist bei uns in vielen und nicht immer guten Qualitäten auf dem Markt. Wenn Sie nicht die Möglichkeit haben, direkt vor Ort oder bei einem Händler Ihres Vertrauens einzukaufen, sollten Sie sich nach Möglichkeit an das hervorragende *olio di oliva extra vergine* (EG-Kennzeichnung „natives Olivenöl extra“), das „Jungfernöl aus erster Pressung“ halten. Es ist zwar teuer, da die Herstellung aus ausgesuchten vollreifen Früchten sehr aufwendig ist, aber seinen Preis durchaus wert.
*Olio di oliva extra vergine* darf nur kaltgepreßt, durch mechanische Verfahren und ohne jeglichen chemischen Zusatz gewonnen werden und höchstens 1% freie Ölsäure enthalten. Hervorragende Öle aus Regionen wie Ligurien oder der Toskana besitzen in der Regel nicht mehr als 0,5% Säure.
*Soprafino vergine* darf bis zu 1,5% Säure, *fino vergine* bis zu 2% Säure und nur *vergine* bis zu 3,3% Säure enthalten. Auch die einfache Qualität *vergine* gilt als kaltgepreßt, obwohl dabei eine Preßtemperatur bis zu 45 Grad erlaubt ist. „Reines Olivenöl“ ist ein Verschnitt aus kaltgepreßtem und raffiniertem (mit chemischen Mitteln extrahiertem und dann gereinigtem) Olivenöl. Olivenöl aus Ligurien ist in der Regel leichter und delikater, während das Öl aus dem Süden Italiens geschmacksintensiver ist.
Gutes Olivenöl wird nicht leicht ranzig und kann bis zu zwei Jahren aufbewahrt werden, wenn Sie einige Regeln beachten:

- Stellen Sie die Flasche an einen Platz, an dem das Öl vor direktem Lichteinfall und Hitze geschützt ist.

- Verschließen Sie eine einmal geöffnete Flasche immer wieder gut und verbrauchen Sie das Öl in absehbarer Zeit.

Im Keller aufbewahrt, kann Olivenöl schon bei Temperaturen zwischen sechs und zehn Grad fest werden, ohne aber dabei Schaden zu nehmen. Bei Zimmertemperatur verflüssigt es sich schnell wieder.
Zur Arbeitserleichterung können Sie zum Würzen mehrere Ölfläschchen vorbereiten, in die Sie Ihre bevorzugten Würzkräuter einlegen: Peperone, wenn es scharf sein soll, Knoblauch (nach Belieben kombiniert mit Rosmarin oder anderen Kräutern) sowie einzelne oder gemischte Kräuter nach Geschmack. Dann können Sie wie in Italien beispielsweise Suppen erst ganz zum Schluß mit einem Schuß rohem gewürztem Olivenöl würzen.

# Die italienischen Regionalküchen

Italien bietet eine kulinarische Landschaft von großer Vielfalt. Aufgrund der unterschiedlichen geographischen Gegebenheiten hat sich im Laufe der Jahrhunderte in jeder der 19 Regionen eine sehr eigene, typische Küche herausgebildet. Und da Italien – abgesehen von der weiten Poebene – in erster Linie ein gebirgiges Land mit vielen Tälern ist, die früher wegen der fehlenden Transportmittel kaum Verbindung zum übrigen Land hatten, hat häufig sogar jeder kleine Ort seine eigenen typischen Spezialitäten entwickelt.
Die *cucina povera*, die Kost der Arbeiter und Bauern, stützte sich jeweils auf das, was auf dem lokalen Markt angeboten, im eigenen Garten angebaut und in der Umgebung gejagt und gefischt wurde. Aus dem wenigen Vorhandenen bereitete man höchst schmackhafte Speisen, und die Rezepte wurden in den Familien von einer Generation an die nächste weitergegeben, denn Rezeptbücher kannte man in früheren Zeiten noch nicht.
Zugleich entwickelte sich die Küche der Oberschicht, der Kaufmannsfamilien und Großgrundbesitzer, die zum einen regional geprägt war, zum anderen durch die Küche der jeweiligen Fremdherrscher beeinflußt wurde. So gab es Bourbonen in Neapel und Sizilien, Franzosen im Piemont und im Aostatal, Lothringer in der Toskana – und die Österrreicher prägten die Küche in der Lombardei, in Venetien und in Südtirol.
Mit zunehmenden Kommunikationsmöglichkeiten begannen sich nach dem Zweiten Weltkrieg die arme und die reiche Küche einander anzunähern. Viele Bauern verließen das Land und zogen in die Städte, um dort besser bezahlte Arbeit zu finden; vor allem die Süditaliener versuchten im industrialisierten Norden ihr Glück. Sie brachten ihre regionalen Gerichte mit, nahmen zugleich aber auch die kulinarischen Einflüsse ihrer neuen Heimat auf. Gleichzeitig veränderten moderne Konservierungsverfahren und bessere Transportmöglichkeiten die traditionellen Eßgewohnheiten, so daß mit der Zeit eine „italienische" Küche entstand – Gerichte, die man inzwischen in allen Regionen des Landes findet.
Dabei ist vor allem die verfeinerte – und grundsätzlich sehr gesunde – *cucina povera* immer populärer geworden und hat sich einen großen Teil der Welt erobert.
Inzwischen hat sich vieles verändert, und vor allem in sehr touristischen Gebieten tut man sich häufig schwer, noch traditionelle regionale Gerichte zu finden. Da heißt es Spürsinn entwickeln und jede Möglichkeit wahrnehmen, um die typischen Gerichte der jeweiligen Region kennenzulernen, die im Grunde nur eine Köchin (oder ein Koch) wirklich vollendet zuzubereiten weiß, die das Wissen darum sozusagen mit der Muttermilch aufgesogen hat.
Immer noch bekommt man bestimmte Köstlichkeiten nur an Ort und Stelle vorgesetzt – z.B. hausgemachte Würste oder Käse, die nicht exportiert, sondern im Familien- oder Freundeskreis gegessen werden.

Welche Nahrungsmittel bzw. Gerichte in den jeweiligen Regionen besonders typisch sind, zeigt Ihnen der folgende Überblick.

## Piemont

Oft wird behauptet, die piemontesische Küche sei von der französischen beeinflußt worden. Doch ist es vielmehr so, daß beide Küchen viele Gemeinsamkeiten haben, denn das Piemont und die Gebiete von Savoyen und Nizza standen acht Jahrhunderte unter der gleichen Herrschaft.

In der traditionellen Küche des Piemont herrschen sechs Zutaten vor: Reis, Butter, Milch, Käse, Knoblauch und Trüffel, von denen die klassische *fonduta* gleich vier enthält. Oft wird als siebente Zutat der (nicht verzehrbare) Bindfaden genannt – stellvertretend für die zahllosen Braten und Geflügel, die damit zusammengeschnürt werden.

Ihren vollen Duft entfaltet die piemontesische Küche im Herbst – mit Wildgerichten, frischen Nüssen, Trauben, Trüffeln und Wein, den man in dieser Gegend in bester Qualität findet.

Den Reis ißt man als Risotto, in Suppen, als Beilage, in Salaten, Füllungen und als Süßspeise. Milch und Sahne verwendet man in vielerlei Suppen, Saucen und Süßspeisen.

Bevor sich auch in Norditalien der südliche Einfluß geltend machte, kannte man im Piemont nur wenige Nudelgerichte, etwa die *agnolotti* (gefüllte Teigtaschen) und die *taglierini* (schmale Bandnudeln). In jedem Fall zieht man hier eine kräftige Fleischbrühe mit Einlage als Eingangsgericht vor.

Nach wie vor spielt die Butter in dieser Küche eine wichtige Rolle, auch wenn man heutzutage aus gesundheitlichen Gründen verstärkt zum Olivenöl greift, das man im Piemont früher nicht kannte, weil in dieser Gegend keine Olivenbäume wachsen.

In der piemontesischen Küche liebt man nicht nur bei den Fleischgerichten kräftige Aromen. Böse Zungen behaupten, die Piemonteser seien deshalb so wortkarg, weil sie den Gesprächspartner mit ihrem Knoblauchatem verschonen wollen. Vielleicht haben sie gerade *bagna caôda* gegessen, eines der berühmtesten piemontesischen Gerichte, zu dem nicht nur sehr viel Knoblauch gehört, sondern auch reichlich rohes Gemüse – eine weitere große Vorliebe der Piemonteser.

Eine Reihe von köstlichen Käsen ist in dieser Region beheimatet, etwa der *robiola, toma* oder *reblochon*, und auch der ursprünglich in der Lombardei beheimatete *gorgonzola* wird hier in großen Mengen hergestellt.

Darüber hinaus sind die Piemontesen berühmt für ihre köstlichen Süßigkeiten, wobei jede Stadt ihre eigene Spezialität hat: Die *amaretti* sind Makronen aus bitteren Mandeln, *brutti ma buoni* („häßlich, aber gut") bestehen aus Mandeln und Nüssen, die *cuneesi* sind ein rumgetränktes Schokoladenkonfekt, und Turin ist berühmt für vielerlei Pralinensorten.

Auch die *grissini*, die dünnen, knusprigen Stangen aus Brotteig, sind eine gastronomische Erfindung des Piemont.

Neben den köstlichen Weinen dieser Region, in erster Linie der *barbera* und der *barolo*, hat der Wermut Weltberühmtheit erlangt, der seit 1786 in Turin hergestellt wird.

## Aostatal

Dieses Tal im Hochgebirge, heute beliebtes Ziel für Skifahrer, Bergsteiger und Liebhaber einer noch weitgehend unberührten Natur, hatte jahrhundertelang nur wenig Verbindung zur übrigen Welt, weil es völlig abseits der wichtigen Verbindungsstraßen und der großen Städte lag. Aus diesem Grund entwickelte sich eine handfeste bäuerliche Küche mit sehr typischen Gerichten aus den Produkten der Umgebung – in erster Linie Käse und Wild, außerdem Forellen und Renken aus den Flüssen und Gebirgsseen, Pilze, Kastanien, Himbeeren und Blaubeeren, Martin sec-Birnen und Reinetten. Ursprünglich kannte man hier weder Nudelgerichte noch Olivenöl. Das Essen wird meist mit einer Brot- oder Reissuppe eingeleitet, deshalb spielt eine gute Fleischbrühe in dieser Region eine wichtige Rolle.

Unter den Käsen ist der berühmteste der *fontina*, der in vielen Gerichten verwendet wird, seinen vollen Geschmack in der *fonduta* entfaltet und häufig auch die Polenta würzt.
Das typische Brot des Aostatals, das u.a. die Grundlage für allerlei Suppen bildet, ist ein rundes Roggenbrot, das früher nur einmal im Jahr gebacken wurde. Man läßt es hart werden und schneidet es dann mit einem besonderen Brotschneider auf. Mittlerweile ist der Wildbestand auch im Aostatal stark zurückgegangen. Die *mocetta*, eine klassische Spezialität, wurde früher aus Steinbockfleisch zubereitet, heute meist aus Gams- oder Ziegenfleisch: Das Fleisch wird kräftig gewürzt, gepökelt und getrocknet und dann wie ein Schinken aufgeschnitten. Ein weiteres klassisches Gericht, die *carbonade*, ist ein Ragout aus gepökeltem Rindfleisch, das mit viel Zwiebeln und Rotwein zubereitet wird. Früher hatten die kleinen Ortschaften keine Metzgereien, so daß man Rindfleisch nur dann aß, wenn ein Tier geschlachtet werden mußte, und da man das Fleisch nicht auf einmal verbrauchen konnte, wurde eben ein großer Teil eingepökelt. Im Aoastatal gibt es nur wenige typische Süßspeisen, dafür aber einen köstlichen *grappa* – pur oder mit Kräutern gewürzt. Der bekannteste Likör ist der *Génepy des Alpes*, der auf der Basis von arthemisia génépi oder arthemisia glacialis zubereitet wird. Im Winter trinkt man nach dem Essen gerne aus der *grolla di amicizia*, einem Holzhumpen, reihum einen kräftigen Punsch, der aus Kaffee, Grappa, Rotwein, Zitronenschale und Gewürzen zubereitet wird.

## Lombardei

Die Lombardei ist eine sehr große Region, deren neun Provinzen sich sowohl landschaftlich als auch wirtschaftlich stark voneinander unterscheiden. Man kann deshalb kaum von einer einheitlichen lombardischen Küche sprechen, sondern vielmehr von den Spezialitäten der einzelnen Provinzen. So ernährt man sich in der Großstadt Mailand natürlich mehr von Industrieprodukten als im gebirgigen Veltlin. An den Seen der Voralpen bereichern Fische den Speisezettel, während in den Provinzen Brescia und Bergamo der venezianische Einfluß unverkennbar ist, da sie früher unter der Herrschaft Venedigs standen. In Mantua und Cremona wird hingegen die Nähe zur reichhaltigen emilianischen Küche deutlich.
Einige Gemeinsamkeiten gibt es aber doch: Im allge-

meinen zieht man den Reis den Nudeln vor, sei es in Form von Risotto oder in der Suppe, und in den Provinzen Brescia und Bergamo zeigt sich in der Vorliebe für Polenta die venezianische Tradition. Überall kommt zum Nachtisch häufig Käse auf den Tisch, *per pulirsi la bocca*, um sich den Mund zu reinigen, es wird immer noch lieber Butter als Öl zum Kochen verwendet, und in fast allen Provinzen kocht man gerne mit Sahne.
Die Lombardei produziert den größten Teil der italienischen Butter, und ihre Käseindustrie ist von so beachtlichem Ausmaß, daß sie nicht nur den inländischen Bedarf abdeckt, sondern auch einen großen Teil exportiert, etwa *grana* (Parmesan), *gorgonzola*, *mascarpone, stracchino, taleggio, robiola, provolone padano* (Räucherkäse), *bel paese* oder *bitto*.
In Mailand noch wirklich traditionelle Spezialitäten zu finden ist schwierig geworden. Hingegen sind hier die Küchen vieler anderer Regionen vertreten – und auch vieler anderer Länder. Doch wenn man das richtige Restaurant findet, kann man noch typische Gerichte kosten wie Kichererbsen mit Schweinskopf, Wirsing mit Schweinefleisch, gebratene Rinderkroketten (*mondeghili*), gefüllten Truthahn oder gekochte Kalbsfüße.

Einige lombardische Spezialitäten sind zu Klassikern geworden, die man in ganz Italien und über die Grenzen hinaus kennt, so etwa die *zuppa alla pavese*, das *risotto alla milanese*, die *costoletta alla milanese*, die *bresaola, ossobuco* (den man auch in der Emilia Romagna findet, Seite 48), der köstliche Wein aus dem Veltlin und nicht zuletzt die beiden berühmten Mailänder Kuchen *panettone* und *colomba.*
Der traditionelle Weihnachtskuchen *panettone* ist ein leichter, lockerer Napfkuchen aus Hefeteig, den man industriell hergestellt heutzutage überall in Italien und weit über die Landesgrenzen hinaus findet. Auch die *colomba* ist ein feiner Hefekuchen in Form einer Taube, in der Regel mit grobem Zucker und Mandeln belegt, der traditionell am Ostersonntag gegessen wird, so daß ihn man um diese Zeit in jedem Laden kaufen kann.

## Südtirol und das Trentino

In dieser Region, in der das deutschsprachige Südtirol und das italienischsprachige Trentino zusammengeschlossen sind, leben auch zwei Küchen nebeneinander: zum einen die stark von Österreich bestimmte Bozener Küche, zum anderen die

Trientiner Küche, die in ihren Grundzügen venezianisch ist, aber auch lombardische und habsburgische Einflüsse aufweist.
Durch den Zuzug vieler Süditaliener hat auch die Pasta Eingang in die Südtiroler Küche gefunden, die man, anders als im übrigen Italien, oft auch als Beilage serviert bekommt. In der Regel zieht man als ersten Gang aber die Suppe vor – häufig in Kombination mit Knödeln, die man als *canederli* auch im Trentino wiederfindet und die es hier wie dort in den verschiedensten Zubereitungsarten gibt. Eine wesentliche Rolle in dieser Küche spielt der sehr aromatische, meist mit vielerlei Kräutern gewürzte Räucherspeck. Räucherfleisch, nicht nur vom Schwein, wird nicht nur aufgeschnitten, sondern gerne auch gekocht serviert – am liebsten zum Kraut. Schweinefleisch ist ebenfalls Bestandteil vieler Gerichte.

Brot gibt es in vielerlei Art und guter Qualität, etwa das *Meraner Brot*, ein mehr oder weniger dunkles Mischbrot. Die *Vintschger*, kleine, flache Fladenbrote, halten sich so gut, daß die Senner sie traditionell mit auf die Alm nehmen. Das *Schuttelbrot* hingegen ist ein dünnes und sehr hartes Brot, das man nur mit großer Kraft brechen kann.

Beiden Provinzen ist die Vorliebe für Kohl und Kartoffeln gemeinsam, ebenso für Pilzgerichte und Wild, für die Graupensuppe oder die köstlichen Apfel-Küchlein. Äpfel und Trauben als Bestandteil vieler köstlicher Süßspeisen und Kuchen gibt es in beiden Provinzen, und hier zeigt sich nicht nur in Krapfen und Strudeln deutlich der österreichische Einfluß.

Eine wichtige Rolle spielt natürlich auch der Wein, und in Südtirol werden eine Reihe von Schnäpsen gebrannt, die aus verschiedenen Obstsorten, Enzian, Trester und Wacholder (im *Kranebitter*) bestehen.

Für Deutsche und Österreicher ist das Trentino das eigentliche Eingangstor zum Süden. Am Gardasee mit seinem für die nördliche Lage äußerst milden Klima wachsen nicht nur Zitrusfrüchte, sondern wird auch ein äußerst delikates, leichtes Olivenöl hergestellt.

Die vielen Wasserläufe und die fast 300 Seen des Trentino liefern Forellen, Saiblinge, Barben, Äschen, Aale und eine Vielzahl anderer Fische. Auch Stockfisch findet man in mehreren Zubereitungsarten. Der Einfluß Venetiens kommt besonders in der Vorliebe für Polenta zum Ausdruck, die man nicht nur aus Maismehl zubereitet, sondern auch aus Weizen- oder Buchweizenmehl, manchmal sogar mit Kartoffeln vermischt.

Auf die Habsburger wiederum geht das Gulasch zurück, das man in der ganzen Provinz oft und gerne ißt.

## Venetien

Die Venezianer waren stets sehr aufgeschlossen für alle Neuerungen und jederzeit bereit, unbekannte Gerichte oder Zutaten auszuprobieren. Als Seefahrer brachten sie ihre Eßgewohnheiten in die von ihnen eroberten Gebiete und übernahmen die Spezialitäten der jeweiligen Landesküche, so daß man hier beispielsweise Risotto nach Levantiner Art und Sardellen nach griechischer Art findet.

Vier Hauptzutaten bestimmen seit Jahrhunderten die Küche Venetiens: Maismehl, Reis, Bohnen und Stockfisch. Die Venezianer bereiteten ihre Polenta aus Kichererbsen, Hirse, Buchweizen oder Saubohnen, bis venezianische Seefahrer im 16. Jahrhundert in Sizilien den Mais entdeckten. Da die Venezianer alles, was ihnen fremd war, türkisch nannten, erhielt er die Bezeichnung *granoturco*, die noch heute in ganz Italien gilt. Auf der Stelle versuchten sie auch aus diesem Getreide Polenta zuzubereiten und waren von dem Ergebnis so begeistert, daß sie sogleich mit dem Maisanbau begannen, während sich die Mais-Polenta in anderen Gegenden Norditaliens erst sehr viel später durchsetzte. Besonders gerne ißt man sie zusammen mit Stockfisch oder mit *osei*, kleinen Vögeln, die abwechselnd mit Salbeiblättern und Speckstreifen auf Spieße gesteckt und gebraten werden. Das einfache Volk aß die erkaltete Polenta früher häufig anstelle von Brot.

Als die Araber im 8. Jahrhundert den Reis nach Europa brachten, gelangte er über Spanien bald auch in die Lombardei, wo er zu allererst angebaut wurde. Durch ihren Handel mit dem Orient hatten die Venezianer den Reis jedoch schon sehr viel früher kennengelernt und ihn in immer größeren Mengen eingeführt, so daß es in Venedig bereits eine Reihe von Reisgerichten gab, als man auf der italienischen Halbinsel mit einem intensiveren Reisanbau begann. Auch heute noch kennt man in keiner anderen Region Italiens so viele verschiedene Reis-Zubereitungsarten – mit Fleisch, Fisch oder Gemüse –, wobei das wohl berühmteste aller Gerichte das *risi e bisi* (Reis mit Erbsen) ist.
Auch die Vorliebe der Venezianer für Bohnen geht wahrscheinlich auf das 16. Jahrhundert zurück. Von den ursprünglich aus Amerika stammenden weißen Bohnen brachten die Spanier Papst Clemens VII. eine große Menge mit, und dieser schenkte sie an Freunde weiter, so auch an den Humanisten Piero Valeriano aus Belluno, der sie wiederum den Bauern in seiner Heimat mitbrachte. Von dort aus verbreitete sich der Anbau der Bohne bald in ganz Venetien – man nannte sie zuerst türkische Bohne! –, und Bohnen wurden zum Bestandteil vieler Gerichte, von denen das berühmteste die *pasta e fagioli*, (Nudeln mit Bohnen) ist. Ansonsten spielt die Pasta in der traditionellen Küche Venetiens keine große Rolle; noch am ehesten bekannt ist die Pasta mit Sardellen, das traditionelle Essen am Aschermittwoch.
Dagegen ist die Vorliebe für Gemüse in Venetien besonders ausgeprägt. Berühmt sind vor allem die beiden *radicchio*-Sorten aus Verona und Treviso, die „eßbaren Blumen“, die man nicht nur als Salat zubereitet, sondern als Beilage auch dünstet oder grillt. Der Knoblauch wird in dieser Küche allerdings eher stiefmütterlich behandelt, was auf die orgiastischen Feste der Republik Venedig zurückgeführt wird ...
Bei den Hauptgerichten dominieren zum einen Fisch (auch Stockfisch) und Krustentiere, die zum großen Teil aus den Strandseen stammen, zum anderen mag man hier besonders gern Geflügel aller Art, Kanichen und wild lebende Vögel.
Zu den bekanntesten Wurstspezialitäten gehören die *bòndola*, eine köstliche Räucherwurst, und die mit kandierten Früchten und Sultaninen angereicherten Blutwürste.
Unter den Käsen ist an erster Stelle der *asiago* von der gleichnamigen Hochebene zu nennen, der schon zu Zeiten der *serenissima* – der Republik Venedig – in andere Mittelmeerländer ausgeführt wurde.
Bekanntestes Gebäck sind die *baicoli*, eine Art süßer Schiffszwieback, den man gern in kalte Cremes eintaucht, und *fugassa*, ein typischer Hefekuchen mit vielerlei Gewürzen, der zu Ostern auf den Tisch kommt.

## Friaul und Julisch Venetien

In diesem äußersten östlichen Zipfel Italiens bestehen zwei Küchen nebeneinander: die Triestiner und die des Friaul. Triest war einst ein bedeutender Hafen der österreichisch-ungarischen Monarchie, so daß sich in dieser Küche venezianische, österreichische, ungarische, griechische, slawische und hebräische Einflüsse miteinander mischen.

Auffallend ist die Verwendung von Majoran, Kümmel, Oregano, Knoblauch und Pfeffer.
Die beiden Küchen haben sich im Laufe der Zeit stark einander angenähert, doch kann man von der des abgelegenen, eher armen Friaul sagen, daß sie ursprünglich im wesentlichen von einfachen bäuerlichen Grundnahrungsmitteln wie Kartoffeln, Gerste, Mais, Rüben und Schweinefleisch bestimmt war. In der ganzen Region ist jedoch der venezianische Einfluß spürbar, denn auch hier besteht eine ausgeprägte Vorliebe für weiße Bohnen, Polenta und Reis.
Suppen gibt es in dieser Provinz in vielen Varianten – in Verbindung mit Teigwaren, Reis oder Knödeln, dicke Gemüsesuppen, Fischsuppen und vor allem Bohnensuppen. Die berühmteste ist die *iota*, in der die Bohnen mit sauren Rüben und Maismehl kombiniert werden, häufig auch mit Sauerkraut, Kartoffelpüree, Schwartenspeck und geräucherten Schweinerippchen. Gemüsesuppen werden mit Räucherspeck gewürzt.
Typisch sind auch die *minestre asciutte di tipo dolce* (süße Teig- oder Reisgerichte) wie Milchreis, Nudeln mit Mohnsauce, Quarkstrudel oder Pflaumenknödel, und die *minestre asciutte di tipo forte* (pikante Teig- oder Reisgerichte) wie Fischrisotto, Semmelknödel mit Schinken, Nudeln mit Thunfisch oder Sardellen. Beliebt ist auch die Polenta; mit Räucherspeck, Kraut, Bohnen und Zwiebeln wird z.B. die *bisna* zubereitet.
Ein typisches Pastagericht aus dem Friaul sind die *cialzons*, Teigtäschchen in Form von kleinen Hüten, die niemals mit Fleisch gefüllt werden, sondern z.B. mit Räucherquark oder Spinat, vermischt mit Eiern, Sultaninen, Schokolade, kandierten Früchten und kräftigen Gewürzen.
Saucen werden häufig süß abgeschmeckt, etwa mit Äpfeln, Johannisbeeren, Pflaumen, Stachelbeeren oder Orangen, unter Zugabe von Pinienkernen, Kümmel oder Anis. Außerdem mag man hier sehr gerne Meerrettichsaucen.
Bei den Gemüsen spielt der berühmte grüne, leicht bittere Görzer Zwerg-*radicchio* eine große Rolle, außerdem Topinambur und der dicke weiße Spargel von Sant'Andrea. Ein wesentlicher Bestandteil der friaulischen Küche ist zudem die *brovada*: Weiße Rüben werden eine Zeitlang in einer Mischung aus Wasser und Weintrester gesäuert und dann geraspelt einer Reihe von Gerichten beigegeben oder als Beilage serviert – am liebsten zusammen mit dem *muset*, einer kräftig gewürzten Schweinskochwurst.
Köstlich und ein typisches Gericht aus Karnien ist die Kräuter-*frittata*, ein Eierkuchen, der je nach Jahreszeit mit mehr oder weniger Kräutern zubereitet wird: Minze, Petersilie, Zwiebel, Basilikum, Mangold, Spinat, Oregano, Majoran, Mohn, Hopfenkeime. Bekannteste Spezialität des Friaul ist zweifellos der Schinken von San Daniele, doch werden aus der Zwergschweinrasse dieser Gegend auch köstliche Würste hergestellt.
Guter, frischer Schafskäse ist eine weitere Spezialität dieser Gegend, ebenso der *montasio*, ein Almkäse aus Kuhmilch, der sich nach einjähriger Lagerzeit auch als Reibekäse eignet.
Der bekannteste Kuchen ist die *Triestiner Torte*, u.a. gefüllt mit Mandeln, Nüssen und Sultaninen, die es inzwischen auch in anderen Teilen Italiens gibt.

## Ligurien

Ligurien, das sich in einem schmalen Band entlang der Küste zieht, ist eine im wesentlichen gebirgige Region, die nur dicht am Meer ein wenig ebenes Land hat und deshalb keine Rinderzucht erlaubt. Zwar grasen Schafe und Ziegen in den Hügeln, doch spielt Fleisch in dieser Küche bis heute keine große Rolle.

Aufgrund des sehr milden Klimas können die Ligurer mehrmals jährlich ernten. Allerdings ist der terrassenförmig angelegte Boden eher karg, und sie müssen ihm seine Früchte hart abringen. Hier legt man größten Wert auf gutes Gemüse, das in dieser Region in besonders guter Qualität wächst, und jeder, der nur eben kann, hält sich einen kleinen Gemüsegarten.

Diese Küchentradition kann man allerdings auch darauf zurückführen, daß die Seefahrer sich früher monatelang mit konservierten Nahrungsmitteln behelfen mußten und deshalb mit einem großem Appetit auf frisches Obst und Gemüse zurückkehrten.

Die Bewohner dieser Region – vor allem die Genueser – gelten als geizig. Sie selber sehen das anders: Sie lieben es, auf sich gestellt zu sein, und was in dieser Region nicht wächst und gedeiht, das verwendet man auch nicht. Dagegen macht es Spaß, alles zu nutzen, was zur Verfügung steht: die Früchte der Erde und des Meeres. So wächst hier nicht nur Borretsch wild, sondern auch die *erbette*, eine kleine Mangoldart, und beide sind Bestandteil vieler Gerichte.

Pilzesammeln gehört noch immer zu den schönsten Sonntagsvergnügen, und die Pilze, vor allem die getrockneten Steinpilze, spielen fast in jedem *sugo* – ob zur Pasta oder zum Fleisch – eine wichtige Rolle. Weitere wichtige Zutaten sind Pinienkerne und Sardellen.

In dem subtropischen Klima gedeihen auch die Olivenbäume sehr gut. Die kleinen, in *salamoia* (Salzlake) eingelegten Oliven sind besonders aromatisch, und das Olivenöl gehört zu den besten Italiens. Da es sehr leicht und nicht zu intensiv ist, kommt es dem deutschen Geschmack am besten entgegen.

Mit Fisch ist das ligurische Meer nicht mehr allzu großzügig, doch findet man immer noch genügend Sardinen, Sardellen, *triglie* (rote Seebarben) und Muscheln. Deshalb spielt auch hier, wie in anderen italienischen Regionalküchen, der Stockfisch eine große Rolle, für den es zahllose Rezepte gibt (und auch hier schlägt zweifellos die alte Seefahrertradition durch, denn man konnte ihn auch auf lange Fahrten mitnehmen).

Trotz allem haben die Ligurer über die Jahrhunderte aufgrund ihrer Handelsbeziehungen zum Orient und zu Sizilien – und nicht zuletzt aufgrund der vielen Sarazeneneinfälle – auch fremde Einflüsse aufgenommen. So sind sie die eigentlichen Erfinder der *ravioli*, die sie in Sizilien als ein Gebäck aus Brotteig mit Quarkfüllung kennengelernt hatten. Die Genueser übernahmen diese Technik,

füllten den Nudelteig jedoch mit einer mehr oder weniger pikanten Farce und servieren die Täschchen heute mit einem *sugo*, mit Butter oder auch mit Salbei und Parmesan. Von den *ravioli* leiten sich alle anderen gefüllten Nudeln ab. Eine besondere ligurische Spezialität sind auch die *pansôti*, die mit Quark, Ei, Käse und Kräutern gefüllt werden.
Knoblauch liebt man in Ligurien über alles. Er spielt auch eine wichtige Rolle im berühmtesten Gericht, dem *pesto*, einer Sauce aus Basilikum (das hier besonders gut und würzig wächst), Knoblauch, Käse, Pinienkernen oder Nüssen und Olivenöl. Nach wie vor bereitet man den *pesto* im Mörser zu, denn im Mixer gelingt er längst nicht so gut.
Unübertroffen sind auch die pikanten Gemüsetorten, etwa die *torta pasqualina*. Und der neapolitanischen

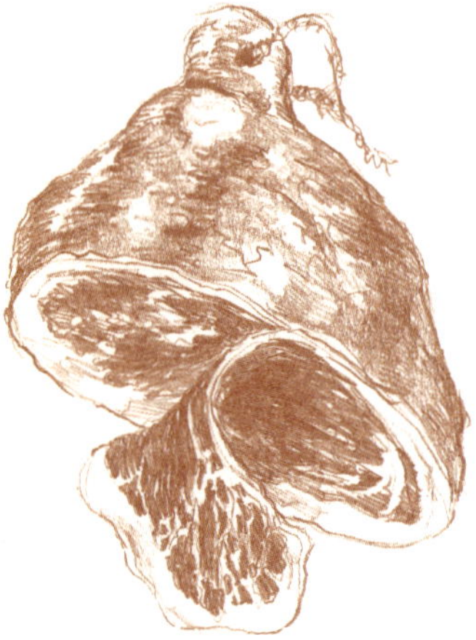

Pizza setzen die Ligurer ihre *focaccia, pizzalandrea* und *farinata* entgegen. Da die sparsamen Ligurer es lieben, Speisereste zu verwenden, findet man hier Füllungen aller Art: gefüllte Sardellen, gefüllte Zucchiniblüten oder auch gefülllte Kalbsbrust (*cima alla genovese*). Das üppigste aller Gerichte ist der *cappon magro*, in dem so ziemlich alles enthalten ist, was Boden und Meer in der Fastenzeit bieten.

## Emilia-Romagna

Die Küche der Emilia-Romagna ist die reichste und üppigste im ganzen Land. Diese beiden Regionen, die verwaltungsmäßig zusammen gehören, unterscheiden sich jedoch geographisch sehr stark: Während die Emilia vorwiegend eben ist, wird die Romagna zum Teil schon vom Apennin durchzogen und hat eine längere Küstenlinie – deshalb auch mehr Fischrezepte.
Jeder Emilianer ist stolz auf die Spezialitäten seines Herkunftsortes, ebenso jeder Romagnole. Doch in einem sind sich hier alle einig: Gutes Essen gehört zu den wichtigsten Dingen im Leben. Und man nimmt sich nicht nur viel Zeit zum Schlemmen, sondern auch für die Vorbereitung der Gerichte. Die Stadt Bologna hat zwei Beinamen, die sie zum einen ihrer berühmten alten Universität und zum anderen ihrer guten, üppigen Küche verdankt: *la dotta*, die Gelehrte, und *la grassa*, die Fette.
In der ganzen Region liebt man gefüllte Teigwaren, die häufig noch hausgemacht werden und sich von Provinz zu Provinz in Form und Füllung unterscheiden: die *anolini* in den Provinzen Parma und Piacenza, die *cappelletti* in der Provinz Reggio, die *ravioli* in Modena, die *tortellini* in Bologna. Dazu gehören üppige Füllungen aus Rind- oder Schweinefleisch und den jeweiligen Wurstspezialitäten der Gegend, doch gibt es auch Nudeln mit fleischloser Farce. So werden die *tortelli* in Piacenza mit Ricotta und Kräutern gefüllt, die *cappellacci* in Ferrara mit Kürbis und Käse.
Auffallend ist die Vorliebe für Fleisch – egal, ob in Vor- oder Hauptgerichten. Hier hat das *ragù*, die Fleischsauce zur Pasta, seine eigentliche Heimat. Doch liebt man auch gehaltvolle Sahnesaucen. Die Wurst- und Schinkenproduktion ist ebenfalls sehr vielfältig, und vor allem mit Schweinefleisch können die Köche hier vollendet umgehen. Bologna ist berühmt für seine *mortadella*, Ferrara für die *salame da sugo*, Modena für den *zampone*, Reggio nell'Emilia für

den *zucco*, Piacenza für den *capocollo* und Parma für Schinken, Salami und Schinkenwurst.
Parma hat allerdings nicht nur dem berühmten luftgetrockneten Schinken seinen Namen gegeben, sondern auch dem körnigen Parmesankäse. Dieser wird heute jedoch vorwiegend in der Provinz Reggio hergestellt, und der echte Parmesan wird als *parmigiano reggiano* bezeichnet. Ein anderer typischer Käse ist der *raviggiolo*, ein fladenförmiger Frischkäse.
In der Romagna findet man eine Reihe hervorragender Fischgerichte, und am liebsten gart man den Fisch – wie auch alle möglichen Fleisch-, Wurst- und Geflügelsorten – am Spieß.
Unter den spritzigen Rotweinen ist der berühmteste der *lambrusco* aus Sorbara.

## Toskana

Die Toskaner sind bekannt für ihre Präzision, ihren klaren Verstand und ihren ironischen Sprachwitz. Man verabscheut überflüssige Schnörkel, und das drückt sich auch in der Küche aus. Größter Wert wird auf Qualität gelegt, auf gute, frische Zutaten, die man nicht gern mit überflüssigen Beigaben verfälscht.
Im wesentlichen kocht man hier leicht, fettarm und dennoch würzig. Dabei werden kaum tierische Fette verwendet, sondern Olivenöl, das in allen Provinzen in sehr guter und leichter Qualität erhältlich ist. Außerdem spielen die Gewürzkräuter eine wichtige Rolle: Rosmarin, Salbei, Thymian, Oregano, Majoran, Minze, Estragon, aber auch Fenchelsamen, Zimt und Gewürznelken. Wichtig sind auch der Pfeffer, die Pfefferschoten und vor allem Knoblauch.
In der traditionellen toskanischen Küche waren weder Risotti noch Nudelgerichte stark vertreten, doch hat sich dies durch die industriell gefertigte Pasta inzwischen – wie überall – ein wenig geändert. Dagegen liebt man hier Gemüse über alles, und an erster Stelle stehen weiße Bohnen und Tomaten. Köstlich sind die Suppen, unter anderen die Bohnensuppe, die Tomatensuppe und die *ribollita*. Wichtige Zutat ist das köstliche, fast salzlose toskanische Landbrot, das nicht nur wunderbar zu würziger Wurst oder Schinken schmeckt, sondern auch in der oder zur Suppe, und aus dem man als Vorspeise die köstlichen *crostini* bereitet. Fleisch grillt man hier mit Vorliebe am Spieß oder auf dem Rost, vor allem das vorzügliche Fleisch der Rinder aus dem Chianatal, das meist auch die Steaks für die berühmte *bistecca alla fiorentina* liefert, ein großes Lendenstück mit Knochen. Auch Hühnergerichte werden hier häufig zubereitet, und in der Pfanne Ausgebackenes liebt man in allen Variationen: Blumenkohl, Artischocken, Zucchiniblüten, Fisch, junge Aale, Huhn oder Kaninchen. Die Wurstwaren der Toskana sind ausgezeichnet, doch außerhalb der Region nicht sehr bekannt, weil sie kaum exportiert werden – man ißt sie lieber selbst –, etwa die *finocchiona*, eine mit Fenchelsamen gewürzte Mortadellawurst, die pikant gewürzten *zenzero*-Würste aus Siena, die mit Wacholder geräucherten Schinken aus dem Casentino, Salami und Wildschweinschinken aus

verschiedenen Regionen und der *biroldo*, eine Blutwurst, die unterschiedlich, aber immer sehr pikant gewürzt, in verschiedenen Provinzen angeboten werden.
Die meisten Käse werden aus Schafsmilch hergestellt, so der *pecorino* und der *marzolino*; aus Kuhmilch hingegen *raviggiolo* und *brancolino*.
Außerdem gibt es eine Reihe von köstlichen Süßspeisen und Backwaren, von denen die bekanntesten aus der Provinz Siena stammen, etwa der *panforte*, der auch in alle anderen Regionen Italiens und ins Ausland exportiert wird.

## Marken

Von den Marken sagt man, alle Landschaften Italiens wiederholten sich in dieser Region. Der Apennin läuft hier in grünen Hügeln aus, die oft bis dicht an die häufig felsige Küste reichen. Der größte Teil der italienischen Regionen grenzt ans Meer, aber in keiner gibt es so viele Fischsuppen wie in den Marken. Berühmt sind vor allem zwei Suppen, von denen sich alle anderen ableiten: Im nördlichen Küstenabschnitt liebt man die rote Fischsuppe von Ancona, auf der Basis von Öl, Knoblauch, Zwiebeln, Tomaten, Petersilie und Essig, die der Tradition gemäß mindestens 13 Fischsorten enthalten muß, nach Möglichkeit auch mehr. Weiter gen Süden bevorzugt man die goldgelbe Fischsuppe von Porto Recanati: Die Fische werden in Mehl gewendet, leicht angebraten und in einem Safransud gegart. Wie in anderen Regionen hat – neben dem frischen Fisch – auch der Stockfisch seinen festen Platz in der Küche.

Ebenso wird die Pasta in dieser Region sehr geschätzt, und man findet sie häufig noch hausgemacht: *tagliatelle* mit Fleischsauce, *cappelletti*, gefüllt mit verschiedenen Fleisch- und Geflügelsorten, mit Ricotta gefüllte *ravioli*, die gerne in Fischsauce serviert werden, und vor allem die *vincisgrassi* – große Nudelflecken ähnlich den *lasagne*, die abwechselnd mit einer Sauce aus Hühnerleber und Pilzen in eine Form geschichtet, mit Bechamelsauce überdeckt und im Ofen überbacken werden.
Großer Beliebtheit erfreut sich auch die Polenta, die auf verschiedene Arten serviert wird. Ein traditionelles Gericht ist die *polenta alla spianatora* – auf dem Nudelbrett. Sie wird auf das Nudelbrett gestürzt, mit einer Sauce bedeckt, und in Portionen aufgeteilt.
Unter den schmackhaften Gemüsegerichten ist *olive all' ascolana*, die gefüllten Oliven aus Ascoli Piceno, wohl das bekannteste.
Fleisch und Gemüse bereitet man gerne mit würzigen Füllungen zu, besonders das allerorts heißgeliebte Spanferkel, eine echte Spezialität der Marken. Und man begießt das Essen auch gerne: vor allem mit dem *Verdicchio dei Castelli di Iesi*.
Sehr schmackhaft sind die Käse wie *pecorino*, *slattato* oder *raviggiolo bazzott*, die häufig noch auf althergebrachte Weise hergestellt werden. So wickelt man in Talamello den Schafskäse in Nußblätter ein und läßt ihn in der Tropfsteinhöhle reifen.

## Umbrien

Umbrien ist keine Region der raffinierten Genüsse – sieht man einmal ab von den Trüffeln, besonders den berühmten schwarzen Trüffeln von Norcia –, sondern hier bevorzugt man Gerichte mit eindeutigem Geschmack und unver-

fälschten Gewürzen.
Rindfleisch, Spanferkel, Zicklein, Lämmer, Wildtauben, Perlhühner, Fasane, Hasen, Bachforellen und die Fische aus dem Trasimenischen See werden mit Vorliebe am Spieß, auf dem Rost oder im Ofen gebraten. Selbst Kalbsbries und Schweinekutteln, mit Anissamen und Pfeffer gewürzt, werden auf dem Rost zubereitet. Umbrien ist reich an schwarzen Schweinen, die den hervorragenden Speck liefern, mit dem man häufig magere Fleischstücke umwickelt. Wildbret wird zuvor in Essig und Öl mariniert, danach in Schweinenetz gewickelt und am Spieß gebraten.
Wie Südtirol-Trentino, das Aoastatal, Piemont und die Lombardei hat auch Umbrien keinerlei Zugang zum Meer. Deshalb kennt man in dieser Küche nur Süßwasserfische wie Bachforellen oder die Fische aus dem Trasimenischen See, vor allem Karpfen, Hecht, Aal und Rotauge. Bei der Zubereitung spielt, wie bei fast allen Gerichten, das aromatische, leichte Olivenöl, das zu den besten Italiens zählt, eine wichtige Rolle.
Teigwaren, die auch in dieser Küche einen wichtigen Platz haben, würzt man gerne mit schwarzen oder weißen Trüffeln, die hier früher in großer Menge vorkamen. Doch wie in den anderen Trüffelregionen auch ist der Ertrag inzwischen stark zurückgegangen.
In Umbrien ißt man gern und viel Gemüse, vor allem wilde grünen Spargel und Feldzichorie, Zwiebeln (köstlich ist die *cipollata*, eine Zwiebelsuppe), Kardonen (eßbare Disteln), Erbsen, grüne Bohnen und Salat aus möglichst vielen selbstgesammelten wildwachsenden Pflanzen.
Außerdem wird hier eine Vielzahl von Wurst- und Schinkenspezialitäten hergestellt. Berühmt ist der *mazzafegato*, eine Wurst aus Schweineleber, die mit Orangenschale, Pinienkernen und Sultaninen gewürzt wird.
Viel Phantasie haben die Umbrer auch bei Süßspeisen und Backwaren entwickelt, und zu allen wichtigen Festen haben sie besondere Spezialitäten erfunden: Zu Allerseelen etwa gibt es die *stinchetti* oder *ossa da morto* – Nachbildungen vom menschlichen Schienbein in Marzipan!

## Latium

Rom und das umliegende Latium haben längst nicht so viele eigene Spezialitäten entwickelt wie die anderen italienischen Regionen, doch ißt man hier gut und gerne – vorzugsweise im Freien. Die Küche ist kräftig und gehaltvoll und hat sich auch viele Gerichte aus anderen Regionen angeeignet.
Über viele Jahrhunderte hatte die Schafzucht Tradition, und so ist das *abbacchio*, das Milchlamm, eines der berühmtesten Gerichte der römischen Küche. Es wird gebraten oder *alla cacciatora* – auf Jägerinart – in einer Sauce aus Weißwein, Sardellen, Knoblauch, Rosmarin und scharfen Pfefferschoten geschmort. Auch Huhn, Truthahn und Kaninchen werden gerne auf diese Weise zubereitet.
Ein römisches Sprichwort besagt: Je mehr man ausgibt, um so schlechter ißt man – und so verwundert es nicht, daß hier auch die Innereien sehr geschätzt werden. Eine besondere Spezialität ist die *pajata*, geschmortes oder gebratenes

und feingewürztes Kalbsgekröse, das am besten von einem Milchkalb stammt, das noch kein Gras gefressen hat. Berühmt sind auch die *saltimbocca alla romana* – Kalbsschnitzel auf römische Art.
Ursprünglich kochte man hier ausschließlich mit Schmalz und Speck, weit weniger mit Öl, und auch heute noch kaum mit Butter. Aromatische Kräuter werden oft und gerne verwendet, und man würzt mit Vorliebe mit *peperoncini*, den scharfen kleinen Pfefferschoten, sowie Knoblauch und Zwiebeln.
Während Reis hier weit weniger häufig zubereitet wird – lediglich in Form von *supplì*, gefüllten Reiskroketten –, ist die Pasta äußerst beliebt, wobei an erster Stelle die hausgemachten *fettuccine* stehen.
Auffallend in dieser Region ist die Vorliebe für Salat – nicht zufällig haben die Römer den *pinzimonio* erfunden –, und auch gemischte Salate aus wildwachsenden oder angebauten Pflanzen ißt man gern, dabei vor allem die Rauke. Bei den Gemüsen sind vor allem die Artischocken beliebt, für die es eine Reihe von Rezepte gibt, außerdem Brokkoli, Erbsen, Stangensellerie und die heißgeliebten Saubohnen, die man gerne in Verbindung mit römischem *pecorino* zubereitet.
Neben dem Schafskäse spielen Büffelkäse, *provatura* und Ricottakäse eine wichtige Rolle, der früher ausschließlich aus Schafsmilch, heute aber häufig auch aus Kuhmilch hergestellt wird.

## Abruzzen und Molise

Die Küchen dieser beiden Regionen sind sich sehr ähnlich, denn die Grenzziehung hat weniger historische oder geographische als vielmehr verwaltungsmäßige Gründe.
Sprichwörtlich ist die Gastfreundschaft der Abruzzesen. Im Alltag ißt man in der Regel bescheiden, doch an Festtagen tafelt man wie eh und je endlos und mit Hingabe, auch wenn die alten Bräuche mit der Zeit aussterben. Doch sollte ein Hochzeitsmahl auf dem Lande immer noch mindestens 20 Gänge haben.
Die traditionelle *panarda*, die man einst in gehobenen Kreisen besonders wichtigen Gästen vorsetzte, dürfte für manchen Gast eine echte Prüfung gewesen sein, denn sie mußte 30 Gänge haben, und der Gastgeber sah es als Beleidigung an, wenn nicht alles aufgegessen wurde. Hilfreich dabei war stets der *centerba*, ein hochprozentiger Schnaps, der aus vielerlei aromatischen Kräutern zubereitet wird (dem Namen nach müßten es 100 sein). Es gibt aber auch einen milderen Likör gleichen Namens.
Die Abruzzen haben eine Vielzahl renommierter Köche hervorgebracht, und abruzzesische Restaurants findet man in Rom wie in Mailand. So wie man das Feuer im Kamin in den kalten Winternächten schätzt, so liebt man auch das Feuer auf der Zunge, und deshalb darf hier der *diavolino*, der kleine rote Teufel – sprich die Pfefferschote –, in keinem Gericht fehlen. Oft geht man so großzügig damit um, daß ein Gast aus dem Norden schier an die Decke

springen möchte, weil er die rote Beigabe in den Nudeln nichtsahnend für Tomaten hielt.
Eine echte Besonderheit dieser Region ist der Safran, der in der Provinz L'Aquila angebaut und nur in einem einzigen Gericht, dem *scapece di vasto*, mariniertem Fisch, verwendet wird. Weil er allzu intensiv ist, wird dieser Safran exportiert und in anderen Gegenden mit milderen Sorten vermischt.
Die kräftige Küche dieser Region geht im wesentlichen auf bäuerliche Traditionen zurück, denn neben dem Ackerbau betrieb man Viehzucht und hielt vor allem Schafe und Ziegen. Aus diesem Grund spielt das Fleisch dieser Tiere eine wichtige Rolle: Am liebsten brät man es am Spieß, aber man schmort es auch in einem *soffritto* aus Öl, Speck, Zwiebeln, Petersilie, Salbei und natürlich *peperoncino*. Oft werden Lammstücke mit Ei und Käse überbacken, und auch die Innereien werden für schmackhafte Gerichte verwendet. Ähnlich wie in den benachbarten Marken und Umbrien schätzt man außerdem das Spanferkel. Bevorzugte Gemüse sind Stangensellerie, Kardonen und Paprikaschoten.
Unter den vielen wunderbaren hausgemachten Nudelgerichten stehen an erster Stelle die *maccheroni alla chitarra* – damit sind jedoch nicht die röhrenförmigen Nudeln gemeint, sondern Bandnudeln, die mit einem Gerät geschnitten werden, das wie eine Gitarre mit Drähten bespannt ist.
Einer längeren Abhandlung würdig wären auch die Käse wie *pecorino*, *scamorza*, *caciocavallo*, die köstlichen Würste, z.B. *fegato dolce* und *fegato pazzo* (eine süße und eine sehr scharf gewürzte Leberwurst), und der würzige Schinken aus L'Aquila. Ganz zu schweigen von Süßspeisen und Gebäck, die als Basis häufig Nüsse oder Mandeln haben.

## Kampanien

Viele neapolitanische Dichter und Schriftsteller haben der Küche dieser Region ganze Abhandlungen gewidmet. So ist der Philosoph Benedetto Croce, der zwar aus den Abruzzen stammte, aber lange in Neapel lebte, höchstpersönlich der Frage nachgegangen, ob die Pasta in Sizilien oder in Kampanien erfunden wurde. Tatsächlich ist Sizilien das Ursprungsland, doch haben die Teigwaren in der neapolitanischen Küche einen überaus wichtigen Platz und werden hier auch in hervorragender Qualität industriell gefertigt, was auf die gute Qualität von Getreide und

Wasser zurückgeführt wird. Dem Wasser schreibt man es auch zu, daß der Kaffee hier so besonders köstlich schmeckt.
Die Kampanier haben viele Anregungen aus den Küchen der Fremdherrscher aufgenommen, und französische, spanische und sizilianische Einflüsse sind nicht zu übersehen. Während die Herrscher äußerst schwelgerisch lebten, mußte sich das Volk mit wenigem begnügen, und so wurden aus einfachen Zutaten die köstlichsten Spezialitäten entwickelt. Schnelle Gerichte herrschen vor, doch werden sie immer mit größter Aufmerksamkeit und Sorgfalt gekocht. Speisen dagegen, die eine lange Zubereitungszeit verlangen, werden meist nur an Sonn- und Feiertagen gekocht, so etwa das berühmte Türsteher-*ragù*, das in einem irdenen Topf stundenlang vor sich hinkochen und sorgsam überwacht werden muß, oder auch der *sartù*.

Die neapolitanische Sonne läßt unvergleichlich aromatische Gemüse wachsen – vor allem Tomaten –, und die Gerichte werden so gut, weil sie mit Begeisterung zubereitet werden. Auch kommt den Neapolitanern das Verdienst zu, die aus Südamerika eingeführte Tomate nicht nur als erste in ihre Küche aufgenommen, sondern auch für ihre Verbreitung gesorgt zu haben, denn hier entstand die Industrie der Tomatenkonserven.
Neben dem Gemüse spielt der Käse eine große Rolle. Die gebräuchlichsten Käsesorten – *mozzarella, burrielli, scamorza, provolone, caciocavallo, fiordilatte* – bestehen aus der *pasta filata*, bei der die Käsemasse so lange bearbeitet wird, bis sie Fäden zieht.
Besonders geglückt ist die Verbindung von Tomate und Mozzarella auf der *pizza*, der berühmtesten neapolitanischen Spezialität, die nirgends so vollendet zubereitet wird wie hier. Und überall in den Straßen kann man Düfte schnuppern, nicht allein von der Pizza, sondern auch von ausgebackenen Köstlichkeiten, die man sich aus den kleinen Garküchen mitnehmen kann: Kartoffelkroketten, Reisbällchen, Hefeteigbällchen, gefüllte Zucchiniblüten, Sardellen, Sardinen und vieles andere mehr. Selbst die *polpi alla luciana*, Polypen nach Art von Santa Lucia, kann man gleich im Stehen auf der Straße essen. Köstlich auch die *sfogliatelle* aus Blätterteig, die sowohl pikant als auch süß gefüllt zubereitet werden.

## Apulien

Die Küche Apuliens ist auffallend einheitlich, auch wenn die einzelnen Provinzen bestimmte Spezialitäten entwickelt haben. Der Grund ist, daß die ganze Region – abgesehen vom Monte Gargano und dem leicht hügeligen Gebiet der Murge – sehr eben ist, und so gab es hier in früheren Zeiten auch keine größeren Kommunikations- und Transportschwierigkeiten, so daß sogar die Einflüsse des sehr nahe gelegenen Griechenland in die Küche eingehen konnten.
Ursprünglich war Apulien eine Region der Schafhirten und Fischer. Zwar wurde die früher sehr intensive Schafzucht inzwischen weitgehend durch Getreideanbau ersetzt, doch ist die Vorliebe für Schaf- und Ziegenfleisch erhalten geblieben, aus dem man sogar Fleischbrühen zubereitet. In den Metzgereien im Binnenland findet man immer noch kleine Steinbacköfen, in denen die sogenannten *tacche*, Lammstücke am Spieß, zubereitet werden. Geflügel, Wild und Schweinefleisch schätzt man ebenfalls sehr. Eine besondere Spezialität sind die *quagghiaridde* – mit Innereien, Käse, Eiern und Salami gefüllter Hammeldarm, der im Ofen gebraten wird. Aus Schweinefleisch bereitet man außerdem eine Reihe von Wurstspezialitäten.
Mehlprodukte, Öl (das Olivenöl, das aus sehr großen, fetten Oliven gewonnen wird, ist überaus gehaltvoll und intensiv und wird für fast alle Gerichte verwendet), Gemüse, Fisch und Wein sind die Hauptpfeiler dieser Küche.
Berühmt ist das apulische Landbrot, und köstlich sind auch die *frisedde*, doppelt gebackene Brotkringel, die quer durchgeschnitten, in Wasser getaucht und dann mit Öl, Pfeffer, Salz, Tomaten und Zwiebeln gewürzt werden.
Die Pasta-Gerichte und verschiedenen hausgemach-

ten Nudelarten dieser Gegend sind so zahllos, daß man sie unmöglich alle aufzählen kann. Zumindest an Sonn- und Feiertagen macht die Hausfrau sich immer noch persönlich ans Werk. Berühmt sind die *orecchiette*, die öhrchenförmigen Nudeln, die inzwischen auch industriell hergestellt werden. Traditionell werden sie mit *cime di rapa* serviert, den Blüten einer Rübenart, die ursprünglich nur wild wuchs. Die Nudeln ißt man zwar auch mit Fleisch- oder Fischsaucen, doch am allerliebsten würzt man sie mit wildwachsenden Kräutern oder Gartengemüsen. Überhaupt spielen wildwachsende Kräuter und Pflanzen neben den üblichen Gartengemüsen eine wichtige Rolle in dieser Küche, etwa die *lampasciuli*, eine wilde Zwiebelart. Eine Spezialität ist das Püree aus Saubohnen, das zusammen mit gedünsteter großblättriger Zichorie serviert und großzügig mit Zitrone und Öl beträufelt wird. Außerdem gibt es hier besonders schmackhafte Melonen und Feigen, die ebenfalls auf verschiedenerlei Weise zubereitet werden.
Durch seine fast 800 km lange Küste ist Apulien überaus reich an Fischgerichten. Berühmt sind die Miesmuscheln und vor allem die Austern von Taranto, die hier nach einem jahrhundertealten System gezüchtet werden. Bari wiederum ist ebenso bekannt für seine wohlschmeckenden kleinen Polypen wie für seine Goldbrassen, Seezungen und Krebse.
Köstlich schmecken die zahllosen Käsesorten dieser Region – besonders der *ricotta* in vielen, auch abgelagerten Variationen, sowie der *caciocavallo*, *provolone*, *scamorza*, *provola*, *manteca*, *burrate* und natürlich der *pecorino*.
Es mag am griechischen Einfluß liegen, daß man hier so wunderbare Süßigkeiten findet, von denen die meisten auf der Basis von Honig, Mandeln und Nüssen zubereitet werden.

## Basilicata

Diese Region umfaßt die beiden Provinzen Potenza und Matera. Die Küche Potenzas hat vieles mit Kampanien und Kalabrien gemeinsam, während die Küche Materas mehr Ähnlichkeit mit Kalabrien und Apulien aufweist.
Die Basilikata war stets eine arme Region – reich nur an Sonne und Pflanzen, die nicht sehr anspruchsvoll sind: Olivenbäume, wildwachsende Kräuter, *peperoncini*, Feigenkakteen. Die landschaftlich herbe Basilikata hat zudem keinerlei Zugang zum Meer und war in der Vergangenheit sehr isoliert. So hat man aus der Notwendigkeit heraus gelernt, wirklich aus allem das Beste zu machen.
Fleisch hatte in dieser Küche nie einen großen Platz – die besten Fleischgerichte werden aus Lamm, Hammel, Zicklein oder Ziege bereitet –, doch sind die Wurstwaren der Basilikata seit altersher berühmt. Neben den Schafen grasen in den Bergen auch die mageren Schweine, die köstliches Fleisch liefern. Aus ihnen bereitet man frische oder abgehangene Würste, die man inzwischen in ganz Italien als *luganega* kennt und kopiert, außerdem Schinken, durchwachsenen Speck und Preßsack. Sie liefern auch den beliebten traditionellen Brotaufstrich *sugna piccante*, der aus Schweinenierenfett besteht, das mit scharfem Peperone, Fenchelsamen und Salz vermischt und zu einer Paste verarbeitet wird.

Aufgrund der kargen Zutaten mußten die Hausfrauen hier stets einfallsreich sein, und so wurden zahllose Zubereitungsarten für die Pasta erfunden, die häufig noch selbst hergestellt wird. Wie in den meisten Gerichten darf auch hier niemals der scharfe *peperoncino* fehlen.
Phantasievoll auch die Gemüsegerichte, die häufig fleischlos zubereitet und gerne im Ofen gegart werden. Hauptzutaten sind Tomaten, Auberginen, Kartoffeln, Paprikaschoten, Zwiebeln, Saubohnen, aber auch Linsen, Pilze, wilde Spargel sowie Zwiebeln und natürlich Kräuter.
Mandeln, Nüsse, Maronen und Zitrusfrüchte werden viel – und nicht nur für Süßspeisen – verwendet. Zudem findet man hier die meisten Käsesorten, die auch in den angrenzenden Regionen geläufig sind.

## Kalabrien

Gelobt sei das demütige Schwein, sagt man in Kalabrien. Solange es lebt, erweist man dem hier heimischen mageren, schwarzen Schwein alle Ehre – und sobald es geschlachtet ist, erst recht, denn man bereitet daraus nicht nur Würste wie *capocollo*, Schinken, Speck, Blutwurst und Preßsack (*sopressata*), sondern auch viele köstliche Gerichte. Kein Teil von diesem heißgeliebten Tier, das keine angemessene Verwendung fände! Schwein steht unter den Fleischsorten an allererster Stelle – weit vor Schaf und Ziege –, und man brät sein Fleisch am Spieß, auf dem Rost und im Ofen. Doch auch Wild, vor allem der *sila*, bereichert häufig den kalabrischen Speiseplan.
Anders als die meisten Italiener, die auf das Frühstück keinen großen Wert legen, hat sich die Landbevölkerung in Kalabrien zum Teil noch die Gewohnheit der äußerst kräftigen Morgenmahlzeit bewahrt, der *murseddu*, die häufig in der Trattoria eingenommen wird: Ein Ragout aus Kutteln und anderen Innereien, gewürzt mit Wein, Oregano und *peperoncino*, wird in frisch gebackenes Brot gefüllt. Danach wird allerdings mit einem kräftigen Schluck Wein nachgespült!

Die Vorliebe für den kleinen, scharfen Peperone ist überaus ausgeprägt, doch ebenso gern mag man die Auberginen. Sie gewinnen hier in der Hitze und auf dem kalkarmen Boden ein besonders würziges Aroma, und die Kalabresen verstehen hervorragend damit umzugehen. Man bereitet sie gefüllt, backt die Scheiben in Öl aus, schmort sie in Tomatensauce, legt sie ein usw. Paprikaschoten gart man gerne auf dem Grill, und die wilden kleinen Zwiebeln kocht man in Essigwasser und macht sie mit Öl an.
Nicht zu vergessen die Pilze, die man leidenschaftlich gerne selber sucht und ausgezeichnet zubereitet.
Wie in allen ursprünglich sehr armen bäuerlichen Küchen ist die Pasta auch hier sehr wichtig, und häufig ißt man sie als *piatto unico* – eine Verbindung von Vor- und Hauptgericht. Es gibt eine Vielzahl von einheimischen Nudelsorten, die häufig noch hausgemacht werden.
Die Kalabresen essen auch sehr gerne Fisch. Zwischen März und September wird der Schwertfisch gefangen, im Mai und Juni der Thunfisch, und die Bergseen liefern köstliche Forellen.
Außerdem wird in Kalabrien eine Vielzahl von schmackhaften Käsesorten hergestellt – vor allem aus

Schafsmilch –, die besonders gut zu dem köstlichen, qualitativ hochwertigen heimischen Bauernbrot schmecken.
Bei Süßspeisen verzichtet man so gut wie nie auf Honig, und mit Vorliebe werden sie in Öl ausgebacken.

## Sizilien

Die sizilianische Küche ist eine mediterrane Küche auf der Basis von Olivenöl, Pasta, Fisch, Gemüse, Kräutern und Früchten, doch findet man auf dieser Insel Gewürze und Geschmacksverbindungen, die dem übrigen Italien fremd sind und aus ihrer wechselvollen Geschichte resultieren.
Die sizilianische Küche ist wahrscheinlich die älteste und vielfältigste Italiens. Die Griechen entwickelten im 4. Jahrhundert v. Chr. in Süditalien, vor allem in Sizilien, eine Kultur (Magna Grecia), die auch die Tafelfreuden beinhaltete, und in alten Texten ist von einer ganzen Reihe berühmter Köche die Rede. Auch Araber, Römer, Normannen, Franzosen und Spanier haben zur Entstehung dieser Küche beigetragen, indem sie ihre jeweiligen Spezialitäten mitbrachten, die sich auf gelungene Weise mit den einheimischen Gerichten verbanden.
Die Araber bereicherten die Insel auf vielfältige Weise: mit dem Anbau von Zitrusfrüchten, mit Reis, Zucker und vielerlei Gewürzen.
Das *cuscusu*, die berühmte Fischsuppe von Trapani, die *cassata* und der inzwischen überall in Italien verbreitete *torrone* auf der Basis von Honig, Sesamsamen und Mandeln gehen auf ihren Einfluß zurück.
Zur Zeit der Araber entstand außerdem die Pasta. Daß sie eine sizilianische Erfindung ist, bestreitet heute niemand mehr, und daß man hier eine besonders große Vielzahl köstlicher Variationen zu diesem Thema findet, überrascht nicht. Das berühmteste dieser Gericht ist zweifellos die Pasta mit Sardinen, wobei die Nudeln hier niemals trocken gegessen werden, sondern immer in einem *sugo* – einer Sauce – oder einer Gemüsesuppe schwimmen.
Die Griechen brachten den Olivenanbau, den Honig, den frischen Schafskäse und Lamm auf dem Rost. Auf die römische Zeit gehen Gerichte wie gefüllte Tintenfische, im Ofen gegarte Zwiebeln und *maccu* zurück, ein Püree aus Saubohnen, das mit Kräutern und rohem Olivenöl gewürzt und zu Nudeln oder Brot serviert wird.
Aus der Zeit der Herrschaft der Anjou stammt der beliebte *farsumagru*, und wie dieses tragen viele sizilianische Gerichte Namen, die verballhorntes Französisch sind.
Während der langen spanischen Herrschaft lernten die Sizilianer zuerst die Tomate, danach die Aubergine kennen. Um diese Zeit entstand die äußerst beliebte *caponata*, und auch der Gebrauch von Schokolade wurde allgemein bekannt.
Alle Früchte schmecken hier unter der strahlenden Sonne besonders köstlich, und zusammen mit Honig, Mandeln und Pistazien werden sie zu wunderbaren Süßigkeiten, die früher vor allem in den Klöstern hergestellt wurden – eine Tradition, die zum Teil bis heute erhalten blieb.

## Sardinien

Die sardische Küche hat ihre traditionelle Eigenart bis heute weitgehend bewahrt. Sie ist eine Küche der Hirten und Bauern, die ihren alten Bräuchen stark verhaftet sind und deshalb auch an ihren herkömmlichen Gerichten festhalten.
In krassem Gegensatz dazu stehen die Touristenorte an der Küste, in denen man nur selten echte einheimische Gerichte zu Gesicht bekommt, und wie in allen Gegenden Süditaliens kann man auch hier die wahren Spezialitäten meist nur als Gast im privaten Rahmen kennenlernen.
Althergebrachte Gerichte haben jedoch auch ihren sardischen Namen behalten, und deshalb kann man hier leichter als anderswo einheimische Eßgewohnheiten und fremde Einflüsse voneinander unterscheiden.
Diese Einflüsse kamen in früheren Zeiten aus Spanien, Ligurien und Sizilien.
Obgleich vom Meer umgeben, haben die Sarden seit jeher eine Abneigung dagegen, so daß Fischgerichte selten traditionell sind und sich in erster Linie mit dem Tourismus entwickelt haben.
Sardinien ist ein Land der Schafhirten, und fast die Hälfte der Insel ist Weideland. Die Küche basiert auf wenigen einfachen Grundelementen: Brot, Milch, Käse und gebratenes Fleisch. Vor allem das Brot spielt eine wichtige Rolle. Man findet es auf dem Land immer noch in vielen Sorten, die sich von Ort zu Ort unterscheiden.
Berühmt ist die *carta da musica* (Notenpapier), ein monatelang haltbares Dauerbrot in Form von sehr dünnen Fladen, aus dem die Hirten sich unter Zugabe von heißem Wasser, Käse, Tomaten und Eiern ihr Mahl bereiten.
Kein Wunder, daß hier herrlicher Schafskäse produziert wird, und selbst der römische *pecorino* stammt häufig aus Sardinien. Eine besondere Spezialität ist der *casu marzu* („verfaulter Käse"): Man bohrt Löcher in die Käselaibe, die schon stark gereift sind, und gießt Olivenöl hinein, so daß sich der ursprünglich harte Käse in eine weiche, scharfe Creme verwandelt. Die *fresa* – ein weicher, butterartiger Frischkäse – wird sowohl aus Kuhmilch als auch aus Ziegenmilch hergestellt.
Fleisch wird nach Hirtenart immer noch gerne am Spieß gebraten und lediglich mit Kräutern gewürzt – Minze, Rosmarin, Myrte, Lorbeer und Salbei –, manchmal auch mit Speck. Eine uralte Zubereitungsart, die immr noch gepflegt wird, ist die *a carraxiu*: Man hebt im Boden eine passende Grube aus, kleidet sie mit glühender Asche aus, breitet Myrtenzweige darüber, legt das ganze ausgenommene Tier (Zicklein, Spanferkel, Lamm oder Wildschwein) hinein und deckt es mit glühenden Scheiten zu.
Vor allem aus Schweinefleisch werden köstliche Würste zubereitet, die man roh am Spieß brät, mit Gemüse schmort, für die Pastasauce verwendet oder auch abhängt. Außerordentlich schmackhaft ist der Schinken, da die Schweine nach wie vor im Freien gehalten werden und häufig Eicheln fressen. Auch Wildschweinschinken ist eine sardische Spezialität.
Die wichtigsten Zutaten für die sardischen Süßigkeiten und Backwaren, die oft von Ort zu Ort ihren Namen ändern, sind Honig, gekochter Most, Obst und Quark.

# Italienischer Wein

In einigen Köpfen schwirrt immer noch die Vorstellung, daß zu Italien der „schöne" Chianti aus der Bastflasche gehört. Zum Glück hat sich Italiens Weinruf vom Produzenten einfacher Konsumweine zum Erzeuger hochwertiger Qualitätsweine, die den internationalen Vergleich nicht scheuen müssen, deutlich gewandelt. Zwar überwiegt der Anteil an Konsumweinen auch weiterhin, aber in den letzten Jahren sind neue hochwertige Weine aufgetaucht, die den Weinmarkt Italiens geradezu revolutioniert haben. Auch die klassischen Weine haben sich qualitativ enorm verbessert, und in den nächsten Jahren wird das Niveau der Weine weiter zunehmen.
Im internationalen Vergleich sind Italien und Frankreich mit jeweils etwa 60 Millionen Hektolitern weltweit die größten Produzenten, in der Bundesrepublik werden lediglich 10 Millionen Hektoliter Wein erzeugt. Rund 11 Millionen Hektoliter der italienischen Produktion gehen in den Export, wobei Deutschland mit rund einem Drittel der wichtigste Abnehmer ist, obwohl die Deutschen mit einem Pro-Kopf-Verbrauch von etwa 25 Litern eher bescheidene Weintrinker sind. Trotz eines starken Rückgangs rangiert Italien mit über 60 Litern in der Spitzengruppe, dafür trinken die Italiener aber weitaus weniger Bier.

## Italiens Weingesetz

Das neue italienische Weingesetz von 1992 hat die Zielsetzung einer Unterteilung in Qualitätsstufen: Weine mit geschützter Herkunftsbezeichnung (DOC-/DOCG-Weine) und Tafelweine (VdT).

Denominazione di origine controllata (DOC): Die Richtlinien für DOC- und DOCG-Weine betreffen u.a. die Bestimmung der Rebsorten und des genauen Herkunftsgebietes. Außerdem wird der Hektar-Höchstertrag festgelegt und die Weinherstellung genau vorgeschrieben. Jeder Wein wird von einer Kommission bezüglich Aussehen, Farbe, Geruch und Geschmack geprüft. Darüber hinaus werden die Weine einer chemischen Analyse unterzogen. Es gibt heute über 250 DOC-Zonen mit über 1000 verschiedenen Variationen.

Denominazione di origine controllata e garantita (DOCG): Die DOCG-Weine rangieren quasi als Sonderklasse noch über den DOC-Weinen. Ihre vorrangige Stellung ersieht man schon an der Anzahl – nur 13 Weine dürfen diesen Status in Anspruch nehmen, etwa *Albana di Romagna, Barbaresco, Barolo, Brunello di Montalcino, Chianti Classico* und *Vino Nobile di Montepulciano*.

Vino da tavola (VdT): Bei einem Tafelwein dürfen auf dem Etikett keine Hinweise auf die Rebsorte, den Jahrgang und die geographische Herkunft gegeben werden. Der Vino da tavola ist für den Konsumenten sehr verwirrend. Normalerweise handelt es sich um einen wirklich einfachen Konsumwein, jedoch gehen viele Winzer dazu über, ihre Spitzenprodukte, die in kein DOC-Raster fallen, als Tafelweine zu vermarkten. Diese Weine können von hervorragender Qualität sein, leider aber zu außerordentlich hohen Preisen. Dazu mehr unter Super-„Tafelweine" auf Seite 66.

## Anbaugebiete mit ihren typischen Weinen

| Anbaugebiet | Typische Weine |
|---|---|
| 1. Südtirol und Trentino | St. Magdalener, Kalterersee, reinsortige Weiß- und Rotweine |
| 2. Venetien | Prosecco weiß, Soave weiß, Bianco di Custoza weiß, Bardolino, Valpolicella |
| 3. Friaul | reinsortige Weiß- und Rotweine unter den Bezeichnungen Colli, Friuli oder Isonzo, Picolit (Dessertwein) |
| 4. Lombardei | Lugana weiß, Franciacorta, Rosso, Valtellina |
| 5. Piemont mit Aostatal | Barolo DOCG, Barbaresco DOCG, Barbera, Nebbiolo, Dolcetto, Carema, Gattinara, Ghemme, Freisa, Gavi weiß |
| 6. Ligurien | Cinque Terre weiß |
| 7. Emilia-Romagna | Albana di Romagna weiß DOCG, Lambrusco |
| 8. Toskana | Chianti Classico DOCG, Brunello di Montalcino DOCG, Vino Nobile di Montepulciano DOCG, Carmignano |
| 9. Marken | Rosso Conero, Verdicchio weiß |
| 10. Umbrien | Orvieto weiß, Torgiano |
| 11. Latium | Frascati weiß, Est! Est!! Est!!! di Montefiascone weiß |
| 12. Abruzzen | Trebbiano d'Abruzzo weiß, Montepulciano d'Abruzzo |
| 13. Kampanien | Taurasi, Vesuvio rot, weiß, rosé |
| 14. Apulien | Locorotondo weiß, Castel del Monte, Salice Salentino, Brindisi |
| 15. Basilicata | Aglianico del Vulture |
| 16. Kalabrien | Cirò rot, weiß, rosé |
| 17. Sizilien | Malvasia weiß (meist Dessertwein), Marsala (Dessertwein), Moscato weiß (meist Dessertwein) |
| 18. Sardinien | Malvasia weiß (meist Dessertwein), Vernaccia weiß, Vermentino weiß |

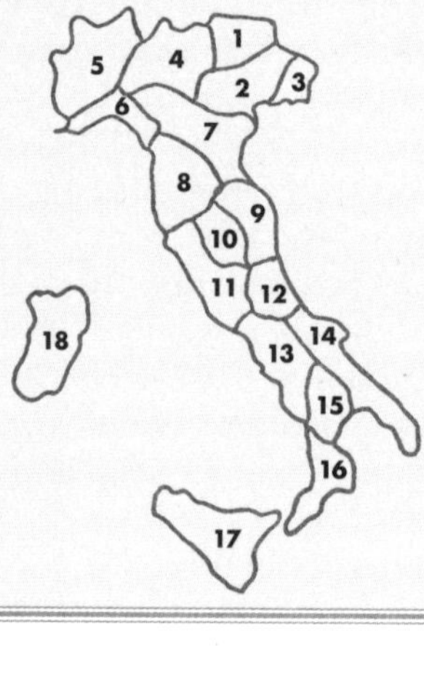

## Das Etikett

Anhand des Etiketts auf der Weinflasche läßt sich ablesen, zu welcher Kategorie ein Wein gehört:

1. Die Jahrgangsbezeichnung.
2. Der Name des Weines: in diesem Fall Chianti Classico mit der Einzellagenbezeichnung Vigneto Bellissima. Eine Einzellagenbezeichnung deutet in der Regel auf eine bessere Qualität hin.
3. Die Qualitätsbezeichnung: In diesem Fall Denominazione di origine controllata e garantita (DOCG).
4. Der Name des Abfüllers und der Abfüllort: in diesem Fall Fattoria di Antica in Radda. Neben Fattoria können z.B. auch folgende Begriffe auftauchen: Tenuta, Castello, Viticoltore, Cantine, Azienda Agricola. Die Angabe des Anbaugebietes – hier Toskana – ist nicht vorgeschrieben. Bei Exportware ist die Kennzeichnung des Erzeugerlandes vorgeschrieben.
5. Das Nennvolumen mit dem EU-Verpackungszeichen „e".
6. Der Alkoholgehalt.

## Die Rebsorten

In Italien wachsen mehr als 400 anerkannte und zugelassene Rebsorten. Im folgenden finden Sie eine Übersicht der wichtigsten weißen und roten Rebsorten.

Weiße Rebsorten:
Albana – Emilia-Romagna
Chardonnay – ganz Italien
Cortese – Piemont (Gavi)
Malvasia – ganz Italien
Moscato – ganz Italien
Picolit – Friaul
Pinot Bianco – ganz Italien
Pinot Grigio – ganz Italien
Riesling – Oberitalien
Sauvignon – Oberitalien
Trebbiano – ganz Italien

Rote Rebsorten:
Barbera – Piemont
Cabernet Franc – ganz Italien
Cabernet Sauvignon – ganz Italien
Canaiolo – Toskana
Dolcetto – Piemont
Lagrein – Südtirol
Lambrusco – Emilia-Romagna
Merlot – ganz Italien
Nebbiolo – Piemont
Pinot Nero – ganz Italien
Sangiovese – Toskana (ganz Italien)
Vernatsch (Trollinger) – Südtirol

Chardonnay: Die neben dem Riesling weltweit wichtigste Rebsorte ist in Italien seit etwa 100 Jahren bekannt und seit 1980 hat sie sich flächen- und mengenmäßig in ganz Italien ausgebreitet. Aus ihr werden sowohl recht einfache Weine als auch absolute Spitzenweine erzeugt, die zu den besten in Italien zählen. Aber auch als Freund italienischer Weine muß man anerkennen: An die absoluten Spitzenqualitäten aus Burgund reichen die italienischen Chardonnays (bis jetzt noch) nicht heran.

Pinot Grigio: Es gibt wohl kaum eine Pizzeria in Deutschland, in der kein Pinot Grigio auf der Karte steht. Man kann schon fast sagen: Für den eher unbedarften Weintrinker ist der Pinot Grigio das Synonym für italienischen Weißwein. In Deutschland ist die Rebsorte unter dem Namen Grauburgunder bekannt, in Baden und Südtirol auch als Ruländer. Die schönsten Weine dieser Rebsorte sind frische und eher leichte Weine aus Friaul, Trentino und Südtirol.

Sauvignon: Wie der Chardonnay stammt der Sauvignon ursprünglich aus Frankreich. Die Rebsorte ist durch ihre eigene Persönlichkeit sehr charakteristisch. Oft spricht man bei ihr von einem Feuersteinaroma. Im Friaul und in Südtirol werden die besten Weine dieser Rebsorte produziert.

Barbera: Die aus dem Piemont stammende Traube steht nach der Sangiovese an zweiter Stelle bezüglich der Anbaufläche. Sie ist für stetige Erträge und Anpassungsfähigkeit bekannt und liefert im Piemont, in der Lombardei und der Emilia-Romagna sortenreine Weine, während sie anderswo verschnitten wird. Auch in anderen Erdteilen, besonders in Nord- und Südamerika, wird Barbera angebaut. So liegt z.B. der Anteil in Kalifornien bei 12%. Die wahre Heimat der Barberatraube ist das Piemont – die ersten Hinweise gehen auf das 13. Jahrhundert zurück –, und nur dort bringt sie qualitativ hochwertige Weine. In Spitzenlagen angebaut, sauber vinifiziert und im Barrique gereift, können aus der Barbera traumhafte Weine entstehen, die eine ernsthafte Konkurrenz zu Barolo und Barbaresco darstellen. Die Weine zeichnen sich durch eine tiefe Purpurfarbe aus, sie können eine recht kräftige Säure aufweisen, die Tannine sind maßvoll (mehr als Dolcetto, weniger als Nebbiolo) und die Frucht ist üppig. Die Traubenreife liegt eine Woche vor dem Nebbiolo, aber zwei Wochen nach dem Dolcetto.

Cabernet Sauvignon: Die ursprünglich aus Frankreich stammende Rebe wird seit einigen Jahren in fast allen Regionen Italiens vermehrt angebaut und ist heute aus Italien nicht mehr wegzudenken. Aus ihr werden sowohl einfache Weine als auch absolute Spitzenweine hergestellt, die den Vergleich mit Bordeauxweinen nicht scheuen müssen, etwa *Sassicaia, Solaia* und *Ornellaia*. Leider sind sie aber inzwischen fast zu Kultweinen geworden, was sich natürlich in sehr hohen Preisen niederschlägt. Die hochwertigen Weine duften nach schwarzen Johannisbeeren und Zedernholz, sind fast tintenschwarz und haben in der Jugend einen grünen Touch. Die Traubenreife ist recht spät bei einem geringen Ertrag. Die Beeren enthalten sehr viele Kerne in Relation zum Fruchtfleisch, wodurch sich der Gerbstoffgehalt erhöht. Wie kaum eine andere Rebsorte eignet sich der Cabernet zum Ausbau in Barrique-Fässern.

Dolcetto: Der Dolcetto ist eine alte piemontesische Sorte, die früh gelesen wird und eher einfache, aber delikate, fruchtige Weine ergibt. Die Traube hat einen sehr hohen Anteil an Farbpigmenten, die zu violettroten, teilweise tintenfarbigen Weinen führt. Der Gerbstoffgehalt ist gering, die Weine können und sollten demnach jung getrunken werden. Der Fruchtanteil ist deutlich bei einer gemäßigten Säure; manchmal erscheint ein Bittermandelton.

Merlot: Die Bordeaux-Rebe steht hinter Sangiovese und Barbera an dritter Stelle; dies verdankt sie unter anderem ihrer Ertragsstärke. In der Masse werden aus der Merlottraube eher leichte, fruchtige und sortenreine Weine hergestellt. In guten Lagen mit niedrigen Erträgen kann sie es aber qualitativ durchaus mit dem Cabernet Sauvignon aufnehmen, und zwar als sortenreiner Wein oder Mischsatz. Im Vergleich zum Cabernet ist die Ernte früher, der Tanningehalt geringer, die Frucht deutlicher, der Zuckergehalt höher und die Farbe fast noch tiefer. Italienische Spitzenweine aus der Merlottraube sind *Vigna Apparita* von Ama, *Merlot* von Avignonesi oder *Masseto* von Ornellaia.

Nebbiolo: Die hochwertigste Rebsorte des Piemont ist die Nebbiolo. Aus ihr werden *Barolo* und *Barbaresco* erzeugt sowie der leichtere *Roero* und *Nebbiolo d'Alba*. Sie ist aber auch im Norden Piemonts weit verbreitet, wo sie Spanna genannt wird. Weine wie der *Ghemme* sind zu 85% aus Spanna-Trauben gewonnen; der *Gattinari* ist sogar ein reinsortiger Nebbiolo-Wein. Die Nebbiolo ist eine anspruchsvolle Rebsorte, die viel
Wärme und trockene Böden benötigt, um gute Weine hervorzubringen. Die Lese ist erst relativ spät, Mitte bis Ende Oktober, so daß die Gefahr einer verregneten Ernte groß ist. Kann die Traube voll ausreifen, ergibt sie schwere, tanninreiche Weine, die lange bis zur Trinkreife brauchen, aber auch ein hervorragendes Alterungspotential besitzen. Alle Nebbioloweine sind recht hell, da die Schalen der Beeren wenig Farbpigmente enthalten. Aufgrund der hellen Farbe sollte man sie jedoch nicht unterschätzen, auch wenn farbintensivere Weine aus Cabernet Sauvignon, Merlot oder Barbera optisch ansprechender sind.

Pinot Nero: Der Pinot Nero ist besser unter seinen Synonymen Blauburgunder oder Spätburgunder bekannt, wie er in Südtirol genannt wird. In der Regel werden aus ihm eher leichtere und einfachere Weine gekeltert, die mit einem echten Burgunder wenig zu tun haben. Es gibt jedoch einige qualitativ hochwertige Ausnahmen. Daneben werden aus dem Pinot Nero in großen Mengen Grundweine für die Schaumweinherstellung produziert.

Sangiovese: Zur Familie Sangiovese gehören verschiedene Unterarten und Klone in den Regionen Mittel- und Süditaliens sowie teilweise auch im Norden. Neben dem Trebbiano ist sie die meistangebaute Rebsorte Italiens. Die qualitativ wichtigsten Weine aus der Sangiovesetraube sind *Chianti, Brunello di Montalcino, Vino Nobile di Montepulciano* und verschiedene hochwertige Tafelweine, die alle aus der Toskana stammen. In anderen Regionen werden eher Alltagsweine aus ihr gekeltert. Außerhalb von Italien spielt die Rebe keine Rolle. Die hochwertigen Weine zeichnen sich durch eine relativ hohe Säure aus, die Tannine und die Frucht nach Pflaume sind deutlich ausgeprägt. Die Traubenschalen sind nicht sehr pigmentreich, dadurch ist auch die Farbe nicht so intensiv. Die Traube eignet sich sehr gut zum Verschnitt mit Cabernet Sauvignon, ebenso zum Ausbau in Barrique-Fässern.

## So finden Sie den passenden Wein

Geeignete Weine in der großen Fülle des Angebots zu finden ist schwierig. Die Vorstellung von über 40.000 Weinproduzenten, die jeweils etliche verschiedene Weine herstellen, ist für den Verbraucher fast beängsti-

gend. Wie soll man sich da zurechtfinden?
Wie bei fast jedem Erzeugnis führt der Weg über den Hersteller, und ein guter Erzeuger produziert meist auch empfehlenswerte Weine. Diese Erkenntnis gilt nicht nur für Italien – auch in allen anderen weinproduzierenden Ländern reduziert sich die Auswahl auf einige Dutzend bis Hunderte Spitzenerzeuger. Auf Seite 65 und 66 finden Sie die jeweils bedeutendsten Erzeuger der wichtigen Regionen Toskana und Piemont.
Der zweite Faktor bei der Auswahl der Weine liegt in der Güte des Jahrgangs. In den Jahrgangstabellen spiegeln sich die Wetterbedingungen der einzelnen Anbaugebiete wider. Diese Regionen sind jedoch relativ groß und das Mikroklima kann recht unterschiedlich sein. Die Aussagen können somit nur global sein – aber lieber allgemeine Angaben als überhaupt keine.
Die Wertungen beziehen sich immer auf die Qualität der geernteten Trauben, nicht vorbehaltlos auf das Niveau der Weine. Oft wird ein Jahrgang abgewertet, weil schwere Regenfälle während der Ernte die Qualität der Trauben enorm verschlechtert haben. Bei einigen Winzern kann die Ernte aber bereits vor dem Regen trocken im Keller sein, so daß die Weine auch in dem vermeintlich schlechten Jahrgang von ausgezeichneter Qualität sein können.
Die Jahrgangstabelle auf Seite 65 kann eine nützliche Hilfe sein – auch wenn sie keine Verallgemeinerungen zuläßt.

## Weine aus der Toskana

Brunello di Montalcino: Der Brunello di Montalcino gehört zu den geschichtsträchtigsten und teuersten Weine Italiens. Als „Erfinder“ gilt Ferrucio Biondi Santi, der die Forschungsarbeiten seines Großvaters weiterführte und im Jahre 1888 den ersten Brunello vorstellte. Von diesem Wein existieren noch einige Exemplare auf dem Weingut Biondi-Santi. Der Brunello ist ein reinsortiger Sangiovesewein, der erst 4 Jahre (Riserva 5 Jahre) nach der Ernte vermarktet werden darf. Dann ist er ein charaktervoller, schwerer Wein, der 8 bis 10 Jahre Lagerung zur Trinkreife benötigt. Ein Brunello sollte vor dem Trinken atmen, am besten 2 bis 4 Stunden in der Dekantierkaraffe.
Eine preiswerte Alternative zum Brunello ist der *Rosso di Montalcino*. Im Prinzip handelt es sich um einen „jungen Brunello“: leichter, fruchtiger und früher trinkreif. Die Winzer dürfen diesen Wein bereits nach 2 Jahren verkaufen.

Chianti Classico: Er gilt als der bekannteste italienische Rotwein, obwohl der Chianti lediglich 1% der italienischen Weinproduktion ausmacht. Die Anbauzone für den Chianti Classico liegt zwischen Florenz und Siena. Das festgelegte Gebiet ist sehr groß – die Entfernung zwischen Norden und Süden beträgt 30 bis 40 Kilometer, wodurch sich große Unterschiede im Mikroklima ergeben: Die Weine aus dem südlichen Bereich sind in der Regel die langlebigsten und besten.
Im Gegensatz zum Brunello darf der Chianti aus verschiedenen Rebsorten hergestellt werden. Die Grundlage ist jedoch immer Sangiovese, und gute Winzer verwenden auch nur diese Sorte. Die Qualitätsunterschiede beim Chianti Classico sind enorm: vom einfachen Trinkwein bis zum international anerkannten Spitzenwein. Die nachfolgende Liste der Erzeuger soll die Auswahl erleichtern.

Vino Nobile di Montepulciano: Als dritter DOCG-Wein nach dem Chianti und Brunello ist der Vino Nobile di Montepulciano in Deutschland unbekannter. Dies liegt in erster Linie an seiner geringen Gesamtproduktion und nicht an seiner Güte. Qualitativ kann er einen guten Brunello errei-

| Region | 1985 | 1986 | 1987 | 1988 | 1989 | 1990 | 1991 | 1992 | 1993 | 1994 | 1995 |
|---|---|---|---|---|---|---|---|---|---|---|---|
| Toskana | ★★★★★ | ★★★★ | ★★ | ★★★★★ | ★★ | ★★★★★ | ★★ | ★★ | ★★★ | ★★★ | ★★★★★ |
| Piemont | ★★★★★ | ★★★★ | ★★ | ★★★★ | ★★★★★ | ★★★★★ | ★★ | ★★ | ★★★ | ★★★ | ★★★★★ |
| Südtirol | ★★★★ | ★★ | ★★ | ★★★★ | ★★★ | ★★★★★ | ★★★ | ★★ | ★★★ | ★★★ | ★★★★ |

| ★★★★★ | ★★★★ | ★★★ | ★★ | ★ |
|---|---|---|---|---|
| Herausragend | Sehr gut | Gut | Passabel | Enttäuschend |

chen und dies bei einem günstigeren Preis. Die besten Weine benötigen eine ähnlich lange Reifezeit wie der Brunello und sollten ausreichend lange dekantiert werden.

Erzeuger in der Toskana:
(* = Spitzenerzeuger)

Altesino
Ama *
Antinori *
Argiano
Avignonesi *
Biondi-Santi *
Boscarelli *
Capaccia, Podere
Capanna di Cencioni
Capannelle *
Caparzo, Tenuta
Casanova di Neri
Case Basse *
Ciacci Piccolomini *
Coltibuono
Felsina *
Fonterutoli
Fontodi *
Frescobaldi
Grattamacco
Il Palazzino
Il Poggione
Isole e Olena *
Monsanto
Montevertine
Ornellaia *
Poggerino
Poggio Antico
Poliziano *
Ponte a Rondolino
Querceto
Rampolla
Rièccine
Ruffino
Salvioni *
San Giusto e Rentennano *
San Guido *
Selvapiana
Terrabianca
Valtellina *
Veccie Terre di Montefili
Volpaia

## Weine aus dem Piemont

Barolo: Der Barolo steht mit Absicht an erster Stelle dieser Aufzählung, denn er ist der König der piemontesischen Weine. Als DOCG-Wein wird er aus der Rebsorte Nebbiolo hergestellt. Der Name kommt von nebbia, Nebel, den es dort zur Lesezeit Ende Oktober gibt. Häufig genannte Nuancen – Geruch und Geschmack – des Barolos sind: Veilchen, Waldbeeren, Teer, Tabak, Vanille, Schokolade, Minze, Lakritze und Gewürze aller Art.
Der Barolo wird sehr oft in Einzellagen ausgebaut und lagert 2 bis 5 Jahre in großen Eichenfässern. Gute Barolos benötigen eine Reifezeit von 10 und mehr Jahren, sie liegen in einer Preisklasse von 50 DM aufwärts. Momentan geht der Trend in Richtung „weiche" Barolos, die früher trinkbar sind. Dazu verwenden die Winzer Barrique-Fässer. Gute Barolos sollten auf jeden Fall mehrere Stunden vor dem Trinken geöffnet und mindestens 2 Stunden dekantiert werden. Die Jahresproduktion liegt bei lediglich 4 bis 6 Millionen Flaschen.

Barbaresco: Der Barbaresco wird ebenfalls aus der Nebbiolo-Traube hergestellt, er ist aber nicht ganz so wuchtig wie ein Barolo, dafür hat er etwas mehr Finesse und ist gefälliger. Bei dem Namen Barbaresco muß ein Erzeuger erwähnt werden: Angelo Gaja, der selbst von Erzeugerkollegen als der Meister im Piemont angesehen wird. Ansonsten gelten die gleichen Aussagen wie für den Barolo. Die Jahresproduktion liegt bei etwa 2,5 Millionen Flaschen.
Barbera d'Alba: Er wird aus der Rebsorte Barbera hergestellt und lagert nur 1 bis 2 Jahre im Holzfaß, ist nach 2 bis 3 Jahren trinkreif und eine preisgünstige Alternative – er kostet 15 bis 25 DM – zu Barolo und Barbaresco. Bei sehr guten Qualitäten werden ebenfalls Einzellagen angegeben. Seit einigen Jahren bauen viele Winzer den Barbera in Barrique-Fässern aus, und es besteht einhellig die Meinung, daß dieser Wein dafür sehr gut geeignet ist.
Dolcetto d'Alba: Er wird aus der Rebsorte Dolcetto hergestellt, ist relativ mild und säurearm, sehr fruchtbetont und erinnert entfernt an Beaujolais. In jungen Jahren hat er eine purpurviolette, sehr tiefe Farbe. Der Dolcetto kann direkt getrunken werden, wenn er auf den Markt kommt.
Gavi: Der wohl bekannteste Weißwein aus dem Piemont wird aus der Rebsorte Cortese hergestellt. Er ist in der Regel sehr trocken mit einer frischen Säure und eignet sich zu Fischgerichten. Gute Qualitäten sind nicht billig, und es gibt mit Sicherheit Alternativen aus anderen Ländern und Gebieten.

Erzeuger im Piemont:
(* = Spitzenerzeuger)

Alario, Claudio
Almondo, Giovanni
Altare, Elio *
Bologna, Giacomo *
Busso, Piero
Cantalupo, Antichi Vigneti
Cà Romè
Castlèt, Cascina
Ceretto, Bruno und Marcello
Chiarlo, Michele
Cigliuti, Renato
Clerico, Domenico *
Colle Manora
Conterno, Aldo *
Conterno, Giacomo *
Conterno Fantino *
Coppo, Figli
Corino, Giovanni *
Corregia, Matteo
Gaja, Angelo *
Giacosa, Bruno *
Grasso, Elio
Gresy, Marchesi di
Mascarello, Bartolo *
Mascarello, Giuseppe
Oberto, Andrea
Oberto, Luigi
Parusso, Fratelli
Pio Cesare
Pira, Enrico & Figli
Produttori Barbaresco
Prunotto
Ratti, Renato
Rocca, Bruno
Rocche dei Manzoni
Sandrone, Luciano *
Scavino, Enrico *
Seghesio, Fratelli
Vajra, Aldo und Milena
Viberti, Luigi
Vietti
Voerzio, Roberto *

### Die Super-„Tafelweine"

Italienische Winzer verkaufen ihre besten Weine zu Höchstpreisen als Tafelweine, die ja laut Gesetz auf der untersten Qualitätsstufe stehen. Dies erscheint auf den ersten Blick eigenartig und unverständlich, die Erklärung ist jedoch einfach: Viele dieser Tafelweine passen nicht in die engen DOC-Bestimmungen, die z.B. die Rebsortenzusammensetzung festsetzt. Der Winzer hat nach dem Gesetz nur eingeschränkte Möglichkeiten, einen Wein als Mischsatz aus den Rebsorten Cabernet Sauvignon und Sangiovese herzustellen. Daher deklassiert er ihn als Tafelwein, obwohl die Trauben vielleicht aus seinen besten Lagen stammen.
Vorreiter waren in den siebziger Jahren die Winzer aus der Toskana, die Kollegen aus den anderen Regionen haben jedoch schon lange nachgezogen. Fast allen Super-„Tafelweinen"

gemeinsam ist der Ausbau in Barrique-Fässern. Diese Fässer haben ein Volumen von etwa 228 Liter und werden aus Eichenholz der Sorten Limousin, Alliers, Nevers, Troncais u.a. hergestellt. Die geringe Größe des Barriques bewirkt einen intensiven Kontakt von Holz und Wein. So gehen einerseits Geruchs- und Geschmacksstoffe des Holzes in den Wein über, andererseits erhöht sich der Gehalt an „positiven" Tanninen (Gerbstoffe). Die italienischen Winzer verwenden Barrique-Fässer erst seit gut 25 Jahren, während diese Tradition in anderen Ländern schon viel länger gepflegt wird. Alle hochwertigen Bordeaux-Weine werden seit über 200 Jahren in Barriques ausgebaut, und diese Weine gehören bekanntermaßen weltweit zu den besten und zugleich teuersten.

Die „TOP 46" der Super-„Tafelweine" aus der Toskana (T) und dem Piemont (P) sind:

Ai Suma – Bologna P
Arte – Clerico P
Balificio – Volpaia T
Bricco dell'Uccellone – Bologna P
Bricco della Bigotta – Bologna P
Briccoserra – Cigliuti P
Bruno di Rocca – Vecchie Terre di Montefili T
Cabreo – Ruffino T
Campora – Casale T
Capannelle Barrique – Capannelle T
Cignale – Querceto T
Cepparello – Isole e Olena T
Coltassala – Volpaia T
Concerto – Fonterutoli T
Convivio – Valtellina T
Darmagi – Gaja P
Elegia – Poliziano T
Flaccianello – Fontodi T
Fifty-Fifty – Capannelle T
Fontalloro – Felsina T
Gaja & Rey – Gaja P
Grifi – Avignonesi T
Grosso Sanese – Il Palazzino T
Intistieti – Case Basse T
I Sodi di San Niccolò – Castellare T
La Gioia – Rièclne T
Le Pergole Torte – Monte Vertine T
Le Stanze – Poliziano T
Masseto – Ornellaia T
Monpra – Conterno Fantino P
Mormoreto – Frecobaldi T
Nemo – Monsanto T
Ornellaia – Ornellaia T
Paloalto – Colle Manora P
Percarlo – San Giusto e Rentennano T
Querciagrande – Capaccia T
Sammarco – Rampolla T
Sangioveto – Coltibuono T
Sassicaia – San Guido T
Solaia – Antinori T
Tignanello – Antinori T
Vigna Aborina – Altare P
Vigna Larigi – Altare P
Vigna L'Apparita – Ama T
Vigna Martina – Grasso P
Vignaserra – Voerzio P

## Das richtige Weinglas

Die Gläser müssen farblos und durchsichtig sein, damit Farbe, Klarheit, Dichte und Dickflüssigkeit gut beurteilt werden können. Der Stiel sollte so lang sein, daß die Hand mit dem Kelch nicht in Berührung kommt und sich somit der Wein im Glas nicht erwärmt. Weißweingläser können einen kleineren Kelch haben, damit sich der Wein beim Stehen nicht zu schnell erwärmt und das Bouquet nicht entweicht. Bei Rotweinen sollte das Glas je nach Schwere des Weines umso größer sein. Allerdings dürfen alte Rotweine in kleineren Gläsern serviert werden, weil sie sonst durch eine allzu reiche Oxydation leiden. Als Regel kann gelten, daß die auf einmal zu servierende Weinmenge nicht mehr als die Hälfte des Glases betragen soll.

## Serviertemperaturen

Die folgende Tabelle zeigt, bei welchen Temperaturen ein Wein optimal zur Geltung kommt.
Höhere Temperaturen vermindern die Empfindung von Frucht, Säure und Gerbstoffen. Weißwein schmeckt breit und plump, wenn er zu warm serviert wird. Bei Schaumweinen wirkt die Kohlensäure zu aggressiv. Niedrigere Temperaturen erhöhen die Wahrnehmung von Frucht, Säure und Gerb-

| Weinart | Temperatur in °C |
|---|---|
| Weißwein jung und/oder leicht | 8-10 |
| Weißwein alt und/oder schwer | 10-14 |
| Rosé jung | 10-12 |
| Rosé schwer | 12-14 |
| Rotwein jung und/oder leicht | 14-16 |
| Rotwein alt und/oder schwer | 16-18 |
| Sekt | 8-10 |
| Dessertweine | 10-14 |

stoffen. Hochwertige, gerbstoffreiche Rotweine verlieren bei zu niedriger Temperatur den größten Teil ihrer Geschmacksnuancen, da die Gerbstoffe zu stark hervortreten.

## Wein lagern

Ideale, aber im Privathaushalt selten vorhandene Lagerbedingungen sind möglichst 10 bis 14 °C bei minimalen Temperaturschwankungen und einer Luftfeuchtigkeit von etwa 60 bis 70%. Licht, insbesondere Neonlicht, ist ebenso schädlich wie stark riechende Substanzen, die durch den Korken eindringen. Leider verfügen die meisten nur über einen Neubaukeller, der sich im Sommer auf über 20 °C aufheizt. In diesem Fall kann ein heißer Sommer die Qualität der Weine deutlich beeinträchtigen. Abhilfe schaffen kann z.B. ein Wein-Klimaschrank, in dem je nach Größe bis zu 200 Flaschen wohltemperiert gelagert werden können.

## Dekantieren

Zu diesem Thema gibt es die unterschiedlichsten Ansichten; bei der Beachtung von einigen Grundregeln kann man jedoch wenig falsch machen. Das Dekantieren bezieht sich in erster Linie auf qualitativ hochwertige Rotweine und hat zwei Gründe. Zum einen kann durch das Dekantieren ein möglicher Bodensatz entfernt werden, zum anderen wird der Wein belüftet. Das Atmen schadet fast keinem Wein, egal, ob jung oder alt. Durch die Luftzufuhr entwickelt sich das Bouquet besser und der Wein wird weicher im Geschmack. Ein hochwertiger Barolo oder Brunello di Montalcino sollte vor dem Servieren idealerweise 2 bis 4 Stunden in der Karaffe atmen können.

Bei einem Bodensatz muß die Flasche zunächst einige Stunden stehen, damit sich die Rückstände (Depot) am Flaschenboden ablagern. Dann gießt man den Wein vorsichtig und langsam in eine Dekantierkaraffe, wobei hinter der Flaschenschulter in etwa 10 cm Entfernung eine Lichtquelle sein sollte, am besten eine Kerze. Nun sieht man im Kerzenschein, daß der Wein sauber und blank durch den Flaschenhals ausfließt. Bei den ersten Anzeichen einer Trübung stoppt man den Vorgang und läßt den trüben Wein in der Flasche, dabei verbleibt in der Regel ein kleines Glas als Rest.

## Welcher Wein paßt zu welchem Gericht?

Die Abrundung eines guten Essens liegt in der passenden Kombination mit dem Wein. Es macht einfach Freude, sich beim Einkauf der Zutaten schon den richtigen Wein zu überlegen, und beim Kochen den ersten Tropfen erwartungsvoll zu probieren.
Weine sollten möglichst in folgender Reihenfolge getrunken werden:

- zart vor würzig
- leicht vor kräftig
- trocken vor mild/süß
- weiß vor rot
- kühl vor warm
- alkoholarm vor alkoholreich.

Ähnlich verhält es sich bei den Speisen:

- zart vor würzig
- leicht vor kräftig
- leicht salzig vor mild/süßlich.

Jede Regel hat bekanntlich viele Ausnahmen, z.B.:

- Die Regel kühl vor warm gilt nicht bei Dessertweinen.
- Die Regel trocken vor mild/süß gilt nicht bei bestimmten Vorspeisen wie Gänseleberterrine oder Pasteten mit fruchtigen Soßen.

Es empfieht sich, innerhalb eines mehrgängigen Menüs verschiedene Weine vorzusehen. Je nach Anlaß sind zwei bis drei Weine angebracht. Man sollte aber mit der Anzahl der Weine nicht übertreiben, damit der Gaumen nicht abstumpft.
Das Zusammenspiel zwischen Weinen und Speisen richtet sich nach dem schmeckbaren Gehalt an Alkohol, Bitterstoffen, Kohlensäure und Säure des Weins sowie Gewürzen, Salz, Fett und Süße der Speisen:

- Alkohol erhöht den Eindruck der Süße, verstärkt die Wirkung von Gewürzen und verhilft zu einer guten Verdauung. Niedriger Alkoholgehalt im Wein läßt die Restsüße stärker hervortreten. Durchgegorene Weine (ohne Restsüße) mit viel Alkohol wirken süßer.
- Stark fetthaltige Speisen sind bekömmlicher mit Weinen, die reich an Säure, Gerbstoffen und Alkohol sind. Besonders diese Komponenten beeinflussen Appetit und Verdauung positiv.
- Stark gewürzte Speisen schmecken in Verbindung mit alkoholreichen Weinen noch kräftiger. Bei Weinen, die neben dem hohen Alkoholgehalt auch eine kräftige Säure haben, wird dieser Eindruck noch verstärkt.
- Kohlensäure im Wein und vor allem im Sekt verdeckt die Süßeempfindung teilweise. Zu Speisen getrunken, wirken diese Weine und Schaumweine süßer. Schaumweine der Geschmacksrichtung trocken/brut sind zum Essen besser geeignet als die milden. Ausnahmen bilden hier die Desserts.
- Salz erhöht die Wahrnehmung der Aroma- und Bitterstoffe in Wein und Speisen (Geschmacksverstärker).
- Säure bekräftigt die Süße, z.B. Zitronensaft auf Erdbeeren. Vorübergehend verdeckt sie auch die Bitterkeit. In Verbindung mit säurehaltigen Weinen werden säurehaltige Speisen unbekömmlich und können Sodbrennen verursachen. Fetthaltige Speisen werden jedoch durch etwas Säure im Wein bekömmlicher.
- Gerbstoffe verzögern den Übergang des Alkohols ins Blut.
- Süße erhöht die Wahrnehmung der Aromastoffe im Wein und mäßigt den Eindruck von salzig, bitter und sauer.
- Sehr trocken ausgebaute Weine werden daher in Verbindung mit Speisen, die Salz und Zucker enthalten, als milder und harmonischer empfunden.

Zu folgenden Speisen ist die Verbindung mit Wein nicht empfehlenswert:
- Mit Essig bereitete Gerichte.
- Zitrusfrüchte, deren Säure mit der des Weines nicht harmoniert.
- Salatsorten mit ausgeprägten Bitterstoffen (Chicorée, Radiccio).
- Ölige Fischarten – sie vermitteln einen unangenehmen metallischen Geschmack im Wein.
- Gemüse wie Spinat, Mangold oder Rhabarber, deren Oxalsäure mit der Weinsäure nicht harmoniert.
- Kakao bzw. Schokolade, deren Bitterstoffe nicht zum Wein passen.
- Eis, das allein aufgrund seiner Temperatur den Weingeschmack stark mindert.

Die Verbindung von Wein und Speisen sollte im Zweifelsfall möglichst unkompliziert sein! Wenn man über den Geschmack der Speise, nicht aber über den des Weines gut informiert ist, vermeidet man mit altbekannten Grundregeln mögliche Risiken:

### Vor dem Essen einen Aperitif:

Spumante Secco oder trockene, frische und nicht zu aromatische Weißweine, z.B. Pinot Bianco, Silvaner, Soave, Orvieto, Frascati, Vernaccia, Veltliner.

### Zum Hauptgericht:

- Junge, trockene und halbtrockene Weißweine bei Vorspeisen, Fisch und Krustentieren. Wählen Sie einen Wein, der 1 bis 3 Jahre alt ist und nicht mehr als 12% Alkohol enthält.
- Leicht gereifte, trockene bis halbtrockene Weißweine sowie trockene Roséweine bei Geflügel, Kalb und Schwein.
- Trockene, gehaltvolle Roséweine und jüngere, leichtere Rotweine bei gebratenem Schwein und Kalb.
- Reife, mittelschwere bis kräftige Rotweine bei gebratenem Wild, Lamm und Rind.
- Spezialitäten gehören zusammen: z.B. Pizza und Spaghetti mit italienischen Rosé- und Rotweinen, dagegen Antipasti, italienischer Fischsalat, Vitello Tonnato mit italienischen Weißweinen.
- Käse: Je geschmacksintensiver er ist, desto gehaltvoller und aromatischer sollte auch der Wein sein. Die traditionelle Kombination zum Käse ist der Rotwein.
- Das Dessert ist die Domäne des süßen Weines.

### Nach dem Essen einen Digestif:

Grappa, Fruchtbrand, Weinbrand.

| Kalte Vorspeisen | Passende Weine |
|---|---|
| Austern | Spumante; trockener, junger und im Fruchtgeschmack eher neutraler Weißwein (Orvieto, Sauvignon) |
| Kaviar | Kräftiger, reifer Spumante; gehaltvoller, mehr halbtrockener, nicht zu junger Weißwein (Gavi oder ganz klassisch Wodka) |
| Melone (mit Schinken) | Je nach Süßegrad der Melone halbtrockene bis milde Weißweine oder Rosé |
| Carpaccio | Kräftiger, ausdrucksvoller Weißwein, trocken bis halbtrocken (Chardonnay, gehaltvoller Riesling); Rosé; eher leichter Rotwein (Dolcetto, Vernatsch) |
| Avocado (mit Garnelen) | Trockener bis halbtrockener Weißwein (Soave) |

| Warme Vorspeisen | Passende Weine |
|---|---|
| Artischocken | Je nach Soße trockene bis halbtrockene Weißweine |
| Gebratene Gänseleber | Halbtrockene bis milde Weißweine (Weißburgunder) |
| Nudeln in Sahnesauce | Trockene Weißweine (Chardonnay, Sauvignon) |
| Schnecken | Je nach Zubereitung ausdrucksvolle, trockene bis halbtrockene Weißweine mit harmonischer Säure und leichte Rotweine |
| Spargel | Je nach Sauce trockene bis halbtrockene Weißweine, nicht zu jung und sehr harmonisch (Riesling, Silvaner, Müller-Thurgau aus Südtirol) |
| Pilze | Aromatische, relativ füllige Weißweine (Gavi) und leichtere Rotweine |
| Krustentiere | Trockene und gehaltvolle Weißweine (Chardonnay) |
| Fisch gekocht oder gedünstet | Trockener Weißwein mit harmonischer Säure (milder Riesling, Friaul, Südtirol) |
| Fisch gebraten | Trockener, ausgeprägter Weißwein (reifer Riesling, Chardonnay); leichter Rotwein |

| Hauptgänge | Passende Weine |
|---|---|
| Hähnchen | Trockener bis halbtrockener, fruchtig-aromatischer Weißwein (Riesling, Kerner, Veltliner); Rosé; junger Rotwein (Chianti, Barbera) |
| Ente, Gans gebraten | Trockener und gehaltvoller Rotwein mit nicht zu starkem Tannin (Blauburgunder, Chianti, Dolcetto, Barbera, junger Cabernet oder Merlot) |
| Wachtel, Taube | Kräftiger und trockener Weißwein (Pinot Grigio); gehaltvoller Rosé; fruchtig-ausdrucksvoller Rotwein (Chianti, Barbera) |
| Rebhuhn, Wildente, Fasan | Kraftvoller Rosé oder Rotwein ohne dominantes Tannin (reife Burgunder, Cabernet aus Südtirol oder Trentino) |
| Hase gebraten | Trockener, gehaltvoller Weißwein, Rosé, junger Rotwein (Pinot Nero, Vernatsch) |
| Reh, Hirsch gebraten | Ausdrucksvoller Rotwein (Cabernet, Chianti Riserva, Barbaresco) |
| Wildschwein gebraten | Kräftiger, voller Rotwein (Barolo, Barbaresco, Cabernet, Merlot) |
| Kalb/Schwein gekocht, helle Sauce | Trockener bis halbtrockener, junger Weißwein mit nicht zu dominanter Säure |
| Kalb/Schwein gebraten | Gehaltvoller Rosé oder leichterer, junger Rotwein (Pinot Nero) |
| Rind gekocht | Trockener, ziemlich kräftiger Weißwein |
| Rind gebraten | Kräftiger Rotwein (reifer Vino Nobile, Brunello, Barolo, Chianti Riserva) |
| Lamm gebraten | Körperreicher Rotwein (Brunello, Barolo, Cabernet) |

# Menüvorschläge von einfach bis festlich

Im folgenden finden Sie einige Vorschläge für die Zusammenstellung eines italienisches Menüs. Doch sollte dazu vorab noch etwas gesagt werden: In den Restaurants – in Italien wie bei uns – glaubt man häufig, über den Hunger hinaus ein ganzes Menü bestellen zu müssen. Wenn Deutsche dann lediglich Pasta bestellen, die sie besonders lieben, glauben italienische Wirte tatsächlich häufig, daß dies nur Geiz ist ... Da ist es unter unter Umständen wichtig, sich dem Kellner – wenn auch nur mit Händen und Füßen – zu erklären. Zudem sieht die Realität in Italien anders aus, als es dem gängigen Bild entspricht: Zwar ißt eine italienische Familie in der Regel sowohl mittags als auch abends warm, doch kommt außer an Sonn- und Feiertagen so gut wie nie ein ganzes Menü auf den Tisch. Die Pasta oder das Risotto ist mittags fast obligatorisch, während abends die Minestra, eine mehr oder weniger dicke Suppe, serviert wird – je nach Region wiederum mit Pasta- oder Reiseinlage. Zwar wird je nachdem natürlich mittags auch der zweite Gang – Fisch oder Fleisch – auf den Tisch gebracht, doch ißt man im Sommer, vor allem mittags, ebenso gerne kalte Gerichte. Aber an Festtagen schwelgt man gerne...
Bei den folgenden Menüzusammenstellungen finden Sie einige einfache sowie zwei aufwendigere Festtagsmenüs – wobei Sie die Vorspeisen nach Belieben natürlich auch fortlassen können. Dabei ist zu bedenken, daß man in Italien zum Hauptgericht, dem „secondo", immer Brot ißt, während Reis oder Pasta als Beilage in der Regel nur beim „piatto unico" üblich sind.

**Menü 1 (ganzjährig)**

Gnocchi alla romana
Manzo alla certosina
Crostata di mele alle mandorle

**Menü 2 (Sommer und Herbst)**

Corzetti alla polceverasca
Cima alla genovese mit Salsa al pomodoro, Agliata *oder* Salsa verde
Zucchine trifolate
Panna cotta

**Menü 3 (Frühling und Sommer)**

Stracciatella
Filetti di sogliola alla salvia
Misticanza
Finte uova

**Menü 4 (Frühling und Sommer)**

Fave al pecorino
Ravioli alla menta
Carne cruda alla piemontese
Insalata veronese
Arance alla siciliana

**Menü 5 (Herbst)**

Insalata di funghi
Minestrone di riso e castagne
Coniglio in fricassea
Finocchi fritti
Castagnaccio

**Menü 6 (Winter)**

Fonduta
Risotto con frutta secca e funghi
Brasato al barolo
Montebianco

### Menü 7
### (Fisch, ganzjährig)
Acciughe ripiene alla ligure
Ravioli di pesce in brodo
*oder* Ravioli al salmone affumicato
Branzino al cartoccio con frutti di mare
Tiramisù all'arancia

### Menü 8
### (Fisch, ganzjährig)
Carpaccio di salmone
Spaghetti alle cozze
Gamberoni con olive e capperi
Biancomangiare al caffè

### Menü 9
### (vegetarisch, Frühling, Sommer)
Primizie in pinzimonio
Crocchette di polenta al formaggio
Rotolo di spinaci
Crema di mascarpone

### Menü 10
### (vegetarisch, ganzjährig)
Crostini ai fagioli
Crespelle ai funghi
Parmigiana di melanzane
Pere in miele

### Menü 11
### (Festtagsmenü)
Verdure ripiene alla ligure
*oder* Zucchini col ripieno di amaretti
Capesante gratinate
Pâté di fegato alla veneziana
*oder* Carpaccio ai porcini

Penne con ricotta e noci
Fettuccine alla bolognese

Filetti di pescatrice in foglie di bietola
Gallina ripiena al profumo di marsala
Costata di manzo con funghi
*Dazu nach Jahreszeit:*
Misticanza, Palline di spinaci, Sformato di verza, Rucola in umido

Cassata siciliana
Fritelle di ricotta alla romana
Bunet

### Menü 12
### (Festtagsmenü)
Focaccia con le cipolle
Antipasto di salumi
Peperoni arrostiti all'olio
Zucchini a scapece
Vitello tonnato

Tortelli di broccoletti al burro fuso
Maccheroni con fegato di vitello

Anatra in tegame
Farsumagru
Insalata di arance e cipolle
Insalata verde con melone

Torta di zucca
Coviglia al caffè

# Die R

# ezepte

*Nicht umsonst genießt die italienische Küche Weltruhm! Ob Vorspeisen, Pasta, Suppen, Fleisch, Fisch und Meeresfrüchte, Risotti, Pizza, Gemüsegerichte, Eingemachtes oder Dolci – die Freude der Italiener an gutem Essen ist sprichwörtlich, und alles, was Boden und Meer zu bieten haben, verwandeln sie mit viel Phantasie in köstliche Gerichte.*

*In den folgenden Kapiteln finden Sie eine Auswahl typisch italienischer Gerichte – berühmte Rezepte, Traditionelles und regionale Spezialitäten von einfach bis raffiniert. Dazu zahlreiche Variationsmöglichkeiten sowie viele Tips rund um die Zubereitung, die das Kochen zum Vergnügen machen. Und danach – buon appetito!*

# Antipasti
## Vorspeisen

*Wenn nicht anders angegeben, sind alle Rezepte für 4 Portionen berechnet.*

Die Antipasti, die neben den Pasta-Gerichten so typisch für die italienische Küche sind, waren ursprünglich keineswegs selbstverständlicher Bestandteil des Menüs – sieht man einmal von der Küche an den Fürstenhöfen oder der großbürgerlichen Familien ab. Erst im vergangenen Jahrhundert fanden sie ihren festen Platz auf den Speisekarten. Tradition war und ist es allerdings seit jeher – auch in einfachen Familien –, an Fest- und Feiertagen im großen Kreis der Freunde und Verwandten vor dem primo – Pasta, Risotto oder Minestra – die regionalen Wurst-, Schinken- und manchmal auch Käsespezialitäten auf den Tisch zu bringen, stets begleitet von häufig selbst eingelegten Köstlichkeiten, wie marinierten Pilzen, Auberginen, Artischokken, Oliven, sonnengetrockneten Tomaten und vielem anderem mehr.

# Antipasti freddi
# Kalte Vorspeisen

Antipasti sollen den Appetit anregen. Vorab einige Vorschläge für schnelle Vorspeisen und pikante Kleinigkeiten zum Aperitif – „stuzzicarelli“ nennen sie die Römer.
Man kann zu diesen Genüssen auch kleingeschnittene Pizze, Focacce oder Gemüsetorten rechnen, die Sie im Kapitel Pizza finden (Seite 512). Ebenso eignen sich gut kleingeschnittene Frittate – im Kapitel Eier- und Käsegerichte (Seite 494) – oder Gemüse (Seite 456), und auch im Kapitel Eingemachtes (Seite 542) finden Sie viele Anregungen.

## Involtini di bresaola

*Bresaola-Röllchen*

Die Bresaola – in Salz eingelegtes und luftgetrocknetes Rindfleisch – ist eine Spezialität aus dem Veltlin. Sie wird sehr fein geschnitten und häufig nur mit Zitronensaft und Öl beträufelt und nach Belieben mit frischen Kräutern bestreut serviert.

**ca. 200-250 g fetter, weicher Ziegenkäse (z.B. Caprino)**
**4 EL Olivenöl extra vergine**
**Pfeffer aus der Mühle**
**evtl. Salz**
**200 g Bresaola in hauchdünnen Scheiben**

- Den Ziegenkäse zerdrücken und das Öl einarbeiten. Mit Pfeffer und nach Belieben auch mit Salz abschmecken.
- Die Bresaola-Scheiben damit bestreichen, einrollen und auf einer Platte anrichten.

**Dauert etwa 15 Minuten**
**1 Portion = 1061 kJ/253 kcal**

***Zur Abwechslung***
- Bei einer weiteren traditionellen Zubereitungsweise werden die Fleischscheiben mit einer Mischung aus (Gorgonzola-)Mascarpone und Butter gefüllt.
- Sie können die Bresaola aber auch mit eingelegten Paprikaschoten und Kapern füllen.
- Sie können die Röllchen auch dekorativ auf grünen Salatblättern oder auf Rauke anrichten.

# Prosciutto crudo e melone

*Roher Schinken mit Zuckermelone*

**1 große, reife Zuckermelone**
**200 g Parmaschinken in hauchdünnen Scheiben**

Diese wohl bekannteste italienische Vorspeise darf hier nicht fehlen, weil sie vor allem im Sommer wunderbar schmeckt und keinerlei Kochkunst bedarf. Statt Parmaschinken können Sie auch einen anderen guten luftgetrockneten italienischen Schinken servieren.

• Die Melone mindestens 2 Stunden in den Kühlschrank legen, anschließend längs halbieren, die Kerne mit einem Löffel auskratzen und die Melonenhälften in beliebig viele Spalten schneiden.
• Die Melonenspalten schälen und die Fruchtschnitze sternförmig auf einer Platte anordnen, nach Belieben die Schalen darunterlegen. Den Schinken extra servieren.

**Dauert etwa 15 Minuten**
**1 Portion = 480 kJ/114 kcal**

***Zur Abwechslung***
• Statt der Melone können Sie auch 12 bis 16 gekühlte und geschälte reife Feigen zusammen mit dem Schinken auf einer Platte anrichten.
• Zum rohen Schinken schmecken auch junge Saubohnen frisch aus der Schale, die in Italien sehr beliebt sind und oft auch mit pikantem Pecorino oder mit scharf gewürzter Salami serviert werden.
• Oder Sie bereiten gleich eine ganze Platte mit Wurst- und Schinkenspezialitäten vor, zum Beispiel Parmaschinken, Prosciutto di San Daniele, gekochten Schinken, Südtiroler Speck, Bresaola, Mortadella, verschiedene Salamisorten (Salame napoletano, milanese und di cinghiale), Soppressata, Coppa und Lingua salmistrata. Die fein geschnittenen Scheiben können Sie auf gemischten Salatblättern anrichten und nach Belieben eingelegtes Gemüse dazu reichen (Seite 542).

*Chi se vo' imparà a magnà, da li preti bisogna che va.*
*(Die beste Küche lernt man im Kloster kennen.)*
*Römisches Sprichwort*

*Sie können die Melonenschnitze auch in mundgerechte Würfel schneiden und mit je einer eingerollten Schinkenscheibe auf Spießchen stecken.*

## Sfogi in saôr

*Seezunge sauer eingelegt*

- Die Seezungen waschen und trockentupfen. Leicht in Mehl wenden und in heißem Olivenöl goldbraun braten. Den Fisch herausnehmen und auf Küchenkrepp abtropfen lassen.
- Die Zwiebeln schälen, grob hacken und mit wenig Öl in der gleichen Pfanne glasig dünsten. Mit dem Essig ablöschen, auch den Wein und die übrigen Zutaten hinzugeben, und die Zwiebeln 15 Minuten leicht schmoren lassen.
- Die Fische in eine Glasform einschichten und jede Lage mit der noch warmen Zwiebelsauce begießen. Vor dem Servieren mindestens 1 Tag durchziehen lassen.

**Dauert etwa 40 Minuten**
**1 Portion = 2213 kJ/528 kcal**

**1 kg möglichst kleine Seezungen, küchenfertig vorbereitet**
**Mehl zum Wenden**
**Olivenöl extra vergine**
**1 kg Zwiebeln**
**1/4 l guter Weißweinessig**
**1/2 l Weißwein**
**100 g Sultaninen**
**50 g Pinienkerne**
**2 Lorbeerblätter**
**1 EL Pfefferkörner**
**Salz**

*Sfogi in saôr ist eine Abwandlung eines der traditionellsten venezianischen Gerichte: Sarde in saôr. Statt Sardinen werden hier allerdings die weniger fetten Seezungen verwendet.*

## Sedano alla San Giovanni

*Sellerie nach San Giovanni*

Dieser Dip hat seinen Ursprung im Piemont. Er ist als kleiner Appetitanreger zusammen mit einem trockenen Weißwein oder Prosecco gedacht. Doch können Sie den Sellerie sehr gut auch als Mitternachtsimbiß oder als richtige Vorspeise servieren, wenn Sie die Mengen entsprechend erhöhen.

- Den Sellerie putzen und jeweils in 3 bis 4 gleich große Stücke schneiden.
- Den Eidotter mit Sardellenfilets, Kapern, Cornichon, Petersilie, Estragon, Cayennepfeffer und Zitronensaft im Mixer pürieren. Nach und nach so viel Öl hinzufügen, daß sich eine geschmeidige Sauce ergibt. Nach Belieben noch einmal mit Salz und Gewürzen abschmecken.
- Den Dip auf 4 kleine Portionsschälchen verteilen und Selleriestücke, Parmesan und Brot dazu servieren.

**Dauert etwa 15 Minuten**
**1 Portion = 1704 kJ/408 kcal**

**4 Stangen Bleichsellerie**
**1 hartgekochter Eidotter**
**1-2 Sardellenfilets, kleingehackt**
**1 TL Kapern**
**1 Cornichon, kleingehackt**
**etwas Petersilie, fein gehackt**
**1 Prise frischer oder getrockneter Estragon**
**1 Prise Cayennepfeffer (oder etwas frischer oder getrockneter Peperone)**
**1 Spritzer Zitronensaft**
**Olivenöl extra vergine**
**evtl. Salz**
**100 g Parmesan, fein gehobelt oder in Splittern**
**4 Brötchen (oder Toastscheiben)**

# Barchette di sedano ripiene

*Gefüllte Sellerieschiffchen*

**4-5 Stangen Bleichsellerie**
**Saft von 1 Zitrone**
**200 g Mascarpone-Gorgonzola**
**2 EL süße Sahne**
**evtl. Salz**
**evtl. Pfeffer aus der Mühle**
**evtl. 1 Schuß Cognac**
**blaue Trauben und Walnußhälften zum Garnieren**

Junger Staudensellerie ist ein in Italien sehr beliebtes Gemüse, das man besonders gern roh ißt. Die Sellerieschiffchen sehen als Happen zum Aperitif oder auf einem Partybüfett nicht nur ansprechend aus, sondern schmekken auch köstlich.

- Die Selleriestangen putzen und waschen. Die Blätter beiseite legen.
- Die Stangen in etwa 10 cm lange Stücke schneiden und zusammen mit dem Zitronensaft in eine Schüssel mit Wasser geben.
- Den Käse mit der Sahne zu einer weichen Creme verkneten, eventuell noch etwas Sahne oder 1 Spritzer Zitronensaft hinzufügen. Nach Belieben noch mit etwas Salz, Pfeffer und Cognac abschmecken.
- Die Selleriestangen auf je 1 Blatt anrichten und mit der Käsecreme füllen.
- Die Trauben waschen und halbieren. Jedes Schiffchen mit Trauben und Walnußhälften dekorieren und vor dem Servieren in den Kühlschrank stellen.

**Dauert etwa 20 Minuten**
**1 Portion = 1074 kJ/257 kcal**

***Zur Abwechslung***
- Mit der gleichen Creme können Sie auch die Kappen von großen Zuchtchampignons füllen.
- Sie können die Creme auch getrennt als Dip reichen oder anstatt Bleichsellerie geputzte und längs geviertelte junge Karotten einstippen.
- Sie können auch normalen Gorgonzola oder einen anderen Edelpilzkäse verwenden und ihn mit weicher Butter, Crème fraîche oder saurer Sahne vermischen.
- Die Kombination Sellerie-Gorgonzola ist besonders köstlich, doch Sie können auch jeden anderen Weichkäse mehr oder weniger pikant anmachen.
- Gut schmeckt auch eine Ricotta-Thunfisch-Creme: Sie pürieren 180 Gramm Ricotta (oder Sahnequark oder Mascarpone), 120 Gramm Thunfisch, 1 große gehackte Zwiebel und 1 bis 2 Eßlöffel gehackte Petersilie im Mixer (nach Belieben auch 1 Teelöffel Kapern und 1 bis 2 Sardel-

lenfilets). Nach und nach Olivenöl hinzufügen, bis eine geschmeidige Paste entsteht. Mit Salz und Pfeffer abschmekken und in die Schiffchen füllen. Nach Belieben noch mit Kapern, Pinienkernen und/oder Oliven garnieren. Die Creme eignet sich auch gut zum Füllen von Blätterteigtäschchen (Seite 108).

## Primizie in pinzimonio

*Junge Rohkost mit kaltem Dip*

Bei dieser köstlichen, gesunden und zudem sehr einfachen Vorspeise taucht man den ersten jungen Salat, die ersten zarten Gemüse – le primizie – in eine leichte Vinaigrette. Die Gemüsemischung können Sie je nach Jahreszeit und Geschmack zusammenstellen – Hauptsache, die Gemüse sind frisch.

**Frisches, junges Gemüse (z.B. Karotten, Blumenkohl, Bleichsellerie, Fenchel, Paprikaschoten, Frühlingszwiebeln, Radicchio, Chicoree, Champignons, Tomaten, Gurken, Radieschen, Artischocken)**
**1 Teil Zitronensaft (oder guter Weißweinessig)**
**Salz**
**Pfeffer aus der Mühle**
**scharfer Senf**
**evtl. etwas Knoblauch, durchgepreßt**
**2 Teile Olivenöl extra vergine**

*Sie können die Zutaten für die Sauce auch auf den Tisch stellen, so daß sich jeder nach Geschmack seinen eigenen Dip anrühren kann.*

- Die Gemüse sorgfältig waschen und putzen. Artischocken von harten Außenblättern, Stielenden und Spitzen befreien, vierteln und in Zitronenwasser legen, damit sie sich nicht verfärben.
- Nach Belieben die Gemüse in grobe Stücke teilen oder auch im ganzen belassen und dekorativ auf einer großen Platte anrichten.
- Zitronensaft, Salz, Pfeffer, Senf und nach Belieben auch Knoblauch vermischen.
- Das Öl unterrühren und die Sauce auf Portionsschälchen verteilen.

**Dauert etwa 20 Minuten**
**1 Portion = 618 kJ/148 kcal**

***Zur Abwechslung***
- Statt Zitronensaft oder Weißweinessig können Sie natürlich auch Balsamessig verwenden – allerdings genügt dann etwas weniger, da er sehr intensiv ist.
- Wunderbar passen frische Kräuter in diese Sauce, und sie wird noch pikanter, wenn Sie ihr einige kleingehackte schwarze Oliven und Kapern beimischen.
- Nach Belieben können Sie dem Dip auch 1 hartgekochtes Eigelb beifügen, das Sie gleich zu Anfang mit dem Senf vermischen.

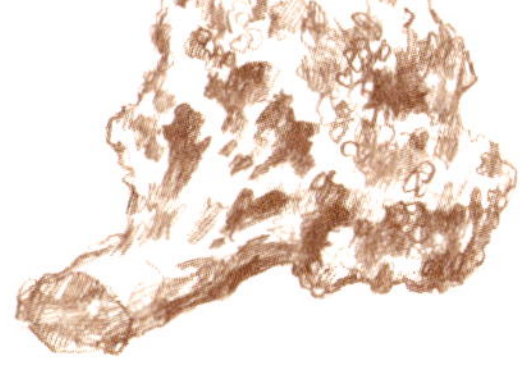

# Porro al vino

*Lauch in Wein*

**1 kg nicht zu dicke Lauchstangen**
**1 Bund Petersilie**
**6 EL Olivenöl extra vergine**
**Saft von 1 Zitrone**
**gut 1/4 l trockener Weißwein**
**1 EL Korianderkörner**
**reichlich frischer (oder 1 EL getrockneter) Thymian**
**5 Lorbeerblätter**
**Salz**
**Pfeffer aus der Mühle**
**1 Zitrone in Scheiben**

• Den Wurzelansatz und die dunkelgrünen Teile vom Lauch abschneiden und die Stangen gründlich waschen.
• Die Petersilie waschen und die Blättchen abzupfen.
• Alle weiteren Zutaten mit der Petersilie in einen großen Topf geben, aufkochen und auf kleiner Flamme einige Minuten köcheln lassen.
• Die Lauchstangen zufügen und etwa 20 Minuten dünsten. Sie sollten vom Sud bedeckt sein, andernfalls noch etwas Wein nachgießen.
• Den Lauch herausnehmen und in einer flachen, länglichen Schüssel anrichten. Mit etwas Sud übergießen und mit Zitronenscheiben garnieren.

**Dauert etwa 40 Minuten**
**1 Portion = 510 kJ/122 kcal**

*Zur Abwechslung*
Nach Belieben können Sie den Lauch zusätzlich oder alternativ mit kleingehacktem hartem Ei garnieren.

# Carciofi marinati

*Eingelegte Artischocken*

**8 frische, ganz junge Artischockenherzen (oder Artischockenherzen aus der Dose)**
**Saft von 1/2 Zitrone**
**4 EL Olivenöl extra vergine**
**Salz**
**Pfeffer aus der Mühle**
**1 Knoblauchzehe, fein gehackt**
**1 EL gehackte frische Petersilie (oder Minze)**
**evtl. 1/2 frischer Peperone, entkernt und fein gehackt**
**evtl. 1 kleiner Schuß trockener Marsala (oder Sherry)**

• Die Artischockenherzen mit allen übrigen Zutaten vermischen und gut durchziehen lassen.
• Vor dem Servieren alles noch einmal gut durchmischen und nach Bedarf nachwürzen oder noch etwas Zitronensaft hinzufügen.

**Dauert etwa 10 Minuten**
**1 Portion = 612 kJ/146 kcal**

*Zur Abwechslung*
• Für gefüllte Artischockenböden (Fondi di carciofi ripieni) lassen Sie 8 bis 12 Artischockenböden in der gleichen Marinade wie die Herzen durchziehen, nur ohne Petersilie und Knoblauch. Anschließend können Sie sie nach Belieben mit Leberpastete (Seite 90) und Champignonscheib-

chen oder mit Wurst- oder Schinkenscheiben oder mit marinierten Muscheln oder auch mit fein gehacktem und mit Kräutern vermischtem Caprino oder Pecorino füllen.
• Besonders apart schmeckt auch eine Krabbenfüllung auf einer leichten Schicht von Mayonnaise, die Sie mit 1 Schuß Cognac, etwas Tomatenmark und 1 Spritzer Tabasco anrühren.

*Die eingelegten Artischocken sind eine wunderbare Beilage zu Wurst und Schinken.*

## Peperoni arrostiti all'olio

*Gebackene Paprikaschoten in Öl*

**4 große Paprikaschoten (rot, grün und gelb gemischt)**
**2-4 Knoblauchzehen**
**1 Bund Petersilie**
**Salz**
**Pfeffer aus der Mühle**
**Olivenöl extra vergine**

• Die Paprikaschoten waschen und gut abtrocknen, in den auf mittlere Hitze vorgeheizten Backofen geben und rösten, bis die Haut bräunlich wird. Zwischendurch einmal wenden. Die Schoten herausnehmen und in eine Plastiktüte stecken. Die Tüte gut verschließen und 10 Minuten abkühlen lassen.
• Den Paprika abziehen, von Strunk, Rippen und Kernen befreien und in etwa 3 cm breite Längsstreifen schneiden.
• Den Knoblauch schälen, die Petersilienblätter abzupfen und beides fein hacken.
• Die Paprikastreifen schichtweise auf einer Platte oder in einer länglichen Schüssel anrichten.
• Jede Schicht mit Salz, Pfeffer, Knoblauch und Petersilie bestreuen.
• Reichlich Öl darüberträufeln und das Gemüse mehrere Stunden, besser noch über Nacht ziehen lassen.

**Dauert etwa 45 Minuten**
**1 Portion = 1263 kJ/302 kcal**

*Die gebackenen Paprikaschoten halten sich ohne weiteres einige Tage im Kühlschrank.*

# Zucchini a scapece

*Gebratene Zucchini in Essig*

800 g Zucchini
1 Bund frische Minze (oder Basilikum)
Olivenöl extra vergine
4 Knoblauchzehen, fein gehackt
Salz
Pfeffer aus der Mühle
guter Weinessig

*Nach Belieben können Sie noch einige gehackte Sardellenfilets über die Zucchini streuen.*

Dieses Sommergericht aus Neapel schmeckt so köstlich, wie es einfach in der Zubereitung ist.

- Die Zucchini waschen und wie eine Salami in feine Schrägscheiben schneiden. Die Scheiben auf Küchenkrepp mindestens 1 Stunde trocknen lassen, dabei mehrmals wenden.
- Die Minze waschen, abtrocknen und die Blätter grob zerzupfen.
- Die Zucchinischeiben in reichlich heißem Öl portionsweise von beiden Seiten goldbraun fritieren.
- In eine flache Schüssel einschichten. Jede Lage mit Knoblauch und Minze bestreuen, leicht salzen, pfeffern und großzügig mit Essig beträufeln.
- Die Zucchini einige Stunden, am besten über Nacht gut durchziehen lassen.

**Dauert etwa 30 Minuten (ohne Trocken- und Ruhezeit)**
**1 Portion = 907 kJ/216 kcal**

# Melanzane a scapece

*Gebratene Auberginen in Essig*

800 g Auberginen
Olivenöl extra vergine
2 Knoblauchzehen
evtl. 1/2 scharfer Peperone
1/2 Glas guter Weinessig
reichlich frischer Oregano (oder Minzeblättchen)
Salz

*Die Auberginen halten sich einige Tage im Kühlschrank frisch.*

- Die Auberginen putzen, waschen, in Scheiben schneiden und gut mit Küchenkrepp trockentupfen.
- Die Scheiben in reichlich heißem Öl goldbraun fritieren, aber nicht dunkel werden lassen. Aus dem Öl heben und in eine Schüssel geben.
- Inzwischen den Knoblauch schälen und (eventuell mit dem Peperone) fein hacken.
- Mit Essig, Oreganoblättchen und etwas Salz zu einer Sauce verrühren und über die lauwarmen Auberginenscheiben geben.
- Das Gemüse einige Stunden, besser über Nacht ziehen lassen.

**Dauert etwa 30 Minuten**
**1 Portion = 1074 kJ/256 kcal**

# Cremina di ceci

*Kichererbsencreme*

• Die Kichererbsen etwa 12 Stunden einweichen, dabei mehrmals das Wasser wechseln.
• Die Karotte putzen und den Knoblauch schälen. Die eingeweichten Kichererbsen abgießen und in reichlich Wasser zusammen mit Lorbeerblatt, geputzter Karotte und 1 Knoblauchzehe etwa 1 1/2 Stunden kochen.
• Die Kichererbsen salzen und noch etwa 1 Stunde weiterköcheln lassen, bis sie ganz weich sind.
• Das Kochwasser abgießen und die Kichererbsen mit etwas Olivenöl pürieren.
• Petersilie, Sardellen, Kapern, die zweite Knoblauchzehe und nach Belieben auch den Peperone fein hacken und unter das Püree mischen. Nach Belieben eventuell noch mit Essig abschmecken und zu Toastbrot servieren.

**200 g getrocknete Kichererbsen**
**1 Karotte**
**2 Knoblauchzehen**
**1 Lorbeerblatt**
**Salz**
**Olivenöl extra vergine**
**etwas frische Petersilie**
**5 Sardellenfilets (oder etwas Sardellenpaste)**
**50 g Kapern**
**evtl. etwas frischer (oder getrockneter) Peperone**
**evtl. etwas Balsamessig**

**Dauert etwa 3 Stunden (ohne Einweichzeit)**
**1 Portion = 1352 kJ/323 kcal**

# Acciughe alla menta

*Sardellen mit Minze*

• Die Sardellenköpfe abtrennen. Vorsichtig den Bauch öffnen und Rückengräte und Innereien herausziehen. Die Sardellen waschen und trockentupfen.
• Eine flache, feuerfeste Form mit etwas Öl ausstreichen und die Sardellen hineingeben. Mit der Minze bestreuen, salzen und den Weißwein angießen.
• Im auf 200 Grad (Umluft 180 Grad, Gas Stufe 3 bis 4) vorgeheizten Ofen etwa 5 Minuten braten. Im Sud erkalten lassen und mit Toast servieren.

**400 g frische Sardellen**
**Olivenöl extra vergine**
**reichlich frische Minze**
**Salz**
**1/2 Glas Weißwein**

**Dauert etwa 30 Minuten**
**1 Portion = 655 kJ/156 kcal**

# Carpaccio con salsa rosa

*Carpaccio mit rosa Sauce*

250 g Rinderfilet in hauchdünnen Scheiben
125 g (möglichst selbstgemachte) Mayonnaise
1 TL Dijonsenf
1 Schuß Worcestersauce
1-2 EL Cognac
3-4 EL Crème double
1 Spritzer Tabasco (oder etwas Cayennepfeffer)
evtl. Salz

• Die Filetscheiben schuppenförmig auf einer Platte anrichten.
• Die Mayonnaise in eine Schale geben und alle weiteren Zutaten der Reihe nach sorgfältig einrühren.
• Zum Schluß die Sauce nach Belieben noch mit etwas Salz abschmecken und extra servieren.

**Dauert etwa 15 Minuten**
**1 Portion = 1626 kJ/388 kcal**

***Zur Abwechslung***
• Zusätzlich können Sie noch 1 Eßlöffel gehackte Kapern oder zerquetschte grüne Pfefferkörner unter die Sauce mischen.
• Sie können die Filetscheiben aber auch einfach mit einer Mischung aus Zitronensaft und gutem Olivenöl begießen und im übrigen nach Belieben garnieren.
• In Italien bekommt man das Carpaccio häufig mit feinen Parmesanschnitzen serviert.

*Carpaccio ist kein traditionelles italienisches Gericht. Erfunden von Arrigo Cipriani, dem Chef der berühmten „Harry's Bar" in Venedig, hat es aber von dort aus einen wahren Siegeszug um die Welt angetreten – vermutlich deshalb, weil es gut schmeckt, relativ leicht zuzubereiten ist und jeder Koch es nach eigener Phantasie leicht abwandeln kann.*
*Pro Person sollten Sie 50 bis 100 Gramm Rinderfilet rechnen – je nachdem, ob Sie nur eine kleine Vorspeise oder ein sommerliches Hauptgericht reichen möchten. Nach Möglichkeit lassen Sie sich das Filet vom Metzger in hauchdünne Scheiben schneiden. Ansonsten frieren Sie es an und schneiden es mit der Maschine.*
*Arrigo Cipriani benannte diese Kreation nach dem Maler Vittore Carpaccio, der Rosa- und Rottöne besonders liebte, und servierte sie zuerst mit salsa rosa – einer rosa Sauce, deren (ungefähre) Zusammensetzung Sie hier erfahren.*

# Carpaccio con gli asparagi

*Carpaccio mit Spargel*

- Den Spargel schälen und schräg in dünne Scheiben schneiden.
- Aus Essig, Salz, Pfeffer, Zucker und Öl eine Vinaigrette rühren und den Spargel 20 Minuten darin marinieren.
- Inzwischen das Basilikum waschen und trocknen, die Blätter abzupfen. Das Filet in einer flachen Schüssel anrichten.
- Den Spargel samt Vinaigrette über dem Fleisch verteilen und mit den Basilikumblättchen bestreuen.

**500 g zarter grüner Spargel**
**1-2 TL Balsamessig**
**Salz**
**Pfeffer aus der Mühle**
**1 Prise Zucker**
**4-5 EL Olivenöl extra vergine**
**1 Bund Basilikum (oder Petersilie)**
**200 g Rinderfilet in hauchdünnen Scheiben**

**Dauert etwa 30 Minuten**
**1 Portion = 711 kJ/169 kcal**

*Der grüne italienische Spargel ist besonders kräftig im Aroma, und nur der untere Teil muß geschält werden. Sie können für dieses Rezept aber auch weißen Spargel nehmen.*

# Carpaccio al peperone

*Carpaccio mit Paprikamus*

- Die Paprikaschote waschen und vom Stielansatz, aber nur teilweise von Rippen und Kernen befreien.
- Paprika und Sellerie in Stücke schneiden. Nach Belieben die Zwiebel schälen und hacken.
- Die Kräuter waschen, trockentupfen und die Blätter abzupfen. Gemüse, Petersilie und die Hälfte der Basilikumblätter mit Zitronensaft und Öl im Mixer pürieren und mit Salz und Pfeffer abschmecken.
- Das Paprikamus in die Mitte einer großen Platte geben, die Fleischscheiben rundum anordnen und alles mit den übrigen Basilikumblättchen garnieren.

**1 große grüne oder gelbe Paprikaschote**
**1 Stange Bleichsellerie**
**evtl. 1 kleine Zwiebel**
**1 Bund Petersilie**
**1 Bund Basilikum**
**Saft von 1 Zitrone**
**4 EL Olivenöl extra vergine**
**Salz**
**Pfeffer aus der Mühle (oder 1/2 frischer Peperone, gehackt)**
**200 g Rinderfilet in hauchdünnen Scheiben**

**Dauert etwa 20 Minuten**
**1 Portion = 730 kJ/174 kcal**

## Carpaccio ai porcini

*Carpaccio mit Steinpilzen*

2 große Steinpilze (oder 200 g Champignons)
Saft von 2 Zitronen
50 g Parmesan (oder Pecorino) am Stück
1 Bund Rauke (ca. 150 g)
200 g Rinderfilet in hauchdünnen Scheiben
Salz
Pfeffer aus der Mühle
Olivenöl extra vergine
evtl. 1 Knoblauchzehe, durchgepreßt

*Sie können die Rauke auch durch Kresse oder Feldsalat ersetzen, lassen dann aber das Basilikum weg, oder Sie streuen 1 Handvoll Petersilienblättchen über das Carpaccio.*

- Die Steinpilze sorgfältig waschen, putzen, in sehr feine Scheibchen schneiden und mit ein wenig Zitronensaft beträufeln.
- Den Käse ebenfalls in möglichst feine Scheibchen schneiden.
- Die Rauke putzen, waschen und trockenschwenken.
- Eine große Platte so mit den Filetscheiben belegen, daß die Mitte frei bleibt.
- Pilz- und Käsescheiben zusammen mit der Rauke locker in die Mitte häufeln.
- Aus dem restlichen Zitronensaft, Salz, Pfeffer und Olivenöl eine Sauce rühren, nach Belieben den Knoblauch zufügen, und die Sauce gleichmäßig darüberträufeln.

**Dauert etwa 30 Minuten**
**1 Portion = 1454 kJ/347 kcal**

## Carpaccio con agliata

*Carpaccio mit Knoblauchsauce*

200 g Rinderfilet in hauchdünnen Scheiben
100 g Weißbrot
6-9 Knoblauchzehen
Olivenöl extra vergine
Weißweinessig (oder Zitronensaft)
Salz
Pfeffer aus der Mühle (oder frischer oder getrockneter Peperone)

- Die Filetscheiben schuppenförmig auf einer Platte anrichten.
- Das Weißbrot kurz in Wasser einweichen und gut ausdrücken. Den Knoblauch schälen und grob hacken.
- Knoblauch und Weißbrot im Mixer pürieren. Nach und nach so viel Öl hinzufügen, daß eine geschmeidige, aber nicht zu dünne Paste entsteht.
- Die Knoblauchsauce mit etwas Weißweinessig, Salz und Pfeffer abschmecken und extra dazu reichen.

**Dauert etwa 20 Minuten**
**1 Portion = 1273 kJ/304 kcal**

***Zur Abwechslung***
Die Knoblauchsauce paßt auch sehr gut zu gebratenem Fleisch, gedünstetem Fisch und rohem oder gedünstetem Gemüse. Damit sie noch pikanter wird, können Sie einige kleingehackte Anchovisfilets untermischen.

# Carpaccio di salmone

*Lachs-Carpaccio*

- 2 Schalotten
- 1 Glas trockener Weißwein
- 2 EL trockener Marsala (oder Sherry)
- einige Pfefferkörner
- etwas Salz
- 12 sehr dünne Lachsscheiben
- 40 g weiche Butter
- 1 Bund Schnittlauch

• Die Schalotten schälen und fein hacken.
• Weißwein, Marsala, Schalotten, Pfefferkörner und Salz in einem breiten Topf erhitzen und einige Minuten köcheln lassen.
• Die Lachsscheiben etwa 2 Minuten im Topf mitgaren, herausnehmen, abtropfen lassen und auf einer Platte anrichten.
• Den Sud auf großer Flamme einkochen lassen und in einen zweiten Topf abseihen. Nach und nach die Butter unter kräftigem Schlagen mit dem Schneebesen hinzugeben, bis die Sauce eingedickt ist.
• Die Sauce über den Lachs geben. Den Schnittlauch waschen, in Röllchen schneiden und darüberstreuen.

**Dauert etwa 20 Minuten**
**1 Portion = 896 kJ/214 kcal**

***Zur Abwechslung***
Sie können den Lachs auch mit 1 Spritzer Zitronensaft in die abgeseihte Weinsauce geben, darin eine Weile ziehen lassen und zum Schluß mit dem Schnittlauch bestreuen.

*Am besten lassen Sie den Lachs gleich vom Händler sehr dünn schneiden. Andernfalls frieren Sie ihn in der Tiefkühltruhe an und schneiden ihn mit der Maschine in hauchdünne Scheiben.*

## Tartine di carne cruda

*Rohe Fleischfrikadellen*

1 Knoblauchzehe
2-4 Sardellenfilets
400 g Kalbsnuß
3-4 EL Olivenöl extra vergine
Saft von 2 Zitronen
Salz
Pfeffer aus der Mühle
evtl. 1 frische Trüffel
evtl. frische Kräuter nach Belieben

Dies ist ein Rezept aus dem Piemont. Traditionell wurden die Fleischbällchen noch mit frisch gehobelten Trüffelscheibchen garniert – heutzutage allerdings eine kostspielige und rare Delikatesse.

• Die Knoblauchzehe abziehen und zusammen mit den Sardellen fein hacken.
• Das Fleisch durch die feine Scheibe des Fleischwolfs drehen und in einen Mörser oder eine andere passende Schüssel geben.
• Sardellen, Knoblauch und Olivenöl hinzufügen und alles mit einem Stößel oder Holzlöffel zu einer Paste zerdrükken. Nach und nach den Zitronensaft hinzufügen und mit Salz und Pfeffer abschmecken.
• Kleine Frikadellen aus dem Fleischteig formen, auf einer Platte anrichten und nach Belieben mit fein gehobelten Trüffelscheiben oder mit frischen Kräutern garnieren.

**Dauert etwa 15 Minuten**
**1 Portion = 834 kJ/199 kcal**

## Pâté di fegato alla veneziana

*Kalbsleberpastete aus Venedig*

250 g Kalbsleber
200 g Zwiebeln
2 EL Olivenöl extra vergine
150 g Butter
einige Salbeiblätter (oder Lorbeerblätter)
evtl. 1 Schuß trockener Marsala (oder Cognac)
Salz
Pfeffer aus der Mühle

• Die Leber waschen, trockentupfen und in Streifen oder Scheibchen schneiden.
• Die Zwiebeln schälen, längs halbieren und in dünne Ringe schneiden.
• Die Zwiebelringe mit dem Öl und 1 Stückchen Butter auf kleiner Flamme in einer Pfanne farblos andünsten.
• Salbeiblätter und Leber hinzufügen, auf etwas größerer Flamme einige Minuten schmoren lassen und dabei mit einem Holzlöffel durchrühren.
• Nach Belieben den Marsala zugeben und kurz einkochen lassen.
• Die Pfanne vom Feuer nehmen, und die Leber mit Salz und Pfeffer abschmecken. Die Salbeiblätter entfernen und alles im Mixer pürieren.

• Die restliche Butter weichrühren und mit der pürierten Leber sorgfältig zu einer homogenen Creme vermischen.
• Die Pastete in eine Schale füllen und mindestens 1 Stunde in den Kühlschrank stellen.

*Die Leberpastete eignet sich hervorragend als Aufstrich für Crostini (Seite 101).*

**Dauert etwa 30 Minuten**
**1 Portion = 1770 kJ/423 kcal**

*Zur Abwechslung*
• Sie können die Leber nach Belieben entweder ganz ohne Würzkräuter oder aber mit einer Kräutermischung garen – zum Beispiel Lorbeer, Rosmarin und Salbei.
• Wenn die Pastete etwas kräftiger schmecken soll, können Sie noch etwa 50 Gramm kleingehackten Schinkenspeck mitgaren.

## Insalata di carne cruda alla piemontese

*Salat von rohem Rinderfilet aus dem Piemont*

Dieses Gericht hat Ähnlichkeit mit unserem Tatar.

**400 g Rinderfilet (oder Kalbsnuß)**
**Saft von 1 Zitrone**
**3-4 EL Olivenöl extra vergine**
**1 Knoblauchzehe, fein gehackt**
**Salz**
**Pfeffer aus der Mühle**
**1 Bund Petersilie**
**einige Cornichons**
**4 Sardellenfilets**

• Das Fleisch auf einem Holzbrett nicht allzu fein hacken und in eine flache Schüssel oder auf eine Platte geben.
• Aus Zitronensaft, Olivenöl, Knoblauch, Salz und Pfeffer eine Marinade zubereiten und über das Fleisch gießen. Gut durchmischen und mindestens 45 Minuten ziehen lassen.
• Die Petersilienblättchen abzupfen und waschen. Den Salat vor dem Servieren noch einmal gut durchmischen und mit Petersilie, Cornichons und Sardellenfilets garnieren.

**Dauert etwa 15 Minuten (ohne Ruhezeit)**
**1 Portion = 897 kJ/214 kcal**

*Zur Abwechslung*
Besonders edel ist die traditionelle Form dieses Fleischsalats: Anstelle von Cornichons und Sardellenfilets wird er im Piemont oft mit frischen Trüffelscheibchen belegt. Statt dessen können Sie aber auch frische Steinpilze oder Zuchtchampignons verwenden. Und wie beim Carpaccio paßt frisch gehobelter Parmesan sehr gut dazu.

# Baccalà crudo su carpaccio di zucchini

*Roher Klippfisch auf Zucchini-Carpaccio*

**500 g Klippfisch, gewässert und enthäutet**
**3-4 Knoblauchzehen**
**1 frischer scharfer Peperone**
**1 Bund Petersilie**
**1 Schuß Zitronensaft**
**Olivenöl extra vergine**
**2 mittelgroße Zucchini**

Stockfisch und Klippfisch liebt man in vielen Gegenden Italiens. Bei uns ist er in manchen südländischen Feinkostläden erhältlich.

- Den Klippfisch gut abtropfen lassen und alles Wasser herauspressen. Den Fisch sehr klein schneiden.
- Die Knoblauchzehen schälen und durchpressen.
- Den Peperone waschen, abtrocknen, entkernen und fein hacken.
- Die Petersilienblättchen abzupfen, waschen und ebenfalls fein hacken.
- Den Fisch in einer flachen Schüssel leicht mit Zitronensaft beträufeln und mit dem Knoblauch und Peperone vermischen. Reichlich Olivenöl hinzugeben und alles mindestens 1 Stunde ziehen lassen.
- Inzwischen die Zucchini waschen, putzen, in hauchdünne Scheiben schneiden und auf einer großen Platte anrichten.
- Den marinierten Fisch nochmals abschmecken, inmitten der Zucchinischeiben aufhäufeln und großzügig mit Petersilie bestreuen.

**Dauert etwa 20 Minuten (ohne Marinierzeit)**
**1 Portion = 1403 kJ/334 kcal**

***Zur Abwechslung***
Falls Sie keinen Stockfisch bekommen oder ihn nicht mögen, können Sie auch Rotbarschfilet verwenden: Sie pürieren 2 Knoblauchzehen und 1 bis 2 entkernte Pfefferschoten mit 1/8 Liter Limetten- oder Zitronensaft und 1 kleingeschnittenen Stange Bleichsellerie. Den kleingehackten Rotbarsch daruntermischen und 1 Stunde ziehen lassen. Fisch und Zucchini wie im Rezept anrichten.

# Tonno ai pomodori

*Thunfisch in Tomatensauce*

• Den Thunfisch waschen, trockentupfen, in nicht zu kleine Stücke teilen und mit dem Zitronensaft beträufeln.
• Die Tomaten mit kochendem Wasser überbrühen, häuten und grob hacken.
• Zwiebeln und Knoblauch abziehen, fein hacken und einige Minuten im heißen Olivenöl andünsten. Mit dem Weißwein ablöschen und kurz einkochen lassen.
• Lorbeerblätter, Thymian, Rosmarin, Oregano und die Tomaten hinzufügen, nach Belieben auch etwas Peperone. Die Sauce mit Salz und Pfeffer abschmecken und mindestens 30 Minuten offen köcheln lassen, bis sie ziemlich eingedickt ist.
• Die Fischstücke hineingeben und auf kleinster Flamme etwa 5 Minuten garen. Vom Feuer nehmen, nochmals mit Gewürzen abschmecken und 1 Tag im Kühlschrank ziehen lassen.
• Die Petersilienblättchen abzupfen, waschen und fein hacken. Über den Thunfisch streuen und servieren.

**Dauert etwa 50 Minuten**
**1 Portion = 2853 kJ/681 kcal**

***Zur Abwechslung***
Auf gleiche Weise können Sie auch anderen festfleischigen Fisch zubereiten.

**800 g frischer Thunfisch ohne Haut, entgrätet**
**Saft von 1/2 Zitrone**
**6 große reife, aber feste Tomaten (oder Dosentomaten)**
**2 Zwiebeln**
**2 Knoblauchzehen**
**1 Gläschen Olivenöl extra vergine**
**1/4 l trockener Weißwein**
**2 Lorbeerblätter**
**einige Zweiglein Thymian**
**1 Zweig Rosmarin**
**1 Prise Oregano**
**evtl. etwas frischer oder getrockneter Peperone, fein gehackt**
**Salz**
**schwarzer Pfeffer aus der Mühle**
**1 Handvoll Petersilienblättchen**

*Nach Belieben können Sie den Thunfisch auch als sommerliches Hauptgericht servieren.*

## Spuma di tonno

*Thunfisch-Mousse*

**600 g Thunfisch aus der Dose**
**5 Sardellenfilets**
**Salz**
**evtl. weißer Pfeffer aus der Mühle**
**250 g weiche Butter**
**1 kleine Gurke (oder einige Cornichons)**
**1 schwarze Olive**
**1 Zitrone**

- Thunfisch und Sardellen grob zerkleinern und beides mit etwas Salz, nach Belieben auch mit Pfeffer, im Mixer fein pürieren.
- Das Fischpüree in eine Schüssel geben, nach und nach die Butter hinzufügen, dabei kräftig mit einem Holzlöffel durchschlagen und noch einige Minuten weiterrühren.
- Die Mousse möglichst in eine Fischform füllen und mindestens 2 Stunden in den Kühlschrank stellen.
- Die erkaltete Mousse auf eine Servierplatte stürzen. Die Gurke in feine Scheiben schneiden und als Schuppen darauflegen.
- Die Olive halbieren und als Augen einsetzen.
- Die Zitrone in Achtel schneiden.
- Die Thunfisch-Mousse mit Zitronenachteln garnieren und mit geröstetem Weißbrot servieren.

**Dauert etwa 30 Minuten (ohne Abkühlzeit)**
**1 Portion = 3434 kJ/821 kcal**

## Acciughe marinate

*Marinierte Sardellen*

**500 g frische Sardellen**
**1-2 Knoblauchzehen**
**Saft von 3-4 Zitronen**
**reichlich fein gehackte Petersilie**
**1 Prise Oregano**
**1 Prise Thymian**
**einige Basilikumblätter, fein gehackt**
**Salz**
**Pfeffer aus der Mühle**
**1 Glas Olivenöl extra vergine**

- Die Sardellenköpfe entfernen. Den Bauch vorsichtig längs öffnen, die Innereien und die Rückengräte herausziehen und darauf achten, daß die beiden Hälften am Rücken miteinander verbunden bleiben.
- Die Sardellen sorgfältig waschen und trocknen. In ein großes flaches Gefäß geben.
- Den Knoblauch abziehen und durchpressen. Den Zitronensaft in eine Schale geben, Knoblauch und Kräuter hinzufügen und leicht salzen und pfeffern. Unter ständigem Rühren langsam das Öl hinzufügen.
- Die Fische mit der Marinade übergießen und einige Stunden ziehen lassen. Die marinierten Sardellen halten sich mehrere Tage im Kühlschrank.

**Dauert etwa 20 Minuten**
**1 Portion = 2176 kJ/520 kcal**

# Seppioline marinate

## *Marinierte Tintenfischchen*

**Für den Fisch:**
1 Stange Bleichsellerie
1 Karotte
1/2 Glas guter Rotweinessig
1 Prise Salz
1 Lorbeerblatt
einige Petersilienstengel
1 kg geputzte Seppioline (auch tiefgekühlt)
**Für die Sauce:**
1 Knoblauchzehe
1 Handvoll Petersilienblättchen
1-2 EL Kapern
Saft von 1/2 Zitrone
1 TL Sardellenpaste
Salz
Pfeffer aus der Mühle
Olivenöl extra vergine

- Sellerie und Karotte putzen, waschen und in Stücke schneiden.
- 1 1/2 Liter Wasser zusammen mit Essig, Salz, Lorbeerblatt, Petersilie und dem Gemüse zum Kochen bringen.
- Die frischen oder aufgetauten Seppioline kurz waschen, in den kochenden Sud geben und etwa 15 Minuten auf kleiner Flamme sieden lassen.
- Den Tintenfisch abgießen und etwas vom Sud zurückbehalten.
- Die abgekühlten Tintenfischchen in Stücke schneiden und in eine Schüssel geben.
- Für die Sauce den Knoblauch schälen, die Petersilie waschen und trockentupfen. Beides zusammen mit den Kapern sehr fein hacken.
- Zitronensaft, 1 Eßlöffel Sud, Sardellenpaste, Salz und Pfeffer zu den gehackten Zutaten geben, gut verrühren und so viel Öl untermischen, daß eine dünnflüssige Sauce entsteht.
- Die Sauce nochmals abschmecken und nach Belieben mit Zitronensaft, Kochsud oder Öl verlängern.
- Die Marinade über die Tintenfischchen geben und alles einige Stunden im Kühlschrank durchziehen lassen.

**Dauert etwa 50 Minuten**
**1 Portion = 1599 kJ/382 kcal**

***Zur Abwechslung***
Falls Sie keine kleinen Tintenfische bekommen, können Sie auch größere Seppie oder Moscardini (kleine Oktopoden) oder auch festfleischige, in Stücke geschnittene Fische auf diese Weise marinieren.

*Selbst von den Franzosen wird nicht bestritten, daß die italienische, dabei vor allem die toskanische Küche, wesentlich zur Entstehung der französischen Küche beigetragen hat. Anläßlich ihrer Vermählung mit Heinrich II. nahm Katharina de' Medici in ihrem Gefolge eine ganze Schar von Köchen und Zuckerbäckern mit, die der französischen Küche in bezug auf Zutaten und Gewürze völlig neue Anregungen brachten.*

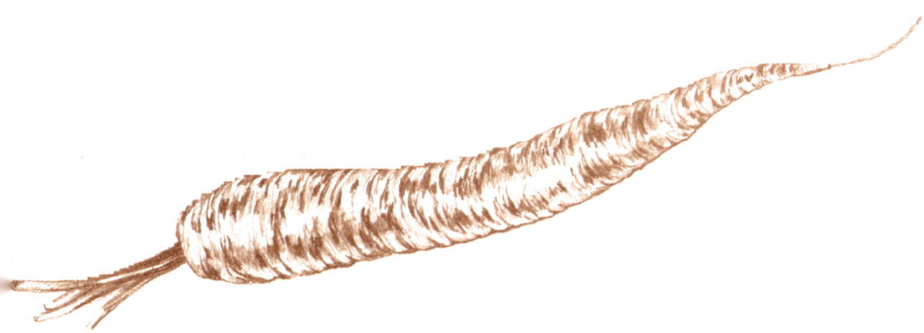

# Trote al vino bianco

*Forellen in Weißwein*

**Für den Fisch:**
4 kleine Forellen
1/2 l trockener Weißwein
2 Knoblauchzehen
2 Zwiebeln
2 Zitronen
4 Lorbeerblätter
Salz
1 TL schwarze Pfefferkörner
1 TL Wacholderbeeren
1 EL Senfkörner
250 g Karotten
2 Stangen Bleichsellerie
2 mittelgroße Stangen Lauch
1/4 l guter Weißweinessig

**Für die Mayonnaise:**
40 g Weißbrot ohne Rinde
4 EL Milch
6 Knoblauchzehen, fein gehackt
2-3 Eigelb (je nach Größe)
Olivenöl extra vergine
Zitronensaft
Salz
weißer Pfeffer aus der Mühle

Dies ist ein raffiniertes Rezept aus Südtirol.

- Die Forellen, falls nötig, ausnehmen und waschen.
- Den Weißwein mit 3/4 Liter Wasser in einem großen Topf erhitzen.
- Knoblauch und Zwiebeln schälen, in feine Scheiben schneiden und in den Topf geben.
- 1 Zitrone schälen, vierteln und zusammen mit Lorbeerblättern, Salz, Pfefferkörnern, Wacholderbeeren und Senfkörnern ebenfalls zum Sud geben. Alles etwa 10 Minuten sieden lassen.
- Karotten, Sellerie und Lauch putzen, waschen, in grobe Stücke schneiden und in den Topf geben. Den Essig hinzufügen und den Sud offen weiterköcheln lassen.
- Inzwischen die Mayonnaise zubereiten: Das Weißbrot mit der Milch beträufeln, etwas durchziehen lassen, ausdrücken, zerzupfen und mit dem Knoblauch im Mörser zerreiben.
- Die Eigelbe untermischen, etwas Olivenöl in einem dünnen Strahl einlaufen lassen und alles kräftig zu einer Mayonnaise aufschlagen. Mit Zitronensaft, Salz und Pfeffer abschmecken.
- Die Forellen in den Sud geben und auf kleiner Flamme etwa 10 Minuten ziehen lassen. Den Topf vom Herd nehmen und die Fische im Sud erkalten lassen.
- Die Forellen aus dem kalten Sud heben, enthäuten und auf einer Platte anrichten. Etwas Kochflüssigkeit abseihen und darübergießen.
- Die zweite Zitrone in Scheiben schneiden und die Forellen damit garnieren. Die Knoblauchmayonnaise extra dazu reichen.

**Dauert etwa 1 Stunde 10 Minuten**
**1 Portion = 2158 kJ/515 kcal**

# Antipasti caldi
# Warme Vorspeisen

## Bagna caôda

*Heiße Knoblauchsauce*

- 5-10 Knoblauchzehen
- evtl. einige frische gehackte Walnüsse
- ca. 1200 g frisches Gemüse nach Belieben
- 1 Tasse Milch
- 6-12 Sardellenfilets
- 1 Tasse Olivenöl extra vergine

• Die Knoblauchzehen schälen, halbieren und in einen Topf geben. Nach Belieben die Walnüsse hinzugeben. Beides mit kaltem Wasser bedecken, erhitzen und leicht köcheln lassen, bis das Wasser fast völlig verdunstet ist.
• Das Gemüse putzen, waschen und in mundgerechte Stücke schneiden.
• Die Milch in den Topf gießen und erhitzen, aber nicht aufkochen lassen. Die Sardellen kleinhacken, hinzufügen und etwa 10 Minuten in der Milch sieden lassen.
• Knoblauch, Nüsse und Sardellen mit einer Gabel im Topf zerdrücken und alles zu einer homogenen Masse verrühren. Das Olivenöl langsam einrühren und die Sauce weiter erhitzen, aber nicht kochen lassen.
• Den Topf mit der Bagna caôda auf ein Kerzenstövchen stellen. Die Gemüsestücke auf einer großen Platte oder auf Tellern anrichten und Stangenweißbrot dazu reichen.

**Dauert etwa 30 Minuten**
**1 Portion = 1219 kJ/291 kcal**

*Bei einer noch einfacheren und zugleich pikanteren Version dünsten Sie 12 durchgepreßte Knoblauchzehen kurz in 90 Gramm Butter an, gießen 1 großes Glas Olivenöl hinzu und schmoren 8 kleingehackte Sardellenfilets unter ständigem Rühren darin, bis sie völlig zerfallen sind und eine gleichmäßige Creme entsteht. Die Knoblauchsauce darf allerdings nicht kochen.*

### *Zur Abwechslung*

Mit einer Bagna caôda (oder cauda), was soviel wie „heiße Tunke“ bedeutet, wärmt man sich im Piemont in der kalten Jahreszeit den Magen. Knoblauch sollten Sie allerdings mögen, denn je mehr Sie davon hineingeben, um so besser wird die Sauce. Das Rezept gibt es in zahllosen Variationen, Grundbestandteile sind jedoch immer Knoblauch, Sardellen und Olivenöl. Zum Eintunken eignet sich beinahe jedes Gemüse: Paprikaschoten, Fenchel, Blumenkohl oder Brokkoliröschen, Karotten, Frühlingszwiebeln, Champignons, Radicchio, Rauke, Weißkohl, Radieschen, Topinambur und junge Artischocken. Sobald die Sauce zur Neige geht, schlägt man nach altem bäuerlichem Brauch ein paar Eier hinein, rührt gut durch und putzt so den Topf aus.

# Verdure ripiene alla ligure

*Gefülltes Gemüse aus Ligurien*

**1 kg gemischtes Gemüse zum Füllen (Zwiebeln, Paprikaschoten, Zucchini, Auberginen, Zucchini- oder Kürbisblüten)**
**1 kg gemischtes Gemüse für die Füllung (Kartoffeln, Karotten, grüne Bohnen, Zucchini)**
**evtl. etwas Zitronensaft**
**Olivenöl extra vergine**
**70 g frisch geriebener Parmesan**
**2 Eier**
**Semmelbrösel**
**etwas Majoran**
**einige frische Basilikumblätter, fein gehackt**
**evtl. 1-2 Knoblauchzehen, fein gehackt**
**1 Prise geriebene Muskatnuß**
**Salz**
**Pfeffer aus der Mühle**

- Die Zwiebeln schälen und längs halbieren. Paprikaschoten, Zucchini und Auberginen waschen, putzen, längs halbieren und die Hälften quer in 2 bis 3 Stücke teilen. Die Schnittflächen der Auberginen sofort mit Zitronensaft beträufeln. Zucchini- oder Kürbisblüten waschen, auf Küchenkrepp abtropfen lassen und vorsichtig längs aufschneiden.
- Das vorbereitete Gemüse mit Ausnahme der Zucchini- oder Kürbisblüten ganz kurz im Dampfkochtopf oder in kochendem Salzwasser vorgaren und mit kaltem Wasser abschrecken, damit es knackig bleibt.
- Die Gemüse für die Füllung schälen bzw. putzen, waschen und grob zerkleinern. Im Dampfkochtopf oder in Salzwasser weich garen, aber nicht zerkochen lassen.
- Zwiebeln, Zucchini und Auberginen aushöhlen und mit Paprika und Zucchini- oder Kürbisblüten in einer mit Öl bestrichenen Auflaufform anordnen.
- Das ausgekratzte Fruchtfleisch zusammen mit dem Gemüse für die Füllung pürieren. Parmesan, Eier, 1 bis 2 Eßlöffel Semmelbrösel, Majoran, Basilikum und nach Belieben den Knoblauch daruntermischen und mit Muskat, Pfeffer und Salz abschmecken. Sollte die Füllung zu flüssig sein, noch etwas Semmelbrösel hinzufügen.
- Die Gemüsestücke in der Form füllen, mit Semmelbröseln bestreuen und leicht mit Olivenöl beträufeln. Bei 200 Grad (Umluft 180 Grad, Gas Stufe 3 bis 4) etwa 20 Minuten im vorgeheizten Ofen überbacken, bis die Oberfläche goldbraun ist. Das Gemüse nach Belieben heiß, lauwarm oder kalt servieren.

**Dauert knapp 2 Stunden**
**1 Portion = 1434 kJ/342 kcal**

***Zur Abwechslung***

- Die gleiche Füllung können Sie auch in Kartoffeln geben, die Sie zuvor in Alufolie im Ofen garen und aushöhlen.
- Für das Gemüse eignet sich auch eine Kartoffelfülle – ein traditionelles Rezept aus der Pigna, der Altstadt von San Remo: 1 Kilo mehlige Kartoffeln kochen, durch die Presse drücken, mit 150 Gramm gehacktem Basilikum, 2 durchgepreßten Knoblauchzehen, 100 Gramm frisch geriebenem

Parmesan, 4 Eiern, 3 bis 4 Eßlöffel Olivenöl extra vergine, Pfeffer, Salz und fein zerriebenem Oregano vermischen und nach Belieben etwas ausgehöhltes Gemüsefleisch untermischen. Das Gemüse wie im Rezept vorbereiten, füllen und backen.
• Oder Sie pürieren eine Mischung aus eingeweichten getrockneten Steinpilzen, in Milch eingeweichtem Weißbrot, ausgeschabtem Fruchtfleisch, 1 bis 2 Eiern, Knoblauch, Salz, Pfeffer und Olivenöl. Falls die Füllung zu flüssig ist, etwas Semmelbrösel hinzufügen.

*• Zum Aushöhlen und Füllen eignen sich besonders gut Zucchini, Paprikaschoten, Auberginen, Zwiebeln sowie Zucchini- oder Kürbisblüten. Sie können sich natürlich auf eine einzige Gemüsesorte beschränken, aber gerade die Vielfalt macht das Gericht erst richtig attraktiv.*
*• Sie können die gefüllten Gemüse natürlich auch als Hauptgericht servieren, wenn Sie die Mengen entsprechend vergrößern.*

## Cucculi

*Ausgebackene Kichererbsenplätzchen*

**300 g Kichererbsenmehl**
**Salz**
**Pfeffer aus der Mühle**
**20 g Hefe**
**150 g Schnittlauch**
**Öl zum Ausbacken**

Diese Spezialität aus Ligurien können Sie gut als Vorspeise servieren. Zusammen mit Salat oder gedünstetem Gemüse eignen sich die Cucculi aber auch als Hauptgericht. Im Originalrezept verwendet man statt Schnittlauch das Grün von gekeimten Zwiebeln.

• Das Kichererbsenmehl mit etwa 400 ml Wasser zu einem dicken Brei vermischen und salzen und pfeffern.
• Die Hefe sorgfältig in wenig lauwarmem Wasser auflösen und in den Kichererbsenbrei einarbeiten. Den Teig mindestens 12 Stunden zugedeckt gehen lassen.
• Den Schnittlauch waschen, kleinschneiden und unter den Teig kneten. Kleine Plätzchen formen, in reichlich heißem Öl schwimmend ausbacken und heiß servieren.

**Dauert etwa 10 Minuten (ohne Ruhezeit)**
**1 Portion = 2039 kJ/487 kcal**

# Bruschetta

*Geröstetes Bauernbrot*

**8 fingerdicke Scheiben kräftiges Bauernbrot**
**2-4 Knoblauchzehen**
**Olivenöl extra vergine (beste Qualität)**
**Salz**
**evtl. Pfeffer aus der Mühle (oder frischer Peperone, fein gehackt)**

- Das Brot von beiden Seiten im Backofen oder unter dem Grill etwas anrösten. Die Knoblauchzehen schälen und durchpressen.
- Jede Scheibe leicht mit Knoblauch einreiben und noch einmal kurz erhitzen.
- Die Brotscheiben mit Öl beträufeln und leicht salzen, nach Belieben auch pfeffern. Heiß servieren.

**Dauert etwa 10 Minuten**
**1 Portion = 1443 kJ/345 kcal**

*Zur Abwechslung*
- Nach Belieben können Sie noch fein gehackten Thymian oder Basilikum über das Brot streuen.
- Auch grob zerzupfte Rauke oder Kresse schmeckt köstlich dazu.
- Sie können auch einige reife, aber feste Sommertomaten grob zerhacken, leicht salzen und pfeffern und mit wenig Olivenöl beträufeln. Nach Belieben etwas fein geschnittene Paprikaschote oder Gurke untermischen. Die Tomaten kurz ziehen lassen und abgetropft auf die Brotscheiben verteilen.

*Die traditionelle Bauernvesper „Bruschetta" – so heißt sie im Latium und in Umbrien, in der Toskana „Fettunta" – ist die einfachste aller warmen Vorspeisen und geht auf das bescheidene bäuerliche Frühstück zurück, das früher in armen Gegenden häufig zugleich die Hauptmahlzeit bildete. Doch das stets selbstgebackene Brot, in Scheiben über der Glut geröstet, schmeckt immer köstlich. Deshalb ist bei diesem Rezept die Qualität des Brotes entscheidend. Am besten eignet sich helles Landbrot, wie man es in südländischen Lebensmittelgeschäften findet, Holzofenbrot oder ein gutes Bauernbrot. Weißbrot oder mittelmäßiges Olivenöl sollten Sie besser nicht nehmen, denn der Geschmack der Bruschetta hängt sehr stark von der Qualität der Grundzutaten ab.*

# Crostini ai fagioli

*Röstbrot mit Bohnencreme*

- Die Bohnen abtropfen lassen und zusammen mit den Salbeiblättern und etwas Fleischbrühe im Mixer pürieren.
- Das Öl in einem kleinen Topf erhitzen. Die Zwiebel schälen, kleinhacken, kurz im Öl glasig dünsten und das Bohnenpüree hinzufügen.
- Alles gut umrühren und je nach Konsistenz noch etwas einkochen lassen. Mit Peperone und Salz und Pfeffer abschmecken.
- Inzwischen die Brotscheiben im vorgeheizten Ofen von beiden Seiten anrösten.
- Die Bohnencreme auf die Scheiben verteilen und jeweils mit ein wenig Petersilie bestreuen. Heiß oder lauwarm servieren.

**1 kleine Dose weiße Bohnen**
**2-3 Salbeiblätter**
**(oder etwas frischer Rosmarin)**
**1 Gläschen Fleischbrühe**
**2-3 EL Olivenöl extra vergine**
**1 kleine Zwiebel**
**(oder 2 Knoblauchzehen)**
**1 Prise zermahlener getrockneter Peperone (oder Cayennepfeffer)**
**Salz**
**Pfeffer aus der Mühle**
**4 Scheiben Landbrot**
**1 EL fein gehackte Petersilie**

**Dauert etwa 30 Minuten**
**1 Portion = 787 kJ/188 kcal**

*Crostini ist ebenfalls geröstetes Brot, das Sie mit Baguette oder Toastbrot zubereiten können. Eine große Platte mit unterschiedlich belegten Crostini ist nicht nur eine sehr schmackhafte, sondern auch eine dekorative Vorspeise.*
*Crostini mit gut gewürzten weißen Bohnen – im ganzen belassen oder zu Creme püriert – sind eine Spezialität der Toskaner, die große Bohnenliebhaber sind.*
*Dort werden sie mit dem fast salzlosen hellen Landbrot zubereitet.*

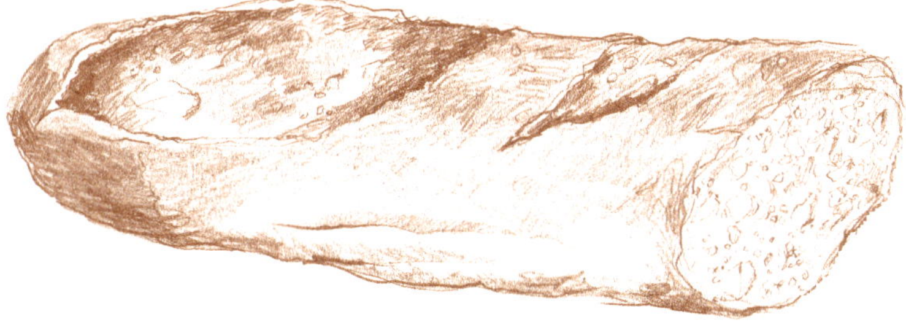

## Crostini con fegatini di pollo

*Röstbrot mit Hühnerleberchen*

**300 g Hühnerleber**
**1 kleine Zwiebel**
**2-3 frische Salbeiblätter (oder Petersilie)**
**4 EL Butter**
**Salz**
**Pfeffer aus der Mühle**
**1 Schuß trockener Marsala (oder Weißwein)**
**8-12 mittelgroße Scheiben Stangenweißbrot**

*Das Brot können Sie auch mit etwas Butter oder Olivenöl in der Pfanne rösten.*

• Die Hühnerleber waschen, von den Häutchen befreien und möglichst fein hacken.
• Die Zwiebel schälen und mit den Salbeiblättern sehr fein hacken.
• Die Butter in einer Pfanne leicht erhitzen. Zwiebel und Salbei darin sanft andünsten.
• Die Leber hineingeben, auf großer Flamme unter Rühren sautieren und salzen und pfeffern.
• Den Marsala zugießen und kurz einkochen lassen.
• Inzwischen die Brotscheiben im Backofen von beiden Seiten leicht rösten. Die Lebermischung darüber verteilen und die Crostini sofort servieren.

**Dauert etwa 30 Minuten**
**1 Portion = 1728 kJ/412 kcal**

***Zur Abwechslung***
• Nach Belieben können Sie zusammen mit der Zwiebel etwas Bleichsellerie und Karotte andünsten und noch einige Sardellenfilets sowie 1 bis 2 Teelöffel Kapern hinzufügen, alles jeweils sehr fein gehackt.
• Oder Sie bestreichen die Crostini mit der Pâté di fegato alla veneziana (Seite 90).

## Crostini alle cozze

*Röstbrot mit Muscheln*

**1 Stangenweißbrot**
**500 g Miesmuscheln**
**1 Glas Weißwein**
**1 Knoblauchzehe, halbiert**
**einige Pfefferkörner**
**Salz**
**Cayennepfeffer (oder fein gehackter Peperone)**
**1 Bund Petersilie**
**1 Stückchen Butter**
**1 Zitrone**

• Das Weißbrot in dicke Scheiben schneiden und jeweils leicht aushöhlen, so daß eine flache Mulde entsteht.
• Das Brot im Ofen von beiden Seiten leicht anrösten.
• Inzwischen die Muscheln unter fließendem kalten Wasser gut säubern und den Bart entfernen. Geöffnete oder beschädigte Exemplare fortwerfen. 10 Minuten in kaltes Wasser legen, damit sie noch Sand verlieren.
• Die Muscheln zusammen mit Wein, Knoblauch und Pfefferkörnern in einem Topf aufsetzen. Zugedeckt bei starker Hitze garen, bis sich alle Muscheln geöffnet haben. Den Topf zwischendurch aufschütteln.

• Die Muscheln auslösen und auf die Brotscheiben verteilen. Leicht salzen und mit etwas Cayennepfeffer bestreuen.
• Die Petersilienblättchen abzupfen und sehr fein wiegen.
• Einen Teil der ausgelösten Brotkrume fein zerzupfen und in der Butter goldbraun rösten.
• Die Petersilie unterrühren und die Mischung über die Muscheln verteilen.
• Die Crostini im auf 180 Grad (Umluft 160 Grad, Gas Stufe 2 bis 3) vorgeheizten Ofen 5 bis 10 Minuten backen. Mit etwas Zitronensaft beträufeln oder mit Zitronenspalten garnieren und sofort servieren.

**Dauert etwa 50 Minuten**
**1 Portion = 1551 kJ/370 kcal**

*Zur Abwechslung*
• Wenn Sie die Muscheln auf Bauernbrot servieren möchten, rechnen Sie nur 1 dicke Scheibe pro Person.
• Wenn Sie den Geschmack kräftiger wünschen, vermischen Sie etwas weiche Butter mit durchgepreßtem Knoblauch, und streichen Sie sie in die Brotmulden, bevor Sie die Muscheln hineinlegen.
• Sie können die Muscheln auch in einer kräftigen Würzsauce garen: Dazu dünsten Sie etwas Knoblauch, Petersilie und scharfen Peperone (alles fein gehackt) in etwas Olivenöl an, fügen einige kleingeschnittene geschälte Tomaten hinzu, würzen mit Oregano und wenig Salz und gießen 1 Schuß Wein hinzu. Den Sud kurz köcheln lassen, die Muscheln hineingeben und garen, bis sie sich geöffnet haben. Die fertig belegten Crostini zum Schluß mit etwas Sud überziehen.
• Sie können die Crostini auch mit Krabben oder Shrimps in einer leichten Vinaigrette oder einer kräftig gewürzten Mayonnaise belegen.

# Crostini alle melanzane

*Röstbrot mit Auberginencreme*

1 große oder 2 kleine Auberginen
Saft von 1/2 Zitrone
1 Knoblauchzehe
1 kleine grüne Paprikaschote
Salz
Pfeffer aus der Mühle
Olivenöl extra vergine
4 große Scheiben Bauernbrot (oder 8-12 kleine Weißbrotscheiben)

- Die Aubergine auf ein mit Alufolie überzogenes Backblech legen und etwa 30 Minuten bei mittlerer Hitze im Ofen garen, bis die Haut aufplatzt.
- Die Haut abziehen, die Flüssigkeit abtropfen lassen, das Fruchtfleisch grob hacken und sofort mit dem Zitronensaft beträufeln.
- Die Knoblauchzehe schälen und grob hacken. Die Paprikaschote waschen, von Kernen, Rippen und Strunk befreien, in Streifen schneiden und ebenfalls grob hacken.
- Knoblauch und Paprika zusammen mit dem Auberginenfleisch sowie etwas Salz und Pfeffer in den Mixer geben und pürieren. Nach und nach so viel Öl eintropfen lassen, bis das Mus die richtige Konsistenz hat. Nach Belieben noch einmal mit Gewürzen abschmecken.
- Das Brot im auf 180 Grad (Umluft 160 Grad, Gas Stufe 2 bis 3) vorgeheizten Backofen von beiden Seiten kurz anrösten und das Püree darüber verteilen.

**Dauert etwa 40 Minuten**
**1 Portion = 755 kJ/180 kcal**

***Zur Abwechslung***
- Sie können die Paprikaschote auch durch etwas fein gehackte Petersilie ersetzen.
- Nach Belieben können Sie die Auberginencreme noch mit 2 fein gehackten Sardellenfilets und 50 Gramm fein gehackten entkernten Oliven vermischen.

- *Wichtig bei diesem Rezept sind vor allem frische Auberginen. Sie sollten keine Früchte mit leicht runzliger Haut verwenden, denn sonst wird die Creme nicht grün, sondern bräunlich.*
- *Sie können die Crostini entweder lauwarm oder abgekühlt servieren, aber Sie sollten sie nicht zu lange im voraus zubereiten, damit sie nicht matschig werden.*
- *Die belegten Crostini können Sie noch nach Belieben garnieren, beispielsweise mit schwarzen Oliven oder mit winzigen gelben oder roten Paprikastreifen.*

# Crostini alla provatura

*Brot-Käse-Spießchen*

Diese Spießchen garte man ursprünglich über der Holzglut, aber im Backofen ist das natürlich auch möglich. Provatura ist ein dem Mozzarella ähnlicher Frischkäse, der aus Büffelmilch gewonnen wird.

**500 g Provatura (oder Mozzarella)**
**Salz**
**Pfeffer aus der Mühle**
**einige Scheiben Landbrot (oder altbackenes Weißbrot)**
**ca. 150 g Butter**
**4 Sardellenfilets**
**Milch**

- Den Käse in mundgerechte Stücke schneiden und mit Salz und Pfeffer würzen.
- Das Landbrot in ebenso große Stücke schneiden.
- Die Spieße abwechselnd mit Käse und Brot bestecken und die Stücke ganz eng aneinanderschieben. Außen sollte jeweils ein Stück Brot sitzen.
- Die Spießchen rundum leicht mit weicher Butter bestreichen und auf eine nicht zu große flache, rechteckige Form legen. Nach Möglichkeit sollten die Spießenden auf dem Rand aufliegen, ohne den Boden zu berühren.
- Im auf 200 Grad (Umluft 180 Grad, Gas Stufe 3 bis 4) vorgeheizten Ofen etwa 15 Minuten garen, bis der Käse zu laufen beginnt. Zwischendurch einmal vorsichtig umdrehen und dabei mit noch etwas Butter bestreichen.
- Inzwischen die Sardellenfilets kleinhacken und in der restlichen Butter auf kleiner Flamme unter Rühren zerfallen lassen. Etwas Milch zugeben und die Sauce gut durchrühren.
- Die Spieße auf einer vorgewärmten Platte anrichten und die Sauce darübergießen.

**Dauert etwa 30 Minuten**
**1 Portion = 3087 kJ/738 kcal**

# Crostini ai funghi

*Röstbrot mit Pilzen*

**400 g frische Zuchtpilze**
**1 kleine Zwiebel**
**30 g Butter**
**1 Schuß Rotwein**
**(oder trockener Marsala)**
**Salz**
**Pfeffer aus der Mühle**
**4 Scheiben Bauernbrot**
**4 Scheiben Fontina**
**1 Bund Petersilie**

- Die Pilze putzen, mit Küchenkrepp sorgfältig abreiben und in feine Scheiben schneiden.
- Die Zwiebel schälen und fein hacken.
- Die Butter in einer Pfanne schmelzen und die Zwiebel darin bei schwacher Hitze goldbraun werden lassen.
- Den Wein zugießen und kurz einkochen lassen.
- Die Pilze zugeben, nach Geschmack salzen und pfeffern und 10 bis 15 Minuten sanft schmoren lassen.
- Inzwischen die Brotscheiben mit dem Fontina belegen und etwa 5 Minuten im auf 180 Grad (Umluft 160 Grad, Gas Stufe 2 bis 3) vorgeheizten Backofen rösten.
- Die Petersilie waschen, trockentupfen, die Blättchen abzupfen und fein hacken.
- Zum Schluß die Pilze noch einmal abschmecken und die Petersilie untermischen.
- Die Pilzmischung auf die Crostini verteilen und sofort servieren.

**Dauert etwa 30 Minuten**
**1 Portion = 1248 kJ/298 kcal**

***Zur Abwechslung***
- Sie können die Brotscheiben auch mit einem Belag aus Radicchiostreifchen und Schafskäse überbacken.
- Oder Sie streichen eine Creme aus Ziegenkäse, etwas Mascarpone oder Crème fraîche, wenig Senf und 1 Gläschen Grappa auf das vorgeröstete Brot und setzen Walnußhälften obenauf.
- Oder Sie belegen das Brot mit geachtelten vorgegarten Bleichselleriestücken, streuen fein gehackten rohen oder gekochten Schinken sowie Gorgonzolabröckchen darüber und überbacken es kurz im Ofen.
- Einen sehr würzigen Belag ergibt eine Mischung aus Tatar oder Schweinemett, etwas fein gehacktem Fontina, kleingehackten Kapern, fein gewiegter Petersilie, Pfeffer und Salz. Das Brot damit bestreichen und kurz im Ofen überbacken.

# Crostini alle uova

*Röstbrot mit Ei*

- Die Brotscheiben bei mittlerer Hitze im Backofen von beiden Seiten leicht anbräunen.
- Inzwischen Eigelb, Zitronensaft und Senf vermischen und unter ständigem Rühren zuerst tropfenweise, dann in einem feinen Strahl soviel Öl einfließen lassen, bis die Mayonnaise die richtige Konsistenz bekommt. Mit Salz und Pfeffer abschmecken.
- Die Eier pellen, fein hacken und unter die Mayonnaise rühren. Mit Tabasco würzen und noch einmal mit Salz und Pfeffer abschmecken.
- Die Brote mit der Eiercreme bestreichen und mit den Kapern garnieren.

**Dauert etwa 20 Minuten**
**1 Portion = 1581 kJ/378 kcal**

**4 Scheiben Bauernbrot**
**1 rohes Eigelb**
**1 Spritzer Zitronensaft**
**1 TL scharfer Senf**
**Olivenöl extra vergine**
**Salz**
**Pfeffer aus der Mühle**
**4 hartgekochte Eier**
**einige Tropfen Tabasco**
**1 EL Kapern zum Bestreuen (oder grob gehackter Schnittlauch)**

*Sie können natürlich anstelle der selbstgemachten Mayonnaise auch ein Fertigprodukt verwenden.*

# Crostini alla napoletana

*Toasts aus Neapel*

- Die Brotscheiben in wenig Öl von beiden Seiten kurz anrösten, nach Belieben die Knoblauchzehe mitdünsten.
- Die Tomaten in Scheiben schneiden oder grob hacken.
- Eine feuerfeste Form leicht einölen. Die Brotscheiben hineinsetzen, die Tomaten darüber verteilen und jeweils mit 1 Scheibe Mozzarella und 1 Sardellenfilet belegen.
- Salz, Pfeffer und Oregano überstreuen und leicht mit Öl beträufeln. Die Crostini etwa 10 Minuten im auf 180 Grad (Umluft 160 Grad, Gas Stufe 2 bis 3) vorgeheizten Backofen rösten.

**Dauert etwa 20 Minuten**
**1 Portion = 1556 kJ/371 kcal**

***Zur Abwechslung***
Sie können auch zuerst Tomaten auf die Brotscheiben geben, dann Mozzarella und obenauf fein gehackte Kapern und entkernte schwarze Oliven. Die Crostini salzen, pfeffern und mit frischen Basilikumblättern garnieren.

**8 Scheiben Weißbrot**
**Olivenöl extra vergine**
**evtl. 1 Knoblauchzehe, leicht zerquetscht**
**4 kleine Tomaten**
**8 Scheiben Mozzarella (ca. 200 g)**
**8 Sardellenfilets**
**Salz**
**Pfeffer aus der Mühle**
**etwas gerebelter Oregano**

*Die Crostini gelingen besser, wenn Sie kein allzu frisches Brot verwenden.*

# Salatini ripieni – ricetta di base

*Gefüllte Blätterteigtäschchen – Grundrezept*

**1 Packung tiefgekühlter Blätterteig**
**Füllung nach Belieben**
**1 Eigelb zum Bestreichen**

Auch weniger routinierte Köchinnen und Köche können mit tiefgekühltem fertigen Blätterteig wahre Köstlichkeiten zum Aperitif zubereiten.

- Den Teig auftauen, die Teigstücke nebeneinanderlegen und zu einer großen Teigplatte ausrollen.
- Mit Hilfe eines nicht zu großen Glases Teigkreise ausstechen. Jeweils etwas Fülle in die Mitte geben und die Kreise zu Halbmonden zusammenklappen.
- Die Ränder fest zusammendrücken. Das Ei verquirlen und die Ränder damit bepinseln.
- Die Pastetchen 15 bis 20 Minuten im auf 200 Grad (Umluft 180 Grad, Gas Stufe 3 bis 4) vorgeheizten Ofen backen.

**Dauert etwa 30 Minuten**

- *Sie können den Teig auch einfach in Quadrate teilen, die Sie nach dem Füllen jeweils zu Dreiecken zusammenklappen.*
- *Oder Sie belegen ein langes, schmales Teigstück mit Fülle, rollen es ein und schneiden die Rolle in Stücke.*
- *Wieviel Fülle Sie brauchen, hängt davon ab, ob Sie die Pastetchen als Vorspeise oder nur als Appetithappen servieren wollen.*
- *Wenn Sie mehrere Füllungen zubereiten möchten, wählen Sie möglichst für jede eine andere Teigform.*
- *Die Salatini schmecken lauwarm und frisch am besten, aber Sie können sie auch kalt servieren oder im Ofen noch einmal kurz aufwärmen.*

## Salatini ai funghi

*Pastetchen mit Pilzfülle*

- Die Frühlingszwiebeln waschen, putzen und sehr klein schneiden.
- Die Pilze putzen, sorgfältig mit Küchenkrepp abreiben und grob hacken. Den Marsala mit dem Senf verrühren. Die Oliven in feine Scheiben schneiden.
- Die Zwiebeln in der Butter andünsten. Die Pilze hinzugeben und schmoren lassen, bis die austretende Flüssigkeit verdunstet ist. Mit dem Mehl bestäuben und gut umrühren. Marsala und Milch einrühren und kurz aufkochen lassen. Den Topf vom Feuer nehmen.
- Die Oliven hinzugeben, die Füllung mit Salz und Pfeffer abschmecken und abkühlen lassen.
- Den Teig nach Grundrezept (Seite 108) vorbereiten, füllen und backen.

**Dauert etwa 50 Minuten**
**1 Portion = 2098 kJ/501 kcal**

**3 Frühlingszwiebeln (oder 1 Zwiebel)**
**300 g Champignons (oder andere Pilze)**
**2 EL trockener Marsala (oder Sherry)**
**1/2 TL Senf**
**6 kleine entkernte grüne Oliven**
**30 g Butter**
**1 EL Mehl**
**1 EL Milch**
**Salz**
**Pfeffer aus der Mühle**
**1 Packung tiefgekühlter Blätterteig (400 g)**
**1 Eigelb zum Bestreichen**

*Sie können die Pilze auch mit etwas getrocknetem, zerriebenem Peperone oder Cayennepfeffer würzen.*

## Salatini agli spinaci

*Spinatpastetchen*

- Den Spinat putzen und waschen, leicht abtropfen lassen.
- Den Speck in Streifchen schneiden und fettlos in einer beschichteten Pfanne anbraten.
- Zwiebel und Knoblauch schälen, fein hacken und zusammen mit dem feuchten Spinat in einen Topf geben. Den Spinat dämpfen, bis er zusammenfällt, mit Salz, Pfeffer und Muskat würzen und abkühlen lassen.
- Den Spinat gut ausdrücken und nicht zu grob hacken.
- Das Ei verquirlen, mit Sahne und Parmesan vermischen und unter den Spinat mengen, ebenso den angerösteten Speck.
- Aus Blätterteig und Spinatfüllung entsprechend dem Grundrezept (Seite 108) Pastetchen zubereiten und vor dem Backen noch 1 Stunde in den Kühlschrank stellen.

**Dauert etwa 50 Minuten (ohne Ruhezeit)**
**1 Portion = 2484 kJ/594 kcal**

**300 g junger Spinat**
**50 g durchwachsener Räucherspeck in dünnen Scheiben**
**1 kleine Zwiebel**
**1 Knoblauchzehe**
**Salz**
**Pfeffer aus der Mühle**
**1 Msp. frisch geriebene Muskatnuß**
**1 Ei**
**2 EL süße Sahne**
**50 g frisch geriebener Parmesan**
**1 Packung tiefgekühlter Blätterteig (400 g)**
**1 Eigelb zum Bestreichen**

## Salatini al timo

*Thymianpastetchen*

- 3 Zwiebeln, kleingehackt
- 2 EL Olivenöl
- 300 g Salsiccia ohne Haut oder Schweinemett
- 1 Ei
- 2 EL frische Thymianblättchen
- Salz
- Pfeffer aus der Mühle
- 1 Packung tiefgekühlter Blätterteig (400 g)
- 1 Eigelb zum Bestreichen

Anstelle der in Italien üblichen Salsiccia, einer pikanten Schweinsbratwurst, deren Fülle man auch roh verwenden kann, können Sie sehr gut Schweinemett nehmen.

• Die Zwiebeln im Olivenöl auf nicht zu großer Flamme anschmoren und abkühlen lassen. Zwiebeln, Salsiccia oder Schweinemett, Ei und Thymian gut vermischen und die Füllung mit Salz und Pfeffer abschmecken.
• Den Blätterteig wie im Grundrezept (Seite 108) vorbereiten, füllen und die Pastetchen backen.

**Dauert etwa 40 Minuten**
**1 Portion = 2780 kJ/665 kcal**

***Zur Abwechslung***
Statt Schweinemett können Sie auch Zwiebelmett – dann brauchen Sie entsprechend weniger Zwiebeln – oder kleingehackten durchwachsenen Speck verwenden.

## Salatini con la mozzarella

*Mozzarellapastetchen*

- 250 g Mozzarella
- 5-10 Sardellenfilets
- gerebelter Oregano
- 1 Packung tiefgekühlter Blätterteig (400 g)
- 1 Eigelb zum Bestreichen

• Den Käse in Würfelchen schneiden und die Sardellen fein hacken. Beide Zutaten mit etwas Oregano vermischen.
• Den Teig nach Grundrezept (Seite 108) ausrollen, mit der Mischung füllen und die Pastetchen backen.

**Dauert etwa 40 Minuten**
**1 Portion = 2385 kJ/570 kcal**

***Zur Abwechslung***
• Nach Belieben können Sie zusätzlich noch Pfeffer oder ein wenig fein zerriebenen Peperone hinzugeben. Die Füllung sollten Sie aber auf keinen Fall salzen – oder nur sehr wenig –, denn dafür sorgen schon die Sardellen.
• Sie können die Sardellen auch ganz fortlassen und statt dessen nur mit mehrerlei fein gehackten frischen Kräutern, Pfeffer und Salz würzen.

• Oder Sie ersetzen die Sardellen durch fein gehackten gekochten Schinken und verschiedene frische Kräuter.
• Wunderbar schmeckt auch eine Füllung mit recht frischem, mildem Pecorino, den Sie reiben und mit Eigelb und Pfeffer zu einer dickflüssigen Paste verrühren.
• Für ein besonders schnelles Gebäck zum Aperitif bestreichen Sie die aufgetauten Blätterteigscheiben direkt mit verquirltem Ei und streuen frisch geriebenen Parmesan, etwas Pfeffer und Kräuter nach Wahl (etwa Thymian, Rosmarin, Oregano) darüber. Die Scheiben in Streifen schneiden und im vorgeheizten Ofen backen.

## Panzarotti

*Teigtäschchen aus Neapel*

**Für den Teig:**
300 g Weizenmehl
1 Msp. Salz
2 EL Schweineschmalz (oder Olivenöl extra vergine)
**Für die Füllung:**
150 g Ricotta
100 g Mozzarella
100 g gekochter Schinken
50 g Salami
1 Bund Petersilie
2 Eier
50 g frisch geriebener Parmesan
Salz
Pfeffer aus der Mühle
**Außerdem:**
Mehl für die Arbeitsfläche
Öl zum Ausbacken

• Aus Mehl, Salz, Schmalz und 1 Glas Wasser einen nicht zu dünnen Teig zubereiten. Sehr gut durchkneten und mit einem Tuch bedeckt etwa 1 Stunde an einem warmen Ort ruhen lassen.
• Den Ricotta mit einer Gabel zerdrücken und verrühren. Mozzarella, Schinken und Salami in kleine Würfel schneiden. Die Petersilie waschen und trockentupfen, die Blättchen abzupfen und fein hacken.
• Mozzarella, Schinken, Salami, Petersilie, Eier und Parmesan unter den Ricotta mischen. Die Füllung mit Salz und Pfeffer abschmecken.
• Den Teig sehr dünn auf der bemehlten Arbeitsfläche ausrollen.
• Mit Hilfe eines Glases Kreise ausstechen und auf jede Teigscheibe ein kleines Häufchen Fülle geben. Halbmonde falten, die Ränder gut andrücken und die Teigtäschchen in reichlich heißem Öl goldgelb ausbacken. Sofort servieren.

**Dauert 45 Minuten (ohne Ruhezeit)**
**1 Portion = 3711 kJ/887 kcal**

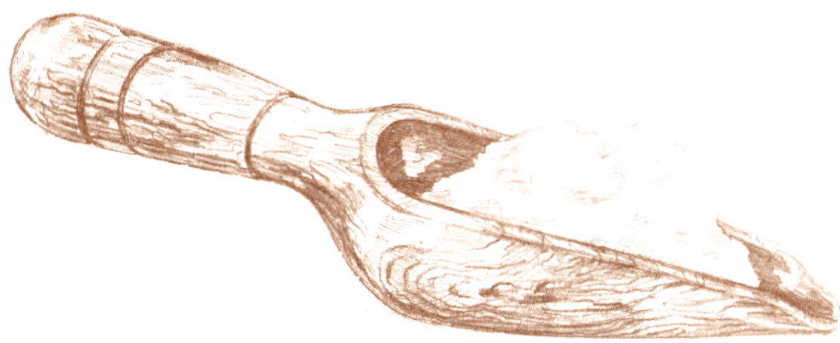

# Supplì alla trasteverina

*Reiskroketten auf römische Art*

**Für den Reis:**
**Salz**
**400 g Reis**
**80 g Butter**
**80 g frisch geriebener Parmesan**
**2 Eier**
**Für die Füllung:**
**30 g getrocknete Steinpilze**
**1/4 Zwiebel**
**40 g roher Schinken**
**2 Hühnerleber**
**evtl. 80 g Kalbsbries**
**40 g Butter**
**100 g Hackfleisch**
**1 EL pürierte Tomaten (oder 1 TL Tomatenmark)**
**Salz**
**Pfeffer aus der Mühle**
**150 g Mozzarellawürfel**
**Außerdem:**
**Semmelbrösel zum Panieren**
**Öl zum Ausbacken**

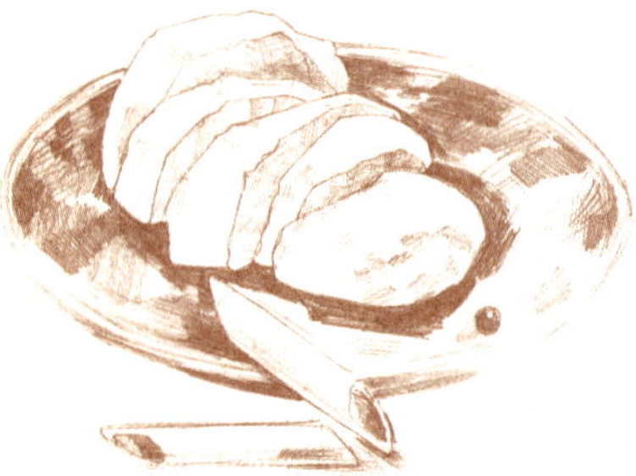

Im Latium nennt man sie „Supplì", in Sizilien „Arancini" – Reiskroketten, die in heißem Öl schwimmend ausgebacken werden. Sie eignen sich als Vorspeise und in der hier angegebenen Menge auch als Hauptgericht. Zugleich sind die Reiskroketten eine ideale Resteverwertung, denn Sie können die Füllung nach Belieben abwandeln oder vereinfachen.

- Reichlich Salzwasser zum Kochen bringen und den Reis hineingeben. Umrühren und den Reis im offenen Topf in etwa 15 Minuten al dente garen.
- Den Reis in ein Sieb abgießen, in eine Schüssel geben und sofort mit Butter, Parmesan und Eiern vermischen. Die Reismischung abkühlen lassen.
- Inzwischen die Pilze in lauwarmem Wasser einweichen.
- Zwiebel und Schinken fein hacken. Die Hühnerlebern und nach Belieben das Bries säubern und kleinhacken.
- Die Zwiebelwürfel in einem Topf in der Butter leicht anbräunen. Schinken, Hühnerleber, Bries und Hackfleisch hinzugeben und anbraten.
- Die Pilze abtropfen lassen, kleinschneiden, ebenfalls in den Topf geben und das Tomatenpüree einrühren. Die Sauce mit Salz und Pfeffer abschmecken und im offenen Topf etwa 15 Minuten leicht köcheln lassen.
- Etwas Reis auf die Handfläche geben und flachdrücken. In die Mitte einen Klecks Sauce und darauf einige Mozzarellawürfel setzen. Mit Reis bedecken und ein Bällchen formen. Auf diese Weise die gesamte Menge an Reis, Sauce und Mozzarella zu Kroketten verarbeiten.
- Die Kroketten in den Semmelbröseln wälzen und in reichlich heißem Öl knusprig ausbacken. Auf Küchenkrepp abtropfen lassen und heiß servieren.

**Dauert etwa 1 Stunde**
**1 Portion = 4987 kJ/1191 kcal**

***Zur Abwechslung***

- Für die Fülle können Sie auch ausschließlich Hühnerfleisch oder andere Geflügelreste verwenden.
- Sie können auch eine weiße Fülle aus dick eingekochter Bechamelsauce zubereiten, unter die Sie außerdem noch

100 Gramm vorgegarte Erbsen und 100 Gramm Mozzarellawürfelchen mischen.
- Einfacher und schneller sind die Kroketten zuzubereiten, wenn Sie nur eine Mischung aus rohen oder gekochten Schinkenwürfelchen und Mozzarellawürfeln hineingeben.
- In Sizilien wird der Reis zusätzlich mit einem Tütchen Safran gewürzt. Die Fülle besteht aus Zwiebeln, etwa 100 Gramm gemischtem Hackfleisch, etwas kleingehacktem durchwachsenem Speck und gekochtem Schinken, 100 Gramm grünen Erbsen, etwas Tomatenpüree und Mozzarellawürfelchen. Die Zubereitung folgt ansonsten genau dem Rezept.

*Sizilien wurde seit der Antike durch viele Jahrhunderte von Fremdherrschern und räuberischen Tyrannen regiert. Ein sizilianisches Sprichwort besagt: „Wenn du ißt, schließ die Tür zu, und wenn du reden willst, so sieh dich vorher um", denn man fürchtete sich vor den Steuereintreibern und auch vor den halbverhungerten Armen. Noch heute essen die Sizilianer lieber zu Hause als im Restaurant.*

*Nach Möglichkeit sollten Sie italienischen Reis wie Vialone oder Arborio verwenden, aber auch jeder andere gute Reis eignet sich für dieses Rezept.*

## Crocchettine di patate

*Kartoffelkroketten*

Einfach zuzubereiten sind die heißen Kartoffelbällchen, die in Neapel an jeder Straßenecke verkauft werden. Sie sind als schnelle Zwischenmahlzeit gedacht und können aber auch sehr gut als leichte Vorspeise serviert werden.

- 600 g mehlige Kartoffeln
- 2 Eier
- 1 Eigelb
- 50 g Butter
- 100 g frisch geriebener Parmesan
- 1 Bund Petersilie, kleingehackt
- Salz
- Pfeffer aus der Mühle
- Semmelbrösel
- Öl zum Ausbacken

- Die Kartoffeln in der Schale gar kochen, schälen und durch die Presse drücken oder zerstampfen.
- Den Kartoffelbrei mit 1 Ei und dem Eigelb sowie Butter, Käse, Petersilie, Salz und Pfeffer zu einem Teig vermischen, gut durchkneten und mit feuchten Händen Bällchen daraus formen.
- Das restliche Ei trennen. Das Eigelb verquirlen, das Eiweiß zu festem Schnee schlagen und unter das Eigelb ziehen. Die Bällchen im Ei und anschließend in Semmelbröseln wenden. In reichlich heißem Öl ausbacken und sofort servieren.

**Dauert etwa 45 Minuten**
**1 Portion = 2722 kJ/651 kcal**

# Carciofi con pecorino

*Artischocken mit Schafskäse*

**4 zarte Artischocken**
**Saft von 1 1/2 Zitronen**
**Salz**
**150 g Pecorino (oder Parmesan)**
**Pfeffer aus der Mühle**
**etwas Olivenöl extra vergine**
**1 EL fein gehackte Petersilie (und/oder Minze)**

- Die Artischocken von den harten äußeren Blättern befreien und den Stiel und die fleischlosen Spitzen abschneiden.
- Die Artischocken halbieren und sofort in Zitronenwasser legen, damit sie nicht braun anlaufen. Jede Hälfte in feine Scheiben schneiden.
- Etwas Salzwasser mit dem Saft von 1/2 Zitrone aufsetzen und zum Kochen bringen. Inzwischen den Pecorino in Scheibchen schneiden.
- Aus dem Saft von 1/2 Zitrone, Salz, Pfeffer, Olivenöl und Petersilie eine Sauce zubereiten.
- Die Artischockenscheiben in das kochende Salzwasser geben. Sobald das Wasser erneut aufkocht, die Artischokken sofort abgießen, auf einer Platte anrichten und den Käse darüber verteilen. Mit der Sauce begießen und lauwarm oder kalt servieren.

**Dauert etwa 20 Minuten**
**1 Portion = 1194 kJ/285 kcal**

***Zur Abwechslung***
Sehr gut schmecken die Artischockenscheiben auch mit etwa 200 Gramm gekochten Garnelen oder Krebsschwänzen anstelle des Pecorino.

*Wenn Sie die Mengen verdoppeln, können Sie dieses Gericht sehr gut als Hauptgang servieren.*

# Funghi al gorgonzola

*Pilze mit Gorgonzolacreme*

- Die Pilze sorgfältig mit Küchenkrepp abreiben, eventuell noch kurz unter kaltem Wasser abbrausen und trockentupfen. In Scheiben schneiden.
- Die Petersilienblättchen waschen und abzupfen, den Knoblauch schälen, und beides fein hacken. Knoblauch und die Hälfte der Petersilie mit Öl, Salz und Pfeffer vermischen. Die Pilzscheiben in der Würzmischung wenden und zugedeckt 15 Minuten ziehen lassen.
- Den Käse mit der Sahne verrühren und die restliche Petersilie unterziehen.
- Die Pilze auf 4 feuerfeste Schälchen verteilen und die Käsecreme darübergeben. Im auf 180 Grad (Umluft 160 Grad, Gas Stufe 2 bis 3) vorgeheizten Ofen oder unter dem Grill 10 bis 15 Minuten überbacken.

**500 g Austernpilze (oder Egerlinge)**
**1 Bund Petersilie**
**2 Knoblauchzehen**
**3 EL Olivenöl extra vergine**
**Salz**
**Pfeffer aus der Mühle**
**200 g Sahnegorgonzola**
**4 EL süße Sahne**

**Dauert 35 bis 40 Minuten**
**1 Portion = 1232 kJ/294 kcal**

***Zur Abwechslung***
Sie können natürlich statt der Zuchtpilze auch Steinpilze oder Pfifferlinge verwenden.

# Carpaccio caldo di pesce spada alla ligure

*Schwertfisch-Carpaccio aus Ligurien*

- Die Schwertfischscheiben auf einer feuerfesten Platte anordnen. Die Oliven entkernen und zusammen mit den Rosmarinnadeln fein hacken.
- Zitronensaft, Salz, Pfeffer und Olivenöl verrühren und die gehackten Oliven mit dem Rosmarin untermischen. Die Mischung über die Fischscheiben geben.
- Die Platte einige Minuten unter den Grill oder in den Backofen schieben. Das Carpaccio sofort servieren.

**200 g Schwertfisch in sehr dünnen Scheiben**
**150 g schwarze Oliven**
**1 Zweig frischer Rosmarin**
**Saft von 1 Zitrone**
**Salz**
**Pfeffer aus der Mühle**
**4 EL Olivenöl extra vergine**

**Dauert etwa 20 Minuten**
**1 Portion = 1218 kJ/291 kcal**

## Bocconcini di fontina

*Fontinahappen*

250 g Fontina (oder Gruyère)
6-10 Scheiben durchwachsener Speck
1 Bund Basilikum (oder 1 Handvoll Salbeiblätter)
etwas Butter (oder Olivenöl extra vergine)

• Den Käse in nicht zu kleine Würfel teilen, die Speckscheiben in ebenso viele Stücke schneiden. Die Basilikumblätter abzupfen, waschen und trockentupfen.
• Die Käsewürfel jeweils mit 1 Basilikumblatt und 1 Speckstückchen umwickeln und mit Zahnstochern fixieren.
• Eine Pfanne ganz leicht einfetten und die Käsehappen auf mittlerer Flamme knusprig, aber nicht zu dunkel anbraten. Heiß oder lauwarm servieren.

**Dauert etwa 15 Minuten**
**1 Portion = 1856 kJ/443 kcal**

## Funghi gratinati

*Überbackene Pilze*

16 große Champignons
2 Knoblauchzehen, durchgepreßt
4-6 EL Semmelbrösel
2 gehäufte EL frisch geriebener Pecorino (oder Parmesan)
4 Sardellenfilets, fein gehackt
2 EL fein gehackte Petersilie
Olivenöl extra vergine
Salz
schwarzer Pfeffer aus der Mühle

*Die Füllung sollte relativ trocken bleiben. Falls sie zu feucht gerät oder die Menge nicht ausreicht, fügen Sie noch etwas Semmelbrösel oder einen weiteren kleingehackten Pilzstiel hinzu.*

• Die Stielenden abschneiden und die Champignons sehr sorgfältig mit Küchenkrepp abreiben, aber möglichst nicht waschen.
• Die Pilzstiele vorsichtig herausdrehen. 3 oder 4 Stiele fein hacken und in eine kleine Schüssel geben, die übrigen anderweitig verwenden.
• Die Köpfe vorsichtig noch ein wenig ausschaben, um die Öffnung zu vergrößern. Das ausgeschabte Pilzfleisch zu den gehackten Stielen geben.
• Knoblauch, Semmelbrösel, Käse, Sardellen und Petersilie unter das Pilzfleisch mischen, nach und nach etwas Olivenöl hinzugeben und alles gründlich vermengen.
• Die Füllung mit Salz und Pfeffer abschmecken und in die Pilzköpfe geben.
• Eine feuerfeste Form mit Alufolie auslegen, die gefüllten Pilze hineinsetzen und etwa 20 Minuten im auf 180 Grad (Umluft 160 Grad, Gas Stufe 2 bis 3) vorgeheizten Ofen garen.
• Nach Belieben heiß oder kalt servieren.

**Dauert etwa 40 Minuten**
**1 Portion = 590 kJ/141 kcal**

# Olive all'ascolana

*Gefüllte Oliven*

Dieses Rezept stammt aus den Marken. Wichtig dafür sind sehr große grüne Oliven, die bei uns in südländischen Lebensmittelgeschäften häufig offen verkauft werden.

- Die Oliven mit einem Obstentsteiner entkernen oder das Fruchtfleisch ganz vorsichtig spiralförmig abschälen.
- In einer Pfanne das Hackfleisch einige Minuten kräftig in der Butter anbraten. Den Marsala zugießen und einkochen lassen.
- Inzwischen die Eier verquirlen. Den Schinken sehr fein hacken.
- Das Hackfleisch in eine Schüssel geben, mit Schinken, Pecorino, Tomate und etwas verschlagenem Ei vermischen und die Füllung mit Salz, Pfeffer und Muskat abschmecken.
- Die Oliven damit füllen. Leicht in Mehl, dann im restlichen verquirlten Ei und schließlich in Semmelbröseln wälzen und in reichlich siedendem Öl schwimmend ausbacken.
- Die fritierten Oliven auf Küchenkrepp abtropfen lassen und heiß oder lauwarm servieren.

**Dauert etwa 1 Stunde 30 Minuten**
**1 Portion = 2699 kJ/644 kcal**

500 g große grüne Oliven
200 g gemischtes Hackfleisch (Schwein, Rind, Huhn)
20 g Butter
1/2 Glas Marsala (oder Weißwein)
2 Eier
50 g roher Schinken
1 EL frisch geriebener Pecorino (oder Parmesan)
1 EL pürierte Tomaten
Salz
Pfeffer aus der Mühle
etwas abgeriebene Muskatnuß (oder Cayennepfeffer oder scharfer Peperone)
Mehl zum Wenden
Semmelbrösel zum Panieren
Öl zum Ausbacken

- *Sie können auch eine größere Menge gefüllte Oliven zubereiten, portionsweise einfrieren und je nach Bedarf aufgetaut in Öl ausbacken.*
- *Laut Originalrezept gehört noch ein wenig geriebene schwarze Trüffel zur Füllung.*

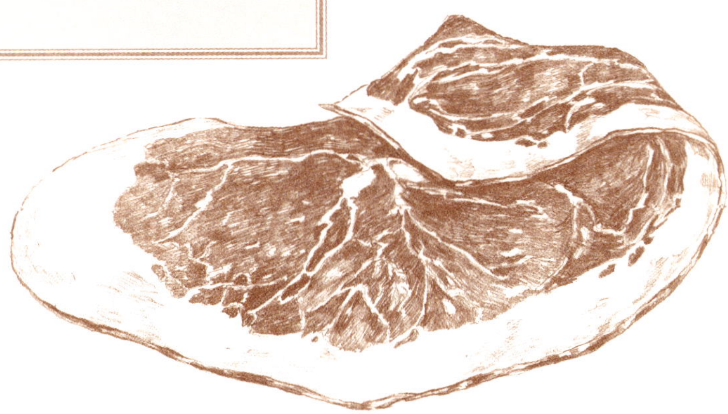

# Capesante gratinate

*Überbackene Jakobsmuscheln*

**Für die Muscheln:**
12 Jakobsmuscheln
1 Glas trockener Weißwein
**Für das Gratin:**
4 Knoblauchzehen, kleingehackt
1 großes Bund Petersilie, fein gehackt
1 Gläschen Olivenöl extra vergine
3 EL Weißwein
1 EL guter Weinessig
1 TL Kapern
1 Prise Salz
evtl. Pfeffer aus der Mühle
4-5 EL Semmelbrösel
**Außerdem:**
Semmelbrösel zum Bestreuen

Jakobsmuscheln bekommt man bei uns zumeist tiefgekühlt, zusammen mit dem Corail – den orangeroten Geschlechtsorganen. Am besten lassen Sie die Muscheln über Nacht im Kühlschrank auftauen, damit sie nicht zuviel Saft verlieren. Nach Möglichkeit richten Sie sie in Jakobsmuschel-Schälchen an, die in guten Fachgeschäften erhältlich sind.

- Die aufgetauten Muscheln etwa 2 Minuten im kochenden Weißwein garen. Abkühlen lassen, in Scheiben schneiden und zusammen mit dem Corail in 4 Schälchen verteilen.
- Alle Zutaten für das Gratin in den Mixer geben und pürieren. Die Masse sollte relativ flüssig werden, andernfalls noch etwas Weißwein, Essig oder Öl zugeben.
- Die Gratinmasse gleichmäßig über die Schälchen verteilen und mit Semmelbröseln bestreuen. Die Muscheln 5 Minuten unter dem heißen Grill gratinieren.

**Dauert etwa 20 Minuten**
**1 Portion = 1322 kJ/316 kcal**

# Fichi in crucetta

*Gefüllte Feigen*

8 frische, nicht zu vollreife Feigen
50 g geschälte Walnüsse und/oder Mandeln
1 abgeriebene unbehandelte Zitronenschale
Butter für die Form

*Nach Möglichkeit sollten Sie grüne Feigen verwenden, doch schmecken auch die dunklen sehr gut.*

Vor allem in Kalabrien füllt man Feigen gern mit Walnüssen und Mandeln. Als Appetithappen sind sie ebenso köstlich wie als kleines Dessert.

- Die Feigen oben kreuzförmig aufschneiden und die Haut vorsichtig nach außen ziehen.
- Die Nüsse und/oder Mandeln grob hacken und die Feigen damit füllen. Mit der Zitronenschale bestreuen.
- Eine kleine feuerfeste Form mit Butter einfetten, die Feigen hineinsetzen und 10 Minuten bei Mittelhitze im vorgeheizten Ofen garen, aber nicht matschig werden lassen.

**Dauert etwa 20 Minuten**
**1 Portion = 837 kJ/199 kcal**

# Sformato di spinaci

*Spinat-Soufflé*

- Den Spinat waschen und verlesen. Die Zwiebel schälen und fein hacken.
- Die Butter in einem Topf zerlassen und die Zwiebel darin glasig werden lassen.
- Den Spinat tropfnaß hineingeben, den Topf zudecken und den Spinat zusammenfallen lassen.
- Die Crème fraîche zufügen und alles 5 Minuten sanft schmoren lassen.
- Mit Salz, Pfeffer, Muskat und Zitronenschale würzen. Das Olivenöl hinzugeben und die Mischung pürieren.
- Die Eier trennen. Das Eigelb unter das Spinatpüree rühren. Das Eiweiß sehr steif schlagen und vorsichtig unterheben.
- Eine mittelgroße feuerfeste Form oder 4 kleine Förmchen mit Mehl ausstreuen, die Spinatmasse hineinfüllen und mit dem Parmesan bestreuen.
- Das Soufflé im auf 180 Grad (Umluft 160 Grad, Gas Stufe 2 bis 3) vorgeheizten Ofen etwa 15 Minuten backen.

**Dauert etwa 30 Minuten**
**1 Portion = 1100 kJ/263 kcal**

**300 g Blattspinat**
**1 Zwiebel**
**30 g Butter**
**3 EL Crème fraîche**
**Salz**
**Pfeffer aus der Mühle**
**etwas frisch geriebene Muskatnuß**
**etwas abgeriebene unbehandelte Zitronenschale**
**1 EL Olivenöl extra vergine**
**3 Eier**
**2 EL Mehl**
**2 EL frisch geriebener Parmesan**

# Sauté di frutti di mare

*Sautierte Meeresfrüchte*

- Die Meeresfrüchte gründlich waschen und putzen. Den Knoblauch schälen und durchpressen.
- In einer großen Pfanne das Öl erhitzen und den Knoblauch hineingeben. Kurz andünsten, die Meeresfrüchte hinzugeben, umrühren und die Petersilie hinzufügen.
- Die Meeresfrüchte auf großer Flamme garen, zwischendurch mehrmals vorsichtig wenden.
- Mit dem Wein ablöschen, vorsichtig salzen und pfeffern und noch 6 bis 7 Minuten schmoren lassen. Sehr heiß servieren.

**Dauert etwa 30 Minuten**
**1 Portion = 1145 kJ/274 kcal**

**800 g gemischte, möglichst frische Meeresfrüchte (z.B. Seppie, Miesmuscheln, Scampi und Moscardini)**
**4 Knoblauchzehen**
**1/2 Glas Olivenöl extra vergine**
**2 EL fein gehackte Petersilie**
**1/2 Glas Weißwein**
**Salz**
**Pfeffer aus der Mühle**

# Minestre in Brodo

# Suppen

*Wenn nicht anders angegeben, sind alle Rezepte für 4 Portionen berechnet.*

In Italien gilt in der Regel, daß man am Mittag ein Pasta-Gericht und am Abend eine Minestra, also eine Suppe auftischt. Manchmal wird die Suppe auch als Hauptgericht gegessen – das hängt ganz davon ab, wie gehaltvoll sie ist. Im folgenden finden Sie eine reichliche Auswahl aus Italiens verschiedenen Regionen.

Auch bei den Suppen gilt, daß die Zutaten qualitativ hochwertig, das Gemüse möglichst frisch sein sollte, damit die Suppe zum „echt" italienischen Genuß wird.

## Zuppa di uova all'emiliana

*Eiersuppe aus der Emilia*

- Die Brühe aufkochen lassen.
- Inzwischen die Eier und Eigelbe mit wenig Salz, dem Majoran, 50 Gramm Parmesan und der Zitronenschale verquirlen.
- Das Brot in Scheiben schneiden und einige Minuten im Ofen anrösten.
- Die verquirlten Eier mit etwas heißer Brühe gut vermischen und in den Topf mit der Brühe geben. Die Suppe einige Minuten auf kleiner Flamme ziehen, aber nicht aufkochen lassen.
- Die Brotscheiben auf Suppenteller verteilen und die Suppe darübergießen.
- Heiß auf den Tisch bringen und nach Belieben noch weiteren Parmesan dazu reichen.

**Dauert etwa 20 Minuten**
**1 Portion = 1567 kJ/374 kcal**

**1 1/2 l Fleisch- oder Gemüsebrühe**
**4 Eier**
**3 Eigelb**
**Salz**
**etwas fein gehackter Majoran**
**frisch geriebener Parmesan**
**1 fein abgeriebene unbehandelte Zitronenschale**
**250 g altbackenes Brot**

## Minestra mariconda

*Brotsuppe aus dem Piemont*

- Das Brot entrinden, kleinschneiden und etwa 30 Minuten in der lauwarmen Milch einweichen.
- Die Butter in einem Topf zum Schmelzen bringen, das Brot zugeben und 5 bis 10 Minuten auf kleiner Flamme unter Rühren köcheln, bis die Milch eingekocht ist.
- Das Brot in eine Terrine geben. Eier und 50 Gramm Parmesan untermischen und mit Pfeffer, Muskat und Salz abschmecken. Mindestens 10 Minuten ruhen lassen.
- Die Brühe zum Kochen bringen.
- Die Brotmischung mit einem Löffel nach und nach in die Brühe gleiten lassen.
- Die Suppe noch etwa 1 bis 2 Minuten kochen lassen und heiß auf den Tisch bringen.
- Nach Belieben weiteren Parmesan dazu servieren.

**Dauert etwa 1 Stunde**
**1 Portion = 2144 kJ/512 kcal**

**400 g Bauernbrot**
**300 ml Milch**
**50 g Butter**
**4 Eier**
**frisch geriebener Parmesan**
**Pfeffer aus der Mühle**
**frisch geriebene Muskatnuß**
**Salz**
**1 1/2 l Fleisch- oder Gemüsebrühe**

# Zuppa alla pavese

*Suppe aus Pavia*

**50 g Butter**
**ca. 100 g frisch geriebener Parmesan**
**12 Scheiben altbackenes Weißbrot (Baguette)**
**1 l Fleischbrühe**
**4 Eier**
**weißer Pfeffer aus der Mühle**

Entscheidend für die Qualität dieser Suppe sind eine gute Fleisch- oder Gemüsebrühe und frische Eier. Doch wenn es einmal schnell gehen muß, können Sie natürlich auch Brühwürfel verwenden.

- Die Butter und etwa 50 Gramm Parmesan zu einer Creme verrühren. Das Brot von der Rinde befreien, die Scheiben gleichmäßig mit der Creme bestreichen und kurz im Backofen anrösten. Inzwischen die Fleischbrühe erhitzen.
- Die Brotscheiben auf 4 feuerfeste Schüsselchen verteilen, die heiße Brühe darübergeben und jeweils ein Ei vorsichtig darüber aufschlagen.
- Die Schüsselchen 2 bis 3 Minuten bei schwacher Hitze in den Backofen stellen, um die Eier leicht zu pochieren. Das Eigelb soll jedoch weich bleiben.
- Etwas Pfeffer darübergeben, sofort servieren und den restlichen Parmesan getrennt dazu reichen.

**Dauert etwa 30 Minuten**
**1 Portion = 1583 kJ/378 kcal**

# Zuppa di cipolle

*Zwiebelsuppe*

**1 kg Zwiebeln**
**Olivenöl extra vergine**
**gut 1 1/2 l Fleisch- oder Gemüsebrühe**
**250 g altbackenes Weißbrot**
**3 Eier**
**frisch geriebener Parmesan**

- Die Zwiebeln schälen und in feine Scheiben schneiden.
- Etwa 2 Eßlöffel Öl in einen Topf geben, die Zwiebeln hinzufügen und auf kleiner Flamme etwa 10 Minuten dünsten.
- Die Brühe angießen und etwa 30 Minuten kochen.
- Das Brot inzwischen in Würfel schneiden, leicht mit Öl beträufeln und im Ofen rösten.
- Die Eier mit etwa 50 Gramm Parmesan verquirlen, in eine Suppenterrine geben und die kochendheiße Suppe darübergießen. Gut durchrühren und die Brotwürfel sowie weiteren Parmesan getrennt dazu servieren.

**Dauert etwa 50 Minuten**
**1 Portion = 1845 kJ/442 kcal**

# Pancotto ligure

*Brotsuppe aus Ligurien*

Diese karge, aber sehr schmackhafte Suppe wird in ihrer Originalversion nur mit Wasser zubereitet. Aber Sie können sie natürlich anreichern, indem Sie eine Fleischbrühe verwenden.

- Die Knoblauchzehen schälen, fein hacken und zusammen mit den Kräutern im Öl leicht andünsten.
- 1 1/2 Liter Wasser oder nach Belieben auch Fleischbrühe und etwas Salz hinzugeben und aufkochen lassen.
- Das Brot in Würfel schneiden, in die Brühe geben und 5 Minuten kochen lassen.
- Die Suppe heiß auf den Tisch bringen und den Parmesan dazu servieren.

**Dauert 15 bis 20 Minuten**
**1 Portion = 1174 kJ/280 kcal**

**2 Knoblauchzehen**
**1 Prise Majoran (oder Oregano)**
**etwas frischer Salbei**
**2 EL Olivenöl extra vergine**
**evtl. 1 1/2 l Fleischbrühe**
**Salz**
**300 g altbackenes Weißbrot**
**50 g frisch geriebener Parmesan**

# Stracciatella alla romana

*Römische Fetzensuppe*

- Die Eier mit Parmesan, Semmelbröseln, nach Belieben auch mit Petersilie sowie etwas Salz und Pfeffer verquirlen.
- Die Fleischbrühe erhitzen und nach und nach die Eimischung hineingießen. Dabei ständig mit dem Schneebesen rühren, damit sich kleine Flocken bilden.
- Die Suppe etwa 4 bis 5 Minuten köcheln lassen und sofort servieren.

**Dauert etwa 20 Minuten**
**1 Portion = 643 kJ/153 kcal**

**4 Eier**
**4 EL frisch geriebener Parmesan**
**1 EL Semmelbrösel (oder Grieß)**
**evtl. 1 knapper EL Petersilie, fein gehackt**
**Salz**
**Pfeffer aus der Mühle**
**1-1 1/2 l Fleischbrühe**

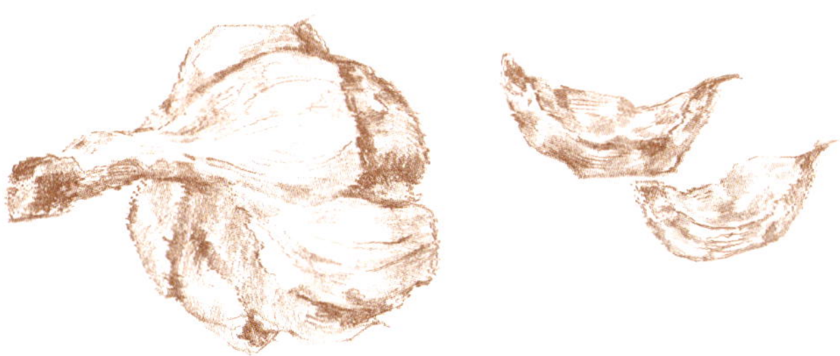

# Mess-ciüa

*Grünkernsuppe aus Ligurien*

- 200 g Grünkern
- 1 Zwiebel
- 1 Karotte
- 1 Stange Bleichsellerie
- 2 EL Olivenöl extra vergine
- 1 Lorbeerblatt
- einige Salbeiblätter
- 1 Zweiglein Rosmarin
- Salz
- 400 g Bohnen aus der Dose (Borlotti oder Cannellini)
- 400 g Kichererbsen aus der Dose
- 1 knapper EL Petersilie, fein gehackt
- Pfeffer aus der Mühle
- evtl. 50 g frisch geriebener Parmesan (oder Pecorino)

Diese Suppe ist typisch für die Gegend von La Spezia. Man erzählt sich, daß die Träger am Hafen das Getreide und die Hülsenfrüchte aufsammelten, die aus den Löchern in den Säcken rieselten, welche am Hafen entladen wurden. Und ihre Frauen bereiteten dann zu Hause diese Suppe daraus.

• Den Grünkern unter fließendem Wasser waschen und 12 Stunden in der dreifachen Menge Wasser einweichen. Das Getreide abgießen und das Einweichwasser auffangen.
• Zwiebel, Karotte und Sellerie putzen, kleinschneiden und in 1 Eßlöffel Öl andünsten.
• Lorbeerblatt, Salbei, Rosmarin und Grünkern hinzufügen, umrühren und einige Minuten schmoren lassen. Das Einweichwasser hinzugeben, salzen und etwa 50 Minuten zugedeckt kochen lassen.
• Die Bohnen und die Kichererbsen abtropfen lassen und zusammen mit der Petersilie in die Suppe geben. Umrühren, wieder aufkochen lassen und mit Salz und Pfeffer abschmecken.
• Zum Schluß 1 Eßlöffel Olivenöl an die Suppe geben und nach Belieben mit Parmesan servieren.

**Dauert etwa 1 Stunde 10 Minuten (ohne Einweichzeit)**
**1 Portion = 1900 kJ/454 kcal**

***Zur Abwechslung***

Selbstverständlich können Sie die Suppe auch mit getrockneten Hülsenfrüchten zubereiten (Bohnen 12 Stunden, Kichererbsen 6 Stunden einweichen), doch verlängert sich die Kochzeit erheblich. In jedem Fall empfiehlt es sich, einen Dampfkochtopf zu benutzen.

# Minestra di orzo

*Graupensuppe*

Für dieses Gericht braucht man vom Mangold nur die breiten weißen Stiele, doch können Sie die Blätter sehr gut anderweitig verwenden (Seite 473).

- Zwiebel, Lauch und Sellerie putzen und kleinhacken, nach Belieben den Schinkenspeck würfeln. Alles mit dem Rosmarin in etwas Olivenöl andünsten.
- Alle anderen Gemüse putzen, waschen, kleinschneiden, in den „soffritto" geben und durchmischen. Die Brühe, das Lorbeerblatt und die Knoblauchzehe ebenfalls in den Topf geben und 10 Minuten zugedeckt köcheln lassen.
- Die Graupen hinzufügen und die Suppe weitere 40 Minuten auf kleiner Flamme garen, zum Schluß mit etwas Salz abschmecken.
- Die Suppe heiß auf den Tisch bringen und nach Belieben Parmesan dazu servieren.

**Dauert gut 1 Stunde**
**1 Portion = 921 kJ/220 kcal**

**1 Zwiebel**
**1 Stange Lauch**
**1 Stange Bleichsellerie**
**evtl. 50 g Schinkenspeck**
**Olivenöl extra vergine**
**etwas Rosmarin**
**300 g Kartoffeln, geschält**
**200 g Mangoldstiele**
**evtl. 150 g Weißkohl (oder Wirsing)**
**200 g Karotten**
**1 1/2 l Fleisch- oder Gemüsebrühe**
**1 Lorbeerblatt**
**1 Knoblauchzehe, durchgepreßt**
**100-150 g Graupen**
**Salz**
**evtl. frisch geriebener Parmesan**

*Mögen Sie die Suppe gerne cremiger, können Sie sie auch pürieren, bevor Sie die Graupen hinzugeben.*

# Minestra di frittata

*Eierkuchensuppe*

Statt mit Petersilie und Majoran können Sie die frittata nach Belieben auch mit allen möglichen anderen Würzkräutern zubereiten.

- Die Eier mit etwas Salz, 50 Gramm Parmesan und den Kräutern verquirlen. Wenig Olivenöl in einer Pfanne erhitzen und aus der Eimischung möglichst dünne Eierkuchen backen, anschließend in schmale Streifen schneiden.
- Die Brühe aufkochen lassen und die Eierkuchenstreifen hineingeben. Die Suppe noch 1 Minute kochen lassen und heiß auf den Tisch bringen. Dazu den restlichen Parmesan reichen.

**Dauert etwa 30 Minuten**
**1 Portion = 1294 kJ/309 kcal**

**6 Eier**
**Salz**
**100 g frisch geriebener Parmesan**
**etwas fein gehackte Petersilie**
**etwas frischer Majoran, fein gehackt**
**Olivenöl extra vergine**
**1 1/2 l Fleisch- oder Gemüsebrühe**

# Semolino in brodo con rucola

*Grießsuppe mit Rauke*

- 70 g Rauke
- 1 1/2 l Fleisch- oder Gemüsebrühe
- 4 EL Grieß
- Salz
- 30 g Butter
- 50 g frisch geriebener Parmesan

*Wünschen Sie sich die Suppe dick- oder dünnflüssiger, können Sie die Grießmenge entsprechend variieren.*

• Die Rauke waschen und möglichst klein schneiden.
• Die Brühe aufkochen lassen, nach und nach den Grieß hineingeben und dabei ständig rühren, damit sich keine Klümpchen bilden.
• Die Rauke hinzufügen, mit Salz würzen und die Suppe etwa 10 Minuten zugedeckt köcheln lassen.
• Die Suppe vom Feuer nehmen, Butter und Parmesan hineinrühren und heiß auf den Tisch bringen.

**Dauert etwa 20 Minuten**
**1 Portion = 754 kJ/180 kcal**

***Zur Abwechslung***
Die Rauke können Sie entweder weglassen oder durch Brunnenkresse oder Kopfsalat ersetzen.

# Semolino in brodo con radicchio

*Grießsuppe mit Radicchio*

- 100 g Radicchio
- 50 g Schinkenspeck
- 1 EL Olivenöl extra vergine
- 1 1/2 l heiße Fleisch- oder Gemüsebrühe
- 4 EL Grieß
- 30 g Butter
- 50 g frisch geriebener Parmesan

*Möchten Sie die Suppe dick- oder dünnflüssiger, können Sie die Grießmenge entsprechend variieren.*

Man bereitet diese Suppe normalerweise aus dem festblättrigen länglichen „radicchio rosso di Verona“ zu, den Sie in manchen italienischen Feinkostläden finden. Sie schmeckt aber auch mit dem rundköpfigen Radicchio.

• Den Radicchio waschen und fein schneiden.
• Den Schinkenspeck fein würfeln, im Öl anschmoren, bis das Fett ausgetreten ist, aber nicht braun werden lassen.
• Den Radicchio hinzufügen, umrühren und einige Minuten dünsten.
• Die Brühe hinzugeben und aufkochen lassen. Den Grieß unter ständigem Schlagen mit dem Schneebesen langsam hineinrieseln lassen, damit sich keine Klümpchen bilden. Etwa 10 Minuten zugedeckt köcheln lassen.
• Den Topf vom Feuer nehmen, Butter und Parmesan in die Suppe rühren und sofort auf den Tisch bringen.

**Dauert etwa 25 Minuten**
**1 Portion = 1190 kJ/284 kcal**

# Zuppa di castagne

*Kastaniensuppe*

• Die Kastanien an der Flachseite waagerecht einschneiden. In kochendes Wasser geben und 10 Minuten darin garen.
• Jeweils einige Kastanien herausnehmen und schälen.
• Das Kochwasser fortschütten und die Kastanien in den Topf zurückgeben. Die Brühe angießen und aufkochen.
• Inzwischen Sellerie und Fenchel putzen, waschen und kleinhacken. Gut die Hälfte von beiden Gemüsen in den Topf geben. Das Fenchelgrün zurücklegen.
• Die Suppe auf kleiner Flamme 30 Minuten zugedeckt köcheln lassen, anschließend pürieren, in den Topf zurückgeben und die Sahne aufgießen. Salzen, pfeffern und noch einmal aufkochen lassen. Die Suppe mit Petersilie, Fenchelgrün und dem restlichen Gemüse bestreuen und heiß auf den Tisch bringen.

**Dauert etwa 1 Stunde 10 Minuten**
**1 Portion = 1222 kJ/292 kcal**

**500 g Kastanien**
**1 1/2 l Hühnerbrühe**
**1 Stange Bleichsellerie**
**1 großes Stück Fenchel mit Grün**
**1 Gläschen süße Sahne**
**Salz**
**Pfeffer aus der Mühle**
**1 gehäufter EL Petersilie, kleingehackt**

*Jeweils nur wenige Kastanien aus dem Kochwasser nehmen, weil sie sich warm leichter schälen lassen.*

# Pappa al pomodoro

*Tomatensuppe aus der Toskana*

• Die Tomaten 1 Minute in kochendes Wasser geben, häuten, aufschneiden und von den Kernen befreien.
• Das Brot entrinden und kleinschneiden, den Knoblauch abziehen und fein hacken.
• Das Öl in einen Topf geben, den Knoblauch kurz darin andünsten. Das Brot hineingeben und unter häufigem Wenden das Öl aufsaugen lassen. Die zerkleinerten Tomaten zufügen und einige Minuten schmoren.
• Die Brühe und das gewaschene Basilikum im ganzen hinzufügen, leicht salzen und pfeffern. Die Suppe etwa 30 Minuten zugedeckt köcheln lassen, dabei gelegentlich umrühren. Das Brot muß sich völlig auflösen.
• Abschmecken, das Basilikum herausnehmen, ein paar Tropfen Olivenöl auf die Suppe geben und heiß servieren.

**Dauert etwa 1 Stunde**
**1 Portion = 1494 kJ/356 kcal**

**600 g reife Tomaten**
**350 g altbackenes weißes Landbrot**
**2 Knoblauchzehen**
**5 EL Olivenöl extra vergine**
**1 1/4 l heiße Fleischbrühe**
**1 Bund frisches Basilikum**
**Salz**
**Pfeffer aus der Mühle**

*Im Sommer serviert man diese Suppe auch gerne kalt.*

## Zuppa di zucchini

*Zucchinisuppe*

700 g Zucchini
1 mittelgroße Zwiebel
50 g Butter
(oder Olivenöl extra vergine)
1 3/4 l heiße Hühnerbrühe
Salz
Pfeffer aus der Mühle
2 Eier
frisch geriebener Parmesan
2 EL fein gehackte frische Basilikumblätter
(oder Minze oder Petersilie)

- Die Zucchini waschen, putzen und in Scheiben oder Würfel schneiden. Die Zwiebel schälen und fein hacken.
- Die Butter schmelzen und die Zwiebelwürfel darin goldgelb andünsten. Die Zucchini hinzufügen und einige Minuten unter häufigem Wenden kräftig anschmoren.
- Mit der Brühe aufgießen, leicht salzen und pfeffern und etwa 20 Minuten zugedeckt köcheln lassen.
- Die Suppe pürieren, zurück in den Topf geben und erst kurz vor dem Servieren noch einmal aufkochen lassen.
- Eier, 3 Eßlöffel Parmesan und Basilikumblätter in eine vorgewärmte Terrine geben und gut verquirlen.
- Die kochendheiße Suppe unter ständigem Schlagen mit dem Schneebesen zu der Eimischung in der Terrine geben. Noch einmal abschmecken und sofort auf den Tisch bringen. Dazu Parmesan reichen.

**Dauert etwa 45 Minuten**
**1 Portion = 912 kJ/217 kcal**

## Crema di funghi

*Pilzcremesuppe*

60 g Butter
60 g Mehl
1 l Milch
15 g getrocknete Steinpilze
600 g frische Champignons
(oder Steinpilze)
1 Knoblauchzehe
2 EL Olivenöl extra vergine
Salz
1/2 Glas Weißwein
1 EL fein gehackte Petersilie
1/2 l Fleisch- oder Gemüsebrühe
250 g altbackenes Weißbrot
1 Gläschen süße Sahne
Thymian
frisch geriebener Parmesan

- Aus Butter, Mehl und Milch eine leichte Bechamelsauce zubereiten (Seite 180).
- Die Steinpilze inzwischen 10 Minuten in lauwarmem Wasser oder Brühe einweichen.
- Die frischen Pilze putzen und in sehr feine Scheiben schneiden.
- Den Knoblauch schälen, fein hacken und in 1 Eßlöffel Öl leicht andünsten.
- Die eingeweichten Pilze abseihen, zum Knoblauch geben und ganz kurz anschmoren. Das Einweichwasser auffangen. Die frischen Pilze hinzufügen, salzen und etwa 5 Minuten auf kleiner Flamme schmoren lassen.
- Den Weißwein aufgießen und einziehen lassen. Die Petersilie hinzugeben und 1/2 Liter heiße Fleischbrühe sowie das Einweichwasser zugießen. Etwa 15 Minuten zugedeckt köcheln lassen.

- 3 Eßlöffel von den Pilzen herausnehmen und zum Garnieren beiseite stellen.
- Die übrigen Pilze zusammen mit der Kochflüssigkeit im Mixer pürieren und zu der Bechamelsauce geben. Ist die Mischung zu dickflüssig, eventuell noch etwas heiße Brühe hinzufügen.
- Das Brot in Scheibchen oder in Würfel schneiden, leicht mit Öl beträufeln und im Ofen rösten.
- Die Pilzsuppe aufkochen lassen, die zurückgehaltenen Pilze hinzufügen und nochmals abschmecken.
- Die Suppe vom Feuer nehmen, die Sahne und 1 Prise Thymian hineinrühren. Parmesan und geröstetes Brot extra servieren.

**Dauert etwa 40 Minuten**
**1 Portion = 2911 kJ/694 kcal**

***Zur Abwechslung***
Nach Belieben können Sie die Suppe zum Schluß mit gerösteten Pinienkernen bestreuen.

*Zur einfachen, aber köstlichen „Zuppa alla pavese" (Seite 122) erzählt man sich die folgende Entstehungsgeschichte: Als Franz I. von Frankreich 1525 bei der Certosa di Pavia die Schlacht gegen Karl V. verloren hatte, tat er den berühmten Ausspruch: „Tout est perdu sauf l'honneur." Doch dann dachte er an Wichtigeres: Er bat die Bäuerin des nächstgelegenen Hofes um eine Mahlzeit. Einem König einfach nur Suppe über das Bauernbrot zu gießen, erschien ihr jedoch zuwenig, und sie schlug noch zwei Eier hinein …*

## Crema di zucca 1

*Kürbiscremesuppe 1*

- Den Kürbis von Kernen und Strängen befreien, in Stücke schneiden und schälen.
- In wenig kochendes Salzwasser geben und sparsam mit Pfeffer und Muskatnuß würzen. Etwa 15 Minuten zugedeckt kochen lassen.
- Den Kürbis zusammen mit der Kochflüssigkeit im Mixer pürieren.
- Das Püree in den Topf zurückgeben und langsam mit der inzwischen erhitzten Gemüsebrühe aufgießen. Gut durchrühren und nochmals etwa 10 Minuten köcheln lassen.
- Inzwischen das Eigelb in einer Schüssel mit der Sahne verrühren.
- Die Suppe vom Feuer nehmen und die Ei-Sahne-Mischung hineinrühren. Heiß auf den Tisch bringen und nach Belieben Parmesan dazu servieren.

**Dauert etwa 40 Minuten**
**1 Portion = 558 kJ/133 kcal**

**600 g Kürbis**
**Salz**
**Pfeffer aus der Mühle**
**frisch geriebene Muskatnuß**
**1 1/2 l Gemüsebrühe**
**1 Eigelb**
**1/2 Glas süße Sahne**
**evtl. frisch geriebener Parmesan**

## Crema di zucca 2

*Kürbiscremesuppe 2*

- 500 g Kürbis
- 200 g Kartoffeln
- 1 Stange Bleichsellerie
- 1 Zwiebel (oder 2 kleine Stangen Lauch)
- etwas frischer Rosmarin, fein gehackt
- Olivenöl extra vergine
- Salz
- 3/4 l heiße Milch
- 1 l heiße Gemüse- oder Fleischbrühe
- 250 g altbackenes Weißbrot
- 1 Stückchen Butter (oder 1 Gläschen süße Sahne)
- 1 TL fein gehackte Petersilie (oder Schnittlauch)
- Pfeffer aus der Mühle
- frisch geriebener Parmesan

• Den Kürbis von Kernen und Strängen befreien, in Stücke schneiden und schälen.
• Die Kartoffeln schälen und in Stücke schneiden.
• Sellerie und Zwiebel putzen und kleinschneiden, zusammen mit dem Rosmarin in etwa 2 Eßlöffel Öl andünsten. Nach wenigen Minuten die Kartoffel- und Kürbisstücke hinzufügen. Durchrühren, leicht salzen und im zugedeckten Topf etwa 5 Minuten schmoren, aber nicht ansetzen lassen.
• Milch und Brühe zugießen und etwa 20 Minuten kochen.
• Das Brot in Scheiben oder Würfel schneiden, leicht mit Öl beträufeln und einige Minuten im Ofen rösten.
• Die Suppe pürieren, abschmecken und noch einmal kurz aufkochen. Vom Feuer nehmen, Butter und Petersilie hinzugeben und leicht pfeffern. Parmesan und Röstbrot getrennt dazu servieren.

**Dauert etwa 40 Minuten**
**1 Portion = 2198 kJ/525 kcal**

## Zuppa di uova alla ligure

*Eiersuppe aus Ligurien*

- 80 g Butter
- 1 Zwiebel, fein gehackt
- 1 gehäufter EL Mehl
- 1 1/2 l heiße Fleisch- oder Gemüsebrühe
- 8 Eigelb
- Salz
- fein gehackter Majoran
- 8 Weißbrotscheiben (Baguette)
- frisch geriebener Parmesan

• Die Butter in einem Topf schmelzen und die Zwiebel darin glasig werden lassen.
• Das Mehl hinzugeben. Etwa 1 Minute ständig rühren, dann die heiße Brühe einrühren und zugedeckt etwa 5 Minuten kochen lassen.
• Inzwischen die Eigelbe mit wenig Salz und etwas Majoran aufschlagen. Die Brotscheiben leicht toasten.
• Den Topf vom Feuer nehmen und die Eimischung hineingeben. Gut umrühren, bis das Eigelb sich etwas gefestigt hat.
• Die Brotscheiben auf 4 tiefe Teller verteilen und die Suppe darübergießen. Dazu Parmesan reichen.

**Dauert etwa 30 Minuten**
**1 Portion = 1924 kJ/460 kcal**

# Crema di sedanorapa

*Selleriecremesuppe*

- Aus Butter, Mehl und Milch eine leichte Bechamelsauce (Seite 180) zubereiten und warm stellen.
- Den Sellerie schälen und in Scheiben schneiden.
- Den Lauch putzen, waschen, kleinschneiden und mit dem Rosmarin in wenig Öl kurz andünsten. Den Sellerie hinzufügen, etwas salzen und im zugedeckten Topf einige Minuten auf kleiner Flamme schmoren. Die Brühe hinzugießen und etwa 20 Minuten köcheln lassen.
- Inzwischen das Brot in Scheiben oder in Würfel schneiden, leicht mit Öl beträufeln und einige Minuten im Ofen anrösten.
- Das Gemüse mit der Kochflüssigkeit pürieren und zur Bechamelsauce geben. Aufkochen lassen und eventuell noch etwas Brühe oder Wasser hinzugeben, falls die Konsistenz zu dick ist.
- Die Suppe vom Feuer nehmen, Majoran, Schnittlauch und Butter hineinrühren und mit etwas Pfeffer würzen.
- Den Reibekäse und das Röstbrot extra servieren.

**Dauert etwa 40 Minuten**
**1 Portion = 2891 kJ/690 kcal**

**60 g Butter**
**60 g Mehl**
**1 l Milch**
**500 g Knollensellerie**
**1 Stange Lauch**
**etwas frischer Rosmarin, kleingehackt**
**Olivenöl extra vergine**
**Salz**
**ca. 1/2 l heiße Gemüse- oder Fleischbrühe**
**250 g altbackenes Weißbrot**
**etwas fein gehackter Majoran (oder Thymian)**
**1 gehäufter EL fein gehackter Schnittlauch**
**1 Stückchen Butter (oder 1 Gläschen süße Sahne)**
**frisch gemahlener weißer Pfeffer**
**frisch geriebener Parmesan**

***Zur Abwechslung***
Statt mit Bechamelsauce können Sie die Suppe auch mit Kartoffeln andicken. Dazu schmoren Sie etwa 700 Gramm Sellerie zusammen mit etwa 300 Gramm kleingeschnittenen Kartoffeln an und gießen gut 1 1/2 Liter Brühe auf. Ansonsten nach dem Rezept vorgehen.

# Crema di patate

*Kartoffelcremesuppe*

**1 Zwiebel (oder 2 kleine Stangen Lauch)**
**evtl. 1-2 Knoblauchzehen**
**600 g Kartoffeln**
**Olivenöl extra vergine**
**gut 1 1/2 l heiße Gemüse- oder Fleischbrühe**
**1 Lorbeerblatt**
**250 g altbackenes Weißbrot**
**Salz**
**1 Gläschen süße Sahne (und/oder 1 Stückchen Butter)**
**fein gehackte frische Küchenkräuter nach Belieben (z.B. Petersilie, Schnittlauch, Rauke, Majoran, Bohnenkraut, Thymian, Rosmarin)**
**evtl. Pfeffer aus der Mühle**
**frisch geriebener Parmesan**

- Die Zwiebel putzen und kleinschneiden, nach Belieben den Knoblauch schälen und fein hacken. Die Kartoffeln schälen, in Stücke schneiden und gut waschen.
- Zwiebel und eventuell Knoblauch kurz in etwas Öl andünsten.
Die Kartoffeln hinzufügen und im zugedeckten Topf einige Minuten anschmoren.
- Brühe und Lorbeerblatt hinzufügen und etwa 20 Minuten kochen lassen, bis die Kartoffeln gar sind.
- Das Brot inzwischen in Scheiben oder Würfel schneiden, leicht mit Öl beträufeln und einige Minuten im Ofen rösten.
- Das Lorbeerblatt entfernen. Die Kartoffeln aus der Brühe nehmen, pürieren, wieder in den Topf geben und nochmals kurz aufkochen lassen, gegebenenfalls noch etwas Brühe hinzufügen und mit Salz abschmecken.
- Die Suppe vom Feuer nehmen, Sahne und/oder Butter sowie die Kräuter hineinrühren. Nach Belieben pfeffern und heiß auf den Tisch bringen.
- Das geröstete Brot und den Parmesan getrennt dazu servieren.

**Dauert etwa 40 Minuten**
**1 Portion = 2062 kJ/493 kcal**

# Crema di crescione

*Kressecremesuppe*

- Aus Butter, Mehl und Milch eine Bechamelsauce zubereiten (Seite 180).
- Die Kresse waschen, den Lauch putzen, waschen und kleinschneiden.
- Den Lauch in etwas Olivenöl andünsten. Nach einigen Minuten die Kresse hinzufügen und im zugedeckten Topf auf kleiner Flamme 5 Minuten schmoren.
- Knapp 3/4 Liter Brühe hinzufügen, aufkochen und zugedeckt etwa 5 Minuten köcheln lassen.
- Inzwischen das Brot in Scheibchen oder in Würfel schneiden, leicht mit Öl beträufeln und einige Minuten im Ofen oder in der Pfanne anrösten.
- Die Kressesuppe im Mixer pürieren und zu der Bechamelsauce geben. Die Suppe wieder auf den Herd stellen, aufkochen lassen und mit Salz und Pfeffer abschmecken. Falls die Konsistenz zu dick geworden ist, noch ein wenig Brühe hinzugeben.
- Den Topf vom Feuer nehmen, Butter, Majoran und etwa 30 Gramm Parmesan hinzufügen. Die Suppe durchrühren, heiß auf den Tisch bringen und das geröstete Brot und nach Belieben weiteren Parmesan dazu servieren.

**60 g Butter**
**60 g Mehl**
**1 l Milch**
**300 g Brunnenkresse**
**1 Stange Lauch**
**Olivenöl extra vergine**
**ca. 3/4 l heiße Gemüse- oder Fleischbrühe**
**250 g altbackenes Weißbrot (Baguette)**
**Salz**
**Pfeffer aus der Mühle**
**1 Stückchen Butter (oder 1 Gläschen süße Sahne)**
**etwas frischer Majoran (oder Schnittlauch), fein gehackt**
**frisch geriebener Parmesan**

*Wenn Sie statt Brunnenkresse Gartenkresse verwenden, sollten Sie die Kochzeiten noch ein wenig reduzieren.*

**Dauert etwa 25 Minuten**
**1 Portion = 2799 kJ/668 kcal**

# Crema di carote

*Karottencremesuppe*

**60 g Butter**
**60 g Mehl**
**1 l Milch**
**400 g Karotten**
**1 Lauch**
**etwas frischer Rosmarin, kleingehackt**
**Olivenöl extra vergine**
**Salz**
**ca. 1/2 l Gemüse- oder Fleischbrühe**
**250 g altbackenes Weißbrot**
**etwas frischer Majoran (oder Thymian), fein gehackt**
**1 gehäufter EL fein geschnittener Schnittlauch**
**1 Stückchen Butter (und/oder 1 Gläschen süße Sahne)**
**weißer Pfeffer aus der Mühle**
**frisch geriebener Parmesan**

• Aus Butter, Mehl und Milch eine dünnflüssige Bechamelsauce (Seite180) zubereiten und warm halten.
• Die Karotten schaben, waschen und in Scheiben schneiden, jedoch eine Karotte ganz lassen.
• Den Lauch putzen, waschen, fein schneiden und zusammen mit dem Rosmarin in einem Topf in etwas Öl kurz andünsten.
• Die Karottenscheiben und die ganze Karotte hinzufügen, leicht salzen und im zugedeckten Topf einige Minuten auf kleiner Flamme anschmoren.
• Die heiße Brühe hinzufügen und 10 bis 15 Minuten köcheln lassen, bis die Karotten gar sind.
• Inzwischen das Brot in dünne Scheiben oder in Würfel schneiden, leicht mit Öl beträufeln und einige Minuten im Ofen rösten.
• Die ganze Karotte herausnehmen und in Würfelchen schneiden.
• Die Karottenscheiben mit der Kochflüssigkeit pürieren, zur Bechamelsauce geben und aufkochen lassen. Falls die Suppe zu dick geworden ist, noch etwas heiße Brühe oder Wasser hinzugeben.
• Die Suppe vom Feuer nehmen und Kräuter, Butter und/oder Sahne, etwas Pfeffer und die Karottenwürfelchen hineinrühren.
• Heiß auf den Tisch bringen und dazu Röstbrot und Parmesan servieren.

**Dauert etwa 45 Minuten**
**1 Portion = 2937 kJ/702 kcal**

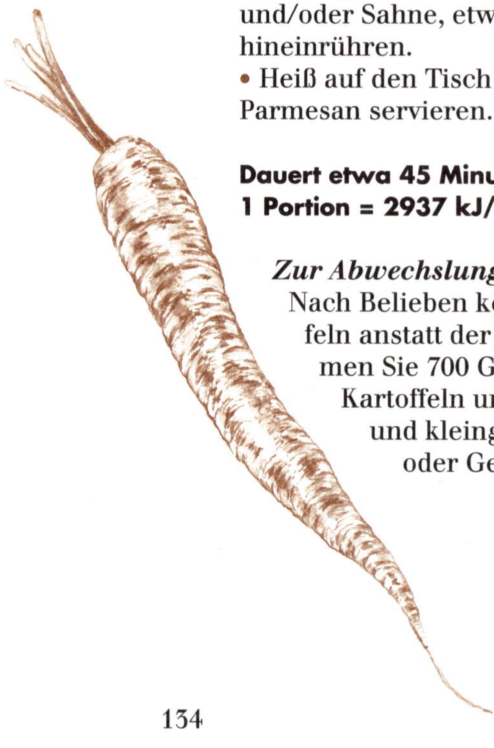

***Zur Abwechslung***

Nach Belieben können Sie die Suppe auch mit Kartoffeln anstatt der Bechamelsauce andicken: Dann nehmen Sie 700 Gramm Karotten und etwa 300 Gramm Kartoffeln und kochen sie geschält, gewaschen und kleingeschnitten in gut 1 3/4 Liter Fleisch- oder Gemüsebrühe in etwa 20 Minuten gar.

# Crema di carciofi

*Artischockencremesuppe*

- Aus Butter, Mehl und Milch eine dünnflüssige Bechamelsauce (Seite180) zubereiten und warm stellen.
- Die Artischocken von holzigen Blättern, Spitzen und Stiel befreien. Halbieren, in Scheiben schneiden und sofort in Zitronenwasser legen.
- Die Knoblauchzehen schälen, fein hacken und in etwas Öl andünsten, aber nicht braun werden lassen.
- Die Artischockenscheiben aus dem Wasser nehmen und abtropfen lassen, in den Topf geben, leicht salzen, umrühren und einige Minuten schmoren lassen. Mit der Brühe übergießen und etwa 20 Minuten zugedeckt garen.
- Das Brot in Scheiben oder in Würfel schneiden, leicht mit Öl beträufeln und einige Minuten im Ofen rösten.
- 2 gegarte Artischockenscheiben herausnehmen und warm stellen.
- Die restlichen Artischocken mit der Kochflüssigkeit pürieren und zur Bechamelsauce geben. Aufkochen lassen, mit Salz abschmecken und noch etwas Brühe hinzugeben, falls die Suppe zu dick geworden ist.
- Die Suppe vom Feuer nehmen und Butter, Petersilie, Minze und Pfeffer hineinrühren.
- Heiß auf den Tisch bringen und Parmesan und Röstbrot extra servieren.

**60 g Butter**
**60 g Mehl**
**1 l Milch**
**12 junge Artischocken**
**Saft von 1/2 Zitrone**
**2 Knoblauchzehen**
**Olivenöl extra vergine**
**Salz**
**ca. 1/2 l Gemüse- oder Fleischbrühe**
**250 g altbackenes Weißbrot**
**1 Stückchen Butter (oder 1 Gläschen süße Sahne oder Crème fraîche)**
**1 gehäufter EL fein gehackte Petersilie**
**etwas frische Minze, fein gehackt (oder Majoran)**
**frisch gemahlener Pfeffer**
**frisch geriebener Parmesan**

**Dauert etwa 40 Minuten**
**1 Portion = 3169 kJ/756 kcal**

## Crema di porri

*Lauchcremesuppe*

- 60 g Butter
- 60 g Mehl
- 1 l Milch
- 500 g Lauch
- Olivenöl extra vergine
- 1/2 l Gemüse- oder Fleischbrühe
- Salz
- je etwas fein gehackter Majoran und Thymian
- 1 Stückchen Butter (und/oder 1 Gläschen süße Sahne oder Crème fraîche)
- weißer Pfeffer aus der Mühle
- evtl. etwas Safran

• Aus Butter, Mehl und Milch eine dünnflüssige Bechamelsauce (Seite 180) zubereiten und warm halten.
• Den Lauch putzen, waschen und in grobe Ringe schneiden. Auf kleiner Flamme in etwa 3 Eßlöffel Olivenöl andünsten und etwa 10 Minuten im zugedeckten Topf schmoren lassen. Hin und wieder durchrühren und darauf achten, daß der Lauch nicht anbrennt.
• Die heiße Brühe hinzugießen und den Lauch noch etwa 15 Minuten garen lassen.
• Den Lauch mit der Brühe pürieren, zur Bechamelsauce geben und aufkochen lassen. Mit Salz abschmecken.
• Die Suppe vom Feuer nehmen und Majoran, Thymian, Butter und/oder Sahne, Pfeffer und nach Belieben auch Safran hineinrühren.

**Dauert etwa 40 Minuten**
**1 Portion = 1915 kJ/457 kcal**

## Minestrone alla genovese

*Gemüsesuppe aus Genua*

- 1 Zwiebel
- 1 Lauchstange
- 450 g Gemüse nach Jahreszeit (z.B. Kartoffeln, Sellerie, Zucchini, grüne Bohnen, Mangold, Spinat, weiße Rüben, Weißkohl, Wirsing)
- 2 Tomaten
- 2 EL Olivenöl extra vergine
- 1 1/2 l heiße Fleisch- oder Gemüsebrühe
- Salz
- 150 g vorgegarte weiße Bohnen (oder Borlotti aus der Dose)
- 120-150 g Suppennudeln
- 2 EL Pesto (Seite 227)
- 1 Stückchen Butter
- 50 g frisch geriebener Parmesan

Die Besonderheit dieser Suppe liegt in der Zugabe von Pesto und darin, daß sie keine Karotten enthält. Sie können natürlich je nach Jahreszeit und Geschmack auch das eine oder andere Gemüse fortlassen. In Italien kocht man das Gemüse gut eine halbe Stunde länger als im Rezept angegeben. Dadurch wird die Minestrone zwar noch etwas schmackhafter, jedoch sicher nicht gesünder – aber entscheiden Sie selbst, was Ihnen wichtiger ist!

• Die Zwiebel schälen, den Lauch putzen und beides fein hacken.
• Alle anderen Gemüse putzen, waschen und in Stücke oder Streifen schneiden.
• Die Zwiebel und den Lauch in einem großen Topf im Öl andünsten und dann alles Gemüse außer Blattgemüse und Kohl hinzufügen. Die Brühe zugießen, salzen und zugedeckt etwa 1/2 Stunde auf kleiner Flamme garen.

• Den Kohl hinzufügen und weitere 15 Minuten köcheln lassen.
• Blattgemüse, weiße Bohnen und Nudeln in die Suppe geben und noch etwa 10 Minuten kochen, bis die Nudeln gar sind.
• Die Suppe vom Feuer nehmen und Pesto und Butter hineinrühren.
• Heiß servieren und den Parmesan extra dazu reichen.

**Dauert etwa 1 Stunde 30 Minuten**
**1 Portion = 1779 kJ/425 kcal**

## Minestrone alla milanese

*Gemüsesuppe auf Mailänder Art*

1 Stange Lauch
1 Zwiebel
3 Karotten
4 Kartoffeln
3 Zucchini
2 Stangen Bleichsellerie
150 g Weißkohl
60-70 g Butter
200 g Schinkenspeck
3 gehäutete frische Tomaten (oder Dosentomaten), kleingeschnitten
2 Lorbeerblätter
gut 2 l Fleisch- oder Gemüsebrühe
Salz
Pfeffer aus der Mühle
150 g weiße Bohnen aus der Dose
150 g Reis
1 EL fein gehackte Petersilie
frisch geriebener Parmesan

• Den Lauch putzen und in Streifen schneiden. Die Zwiebel schälen und kleinhacken.
• Alle anderen Gemüse putzen, waschen und in kleine Stücke schneiden.
• Lauch und Zwiebel einige Minuten in einem Topf in der Butter andünsten.
• Karotten, Kartoffeln, Zucchini und Sellerie hinzufügen, kurz unter Umrühren anschmoren.
• Den Schinkenspeck im ganzen, die Tomaten, die Lorbeerblätter und 1 Liter heiße Fleischbrühe in den Topf geben.
• Alles salzen und pfeffern und zugedeckt etwa 30 Minuten auf kleiner Flamme köcheln lassen.
• Den Kohl hinzufügen und weitere 10 Minuten garen.
• Die restliche Flüssigkeit, die weißen Bohnen, den Reis und die Petersilie hinzufügen.
• Die Suppe noch etwa 15 Minuten kochen, bis der Reis gar ist.
• Den Schinkenspeck in Streifen schneiden und in die Suppe zurückgeben.
• Die Suppe nochmals abschmecken und heiß auf den Tisch bringen.
• Den Parmesan extra servieren oder gleich 50 Gramm Käse in die Suppe geben.

**Dauert etwa 1 Stunde 15 Minuten**
**1 Portion = 3363 kJ/803 kcal**

# Zuppa di fave e piselli

*Suppe mit Saubohnen und Erbsen*

- 2 Stangen Lauch (oder 1 Zwiebel)
- 1 Stange Bleichsellerie
- 100 g gekochter Schinken am Stück
- Olivenöl extra vergine
- 1 Knoblauchzehe, fein gehackt
- 600 g enthülste Saubohnen (auch tiefgekühlt)
- 300 g grüne Erbsen
- 1 1/2 l heiße Fleisch- oder Gemüsebrühe
- 250 g altbackenes Weißbrot
- 1 EL fein gehackte Petersilie
- etwas fein gehackter Majoran
- etwas fein gehacktes Basilikum
- evtl. etwas fein gehackte Minze
- frisch geriebener Parmesan

• Den Lauch und den Sellerie putzen und kleinschneiden. Den Schinken in Würfelchen schneiden.
• Lauch und Sellerie in etwas Olivenöl kurz andünsten. Knoblauch und Schinkenwürfel hinzufügen, einige Minuten schmoren lassen und darauf achten, daß der Knoblauch nicht braun wird.
• Saubohnen, Erbsen und Brühe hinzufügen und das Gemüse zugedeckt in 20 bis 30 Minuten gar kochen.
• Das Brot inzwischen in Würfel schneiden, leicht mit Öl beträufeln und einige Minuten im Ofen rösten.
• Die Kräuter unter die Suppe mischen. Heiß auf den Tisch bringen und Röstbrot und Parmesan dazu servieren.

**Dauert 50 bis 60 Minuten**
**1 Portion = 3346 kJ/799 kcal**

***Zur Abwechslung***
Die Erbsen können Sie auch durch 500 Gramm geputzte Artischocken ersetzen.

# Minestra di cavolfiore

*Blumenkohlsuppe*

- 1 Blumenkohl (ca. 500 g)
- 50 g Schinkenspeck
- 1 EL Olivenöl extra vergine
- 1 Knoblauchzehe, geschält
- 1 Lorbeerblatt
- 1 1/2 l heiße Fleisch- oder Gemüsebrühe
- 150 g Reis (oder Suppennudeln)
- Salz
- Pfeffer aus der Mühle
- 1 EL fein gehackte Petersilie
- 1 Stückchen Butter
- 50 g frisch geriebener Parmesan

• Den Blumenkohl putzen, in Röschen teilen und waschen.
• Den Schinkenspeck in Würfelchen schneiden und im Olivenöl anschmoren.
• Die ganze Knoblauchzehe, Blumenkohl, Lorbeerblatt und die Brühe hinzufügen. Etwa 10 Minuten garen.
• Den Reis (oder die Suppennudeln) zugeben und alles 15 (bzw. 8) Minuten zugedeckt köcheln lassen.
• Knoblauch und Lorbeerblatt herausnehmen. Die Suppe mit Salz und Pfeffer abschmecken und die Petersilie hineinrühren.
• Die Suppe vom Feuer nehmen, Butter und Parmesan untermischen und heiß auf den Tisch bringen.

**Dauert etwa 40 Minuten**
**1 Portion = 1560 kJ/372 kcal**

# Zuppa di lenticchie

*Linsensuppe*

- 400 g getrocknete Linsen
- 25 g getrocknete Steinpilze
- 1 kleine Zwiebel
- 1 Stange Bleichsellerie
- einige Blättchen frischer Salbei
- Olivenöl extra vergine
- 2 Knoblauchzehen, fein gehackt
- 2 l heiße Fleisch- oder Gemüsebrühe
- 100 g frische Tomaten, enthäutet (oder Dosentomaten)
- 1 Lorbeerblatt
- 250 g altbackenes Weißbrot
- Salz
- evtl. Cayennepfeffer
- frisch geriebener Parmesan

• Die Linsen waschen und etwa 1 Stunde einweichen, anschließend abgießen.
• Die Pilze etwa 15 Minuten in einer Tasse warmem Wasser einweichen. Abgießen und das Einweichwasser auffangen.
• Die Zwiebel und den Sellerie schälen bzw. putzen und kleinschneiden. Die Salbeiblätter und die Pilze fein hacken. Alles in etwa 2 Eßlöffel Olivenöl andünsten. Nach einigen Minuten auch den Knoblauch hinzugeben und darauf achten, daß er nicht braun wird.
• Linsen, Brühe, Tomaten, Einweichwasser und Lorbeerblatt hinzufügen und zugedeckt etwa 30 Minuten kochen lassen.
• Inzwischen das Brot in Scheiben oder Würfel schneiden, leicht mit Öl beträufeln und im Ofen anrösten.
• Die Suppe mit Salz abschmecken und noch etwa 20 bis 30 Minuten weiterköcheln lassen. Die Garzeit hängt sehr stark von der Linsensorte ab – sie sollten nicht zerfallen, sondern noch ein wenig Biß behalten.
• Die Suppe zum Schluß noch einmal abschmecken, nach Belieben auch mit Cayennepfeffer würzen, und heiß auf den Tisch bringen. Dazu das geröstete Brot, Parmesan und Olivenöl zum Beträufeln reichen.

**Dauert etwa 1 Stunde 15 Minuten (ohne Einweichzeit)**
**1 Portion = 2699 kJ/645 kcal**

***Zur Abwechslung***
Sie können der Suppe etwa 15 Minuten vor Ende der Garzeit noch 100 Gramm kleingehackten Spinat oder junge Brennesseln beifügen.

# Mellecosedde alla calabrese

*Suppe aus gemischten Hülsenfrüchten aus Kalabrien*

**300 g getrocknete Hülsenfrüchte zu gleichen Teilen (Bohnen, Kichererbsen, Saubohnen, Linsen)**
**1 Stange Bleichsellerie**
**1 Zwiebel**
**2 Karotten**
**20 g getrocknete Steinpilze, eingeweicht**
**80 g Schinkenspeck**
**Olivenöl extra vergine**
**150 g frische Pilze (z.B. Egerlinge)**
**1 kleiner Wirsing**
**Salz**
**evtl. 1 Brühwürfel**
**250 g kurze Suppennudeln**
**Pfeffer aus der Mühle**
**frisch geriebener Pecorino (oder Parmesan)**

*Je nach Jahreszeit können Sie die getrockneten Saubohnen auch durch frische ersetzen, die Sie natürlich nicht so lange mitkochen sollten.*

- Die Hülsenfrüchte mit Ausnahme der Linsen am Vorabend in Wasser einweichen. Am nächsten Tag abgießen und gut durchspülen.
- Sellerie, Zwiebel und Karotten putzen und kleinhacken, Steinpilze und Schinkenspeck ebenfalls kleinschneiden und alles einige Minuten in etwas Öl andünsten.
- Die Hülsenfrüchte mit Ausnahme der Linsen hinzufügen, mit reichlich Wasser bedecken (es sollte mindestens doppelt so hoch wie das Gemüse reichen) und zugedeckt etwa 2 Stunden köcheln lassen.
- Inzwischen die frischen Pilze und den Wirsing putzen und kleinschneiden.
- Nach 2 Stunden die Linsen und nach Belieben auch einen Brühwürfel in die Suppe geben, mit Salz abschmekken und 30 Minuten weitergaren.
- Nun die Pilze und den Wirsing hineingeben und nochmals 30 Minuten köcheln lassen. Falls zuviel Flüssigkeit verkocht ist, eine entsprechende Menge kochendes Wasser ergänzen.
- Schließlich die Nudeln zugeben. Sobald sie al dente gegart sind, die Suppe leicht pfeffern und mit etwas Olivenöl beträufeln. Zusammen mit dem Reibekäse auf den Tisch bringen.

**Dauert gut 3 Stunden (ohne Einweichzeit)**
**1 Portion = 3072 kJ/734 kcal**

# Zuppa di ceci alla milanese

*Kichererbsensuppe auf Mailänder Art*

- Lauch, Karotte und Sellerie putzen, waschen und kleinhacken. In der Butter und 1 Eßlöffel Öl andünsten, nach Belieben den gewürfelten Schinkenspeck mitbraten.
- Die Brühe zugießen, erhitzen und etwa 10 Minuten zugedeckt köcheln lassen. Die Kichererbsen hinzufügen und weitere 5 bis 10 Minuten mitkochen.
- Inzwischen das Brot leicht mit Öl beträufeln und im Ofen anrösten. Die Suppe mit Salz und Pfeffer abschmecken, mit der Petersilie bestreuen und mit 1 Eßlöffel kaltem Olivenöl beträufeln. Mit den gerösteten Brotscheiben und nach Belieben auch mit Parmesan servieren.

**Dauert etwa 45 Minuten**
**1 Portion = 1708 kJ/408 kcal**

1 Stange Lauch
1 Karotte
1 Stange Bleichsellerie
1 nußgroßes Stück Butter
Olivenöl extra vergine
evtl. 50 g Schinkenspeck
1 1/2-2 l Fleisch- oder Gemüsebrühe
700-800 g Kichererbsen (Dose)
Salz
Pfeffer aus der Mühle
1 EL fein gehackte Petersilie
8-12 Scheiben Weißbrot
evtl. frisch geriebener Parmesan

# Crema di piselli e borragine

*Erbsen-Borretsch-Cremesuppe*

- Aus Butter, Mehl und Milch eine dünnflüssige Bechamelsauce (Seite 180) zubereiten und warm halten.
- Den Lauch putzen und kleinschneiden, mit etwas Öl (und dem Knoblauch) auf kleiner Flamme andünsten.
- Nach einigen Minuten die Erbsen hinzufügen und etwa 5 Minuten schmoren lassen. 3/4 Liter heiße Brühe zufügen und zugedeckt 15 Minuten köcheln lassen. Den Borretsch hinzugeben und 10 Minuten köcheln lassen.
- Das Brot in Scheibchen oder Würfel schneiden, leicht mit Öl beträufeln und einige Minuten im Ofen rösten.
- Das Gemüse mit der Kochflüssigkeit pürieren und zur Bechamelsauce geben. Die Suppe aufkochen lassen, mit Salz abschmecken und noch etwas Brühe zugießen, falls sie zu dickfüssig geworden ist.
- Die Suppe vom Feuer nehmen, Butter und/oder Sahne, Schnittlauch und Pfeffer hinzufügen. Heiß auf den Tisch bringen und Röstbrot und Parmesan extra servieren.

**Dauert etwa 50 Minuten**
**1 Portion = 3195 kJ/763 kcal**

60 g Butter
60 g Mehl
1 l Milch
1 Stange Lauch
evtl. 1 Knoblauchzehe, fein gehackt
Olivenöl extra vergine
300 g frische (oder tiefgekühlte) Erbsen
ca. 1 l Fleisch- oder Gemüsebrühe
250 g Borretsch
250 g altbackenes Weißbrot
Salz
1 Stückchen Butter (und/oder 1 Gläschen süße Sahne)
etwas fein gehackter Schnittlauch (oder Majoran)
Pfeffer aus der Mühle
frisch geriebener Parmesan

# Zuppa di ortiche alla molisana

*Brennesselsuppe aus dem Molise*

**600 g junge Brennesselblätter**
**1 Zwiebel**
**1 Knoblauchzehe**
**evtl. 50 g Schinkenspeck, gewürfelt**
**Olivenöl extra vergine**
**150 g frische Tomaten, gehäutet und kleingeschnitten (oder Dosentomaten)**
**etwas frischer oder getrockneter Peperone (oder Pfeffer)**
**1 l Gemüse- oder Fleischbrühe**
**250 g Weißbrotwürfel**
**Salz**
**1 EL fein gehackte Petersilie**
**50 g frisch geriebener Pecorino (oder Parmesan)**

• Die Brennesseln mit Gummihandschuhen sorgfältig waschen.
• Die Zwiebel schälen und kleinhacken, den Knoblauch abziehen und durchpressen.
• Die Zwiebel und nach Belieben den Schinkenspeck einige Minuten in etwas Öl anschmoren. Den Knoblauch hinzugeben und darauf achten, daß er nicht braun wird.
• Die Tomaten und den Peperone hinzufügen und etwa 10 Minuten auf kleiner Flamme zugedeckt köcheln lassen.
• Die heiße Brühe zugießen, aufkochen lassen und die Brennesselblätter hineingeben. Nochmals 10 bis 15 Minuten kochen.
• Inzwischen die Weißbrotwürfel in der Pfanne oder im Ofen in etwas Olivenöl anrösten.
• Die Suppe mit Salz abschmecken, die Petersilie und den geriebenen Käse hineinrühren. Vom Feuer nehmen und noch 1 Eßlöffel Olivenöl hinzufügen. Die Weißbrotwürfel dazu reichen.

**Dauert etwa 40 Minuten**
**1 Portion = 1706 kJ/407 kcal**

***Zur Abwechslung***
• Diese Suppe schmeckt auch mit saurer Sahne oder mit 1 bis 2 Eigelb, die Sie zum Schluß unterrühren.
• Statt nur mit Petersilie können Sie auch mit einer Mischung von verschiedenen frischen Kräutern würzen.
• Statt das Brot in Würfel zu schneiden, können Sie es auch in Scheiben zu Crostini rösten.

# Minestra di riso e tuorli

*Reissuppe mit Ei*

- Die Frühlingszwiebeln hacken und im Öl andünsten.
- Die Salbeiblätter fein hacken.
- Lorbeerblatt, Salbei, Knoblauchzehe, den mit der Gewürznelke gespickten Sellerie sowie die Brühe hinzufügen. Mit Salz abschmecken, aufkochen und im zugedeckten Topf etwa 10 Minuten köcheln lassen.
- Sellerie, Gewürznelke und Knoblauch herausnehmen, den Reis zugeben und die Suppe noch etwa 15 Minuten köcheln lassen. Die Eigelbe mit dem Käse verquirlen.
- Die Suppe vom Feuer nehmen und Eimischung, Petersilie und Butter hineinrühren. Heiß auf den Tisch bringen.

**Dauert etwa 30 Minuten**
**1 Portion = 1412 kJ/337 kcal**

**2 Frühlingszwiebeln**
**1 EL Olivenöl extra vergine**
**einige Blättchen Salbei**
**1 Lorbeerblatt**
**1 Knoblauchzehe, geschält**
**1 Stück Bleichsellerie**
**1 Gewürznelke**
**1 1/2 l Fleisch- oder Gemüsebrühe**
**Salz**
**150 g Reis**
**3 Eigelb**
**50 g frisch geriebener Parmesan**
**1 EL fein gehackte Petersilie**
**1 Stückchen Butter**

# Minestra di riso e spinaci

*Reissuppe mit Spinat*

- Den Spinat waschen, abtropfen lassen und grob hacken.
- Die Zwiebel schälen, fein hacken und im Öl glasig werden lassen. Den Spinat hinzugeben und einige Minuten andünsten.
- Knoblauch, Lorbeerblatt und Brühe zufügen und mit etwas Salz abschmecken. Etwa 15 Minuten zugedeckt köcheln lassen. Den Reis hinzugeben und in weiteren 15 Minuten al dente garen.
- Den Topf vom Feuer nehmen, die Butter und den Parmesan hineinrühren und mit etwas Pfeffer abschmecken.

**Dauert etwa 40 Minuten**
**1 Portion = 1213 kJ/290 kcal**

*Zur Abwechslung*
- Sie können die Suppe noch anreichern, indem Sie den Parmesan mit 2 Eigelb aufschlagen und ganz zum Schluß hineingeben.
- Statt Reis können Sie auch Suppennudeln verwenden.

**400 g Spinat**
**1 Zwiebel**
**1 EL Olivenöl extra vergine**
**2 Knoblauchzehen, fein gehackt**
**1 Lorbeerblatt**
**1 1/2 l Fleisch- oder Gemüsebrühe**
**Salz**
**150 g Reis**
**1 walnußgroßes Stück Butter**
**50 g frisch geriebener Parmesan**
**Pfeffer aus der Mühle**

*Statt frischem Spinat können Sie ohne weiteres auch Tiefkühlspinat verwenden.*

## Minestra di riso e verza

*Reissuppe mit Wirsing*

- 400 g Wirsing
- 50 g Schinkenspeck
- 1 EL Olivenöl extra vergine
- 1 Knoblauchzehe
- 1 Lorbeerblatt
- 1 1/2 l heiße Fleisch- oder Gemüsebrühe
- 150 g Reis
- 1 EL fein gehackte Petersilie
- 1 Stückchen Butter
- 50 g frisch geriebener Parmesan

*Ein klassisches Gericht aus der Lombardei*

• Den Wirsing kleinschneiden und waschen. Den Schinkenspeck in kleine Würfel schneiden und im Olivenöl anschmoren.
• Die Knoblauchzehe schälen und fein hacken. Knoblauch, Wirsing und Lorbeerblatt in den Topf geben. Kurz anschmoren, mit der Brühe aufgießen und zugedeckt 20 Minuten köcheln lassen.
• Den Reis hinzufügen und etwa 15 Minuten garen.
• Den Topf vom Feuer nehmen und die Petersilie, die Butter und den Parmesan hineinrühren. Heiß servieren.

**Dauert etwa 50 Minuten**
**1 Portion = 1564 kJ/374 kcal**

## Minestra di riso e carciofi

*Reissuppe mit Artischocken*

- 4 zarte Artischocken
- 1 1/2 Zitronen
- 2 Frühlingszwiebeln
- Olivenöl extra vergine
- 1 Lorbeerblatt
- einige Blättchen Salbei
- 1 Knoblauchzehe, fein gehackt
- 1 1/2 l Fleisch- oder Gemüsebrühe
- Salz
- evtl. Pfeffer aus der Mühle
- 150 g Reis
- 50 g frisch geriebener Parmesan
- 1 Stückchen Butter
- 1 EL fein gehackte Petersilie
- evtl. etwas frische Minze, fein gehackt

• Die Artischocken säubern, die holzigen Blätter entfernen und den Stiel und die Blattspitzen abschneiden. Die Artischocken längs halbieren und in dünne Scheiben schneiden. Den Saft einer Zitrone in eine Schüssel mit Wasser geben und die Scheiben sofort hineinlegen.
• Die Frühlingszwiebeln putzen, fein hacken und in wenig Olivenöl andünsten. Die Artischockenscheiben abgießen und mit dem restlichen Zitronensaft hinzugeben. Einige Minuten auf kleiner Flamme schmoren lassen.
• Lorbeerblatt, Salbei, Knoblauch und heiße Brühe zufügen und etwa 20 Minuten zugedeckt köcheln lassen.
• Mit Salz (und Pfeffer) abschmecken, den Reis hinzufügen und noch etwa 15 Minuten weiterköcheln lassen.
• Den Topf vom Feuer nehmen, Käse, Butter, Petersilie und nach Belieben etwas Minze zufügen. Heiß servieren.

**Dauert gut 1 Stunde**
**1 Portion = 1274 kJ/304 kcal**

***Zur Abwechslung***
Sie können statt Reis auch Suppennudeln nehmen.

# Minestrone di riso primaverile

*Reissuppe mit Frühlingsgemüsen*

- Die Artischocken wie im vorigen Rezept beschrieben vorbereiten (Seite 144).
- Die Zwiebeln schälen, kleinhacken und im Öl anschmoren, eventuell die Speckwürfel mitbraten.
- Die heiße Brühe zugießen und zum Kochen bringen. Artischockenscheiben, Erbsen, Spargel, Knoblauch, Lorbeer, Salbei und Majoran hinzufügen und zugedeckt etwa 15 Minuten garen.
- Den Reis zugeben und die Suppe noch etwa 15 Minuten köcheln lassen.
- Die Suppe vom Feuer nehmen, Butter und Petersilie hineinrühren. Den Parmesan gleich in die Suppe geben oder extra servieren.

**Dauert etwa 40 Minuten**
**1 Portion = 1439 kJ/344 kcal**

***Zur Abwechslung***
Statt Reis können Sie auch Nudeln in die Suppe geben.

**4 junge Artischocken**
**Saft von 1 Zitrone**
**2 Frühlingszwiebeln**
**1 EL Olivenöl extra vergine**
**evtl. 50 g Schinkenspeck, gewürfelt**
**1 1/2 l Fleisch- oder Gemüsebrühe**
**150 g Erbsen (auch tiefgekühlt)**
**200 g geschälter grüner Spargel (auch tiefgekühlt) in Stücken**
**1 Knoblauchzehe, fein gehackt**
**1 Lorbeerblatt**
**je einige Blättchen frischer Salbei und Majoran**
**150 g Reis**
**1 Stückchen Butter**
**1 gehäufter EL Petersilie, gehackt**
**50 g frisch geriebener Parmesan**

# Minestra di riso e fegatini di pollo

*Reissuppe mit Hühnerleber*

- Die Hühnerleber putzen, waschen, in Stücke schneiden und mit Küchenkrepp trocknen. Den Lauch putzen und waschen. Das Weiße vom Lauch kleinschneiden und im Öl andünsten. Die Hühnerleber hinzufügen und einige Minuten schmoren lassen.
- Die Fleischbrühe in einem Topf aufkochen lassen und den Reis, die halbierte Knoblauchzehe und das Lorbeerblatt hineingeben. Etwa 15 Minuten zugedeckt kochen lassen. Zum Schluß die geschmorte Hühnerleber 1 Minute mitgaren.
- Die Suppe vom Feuer nehmen und Butter, Käse und Petersilie hineinrühren. Heiß servieren.

**Dauert etwa 40 Minuten**
**1 Portion = 1460 kJ/349 kcal**

**200 g Hühnerleber**
**1 Stange Lauch**
**1 EL Olivenöl extra vergine**
**1 1/2 l Fleischbrühe**
**150 g Reis**
**1 Knoblauchzehe**
**1 Lorbeerblatt**
**1 Stückchen Butter**
**50 g frisch geriebener Parmesan**
**1 EL fein gehackte Petersilie**

# Zuppa di fagioli alla toscana

*Bohnensuppe aus der Toskana*

**200-250 g getrocknete weiße Bohnen**
**Fleisch- oder Gemüsebrühe**
**1 Zwiebel**
**1 Stange Bleichsellerie**
**Olivenöl extra vergine**
**3 Knoblauchzehen**
**einige Blättchen Salbei**
**1 Lorbeerblatt**
**1 EL Tomatenmark (oder 1 Glas pürierte Tomaten oder 2 gehäutete reife Tomaten)**
**300 g Wirsing- oder Weißkohlblätter, in feine Streifen geschnitten**
**Salz**
**Pfeffer aus der Mühle**
**4 Scheiben altbackenes Bauernbrot**

• Die Bohnen über Nacht einweichen. Am nächsten Tag unter fließendem Wasser abspülen und die dreifache Menge an Brühe bereitstellen.
• Die Zwiebel abziehen und fein schneiden. Den Sellerie waschen und grob hacken. Beides in etwa 4 Eßlöffel Öl glasig werden lassen. Den Knoblauch abziehen und fein hacken. 1 Knoblauchzehe und den Salbei in den Topf geben und einige Minuten mitdünsten.
• Lorbeerblatt, Bohnen, Tomatenmark sowie Brühe hinzufügen. Die Suppe zugedeckt auf kleinster Flamme etwa 1 1/2 Stunden köcheln lassen, bis die Bohnen gar sind.
• Die Hälfte der Bohnen aus dem Topf nehmen und beiseite stellen, die andere Hälfte im Mixer pürieren. Zusammen mit den Kohlblättern und den ganzen Bohnen in den Topf zurückgeben.
• Die Suppe salzen und pfeffern und noch 15 bis 20 Minuten kochen, bis auch der Kohl weich ist. Zum Schluß noch etwas Olivenöl darübergeben.
• In der Zwischenzeit die Brotscheiben mit dem restlichen Knoblauch einreiben, etwas Öl darüberträufeln und etwa 10 Minuten im Ofen rösten.
• Die Brotscheiben auf 4 Teller verteilen und die kochendheiße Suppe darübergießen.

**Dauert gut 2 Stunden (ohne Einweichzeit)**
**1 Portion = 1574 kJ/376 kcal**

*Zur Abwechslung*
• Dieses typisch toskanische Rezept kennt von Ort zu Ort allerlei Abwandlungen: So können Sie der Suppe noch etwa 300 Gramm kleingeschnittenen Mangold hinzufügen. Statt mit Salbei und Lorbeer können Sie beispielsweise auch mit frischem Rosmarin und Thymian oder mit Basilikum und Petersilie würzen.
• Häufig wird die Suppe in größerer Menge zubereitet, da sie im Ofen aufgewärmt als „Ribollita“ fast noch besser schmeckt. Dafür geben Sie den Suppenrest in eine feuerfeste Form, bedecken ihn nach Belieben mit dünn geschnittenen Zwiebelscheiben und begießen ihn mit etwas Olivenöl. Die Suppe im heißen Ofen überbacken, bis die Zwiebeln eine goldbraune Kruste bilden.

- *Die geeignetsten Bohnen für dieses Rezept sind die „cannellini", aber Sie können auch andere getrocknete weiße Bohnen verwenden. Das Verhältnis geweichte Bohnen – Kochflüssigkeit sollte jedenfalls 1:3 betragen.*
- *Sie können diese Suppe aber auch mit Bohnen aus der Dose zubereiten, die Sie ebenfalls zur Hälfte pürieren, aber erst kurz vor Ende der Garzeit zur Suppe geben.*
- *Nach Belieben können Sie auch frisch geriebenen Parmesan dazu reichen.*
- *Im Sommer wird diese Bohnensuppe gerne auch kalt gegessen.*

# Zuppa valpellinese

*Kohlsuppe aus dem Aostatal*

- Den Schinkenspeck in Würfelchen schneiden und in 2 Eßlöffel Öl kräftig anschmoren.
- Den Kohl von den äußeren Blättern und dem Strunk befreien. Die inneren Blätter im ganzen ablösen, waschen, zum Schinkenspeck geben, etwas salzen und zugedeckt auf kleiner Flamme weich garen.
- Das Brot entrinden, mit etwas Öl beträufeln und im Ofen anrösten.
- In 4 kleine Terracottagefäße (oder in einen größeren Terracottatopf) jeweils zuunterst Brot geben und etwas Bratensaft darüberträufeln.
- Darauf schichtweise abwechselnd Kohl, rohen Schinken und Fontina legen, bis alle Zutaten aufgebraucht sind. Die oberste Schicht sollte aus Fontina bestehen.
- Die Butter in Flöckchen daraufsetzen und so viel kochendheiße Brühe aufgießen, daß die Zutaten völlig bedeckt sind.
- Bei 180 Grad (Umluft 160 Grad, Gas Stufe 2 bis 3) für gut 30 Minuten in den vorgeheizten Ofen stellen, bis die Suppe goldbraun überbacken ist. Sehr heiß auf den Tisch bringen.

**Dauert etwa 1 Stunde 20 Minuten**
**1 Portion = 2320 kJ/555 kcal**

**50 g Schinkenspeck**
**Olivenöl extra vergine**
**600 g Wirsing**
**Salz**
**12 kleine Scheiben altbackenes Brot**
**100 ml Bratensaft**
**100-150 g roher Schinken, fein geschnitten**
**150 g Fontina, in dünne Scheiben geschnitten oder gewürfelt**
**50 g Butter**
**ca. 1 1/2 l heiße Fleischbrühe**

*Traditionell wird diese Suppe in kleinen Einzelgefäßen oder in einem großen Topf aus Terracotta zubereitet, doch können Sie durchaus auch einen gewöhnlichen Topf nehmen, der in den Ofen paßt. Frischer Bratensaft macht dieses Gericht besonders schmackhaft.*

# Zuppa di cavolo alla toscana

*Kohlsuppe aus der Toskana*

- 1 Zwiebel
- 2 Knoblauchzehen
- 700 g Wirsing (oder Weißkohl)
- Olivenöl extra vergine
- evtl. 50 g Schinkenspeck, gewürfelt
- 1 1/2 l heiße Gemüse- oder Fleischbrühe
- 1 Lorbeerblatt
- Salz
- 4 Scheiben altbackenes Bauernbrot
- Pfeffer aus der Mühle
- frisch geriebener Parmesan

*Sie können das Röstbrot auch auf die Teller verteilen und die Suppe darübergießen.*

In der Toskana bereitet man die Suppe mit dem „cavolo nero“ zu, einer regionalen Kohlart. Sie können aber auch eine andere Kohlart verwenden.

• Die Zwiebel und den Knoblauch schälen und fein hakken. Den Wirsing putzen, waschen und in feine Streifen schneiden.
• Die Zwiebel in 1 Eßlöffel Olivenöl andünsten, nach Belieben die Speckwürfel mitbraten. Den Knoblauch hinzugeben, aber nicht braun werden lassen.
• Kohl, Brühe, Lorbeerblatt und wenig Salz hinzufügen und alles zugedeckt etwa 30 bis 40 Minuten kochen.
• Das Brot inzwischen mit etwas Öl beträufeln und im Ofen leicht anrösten.
• Die Suppe mit Salz und Pfeffer abschmecken und heiß auf den Tisch bringen. Das geröstete Brot und Parmesan getrennt dazu servieren.

**Dauert etwa 50 Minuten**
**1 Portion = 1085 kJ/260 kcal**

# Minestra di patate e porri

*Kartoffel-Lauch-Suppe*

- 2 Stangen Lauch
- 400 g Kartoffeln
- evtl. 50 g Schinkenspeck
- 1 Knoblauchzehe, fein gehackt
- 1 EL Olivenöl extra vergine
- 1 Lorbeerblatt
- einige Salbeiblätter
- 1 1/2 l Fleisch- oder Gemüsebrühe
- 150 g Reis (oder Suppennudeln)
- Salz
- 1 Stückchen Butter
- 50 g frisch geriebener Parmesan
- evtl. 1 EL fein gehackte Petersilie

Ein simples und dennoch sehr schmackhaftes Gericht, für das Sie die Zutaten eigentlich immer im Haus haben, denn statt Lauch können Sie auch Zwiebeln verwenden.

• Den Lauch putzen, waschen und in feine Ringe schneiden. Die Kartoffeln schälen, in kleine Stücke schneiden und waschen.
• Den Schinkenspeck in Würfelchen schneiden.
• Lauch, Knoblauch und Schinkenspeck im Öl andünsten, dann auch die Kartoffeln hinzugeben. Alles durchrühren und einige Minuten weiterschmoren lassen.
• Lorbeerblatt, Salbei und heiße Brühe hinzufügen und zugedeckt etwa 20 Minuten auf kleiner Flamme köcheln lassen, bis die Kartoffeln gar sind.

• Den Reis hinzugeben und in etwa 15 Minuten al dente garen. Die Suppe mit Salz abschmecken.
• Den Topf vom Feuer nehmen und Butter, Parmesan und nach Belieben Petersilie einrühren.
• Die Suppe auf 4 Teller verteilen und möglichst heiß auf den Tisch bringen.

**Dauert etwa 1 Stunde**
**1 Portion = 1422 kJ/340 kcal**

## Minestra di trippa alla piemontese

*Kuttelsuppe aus dem Piemont*

1 Zwiebel
1 Stange Bleichsellerie
50 g Schinkenspeck
Olivenöl extra vergine
500 g Kalbskutteln
300 g Kartoffeln
1 Lorbeerblatt
Salbeiblätter
1 Zweiglein Rosmarin
1 Knoblauchzehe, kleingehackt
2 l heiße Fleisch- oder Gemüsebrühe
Salz
400 g Wirsing
150 g Weißbrotwürfelchen
frisch geriebener Parmesan
Pfeffer aus der Mühle
Muskatnuß, frisch gerieben

• Die Zwiebel und den Sellerie schälen, zusammen mit dem Schinkenspeck kleinschneiden und in einem Topf in wenig Öl anschmoren.
• Die Kutteln gut waschen und in möglichst feine Streifen schneiden. In den Topf geben und kurz anbraten.
• Die Kartoffeln schälen, waschen, in Stücke schneiden und zu den Kutteln geben. Alles durchmischen und einige Minuten schmoren lassen.
• Lorbeer, einige Salbeiblätter, Rosmarin, Knoblauch sowie die Brühe hinzufügen.
• Die Suppe im geschlossenem Topf auf kleiner Flamme etwa 1 1/2 Stunden köcheln.
• Anschließend mit Salz abschmecken. Den Wirsing in feine Streifen schneiden, waschen und zu den Kutteln geben. Noch etwa 20 Minuten zugedeckt weiterkochen lassen. Falls die Suppe zu dick wird, noch etwas Brühe oder Wasser hinzufügen.
• Ganz zum Schluß einige fein gehackte Salbeiblätter kurz in etwas Olivenöl andünsten und zur Suppe geben.
• Die Weißbrotwürfelchen in etwas Öl anrösten.
• 50 Gramm Parmesan unter die Suppe rühren, mit Pfeffer und Muskat abschmecken und heiß auf den Tisch bringen. Die Weißbrotwürfelchen und nach Belieben noch weiteren Parmesan dazu servieren.

**Dauert etwa 2 Stunden 30 Minuten**
**1 Portion = 1933 kJ/462 kcal**

# Trippe in brodo alla ligure

*Kuttelsuppe aus Ligurien*

25 g getrocknete Steinpilze
1 Zwiebel
1 Stange Bleichsellerie
1 Karotte
Olivenöl extra vergine
400 g Kalbskutteln
1 reife Tomate
2 l heiße Fleischbrühe
1 Lorbeerblatt
Salz
1 Knoblauchzehe, fein gehackt
50 g Pinienkerne
Thymian
300 g weiße Bohnen aus der Dose (z.B. Borlotti oder Cannellini)
Pfeffer aus der Mühle
50 g frisch geriebener Parmesan
1 EL fein gehackte Petersilie
150 g geröstete Weißbrotwürfel

- Die Trockenpilze etwa 10 Minuten in lauwarmem Wasser einweichen.
- Inzwischen Zwiebel, Sellerie und Karotte putzen, kleinschneiden und zusammen mit den abgetropften Steinpilzen in 1 Eßlöffel Olivenöl andünsten.
- Die Kutteln gut waschen, in feine Streifen schneiden und zum Gemüse in den Topf geben. Umrühren und einige Minuten auf kleiner Flamme schmoren lassen.
- Die Tomate mit heißem Wasser überbrühen, häuten und kleinschneiden. Brühe, Tomate, Lorbeerblatt und etwas Salz in den Topf geben und alles zugedeckt etwa 2 Stunden köcheln lassen.
- Kurz vor Ende der Kochzeit Knoblauch, Pinienkerne und 1 Prise Thymian kurz in wenig Olivenöl andünsten.
- Diesen „soffritto“ zusammen mit den abgetropften Bohnen in den Topf geben und noch einige Minuten mitköcheln lassen.
- Falls die Suppe zu dick geworden ist, eventuell noch etwas Brühe hinzufügen. Mit Pfeffer und Salz abschmekken, mit dem Parmesan würzen und zum Schluß mit der Petersilie bestreuen.
- Die gerösteten Brotwürfel extra dazu servieren.

**Dauert etwa 2 Stunden 30 Minuten**
**1 Portion = 1877 kJ/448 kcal**

***Zur Abwechslung***
Wenn Sie statt der Bohnen aus der Dose lieber getrocknete Bohnen verwenden möchten, weichen Sie 150 Gramm weiße Bohnen über Nacht ein und geben sie gleichzeitig mit den Kutteln in den Topf.

# Minestra di riso e polmone

*Reissuppe mit Lunge*

- Die Lunge waschen, von den Gefäßen befreien und in Stücke schneiden. Etwa 20 Minuten in der Hälfte der Brühe garen, anschließend durch ein Sieb abgießen und die Brühe auffangen.
- Inzwischen den Schinkenspeck in Würfelchen schneiden, den Lauch putzen und in feine Ringe schneiden.
- Beides in einem Topf im Olivenöl andünsten.
- Lunge, Salbei und Knoblauch hinzufügen, umrühren und einige Minuten schmoren lassen.
- Die gesamte Brühe zugießen. Sobald die Brühe aufkocht, den Reis hineingeben und zugedeckt in etwa 15 Minuten al dente garen.
- Den Topf vom Feuer nehmen und Butter, Parmesan und Petersilie in die Suppe rühren.

**Dauert etwa 50 Minuten**
**1 Portion = 1698 kJ/405 kcal**

**200 g Kalbslunge**
**1 1/2 l heiße Fleischbrühe**
**50 g Schinkenspeck**
**1 Stange Lauch**
**1 EL Olivenöl extra vergine**
**einige Blättchen Salbei**
**1 Knoblauchzehe, fein gehackt**
**150 g Reis**
**1 walnußgroßes Stück Butter**
**50 g frisch geriebener Parmesan**
**1 EL fein gehackte Petersilie**

*Diese Suppe ist ein sehr typisches Gericht aus der Lombardei.*

# Minestra di riso, zucchini e piselli

*Reissuppe mit Zucchini und Erbsen*

- Die Zucchini waschen und in feine Scheiben schneiden.
- Die Frühlingszwiebeln putzen und kleinhacken, nach Belieben den Schinkenspeck in Würfelchen schneiden und beides im Olivenöl andünsten.
- Die heiße Brühe zugießen, mit Salz abschmecken und aufkochen lassen. Erbsen, Knoblauch und Kräuter zugeben und zugedeckt etwa 10 Minuten köcheln lassen.
- Die Zucchini und den Reis hinzufügen. Noch etwa 15 Minuten köcheln lassen, bis der Reis bißfest gegart ist.
- Den Topf vom Feuer nehmen und Butter, Parmesan und Petersilie in die Suppe rühren. Heiß auf den Tisch bringen.

**Dauert etwa 40 Minuten**
**1 Portion = 1390 kJ/332 kcal**

***Zur Abwechslung***
Statt Reis können Sie auch Suppennudeln verwenden.

**300 g Zucchini**
**2 Frühlingszwiebeln**
**evtl. 50 g Schinkenspeck**
**1 EL Olivenöl extra vergine**
**1 1/2 l Fleisch- oder Gemüsebrühe**
**Salz**
**200 g grüne Erbsen (oder Tiefkühlerbsen)**
**1 Knoblauchzehe, fein gehackt**
**1 Lorbeerblatt**
**einige Salbei- und Majoranblättchen**
**150 g Reis**
**1 walnußgroßes Stück Butter**
**50 g frisch geriebener Parmesan**
**1 EL fein gehackte Petersilie**

## Polpettine in brodo

*Fleischbällchen in Brühe*

1 Brötchen
1 Glas Milch
400 g Hackfleisch vom Kalb
1 Knoblauchzehe, kleingehackt
1 Prise Majoran
etwas kleingehackte Petersilie
2 Eigelb
3 Eier
100 g frisch geriebener Parmesan
Salz
Pfeffer aus der Mühle
frisch geriebene Muskatnuß
1 l heiße Fleischbrühe
4 Scheiben Brot
Olivenöl extra vergine

• Das Brötchen in Streifen schneiden und etwa 10 Minuten in der Milch einweichen. Ausdrücken und kleinhacken.
• Mit Hackfleisch, Knoblauch, Majoran, Petersilie, den Eigelben und Eiern sowie 50 Gramm Parmesan vermischen. Mit Salz, Pfeffer und Muskatnuß abschmecken und Bällchen formen. Die Brühe aufkochen lassen und die Fleischbällchen hineingeben. Auf kleinster Flamme zugedeckt etwa 15 Minuten garen.
• Die Brotscheiben mit etwas Olivenöl beträufeln und in der Pfanne goldgelb anrösten. Auf 4 Teller verteilen, die Brühe mit den Fleischbällchen darübergießen. Sofort servieren und den restlichen Parmesan dazu reichen.

**Dauert etwa 1 Stunde**
**1 Portion = 2373 kJ/566 kcal**

## Crema di asparagi

*Spargelcremesuppe*

60 g Butter
60 g Mehl
1 l Milch
800 g frischer grüner Spargel (oder 700 g Tiefkühlspargel)
Salz
250 g altbackenes Weißbrot
Olivenöl extra vergine
1 Stückchen Butter (oder 1 Gläschen süße Sahne oder Crème fraîche)
1 EL fein gehackte Petersilie
evtl. etwas fein gehackter Majoran
weißer Pfeffer aus der Mühle
frisch geriebener Parmesan

• Aus Butter, Mehl und Milch eine nicht zu dickflüssige Bechamelsauce (Seite 180) zubereiten und warm stellen.
• Die Spargelstangen putzen, waschen, zusammenbinden und mit den Spitzen nach oben in kochendes Salzwasser geben. Die Spitzen sollen aus dem Wasser ragen. Je nach Art und Dicke den Spargel 10 bis 25 Minuten kochen.
• Das Brot in Scheiben oder Würfel schneiden, leicht mit Öl beträufeln und einige Minuten im Ofen rösten.
• Sobald der Spargel gar ist, die Spitzen abschneiden und warm stellen. Den restlichen Spargel pürieren und zusammen mit ein wenig Kochwasser in die Bechamelsauce geben. Aufkochen lassen, gegebenenfalls noch etwas Spargelkochwasser hinzufügen und mit Salz abschmecken.
• Die Suppe vom Feuer nehmen, Butter, Petersilie, Majoran nach Belieben sowie Pfeffer hineinrühren und heiß auf den Tisch bringen. Parmesan und Röstbrot extra servieren.

**Dauert etwa 50 Minuten**
**1 Portion = 2922 kJ/697 kcal**

# Lattughe ripiene in brodo

*Gefüllte Salatblätter in Brühe*

- Die Salatblätter kurz in kochendem Wasser blanchieren. Vorsichtig wieder herausnehmen und sofort in kaltes Wasser legen, damit sie nicht gar werden. Gut abtropfen lassen und mit Küchenkrepp trockentupfen.
- Das Brötchen in der Milch einweichen, ausdrücken und zusammen mit dem Salatherz kleinhacken. Zum Hackfleisch geben und 1 fein gehackte Knoblauchzehe, Petersilie, Majoran, die Eier und 30 Gramm Parmesan hinzufügen. Alles gut vermengen und mit Salz abschmecken.
- Die Fülle auf die Salatblätter verteilen. Die Blätter zu kleinen Säckchen zusammenfalten und mit Küchengarn zubinden.
- Die Salatsäckchen nebeneinander in einen großen, flachen Topf setzen. 1 Liter Brühe darübergießen und zugedeckt 30 Minuten auf kleiner Flamme köcheln lassen.
- Inzwischen die Brotscheiben mit dem Öl beträufeln und auf einem Backblech im Ofen toasten. Die beiden anderen Knoblauchzehen halbieren und die gerösteten Brotscheiben damit einreiben.
- In jeden Suppenteller 3 Brotscheiben geben und 3 gefüllte Salatblätter darauflegen.
- Die restliche Brühe zu der Salatbrühe geben, kurz aufkochen lassen und auf die Teller verteilen. Den restlichen Parmesan extra servieren.

**Dauert etwa 1 Stunde 30 Minuten**
**1 Portion = 2402 kJ/573 kcal**

**12 große Salatblätter**
**1 Brötchen**
**1 Glas Milch**
**1 Salatherz**
**400 g Hackfleisch**
**3 Knoblauchzehen, geschält**
**etwas fein gehackte Petersilie**
**1 Prise Majoran**
**2 Eier**
**100 g frisch geriebener Parmesan**
**Salz**
**1 1/2 l heiße Fleischbrühe**
**12 kleine Scheiben altbackenes Weißbrot**
**2 EL Olivenöl extra vergine**

*Mit einem Salat aus dem Treibhaus gelingt dieses Rezept nicht! Sie brauchen dafür einen kräftigen Freilandsalat.*

## Riso in peverada

*Reissuppe mit Hühnerleber auf venezianische Art*

**200 g Hühnerleber**
**Saft von 2 Zitronen**
**20 g getrocknete Steinpilze**
**8 Sardellenfilets (evtl. auch weniger)**
**1 kleine Zwiebel**
**1 Knoblauchzehe**
**2 EL Olivenöl extra vergine**
**1 1/2 l heiße Fleisch- oder Gemüsebrühe**
**150 g Reis**
**1 Stückchen Butter**
**50 g frisch geriebener Parmesan**
**1 EL fein gehackte Petersilie**

- Die Hühnerleber säubern, waschen, trockentupfen und kleinschneiden. Im Zitronensaft marinieren.
- Die Steinpilze in lauwarmem Wasser einweichen.
- Die Sardellenfilets kleinschneiden.
- Die Zwiebel und den Knoblauch schälen, fein hacken und im Öl andünsten. Die Sardellen, die abgetropften Pilze und die Hühnerleber hinzufügen, umrühren und einige Minuten kräftig schmoren lassen. Die Brühe zugießen, aufkochen und zugedeckt etwa 15 Minuten köcheln lassen. Den Reis hineingeben und 15 Minuten in der Brühe garen.
- Die Suppe vom Feuer nehmen und Butter, Parmesan und Petersilie hineinrühren. Heiß auf den Tisch bringen.

**Dauert etwa 40 Minuten**
**1 Portion = 1617 kJ/386 kcal**

## Zuppa di cozze

*Muschelsuppe*

**3 kg Miesmuscheln**
**Salz**
**1 Glas Weißwein**
**1 Knoblauchzehe, fein gehackt**
**evtl. 1 frischer oder getrockneter Peperone**
**knapp 250 g pürierte Tomaten**
**30 g Butter**
**40 g Mehl**
**1 1/2 l Fischbrühe**
**1 EL fein gehackte Petersilie**
**250 g altbackenes Weißbrot**
**1 EL Olivenöl extra vergine**

- Die Muscheln sorgfältig säubern und den Bart entfernen, beschädigte oder geöffnete Muscheln wegwerfen. 1/2 Stunde in eine große Schüssel mit Salzwasser geben.
- Abgießen, erneut durchspülen und zusammen mit Wein, Knoblauch, Peperone nach Belieben und Tomatenpüree etwa 10 Minuten zugedeckt garen, bis alle Muscheln sich geöffnet haben. Inzwischen die Butter mit dem Mehl zu einer geschmeidigen Masse verkneten.
- Die Muscheln aus den Schalen lösen und in einen Topf geben. Den Kochsud durch ein Sieb streichen und zufügen.
- Die heiße Fischbrühe zugießen, die Petersilie und die Mehlbutter einrühren und alles zugedeckt weitere 10 Minuten köcheln lassen.
- Inzwischen das Brot in Scheiben schneiden, mit etwas Öl beträufeln und einige Minuten im Ofen rösten.
- Die Suppe abschmecken und mit Röstbrot servieren.

**Dauert etwa 1 Stunde 20 Minuten**
**1 Portion = 2269 kJ/540 kcal**

# Zuppa di acciughe alla ligure

*Sardellensuppe aus Ligurien*

- Die Sardellenköpfe abtrennen. Den Bauch aufschlitzen, die Rückengräte und die Innereien herausziehen.
- Zwiebel, Knoblauch, Karotte und Sellerie schälen bzw. putzen und kleinhacken.
- Zwiebel, Karotte und Sellerie in 1 Eßlöffel Olivenöl einige Minuten andünsten. Den Knoblauch, nach Belieben den Peperone sowie das Tomatenpüree hinzugeben, umrühren und etwa 5 Minuten zugedeckt köcheln lassen.
- Die Sardellen gleichmäßig im Topf verteilen und mit dem Weißwein begießen. Sobald der Wein eingekocht ist, leicht salzen und Fischbrühe oder Wasser zugießen.
- Die Fischsuppe aufkochen lassen und auf kleinster Flamme 10 Minuten köcheln. Zwischendurch den Topf aufschütteln, damit die Sardellen nicht ansetzen. Nicht umrühren, weil die Fische sonst leicht zerfallen.
- Inzwischen das Brot in Scheibchen schneiden oder würfeln, mit Öl beträufeln und im Ofen oder in der Pfanne anrösten. Die Suppe mit der gehackten Petersilie bestreuen und heiß auf den Tisch bringen. Das geröstete Brot dazu servieren.

**1 kg frische Sardellen**
**1 Zwiebel**
**2 Knoblauchzehen**
**1 Karotte**
**1 Stange Bleichsellerie**
**Olivenöl extra vergine**
**evtl. 1 scharfer Peperone**
**1 Glas pürierte Tomaten**
**1/2 Glas Weißwein**
**Salz**
**1 1/2 l heiße Fischbrühe oder Wasser**
**250 g altbackenes Brot**
**1 EL fein gehackte Petersilie**

**Dauert etwa 45 Minuten**
**1 Portion = 1945 kJ/465 kcal**

- *In Ligurien, wo dieses Gericht beheimatet ist, bereitet man es aus frischen Sardellen zu, doch können Sie auch mit tiefgekühlten Sardellen ein durchaus befriedigendes Ergebnis erzielen.*
- *Wenn Sie genügend Zeit haben, bereiten Sie zuvor einen Sud aus Fischköpfen zu. Andernfalls können Sie einen fertig gekauften Fischfond als Basis nehmen und mit Wasser aufgießen. Oder Sie kochen die Sardellen lediglich mit Wasser auf – dann wird die Suppe zwar weniger gehaltvoll, aber trotzdem durchaus schmackhaft.*
- *Am einfachsten lassen sich die Sardellen übrigens putzen, wenn Sie kein Messer, sondern einfach die Finger gebrauchen!*

# Ciuppin ligure

*Fischsuppe aus Ligurien*

- 2 kg gemischte Fische (z.B. Merlan, Knurrhahn, Heilbutt, Rotbarsch)
- 2 Stangen Lauch
- 2 Stangen Bleichsellerie
- Salz
- Thymian
- einige Petersilienstengel
- 1 Lorbeerblatt
- 4 Knoblauchzehen
- Fenchelgrün
- 2-3 in Salz eingelegte Sardellen (oder 6 Sardellenfilets in Öl)
- Olivenöl extra vergine
- 1/2 Glas Weißwein
- 250 g Dosentomaten
- evtl. 1 scharfer Peperone
- 1 Tütchen Safran
- 3 EL Petersilie, fein gehackt
- 12 kleine Scheiben altbackenes Weißbrot

• Die Fische waschen, Köpfe und Schwänze abschneiden, ausnehmen, waschen, entgräten und in Stücke teilen.
• Lauch und Sellerie putzen und waschen.
• Die Fischköpfe zusammen mit etwas Salz, Thymian, Petersilienstengeln, Lorbeerblatt, einem Stück Lauch und einer Selleriestange in einen Topf geben, mit 2 1/2 Liter Wasser aufgießen und etwa 20 Minuten kochen. Den Fischsud anschließend abseihen.
• Inzwischen den restlichen Lauch und Sellerie kleinschneiden. 2 Knoblauchzehen schälen und fein hacken, das Fenchelgrün ebenfalls fein hacken. Die Sardellen gut waschen und die Rückengräte herausziehen.
• Lauch, Sellerie und Sardellen in etwas Olivenöl andünsten. Den Knoblauch hinzugeben und noch einige Minuten weiterdünsten lassen.
• Die Fischstücke zugeben und unter Wenden einige Minuten schmoren. Den Wein zugießen und einkochen lassen.
• Tomaten, (Peperone), Safran, Fischbrühe und 1 Eßlöffel fein gehackte Petersilie zugeben und alles zugedeckt 20 bis 30 Minuten auf kleiner Flamme köcheln lassen.
• Inzwischen den restlichen Knoblauch schälen, durchpressen und das Brot damit einreiben. Mit wenig Olivenöl beträufeln und im Ofen leicht anrösten.
• Die fertig gekochte Suppe pürieren und wieder erhitzen.
• Die Brotscheiben in eine Terrine geben, die Suppe darübergießen und mit der restlichen Petersilie bestreuen.

**Dauert etwa 1 Stunde 30 Minuten**
**1 Portion = 1934 kJ/463 kcal**

*• Sie erleichtern sich die Arbeit sehr, wenn Sie sich die Fische vom Fischhändler putzen, ausnehmen und filetieren lassen. Nach Möglichkeit lassen Sie sich zu den abgetrennten Fischköpfen noch einige weitere für den Sud geben.*
*• Der wilde Fenchel, der in Italien vielerorts wächst, ist besonders würzig, aber bei uns kaum erhältlich. In diesem Rezept wird er deshalb durch das Grün von einer Fenchelknolle ersetzt .*

# Cacciucco toscano

*Fischsuppe aus der Toskana*

- Die Fische gründlich waschen, ausnehmen und die Köpfe abschneiden.
- Die Tintenfische und Kraken waschen und kleinschneiden.
- Die Zwiebel schälen, den Lauch und den Sellerie putzen und waschen.
- Die Fischköpfe zusammen mit je 1 Stück Zwiebel und Lauch sowie 1 Selleriestange in einen großen Topf geben, leicht salzen, mit 2 1/2 Liter Wasser aufgießen und etwa 20 Minuten kochen.
- Inzwischen den Rest von Zwiebel, Lauch und Sellerie kleinschneiden und in wenig Olivenöl einige Minuten andünsten.
- 2 Knoblauchzehen schälen, fein hacken und mit dem Peperone hinzufügen. Einige Minuten mitschmoren lassen und darauf achten, daß der Knoblauch nicht braun wird.
- Die Tintenfische und Kraken dazugeben und einige Minuten anbraten. Den Wein zugießen und einkochen lassen.
- Die Fischbrühe abseihen, mit 1 Eßlöffel Petersilie, den Tomaten und dem Lorbeerblatt zum Tintenfisch und den Kraken geben und etwa 15 Minuten köcheln lassen.
- Das entgrätete Fischfleisch in Stücke schneiden, in einen großen Topf geben und die gesamte Suppe darübergießen. Zudecken und 20 bis 30 Minuten auf kleiner Flamme garen. Nach etwa der Hälfte der Kochzeit auch die Krebsschwänze hinzugeben.
- Die Muscheln unter kaltem Wasser abbürsten und den Bart entfernen. In etwas Wasser zugedeckt 5 bis 10 Minuten auf kleinster Flamme garen, bis die Muscheln sich öffnen (nicht geöffnete Muscheln wegwerfen). Von jeder Muschel eine Schale entfernen. Den Kochsud abseihen und in die Suppe gießen.
- Den restlichen Knoblauch schälen und durchpressen.
- Das Brot mit dem Knoblauch einreiben, mit wenig Olivenöl beträufeln und einige Minuten im Ofen rösten.
- Die Brotscheiben in eine Terrine geben, die Suppe darübergießen und obenauf die Muscheln verteilen. Mit der restlichen Petersilie bestreuen und sofort servieren.

**Dauert etwa 1 Stunde 30 Minuten**
**1 Portion = 2219 kJ/530 kcal**

**2 kg gemischter, möglichst festfleischiger Fisch (z.B. Knurrhahn, Seeteufel, Meeräsche, Seehecht, Petersfisch)**
**200 g kleine gesäuberte Tintenfische (möglichst Totani und Seppioline)**
**200 g Kraken (Polpi)**
**1 Zwiebel**
**1 Stange Lauch**
**2 Stangen Bleichsellerie**
**Salz**
**Olivenöl extra vergine**
**4 Knoblauchzehen**
**1 scharfer Peperone**
**1 Glas toskanischer Rot- oder Weißwein**
**2 EL fein gehackte Petersilie**
**100 g frische Tomaten, enthäutet (oder Dosentomaten)**
**1 Lorbeerblatt**
**300 g Krebsschwänze**
**500 g Miesmuscheln**
**12 kleine Scheiben altbackenes Weißbrot**

# Pasta

*Wenn nicht anders angegeben, sind alle Rezepte für 4 Portionen berechnet.*

Früher war es in jedem italienischen Haushalt üblich, die Pasta selbst zu machen. In den zwanziger Jahren des vergangenen Jahrhunderts begann man mit der industriellen Produktion von Nudeln aus Hartweizengrieß, und heute gibt es auch Eiernudeln und gefüllte Nudeln überall fertig zu kaufen. Doch schmecken selbstgemachte Nudeln einfach besser, und in den meisten italienischen Familien hat sich das Wissen um die „pasta fatta in casa", die hausgemachte Pasta, ganz selbstverständlich weitervererbt. Sie macht zwar etwas Arbeit, kommt aber zumindest an Sonn- und Feiertagen immer noch häufig auf den Tisch.

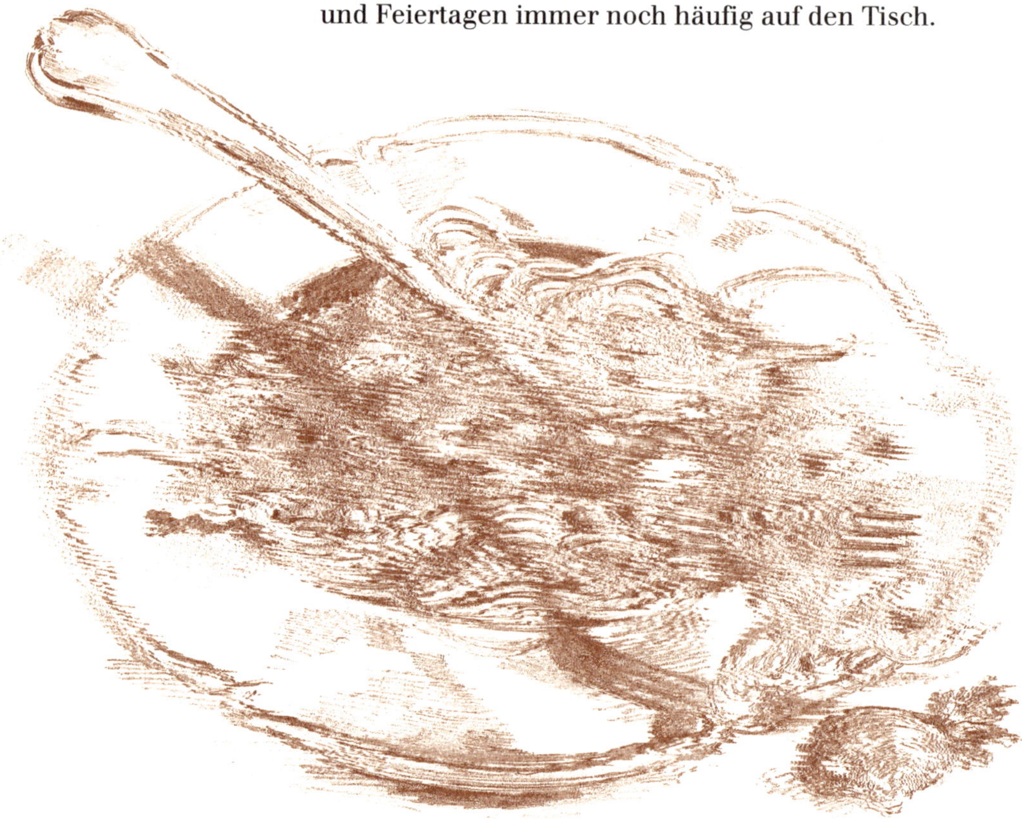

# Pasta integrale fatta in casa

## *Hausgemachte Vollkornpasta*

Vollkornmehle sind schwieriger zu verarbeiten, weil sie weniger aktivierbaren „Kleber" besitzen und der Teig nicht so leicht geschmeidig wird.
Außerdem muß der Nudelteig immer sehr gründlich durchgeknetet werden – mindestens 10 Minuten –, damit sich alle Zutaten gut miteinander verbinden, und sollte grundsätzlich ganz dünn ausgerollt werden, weil die Nudeln sonst beim Kochen hart werden.
Gerade bei Vollkornmehl hängt es sehr von der jeweiligen Beschaffenheit ab, wieviel Flüssigkeit man beimengen muß: ob man das Getreide selbst gemahlen oder das Mehl fertig gekauft hat, wie fein es gemahlen und wie hoch der Kleberanteil ist. Für die jeweils richtige Wassermenge brauchen Sie also ein wenig Fingerspitzengefühl und Erfahrung – deshalb nicht gleich verzweifeln, wenn das Ergebnis beim ersten Mal noch nicht optimal ist!

**250 g Weizen oder Dinkel, fein gemahlen**
**1 kräftige Prise Salz**
**1 Ei**
**1 Eigelb**
**1 EL Sonnenblumenöl**
**ca. 5 EL lauwarmes Wasser**

*Lassen Sie Nudeln, die Sie auf Vorrat zubereiten wollen, unter mehrfachem Wenden vollständig trocknen, bevor Sie sie in gut verschließbare Gefäße geben.*

- Das Mehl mit dem Salz auf der Arbeitsfläche vermischen, aufhäufeln und eine Mulde hineindrücken.
- Die übrigen Zutaten zugeben und alles nach und nach zu einem geschmeidigen Teig verkneten.
- Der Teig soll weich sein, darf aber nicht an den Händen kleben. Je nach Bedarf noch ein wenig Mehl oder Wasser hineinarbeiten.
- Den Teig zu einem Ballen formen, in ein Tuch wickeln und 30 Minuten bei Zimmertemperatur ruhen lassen.
- Anschließend portionsweise zu Platten ausrollen und mit der Nudelmaschine oder mit dem Messer in die gewünschte Form schneiden.
- Die Nudeln vor dem Kochen mindestens 1 Stunde auf einem sauberen Tisch trocknen lassen.

**Dauert etwa 2 Stunden (mit Ruhezeit)**
**1 Portion = 1161 kJ/278 kcal**

***Zur Abwechslung***
Nach Belieben können Sie auch Hirse oder Buchweizen mit Weizen oder Dinkel – alles fein gemahlen – mischen und auf die gleiche Weise zubereiten. Diese Art von Teig eignet sich am besten für etwas breitere Bandnudeln, da er leichter reißt.

# Pasta fatta in casa – regole di base

*Hausgemachte Pasta – Grundregeln*

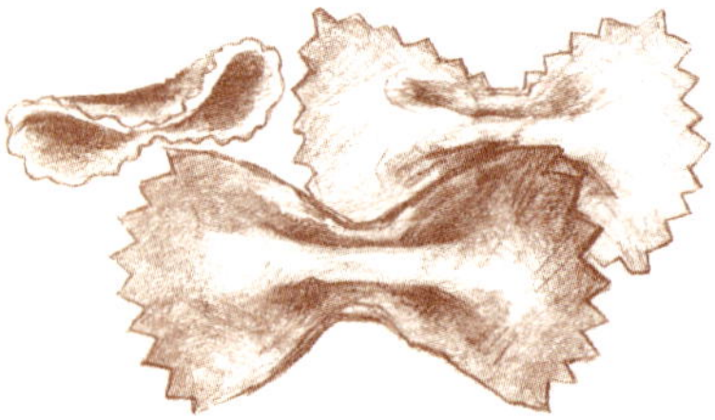

Sie können Nudelteig mit Auszugsmehl auf unterschiedliche Weise und natürlich auch ohne Eier herstellen. Aber wenn Sie sich schon einmal die Arbeit machen, sollten es doch die wohlschmeckenden Eiernudeln sein.

- Rechnen Sie pro 100 Gramm Mehl etwa 1 Ei und 1/4 Teelöffel Salz. Falls der Teig bei diesem Mischungsverhältnis nicht geschmeidig genug wird, geben Sie noch etwas Milch hinzu. Sie können allerdings auch etwas Wasser, Weißwein oder 1 bis 2 Eßlöffel gutes Olivenöl hinzufügen.
- Sieben Sie das Mehl auf die Arbeitsfläche zu einem „Berg", und drücken Sie eine Mulde hinein. Geben Sie Eier und Salz hinein, vermischen Sie alles behutsam, und verkneten Sie nach und nach alles zu einem Teig. Je nach Größe der Eier müssen Sie eventuell noch etwas Flüssigkeit zufügen.
- Wenn Sie mit der Hand arbeiten, sollten Sie den Teig mindestens 10 Minuten oder auch länger kneten – nach Möglichkeit mit warmen Händen. Sobald er glatt und geschmeidig ist, formen Sie ihn zu einem Kloß, wickeln ihn in Klarsichtfolie und lassen ihn 30 Minuten ruhen.
- Rollen Sie den Teig portionsweise auf einer bemehlten Arbeitsfläche mit dem Nudelholz so dünn wie möglich aus (1 bis 2 mm), und lassen Sie ihn kurz antrocknen. Schneiden Sie die Teigflecken in die gewünschte Form, oder rollen Sie sie locker ein und schneiden sie in gleichmäßig breite Streifen.
- Ansonsten drehen Sie den Teig so lange durch die Nudelmaschine, bis er die richtige Konsistenz hat, und schneiden ihn dann in die gewünschte Form. Zwischendurch sollten Sie ihn immer wieder mit etwas Mehl bestäuben.
- Breiten Sie die fertigen Nudeln zum Antrocknen für 1 Stunde auf einem sauberen Geschirrtuch aus.
- Wickeln Sie den Teig, den Sie noch nicht bearbeiten, in ein Tuch und legen ihn unter eine große umgestürzte Schüssel, damit er nicht austrocknet.
- Nudeln, die Sie nicht gleich verwenden wollen, lassen Sie gut trocknen und bewahren sie in Klarsichtfolie oder in einem gut verschließbaren Glasgefäß auf.

*Heute gibt es zur Arbeitserleichterung Nudelmaschinen in unterschiedlichen Ausführungen – mit Handkurbel oder elektrisch betrieben. Sie lohnen die Anschaffung, wenn man häufig Nudeln selber macht. Je nach Modell können Sie die unterschiedlichsten Nudelarten damit zubereiten, z.B. Lasagne, Tagliatelle, Trenette, Spaghetti alla chitarra und Ravioli. Erfahrene italienische Hausfrauen bestehen trotz allem darauf, daß der Teig vorab mit warmen Händen gut durchzukneten ist. Erst dann geben sie ihn in die Nudelmaschine, drehen ihn sechs- bis zehnmal durch – je öfter, desto besser – und wenden ihn bei jedem Vorgang um 90 Grad, damit er wirklich rundherum gut durchgearbeitet ist.*

Aus dem fertigen Nudelteig lassen sich die unterschiedlichsten Pastas und natürlich auch gefüllte Nudeln herstellen, z.B.:

- Lasagne: Den ausgerollten Teig in Quadrate von etwa 12 cm Seitenlänge schneiden, in sprudelndem Salzwasser mit etwas Öl ganz kurz garen und zum Trocknen auf einem Küchentuch ausbreiten. Dann weiter vorgehen wie bei fertig gekaufter Lasagne.
- Cannelloni: Sie werden auf die gleiche Weise wie Lasagne zubereitet. Anschließend eine Füllung auf die Teigblätter geben und einrollen.
- Ravioli: Die Hälfte des ausgerollten Teiges auf dem Tisch ausbreiten. In regelmäßigen Abständen von etwa 5 cm kleine Portionen der Fülle daraufsetzen. Die Zwischenräume mit Eiweiß bestreichen. Die zweite Teighälfte darüberlegen und mit den Fingerkuppen leicht andrücken. Mit dem Teigrädchen oder speziellen Förmchen quadratische oder runde Formen ausstechen.
- Tortellini: Mit einem dünnwandigen Glas oder einem speziellen Ausstecher Kreise von etwa 5 cm Durchmesser aus dem ausgerollten Teig ausstechen und auf jeden Kreis einen halben Teelöffel Fülle setzen. Den Rand zur Hälfte mit Eiweiß bestreichen, zuklappen und gut zusammendrücken. Jedes Teigstück um einen Finger wickeln und die Enden zusammendrücken, so daß ein Kringel entsteht.
- Cappelletti: Aus dem Teig Quadrate ausstechen und etwas Fülle daraufgeben. Die Quadrate zu Dreiecken zusammenklappen und ebenfalls um den Finger wickeln, so daß die Enden sich treffen.

*Sie können Nudeln jeglicher Art auch einfrieren. Dafür belegen Sie ein Brett oder Tablett mit Backtrennpapier und bestäuben es leicht mit Mehl. Legen Sie die Nudeln locker darauf – sie dürfen nicht übereinander liegen –, und frieren Sie sie 2 bis 3 Stunden vor. Danach packen Sie sie portionsweise in Gefrierbeutel und frieren sie ein.*

*Zäh hält sich die Mär, der venezianische Kaufmann Marco Polo habe im 13. Jahrhundert das Wissen um die Herstellung von Teigwaren in die Heimat mitgebracht. Doch ist man aufgrund von Funden in einem etruskischen Grab in Cerveteri aus dem 4. Jahrhundert v. Chr. längst überzeugt, daß bereits die Etrusker Pasta zuzubereiten wußten: Auf Abbildungen sind deutlich ein Nudelholz, ein Nudelbrett und ein Teigrädchen zu erkennen.*

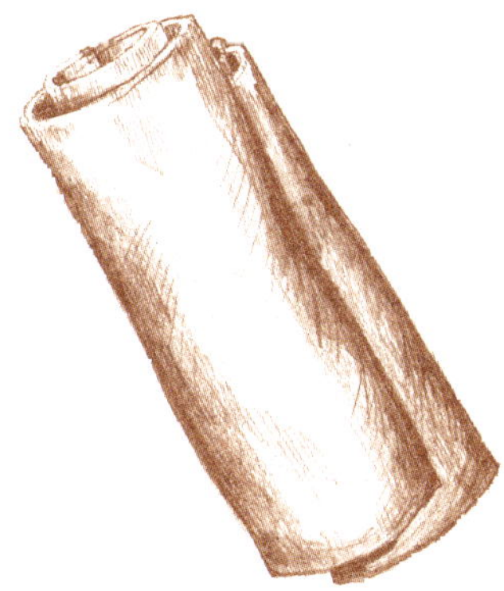

# Pasta verde

*Spinatnudeln*

**300 g Blattspinat**
**Salz**
**300 g Mehl**
**2 Eier**

• Den gewaschenen Spinat tropfnaß, aber ohne Zugabe von Wasser, mit etwas Salz im Topf zusammenfallen lassen. Gut abtropfen lassen und im Mixer pürieren.
• Das Mehl auf die Arbeitsfläche sieben, leicht salzen, aufhäufeln und in die Mitte eine Mulde drücken. Die Eier hineingeben und behutsam verrühren.
• Den Spinat in die Mehlmulde geben, gut mit den Eiern mischen und kräftig mit dem Mehl verkneten. Weiter siehe unter Grundregeln (Seite 160).

**Dauert etwa 1 Stunde 30 Minuten**
**1 Portion = 1297 kJ/310 kcal**

***Zur Abwechslung***
Für grüne Nudeln können Sie anstelle von Spinat auch Brennesselblätter verwenden, die Sie auf gleiche Weise zubereiten, oder aber nach Belieben gemischte Kräuter unter den Teig mengen.

# Tagliatelle arancioni

*Karottentagliatelle*

**3 mittelgroße Karotten**
**300 g Mehl**
**Salz**
**2 Eier**

*Der Legende nach sollen die Tagliatelle im Jahre 1501 anläßlich der Hochzeit von Lucrezia Borgia mit Alfonso di Ferrara erfunden worden sein. Wie es heißt, ließ sich ein Koch von den langen blonden Haaren der schönen Lucrezia inspirieren …*

• Die Karotten schälen, in wenig Wasser weich dünsten und im Mixer pürieren.
• Das Mehl auf die Arbeitsfläche sieben, leicht salzen, aufhäufeln und in die Mitte eine Mulde drücken.
• Die Eier und das Karottenpüree hineingeben, leicht mit der Gabel verquirlen und nach und nach das Mehl einarbeiten. Weiter siehe unter Grundregeln (Seite 160).

**Dauert etwa 1 Stunde 30 Minuten**
**1 Portion = 1317 kJ/315 kcal**

*Zu diesen Nudeln paßt sehr gut eine Käsesauce wie die Fonduta (Seite 506).*

# Pappardelle rosse con ricotta e carciofi

*Rote Pappardelle mit Ricotta und Artischocken*

- Die roten Bete schälen, in Stücke schneiden und im Mixer pürieren.
- Den Nudelteig genauso wie bei Karottentagliatelle (Seite 162) zubereiten.
- Den Teig portionsweise ausrollen, zusammenrollen und in 2 cm breite Streifen schneiden.
- Von den Artischocken die harten Außenblätter und die Blattspitzen entfernen. Die Artischocken vierteln, das „Heu" herauskratzen, die Viertel in Scheiben schneiden und sofort in eine Schüssel mit Zitronenwasser tauchen.
- Die Knoblauchzehe in der Schale zerquetschen und in einer Pfanne mit dem Öl kurz schmoren lassen.
- Den Knoblauch herausnehmen und die gut abgetropften und trockengetupften Artischockenscheiben in die Pfanne geben.
- Einige Minuten andünsten, salzen und pfeffern, die Fleischbrühe zugießen und die Kräuter untermischen.
- Die Artischocken bei schwacher Hitze zugedeckt gar schmoren lassen.
- Die Pappardelle in reichlich kochendem Salzwasser al dente garen.
- In einer Servierschüssel Ricotta und Parmesan vermischen, salzen und pfeffern, etwas Nudelkochwasser hinzufügen und gut verrühren.
- Die fertigen Pappardelle abgießen, in die Schüssel geben, gut untermischen und die Artischocken unterheben.

**Für den Teig:**
2 kleine gekochte rote Bete
300 g Mehl
Salz
2 Eier

**Für die Sauce:**
3 frische junge Artischocken
Saft von 1 Zitrone
1 Knoblauchzehe
2 EL Olivenöl extra vergine
Salz
Pfeffer aus der Mühle
1 Gläschen Fleischbrühe
1 EL fein gehackte Petersilie
1 EL fein gehackter Majoran

**Außerdem:**
200 g Ricotta
2-3 EL frisch geriebener Parmesan

**Dauert etwa 2 Stunden**
**1 Portion = 1975 kJ/472 kcal**

*Zur Abwechslung*

Wenn Sie statt der roten Bete die entsprechende Menge pürierte Tomaten verwenden, bekommen die Pappardelle ebenfalls eine schöne rote Farbe.

# Tagliolini marroni al Whisky

*Braune Tagliolini mit Whiskysauce*

**Für den Teig:**
300 g Mehl
3 gehäufte EL Kakao
Salz
2 Eier
**Für die Sauce:**
1 Schalotte
Olivenöl extra vergine
1 Gläschen Whisky
100 g Mascarpone
Salz
**Außerdem:**
Zimtpulver

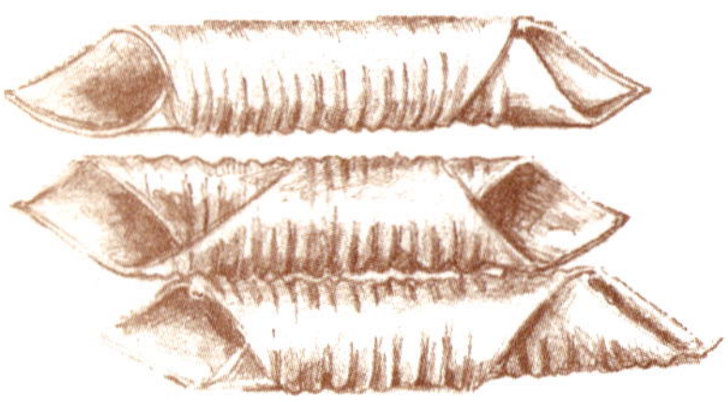

• Mehl und Kakao durchsieben und mit 1 kräftigen Prise Salz vermischen. Auf die Arbeitsfläche häufeln, eine Vertiefung hineindrücken und die Eier hineingeben. Nach den Grundregeln (Seite 160) einen Eiernudelteig herstellen, eventuell ein wenig Wasser hinzufügen.
• Sobald der Teig glatt und elastisch ist, dünn ausrollen und in 30 cm breite Streifen schneiden. Die Streifen locker einrollen, mit einem scharfen Messer dünne Nudeln abschneiden und auf einem Küchentuch ausbreiten.
• Die etwas getrockneten Tagliolini in kochendem Salzwasser garen. Inzwischen die Schalotte schälen, fein hacken und in wenig Olivenöl glasig werden lassen. Den Whisky zugießen und einkochen lassen. Den Mascarpone hinzufügen und gut umrühren. Sobald der Mascarpone heiß ist, die Sauce vom Feuer nehmen und mit Salz abschmecken.
• Die fertigen Tagliolini abgießen, in den Saucentopf geben und vorsichtig untermischen. Ganz wenig Zimtpulver darüberstreuen und sofort servieren.

**Dauert etwa 1 Stunde 30 Minuten**
**1 Portion = 1950 kJ/466 kcal**

# Corzetti alla polceverasca

*Corzetti mit Pinienkernen*

300 g Mehl
2 Eier
Salz
1 Zweig frischer Majoran
60 g Butter
50 g Pinienkerne
2 EL frisch geriebener Parmesan

*Dieses Rezept ist eine ligurische Spezialität.*

• Das Mehl auf die Arbeitsfläche häufeln und eine Mulde hineindrücken, die Eier hineinschlagen, etwas Salz zugeben, verquirlen und nach und nach in das Mehl einarbeiten. Dabei nur soviel lauwarmes Wasser hinzufügen, daß der Teig geschmeidig, aber fest wird. Den Teig mehrere Minuten kräftig bearbeiten.
• Etwa haselnußgroße Teigstücke abreißen, zu Bällchen formen, etwas in die Länge ziehen und an den Enden flachdrücken, so daß sie wie gefüllte Achten aussehen.
• Die Corzetti auf einem Küchenhandtuch leicht antrocknen lassen, anschließend in reichlich kochendem Salzwasser garen.

• Inzwischen die Majoranblättchen fein hacken. Die Butter auf kleiner Flamme schmelzen, Majoran und Pinienkerne hineingeben und kurz andünsten.
• Sobald die Corzetti an die Oberfläche kommen, mit einem Schaumlöffel herausheben, abtropfen lassen und in eine Schüssel geben. Die Butter darübergießen und mit dem Reibekäse bestreuen.

**Dauert etwa 1 Stunde**
**1 Portion = 2109 kJ/504 kcal**

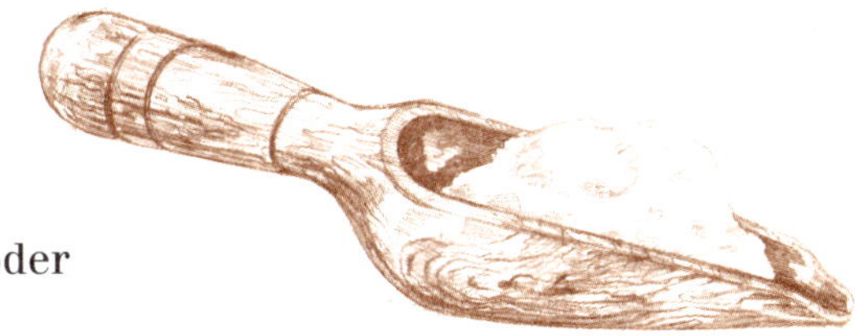

*Zur Abwechslung*
Zu den Corzetti paßt auch sehr gut eine Fleisch- oder Tomatensauce (Seite 180 bzw. siehe unten).

## Ciriole con salsa di pomodoro

*Ciriole mit Tomatensauce*

Der Name dieser typisch umbrischen Spezialität rührt wahrscheinlich von den kleinen Aalen in den Flüssen Mittelitaliens her, die „ciriole“ genannt werden.

• Das Mehl auf die Arbeitsfläche häufeln und eine Mulde hineindrücken. Salz, Öl und ein wenig Wasser hineingeben und alles mindestens 10 Minuten kräftig zu einem geschmeidigen, aber festen Teig verkneten. Mit einem Tuch bedecken und etwa 20 Minuten ruhen lassen.
• Den Teig nicht zu dünn ausrollen und in Rechtecke von etwa 3 cm Länge und 1 1/2 cm Breite schneiden. Die Rechtecke mit bemehlten Händen um dicke Nadeln drehen, ein wenig antrocknen lassen, dann die Stricknadeln vorsichtig herausziehen und die Ciriole auf der bemehlten Arbeitsfläche mindestens 1 Stunde trocknen lassen.
• Inzwischen den Knoblauch auf kleiner Flamme in etwas Öl andünsten. Tomaten, Peperone, etwas Salz, Rosmarin und Oregano hinzufügen und 20 bis 30 Minuten schmoren.
• Reichlich Salzwasser erhitzen, 1 Eßlöffel Öl hineingeben und die Ciriole einige Minuten darin garen. Abgießen und mit der Tomatensauce und reichlich Pecorino servieren.

**Dauert etwa 2 Stunden 30 Minuten**
**1 Portion = 2157 kJ/516 kcal**

**Für den Teig:**
400 g Hartweizenmehl
10-15 g Salz
1 EL Olivenöl extra vergine
**Für die Sauce:**
2 Knoblauchzehen, fein gehackt
Olivenöl extra vergine
300-400 g pürierte Tomaten
1 Stückchen frischer Peperone
Salz
1 Zweig Rosmarin
Oregano
**Außerdem:**
frisch geriebener Pecorino

# Cavatieddi alla pugliese

*Cavatieddi aus Apulien*

**Für den Teig:**
150 g Hartweizenmehl
250 g Weizenmehl Type 405
10-15 g Salz
**Für die Sauce:**
2 Knoblauchzehen
1 Stück frischer Peperone
Olivenöl extra vergine
300 g pürierte Tomaten
Salz
reichlich fein gehacktes Basilikum
**Außerdem:**
400 g Rauke
frisch geriebener Pecorino (oder Parmesan)

- Die beiden Mehlsorten mischen und auf die Arbeitsfläche häufeln. In die Mitte eine Mulde eindrücken, Salz und etwas Wasser hineingeben und alles mindestens 10 Minuten lang zu einem Teig verkneten, der geschmeidig, aber fest sein sollte. Den Teig 15 Minuten mit einem Tuch bedeckt ruhen lassen.
- Den Teig in Stücke schneiden und mit bemehlten Händen etwa fingergroße Rollen formen. Kleine Stücke abschneiden und mit einem an der Spitze abgerundeten, bemehlten Messer zu einer Art Muschel formen. Die Muscheln leicht antrocknen lassen.
- Inzwischen den Knoblauch schälen und in sehr feine Scheiben schneiden. Zusammen mit dem Peperone in etwas Olivenöl andünsten, aber nicht braun werden lassen.
- Die Tomaten und etwas Salz hinzufügen und alles 15 bis 20 Minuten köcheln lassen. Das Basilikum unterrühren.
- Die Rauke putzen, waschen und grob schneiden.
- Reichlich Salzwasser aufsetzen und Nudeln und Rauke gemeinsam darin garen, anschließend abgießen und zusammen mit der Sauce und reichlich Käse anrichten.

**Dauert etwa 2 Stunden 30 Minuten**
**1 Portion = 2298 kJ/549 kcal**

# Sciuelli o streppa e caccialà

*Fetzennudeln mit Käsesauce*

- Das Mehl auf die Arbeitsplatte geben und mit dem Salz vermischen. Nach und nach etwas Wasser hinzugeben und alles zu einem festen Teig verkneten.
- Kleine Stücke vom Teig abreißen, auf einem sauberen Tuch ausbreiten und ein wenig ruhen lassen.
- Inzwischen die Tomaten mit kochendem Wasser übergießen, abziehen und in kleine Stücke schneiden.
- Die Zwiebel im Öl glasig dünsten, dann den Knoblauch und kurz darauf die Tomaten hinzufügen. Salzen, mit 1 Prise Oregano würzen und alles etwa 10 Minuten köcheln lassen.
- Die Basilikumblättchen abzupfen, waschen und kleinschneiden.
- Reichlich Salzwasser für die Pasta aufsetzen.
- Den Käse in die Sauce geben und völlig darin auflösen lassen. Das Basilikum hinzufügen und unterrühren.
- Inzwischen die Fetzennudeln im Salzwasser garen und abgießen, sobald sie hochgeschwommen sind.
- Die Nudeln mit der Sauce vermischen und heiß servieren.

**Dauert etwa 50 Minuten**
**1 Portion = 2980 kJ/712 kcal**

**Für den Teig:**
600 g Mehl
15-20 g Salz
**Für die Sauce:**
500 g reife, aber feste Tomaten
1 Zwiebel, fein gehackt
2 EL Olivenöl extra vergine
2 Knoblauchzehen, fein gehackt
Salz
Oregano
1 Bund Basilikum
150 g Brus (oder Gorgonzola)

*Dieses Gericht ist eine traditionelle Spezialität derjenigen Regionen Liguriens und des Piemont, in denen bis heute Okzitanisch gesprochen wird.*
*Der Brus ist eine Mischung von Weichkäsen (Bel Paese, Fontina, Rebrusson oder andere), die entrindet und in Stücke geschnitten werden. Man gibt sie in ein Gefäß aus Porzellan oder Glas (niemals aus Metall) und bedeckt sie mit Grappa, Cognac und wenig Rum, fügt weiße Pfefferkörner hinzu, verschließt das Gefäß ganz fest und läßt den Käse an einem kühlen, dunklen Ort etwa 10 Tage ziehen. Er verschmilzt in dieser Zeit zu einer Creme von sehr intensivem, ausgeprägtem Geschmack. Sie können den Brus in diesem Rezept aber auch durch Gorgonzola ersetzen.*

# Pisarei con fagioli

*Pisarei mit Bohnen*

**Für den Teig:**
300 g Mehl
100 g Semmelbrösel
Salz
Pfeffer aus der Mühle
frisch geriebene Muskatnuß

**Für die Sauce:**
1 Karotte
1 Zwiebel
1/2 Stange Bleichsellerie
50 g Schinkenspeck
2 EL Olivenöl extra vergine
50 g pürierte Tomaten
etwas frischer Rosmarin
Salz
Pfeffer aus der Mühle
300 g vorgegarte Bohnen (Borlotti oder kleine weiße Bohnen)

**Außerdem:**
frisch geriebener Parmesan

- Das Mehl auf die Arbeitsfläche sieben und in die Mitte eine große Mulde drücken.
- Semmelbrösel, Salz, Pfeffer und Muskat hineingeben und 1 Glas lauwarmes Wasser darübergießen. Die Semmelbrösel kurz darin einweichen lassen.
- Die Semmelbrösel gut mit dem Mehl verkneten, bis sich ein weicher, elastischer Teig ergibt. Falls notwendig, noch ein wenig lauwarmes Wasser hinzufügen. Den Teig sehr gut durcharbeiten und zugedeckt ruhen lassen.
- Inzwischen Karotte, Zwiebel und Sellerie putzen bzw. schälen, kleinschneiden und mit dem kleingewürfelten Schinkenspeck im Öl anschmoren.
- Tomaten, Rosmarin, Salz und Pfeffer hinzugeben und etwa 10 Minuten weiterschmoren lassen.
- Die Bohnen hinzufügen, noch 5 Minuten mitköcheln lassen und zum Schluß nochmals abschmecken.
- Den Teig in kleine Stücke teilen und auf der bemehlten Arbeitsfläche in Bleistiftform ausrollen. Davon wiederum 1 cm große Stückchen abreißen, mit dem Daumen flachdrücken und einrollen.
- Die Pisarei in reichlich kochendem Salzwasser garen und herausnehmen, sobald sie hochschwimmen. Mit der Bohnensauce und reichlich Parmesan servieren.

**Dauert etwa 1 Stunde 30 Minuten**
**1 Portion = 2496 kJ/596 kcal**

*Dies ist ein Rezept aus der Emilia-Romagna. In einigen Gegenden mischt man noch 50 Gramm frisch geriebenen Parmesan unter den Teig. Häufig werden die Pisarei auch mit anderen Gemüsesaucen serviert.*

# Pasta ripiene
# Gefüllte Pasta

Nudeln selbst zu füllen ist relativ arbeitsaufwendig, und selbst in Italien tut man das in der Regel nur an Sonn- und Festtagen oder für ein Essen im großen Kreis. Es empfiehlt sich deshalb, gleich die doppelte Menge oder auch mehr zuzubereiten, denn die Arbeitszeit erhöht sich nur geringfügig, und die gefüllten Nudeln lassen sich gut einfrieren. Dazu legen Sie sie ungegart nebeneinander auf ein bemehltes Brett und lassen sie anfrieren. Danach können Sie sie in Gefrierbeutel füllen.

## Casônsei

*Teigtäschchen aus Brescia*

- Das Mehl auf die Arbeitsfläche geben, eine Mulde hineindrücken und ein wenig Salz und die Eier hineingeben. Alles zu einem Teig verkneten und etwa 10 Minuten durcharbeiten, bis er geschmeidig ist. Mit einem Tuch bedecken und ruhen lassen.
- Inzwischen das Brot einige Minuten in der Milch einweichen, anschließend ausdrücken und fein hacken.
- Das Schweinemett gut mit dem Brot, 100 Gramm Parmesan, Ei, Eigelb und etwas Salz vermischen.
- Den Teig ausrollen und Rechtecke von etwa 8x10 cm ausschneiden. Jeweils etwas Füllung in die Mitte geben, die langen Seiten übereinanderklappen und die Ränder fest zusammendrücken. Die schmalen Enden leicht zu einer Hufeisenform biegen. Die Casônsei in reichlich kochendem Salzwasser garen und mit dem Schaumlöffel herausheben, sobald sie hochschwimmen.
- Die Butter schmelzen und die Salbeiblätter hineingeben.
- Die Casônsei schichtweise in eine Schüssel geben, jede Schicht mit Butter beträufeln und mit dem restlichen Parmesan bestreuen.

**Dauert etwa 2 Stunden**
**1 Portion = 5300 kJ/1267 kcal**

**Für den Teig:**
400 g Mehl
Salz
4 Eier
**Für die Füllung:**
ca. 100 g Brotbröckchen
1/2 Glas Milch
350 g Schweinemett
200 g frisch geriebener Parmesan
1 Ei
1 Eigelb
Salz
**Außerdem:**
ca. 150 g Butter
einige frische Salbeiblätter

# Cialzons friuliani

*Teigtäschchen aus dem Friaul*

**Für den Teig:**
**400 g Mehl**
**4 Eier**
**Salz**
**Für die Füllung:**
**500 g Kartoffeln**
**1 knapper EL fein gehackte Petersilie**
**20 g Zucker**
**etwas fein gehackte Minze**
**1-2 EL Cognac**
**Salz**
**Pfeffer aus der Mühle**
**1 Msp. Muskatnuß**
**1 Msp. Zimtpulver**
**1 Zwiebel, fein gehackt**
**40 g Butter**
**Außerdem:**
**evtl. 1 Ei**
**100 g Butter**
**reichlich frisch geriebener Parmesan**

- Das Mehl auf die Arbeitsfläche häufeln, in die Mitte eine Mulde drücken und die Eier und etwas Salz hineingeben. Alles zu einem Teig verkneten und etwa 10 Minuten durcharbeiten, bis der Teig geschmeidig ist. Mit einem Tuch bedecken und ruhen lassen.
- Inzwischen die Kartoffeln in der Schale in Salzwasser garen, pellen, durch die Kartoffelpresse drücken und in eine Schüssel geben.
- Petersilie, Zucker, Minze, Cognac, etwas Salz und Pfeffer, Muskatnuß und Zimt hinzufügen und gut untermischen.
- Die Zwiebel in der Butter glasig dünsten und die Butter ohne die Zwiebel unter die Mischung kneten.
- Den Teig dünn ausrollen und mit einem kleinen Glas Kreise ausstechen.
- Jeweils etwas Fülle in die Mitte geben und die Kreise zu Halbmonden zusammenklappen. Die Ränder fest zusammendrücken und mit etwas Wasser anfeuchten oder mit verquirltem Ei bestreichen, falls sie nicht gut halten.
- Die Cialzons in reichlich kochendem Salzwasser garen.
- Inzwischen die Butter zerlassen.
- Die Teigtäschchen mit dem Schaumlöffel herausheben, sobald sie an die Oberfläche schwimmen, und mit der Butter und Parmesan servieren.

**Dauert etwa 2 Stunden**
**1 Portion = 3541 kJ/847 kcal**

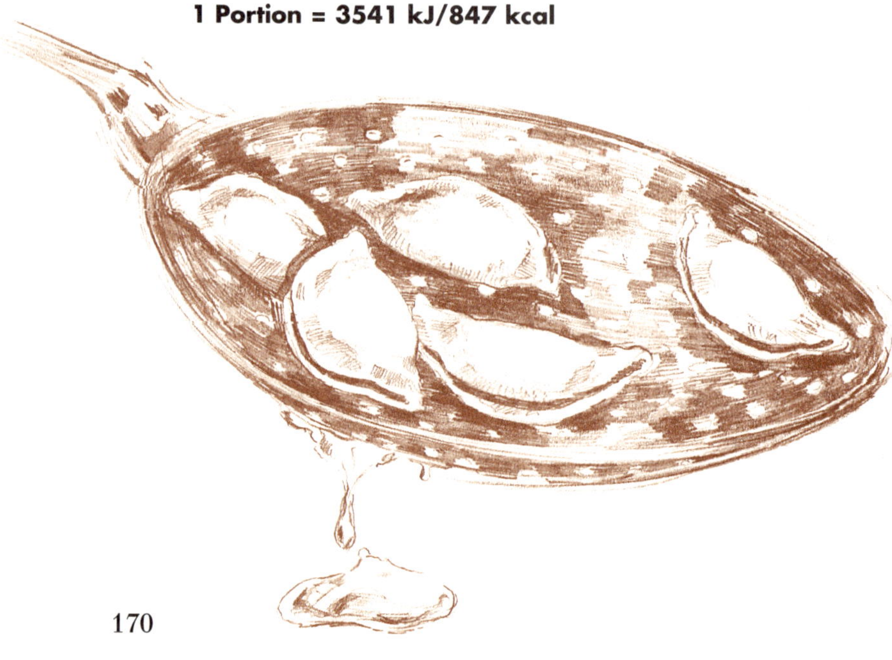

# Ravioli di magro

## *Ravioli mit Ricotta-Mangold-Füllung*

- Den Teig entsprechend den Grundregeln (Seite 160) zubereiten und ruhen lassen.
- Inzwischen den Mangold und Borretsch gründlich waschen und beim Mangold die Mittelrippen herausschneiden. Beides in kochendem Wasser kurz garen, gut abtropfen lassen und sehr fein hacken.
- Die Knoblauchzehe schälen und durchpressen.
- Ricotta, Mangold, Borretsch, Knoblauch, Ei und Parmesan gründlich vermischen und alles mit Muskat und Salz abschmecken.
- Aus Teig und Füllung Ravioli herstellen, wie bei den Grundregeln (Seite 161) beschrieben.
- Die Ravioli in reichlich kochendem Salzwasser garen und mit dem Schaumlöffel herausheben.
- Etwas Butter zerlassen, leicht anbräunen lassen und nach Belieben einige Salbeiblätter hineingeben.
- Die gebräunte Butter und den Parmesan über die fertigen Ravioli geben.

**Dauert etwa 2 Stunden**
**1 Portion = 2664 kJ/637 kcal**

***Zur Abwechslung***

- Statt mit Butter können Sie die Ravioli auch sehr gut mit einer Tomatensauce oder mit einer Schinken-Sahne-Sauce servieren.
- Wenn Sie den Salbeigeschmack verstärken wollen, können Sie zusätzlich noch einige fein gehackte Blätter in die Füllung geben.
- Haben Sie keinen Borretsch zur Verfügung, nehmen Sie statt dessen die doppelte Menge Mangold. Sie können auch nur Spinat verwenden und noch eine Handvoll gemischte Gartenkräuter dazugeben.
- Sie können auch die Mangold- und Ricottamenge verringern und dafür etwas fein gehackte Mortadella in die Füllung geben.
- Oder Sie nehmen zu gleichen Teilen sehr fein gehackten Schinkenspeck, Spinat oder Mangold sowie entrindetes, in Milch eingeweichtes, gut ausgedrücktes Weißbrot, mischen einige Eßlöffel Parmesan darunter und würzen die Füllung mit Muskat, Pfeffer und Salz.

**Für den Teig:**
300 g Mehl
3 Eier
Salz

**Für die Füllung:**
250 g Mangold ohne Stiele
2 Handvoll Borretschblätter
1 Knoblauchzehe
250 g Ricotta
(oder 350 g Magerquark, gut ausgedrückt)
1 Ei
4 EL frisch geriebener Parmesan
1 Msp. frisch geriebene Muskatnuß
Salz

**Außerdem:**
Butter
evtl. einige frische Salbeiblätter
frisch geriebener Parmesan

# Ravioli al salmone affumicato

*Ravioli mit Räucherlachs*

- **100 g Räucherlachs in Scheiben**
- **2 EL Pinienkerne**
- **Salz**
- **400 g Ravioli di magro (Seite 171)**
- **1 Schalotte (oder kleine Zwiebel), kleingehackt**
- **3 EL Olivenöl extra vergine**
- **10 g Butter**
- **1 Gläschen Cognac**
- **Pfeffer aus der Mühle**
- **1 EL fein gehackte Petersilie**
- **4 EL Mascarpone**

Die Ravioli di magro können Sie nach dem vorstehenden Rezept selbst zubereiten oder aber in manchen Feinkostläden bereits fertig kaufen.

- Den Lachs in Streifen schneiden und grob hacken.
- Die Hälfte der Pinienkerne kleinhacken.
- Reichlich Salzwasser aufsetzen und zum Kochen bringen. Die Ravioli hineingeben und mit dem Schaumlöffel herausheben, sobald sie hochschwimmen.
- Inzwischen in einer großen Pfanne die Schalotte in Öl und Butter glasig werden lassen.
- Den Lachs und die Pinienkerne hinzugeben. Den Cognac darüberträufeln, leicht salzen und pfeffern und die Petersilie darüberstreuen. Die Pfanne vom Feuer nehmen, zudecken und alles ziehen lassen.
- Den Mascarpone mit 2 Eßlöffel Nudelwasser verrühren.
- Sobald die Ravioli gar sind, den Mascarpone unter den Lachs rühren, die Ravioli hinzugeben, gut durchmischen und sofort auf den Tisch bringen.

**Dauert etwa 30 Minuten**
**1 Portion = 1844 kJ/440 kcal**

*Die Legende besagt, daß die geniale Erfindung der gefüllten Teigwaren wie Ravioli und Tortellini auf das Mittelalter zurückgeht. In den Küchen der adeligen Familien hackten die Dienstboten die Speisereste, die von der herrschaftlichen Tafel zurückkamen, und hüllten sie in Nudelteig.*

# Tortelloni dell'orto

*Tortelloni mit Gemüsesauce*

- Die Paprikaschote waschen, gut trocknen und in den auf mittlere Hitze vorgeheizten Backofen geben. Die Paprika rösten, bis die Haut bräunlich wird, aus dem Ofen nehmen, in eine Plastiktüte geben und gut verschließen. 10 Minuten abkühlen lassen, anschließend abziehen, Strunk, Rippen und Kerne entfernen und das Fruchtfleisch in Streifchen schneiden.
- Die Karotte abschaben, den Zucchino waschen und beides in feine Scheiben schneiden.
- In einem Topf das Öl erhitzen. Den Knoblauch schälen, leicht zerquetschen, im Öl goldbraun werden lassen und herausnehmen.
- Die Möhrenscheiben in den Topf geben und bei kräftiger Hitze 5 Minuten schmoren lassen.
- Paprika, Zucchino, pürierte Tomaten und Petersilie hinzufügen.
- Die Sauce etwa 10 Minuten zugedeckt köcheln lassen und salzen und pfeffern.
- Inzwischen die Tortelloni in reichlich kochendem Salzwasser al dente garen.
- Mit der kleingeschnittenen Butter, der Gemüsesauce und reichlich Parmesan in einer Schüssel vermischen und sofort auf den Tisch bringen.

**Dauert etwa 40 Minuten**
**1 Portion = 1990 kJ/475 kcal**

**1 große gelbe oder grüne Paprikaschote**
**1 große Karotte**
**1 Zucchino**
**4 EL Olivenöl extra vergine**
**1 Knoblauchzehe**
**200 g pürierte Tomaten**
**1 Bund Petersilie, Blätter fein gehackt**
**Salz**
**Pfeffer aus der Mühle**
**500 g frische Tortelloni di magro**
**30 g Butter**
**frisch geriebener Parmesan**

*Im Volksmund heißt es, die Tortellini seien dem Nabel der Venus nachgebildet. Venus, Mars und Bacchus befanden sich auf Reisen in der Emilia und verbrachten in einem Gasthaus die Nacht. Der Wirt hatte das Glück, die Venus unverhüllt zu sehen, und er war von ihrem Nabel so beeindruckt, daß er ihn in Teig nachbildete.*

# Tortelli di broccoletti al burro fuso

*Tortelli mit Brokkoli gefüllt*

**Für den Teig:**
250 g Mehl
1 gehäufter EL Tomatenmark
gut 1 EL Olivenöl extra vergine
Salz
2 Eier
**Für die Füllung:**
800 g Brokkoli
4 Scheiben Toastbrot
1 Glas Milch
20 g Butter
2 Schalotten, kleingehackt
2 Eigelb
100 g frisch geriebener Parmesan
Salz
Pfeffer aus der Mühle
1 Msp. Muskatnuß
**Außerdem:**
70 g Butter
frisch geriebener Parmesan

• Das Mehl auf die Arbeitsfläche sieben und in die Mitte eine Mulde drücken.
• Tomatenmark, Öl, 1 Prise Salz und die Eier hineingeben. Mit einer Gabel mischen und allmählich das Mehl hineinarbeiten, bis ein fester, geschmeidiger Teig entsteht. Zugedeckt etwa 30 Minuten ruhen lassen.
• Inzwischen den Brokkoli waschen und putzen, die unteren Stengelteile abschneiden. Die Stengel schälen, die Köpfe in Röschen teilen und beides in siedendem Salzwasser garen.
• Das Toastbrot in der Milch einweichen, anschließend gut ausdrücken.
• Die Butter in einer Pfanne schmelzen und die Schalotten darin glasig dünsten. Den Brokkoli hinzugeben und bei mittlerer Hitze unter mehrfachem Wenden andünsten.
• Alles zusammen mit dem eingeweichten Brot in den Mixer geben und pürieren. Das Püree in eine Schüssel füllen, Eigelbe und Parmesan unterrühren und mit Salz, Pfeffer und Muskat abschmecken.
• Den Teig halbieren und auf das erste, dünn ausgerollte Teigblatt in regelmäßigen Abständen von 5 bis 6 cm kleine Portionen Fülle setzen.
• Die zweite Teigplatte darüberlegen und den Teig um die Füllungen herum mit den Fingerspitzen andrücken. Mit einem runden Teigförmchen von etwa 5 cm Durchmesser Täschchen ausstechen.
• Die Tortelli in kochendem Salzwasser al dente garen. Inzwischen die Butter zergehen und leicht bräunen lassen. Die Butter über die abgegossenen Tortelli gießen. Mit reichlich Parmesan bestreut servieren.

**Dauert etwa 1 Stunde 30 Minuten**
**1 Portion = 3294 kJ/787 kcal**

*Zu den Tortelli di broccoletti paßt sehr gut eine leichte Tomatensauce (Seite 450).*

# Raviolini ricchi

*Reich gefüllte Raviolini*

**Für die Füllung:**
350 g frische Steinpilze
1 Knoblauchzehe, fein gehackt
1 EL Olivenöl extra vergine
Salz
Pfeffer aus der Mühle
1 Hühnerbrust
20 g Butter
1 Gläschen Weißwein
150 g Schweinemett
1 Ei
frisch geriebener Parmesan

**Für den Teig:**
300 g Mehl
3 Eier
Salz

**Für die Sauce:**
1 Knoblauchzehe
1/2 Bund Petersilie
etwas Olivenöl extra vergine
etwas Mehl
1/2 Glas Milch
1/2 Glas süße Sahne
Salz
Pfeffer aus der Mühle

**Außerdem:**
frisch geriebener Parmesan

- Die Steinpilze mit Küchenkrepp sorgfältig putzen. Etwas mehr als die Hälfte in Scheiben schneiden, den Rest mit der Knoblauchzehe fein hacken.
- Für die Füllung die gehackten Pilze und den Knoblauch im Öl kräftig anschmoren. Salzen, pfeffern und bei kleiner Hitze den austretenden Saft einkochen lassen.
- Die Hühnerbrust in der Butter von beiden Seiten sanft anbräunen. Mit dem Wein beträufeln, etwas salzen und etwa 15 Minuten zugedeckt leicht köcheln lassen.
- Das Huhn vom Herd nehmen, kleinhacken und das Schweinemett, die geschmorten Pilze, das Ei, reichlich Parmesan sowie etwas Salz und Pfeffer untermischen. Die Füllung durchziehen lassen.
- Inzwischen nach den Grundregeln (Seite 160) einen Nudelteig zubereiten, ausrollen und mit einem Glas oder einem Förmchen Kreise von etwa 6 cm Durchmesser ausstechen.
- Einen kleinen Löffel Fülle auf jeden Kreis geben und fest zu einem Halbmond zusammendrücken. Mit einem Teigrädchen nochmals über die Ränder fahren.
- Die Raviolini in kochendem Salzwasser al dente garen.
- Inzwischen für die Sauce die Knoblauchzehe abziehen und die Petersilienblättchen abzupfen. Beides fein hacken und in etwas Öl bei mittlerer Hitze andünsten.
- Die Pilzscheiben hineingeben, mit Mehl bestäuben, mit Milch und Sahne aufgießen, salzen und pfeffern und kurz köcheln lassen.
- Die abgegossenen Raviolini mit der Sauce übergießen und den Parmesan darüberstreuen.

**Dauert etwa 2 Stunden**
**1 Portion = 3470 kJ/829 kcal**

# Ravioli di zucca

*Ravioli mit Kürbisfüllung*

**Für den Teig:**
300 g Mehl
3 Eier
Salz
**Für die Füllung:**
gut 1 kg reifer, fester Kürbis
150 g Mostarda (Senffrüchte, Seite 551), fein gehackt
100 g Amaretti (Mandelplätzchen), zerstößelt
5 EL frisch geriebener Parmesan
2 Eier
1 Msp. Muskatnuß
Salz
Pfeffer aus der Mühle
**Außerdem:**
Butter
frisch geriebener Parmesan

- Einen Nudelteig nach den Grundregeln (Seite 160) zubereiten. Den Kürbis schälen, entkernen, im Ofen bei 180 Grad (Umluft 160 Grad, Gas Stufe 2 bis 3) 30 bis 40 Minuten garen. Etwas Kürbis zurücklegen, den Rest pürieren.
- Senffrüchte, Amaretti, Parmesan und Eier gründlich unter das Kürbispüree mischen und die Füllung mit Muskat, Salz und Pfeffer abschmecken.
- Aus Teig und Füllung Ravioli herstellen, wie in den Grundregeln (Seite 161) beschrieben. Die Ravioli in kochendem Salzwasser garen. Den zurückbehaltenen Kürbis kleinhacken. Etwas Butter schmelzen, leicht anbräunen und den Kürbis untermischen. Die Sauce über die abgegossenen Ravioli geben und mit Parmesan bestreuen.

**Dauert etwa 2 Stunden**
**1 Portion = 3074 kJ/735 kcal**

# Ravioli alla menta

*Ravioli mit Minze*

**Für die Füllung:**
200 g frischer Spinat
Salz
70 g Butter
200 g Caprini (kleine Ziegenkäse)
1 Handvoll Minzeblätter
2 kleine Eier
Salz
Pfeffer aus der Mühle
1 Msp. frisch geriebene Muskatnuß
**Für den Teig:**
270 g Mehl
2 große Eier
**Außerdem:**
4 EL frisch geriebener Parmesan
1 EL frisch geriebener Pecorino

- Den Spinat putzen, waschen und noch feucht zusammen mit 1 Prise Salz in einem Topf zusammenfallen lassen. Gut abtropfen lassen, ausdrücken, fein hacken und 2 bis 3 Minuten in etwa 20 Gramm Butter dünsten.
- Die Ziegenkäse fein zerdrücken und 2 bis 3 Minzeblättchen fein hacken. Spinat, Käse, Eier, Minze, Salz, Pfeffer und Muskat vermischen und kühl stellen.
- Aus Mehl und Eiern einen Nudelteig nach den Grundregeln (Seite 160) zubereiten. Dünn ausrollen und Kreise von etwa 10 cm Durchmesser ausstechen. Etwas Fülle daraufgeben und zu Halbmonden zusammendrücken.
- Die Ravioli in reichlich Salzwasser al dente kochen. Die restliche Butter schmelzen und die übrigen Minzeblättchen hineingeben. Die Ravioli mit der Minzebutter, dem Käse und Pfeffer aus der Mühle vermischen.

**Dauert etwa 1 Stunde 30 Minuten**
**1 Portion = 2651 kJ/633 kcal**

# Ravioli di pesce in brodo

*Fischgefüllte Ravioli in Brühe*

**Für den Teig:**
300 g Mehl
2 Eier
1 Eigelb
**Für die Füllung:**
500 g Fischfilet
(z.B. Seelachs oder Goldbrasse, auch gemischt)
1 Knoblauchzehe
1 Frühlingszwiebel
(oder 1 kleine Zwiebel)
1 EL Olivenöl extra vergine
1/2 Glas Weißwein
2 Gläser Fischbrühe
1 Gläschen Crème fraîche
2 Eier
Thymian
Salz
Pfeffer
Muskatnuß
**Außerdem:**
2 l Fischbrühe oder Fischfond

- Einen Nudelteig nach den Grundregeln (Seite 160) zubereiten und ruhen lassen.
- Inzwischen das Fischfilet in Stücke schneiden.
- Den Knoblauch schälen und leicht zerquetschen, die Zwiebel schälen und kleinhacken. Beides im Olivenöl glasig dünsten.
- Den Fisch hinzufügen und kurz kräftig anschmoren. Den Weißwein darübergießen und einkochen lassen.
- 2 Gläser Fischbrühe zugießen und etwa 10 Minuten weitergaren, bis die Flüssigkeit völlig eingekocht ist.
- Die Fischstücke herausnehmen, fein hacken, mit der Crème fraîche und den Eiern wieder in den Topf geben und mit Thymian, Salz, Pfeffer und Muskatnuß würzen.
- Den Nudelteig sehr dünn ausrollen und möglichst kleine Ravioli daraus zubereiten. Dabei vorgehen wie bei den Ravioli di carne (Seite 183).
- Die Brühe zum Kochen bringen und die Ravioli hineingeben. Sobald sie hochschwimmen, die Suppe sofort auf den Tisch bringen.

**Dauert etwa 2 Stunden**
**1 Portion = 2307 kJ/552 kcal**

***Zur Abwechslung***
Für „Agnolotti di pesce“ stechen Sie mit einem kleinen Glas Kreise aus dem Nudelteig aus, setzen jeweils ein wenig Fülle in die Mitte und klappen die Teigkreise zu Halbmonden zusammen.

*Das Wort „Ravioli“ findet sich zum ersten Mal in einem sizilianischen Dokument – in den Akten der Seligsprechung des 1158 verstorbenen Fra Guglielmo di Malavalle. Ihm werden eine Reihe von Wundern zugeschrieben. So soll ihm eines Tages die böse Frau eines gewissen Guccione eine Schüssel mit Ravioli aufgetischt haben, die mit Spreu gefüllt waren. Fra Guglielmo segnete die Speise, und die Spreu wurde zu Quark.*

# Cannelloni alla napoletana

*Cannelloni aus Neapel*

**Für den Teig:**
300 g Mehl
3 Eier
1 Prise Salz
**Für die Füllung:**
200 g Ricotta
200 g Mozzarella
2 Eier
50 g gekochter Schinken
Salz
Pfeffer aus der Mühle
frisch geriebener Parmesan
**Außerdem:**
Olivenöl extra vergine
Tomatensauce (Seite 450) oder Ragù (Seite 180)
reichlich frisch geriebener Parmesan

- Aus Mehl, Eiern, Salz und eventuell etwas lauwarmem Wasser einen Teig herstellen und Cannelloni vorbereiten, wie in den Grundregeln (Seite 161) beschrieben.
- Den Ricotta mit der Gabel zerdrücken, den Mozzarella kleinwürfeln. Beides mit den Eiern, dem grob gehackten Schinken und je 1 Prise Salz und Pfeffer sowie reichlich Parmesan vermischen.
- Den Backofen auf 180 Grad (Umluft 160 Grad, Gas Stufe 2 bis 3) vorheizen.
- Die Cannelloni mit der Käsemasse füllen.
- Eine feuerfeste Form einölen. Den Boden mit der Hälfte der Tomatensauce (oder Ragù) füllen, die Cannelloni hineingeben, mit der restlichen Sauce bedecken und mit reichlich Parmesan bestreuen.
- Die Cannelloni im Ofen 15 bis 20 Minuten überbacken.

**Dauert etwa 1 Stunde 30 Minuten**
**1 Portion = 3265 kJ/781 kcal**

*Natürlich können Sie auch fertig gekaufte Cannelloni nach Packungsvorschrift vorkochen und mit dieser Fülle zubereiten.*

# Cannelloni alle melanzane

*Auberginen-Cannelloni*

Sie können dieses Gericht natürlich auch mit fertig gekauften Lasagneblättern zubereiten.

- 4 Auberginen
- Salz
- 200 g Mehl
- 3 Eier
- Olivenöl extra vergine
- Pfeffer aus der Mühle
- 150 g Ricotta (oder fester Quark)
- reichlich fein gehackte Petersilie
- frisch geriebener Parmesan
- Butter für die Form
- 2 Knoblauchzehen
- 300 g pürierte Tomaten

• 2 Auberginen schälen und der Länge nach in jeweils 6 Scheiben schneiden. Salzen und 1 Stunde Wasser ziehen lassen.
• Die Scheiben abspülen, abtropfen lassen und mit Küchenkrepp trocknen. Die Scheiben 5 bis 6 Minuten unter dem Backofengrill goldbraun werden lassen.
• Inzwischen aus dem Mehl, 2 Eiern und 1 Prise Salz einen geschmeidigen Teig kneten und nicht allzu dünn ausrollen. Zu Teigstreifen schneiden, die etwa die Breite der Auberginenscheiben haben.
• Die Teigstreifen in kochendem Salzwasser al dente garen und zum Trocknen auf ein Küchentuch legen.
• Die anderen beiden Auberginen schälen und in kleine Würfel schneiden. In reichlich Olivenöl fritieren, aber nicht braun werden lassen. Auf Küchenkrepp abtropfen lassen und salzen und pfeffern.
• Etwas weniger als die Hälfte der Auberginenwürfel fein hacken und mit Ricotta, dem restlichen Ei, der Petersilie, 1 Handvoll frisch geriebenem Parmesan und Salz und Pfeffer vermischen.
• Auf jeden Teigstreifen eine Auberginenscheibe legen und mit etwas Auberginen-Ricotta-Creme bestreichen.
• Die Teigstreifen zu Cannelloni einrollen und in eine ausgebutterte Form legen.
• Den Backofen auf 200 Grad (Umluft 180 Grad, Gas Stufe 3 bis 4) vorheizen.
• Die Knoblauchzehen in der Schale zerdrücken und in etwa 3 Eßlöffel Olivenöl einige Minuten dünsten.
• Die Knoblauchzehen herausnehmen und das Tomatenpüree hineingeben. Salzen und pfeffern und 15 Minuten leicht schmoren lassen. Dann die Auberginenwürfel hinzugeben, durchrühren und die Cannelloni mit der Sauce übergießen.
• Die Cannelloni großzügig mit frisch geriebenem Parmesan bestreuen und etwa 15 Minuten im Ofen überbacken.

**Dauert etwa 2 Stunden**
**1 Portion = 2741 kJ/655 kcal**

# Lasagne verdi con ragù alla bolognese

*Grüne Lasagne mit Fleischsauce*

**Für das Ragù:**
1 Karotte
1 Stange Bleichsellerie
1 Zwiebel
30 g Schinkenspeck
30 g Butter
2 EL Olivenöl extra vergine
400 g mageres Rinderhack
1 Glas Rotwein (oder Weißwein)
500 g pürierte Tomaten
1 Lorbeerblatt
2 EL gehackte Petersilie
etwas Thymian
Salz
Pfeffer aus der Mühle
evtl. etwas Fleischbrühe

**Für den Teig:**
300 g Spinat
Salz
300 g Mehl
2 Eier
1 EL Olivenöl extra vergine

**Für die Bechamelsauce:**
30 g Butter
2 EL Mehl
1/2 l Milch (oder weniger Milch, dafür süße Sahne)
Salz
Pfeffer aus der Mühle
1 Eigelb
3 EL frisch geriebener Parmesan

**Außerdem:**
Butter
frisch geriebener Parmesan

*Sie können dieses Gericht natürlich auch mit fertig gekauften Lasagneblättern zubereiten.*

Traditionell läßt man das Ragù sehr lange schmoren – mindestens 2 Stunden. Das muß zwar nicht unbedingt sein, aber die Sauce sollte schön sämig werden, und Sie können sie sehr gut im voraus zubereiten.

- Die Karotte und die Selleriestange putzen, waschen und kleinhacken. Die Zwiebel schälen und kleinhacken, den Schinkenspeck fein würfeln. Alles zusammen einige Minuten in einem Topf in Butter und Öl anschmoren.
- Das Hackfleisch hinzugeben und bei mittlerer Hitze unter Wenden anschmoren, aber nicht anbraten. Den Wein zugießen und bei kräftiger Hitze einkochen lassen.
- Anschließend Tomatenpüree und Kräuter hinzugeben und mit Salz und Pfeffer abschmecken. Das Ragù zugedeckt auf sehr kleiner Flamme köcheln lassen und nach Bedarf hin und wieder etwas Fleischbrühe zugießen, bis die Sauce dickflüssig eingekocht ist.
- Inzwischen den Spinat putzen, waschen, kurz abtropfen lassen und in einem Topf ohne Wasser mit wenig Salz zusammenfallen lassen. Gut ausdrücken und im Mixer pürieren.
- Das Mehl auf die Arbeitsfläche sieben und eine Mulde hineindrücken. Spinat, Eier und etwas Salz hineingeben und nach und nach das Mehl einarbeiten.
- Den Teig nicht allzu dünn ausrollen und je nach Größe der Auflaufform in Blätter von etwa 7 cm Breite und 12 bis 15 cm Länge schneiden.
- Die Lasagne in kochendem Salzwasser mit einem Schuß Öl garen. Sobald sie al dente sind, abtropfen lassen und zum Trocknen auf einem Küchentuch ausbreiten.
- Inzwischen für die Bechamelsauce in einem Topf die Butter schmelzen, aber nicht aufschäumen lassen.
- Das Mehl mit dem Holzlöffel hineinrühren und unter Rühren mit der Butter verbinden, aber nicht braun werden lassen. Nach und nach die Milch einrühren, aufkochen lassen und mit Salz und Pfeffer abschmecken.
- Sobald die Sauce einzudicken beginnt, die Hitze reduzieren und die Sauce etwas einkochen lassen – sie sollte in diesem Fall eher etwas dick sein.

- Den Topf vom Feuer nehmen und Eigelb und Parmesan hineinrühren.
- Den Backofen auf 200 Grad (Umluft 180 Gard, Gas Stufe 3 bis 4) vorheizen.
- Eine feuerfeste Form ausbuttern und mit einer Schicht Lasagne auslegen. Eine Portion Fleischsauce und darüber eine Schicht Bechamelsauce einfüllen, mit Parmesan bestreuen. In dieser Reihenfolge weitere Schichten darübergeben, bis alle Zutaten aufgebraucht sind. Obenauf als letzte Schicht Bechamelsauce geben und mit Parmesan bestreuen.
- Die Lasagne etwa 25 Minuten im Ofen überbacken.

**Dauert etwa 2 Stunden**
**1 Portion = 3502 kJ/837 kcal**

## Anolini in brodo

*Anolini in Fleischbrühe*

**Für den Teig:**
300 g Mehl
2 Eier
1 Eigelb
**Für die Füllung:**
50 g Semmelbrösel
1 knappes Glas Bratensauce (oder Fleischbrühe)
200 g frisch geriebener Parmesan
2 Eigelb
1 Ei
Salz
Pfeffer aus der Mühle
frisch geriebene Muskatnuß
**Für die Brühe:**
2 l Fleischbrühe (möglichst selbstgekocht)
1 knapper EL Tomatenmark
**Außerdem:**
reichlich frisch geriebener Parmesan

- Aus Mehl, Eiern und Eigelb einen Nudelteig entsprechend den Grundregeln (Seite 160) herstellen und ruhen lassen.
- Inzwischen für die Füllung die Semmelbrösel in eine Schüssel geben und nach und nach so viel Bratensauce zugießen, daß die Mischung nicht zu weich wird.
- Parmesan, Eigelb und Ei hinzufügen, die Füllung nach Geschmack mit Salz, Pfeffer und Muskat würzen und gut durchkneten.
- Den Nudelteig sehr dünn ausrollen und mit einem kleinen Glas Kreise ausstechen.
- In die Mitte jeweils ein wenig Fülle geben und die Teigkreise zu Halbmonden zusammenklappen. Die Ränder fest zusammendrücken.
- Die Fleischbrühe erhitzen und das Tomatenmark hineinrühren. Sobald die Brühe aufkocht, die gefüllten Anolini in den Topf geben.
- Wenn die Anolini hochschwimmen, die Suppe auf den Tisch bringen und reichlich frisch geriebenen Parmesan dazu reichen.

**Dauert etwa 2 Stunden**
**1 Portion = 2819 kJ/673 kcal**

# Lasagne all'agnello

*Lasagne mit Lammfleisch*

500 g mageres Lammfleisch
3 Knoblauchzehen
200 g Zwiebeln
30 g Butter
Olivenöl extra vergine
1/4 l Rotwein
700 g pürierte Tomaten
evtl. etwas frischer Peperone, fein gehackt (oder Cayennepfeffer)
1 kleine Dose Tomaten
Salz
Zucker
400 g Auberginen
2 Bund Basilikum
250 g Lasagne verdi (Seite 180)
ca. 5 gehäufte EL frisch geriebener Pecorino (oder Parmesan)

*Vor allem in den südlichen Regionen Italiens – und in keiner Gegend mehr als in Kalabrien – liebt man den peperoncino, jene scharfe kleine Pfefferschote, die selbst einfachen Gerichten pikante Würze verleiht. Oft wird er in Mengen auch roh verzehrt, denn man schreibt ihm harntreibende, verdauungsfördernde und vor allem aphrodisierende Kräfte zu: Im Volksmund heißt es, der Mann müsse tagsüber ein Ochse, nachts aber ein Stier sein. In manchen Gegenden glaubt man noch heute, daß der peperoncino als Medizin gegen hohes Fieber und vor allem gegen Malaria hilft.*

• Das Lammfleisch kleinschneiden. Knoblauch und Zwiebeln schälen, grob hacken und alles miteinander durch den Fleischwolf drehen.
• Die Butter und 3 Eßlöffel Öl in einer großen Pfanne erhitzen und die Hackmasse kräftig darin anbraten. Mit dem Rotwein ablöschen und einige Minuten einkochen lassen.
• Das Tomatenpüree hinzufügen und nach Belieben auch ein wenig Peperone oder Cayennepfeffer. Salzen und etwa 20 Minuten köcheln lassen.
• Die Tomaten aus der Dose abtropfen lassen, in einer Schüssel mit einer Gabel grob zerdrücken und 1 Prise Zucker hinzufügen.
• Die Auberginen putzen, waschen und in etwa 1/2 cm dicke Scheiben schneiden. Salzen und auf Küchenkrepp oder im Sieb Wasser ziehen lassen.
• Das Basilikum waschen, die Blättchen abzupfen, trockentupfen und grob zerkleinert unter die Hackfleischmasse mischen.
• Die Auberginenscheiben abspülen, gut trocknen und in Olivenöl jeweils von beiden Seiten goldbraun anbraten, aus der Pfanne heben und auf Küchenkrepp abtropfen lassen.
• Die Lasagneblätter in kochendem Wasser sehr bißfest garen, abschrecken und naß ausbreiten.
• Den Backofen auf 200 Grad (Umluft 180 Grad, Gas Stufe 3 bis 4) vorheizen.
• In eine feuerfeste Form zuunterst ein wenig Öl und eine dünne Schicht zerdrückte Tomaten geben. Dann lagenweise abwechselnd Lasagneblätter, Lammsauce, Auberginen und zerdrückte Tomaten einschichten und jede Schicht mit etwas Pecorino bestreuen. Obenauf Tomaten und nochmals Reibekäse geben.
• Die Lasagne im Ofen etwa 25 Minuten überbacken.

**Dauert etwa 1 Stunde 30 Minuten**
**1 Portion = 3416 kJ/815 kcal**

***Zur Abwechslung***

• Sie können Lasagne noch auf vielerlei andere Weise zubereiten, beispielsweise wie die Cannelloni alla napoletana (Seite 178). Dazu geben Sie die Schinken-Ricotta-Fülle zwi-

schen jede Schicht, übergießen sie mit Tomatensauce und bestreuen jede Lage mit etwas frisch geriebenem Parmesan.
• Oder Sie bereiten sie wie in diesem Rezept vor, nur verwenden Sie statt Fleischsauce eine Gemüsesauce wie bei den Lasagnette al sugo di funghi (Seite 234).

*• Mit Lammfleisch schmeckt dieses Gericht besonders gut, doch können Sie es ohne weiteres auch durch Rindfleisch ersetzen.*
*• Statt der frischen Lasagne können Sie auch fertig gekaufte Lasagne nehmen – ganz nach Belieben die normale oder die grüne Sorte.*
*• Anstelle der Dosentomaten können Sie natürlich auch frische Tomaten verwenden.*

## Ravioli di carne in brodo

*Fleischgefüllte Ravioli in Brühe*

• Nach den Grundregeln (Seite 160) aus Mehl, Eiern und etwas Salz einen Nudelteig zubereiten und ruhen lassen.
• Inzwischen den Schinken und die Mortadella fein hacken und zum Hackfleisch geben. Parmesan und Eier hinzufügen, mit Salz, Pfeffer und Muskatnuß würzen und alles gut miteinander vermengen.
• Die Hälfte des Teiges sehr dünn ausrollen und mit einem verquirlten Ei bestreichen.
• Sehr kleine Häufchen von der Füllung in nicht zu großem Abstand auf den Teig setzen.
• Den restlichen Teig in gleicher Größe ausrollen, darüberlegen, jeweils um die Füllungen herum leicht andrücken und mit dem Teigrädchen kleine Quadrate ausschneiden.
• Die Brühe zum Kochen bringen und die Ravioli hineingeben.
• Sobald sie hochschwimmen, die Suppe auf den Tisch bringen und den Parmesan extra servieren.

**Für den Teig:**
300 g Mehl
3 Eier
Salz
**Für die Füllung:**
100 g gekochter Schinken
100 g Mortadella
150 g mageres Hackfleisch
50 g frisch geriebener Parmesan
3 Eier
Salz
Pfeffer aus der Mühle
Muskatnuß
**Außerdem:**
2 l Fleischbrühe
1 Ei zum Bestreichen
frisch geriebener Parmesan

**Dauert etwa 2 Stunden**
**1 Portion = 3009 kJ/719 kcal**

# Pasta con sughi di carne
## Nudeln mit Fleischsauce

### Fettuccine alla bolognese
*Fettuccine aus Bologna*

- 3 Hühnerlebern
- 1 Stange Bleichsellerie
- 1 Karotte
- 1 Zwiebel
- 30 g Butter
- 2 EL Olivenöl extra vergine
- 150 g Kalbfleischhack
- 150 g Rindfleischhack
- 1 kleines Glas Rotwein (oder Weißwein)
- 1 Glas pürierte Tomaten
- 1 Lorbeerblatt
- Salz
- Pfeffer aus der Mühle
- 400 g Fettuccine all'uovo (Eierbandnudeln)
- frisch geriebener Parmesan

Die Emilia-Romagna ist berühmt für ihre üppige und zugleich schmackhafte Küche, und hausgemachte Pasta kommt hier noch immer häufig auf den Tisch. So wird auch diese Fleischsauce meist mit hausgemachten Nudeln serviert, aber sie schmeckt auch sehr gut zu fertig gekauften Eiernudeln oder grünen Tagliatelle, Spaghetti oder Gnocchi.

- Die Hühnerlebern waschen, trockentupfen und kleinhacken.
- Sellerie, Karotte und Zwiebel schälen bzw. abziehen, fein hacken und in Butter und Öl sanft anschmoren.
- Die Hühnerlebern und das Hackfleisch zugeben und rundum kräftig anbraten. Den Rotwein aufgießen und einkochen lassen.
- Das Tomatenpüree hinzufügen und die Sauce mit Lorbeerblatt, Salz und Pfeffer würzen. Zudecken und mindestens 40 Minuten leicht köcheln lassen.
- Die Nudeln in reichlich kochendem Salzwasser bißfest garen, abgießen und mit der Fleischsauce vermischen. Den Parmesan dazu servieren.

**Dauert etwa 1 Stunde 30 Minuten**
**1 Portion = 2828 kJ/675 kcal**

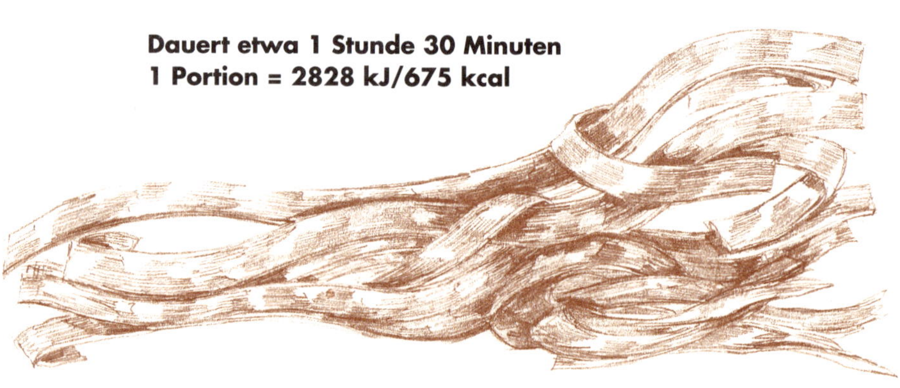

# Conchiglie con sugo di pollo

*Conchiglie mit Hühnerfleischsauce*

- Die Hühnerbrust und den Schinken in gleich große Stifte schneiden.
- Die Zwiebel abziehen und fein hacken.
- In einem Schmortopf die Butter schmelzen und die Zwiebel darin glasig werden lassen. Huhn und Schinken hinzufügen und beides auf großer Flamme unter mehrfachem Wenden kräftig anbraten.
- Den Wein zugießen und auf kleiner Flamme einkochen lassen.
- Die Sahne hinzufügen, die Sauce salzen und pfeffern und noch etwa 10 Minuten sanft köcheln lassen.
- Inzwischen die Conchiglie in reichlich Salzwasser al dente garen, abgießen und in eine Schüssel geben.
- Die Sauce darübergießen, mit dem Parmesan bestreuen und gut durchmischen.

1 gekochte Hühnerbrust
100 g gekochter Schinken am Stück
1 kleine Zwiebel
40 g Butter
1/2 Glas Weißwein
2-3 EL süße Sahne
Salz
Pfeffer aus der Mühle
400 g Conchiglie
4 EL frisch geriebener Parmesan

**Dauert etwa 40 Minuten**
**1 Portion = 2372 kJ/566 kcal**

# Rigatoni con lingua salmistrata

*Rigatoni mit Pökelzunge*

- Die Rigatoni in reichlich kochendes Salzwasser geben.
- Inzwischen die weiche Butter in eine Schüssel geben und mit einem Holzlöffel einige Minuten kräftig durcharbeiten.
- Mascarpone, Ricotta und Parmesan hinzugeben und alles zu einer geschmeidigen Creme verrühren. Salzen und pfeffern.
- Die Zunge in nicht zu kleine Würfel schneiden.
- Sobald die Pasta al dente gegart ist, durch ein Sieb abgießen und gründlich trockenschütteln. In eine vorgewärmte Schüssel geben, sorgfältig mit der Käsecreme vermischen und mit den Zungenwürfeln bestreuen.

400 g Rigatoni rigate
Salz
40 g Butter
100 g Mascarpone
100 g Ricotta
4 EL frisch geriebener Parmesan
Pfeffer aus der Mühle
100 g Pökelzunge

**Dauert etwa 20 Minuten**
**1 Portion = 2623 kJ/626 kcal**

# Fusilli al ragù d'agnello con peperoni

*Fusilli mit Lamm-Paprika-Ragout*

**300 g mageres Lammfleisch**
**1 mittelgroße Zwiebel**
**2 Knoblauchzehen**
**1/2 Glas Olivenöl extra vergine**
**1 Glas trockener Weißwein**
**350 g reife, aber feste Tomaten**
**2 große Paprikaschoten**
**1 Lorbeerblatt**
**Salz**
**Pfeffer aus der Mühle**
**400 g Fusilli**
**50 g frisch geriebener Pecorino (oder Parmesan)**

*Dieses Rezept stammt aus den Abruzzen.*

- Das Fleisch waschen, trockentupfen und sehr klein würfeln.
- Die Zwiebel schälen und in feine Scheiben schneiden, den Knoblauch schälen und fein hacken.
- Zwiebel und Knoblauch mit dem Öl in einen Topf geben und auf kleiner Flamme unter häufigem Wenden schmoren lassen, bis die Zwiebelscheiben glasig sind.
- Die Fleischwürfel untermischen, leicht schmoren lassen und dabei nach und nach den Wein zugießen.
- Inzwischen den Backofen auf 220 Grad (Umluft 200 Grad, Gas Stufe 4 bis 5) vorheizen.
- Die Tomaten mit kochendem Wasser überbrühen, abziehen, kleinschneiden und abtropfen lassen.
- Die Paprikaschoten waschen, gut abtrocknen, in den Backofen geben und rösten, bis die Haut bräunlich wird. Zwischendurch einmal wenden.
- Den Paprika aus dem Ofen nehmen, in einen Plastikbeutel geben, fest verschließen und etwa 10 Minuten abkühlen lassen. Anschließend die Schoten abziehen, aufschneiden, Kerne und Rippen entfernen und das Fruchtfleisch in Streifchen schneiden.
- Sobald der Wein völlig eingekocht ist, Paprikastreifen, Tomatenstücke und Lorbeerblatt in die Fleischsauce geben. Salzen und pfeffern, gut durchrühren, zudecken und die Sauce auf kleiner Flamme noch 1 gute Stunde köcheln lassen. Falls notwendig, zwischendurch etwas Wasser zugeben.

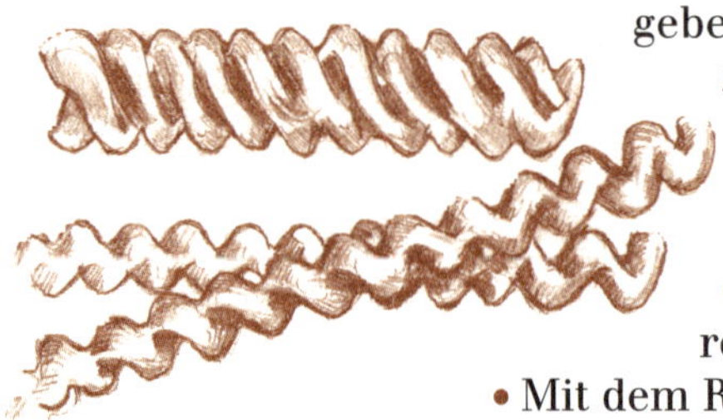

- Kurz vor Ende der Kochzeit die Fusilli in reichlich kochendem Salzwasser al dente garen.
- Mit dem Ragù und dem Reibekäse vermischen und sofort auf den Tisch bringen.

**Dauert etwa 1 Stunde 30 Minuten**
**1 Portion = 2552 kJ/609 kcal**

# Maccheroni con guazzetto di ciavarre

*Makkaroni mit Lammragout*

Dieses „ragù", eines der traditionsreichsten Rezepte aus den Abruzzen, wird dort zu allen möglichen Teigwaren serviert, aber am liebsten natürlich zu den einheimischen hausgemachten Nudeln. Nach Möglichkeit bereitet man die Sauce in einem Tontopf, der groß genug ist, um zum Schluß auch die Pasta aufzunehmen.

- Das Fleisch waschen, trockentupfen und in etwa walnußgroße Stücke schneiden.
- Das Öl in einen Topf geben und auf kleiner Flamme erhitzen. Den Knoblauch schälen und leicht zerquetschen. Knoblauch und Rosmarinzweig hinzufügen und etwa 5 Minuten andünsten.
- Das Fleisch hinzufügen und nach und nach den Wein angießen.
- Inzwischen die Tomaten mit kochendem Wasser überbrühen, die Haut abziehen, das Fruchtfleisch kleinschneiden und ebenfalls in die Sauce geben.
- Sobald die gesamte Flüssigkeit eingekocht ist, den entkernten Peperone und 1 gute Prise Salz hinzugeben.
- Den Deckel aufsetzen und das Ragout bei schwacher Hitze 1 gute Stunde schmoren lassen. Falls die Sauce zu stark einkocht, ab und zu etwas Wasser zugießen.
- Kurz vor Ende der Kochzeit reichlich Salzwasser aufsetzen, die Pasta ins kochende Wasser geben und bißfest garen.
- Rosmarinzweig, Knoblauch und Peperone aus der Sauce nehmen, die Makkaroni abgießen und hineingeben, alles gut durchmischen und sofort auf den Tisch bringen.

**Dauert etwa 2 Stunden**
**1 Portion = 2327 kJ/555 kcal**

*Wenn Sie vermeiden möchten, daß sich die Rosmarinnadeln in der Sauce verteilen, umwickeln Sie den Zweig mit einem Küchenfaden.*

**350 g mageres Lammfleisch**
**1/2 Glas Olivenöl extra vergine**
**2 Knoblauchzehen**
**1 Zweig frischer Rosmarin**
**1 Glas trockener Weißwein**
**500 g reife, aber feste Tomaten**
**1/2 frischer Peperone**
**Salz**
**400 g Makkaroni**

*„Ciavarre" ist die Bezeichnung für ein Schaf, das noch keine Lämmer geworfen hat.*

*In einer notariell beglaubigten Urkunde aus Genua vom Februar 1279 wird erstmals die Bezeichnung „macaroni" für getrocknete Pasta erwähnt. Höchstwahrscheinlich hatten aber schon die Araber um das 11. Jahrhundert die Möglichkeit entdeckt, frische Nudeln zu trocknen, und brachten dieses Wissen nach Sizilien und Süditalien.*

# Maccheroni con verza e carne di maiale

*Makkaroni mit Wirsing und Rindfleisch*

- 1 kleiner Wirsingkopf
- 1 große Zwiebel
- 1 Knoblauchzehe
- 50 g Schinkenspeck
- 2 EL Olivenöl
- 150 g Schweinefilet (oder mageres Schweinefleisch)
- Salz
- Pfeffer aus der Mühle
- 200 g frische Tomaten, gehäutet (oder Dosentomaten)
- Fleischbrühe
- 400 g Makkaroni
- je 1 gehäufter EL frisch geriebener Parmesan und Pecorino

• Den Wirsing von Strunk und groben Rippen befreien und in feine Streifen schneiden. Zwiebel und Knoblauch abziehen und fein hacken.
• Den Schinkenspeck fein würfeln und mit dem Öl in einem Topf erhitzen. Zwiebel und Knoblauch hinzufügen und bei schwacher Hitze leicht andünsten.
• Das Schweinefleisch mit einem scharfen Messer in sehr kleine Stücke schneiden und ebenfalls hinzugeben. Alles gut durchmischen und etwa 10 Minuten kräftig schmoren lassen.
• Anschließend den Wirsing hinzufügen, gut umrühren, salzen und pfeffern. Unter mehrfachem Wenden einige Minuten auf großer Flamme offen anbraten.
• Den Wirsing bei schwacher Hitze etwa 20 Minuten zugedeckt weiterschmoren lassen.
• Die Tomaten kleinschneiden, mitsamt dem Saft und etwas Fleischbrühe hinzugeben, gut durchrühren und die Sauce noch etwa 15 Minuten weiterköcheln lassen. Ab und zu nach Bedarf noch ein wenig Fleischbrühe hinzufügen.
• Inzwischen die Makkaroni in reichlich kochendem Salzwasser garen, abgießen und in eine Schüssel geben.
• Die Wirsingsauce hinzufügen, gut mit der Pasta vermischen, mit dem Reibekäse bestreuen, alles noch einmal durchmischen und sofort auf den Tisch bringen.

**Dauert etwa 1 Stunde 15 Minuten**
**1 Portion = 2462 kJ/588 kcal**

*Bereits Boccaccio sprach im 14. Jahrhundert in seinem „Decamerone“ vom Parmesan. So beschreibt er, wie die Leute im Land Bengodi auf einem Berg von Parmesan Maccheroni und Ravioli zubereiten und sie dann den Käseberg herunterrollen lassen, damit sich auch alle anderen daran erfreuen können.*

# Maccheroni con fegato

*Makkaroni mit Leber*

- Die Zwiebel schälen und fein hacken. Die Pilze putzen, waschen, trocknen und in Scheiben schneiden. Die Leber in nicht zu dünne, etwa 3 cm lange Streifen schneiden.
- In einer großen Pfanne das Olivenöl und die Butter erhitzen. Zwiebel, Leber, Champignons und Salbeiblätter einige Minuten darin kräftig anschmoren. Mit dem Marsala ablöschen und salzen und pfeffern.
- Die Makkaroni al dente garen. Die Nudeln abgießen und zusammen mit einem kleinen Schuß Nudelwasser in die Pfanne geben. Gut durchmischen und sofort servieren.

**Dauert etwa 20 Minuten**
**1 Portion = 2039 kJ/487 kcal**

**1 kleine Zwiebel**
**100 g Egerlinge (braune Champignons)**
**200 g Kalbsleber**
**2 EL Olivenöl extra vergine**
**2 EL Butter**
**1/2 Handvoll frische Salbeiblätter**
**1 Schuß trockener Marsala**
**Salz**
**Pfeffer aus der Mühle**
**400 g Makkaroni**

# Tagliatelle con il sugo di fegatini

*Tagliatelle mit Hühnerleber-Sauce*

Für die Sauce verwendet man in der Regel gerne einen gehaltvollen Rotwein wie Nebbiolo, Barbera oder Barbareso.

- Die Hühnerleberchen säubern und kleinschneiden.
- Die Butter in einem Topf zusammen mit etwas Öl erhitzen. Zwiebel und Knoblauch darin glasig dünsten. Das Lorbeerblatt hinzufügen und einige Minuten mitdünsten.
- Die Hühnerleber zufügen und 2 Minuten kräftig anbraten. Mit dem Rotwein übergießen, die Petersilie hinzufügen, alles gut durchmischen, salzen und pfeffern und 8 bis 10 Minuten auf großer Flamme schmoren lassen. Nach Bedarf etwas Fleischbrühe zugießen.
- Die Tagliatelle in kochendem Salzwasser al dente garen. Mit der Sauce vermischen, mit den Trüffelscheibchen garnieren und mit Parmesan bestreuen.

**Dauert etwa 25 Minuten**
**1 Portion = 2503 kJ/597 kcal**

**200 g Hühnerleber**
**30 g Butter**
**Olivenöl extra vergine**
**1 kleine Zwiebel, fein gehackt**
**1 Knoblauchzehe, fein gehackt**
**1 Lorbeerblatt**
**1/2 Glas Rotwein**
**etwas fein gehackte Petersilie**
**Salz**
**Pfeffer aus der Mühle**
**evtl. Fleischbrühe**
**400 g Eiertagliatelle**
**1 weiße Trüffel in Scheibchen**
**frisch geriebener Parmesan**

*Ein typisches Gericht der Stadt Alba im Piemont, wo man die Eiernudeln „Tajarin“ nennt.*

# Fettuccine con fegatini di pollo

*Fettuccine mit Hühnerleber*

**1 Zwiebel**
**1-2 Knoblauchzehen**
**Olivenöl extra vergine**
**1 Schuß Weißwein (oder Rotwein)**
**500 g pürierte Tomaten**
**1 Lorbeerblatt**
**1/2 TL abgeriebene unbehandelte Zitronenschale**
**1/2 Bund frische Kräuter (z.B. Thymian, Basilikum, Oregano)**
**Salz**
**Pfeffer aus der Mühle**
**evtl. frischer Peperone (oder Cayennepfeffer)**
**400 g Fettuccine**
**200 g Hühnerleber**
**evtl. frisch geriebener Parmesan**

- Zwiebel und Knoblauchzehe(n) schälen, fein hacken und in 2 bis 3 Eßlöffel Olivenöl glasig dünsten. Mit dem Wein ablöschen und kurz einkochen lassen.
- Tomatenpüree, Lorbeerblatt, Zitronenschale und Kräuter hinzufügen. Salzen und pfeffern und nach Belieben mit etwas Peperone würzen. Etwa 15 Minuten leicht schmoren lassen.
- Inzwischen reichlich Salzwasser aufsetzen und die Fettuccine hineingeben, sobald das Wasser aufkocht.
- Die Hühnerlebern säubern, waschen, trockentupfen und nach Belieben grob hacken oder ganz lassen. In etwas Olivenöl oder Butter einige Minuten rundum anbraten. Leicht salzen und pfeffern.
- Die garen Nudeln abgießen und portionsweise auf Teller verteilen. In die Mitte jeweils eine Vertiefung drücken, die Hühnerleber hineingeben und die Tomatensauce ringsum verteilen.
- Nach Belieben Parmesan dazu servieren.

**Dauert etwa 30 Minuten**
**1 Portion = 2558 kJ/611 kcal**

*Zur Abwechslung*

- Die Kräuter können Sie nach Belieben variieren. Salbei, Rosmarin und Basilikum schmecken allerdings frisch ungleich besser als getrocknet, während sich Thymian und Oregano sehr gut getrocknet verwenden lassen. Auch fein gehackte Petersilie paßt gut dazu.
- Nicht sehr italienisch, aber zur Abrundung hervorragend, ist ein Schuß Sojasauce.

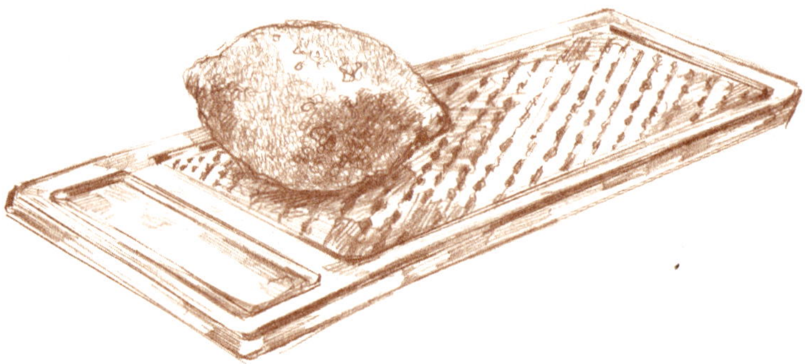

# Pappardelle al coniglio

*Pappardelle mit Kaninchenragout*

- Die Zwiebel schälen und kleinhacken. Die Karotte und den Sellerie putzen, waschen und grob hacken.
- Das Kaninchenfleisch waschen, trockentupfen, in Stückchen schneiden und leicht mit Mehl bestäuben.
- Das Gemüse mit dem Öl und der Hälfte der Butter in einen Topf geben und einige Minuten kräftig anschmoren. Das Kaninchenfleisch hinzufügen und auf großer Flamme unter Wenden anbraten.
- Das Fleisch mit dem Wein übergießen, mit Thymian bestreuen, salzen und pfeffern und zugedeckt schmoren lassen.
- Nach etwa 20 Minuten reichlich Salzwasser für die Pasta zum Kochen bringen, die Pappardelle hineingeben und al dente garen.
- Die Nudeln abgießen, mit der restlichen Butter und der Sauce in eine vorgewärmte Schüssel geben, gut durchmischen und sofort auf den Tisch bringen.

**Dauert etwa 1 Stunde 15 Minuten**
**1 Portion = 2544 kJ/608 kcal**

- *Lassen Sie sich nach Möglichkeit das Kaninchenfleisch vom Metzger entbeinen. Andernfalls lassen Sie sich ein gutes Pfund in Stücke hacken, die Sie gut waschen, trockentupfen und nach Rezept schmoren. Sobald die Sauce gar ist, nehmen Sie die Stücke heraus, entbeinen sie und geben das kleingeschnittene Fleisch wieder in die Sauce.*
- *Das Originalrezept aus der Toskana sieht nicht Kaninchen-, sondern Hasenfleisch vor. Das können Sie natürlich genauso halten und außerdem möglichst noch die Innereien – Herz und Leber – mit hineingeben.*

**1 Zwiebel**
**1 Karotte**
**1 Stange Bleichsellerie**
**250 g Kaninchenfleisch (Brust oder Keule)**
**etwas Mehl**
**2 EL Olivenöl extra vergine**
**60 g Butter**
**1/2 Glas trockener Weißwein (oder Rotwein)**
**1 TL gerebelter Thymian**
**Salz**
**Pfeffer aus der Mühle**
**400 g Pappardelle**

*Die Bezeichnung für Maccheroni leitet sich vom lateinischen Wort „maccare“ für „drücken“ oder „kneten“ ab. Ursprünglich verstand man darunter alle Arten von frisch gekneteten Teigwaren, später setzte sich dieser Begriff für Röhrennudeln durch. In früheren Zeiten war „mangiamaccheroni“ (Makkaronifresser) ein Schimpfwort, mit dem Norditaliener gerne die Süditaliener beleidigten.*

# Conchiglie con le fave

*Conchiglie mit Saubohnen*

**1 kg frische Saubohnen**
**1 Zwiebel**
**100 g Schinkenspeck**
**Olivenöl extra vergine**
**400 g geschälte Tomaten (frisch oder aus der Dose)**
**Salz**
**Pfeffer aus der Mühle**
**1 Lorbeerblatt**
**1 Bund Basilikum**
**400 g Conchiglie**
**50 g frisch geriebener Parmesan**

Der Hauptgrund, weshalb Saubohnen in Italien ungleich beliebter sind als bei uns, besteht wohl darin, daß man sie von ihrer dicken Außenhaut befreit, sofern sie nicht ganz jung und klein sind. Diese zusätzliche Arbeit sollten Sie sich unbedingt machen.

- Die Saubohnen entkernen und die grünen Bohnenkerne von der hellen Außenhaut befreien.
- Die Zwiebel schälen und fein hacken, den Schinkenspeck fein würfeln und beides in etwas Olivenöl andünsten.
- Die Tomaten kleinhacken, hinzugeben, salzen und pfeffern und die Flüssigkeit bei starker Hitze etwa 10 Minuten einkochen lassen. Die Sauce anschließend auf kleiner Flamme weiterköcheln lassen.
- Einen großen Topf mit reichlich Salzwasser und dem Lorbeerblatt aufsetzen.
- Das Basilikum waschen, trockentupfen und die Blätter grob zerzupfen.
- Sobald das Wasser kocht, die Bohnenkerne hineingeben. Nach etwa 10 Minuten die Conchiglie hinzufügen und al dente garen.
- Das Lorbeerblatt herausnehmen, Nudeln und Bohnen abgießen und in eine Schüssel geben. Tomatensauce, Käse und Basilikum hinzufügen, kräftig pfeffern, alles gut durchmischen und sofort auf den Tisch bringen.

**Dauert etwa 50 Minuten**
**1 Portion = 3058 kJ/730 kcal**

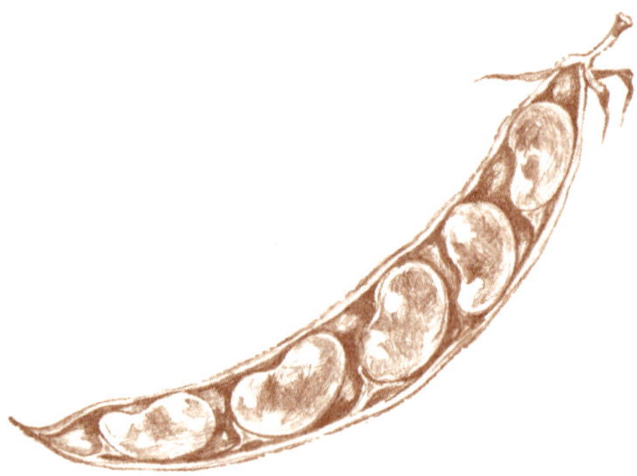

# Zite gialle alle olive

*Safran-Zite mit Oliven*

Bei dieser etwas ungewöhnlichen Zubereitungsart gehen Sie in etwa vor wie bei einem Risotto – Sie müssen also während des Garens ständig am Herd bleiben. Aber das schmackhafte Ergebnis lohnt die Mühe. Bereiten Sie die Safran-Zite nach Möglichkeit in einem feuerfesten Tontopf zu, den Sie auch auf den Tisch bringen können.

**1 Zwiebel**
**50 g Schinkenspeck, gewürfelt**
**2 EL Olivenöl extra vergine**
**30 g Butter**
**350 g Zite**
**1 großer Schöpflöffel heiße Fleischbrühe**
**1 Tütchen Safran**
**1/2 Glas trockener Weißwein**
**1 Prise Thymian**
**1 Handvoll kleine schwarze entkernte Oliven**
**Salz**
**Pfeffer aus der Mühle**
**evtl. frisch geriebenen Parmesan**

- Die Zwiebel schälen, sehr fein hacken und zusammen mit dem Schinkenspeck im Öl und in der Hälfte der Butter andünsten.
- Die Zite hinzufügen, unter mehrfachem Umrühren andünsten und nach und nach die kochende Brühe zugießen.
- Immer wieder mit dem Holzlöffel umrühren, damit die Nudeln die Brühe aufnehmen können. Falls die Nudeln alle Flüssigkeit aufgesogen haben und noch hart sind, ab und zu noch etwas Brühe, Wein oder Wasser hinzufügen.
- Kurz bevor die Zite gar sind, den in wenig Brühe aufgelösten Safran sowie den Wein zugeben.
- Sobald der Wein eingekocht ist, Thymian, Oliven und die restliche Butter unter die Nudeln mischen und mit Salz und Pfeffer abschmecken.
- Die Safran-Zite sofort auf den Tisch bringen und nach Belieben mit Parmesan bestreuen.

**Dauert etwa 30 Minuten**
**1 Portion = 2316 kJ/553 kcal**

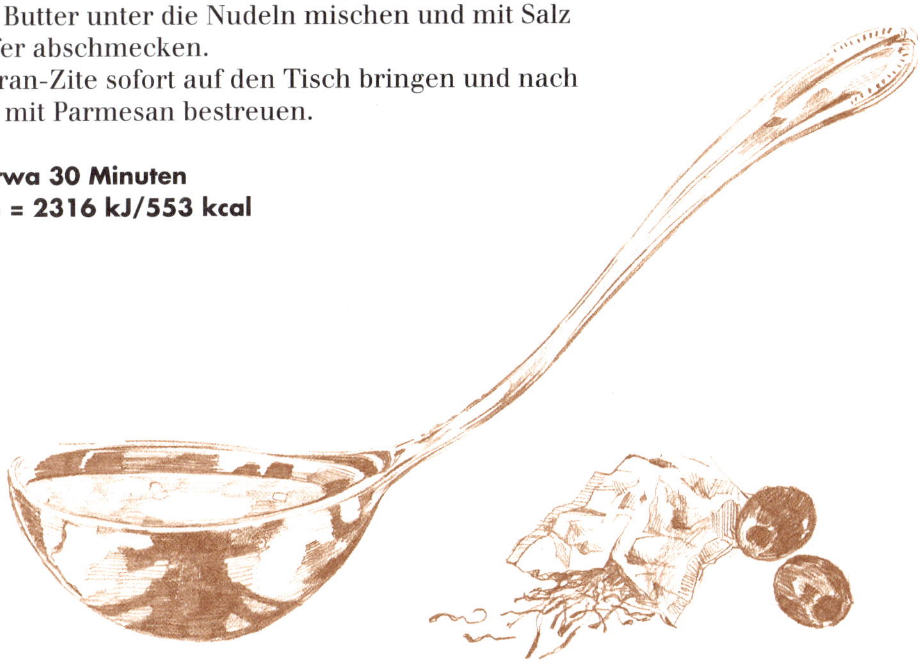

# Tagliatelle con carne e verdura

*Tagliatelle mit Fleisch und Gemüse*

1 große Zwiebel
2 Knoblauchzehen
Olivenöl extra vergine
4 Tomaten, gehäutet und kleingeschnitten (oder Dosentomaten)
3-4 Paprikaschoten, in dünne Streifen geschnitten
1 Tasse Egerlinge (oder Champignons), blättrig geschnitten
1 Tasse gehackter Wirsing (oder Chinakohl)
1 Handvoll fein gehackte Petersilie
evtl. 1/2 scharfer entkernter Peperone
Salz
Pfeffer aus der Mühle
250 g Tagliatelle
350 g Rinderlende, fein gewürfelt (oder anderes mageres Fleisch)
2 EL Pinienkerne (oder gehackte Mandeln)

- Zwiebel und Knoblauchzehen abziehen und fein hacken.
- Die Zwiebel- und Knoblauchwürfel in etwa 4 Eßlöffel Olivenöl glasig dünsten.
- Tomaten, Paprika, Pilze, Wirsing, Petersilie und nach Belieben auch den Peperone hinzufügen.
- Alles einige Minuten unter häufigem Wenden anschmoren und zugedeckt auf kleiner Flamme etwa 15 Minuten weiterschmoren lassen. Leicht salzen und pfeffern.
- Inzwischen die Tagliatelle in reichlich kochendem Salzwasser al dente garen, abgießen und abtropfen lassen.
- Kurz bevor Gemüse und Nudeln gar sind, das Fleisch in einer möglichst großen, schweren Pfanne in wenig Olivenöl rundum scharf anbraten. Die Pfanne vom Feuer nehmen und das Fleisch salzen und pfeffern.
- Die Pinienkerne in einem Pfännchen ohne Fett leicht anrösten.
- Gemüse, Nudeln und Pinienkerne in die Pfanne mit dem Fleisch geben. Alles gut durchmischen, nach Bedarf noch ein wenig Öl zugeben und bei großer Hitze einige Minuten sautieren.

**Dauert etwa 1 Stunde 15 Minuten**
**1 Portion = 2287 kJ/546 kcal**

***Zur Abwechslung***

- Falls Sie das Gericht vorbereiten und erst später servieren wollen, können Sie auch anders vorgehen: Sie bereiten Nudeln, Fleisch und Gemüse wie im Rezept zu, schichten sie abwechselnd in eine gefettete feuerfeste Form, setzen ein paar Butterflöckchen darauf, streuen die Pinienkerne darüber und schieben die Form etwa 15 Minuten in den auf mittlere Hitze vorgeheizten Ofen.

- Falls Sie keine Rinderlende verwenden möchten, ist Lammfleisch bei diesem Rezept die schmackhafteste Alternative – Sie können das Fleisch allerdings auch ganz weglassen.

# Tagliatelle con piselli e prosciutto

## *Tagliatelle mit Erbsen und Schinken*

- 400 g tiefgekühlte Erbsen
- Salz
- 150 g gekochter Schinken
- 1 kleine Zwiebel
- 400 g Tagliatelle
- 60 g Butter
- 3 Salbeiblätter
- 1 Schöpfkelle Fleischbrühe
- Pfeffer aus der Mühle
- 50 g frisch geriebener Parmesan

- Die Erbsen in wenig kochendem Salzwasser in 10 Minuten garen und abgießen.
- Den Schinken in sehr feine Streifen schneiden.
- Die Zwiebel abziehen und fein hacken.
- Reichlich Salzwasser für die Pasta aufsetzen. Sobald es aufkocht, die Tagliatelle hineingeben und in etwa 8 Minuten al dente garen.
- Inzwischen in einem kleinen Topf gut die Hälfte der Butter schmelzen und Zwiebelwürfel und Salbeiblätter hineingeben.
- Sobald die Zwiebel glasig ist, die Erbsen zugeben, gut durchmischen und kurz mitdünsten.
- Die Fleischbrühe über die Erbsen gießen, pfeffern und etwa 10 Minuten garen. Überschüssige Flüssigkeit anschließend abgießen.
- Die restliche Butter in eine vorgewärmte Schüssel geben, die garen Tagliatelle abgießen und hineingeben, Erbsen und Schinken untermischen und mit dem Käse bestreut servieren.

**Dauert etwa 40 Minuten**
**1 Portion = 2761 kJ/659 kcal**

***Zur Abwechslung***

- Noch besser schmeckt dieses Gericht mit frischen grünen Erbsen, doch ist die Saison leider nur kurz. Sie benötigen dann etwa 1 kg frische Erbsen.
- Wenn Sie es herzhafter mögen, nehmen Sie Schinkenspeck anstelle von gekochtem Schinken, und schmoren Sie ihn zusammen mit der Zwiebel an. Nach Belieben können Sie auch noch eine geschälte, fein gehackte Knoblauchzehe mitdünsten.
- Eine weitere Alternative: Sie kochen Nudeln und Erbsen im gleichen Wasser, dünsten wie im Rezept die Zwiebel in Butter an, geben dann Schinken oder Schinkenspeck hinzu und gießen 1 Becher süße Sahne auf. Die Sauce wenig salzen, kräftig pfeffern und leicht einkochen lassen. Mit den abgegossenen Erbsen und Nudeln vermischen und mit Parmesankäse bestreuen.

## Tagliolini saltati con piselli e funghi

*Tagliolini mit Erbsen und Pilzen*

- 25 g getrocknete Steinpilze (oder 150 g frische Pilze)
- 2 EL Olivenöl extra vergine
- 1 Zwiebel, fein gehackt
- evtl. 1 Knoblauchzehe, fein gehackt
- 1 EL fein gehackte Petersilie
- 150 g mageres Rinderhackfleisch
- 1 Tasse pürierte Tomaten
- 150 g Tiefkühlerbsen
- Salz
- Pfeffer aus der Mühle
- 400 g Eiertagliolini
- evtl. frisch geriebener Parmesan

• Die Steinpilze etwa 10 Minuten in lauwarmem Wasser einweichen, abgießen, ausdrücken und grob hacken.
• In einer großen Pfanne das Öl erhitzen, Zwiebel, nach Belieben Knoblauch sowie Petersilie hineingeben und unter häufigem Wenden auf großer Flamme andünsten.
• Hackfleisch und Pilze zugeben und kräftig anschmoren.
• Das Tomatenpüree hinzufügen, einige Minuten köcheln lassen, die Erbsen untermischen und salzen und pfeffern.
• Die Sauce weiterköcheln lassen und gleichzeitig die Tagliolini in reichlich kochendem Salzwasser knapp al dente garen. Die Nudeln abgießen und in die Pfanne geben, gut untermischen, kurz ziehen lassen, noch einmal abschmecken und nach Belieben mit Parmesan servieren.

**Dauert etwa 30 Minuten**
**1 Portion = 2264 kJ/541 kcal**

## Tagliolini con salsiccia

*Tagliolini mit Wurstmett*

- 1 Zwiebel
- 1 Knoblauchzehe
- 1 Stange Bleichsellerie
- 1 Karotte
- 1 Bund Petersilie
- 2 EL Olivenöl extra vergine
- 50 g Butter
- 200 g Schweinemett
- 2 TL Tomatenmark
- Salz
- Pfeffer aus der Mühle
- 400 g Eiertagliolini
- 50 g frisch geriebener Parmesan

• Zwiebel und Knoblauch schälen, Sellerie und Karotte putzen und waschen. Die Petersilie waschen, trockentupfen und die Blättchen abzupfen. Alles fein hacken.
• Das Öl und die Hälfte der Butter in einem Topf erhitzen. Sämtliches Gemüse hinzufügen, kräftig anschmoren, dann das Schweinemett hinzugeben. Das Tomatenmark in einer Tasse heißem Wasser auflösen und in den Topf geben. Die Sauce leicht salzen und pfeffern und 1 Stunde auf kleiner Flamme köcheln lassen.
• 15 Minuten vor Ende der Garzeit reichlich Salzwasser aufsetzen und die Tagliolini darin al dente garen. Die Nudeln abgießen, mit der restlichen Butter, der Fleischsauce und dem Käse gut vermischen und servieren.

**Dauert etwa 1 Stunde 15 Minuten**
**1 Portion = 2865 kJ/685 kcal**

## Tagliatelle al fumo

*Tagliatelle mit Schinkenspeck und Räucherkäse*

- Die Tomaten kurz mit kochendem Wasser überbrühen, häuten, entkernen und kleinschneiden.
- Den Schinkenspeck fein würfeln und zusammen mit dem Knoblauch kräftig im Öl anschmoren.
- Die Tomaten hinzufügen, mit Salz, Pfeffer und 1 Prise Oregano würzen und alles etwa 10 Minuten weiterschmoren lassen.
- Den Räucherkäse in Stückchen schneiden.
- Die Tagliatelle in reichlich Salzwasser al dente garen, abgießen und in eine vorgewärmte Schüssel geben. Die Nudeln mit Tomatensauce, Räucherkäse und Pecorino vermischen und sofort servieren.

**Dauert etwa 30 Minuten**
**1 Portion = 2952 kJ/705 kcal**

**400 g reife, aber feste Tomaten**
**50 g Schinkenspeck**
**1 Knoblauchzehe, fein gehackt**
**2 EL Olivenöl extra vergine**
**Salz**
**Pfeffer aus der Mühle**
**gerebelter Oregano**
**200 g Scamorza affumicata (Räucherkäse)**
**400 g Eiertagliatelle**
**2 gehäufte EL frisch geriebener Pecorino**

## Spaghetti all'amatriciana

*Spaghetti aus Amatrice*

Dieses Rezept, das ursprünglich aus den Sabiner Bergen stammt, gibt es in mehreren Variationen. Häufig verwendet man auch wesentlich mehr Schinkenspeck, oder man serviert die Pasta ohne Käse.

- Die Tomaten kurz mit kochendem Wasser überbrühen, häuten, entkernen und mit einer Gabel zerdrücken.
- Die Zwiebel abziehen, mit dem Schinkenspeck fein hacken und im Öl anbraten.
- Die Tomaten hinzufügen und schmoren lassen, bis ein Mus entsteht. Mit Salz und Pfeffer abschmecken.
- Inzwischen die Spaghetti in einem Topf mit reichlich Salzwasser al dente garen.
- Die Tomatensauce mit den abgegossenen Spaghetti vermischen und mit dem Pecorino bestreuen. Sofort auf den Tisch bringen.

**Dauert etwa 40 Minuten**
**1 Portion = 2627 kJ/627 kcal**

**500 g Tomaten**
**1 mittelgroße Zwiebel**
**100 g Schinkenspeck**
**1 EL Olivenöl extra vergine**
**Salz**
**Pfeffer aus der Mühle (oder fein gehackter Peperone)**
**400 g Spaghetti**
**50 g frisch geriebener Pecorino**

*Wenn Sie frischen Peperone verwenden wollen, geben Sie ihn gleichzeitig mit den Tomaten in die Sauce.*

# Spaghetti alla carbonara

*Spaghetti mit Schinkenspeck und Ei*

1 kleine Zwiebel
200 g Schinkenspeck
Olivenöl extra vergine
1 nußgroßes Stück Butter
1 Schuß Weißwein
400 g Spaghetti
2 Eigelb
1/2 Becher Sahne
weißer Pfeffer aus der Mühle
3 EL frisch geriebener Parmesan

Meistens wird dieses Gericht mit Spaghetti zubereitet, doch passen auch andere Pasta-Sorten wie beispielsweise Penne sehr gut zu dieser Sauce.

- Die Zwiebel schälen und fein hacken, den Schinkenspeck in Würfelchen schneiden. Beides in 2 Eßlöffel Öl und Butter kräftig anschmoren und mit dem Weißwein ablöschen.
- Inzwischen reichlich Salzwasser für die Pasta aufsetzen. Sobald das Wasser aufkocht, die Spaghetti mit etwas Öl hineingeben.
- In einer großen vorgewärmten Schüssel 2 Eigelb, den Käse und die Sahne miteinander verquirlen und mit Pfeffer abschmecken.
- Den „soffritto“ aus Zwiebeln und Schinkenspeck hinzugeben und gut durchmischen.
- Die garen Spaghetti abgießen und in die Schüssel geben, untermischen und sofort servieren.

**Dauert etwa 15 Minuten**
**1 Portion = 3871 kJ/924 kcal**

***Zur Abwechslung***

- Diese Version des „sugo alla carbonara“ ist heutzutage sehr gebräuchlich. Puristen bestehen jedoch auf dem ursprünglichen Rezept: Sie verwenden dabei keine Sahne, sondern 4 ganze, gut verquirlte Eier.
- Nach Belieben können Sie noch eine fein gehackte Knoblauchzehe zum „soffritto“ geben.

*Die Bezeichnungen für die italienischen Teigwaren – man hat über 100 verschiedene Arten gezählt – variieren oft von Region zu Region, und jede Region hat ihre eigenen Spezialitäten. Deshalb wissen auch Italiener auf Reisen im eigenen Land häufig nicht, welche Pastasorte sich hinter einem bestimmten Namen auf der Speisekarte verbirgt. Die Spaghetti gehören zu den wenigen national verbreiteten Nudelsorten und leiten sich von „spago“ – „Bindfaden“ – ab.*

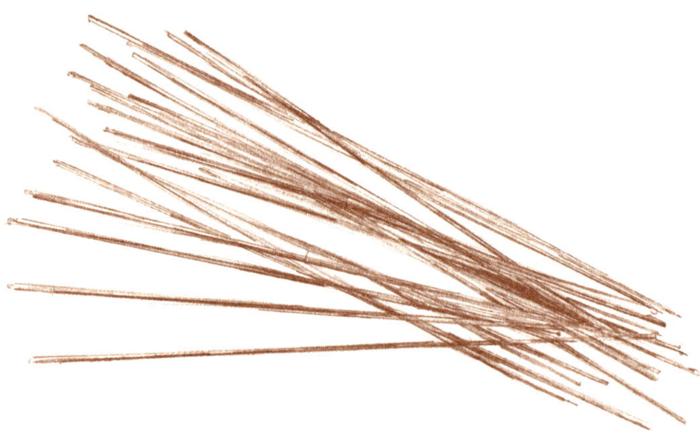

# Penne ai carciofi

*Penne mit Artischockenherzen*

- 400 g Penne
- Salz
- 400 g Artischockenherzen aus der Dose (Abtropfgewicht)
- 1 mittelgroße Zwiebel, fein gehackt
- 2 EL Olivenöl extra vergine
- 1 großes Glas pürierte Tomaten
- 50 g magerer Schinkenspeck (oder Schinken)
- 20 g Butter
- 1 kleines Glas Weißwein
- Pfeffer aus der Mühle
- 1 EL gehackte Petersilie
- 50 g frisch geriebener Parmesan

• Die Penne in reichlich Salzwasser al dente kochen und abgießen. Die Artischockenherzen vierteln.
• Die Zwiebel im Olivenöl glasig dünsten. Das Tomatenpüree hinzugeben und leicht köcheln lassen.
• Den Schinkenspeck sehr fein schneiden und in einem großen Topf in der Butter gut anbraten, aber nicht braun werden lassen.
• Die Artischockenviertel hineingeben, vorsichtig wenden und andünsten. Den Wein zugießen und auf mittlerer Flamme einkochen lassen.
• Die Tomatensauce hinzufügen, salzen und pfeffern und kurz durchziehen lassen. Mit den Penne vermischen und mit der Petersilie bestreuen. Den Parmesan nach Belieben darüberstreuen oder extra servieren.

**Dauert etwa 50 Minuten**
**1 Portion = 2737 kJ/653 kcal**

# Penne con funghi secchi e pancetta

*Penne mit Pilzen und Schinkenspeck*

- 25 g getrocknete Steinpilze
- 50 g Schinkenspeck
- 1 EL Olivenöl extra vergine
- 30 g Butter
- 1 kleine Zwiebel, fein gehackt
- Salz
- Pfeffer aus der Mühle
- 2 Eigelb
- 3 EL süße Sahne
- 4 EL frisch geriebener Parmesan
- 400 g Penne

• Die Pilze etwa 10 Minuten in warmem Wasser einweichen. Den Schinkenspeck fein würfeln.
• Öl und Butter in einem Topf erhitzen, die Zwiebel darin glasig dünsten, den Schinkenspeck hinzugeben und leicht anbraten. Die Pilze abtropfen, grob hacken und in den Topf geben. Durchrühren, salzen und pfeffern und leicht köcheln lassen.
• Eigelb, Sahne und Reibekäse gründlich vermischen.
• Inzwischen die Penne in reichlich Salzwasser al dente garen.
• Abgießen, mit der Pilzsauce vermengen und dann die Eimischung unterziehen.

**Dauert etwa 30 Minuten**
**1 Portion = 2674 kJ/639 kcal**

# Tagliolini al basilico

*Tagliolini mit Basilikum*

- 400 g Tagliolini
- Salz
- 2 EL Olivenöl extra vergine
- 2 EL Butter
- 1-2 Knoblauchzehen, fein gehackt
- 50 g Schinkenspeck, gewürfelt
- 1 Handvoll frische Basilikumblätter
- schwarzer Pfeffer aus der Mühle
- 2 gehäufte EL frisch geriebener Pecorino

• Die Tagliolini in reichlich kochendem Salzwasser al dente garen.
• Kurz vor Ende der Kochzeit in einer großen Pfanne das Olivenöl und die Butter erwärmen und darin zuerst den Knoblauch andünsten, danach den Schinkenspeck.
• Die Basilikumblätter waschen und zerzupfen.
• Die Nudeln abgießen, in die Pfanne geben, gut durchmischen, mit Salz und Pfeffer würzen und die Basilikumblätter unterheben.
• Auf kleinster Flamme alles kurz durchziehen lassen und mit dem Reibekäse bestreut servieren.

**Dauert etwa 15 Minuten**
**1 Portion = 2156 kJ/515 kcal**

*Zur Abwechslung*
• Sie können statt Pecorino auch Parmesan oder kleingeschnittenen Ricotta oder einen anderen Käse Ihrer Wahl zu den Tagliolini geben.
• Nach Belieben können Sie zusätzlich noch Petersilie und Schnittlauch untermischen.

*Wenn beim Essen ein Rest übrigbleibt, läßt er sich sehr gut aufbacken. Oder Sie mischen je nach Menge noch 1 bis 2 verquirlte Eier unter, erhitzen etwas Öl in einer Pfanne, geben die Nudeln hinein, drücken sie flach und braten sie von jeder Seite einige Minuten goldbraun an. Dazu können Sie nach Belieben eine Tomatensauce servieren.*

# Orecchiette con broccoli

*Orecchiette mit Brokkoli*

Dieses klassische Rezept aus Apulien wird dort in der Regel auch heute noch mit hausgemachten Orecchiette zubereitet. Es schmeckt aber auch mit fertig gekauften Orecchiette oder anderer trockener Pasta wie Pipe rigate oder kurzen Vollkornnudeln. Es ist ein sehr schmackhaftes, herzhaftes Gericht, weil Pasta und Gemüse im gleichen Wasser gekocht werden. Sie müssen allerdings die Garzeiten richtig koordinieren, damit Pasta und Gemüse ihren Biß behalten.

1 kg Brokkoli
Salz
400 g Orecchiette
150 g Schinkenspeck
(oder gekochter Schinken)
2-3 EL Olivenöl extra vergine
Pfeffer aus der Mühle
50 g frisch geriebener Pecorino

- Den Brokkoli putzen und in Röschen teilen. Den Strunk unten großzügig abschneiden, den Rest waschen und grob hacken.
- Die Brokkoliröschen und -stiele in kochendem Salzwasser bißfest garen, mit dem Schaumlöffel herausnehmen und abtropfen lassen.
- Die Orecchiette im Gemüsewasser al dente garen. Ganz zum Schluß noch einmal das Gemüse hineingeben und beides zusammen abgießen.
- Inzwischen den Schinkenspeck kleinschneiden.
- Die Schinkenwürfel in einer großen Pfanne auf kleiner Flamme auslassen.
- Dann das Olivenöl hinzugeben.
- Pasta und Brokkoli in die Pfanne geben. Alles gut durchmischen, kräftig pfeffern und mit dem Käse bestreut sofort auf den Tisch bringen.

**Dauert etwa 30 Minuten**
**1 Portion = 3163 kJ/755 kcal**

*Zur Abwechslung*

- Zusammen mit dem Schinkenspeck können Sie noch 1 kleingehackte Knoblauchzehe und/oder 1 kleingewürfelte Zwiebel andünsten.
- Eine besonders köstliche Variante: Anstelle des Schinkenspecks geben Sie einen entkernten Peperone in das Öl und dünsten darin außerdem noch einige Sardellenfilets an, bis sie zerfallen.
- Sie können das Gericht auch mit anderen Gemüsen zubereiten, zum Beispiel mit Blumenkohl, Zuckerschoten oder Mangold.

# Penne gratinate al forno

*Penne im Ofen überbacken*

1 Bund Petersilie
1 kleine Zwiebel
1 Knoblauchzehe
1/2 Glas Olivenöl extra vergine
800 g frische Tomaten (oder Dosentomaten)
Salz
Pfeffer aus der Mühle
350 g Penne
ca. 250 g Mozzarella
100 g roher Schinken
ca. 80 g frisch geriebener Pecorino (oder Parmesan)

- Die Petersilienblätter abzupfen und waschen. Zwiebel und Knoblauch schälen und alles fein hacken.
- Das Öl bis auf 2 Eßlöffel in einer Kasserolle erhitzen und Petersilie, Zwiebel und Knoblauch darin kräftig anschmoren, aber nicht braun werden lassen.
- Die Tomaten heiß überbrühen, abziehen, nach Belieben auch entkernen, in Stücke schneiden und ebenfalls in die Kasserolle geben. Salzen, pfeffern und 10 bis 15 Minuten köcheln lassen. Falls die Sauce zu flüssig ist, auf großer Flamme ohne Deckel noch einige Minuten einkochen.
- Die Nudeln in reichlich kochendem Salzwasser bißfest garen und mit kaltem Wasser abschrecken.
- Mozzarella und Schinken kleinschneiden. Den Ofen auf 200 Grad (Umluft 180 Grad, Gas Stufe 3 bis 4) vorheizen.
- Mit dem restlichen Öl eine feuerfeste Form ausstreichen. Schichtweise Penne, Mozzarella, Schinken, Tomatensauce und Käse hineingeben, bis alle Zutaten aufgebraucht sind. Die oberste Schicht sollte gut mit Tomatensauce und Pecorino bedeckt sein. Den Nudelauflauf 30 Minuten im Ofen überbacken.

**Dauert etwa 1 Stunde 15 Minuten**
**1 Portion = 3092 kJ/738 kcal**

*Im alten Firmensitz der Firma Agnesi, die in Italien als erste mit der industriellen Nudelproduktion begonnen hat, befindet sich heute ein Pasta-Museum. In diesem Museum in Pontedassio bei Imperia an der ligurischen Küste erfährt man wirklich alles Wissenswerte über diese köstlichste aller italienischen Spezialitäten.*

# Conchiglioni ripieni

*Gefüllte Conchiglioni*

- 1 große Zwiebel
- 1 Knoblauchzehe, fein gehackt
- 2 EL Olivenöl extra vergine
- 150 g Schweinemett
- 300 g Tiefkühlblattspinat, aufgetaut, (oder frischer Spinat in entsprechender Menge)
- 1 Glas Weißwein
- Salz
- Pfeffer aus der Mühle
- 200 g Ricotta oder fester Quark
- 80 g frisch geriebener Parmesan
- knapp 1/2 l Bechamelsauce (Seite 180)
- 30 g Pinienkerne, grob gehackt
- 400 g Conchiglioni
- Butter für die Form
- 1 Glas pürierte Tomaten

- Die Zwiebel sehr fein schneiden. Die Zwiebelwürfel mit dem Knoblauch in einem Topf im Olivenöl glasig dünsten.
- Das Schweinemett und kurz darauf den Spinat hinzugeben. Bei kräftiger Hitze mehrfach wenden.
- Sobald alle Flüssigkeit eingekocht ist, den Wein aufgießen, salzen und pfeffern und alles etwa 15 Minuten köcheln lassen.
- Den Topfinhalt mit Ricotta, etwa 40 Gramm Parmesan und 1 Prise Pfeffer in den Mixer geben. Das Püree mit knapp der Hälfte der Bechamelsauce und den Pinienkernen vermischen. Sollte die Mischung zu flüssig sein, noch etwas einkochen lassen.
- Den Backofen auf 200 Grad (Umluft 180 Grad, Gas Stufe 3 bis 4) vorheizen.
- Die Conchiglioni in reichlich kochendem Salzwasser al dente garen, abgießen und abkühlen lassen.
- Die Nudeln mit der Mischung füllen und in eine gebutterte Form setzen.
- Die restliche Bechamelsauce mit dem Tomatenpüree vermischen und salzen und pfeffern.
- Die Sauce über die Conchiglioni gießen, mit dem restlichen Parmesan bestreuen und noch einige Butterflöckchen daraufsetzen. Die Nudeln etwa 15 Minuten im vorgeheizten Ofen überbacken.

**Dauert etwa 1 Stunde**
**1 Portion = 3609 kJ/863 kcal**

*Conchiglioni, Nudeln in Form von großen Muscheln (in kleinerer Ausführung heißen sie Conchiglie), lassen sich sehr gut füllen. Die hier beschriebene Füllung ist nur eine von vielen Möglichkeiten. Gut eignen sich auch pikant vorgeschmorte Pilze, Ragù alla bolognese (Seite 180) sowie Kräuter- oder Gemüsefüllungen, die jeweils mit einer Bechamel- oder Käsesauce überzogen werden.*
*Bei diesem Rezept können Sie das Fleisch auch weglassen und dafür mehr Spinat und Ricotta verwenden.*

# Pasta con pesce o frutti di mare

# Nudeln mit Fisch oder Meeresfrüchten

## Bigoli alla veneta con acciughe

*Bigoli mit Sardellen auf venezianische Art*

**5-6 in Salz eingelegte Sardellen (oder 12-14 Sardellenfilets in Öl)**
**6 EL Olivenöl extra vergine**
**3 mittelgroße Zwiebeln**
**400 g Bigoli (oder Spaghetti)**
**Salz**
**3 EL Semmelbrösel**
**20 g Butter**

Die Bigoli sind eine typisch venezianische Nudelart, eine Art dicke Spaghetti, die früher aus Vollkornmehl und wenigen Eiern frisch zubereitet wurden. Sie kamen traditionell am Aschermittwoch auf den Tisch. Heute gibt es sie fertig im Handel. Sie können sie aber durch Spaghetti ersetzen. Dieses Gericht wird in Italien mit in Salz eingelegten Sardellen zubereitet. Sie können aber auch entsprechend mehr in Öl eingelegte Sardellenfilets verwenden.

- Die Sardellen sorgfältig waschen, entgräten und trocknen. Mit 3 Eßlöffel Olivenöl in eine Pfanne geben und auf kleiner Flamme so lange mit dem Holzlöffel durchrühren, bis sie völlig zerfallen sind.
- Die Zwiebeln schälen und in feine Ringe schneiden. Zusammen mit dem restlichen Öl in die Pfanne geben, glasig dünsten und leicht anbräunen. Einige Eßlöffel heißes Wasser hinzufügen und noch 5 Minuten weiterdünsten lassen.
- Die Pasta in kochendem Salzwasser al dente garen.
- Inzwischen die Semmelbrösel in der Butter leicht anrösten. Die Nudeln abgießen, mit der Sauce vermischen und mit den Semmelbröseln bestreuen.

**Dauert etwa 30 Minuten**
**1 Portion = 2373 kJ/567 kcal**

# Spaghetti alla puttanesca

*Spaghetti mit Oliven, Sardellen und Kapern*

- Die Sardellen entgräten, gut waschen und grob hacken.
- Reichlich Salzwasser für die Pasta aufstellen. Sobald das Wasser kocht, die Spaghetti hineingeben und in etwa 8 Minuten al dente garen.
- Inzwischen den Knoblauch im Öl andünsten, 1/2 Eßlöffel Petersilie und die Tomaten hinzufügen und einige Minuten offen köcheln lassen.
- Oliven, Kapern und Sardellen hinzufügen und zugedeckt weiterköcheln lassen.
- Kurz bevor die Pasta gar ist, die Sauce mit etwas Salz und Pfeffer abschmecken.
- Die Spaghetti abgießen, mit der Sauce vermischen und die restliche Petersilie darüberstreuen.

8 Sardellenfilets
Salz
400 g Spaghetti
2 Knoblauchzehen, kleingehackt
1 Gläschen Olivenöl extra vergine
1 EL gehackte Petersilie
500 g pürierte oder kleingeschnittene Tomaten
70 g entkernte schwarze Oliven
1 EL Kapern
Pfeffer aus der Mühle

**Dauert etwa 40 Minuten**
**1 Portion = 2377 kJ/567 kcal**

***Zur Abwechslung***

- Statt Pfeffer können Sie 1 entkernten Peperone mitgaren, den Sie vor dem Servieren aus der Sauce nehmen.
- Außerdem können Sie noch etwas Basilikum an die Sauce geben.
- Diese Sauce paßt auch sehr gut zu anderen Pastasorten wie beispielsweise Taglierini (schmale Bandnudeln) oder Penne.

*Das Wort „Maccherone" wurde in Sizilien ursprünglich im übertragenen Sinn für einen Dummkopf gebraucht. Es gibt noch heute eine Reihe von Redensarten dazu: Ein törichter Mensch ist ein „ungesalzener Maccherone"; ein durchtriebener Gauner, der sich unschuldig stellt, ist „so klar wie Maccheroniwasser" (das sehr trüb ist); sich von „Pasta und Maccheroni nähren" heißt, in Saus und Braus leben. „Das fällt wie Käse auf die Maccheroni" sagt man, wenn etwas wie gerufen kommt. „Maccheroni auf dem Kopf eines anderen essen" bedeutet, daß man schlauer ist als der Partner.*

# Vermicelli alla siracusana

*Vermicelli aus Syrakus*

**1 Aubergine**
**Salz**
**1 gehäufter EL Kapern**
**4 Sardellenfilets**
**ca. 12 schwarze Oliven**
**1 Handvoll Basilikumblätter**
**1 gelbe oder grüne Paprikaschote**
**350 g reife, aber feste Tomaten**
**4 EL Olivenöl extra vergine**
**1 Knoblauchzehe**
**Pfeffer aus der Mühle**
**400 g Vermicelli**
**2-3 EL frisch geriebener Pecorino (oder Parmesan)**

- Den Ofen auf 250 Grad (Umluft 230 Grad, Gas Stufe 6) vorheizen.
- Die Aubergine waschen, in Würfelchen schneiden, auf einem Brett verteilen und salzen, damit sie Wasser zieht.
- Die Kapern grob hacken, die Sardellenfilets zerzupfen, die Oliven entkernen. Die Basilikumblätter waschen, trockentupfen und grob hacken.
- Die Paprikaschote in den Backofen geben und herausnehmen, sobald die Haut bräunlich wird. In eine Plastiktüte legen, diese fest verschließen und die Schoten etwa 10 Minuten abkühlen lassen. Dann die Haut abziehen, die Schote von Rippen und Kernen befreien und in Streifen schneiden.
- Die Tomaten mit kochendheißem Wasser überbrühen, abziehen und grob hacken.
- Das Öl in einer großen Pfanne erhitzen, den Knoblauch in der Schale leicht zerquetschen und hineingeben, kurz andünsten und wieder herausnehmen.
- Die Auberginenwürfel abbrausen und mit Küchenkrepp trocknen.
- Die Sardellen, die Tomaten und die Auberginenwürfel ins Öl geben und bei starker Hitze unter mehrfachem Wenden anschmoren.
- Oliven, Paprikastreifen, Basilikum und die gehackten Kapern hinzufügen. Gut durchmischen, nach Geschmack mit Salz und Pfeffer würzen und bei schwacher Hitze etwa 20 Minuten köcheln lassen.
- Inzwischen die Vermicelli in reichlich kochendem Salzwasser al dente garen, abgießen, mit der fertigen Sauce vermischen und mit Pecorino bestreuen.

**Dauert etwa 40 Minuten**
**1 Portion = 2353 kJ/562 kcal**

# Penne ai peperoni

*Penne mit Paprikaschoten*

- Die Paprikaschoten waschen, entkernen, in Streifen und dann in kleine Quadrate schneiden.
- Die Sardellenfilets kleinschneiden, den Knoblauch leicht quetschen.
- Beides zusammen mit dem Öl in einen Topf geben und bei mäßiger Hitze mit einem Holzlöffel leicht umrühren, bis die Sardellen zerfallen sind.
- Die Paprikastückchen dazugeben, gut umrühren und auf größerer Flamme etwa 10 Minuten schmoren lassen.
- Inzwischen die Penne in reichlich kochendem Salzwasser al dente garen.
- Die Paprikasardellen salzen, pfeffern und mit dem Rotwein beträufeln. Den Wein einkochen lassen und die Kapern hinzufügen.
- Die Nudeln abgießen und in eine Schüssel geben. Mit der Sauce vermischen, mit Petersilie bestreuen und sofort auf den Tisch bringen.

**Dauert etwa 30 Minuten**
**1 Portion = 2019 kJ/483 kcal**

*Sie können die ganzen Paprikaschoten auch zuvor im Backofen bei 250 Grad erhitzen, bis die Haut bräunlich wird, anschließend in eine Plastiktüte geben, diese fest verschließen, die Schoten 10 Minuten abkühlen lassen und dann abziehen. Diese Vorbereitung ist zwar etwas aufwendiger, aber das Gemüse bekommt einen sanfteren Geschmack und ist so besser verträglich.*

**je 1 rote, grüne oder gelbe Paprikaschote**
**4-6 Sardellenfilets**
**1 Knoblauchzehe, geschält**
**4 EL Olivenöl extra vergine**
**400 g Penne**
**Salz**
**Pfeffer aus der Mühle**
**2 EL Rotwein**
**1 EL Kapern**
**1 EL grob gehackte Petersilie**

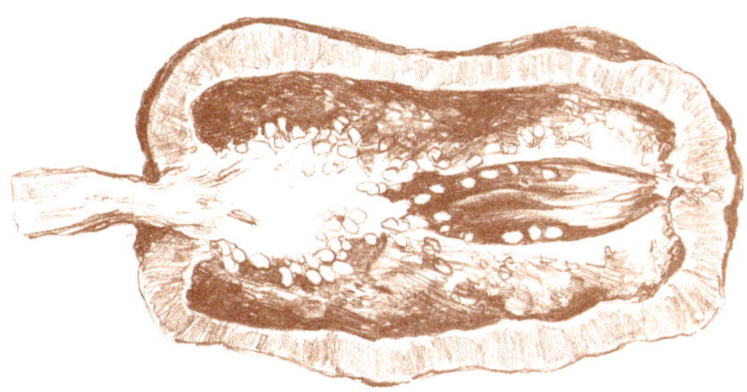

# Spaghetti con aglio, olio e peperoncino

*Spaghetti mit Knoblauch, Olivenöl und Pfefferschote*

**400 g Spaghetti**
**Salz**
**1/2 Glas Olivenöl extra vergine**
**3 Knoblauchzehen (oder mehr)**
**1 Peperone, kleingehackt und entkernt**
**6 Sardellenfilets**
**2 EL grob gehackte Petersilie**

*Die Sardellen können Sie bei diesem „Klassiker" auch weglassen, ebenso den Peperone.*

- Die Spaghetti in reichlich kochendem Salzwasser al dente kochen.
- Inzwischen das Öl in einem kleinen Topf erhitzen. Den Knoblauch in der Schale mit einem Messer flachquetschen, zusammen mit dem Peperone ins Öl geben und andünsten.
- Die Knoblauchzehen herausnehmen und die Sardellen im heißen Öl unter Rühren zerfallen lassen.
- Die Spaghetti abgießen und die Sauce untermischen. Auf Teller verteilen und über jede Portion noch etwas Petersilie streuen.

**Dauert etwa 15 Minuten**
**1 Portion = 1755 kJ/419 kcal**

# Tagliatelle all'aringa affumicata

*Tagliatelle mit Räucherhering*

**80 g entrindetes Weißbrot**
**2 EL Essig**
**Salz**
**400 g Tagliatelle**
**1 Bund Petersilie**
**120 g filetierter Räucherhering**
**30 g entkernte schwarze Oliven**
**2 Knoblauchzehen, geschält**
**1 EL Kapern**
**Olivenöl extra vergine**
**1 EL Pinienkerne**
**1 Spritzer Zitronensaft**
**Pfeffer aus der Mühle**

- Das Weißbrot in wenig Wasser und Essig einweichen.
- Reichlich Salzwasser zum Kochen bringen und die Tagliatelle darin in etwa 8 Minuten al dente garen, anschließend abgießen.
- Inzwischen die Petersilienblättchen abzupfen. Hering, Oliven, Knoblauch, Kapern und Petersilie im Mixer pürieren. Nach und nach etwas Öl zugeben, zuletzt auch das gut ausgedrückte Weißbrot und die Pinienkerne. Nach Bedarf noch ein wenig Öl hinzufügen.
- Die Sauce mit Zitronensaft und Pfeffer abschmecken und unter die Nudeln mischen.

**Dauert etwa 20 Minuten**
**1 Portion = 2743 kJ/655 kcal**

***Zur Abwechslung***
Die Heringssauce paßt auch sehr gut zu Polenta.

# Tagliatelle con crema di tonno

*Tagliatelle mit Thunfischcreme*

- 400 g Tagliatelle
- Salz
- 2 hartgekochte Eidotter
- 1 kleines Glas Olivenöl extra vergine
- 1 Bund Petersilie
- 1 mittelgroße Dose Thunfisch (ca. 175 g)
- 4 Sardellenfilets
- 1 Knoblauchzehe, geschält
- 1 Handvoll Basilikumblätter

• Die Tagliatelle in reichlich kochendem Salzwasser bißfest garen.
• Inzwischen die Eidotter mit 2 Eßlöffel Öl in einer großen Servierschüssel mit einer Gabel zu einer homogenen Creme verarbeiten.
• Die Petersilienblättchen abzupfen und waschen.
• Den abgetropften Thunfisch, die Sardellenfilets, den Knoblauch und die Petersilien- und Basilikumblätter mit dem restlichen Öl im Mixer pürieren. Zu der Eigelbcreme geben und gut verrühren.
• Die Nudeln abgießen, ebenfalls in die Schüssel geben, gut durchmischen und sofort auf den Tisch bringen.

**Dauert etwa 15 Minuten**
**1 Portion = 2582 kJ/617 kcal**

# Fusilli al tonno caldo

*Fusilli mit warmer Thunfischsauce*

- 400 g Fusilli
- Salz
- 1 kleine Zwiebel
- 3 Knoblauchzehen
- 1 Bund Petersilie
- 4 EL Olivenöl extra vergine
- 1 kleiner Peperone (oder Cayennepfeffer)
- 300 g pürierte Tomaten
- 1 Schuß Weißwein
- 300 g Thunfisch aus der Dose
- evtl. 1 TL Kapern
- Oregano

*Statt mit Oregano können Sie die Sauce auch mit frischem Basilikum würzen.*

• Die Fusilli in reichlich kochendem Salzwasser al dente garen.
• Inzwischen Zwiebel und Knoblauch schälen und fein hacken, die Petersilienblättchen abzupfen, waschen und ebenfalls fein hacken.
• Das Öl in einen Topf geben und Zwiebel, Knoblauch, Petersilie und den fein gehackten Peperone darin anschmoren (Cayennepfeffer erst am Schluß in die Sauce geben). Die Tomaten, etwas warmes Wasser und den Wein hinzufügen. Umrühren und bei mäßiger Hitze kurz köcheln lassen.
• Den abgetropften und zerzupften Thunfisch sowie nach Belieben die Kapern hinzugeben und die Sauce weiterschmoren lassen, bis die Pasta gar ist. Zum Schluß mit Oregano würzen. Die Nudeln mit der Sauce vermischen und sofort servieren.

**Dauert etwa 15 Minuten**
**1 Portion = 2824 kJ/675 kcal**

# Conchiglie al tonno freddo

*Conchiglie mit kalter Thunfischsauce*

400 g Conchiglie
Salz
200 g Thunfisch aus der Dose
30 g weiche Butter
1 Glas pürierte Tomaten
1 Prise Oregano
Pfeffer aus der Mühle
(oder Cayennepfeffer)

- Die Conchiglie in reichlich kochendem Salzwasser al dente garen.
- Inzwischen den Thunfisch abtropfen lassen, fein zerzupfen und mit den übrigen Zutaten für die Sauce in einer großen Servierschüssel sorgfältig verrühren.
- Die Nudeln abgießen, in die Schüssel geben und mit der Sauce vermischen.

**Dauert etwa 15 Minuten**
**1 Portion = 2326 kJ/556 kcal**

# Farfalle al salmone affumicato

*Farfalle mit geräuchertem Lachs*

400 g Farfalle
Salz
1 kleine Zwiebel
200 g Räucherlachs
40 g Butter
4 EL Weißwein
1 Becher Crème fraîche
Pfeffer aus der Mühle
evtl. 1 Msp. Muskatnuß

- Die Farfalle in reichlich kochendem Salzwasser al dente garen.
- Inzwischen die Zwiebel schälen und fein hacken, den Lachs in feine Streifen schneiden.
- Die Zwiebel auf kleiner Flamme in der Butter glasig dünsten, den Wein hinzugießen und einkochen lassen.
- Die Crème fraîche zugeben, salzen und pfeffern, die Sauce kurz erhitzen und sofort vom Feuer nehmen. Den Lachs hinzufügen, durchrühren und nach Belieben noch mit Muskat abschmecken.
- Die Farfalle abgießen, mit der Sauce vermischen und sofort servieren.

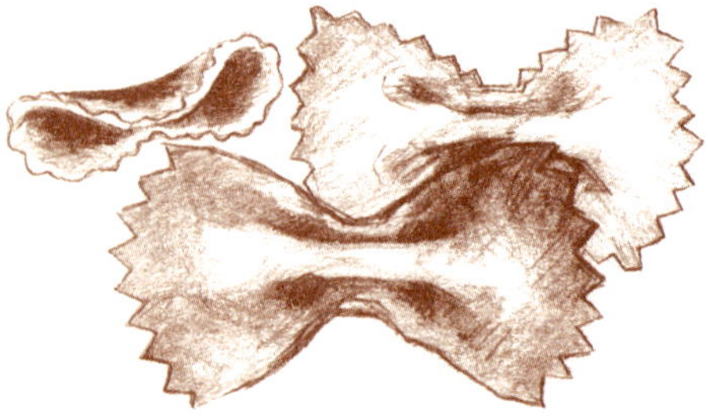

**Dauert etwa 20 Minuten**
**1 Portion = 2555 kJ/610 kcal**

***Zur Abwechslung***
Sie können die Sauce außerdem noch mit Forellenkaviar anreichern.

# Pappardelle al salmone crudo

*Pappardelle mit rohem Lachs*

- Das Lachsfilet im Tiefkühlfach leicht anfrieren.
- Reichlich Salzwasser aufsetzen. Sobald es aufkocht, 1 Tropfen Öl und die Pappardelle hineingeben.
- Den Lachs in sehr dünne Scheiben schneiden. Die Crème fraîche leicht erhitzen und mit Salz und Pfeffer würzen.
- Die bißfest gegarten Nudeln abgießen, den Lachs in die Sahne rühren und die Sauce unter die Pappardelle heben.

**Dauert 15 bis 20 Minuten**
**1 Portion = 1899 kJ/454 kcal**

***Zur Abwechslung***

- Statt der Crème fraîche können Sie auch die doppelte Menge Sahne verwenden, die Sie etwa auf die Hälfte einkochen lassen.
- Statt mit Pfeffer können Sie auch mit grünen Pfefferkörnern würzen, die Sie entweder im ganzen hineingeben oder mit der Sahne im Mixer pürieren.

**250 g rohes Lachsfilet**
**Salz**
**Öl**
**400 g Pappardelle**
**1 Becher Crème fraîche**
**Pfeffer aus der Mühle**

*Sie sollten das Lachsfilet zuvor anfrieren, weil es sich dann besser schneiden läßt.*

# Spaghetti con gamberi e erbe aromatiche

*Spaghetti mit Krebsschwänzen und Kräutern*

3 Knoblauchzehen
1 frischer Peperone
3 Frühlingszwiebeln
1 Stange Bleichsellerie
1 Bund Petersilie
1 Bund Basilikum
einige frische Salbeiblätter
Salz
400 g Spaghetti
2 EL Butter
2 EL Olivenöl extra vergine
400 g Krebsschwänze
evtl. etwas Weißwein
Pfeffer aus der Mühle

- Den Knoblauch schälen und fein hacken. Den Peperone halbieren, entkernen und ebenfalls fein hacken. Frühlingszwiebeln und Selleriestange waschen, putzen und in feine Scheiben schneiden.
- Die Blätter von Petersilie und Basilikum abzupfen, zusammen mit dem Salbei waschen, trockentupfen und grob hacken.
- Reichlich Salzwasser für die Spaghetti aufsetzen und die Pasta hineingeben, sobald es aufkocht.
- Butter und Öl in einer großen, schweren Pfanne erhitzen.
- Zuerst den Knoblauch darin glasig dünsten, dann die Gemüse und Kräuter sowie die Krebsschwänze bei starker Hitze unter Wenden kräftig darin anschmoren, aber nicht braun werden lassen.
- Mit wenig Nudelkochwasser oder Weißwein ablöschen, salzen und pfeffern. Falls die Nudeln nicht gleichzeitig gar sind, die Sauce zudecken und warm halten.
- Die bißfest gegarten Nudeln abgießen, mit der Sauce vermischen und sofort servieren.

**Dauert etwa 30 Minuten**
**1 Portion = 2300 kJ/549 kcal**

*Wenn Sie die Krebsschwänze unausgelöst kaufen, müssen Sie etwas mehr rechnen. In Italien sautiert man sie gern in der Schale, und jeder pult sie dann selbst heraus. Sie können sie aber auch vorher aus der Schale lösen, die Schalen auskochen und den abgeseihten Sud in die Sauce geben.*

# Spaghetti con gamberetti e vongole

*Spaghetti mit Krabben und Venusmuscheln*

- 400 g Spaghetti
- 2 Knoblauchzehen
- 1 Bund Petersilie
- 4 EL Olivenöl extra vergine
- 1 Schuß trockener Weißwein
- 200 g tiefgekühlte Krabben
- 100 g tiefgekühlte Venusmuscheln, ausgelöst (oder aus dem Glas bzw. aus der Dose)
- 300 g pürierte Tomaten
- Pfeffer aus der Mühle

• Den Knoblauch schälen, die Blätter von der Petersilie zupfen und beides fein hacken.
• In einem weiten, flachen Topf das Öl erhitzen und Knoblauch und Petersilie kräftig darin anschmoren. Mit etwas Weißwein ablöschen. Krabben und Venusmuscheln hinzugeben und langsam auftauen lassen.
• Sobald die Sauce aufkocht, das Tomatenpüree hinzufügen und offen köcheln lassen.
• Die Spaghetti in kochendem Salzwasser al dente garen. Die Nudeln abgießen, in den Saucentopf schütten, gut durchmischen und mit Pfeffer abschmecken.

**Dauert 15 bis 20 Minuten**
**1 Portion = 2379 kJ/568 kcal**

*Statt Venusmuscheln können Sie auch nur Krabben oder Krebsschwänze nehmen.*

# Spaghetti alle cozze

*Spaghetti mit Miesmuscheln*

- 1,2 kg Miesmuscheln
- 1 Glas Weißwein
- 400 g Spaghetti
- Salz
- 5 EL Olivenöl extra vergine
- 2 Knoblauchzehen, fein gehackt
- 3 reife, feste Tomaten
- 1 EL fein gehackte Petersilie
- Pfeffer aus der Mühle

• Die Muscheln waschen und putzen. Bereits geöffnete Muscheln wegwerfen. In einem großen Topf den Wein erhitzen, die Muscheln hineingeben und zugedeckt garen, bis sie sich öffnen. Das Muschelfleisch aus den Schalen lösen und den Sud durch ein Sieb gießen.
• Die Spaghetti in reichlich Salzwasser al dente garen. Inzwischen das Öl erhitzen und den Knoblauch darin glasig dünsten, aber nicht braun werden lassen.
• Die Tomaten mit kochendheißem Wasser überbrühen, häuten und kleinschneiden. Ins Öl geben und unter Wenden einige Minuten kräftig anschmoren. Den Muschelsud zugießen, durchrühren, die Muscheln zugeben, salzen und pfeffern und auf kleinster Stufe ziehen lassen.
• Die Spaghetti abgießen, in die Pfanne geben, die Petersilie darüberstreuen und alles gut durchmischen.

**Dauert etwa 40 Minuten**
**1 Portion = 2158 kJ/515 kcal**

# Linguine ai frutti di mare

*Linguine mit Meeresfrüchten*

- 3 Knoblauchzehen, fein gehackt
- 2 EL gehackte Petersilie
- 4 EL Olivenöl extra vergine
- 1/2 Glas Weißwein
- ca. 500 g pürierte Tomaten
- 1/2 Peperone, entkernt
- Salz
- gut 400 g Meeresfrüchte (Rohgewicht)
- 400 g Linguine (oder Spaghetti)

*Geben Sie die Meeresfrüchte bereits ausgelöst an die Sauce, reichen zwei Tassen Tomatenpüree aus.*

- Knoblauch und Petersilie in einem möglichst weiten, schweren Topf im Olivenöl andünsten.
- Den Weißwein zugießen und einige Minuten bei großer Hitze einkochen lassen.
- Tomatenpüree und Peperone zugeben und leicht salzen. Etwa 10 Minuten sanft köcheln lassen.
- Miesmuscheln und Venusmuscheln gründlich waschen und zusammen mit den Krebsschwänzen in die Sauce geben. Im geschlossenen Topf auf kleiner Flamme gar ziehen lassen, bis die Muscheln sich öffnen. Den Topf dabei ab und zu rütteln.
- Inzwischen die Linguine in kochendem Salzwasser al dente garen, abgießen, in eine Servierschüssel geben und mit der Sauce vermischen.

**Dauert etwa 50 Minuten**
**1 Portion = 2606 kJ/623 kcal**

*Die Italiener servieren ihre Meeresfrüchte gerne sehr dekorativ. Bei Gerichten mit mehreren Sorten belassen sie Miesmuscheln, Venusmuscheln und Krebsschwänze gerne in der Schale und bringen sie so auf den Tisch. Die Mischung können Sie ganz nach Belieben zusammenstellen: Häufig werden Miesmuscheln, Venusmuscheln und Garnelen oder Krebsschwänze kombiniert, oft kommen noch Tintenfischchen hinzu. Insgesamt sollte das Rohgewicht etwa 400 Gramm betragen, mit den Schalen müssen Sie gut das Doppelte rechnen.*

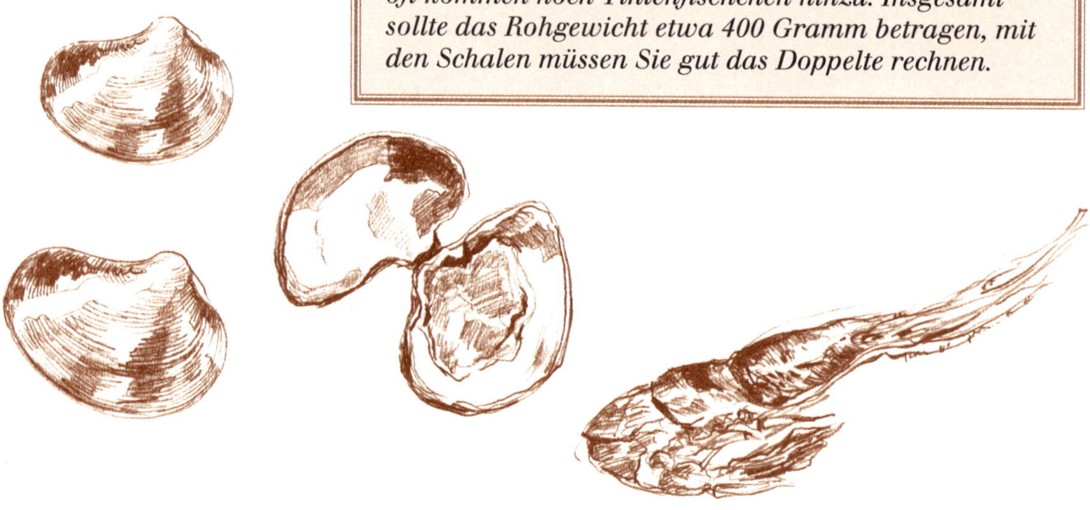

# Maccheroncini con le sarde

*Maccheroncini mit Sardinen*

- 1 Zwiebel
- 1 Stange Bleichsellerie
- 1 Karotte
- 2 Knoblauchzehen
- Salz
- 4 EL Olivenöl extra vergine
- 1 kleiner Peperone, fein gehackt (oder Cayennepfeffer)
- 6-8 frische Sardinen (oder aufgetaute Tiefkühlsardinen)
- 400 g Maccheroncini (oder andere kurze Nudeln)
- 1/2 Glas Weißwein
- 1 Bund Petersilie

• Die Zwiebel schälen, den Sellerie waschen und putzen, die Karotte abschaben. Alles fein würfeln. Den Knoblauch schälen und fein hacken.
• Reichlich Salzwasser für die Pasta aufsetzen.
• In einer großen Pfanne das Olivenöl erhitzen und das Gemüse, die Hälfte des Knoblauchs und den Peperone hineingeben. Leicht salzen und einige Minuten auf kleiner Flamme schmoren lassen.
• Währenddessen die Sardinen putzen, die Köpfe abtrennen und die Mittelgräten herausziehen. Die Sardinenfilets waschen, trockentupfen und ebenfalls in die Pfanne geben. Gleichzeitig die Maccheroncini ins kochende Salzwasser geben.
• Die Sardinen mehrmals wenden und den Wein zugießen, bei mittlerer Hitze 7 bis 8 Minuten schmoren lassen.
• Die Petersilienblättchen abzupfen, waschen und trockentupfen.
• Die bißfest gegarten Nudeln abgießen und zusammen mit dem restlichen Knoblauch und der Petersilie in die Pfanne geben. Alles gut durchmischen, auf kleinster Stufe noch kurz ziehen lassen und sofort auf den Tisch bringen.

**Dauert etwa 40 Minuten**
**1 Portion = 2089 kJ/499 kcal**

*Je frischer der Fisch, desto besser schmeckt das Gericht. Bekommen Sie jedoch keine frischen Sardinen, können Sie auch tiefgekühlte verwenden.*

*„Die Makkaroni, ein zarter, stark durchgearbeiteter, gekochter, in gewisse Gestalten gepreßter Teig von feinem Mehle, sind von alle Sorten um ein geringes zu haben. Sie werden meistens nur in Wasser abgekocht, und der geriebene Käse schmälzt und würzt zugleich die Schüssel."*
*J. W. v. Goethe, Italienische Reise (zu Neapel)*

# Pasta alla vegetariana

# Vegetarische Pastagerichte

## Pasta al burro e formaggio

*Nudeln mit Butter und Käse*

- 400 g beliebige Nudeln
- Salz
- 150 g Butter
- 100 g frisch geriebener Parmesan
- evtl. Pfeffer aus der Mühle

*Dieses sehr simple Rezept, das ursprünglich aus dem Friaul stammt, können Sie mit jeder Art von Pasta zubereiten.*

• Die Nudeln in reichlich kochendem Salzwasser al dente garen. Kurz vor Ende der Kochzeit die Butter in einer großen Pfanne zerlassen.
• Die Nudeln abgießen, unter fließendem Wasser kurz abschrecken und in die Pfanne geben. Bei mäßiger Hitze unter mehrfachem Wenden wieder erhitzen.
• Die Nudeln schichtweise in eine Servierschüssel füllen, jede Schicht mit Parmesan bestreuen und nach Belieben leicht pfeffern. Gut durchmischen und sofort auf den Tisch bringen.

**Dauert etwa 15 Minuten**
**1 Portion = 3097 kJ/740 kcal**

## Spaghetti a cacio e pepe

*Spaghetti mit Schafskäse und Pfeffer*

- 400 g Spaghetti
- Salz
- 100 g frisch geriebener milder Pecorino
- schwarzer Pfeffer aus der Mühle

Ein sehr einfaches, aber schmackhaftes Rezept aus dem Latium.

• Die Spaghetti in reichlich kochendem Salzwasser al dente garen.
• Die Nudeln abgießen, dabei ein wenig Kochwasser zurückbehalten und mit dem Schafskäse und reichlich Pfeffer unter die Spaghetti mischen.

**Dauert etwa 15 Minuten**
**1 Portion = 1934 kJ/462 kcal**

# Spaghetti integrali al gorgonzola

*Vollkornspaghetti mit Gorgonzolasauce*

- Die Nudeln in reichlich kochendem Salzwasser al dente garen.
- Inzwischen die Butter schmelzen und die Zwiebel darin glasig werden lassen.
- Den Gorgonzola entrinden und zerbröckeln. Käse und Sahne zur Zwiebel geben und auf kleiner Flamme cremig rühren. Mit Pfeffer abschmecken.
- Die Spaghetti abgießen, gut mit der Sauce vermischen und gleich auf den Tisch bringen.

400 g Vollkornspaghetti
Salz
20 g Butter
1/2 kleine Zwiebel, gehackt
200 g Gorgonzola
1 Becher süße Sahne
Pfeffer aus der Mühle

**Dauert etwa 15 Minuten**
**1 Portion = 2996 kJ/715 kcal**

***Zur Abwechslung***

- Der kräftige Gorgonzola bringt eigentlich genug Eigengeschmack, doch können Sie diese Sauce auch noch zusätzlich würzen, zum Beispiel mit einem Hauch frisch geriebener Muskat oder mit einem Schuß Tabasco oder Weinbrand.
- Sie können den Gorgonzola aber auch mit Emmentaler oder Fontina mischen: Dann würfeln Sie den Hartkäse und legen ihn vor der Zubereitung mindestens 1 Stunde in Milch ein.
- Oder Sie geben noch 100 Gramm fein geschnittene Champignons hinein. Dann sollten Sie allerdings etwas weniger Käse nehmen.

*Diese Käsesauce, die ganz einfach zuzubereiten ist, paßt zu jeder Nudelart, besonders gut zu den gerillten Penne, zu Tagliatelle oder auch zu frischen oder fertig gekauften Tortellini mit Fleischfüllung.*
*In Italien bereitet man derartige Saucen gerne in einem weiten, flachen, feuerfesten Terracottatopf zu, gibt dann die abgetropfte Pasta hinein, mischt alles gründlich durch und bringt das Gericht gleich im Topf auf den Tisch.*

*„Nur gar zu oft denke ich an Italien und am öftersten des Nachts. Vorgestern träumte mir: ich befände mich in Italien und sei ein bunter Harlekin und läge recht faulenzerisch unter einer Trauerweide. Die herabhängenden Zweige dieser Trauerweide waren aber lauter Makkaroni, die mir lang und lieblich bis ins Maul hineinfielen; zwischen diesem Laubwerk von Makkaroni flossen, statt Sonnenstrahlen, lauter gelbe Butterströme, und endlich fiel von oben herab ein weißer Regen von geriebenem Parmesankäse."*
*Heinrich Heine, Aus den Memoiren des Herren von Schnabelewopski*

# Farfalle ai cinque formaggi

*Farfalle mit fünf Käsesorten*

- 400 g Farfalle
- Salz
- 1 Mozzarella (125 g)
- 50 g Emmentaler
- 50 g Fontina
- 4 EL frisch geriebener Parmesan
- 50 g Mascarpone
- 30 g weiche Butter in Stückchen
- evtl. 1 guter TL Trüffelpaste
- evtl. Pfeffer aus der Mühle

• Die Farfalle in reichlich kochendem Salzwasser al dente garen.
• Inzwischen Mozzarella, Emmentaler und Fontina in möglichst kleine Würfel schneiden.
• Kurz vor Ende der Kochzeit alle vier Käsesorten zusammen mit dem Mascarpone, der Butter und eventuell der Trüffelpaste in eine vorgewärmte Schüssel geben, nach Belieben noch etwas pfeffern.
• Die Pasta abgießen, schnell und gründlich untermischen und sofort servieren.

**Dauert etwa 15 Minuten**
**1 Portion = 2800 kJ/669 kcal**

# Penne con ricotta e noci

*Penne mit Ricotta und Nüssen*

- 400 g Penne
- Salz
- 150-200 g Ricotta
- 2 EL Sultaninen, eingeweicht
- 3 EL Olivenöl extra vergine
- 50 g Walnußkerne
- 1/2 TL gemahlener Zimt
- 1 Gläschen süße Sahne
- Pfeffer aus der Mühle

Auch dieses Rezept geht schnell, doch sollten Sie die Sultaninen zuvor mindestens 15 Minuten in warmem Wasser einweichen.

• Die Penne in reichlich kochendem Salzwasser al dente garen.
• Den Ricotta mit der Gabel zerdrücken und mit 2 Eßlöffel Nudelkochwasser verrühren.
• Die eingeweichten Sultaninen gut abtropfen lassen, sorgfältig trockentupfen und in einem Pfännchen im heißen Öl aufgehen lassen.
• Mit einem Schaumlöffel herausheben, abtropfen lassen und zum Ricotta geben.
• Walnußkerne, Zimt und Sahne im Mixer pürieren und ebenfalls zum Ricotta geben. Alles gut vermischen.
• Die Penne abgießen, mit der Ricottasauce vermischen und zum Schluß großzügig mit Pfeffer bestreuen. Sofort auf den Tisch bringen.

**Dauert etwa 20 Minuten (ohne Einweichzeit)**
**1 Portion = 2496 kJ/596 kcal**

# Linguine con crema di noci e pistacchi

*Linguine mit Nuß-Pistazien-Creme*

- 2 unbehandelte Zitronen
- 2 Knoblauchzehen
- 1 EL fein gehackte Petersilie
- 3 EL Olivenöl extra vergine
- Pfeffer aus der Mühle
- 1 Msp. frisch geriebene Muskatnuß
- 70 g Gorgonzola
- 1 EL süße Sahne
- 100 g Joghurt
- 30 g Walnußkerne
- 30 g Pistazienkerne
- 4 EL frisch geriebener Parmesan
- 400 g Linguine
- Salz

• Die Zitronen waschen und trocknen. Die Schale sehr dünn abschälen, fein hacken und in eine Schüssel geben.
• Die Knoblauchzehen schälen, leicht zerquetschen und mit der Petersilie und dem Öl in die Schüssel geben. Reichlich pfeffern, etwas Muskat darüberreiben, mischen und etwa 1 Stunde ziehen lassen.
• Gorgonzola, Sahne, Joghurt, Walnüsse, Pistazien und Parmesan im Mixer pürieren. Diese Creme zur Marinade geben, aber den Knoblauch zuvor entfernen.
• Die Linguine in reichlich kochendem Salzwasser al dente garen. Die Sauce nach Belieben im Wasserbad erwärmen oder kalt verwenden. Nudeln und Sauce gut vermischen und gleich auf den Tisch bringen.

**Dauert etwa 1 Stunde 15 Minuten**
**1 Portion = 2696 kJ/644 kcal**

*Sie können diese Sauce gut im voraus zubereiten und erst kurz vor dem Essen im Wasserbad aufwärmen.*

# Spaghetti ai pinoli

*Spaghetti mit Pinienkernen*

- 400 g Spaghetti
- Salz
- 1 Bund Petersilie
- 50 g Pinienkerne
- 1 kleine Zwiebel
- 3 EL Olivenöl extra vergine
- Pfeffer aus der Mühle
- 2 EL Cognac
- 50 g frisch geriebener Parmesan

• Die Spaghetti in reichlich kochendem Salzwasser al dente garen.
• Inzwischen die Petersilienblätter waschen, trocknen und fein hacken. Die Pinienkerne grob hacken. Die Zwiebel schälen und in feine Scheiben schneiden.
• Das Öl in einen Topf geben und die Zwiebelringe darin einige Minuten leicht andünsten.
• Petersilie und Pinienkerne hinzufügen und salzen und pfeffern. 5 Minuten auf kleiner Flamme schmoren lassen, dann den Cognac darüberträufeln. Sobald er eingekocht ist, den Topf vom Feuer nehmen.
• Die Pasta abgießen, in eine Schüssel geben, mit dem „soffritto“ vermischen und mit dem Käse bestreuen.

**Dauert etwa 15 Minuten**
**1 Portion = 2352 kJ/562 kcal**

## Maccheroni co'riquagghiu

*Makkaroni mit Ei auf sizilianische Art*

400 g Makkaroni
Salz
3 Eier
Pfeffer aus der Mühle
4 EL Olivenöl extra vergine
3 gehäufte EL geriebener Pecorino
1 gehäufter EL fein gehackte Petersilie

- Die Makkaroni in reichlich kochendem Salzwasser al dente garen.
- In der Zwischenzeit die Eier mit 1 Prise Salz und etwas Pfeffer verquirlen.
- Kurz vor Ende der Kochzeit das Öl in einem weiten, flachen Topf oder einer Pfanne erhitzen.
- Die Makkaroni abgießen, hineingeben und einige Minuten bei mittlerer Hitze sautieren.
- Dann unter ständigem Rühren in dünnem Strahl die verquirlten Eier hineinfließen lassen. Den Käse und etwas Pfeffer hinzugeben und dabei weiter umrühren.
- Den Topf vom Herd nehmen, die Petersilie darüberstreuen, noch einmal durchmischen und sofort servieren.

**Dauert etwa 20 Minuten**
**1 Portion = 2274 kJ/543 kcal**

## Pasta al pangrattato

*Nudeln mit Semmelbröseln*

100 g Semmelbrösel
1 Zwiebel (oder 2 kleine Stangen Lauch)
3 EL Olivenöl extra vergine
1/2 Glas Weißwein
etwas fein gehackter Rosmarin und Oregano (oder Thymian und Majoran)
Salz
Pfeffer aus der Mühle (oder fein gehackter scharfer Peperone)
400 g Nudeln (z. B. Spaghetti, Farfalle oder Mezze Penne)
1 EL fein gehackte Petersilie
50 g frisch geriebener Parmesan

- Die Semmelbrösel in einer Teflonpfanne leicht anrösten.
- Die Zwiebel abziehen und in feine Ringe schneiden oder kleinhacken. Mit dem Öl in einer großen Pfanne andünsten.
- Den Wein zugießen und einkochen lassen. Die Würzkräuter und das angeröstete Paniermehl hinzugeben. Salzen, Pfeffer oder Peperone hinzugeben und alles noch einige Minuten schmoren lassen.
- Inzwischen die Nudeln in reichlich kochendem Salzwasser al dente garen. 1 Schöpflöffel vom Kochwasser in die Pfanne geben.
- Die Nudeln abgießen und zusammen mit Petersilie und Parmesan in die Pfanne geben.
- Gut durchmischen und noch einige Minuten auf großer Flamme sautieren.

**Dauert etwa 20 Minuten**
**1 Portion = 2411 kJ/576 kcal**

# Bucatini alle cipolle rosse

*Bucatini mit roten Zwiebeln*

Ursprünglich war dies ohne Zweifel ein Arme-Leute-Essen. Für Zwiebelfans ist es aber ein Hochgenuß und zudem ein einfaches, schnelles Rezept. Statt der roten können Sie natürlich auch andere Zwiebeln verwenden.

- Die Zwiebeln schälen und in feine Scheiben schneiden oder fein hacken. Im Olivenöl glasig dünsten, salzen und mehrfach wenden.
- Sobald die Zwiebeln leicht anbräunen, mit dem Marsala ablöschen. Völlig einkochen lassen und kräftig pfeffern.
- In der Zwischenzeit die Bucatini in reichlich kochendem Salzwasser al dente garen, abgießen und gut abtropfen lassen.
- Die Nudeln mit der Butter in eine Schüssel geben, die Zwiebeln hinzufügen und gut durchmischen. Nach Belieben mit reichlich Parmesan bestreuen.

**Dauert etwa 15 Minuten**
**1 Portion = 2294 kJ/548 kcal**

500 g rote Zwiebeln
4 EL Olivenöl extra vergine
Salz
1 Glas trockener Marsala
Pfeffer aus der Mühle
400 g Bucatini (oder andere Pasta nach Belieben)
ca. 30 g Butter
evtl. frisch geriebener Parmesan

*Sie können die Sauce zusätzlich noch mit frischem Salbei, Thymian oder Majoran würzen oder mit etwas süßer Sahne verfeinern. Sie können die Zwiebeln auch mit etwas abgeriebener Schale von einer unbehandelten Orange andünsten.*

# Linguine nella cenere

*Linguine „in der Asche“*

Wesentlicher Bestandteil dieses Schnellrezepts ist die Olivenpaste, die Sie in gut sortierten italienischen Feinkostläden finden. Ersatzweise können Sie aber auch schwarze Oliven entkernen, im Mixer pürieren und tropfenweise etwas gutes Olivenöl hinzugeben.

- Die Linguine in reichlich kochendem Salzwasser al dente garen.
- Inzwischen die übrigen Zutaten in einer Schüssel miteinander vermischen.
- Die Pasta abgießen, untermischen und heiß auf den Tisch bringen.

**Dauert etwa 15 Minuten**
**1 Portion = 2799 kJ/668 kcal**

400 g Linguine
Salz
200 g süße Sahne
4 EL Olivenpaste (paté di olive)
50 g frisch geriebener Parmesan
30 g Butter

## Tagliatelle all'agliata

*Tagliatelle mit Nuß-Knoblauch-Sauce*

**100 g entrindetes Weißbrot**
**etwas Milch**
**500 g Walnüsse**
**3 Knoblauchzehen, geschält**
**Salz**
**400 g Tagliatelle**
**60 g weiche Butter**

Dies ist ein Herbstgericht aus dem Piemont, das man dort aus frischen Nüssen zubereitet und zum jungen Wein serviert.

- Das Weißbrot zerzupfen, in ein kleines Gefäß geben und gerade mit so viel Milch bedecken, daß das Brot sich gut vollsaugt.
- Die Nüsse schälen, bei ganz jungen Nüssen auch die Haut abziehen. Einige Kernhälften zum Garnieren beiseite legen. Den Rest zusammen mit dem Knoblauch im Mörser grob zerstampfen.
- Das eingeweichte Weißbrot und 1 Prise Salz hinzugeben, alles gut durchmischen und durchziehen lassen.
- Inzwischen die Tagliatelle in kochendem Salzwasser al dente garen und abgießen. Die Butter und dann die Nußsauce sorgfältig untermischen, mit den zurückbehaltenen Kernen garnieren und sofort auf den Tisch bringen.

**Dauert etwa 40 Minuten**
**1 Portion = 5659 kJ/1352 kcal**

## Tagliatelle al limone 1

*Tagliatelle mit Zitrone 1*

**400 g Tagliatelle**
**Salz**
**1 Bund Petersilie**
**1 Knoblauchzehe**
**3 EL Olivenöl extra vergine**
**Saft von 2 Zitronen**
**Pfeffer aus der Mühle**
**50 g frisch geriebener Parmesan**

- Die Tagliatelle in reichlich kochendem Salzwasser al dente garen.
- Inzwischen die Petersilie waschen und trockentupfen, den Knoblauch schälen und beides fein hacken.
- Das Öl in eine Schüssel geben, den durchgeseihten Zitronensaft, Petersilie und Knoblauch, 1 Prise Salz und reichlich Pfeffer hinzufügen. Mit einer Gabel kräftig aufschlagen, bis alle Zutaten gut vermischt sind.
- Die Pasta abgießen, in eine vorgewärmte Schüssel geben, mit der Sauce übergießen, mit dem Käse bestreuen und sofort auf den Tisch bringen.

**Dauert etwa 15 Minuten**
**1 Portion = 2096 kJ/500 kcal**

# Tagliatelle al limone 2

*Tagliatelle mit Zitrone 2*

- Die Tagliatelle in reichlich kochendem Salzwasser al dente garen.
- Inzwischen die Butter in einem Topf schmelzen und die Zitronenschale hineingeben. Kurz schmoren lassen und den Sekt aufgießen.
- Wenn der Sekt fast eingekocht ist, die Crème fraîche hineinrühren und die Sauce salzen und pfeffern.
- Die Nudeln abgießen, mit der Sauce vermischen und mit reichlich Parmesan bestreuen.

400 g Tagliatelle
Salz
40 g Butter
abgeriebene Schale von 2-3 unbehandelten Zitronen
1 Glas trockener Sekt
ca. 120 g Crème fraîche
Pfeffer aus der Mühle
50 g frisch geriebener Parmesan

**Dauert etwa 15 Minuten**
**1 Portion = 2458 kJ/587 kcal**

# Spaghetti gialli agli aromi

*Spaghetti mit Safran und Kräutern*

- Den Safran in reichlich kochendem Salzwasser auflösen, 1 Tropfen Öl und die Spaghetti hineingeben.
- Inzwischen die Kräuter waschen, die Blättchen abzupfen und in der Salatschleuder trockenschleudern.
- Den Knoblauch schälen und zusammen mit den Kräutern und etwa 2 Eßlöffel Öl im Mixer pürieren, anschließend salzen und pfeffern.
- Die al dente gegarten Spaghetti nicht zu trocken abgießen. Etwa 2 Eßlöffel vom Kochwasser mit der Sauce vermischen und nach Belieben auch noch etwas Öl hinzugeben.
- Pasta und Sauce gut vermischen. Den Käse darüberstreuen oder getrennt dazu reichen.

1 Tütchen Safran
Salz
Olivenöl extra vergine
400 g Spaghetti
1 Bund Basilikum
1/2 Bund Petersilie
einige frische Minzeblätter
1 frischer Majoranzweig
2 Knoblauchzehen
Pfeffer aus der Mühle
2 gehäufte EL frisch geriebener Pecorino oder Parmesan

**Dauert etwa 15 Minuten**
**1 Portion = 1952 kJ/466 kcal**

## Maccheroni alle erbe aromatiche

*Makkaroni mit Kräutern*

400 g Makkaroni
Salz
4 Knoblauchzehen (oder weniger)
1 großes Bund gemischte Kräuter (z.B. Petersilie, Basilikum, Estragon, Schnittlauch, Kresse, Zitronenmelisse, Dill)
100 g weiche Butter
evtl. 50 g frisch geriebener Parmesan (oder Pecorino)

- Die Makkaroni in reichlich kochendem Salzwasser al dente garen.
- Inzwischen den Knoblauch schälen und fein hacken. Die Kräuter waschen, die Blättchen abzupfen, in der Salatschleuder trockenschleudern und grob hacken.
- Die Butter in Stückchen, Knoblauch und Kräuter in eine Servierschüssel geben.
- Die Pasta abgießen, in die Schüssel geben und alles gut vermischen.
- Nach Belieben den Parmesan darüberstreuen.

**Dauert etwa 15 Minuten**
**1 Portion = 2278 kJ/544 kcal**

## Spaghetti con zucchini e erbe selvatiche

*Spaghetti mit Zucchini und Wildkräutern*

350 g Zucchini
Salz
400 g Spaghetti
100 g gemischte Wildkräuter (z.B. Sauerampfer, Zitronenmelisse, Brunnenkresse, Schafgarbe, Gänseblümchenblätter)
gut 100 g zimmerwarme Butter
Pfeffer aus der Mühle
Zitronensaft
50-100 g frischer Reibekäse (z.B. Fontina)

- Die Zucchini gründlich waschen und in sehr feine Streifen schneiden.
- Reichlich Salzwasser für die Nudeln aufsetzen und die Spaghetti hineingeben, sobald das Wasser aufkocht. Etwa 5 Minuten vor Ende der Garzeit die Zucchinistreifen hinzufügen.
- Inzwischen die Wildkräuter verlesen, waschen, trockenschleudern, möglichst fein schneiden und zusammen mit der kleingeschnittenen Butter in eine große Schüssel geben.
- Leicht salzen und pfeffern und 1 Spritzer Zitronensaft hinzufügen.
- Die Spaghetti und Zucchini abgießen, untermischen und mit dem Käse bestreut servieren.

**Dauert etwa 20 Minuten**
**1 Portion = 2539 kJ/606 kcal**

# Conchiglie con salsa di pomodoro

*Conchiglie mit Tomatensauce*

• Die Conchiglie in reichlich kochendem Salzwasser al dente garen.
• Inzwischen den Knoblauch und die Zwiebel schälen und fein hacken.
• Die Hälfte der gehackten Knoblauchzehen und die Zwiebel im Öl in einem großen Topf auf kleiner Flamme glasig werden, aber nicht bräunen lassen.
• Die Tomaten waschen, trocknen und grob würfeln, in den „soffritto" geben, einige Minuten dünsten und die Flüssigkeit einkochen lassen.
• Den Wein zugießen, die Sauce leicht salzen, pfeffern und zuckern und den Wein einkochen lassen.
• Die Pasta abgießen und in den Topf mit der Sauce geben. Gut durchrühren, zugedeckt kurz ziehen lassen und entweder direkt aus dem Topf servieren oder in eine Servierschüssel geben und heiß auf den Tisch bringen.
• Am Schluß den übrigen Knoblauch und das gehackte Basilikum darüberstreuen.

**Dauert etwa 30 Minuten**
**1 Portion = 1976 kJ/471 kcal**

*• Sie können die Tomaten auch mit kochendem Wasser überbrühen, häuten und entkernen, bevor Sie sie in den Topf geben.*
*• Sie können natürlich noch frisch geriebenen Parmesan dazu servieren oder weitere frische Kräuter unter die Sauce mischen.*

**400 g Conchiglie**
**Salz**
**2 Knoblauchzehen**
**1 kleine Zwiebel**
**4 EL Olivenöl extra vergine**
**300 g reife, feste Tomaten**
**1/2 Glas trockener Weißwein**
**Pfeffer aus der Mühle**
**Zucker**
**einige Basilikumblätter**

*Vino e maccaroni so' la cura pe' li pormoni.*
*(Wein und Makkaroni sind die besten Arzneien für ein langes Leben.)*
*Römisches Sprichwort*

## Fusilli alla vesuviana

*Fusilli aus Kampanien*

**400 g Fusilli**
**Salz**
**400 g Eiertomaten (oder Dosentomaten)**
**5 EL Olivenöl extra vergine**
**100 g Mozzarella**
**50 g frisch geriebener gut abgelagerter Pecorino**
**Pfeffer aus der Mühle**
**gerebelter Oregano**

• Die Fusilli in reichlich kochendem Salzwasser al dente garen.
• Inzwischen die Tomaten mit kochendem Wasser überbrühen, häuten und das Fruchtfleisch kleinschneiden.
• In einem schweren, flachen Topf oder in einer Eisenpfanne das Öl erhitzen. Die Tomaten hineingeben und einige Minuten schmoren lassen.
• Den Mozzarella kleinwürfeln und zusammen mit dem Pecorino hinzufügen, leicht salzen, pfeffern, mit Oregano bestreuen und den Topf zudecken.
• Die Sauce auf kleiner Flamme schmoren lassen, bis die Nudeln gar sind.
• Die Fusilli abgießen, zur Sauce geben und vor dem Servieren alles noch einmal kurz zugedeckt durchziehen lassen.

**Dauert etwa 20 Minuten**
**1 Portion = 2501 kJ/597 kcal**

## Penne arrabbiate

*„Wütende" Penne*

**1 kleine Zwiebel**
**4 Knoblauchzehen**
**1 Peperone**
**4 EL Olivenöl extra vergine**
**1 Handvoll fein gehackte Petersilie**
**1/2 Glas Weißwein**
**350 g pürierte Tomaten**
**Salz**
**400 g Penne**

*Oft wird dieses Gericht auch mit Schinkenspeck zubereitet, den man kleingehackt zusammen mit Zwiebel und Knoblauch anschmort.*

• Zwiebel und Knoblauch schälen und fein hacken. Den Peperone entkernen und ebenfalls fein hacken.
• Das Olivenöl in einem großen, flachen Topf (nach Möglichkeit aus Terracotta) erhitzen. Die Zwiebel, die Hälfte des Knoblauchs und der Petersilie sowie die Pfefferschote darin anschmoren.
• Den Weißwein zugießen, kurz einziehen lassen und die Tomaten hinzufügen. Salzen und offen köcheln lassen.
• Inzwischen die Penne in reichlich kochendem Salzwasser al dente garen und abgießen.
• Die Nudeln in den Topf mit dem „soffritto" geben, gut durchmischen, kurz ziehen lassen und zuletzt die andere Hälfte von Knoblauch und Petersilie untermischen.

**Dauert 15 bis 20 Minuten**
**1 Portion = 2197 kJ/525 kcal**

# Trenette al pesto

*Trenette mit Pesto*

- Die Basilikumblätter abzupfen, waschen, gut trocknen und grob zerzupfen.
- Den Knoblauch schälen und grob hacken.
- Beides mit 1 Prise Meersalz im Mörser oder in einer Holzschüssel zerstößeln.
- Die Pinienkerne hinzugeben und alle Zutaten zu einer gleichmäßigen Paste vermahlen.
- Nach und nach den Käse und so viel Olivenöl hinzufügen, daß eine cremige Sauce entsteht.
- Die Nudeln inzwischen in kochendem Salzwasser al dente garen. Vor dem Servieren noch ein wenig Nudelwasser in den Pesto einrühren.

**Dauert etwa 30 Minuten**
**1 Portion = 2557 kJ/611 kcal**

*Der Pesto ist eine der ältesten und bekanntesten ligurischen Spezialitäten, zumal in dieser Region ein besonders würziges Basilikum wächst. Über den jeweiligen Anteil der Zutaten gehen die Meinungen allerdings auseinander. Wichtig ist in jedem Fall ein kräftiges, möglichst großblättriges Sommerbasilikum, weil das Treibhausbasilikum zu wenig Würze besitzt. Die Knoblauchmenge ist dagegen Geschmackssache. Traditionell verwendet man jedoch relativ viel. Früher nahm man ausschließlich sardischen Schafskäse, der billiger und leichter erhältlich war als Parmesankäse, heute mischt man meist Schafskäse und Parmesan zu gleichen Teilen. Doch können Sie auch nur Parmesan verwenden. Statt der Pinienkerne können Sie auch Walnüsse an die Sauce geben. Vielfach mischt man auch noch eine kleine vorgegarte und durchgepreßte Kartoffel unter, um das Pesto „sanfter“ zu machen. Das grobe Meersalz, das in der italienischen Küche sehr viel verwendet wird, erhält dem Basilikum seine kräftige, grüne Farbe. Pesto können Sie übrigens sehr gut auf Vorrat herstellen. Mit Olivenöl bedeckt läßt es sich eine ganze Weile aufheben.*

**4 Bund Basilikum**
**5-6 Knoblauchzehen**
**etwas grobes Meersalz**
**50 g Pinienkerne**
**je 3 gehäufte EL frisch geriebener Pecorino und Parmesan**
**ca. 5 EL Olivenöl extra vergine**
**400 g Trenette (oder Spaghetti oder Linguine)**
**Salz**

*Der „Pesto“, die köstliche ligurische Basilikumsauce, soll schon vor vielen Jahrhunderten entstanden sein. So heißt es, daß während des ersten Kreuzzugs unter Gottfried von Bouillon die Quartiere der Genueser im Feldlager vor den Toren von Jerusalem leicht durch den intensiven Basilikumduft auszumachen waren.*

# Ditalini con crema di sedano

*Ditalini mit Selleriecreme*

- 400 g Ditalini (oder andere Nudeln nach Belieben)
- Salz
- 6 Stangen Bleichsellerie
- 1 Bund Petersilie
- 1-2 TL Kapern
- 50 g entsteinte Oliven
- 2 EL Olivenöl extra vergine
- Pfeffer aus der Mühle
- 1 Zweig frischer Rosmarin

• Die Nudeln in reichlich kochendem Salzwasser al dente garen und abgießen.

• Den Sellerie waschen, putzen, kleinschneiden und einige schöne Blätter für die Garnitur zurücklegen. Die Petersilienblättchen abzupfen und waschen.

• Sellerie, Petersilie, Kapern und Oliven zusammen mit dem Olivenöl im Mixer pürieren. Ein wenig Kochwasser unterrühren und mit Salz und Pfeffer abschmecken.

• Mit den Ditalini vermischen und mit Rosmarinnadeln und zerzupften Sellerieblättern bestreut servieren.

**Dauert 15 bis 20 Minuten**
**1 Portion = 1942 kJ/464 kcal**

***Zur Abwechslung***
Wünschen Sie einen etwas pikanteren Geschmack, können Sie etwas frischen oder getrockneten Peperone und/oder einige Sardellenfilets mitpürieren.

# Pennette rigate coi fagiolini

*Pennette mit jungen Bohnen*

- 250 g junge grüne Bohnen
- 1 große reife Tomate, gehäutet (oder 1 pürierte Tomate)
- 1 Handvoll Basilikumblätter
- Salz
- 400 g Pennette rigate (oder Fusilli oder Orecchiette)
- 1/2 Glas Olivenöl extra vergine
- 1 Peperone, entkernt
- 1 Knoblauchzehe, geschält
- 70 g Parmesan in hauchdünnen Scheibchen (oder gerieben)

• Die Bohnen putzen und waschen. Die Tomate kleinschneiden. Das Basilikum waschen, trocknen und grob zerzupfen. Reichlich Salzwasser aufsetzen und die Bohnen hineingeben, sobald es aufkocht. Nach etwa 5 Minuten auch die Pennette zugeben.

• Inzwischen das Öl in einer großen Pfanne erhitzen und den Peperone darin andünsten. Die Tomatenstücke hineingeben und sanft schmoren lassen.

• Die garen Nudeln und Bohnen abgießen, in die Pfanne geben, den Knoblauch darüberpressen, Basilikum und Parmesan hinzufügen, gut durchmischen und einige Minuten bei starker Hitze unter mehrfachem Wenden durchziehen lassen. Die Pennette direkt aus der Pfanne servieren.

**Dauert etwa 30 Minuten**
**1 Portion = 2124 kJ/507 kcal**

# Maccheroni alla toscana

*Makkaroni aus der Toskana*

Das Grundprinzip bei diesem Rezept, das sich mit anderen Gemüsen und (möglichst kurzen) Nudelsorten gut abwandeln läßt, ist das „Bett“, das Sie der Pasta in der Servierschüssel bereiten.

- 1 Knoblauchzehe, fein gehackt
- 2 EL Olivenöl extra vergine
- 500 g Dosentomaten (oder gehäutete frische Tomaten)
- 1 Prise Zucker
- Salz
- Basilikumblätter, grob zerzupft
- 400 g Makkaroni
- 150 g frisch geriebener Parmesan
- 50 g Butter
- Pfeffer aus der Mühle

• Den Knoblauch im Olivenöl leicht anbräunen und die kleingeschnittenen Tomaten hinzugeben. Zucker, Salz und Basilikum hinzufügen und 15 bis 20 Minuten köcheln lassen. Inzwischen reichlich Salzwasser für die Pasta aufsetzen und die Makkaroni hineingeben, sobald das Wasser aufkocht.
• In einer Servierschüssel ein Bett aus Parmesan, Butter in kleinen Stückchen und 1 kräftigen Prise grob gemahlenem Pfeffer vorbereiten.
• Die garen Nudeln abgießen und in die Schüssel geben. Die Sauce darübergießen und gut durchmischen.

**Dauert gut 20 Minuten**
**1 Portion = 2817 kJ/673 kcal**

***Zur Abwechslung***
• Für Makkaroni mit Erbsen (Maccheroni con piselli) schmoren Sie statt Knoblauch 1 kleine, sehr fein geschnittene Zwiebel im Öl an und dünsten 200 bis 250 Gramm vorgegarte Tiefkühlerbsen (oder frische Erbsen) mit 1 Prise Salz und ein wenig Zucker darin kurz an. Im übrigen gehen Sie nach dem obenstehenden Rezept vor. Die Erbsen können Sie auch pürieren – in diesem Fall passen auch Tagliatelle sehr gut dazu.
• Für Penne mit Karotten (Penne con le carote) dünsten Sie etwa 250 Gramm Karotten (kurz vorgegart oder kleingeschnitten) zusammen mit Zwiebel oder Knoblauch im Öl an und schmoren sie nicht zu weich. Ansonsten wie im Rezept vorgehen, aber ganz zum Schluß noch etwas frische, fein gehackte Petersilie darübergeben. Nach Belieben können Sie die Karotten auch pürieren.
• Nach dem gleichen Prinzip können Sie auch Saucen mit anderen Gemüsen zubereiten – zum Beispiel Zucchini, Kürbis, Artischocken oder Fenchel (in diesem Fall streuen Sie zum Schluß noch das frische, kleingehackte Fenchelgrün darüber).

*La panza è fatta pè li maccaroni, e le chiacchere pè li minchioni.*
*(Die Makkaroni dienen dem Bauch, und das Geschwätz dient den Dummen.)*
*Römisches Sprichwort*

# Pasta con bietole

*Nudeln mit Mangold*

**400 g zarte junge Mangoldblätter**
**2 Knoblauchzehen, fein gehackt**
**3 EL Olivenöl extra vergine**
**Salz**
**1/2 Glas Fleischbrühe**
**400 g beliebige Nudeln**
**50 g Pinienkerne**
**1 EL Semmelbrösel**
**Butter**
**1 Tütchen Safran**
**Cayennepfeffer**
**Majoran**

• Die Mangoldblätter sorgfältig waschen und grob schneiden.
• Den Knoblauch im Öl glasig dünsten. Den Mangold hinzufügen, salzen, die Brühe und einige Eßlöffel Wasser angießen. Das Gemüse im zugedeckten Topf etwa 10 Minuten garen.
• Reichlich Salzwasser für die Nudeln aufsetzen. Sobald das Wasser aufkocht, die Pasta hineingeben und al dente garen.
• Inzwischen die Pinienkerne in einem Teflonpfännchen ohne Fett anrösten. Die Semmelbrösel in wenig Butter anbräunen.
• Den Mangold mit der Hälfte der Pinienkerne im Mixer pürieren und in eine große Pfanne geben. Semmelbrösel, Safran, je 1 Prise Cayennepfeffer und Majoran sowie 1 kleinen Schöpflöffel Kochwasser hinzufügen.
• Die Nudeln abgießen, in die Pfanne geben, gut durchmischen und einige Minuten auf großer Flamme sautieren.

**Dauert etwa 30 Minuten (je nach Nudelsorte)**
**1 Portion = 2425 kJ/580 kcal**

***Zur Abwechslung***
• Sie können die Mangoldstiele auch mitverwenden. Dann garen Sie sie etwa 10 Minuten, bevor Sie die Blätter hinzugeben. Damit verlängert sich die Garzeit entsprechend.
• Sie können dieses Gericht auch sehr gut mit Spinat zubereiten.

# Mezzi rigatoni agli spinaci

*Mezzi Rigatoni mit Spinat*

- Den Tiefkühlspinat nach Packungsvorschrift garen, abgießen, sorgfältig ausdrücken und grob hacken.
- Die Hälfte der Butter in einem Topf schmelzen und den Spinat zugeben. Mit Salz und Muskatnuß würzen und einige Minuten schmoren lassen.
- Die Nudeln in reichlich kochendem Salzwasser al dente garen, anschließend abgießen.
- Den Ricotta in eine Schüssel geben und mit einem Holzlöffel kräftig zu einer geschmeidigen Creme durcharbeiten.
- Den Spinat und die restliche Butter hinzufügen, gut durchmischen, pfeffern und die Rigatoni unterheben. Mit Parmesan bestreuen und servieren.

**400 g tiefgekühlter Blattspinat (in der Saison frischer Spinat)**
**80 g weiche Butter**
**Salz**
**1 Msp. frisch geriebene Muskatnuß**
**400 g Mezzi Rigatoni (oder beliebige andere Nudeln)**
**150 g Ricotta (oder Quark)**
**Pfeffer aus der Mühle**
**50 g frisch geriebener Parmesan**

**Dauert etwa 30 Minuten**
**1 Portion = 2576 kJ/616 kcal**

# Orecchiette alla rucola

*Orecchiette mit Rauke*

- Die Rauke waschen und grob schneiden.
- Den Knoblauch abziehen und fein hacken, den Peperone entkernen und ebenfalls fein hacken.
- Reichlich Salzwasser für die Pasta aufsetzen. Die Orecchiette hineingeben, sobald das Wasser kocht, und al dente garen.
- In einer großen Pfanne den Knoblauch im Öl glasig dünsten. Das Tomatenpüree, etwas Salz und den Peperone hinzugeben und 10 Minuten schmoren lassen.
- Inzwischen die Rauke in kochendem Wasser blanchieren, mit dem Schaumlöffel herausheben und unter die Tomatensauce rühren.
- Die Pasta abgießen, zur Sauce geben, gut durchmischen, kurz auf großer Flamme sautieren und zusammen mit dem Parmesan servieren.

**300 g Rauke**
**1 Knoblauchzehe**
**1 Stück scharfer Peperone**
**Salz**
**400 g Orecchiette (oder andere kurze Nudeln)**
**3 EL Olivenöl extra vergine**
**250-300 g pürierte Tomaten**
**50 g frisch geriebener Parmesan**

**Dauert etwa 20 Minuten**
**1 Portion = 2349 kJ/561 kcal**

# Farfalle alla rucola cruda

*Farfalle mit Rauke*

**400 g Farfalle**
**Salz**
**150-200 g Rauke**
**1 Knoblauchzehe, kleingehackt**
**2-3 EL Olivenöl extra vergine**
**Pfeffer aus der Mühle**
**frisch geriebener Parmesan**

• Die Farfalle in reichlich kochendem Salzwasser al dente garen.
• Inzwischen die Rauke gut putzen und waschen, in der Salatschleuder trocknen und kleinhacken.
• Die Rauke mit dem Knoblauch in eine Servierschüssel geben und mit einigen Eßlöffel Olivenöl vermischen. Vorsichtig pfeffern und salzen, um den Eigengeschmack der Rauke zu bewahren.
• Die Farfalle abgießen, mit etwas Kochwasser in die Schüssel geben und gut durchmischen. Den Parmesan extra servieren.

**Dauert etwa 15 Minuten**
**1 Portion = 1979 kJ/472 kcal**

# Fettuccine di Treviso

*Fettuccine mit Radicchio*

**400 g Eierfettuccine**
**Salz**
**150 g Radicchio**
**1 rote Zwiebel, fein gehackt**
**50 g Butter**
**2 EL Olivenöl extra vergine**
**100 g Walnüsse, fein gehackt**
**Pfeffer aus der Mühle**
**50 g frisch geriebener Parmesan**

Man verwendet für dieses Rezept in Italien den „insalata trevisana", die kleinen Köpfe mit langgezogenen Blättern, doch ist der bei uns leichter erhältliche Radicchio mit den geschlossenen Köpfen ebenso gut geeignet.

• Die Fettuccine in reichlich kochendem Salzwasser al dente garen.
• Inzwischen den Salat putzen und waschen, trockenschleudern und in Streifchen schneiden.
• Die Zwiebel mit 30 Gramm Butter und dem Olivenöl in einem Topf glasig werden lassen. Den Salat und die gehackten Nüsse hinzufügen, salzen und pfeffern, einige Minuten andünsten und den Topf vom Herd nehmen.
• Die Nudeln abgießen und in eine vorgewärmte Schüssel geben. Die Fettuccine mit dem Salat, der restlichen Butter und dem Parmesankäse sorgfältig vermischen und sofort auf den Tisch bringen.

**Dauert etwa 15 Minuten**
**1 Portion = 2992 kJ/714 kcal**

*Zur Abwechslung*
Eine wohlschmeckende Alternative ist auch, wenn Sie 1 Becher süße Sahne mit einer durchgepreßten Knoblauchzehe etwas einkochen, kräftig pfeffern und die Nudeln mit der Knoblauchsahne, 40 Gramm weicher Butter, reichlich frisch geriebenem Parmesan und dem rohen, kleingeschnittenen Radicchio in einer vorgewärmten Schüssel vermischen.

## Penne ai carciofi 1

*Penne mit Artischocken 1*

- 8 zarte junge Artischocken
- Saft von 1 Zitrone
- 2 Knoblauchzehen, fein gehackt
- 2 EL Olivenöl extra vergine
- 1/2 Glas Weißwein
- Salz
- Pfeffer aus der Mühle
- 400 g Penne (oder beliebige andere Nudeln)
- 5 Eigelb
- 40 g frisch geriebener Parmesan
- 1 Gläschen Crème fraîche (oder süße Sahne)
- 1 EL fein gehackte Petersilie

• Die Artischocken von harten Außenblättern und dornigen Spitzen befreien, längs teilen und das „Heu" herausschaben.
• Die Artischocken in feine Scheiben schneiden und sofort in Zitronenwasser geben, damit sie nicht braun werden.
• Den Knoblauch im Olivenöl andünsten. Die trockengetupften Artischockenscheiben hinzugeben und einige Minuten schmoren lassen.
• Den Wein zugießen und einkochen lassen. Salzen, pfeffern, 1 kleinen Schöpflöffel heißes Wasser hinzufügen und 5 Minuten weitergaren.
• Inzwischen die Pasta in reichlich kochendem Salzwasser al dente garen.
• Die Eigelbe mit Parmesan, Crème fraîche, Petersilie und etwas Pfeffer und Salz verquirlen.
• Die Nudeln abgießen, mit 1/2 Schöpflöffel Kochwasser, den Artischockenscheiben und der Eiermischung in eine große Pfanne geben, durchmischen und auf kleiner Flamme ganz kurz sautieren. Dabei darauf achten, daß die Eimischung cremig bleibt und nicht gerinnt. Sofort servieren.

**Dauert etwa 25 Minuten**
**1 Portion = 2708 kJ/647 kcal**

*Zur Abwechslung*
Auf die gleiche Weise können Sie die Pasta auch mit Zucchinischeiben zubereiten.

## Penne ai carciofi 2

*Penne mit Artischocken 2*

- 8 zarte junge Artischocken
- Saft von 1 Zitrone
- 100 g Semmelbrösel
- Butter
- 2 Knoblauchzehen, fein gehackt
- 2 EL Olivenöl extra vergine
- Salz
- Pfeffer aus der Mühle
- 1/2 Glas Weißwein
- 1 kleiner Schöpflöffel Brühe (oder Wasser)
- 1 EL fein gehackte Petersilie
- 50 g frisch geriebener Parmesan
- Majoran
- 400 g Penne (oder beliebige andere Nudeln)

*Sie können die Pasta auch mit Zucchinischeiben zubereiten.*

• Die Artischocken wie im vorigen Rezept vorbereiten (Seite 233). Die Semmelbrösel in wenig Butter anbräunen.

• Den Knoblauch im Öl andünsten. Die trockengetupften Artischockenscheiben hinzugeben, leicht salzen und pfeffern und einige Minuten schmoren lassen.

• Den Weißwein angießen und einkochen lassen. Die heiße Brühe zugießen und die Artischocken weiterschmoren. Ganz zum Schluß Petersilie, Semmelbrösel, Parmesan und 1 Prise Majoran hinzufügen und gut umrühren.

• Inzwischen die Penne in kochendem Salzwasser al dente garen, abgießen und dabei 1 kleinen Schöpflöffel Kochwasser auffangen.

• Die Pasta zusammen mit den Artischockenscheiben und dem Kochwasser in eine große Pfanne geben, gut durchmischen und einige Minuten bei starker Hitze sautieren.

**Dauert etwa 25 Minuten**
**1 Portion = 2724 kJ/651 kcal**

## Lasagnette al sugo di funghi

*Lasagnette mit Pilzsauce*

- 30-50 g Butter
- 2-3 EL Olivenöl extra vergine
- 1 EL fein gehackte Petersilie
- 2 Knoblauchzehen, fein gehackt
- einige Rosmarinnadeln, fein gehackt
- 2 mittelgroße reife Tomaten, gehäutet
- 200 g Steinpilze (oder Zuchtpilze)
- 1 Tasse Gemüsebrühe
- 1 TL Tomatenmark
- 400 g Lasagnette (oder Tagliatelle)
- Salz
- 40-50 g frisch geriebener Parmesan

• Die Butter zusammen mit dem Öl in einer großen Pfanne erhitzen. Petersilie, Knoblauch und Rosmarin hinzugeben und bei schwacher Hitze andünsten.

• Inzwischen die Tomaten kleinhacken. Die Pilze gut putzen und in feine Scheiben schneiden oder grob hacken.

• Tomaten und Pilzscheiben in den „soffritto" geben und einige Minuten schmoren lassen. Die Gemüsebrühe mit dem Tomatenmark verrühren und ebenfalls hinzugeben. Die Sauce bei schwacher Hitze auf die gewünschte Konsistenz einköcheln lassen.

• Die Lasagnette in reichlich kochendem Salzwasser al dente garen. Die Pasta abgießen und unter die Sauce rühren, mit dem Parmesan vermischen und sofort servieren.

**Dauert etwa 40 Minuten**
**1 Portion = 2176 kJ/520 kcal**

# Tagliatelle agli asparagi

*Tagliatelle mit grünem Spargel*

**500 g dünner grüner Spargel (auch tiefgefroren)**
**Salz**
**400 g Tagliatelle**
**50 g weiche Butter**
**4 EL süße Sahne**
**4 EL frisch geriebener Parmesan**
**1 TL scharfer Senf**

• Den Spargel waschen, die harten Enden abschneiden. Die Stangen in nicht zu kurze Stücke teilen.
• Reichlich Salzwasser zum Kochen bringen, den Spargel und die Nudeln hineingeben und kochen, bis die Tagliatelle al dente gegart sind.
• Inzwischen die Butter in kleine Stücke schneiden, mit Sahne, Reibekäse und Senf in eine große Schüssel geben und alles mit einem Holzlöffel gut vermischen, bis eine gleichmäßige Creme entsteht.
• Spargel und Nudeln abgießen, in die Schüssel geben, gut mit der Creme vermischen und sofort auf den Tisch bringen.

**Dauert etwa 20 Minuten**
**1 Portion = 2238 kJ/534 kcal**

***Zur Abwechslung***
• 3 Eßlöffel Olivenöl mit etwas Peperone erhitzen und etwa 150 Gramm kleingeschnittenen rohen Schinken hineingeben. Kurz anbraten, den Spargel zugeben, mehrmals bei kräftiger Hitze wenden und 1/2 Glas Weißwein aufgießen. Einkochen lassen und 1/2 Glas Wasser zugeben. Den Spargel gar köcheln lassen und zum Schluß die abgetropften Tagliatelle daruntermischen.

*Grüner Spargel muß in der Regel nicht geschält werden – allenfalls der untere Teil von dickeren Stangen.*

# Orecchiette alle verdure

*Orecchiette mit gemischtem Gemüse*

- 1 mittelgroße Aubergine
- Salz
- 2 kleine Paprikaschoten verschiedener Farbe
- 350 g reife, aber feste Tomaten (oder Dosentomaten)
- je 1 Bund Petersilie und Basilikum
- 1 Knoblauchzehe
- 1 Frühlingszwiebel
- Olivenöl extra vergine
- Pfeffer aus der Mühle
- 400 g Orecchiette
- frisch geriebener Pecorino (oder Parmesan)

• Die Aubergine putzen, waschen und ungeschält in Würfelchen schneiden. Die Würfel auf einen großen Teller geben und mit Salz bestreuen, damit sie Wasser ziehen.
• Die Paprika in den auf 250 Grad (Umluft 230 Grad, Gas Stufe 6) vorgeheizten Backofen geben. Sobald die Haut bräunlich wird (zwischendurch einmal wenden), die Schoten in eine Plastiktüte geben und diese fest verschließen. Etwa 10 Minuten abkühlen lassen. Die Schoten herausnehmen, abziehen, Kerne und Rippen entfernen und das Fruchtfleisch in Streifchen schneiden.
• Die Tomaten mit kochendem Wasser überbrühen, enthäuten und das Fruchtfleisch grob hacken.
• Die Blätter von Petersilie und Basilikum zupfen und Knoblauch und Zwiebel abziehen. Alles fein hacken.
• In einem Topf einige Eßlöffel Olivenöl erhitzen und Petersilie, Basilikum, Knoblauch und Zwiebel darin farblos andünsten.
• Die Auberginenwürfel gut abspülen, mit Küchenkrepp trockentupfen und ebenfalls in den Topf geben. Einige Minuten unter häufigem Wenden schmoren.
• Tomaten und Paprika zugeben. Salzen und pfeffern, gut durchmischen und das Gemüse etwa 15 Minuten bei mäßiger Hitze schmoren lassen.
• Die Orecchiette inzwischen in reichlich kochendem Salzwasser al dente garen, abgießen, mit der Gemüsesauce vermischen und mit reichlich Pecorino bestreuen.

**Dauert etwa 40 Minuten**
**1 Portion = 2076 kJ/495 kcal**

*Wenn Sie es sich einfacher machen wollen, können Sie die Paprikaschoten natürlich auch mit Haut zubereiten, aber die Sauce schmeckt besser und ist leichter verdaulich, wenn Sie die Schoten häuten.*

# Pasta e fagioli

*Nudeln mit Bohnen*

Dieses Gericht wird traditionell mit den gefleckten Borlottibohnen zubereitet, die ihm die besondere Würze geben. Sie bekommen sie in manchen italienischen Spezialitätenläden. Mit Bohnen aus der Dose geht das Rezept sehr schnell. Natürlich schmeckt es besser, wenn Sie getrocknete Bohnen verwenden, die Sie zuvor einweichen und weichkochen, nur ist der Zeitaufwand eben um einiges größer.

- Die Zwiebel schälen und grob hacken, die Knoblauchzehen schälen und fein hacken, die Petersilienblättchen abzupfen, waschen und ebenfalls fein hacken.
- In einem großen Topf (nach Möglichkeit aus Terracotta) 3 Eßlöffel Öl erhitzen und Zwiebel, Knoblauch und Petersilie darin leicht andünsten. Die Flüssigkeit aus den Bohnendosen hinzugießen und gut umrühren.
- Die Bohnen von 1 1/2 Dosen im Mixer pürieren und zusammen mit den ganzen Bohnen und 4 Dosenfüllungen heißem Wasser in den Topf geben. Den zerbröckelten Brühwürfel und das Tomatenmark hinzugeben.
- Die Bohnen aufkochen lassen, die Ditalini hineingeben, umrühren, zudecken und auf mittlerer Stufe köcheln lassen, bis die Pasta al dente gegart ist.
- Den Topf vom Feuer nehmen, alles mit Salz und Pfeffer abschmecken und kurz ohne Deckel durchziehen lassen. Etwas Olivenöl und reichlich Parmesan untermischen.

**Dauert etwa 20 Minuten**
**1 Portion = 2188 kJ/522 kcal**

***Zur Abwechslung***

- Sie können das Gericht noch mit Streifchen von rohem oder gekochtem Schinken oder angebratenen Speckwürfelchen anreichern und 1 Lorbeerblatt mitköcheln lassen.
- Nach genau dem gleichen Rezept können Sie Nudeln mit Kichererbsen (Pasta e ceci) und Nudeln mit Linsen (Pasta e lenticchie) zubereiten. Hier gilt das gleiche wie für die Borlotti: Die Kichererbsen bzw. Linsen gibt es in Dosen zu kaufen, aber auch getrocknet. Dann weichen Sie sie über Nacht ein und garen sie mit den anderen Zutaten im Einweichwasser.

**1 kleine Zwiebel**
**2-3 Knoblauchzehen (evtl. auch weniger)**
**1 Bund Petersilie**
**Olivenöl extra vergine**
**2 kleine Dosen Borlottibohnen (Abtropfgewicht ca. 500 g)**
**1 Brühwürfel**
**2 TL Tomatenmark (oder eine entsprechende Menge pürierte Tomaten)**
**300 g Ditalini**
**Salz**
**schwarzer Pfeffer aus der Mühle**
**frisch geriebener Parmesan**

*Die Ditalini sind ideal für dieses Rezept, aber Sie können durchaus auch eine andere kurze Nudelsorte verwenden.*

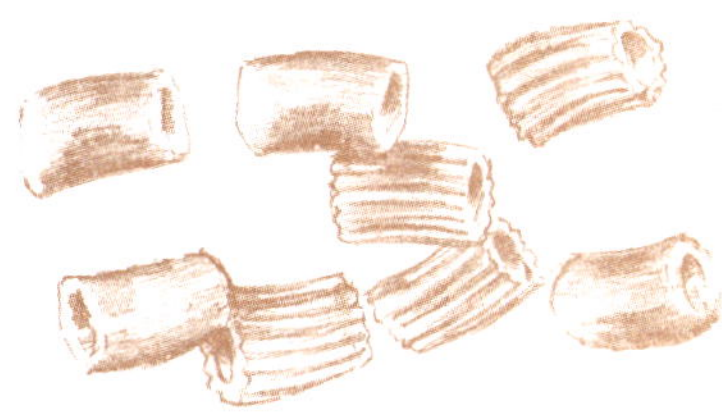

## Penne integrali agli zucchini

*Vollkornpenne mit Zucchinisauce*

300 g Zucchini
Salz
1 Zwiebel, fein gehackt
1 Karotte, kleingeschnitten
1 Stange Bleichsellerie
1 Bund Petersilie, fein gehackt
2 EL Olivenöl extra vergine
20 g Butter
1 Gläschen Weißwein
1 Glas pürierte Tomaten
1 frischer Majoranzweig
Pfeffer aus der Mühle
400 g gerillte Vollkornpenne
50 g frisch geriebener Parmesan

- Die Zucchini waschen, in Würfelchen schneiden, salzen.
- In einer großen, tiefen Pfanne Zwiebel, Karotte, Sellerie und Petersilie mit Öl und Butter anschmoren, aber nicht braun werden lassen. Die Zucchini waschen, trockentupfen und dazugeben. Bei starker Hitze unter mehrfachem Wenden andünsten und mit dem Wein ablöschen.
- Sobald der Wein eingekocht ist, das Tomatenpüree und die Majoranblättchen hinzufügen, pfeffern und salzen. Das Gemüse gut durchrühren und bei schwacher Hitze schmoren lassen. Inzwischen die Penne in reichlich kochendem Salzwasser al dente garen, abgießen und in die Pfanne zu dem Gemüse geben. Alles vermischen und kurz auf großer Flamme sautieren. Mit Parmesan bestreut servieren.

**Dauert etwa 20 Minuten**
**1 Portion = 2375 kJ/567 kcal**

## Paglia e fieno con funghi saltati

*Tagliatelle mit frischen Pilzen*

400 g grüne und gelbe Tagliatelle
Salz
200-250 g Steinpilze (oder beliebige andere Pilze)
2-3 Knoblauchzehen
4 EL Olivenöl extra vergine
Pfeffer aus der Mühle
2 EL fein gehackte Petersilie

- Die Tagliatelle in reichlich kochendem Salzwasser al dente garen.
- Inzwischen die Pilze putzen und in feine Scheiben schneiden.
- Die Knoblauchzehen in der Schale mit einem breiten Messer leicht zerquetschen.
- In einer großen Pfanne das Öl erhitzen und den Knoblauch hineingeben, einige Minuten anbraten und wieder entfernen. Die Pilzscheiben in die Pfanne geben und kurz unter Wenden anbraten, aber nicht braun werden lassen. Mit 2 Eßlöffel Nudelkochwasser ablöschen, salzen und pfeffern.
- Die Nudeln abgießen und abtropfen lassen, in die Pfanne geben, gut durchmischen, kurz auf kleiner Flamme ziehen lassen und mit Petersilie bestreut servieren.

**Dauert 15 bis 20 Minuten**
**1 Portion = 1899 kJ/454 kcal**

# Pasta al cavolfiore alla siciliana

*Nudeln mit Blumenkohl auf sizilianische Art*

- Den Blumenkohl putzen, in Röschen teilen, waschen und in reichlich kochendem Salzwasser garen, aber nicht zu weich werden lassen. Die Röschen mit dem Schöpflöffel herausheben und das Wasser aufheben, um die Nudeln darin zu garen.
- Inzwischen die Sultaninen in einem Glas warmem Wasser einweichen. Die Pinienkerne in einer Teflonpfanne ohne Fett leicht anrösten. Den Safran in etwas lauwarmem Wasser auflösen.
- Die Zwiebel fein hacken und in einer großen Pfanne in wenig Olivenöl glasig dünsten.
- Das Blumenkohlwasser erneut zum Kochen bringen und die Pasta darin al dente garen.
- Inzwischen die abgetropften Sultaninen, die Pinienkerne und das Safranwasser vorsichtig in die Pfanne rühren und auf kleiner Flamme ziehen lassen.
- Die Pasta abgießen, ebenfalls in die Pfanne geben, vorsichtig untermischen und auf großer Flamme kurz sautieren.

**Dauert etwa 30 Minuten**
**1 Portion = 2353 kJ/562 kcal**

**1 Blumenkohl (800-1000 g)**
**Salz**
**50 g Sultaninen**
**50 g Pinienkerne**
**1 Tütchen Safran**
**1 kleine Zwiebel**
**Olivenöl extra vergine**
**400 g beliebige kurze Nudeln**
**Pfeffer aus der Mühle**

*Sie können zusätzlich zur Zwiebel noch 10 abgetropfte Sardellenfilets hinzufügen und unter gelegentlichem Rühren mit einem Holzlöffel mitschmoren lassen, bis sie völlig zerfallen sind.*

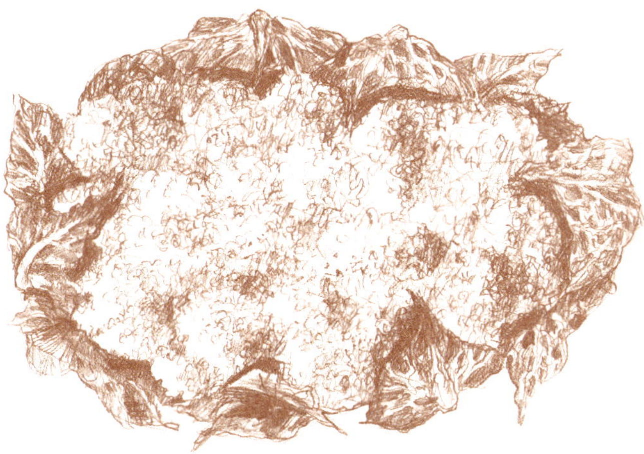

*Der arabische Geograph Idrisi schrieb 1154 im „Rogerbuch": „Westlich von Termini befindet sich die Ortschaft Trabia in bezaubernder Landschaft, reich an fließenden Gewässern und Mühlen; in schöner Ebene mit großen Gütern, auf denen dünne Nudeln in solcher Menge hergestellt werden, daß auch die muselmanischen Länder mit ausgiebigen Ladungen versorgt werden. Dies gilt als einer der eindeutigsten Beweise dafür, daß die Sizilianer die Nudeln erfunden haben."*

Gnocchi e Polenta

# Gnocchi und Polenta

*Wenn nicht anders angegeben, sind alle Rezepte für 4 Portionen berechnet.*

Wie Pasta oder Risotto werden auch die Gnocchi in Italien als „primo" – als Gang vor dem Hauptgericht (dem „secondo") – gereicht. Je nach Zubereitungsart, zum Beispiel mit einer kräftigen Fleischsauce oder mit Käse überbacken, eignen sie sich aber auch hervorragend als Hauptgericht, da sie sehr sättigend sind. Sie können die Gnocchi auch ganz nach Belieben mit jeder der Saucen servieren, die im Pasta- oder Saucenkapitel vorgeschlagen werden.
Die Polenta war früher, wie in anderen südlichen Ländern auch, in Italien – vor allem im Norden – ein Essen für die armen Leute, das man mit den Zutaten anreicherte, die gerade zur Verfügung standen. Vielleicht müssen Sie sich an die Polenta erst einmal herantrauen (beim ersten Mal nicht gerade Gäste einladen), aber sie lohnt den Versuch!

# Gnocchi di patate – ricetta di base

*Kartoffelgnocchi – Grundrezept*

Wichtig für das Gelingen der Gnocchi sind mehlige Kartoffeln. Sie sollen möglichst gleich groß sein, weil die kleinen sonst wäßrig werden, ehe die großen gar sind. Die benötigte Menge an Mehl hängt von der Kartoffelsorte ab. Gnocchi sollten Sie stets frisch zubereiten.

- Die Kartoffeln waschen und in der Schale gar kochen.
- Das Mehl auf die Arbeitsfläche geben.
- Die Kartoffeln abziehen und durch die Kartoffelpresse auf das Mehl drücken. Eine Prise Salz und nach Belieben auch die Eier hinzugeben und die Zutaten gründlich, aber schnell miteinander verkneten. Der Teig darf nicht allzu lange bearbeitet werden, weil er sonst gummiartig wird.
- Den Teig auf ein mehlbestäubtes Brett geben und lange Würste von etwa 1 cm Durchmesser formen. Diese jeweils in 2 bis 3 cm lange Stücke teilen. Die Gnocchi eventuell mit Hilfe einer Gabel mit Rillen versehen, damit sie die Sauce besser aufnehmen.
- Einen möglichst großen, weiten Topf mit Salzwasser aufsetzen. Die Gnocchi hineingeben, sobald das Wasser aufkocht. Nicht zu viele Gnocchi gleichzeitig garen, da das Wasser während des Garvorgangs stets kochen muß.
- Sobald die Gnocchi an die Oberfläche steigen, mit einem Schaumlöffel herausheben und in eine Schüssel geben.

**Dauert etwa 45 Minuten**
**1 Portion = 1307 kJ/314 kcal**

- *Gnocchi eignen sich als Beilage zu allen möglichen Gerichten. Sie schmecken aber auch nur mit Olivenöl oder flüssiger Butter beträufelt und mit reichlich frisch geriebenem Parmesan bestreut sehr gut.*
- *Sie können die Gnocchi zum Beispiel mit Tomaten- oder Fleischsauce, mit Kräuterbutter (mit gehackten frischen Kräutern oder nur mit Salbei), mit Pesto, Pilzsauce, Nußsauce, Gorgonzolasauce, Fonduta oder mit ausgelassenem Schinkenspeck servieren.*

**1 kg mehlige Kartoffeln**
**ca. 200-250 g Mehl**
**Salz**
**evtl. 2 Eier**

*Sie können nach Belieben noch zwei zusätzliche Eier und/oder einige Eßlöffel frisch geriebenen Parmesan und einen Hauch Muskat unter den Teig mischen.*

*• Besonders gut schmecken Gnocchi auf einem Bett aus frischen reifen, aber festen Tomaten (etwa 1 kg), die Sie mit kochendem Wasser überbrühen, abziehen, nach Belieben auch entkernen und dann mit Olivenöl, Knoblauch, scharfem Peperone oder Pfeffer, Salz und einer Handvoll frischem, zerzupftem Basilikum (oder Petersilie oder anderen Kräutern nach Belieben) wenige Minuten in der Pfanne sautieren.*
*• Oder Sie servieren Gnocchi auf frischem, kurz gegartem Blattspinat oder auf einem Pilzbett (von Champignons oder Austernpilzen) – mit fein geschnittener Zwiebel und etwas Knoblauch, Petersilie, Pfeffer und Salz in der Pfanne geschmort – und übergießen sie dann mit zerlassener Butter.*

# Gnocchi di patate alla fontina

*Kartoffelgnocchi mit Fontina*

**1 kg mehlige Kartoffeln**
**ca. 200 g Mehl**
**Salz**
**2 Eier**
**ca. 100 g Butter**
**250 g Fontina-Käse in feinen Scheiben**

• Die Gnocchi entsprechend dem Grundrezept (Seite 241) zubereiten.
• Eine feuerfeste Form mit etwas Butter ausstreichen.
• Die Hälfte der restlichen Butter erwärmen und sofort mit den gegarten Gnocchi vermischen.
• Die Gnocchi schichtweise in die Form geben und jede Schicht mit Fontina-Scheiben belegen. Obenauf die restliche Butter in Flöckchen setzen.
• Im auf 200 Grad (Umluft 180 Grad, Gas Stufe 3 bis 4) vorgeheizten Backofen etwa 10 Minuten überbacken.

**Dauert etwa 1 Stunde 15 Minuten**
**1 Portion = 3276 kJ/784 kcal**

*Zur Abwechslung*
Statt mit Fontina können Sie die Gnocchi auch mit einem anderen Käse überbacken, der leicht schmilzt und nicht unbedingt italienisch sein muß, zum Beispiel mit Gorgonzola oder Gruyère.

# Gnocchi di patate alla crema di olive

*Kartoffelgnocchi mit Olivencreme*

- Die Kartoffeln waschen und in der Schale kochen.
- Das Mehl auf die Arbeitsfläche geben.
- Die Oliven im Mixer pürieren.
- Die Kartoffeln abziehen und durch die Kartoffelpresse auf das Mehl drücken.
- Olivencreme, Salz, Pfeffer und Muskatnuß und nach Belieben die Eier hinzufügen.
- Alle Zutaten gut miteinander verkneten und weiter nach dem Grundrezept (Seite 241) vorgehen.
- Die gegarten Gnocchi mit reichlich Parmesan bestreuen und mit Olivenöl oder Butter beträufeln.

**Dauert etwa 1 Stunde**
**1 Portion = 2628 kJ/629 kcal**

***Zur Abwechslung***
Sie können die Gnocchi auch mit einer Tomatensauce oder mit einer Käsesauce servieren.

gut 1 kg mehlige Kartoffeln
ca. 300 g Mehl
100 g entkernte schwarze Oliven oder Olivenpaste
ca. 30 g Salz
Pfeffer aus der Mühle
frisch geriebene Muskatnuß
evtl. 2 Eier
frisch geriebener Parmesan
Olivenöl extra vergine (oder zerlassene Butter)

*In italienischen Lebensmittelgeschäften gibt es vielfach fertige Olivenpaste, die Sie statt der Oliven verwenden können.*

# Gnocchi di patate allo zafferano

*Kartoffelgnocchi mit Safran*

- Die Kartoffeln waschen und in der Schale kochen.
- Die Kartoffeln abziehen, durch die Kartoffelpresse drücken und mit Mehl, Safran, ein wenig Salz, Pfeffer, Muskatnuß und eventuell mit den Eiern rasch zu einem homogenen Teig verkneten.
- Weiter vorgehen wie im Grundrezept (Seite 241) beschrieben.
- Die fertig gegarten Gnocchi mit Parmesan und Tomatensauce servieren.

**Dauert etwa 1 Stunde**
**1 Portion = 1890 kJ/453 kcal**

gut 1 kg mehlige Kartoffeln
ca. 300 g Mehl
Salz
3 Tütchen Safran
frisch gemahlener Pfeffer
1 Msp. frisch geriebene Muskatnuß
evtl. 2 Eier
frisch geriebener Parmesan

## Cabiette

*Brennesselgnocchi*

- 800 g mehlige Kartoffeln
- 150 g junge Brennesselblätter
- 50 g Toma-Käse
- 200 g Roggenmehl
- 2 Eier
- 800 g Zwiebeln
- 100 g Butter
- Salz
- Krume vom Roggenbrot (oder Semmelbrösel)

• Die Kartoffeln in der Schale gar kochen.
• Inzwischen die Brennesseln mit Gummihandschuhen waschen und in der Salatschleuder oder mit Küchenkrepp trocknen. Die Blättchen fein hacken.
• Den Toma ebenfalls fein hacken. Die Kartoffeln abziehen und durch die Kartoffelpresse drücken.
• Kartoffeln, Brennesseln und Käse in eine Schüssel geben, das Mehl darübersieben und mit den Eiern schnell zu einem Teig verkneten. Die Zwiebeln schälen und in sehr feine Ringe schneiden. In der Hälfte der Butter glasig werden lassen.
• Aus dem Teig kleine Gnocchi („gnocchietti") formen, in reichlich kochendem Salzwasser garen und herausschöpfen, sobald sie hochschwimmen.
• Die restliche Butter bei schwacher Hitze zerlassen.
• Eine feuerfeste Form leicht einfetten und abwechselnd schichtweise die Gnocchi und Zwiebeln hineingeben. Mit den Brotbröseln bestreuen und mit der Butter beträufeln.
• Den Auflauf etwa 30 Minuten im auf 180 Grad (Umluft 160 Grad, Gas Stufe 2 bis 3) vorgeheizten Ofen garen.

**Dauert etwa 1 Stunde 15 Minuten**
**1 Portion = 2008 kJ/481 kcal**

## Gnocchi di patate con i funghi

*Kartoffelgnocchi mit Pilzen*

- gut 1 kg mehlige Kartoffeln
- ca. 300 g Mehl
- 30 g getrocknete Steinpilze
- ca. 30 g Salz
- Pfeffer aus der Mühle
- frisch geriebene Muskatnuß
- evtl. 2 Eier
- frisch geriebener Parmesan
- Olivenöl extra vergine (oder zerlassene Butter)

• Die Kartoffeln in der Schale gar kochen, pellen und zerstampfen. Zusammen mit dem Mehl auf die Arbeitsfläche geben. Die Pilze im Mixer zu Pulver zermahlen.
• Pilze, Salz, Pfeffer und Muskatnuß und nach Belieben die Eier hinzugeben. Alle Zutaten sorgfältig, aber nicht zu lange miteinander verkneten. Weiter vorgehen wie im Grundrezept (Seite 241) beschrieben.
• Mit Parmesan und Olivenöl oder Butter servieren.

**Dauert etwa 1 Stunde**
**1 Portion = 2305 kJ/552 kcal**

# Gnocchi di patate con barbabietola

*Kartoffelgnocchi mit roter Bete*

Diese rosa Gnocchi kommen vor allem dann besonders zur Geltung, wenn Sie Ihren Gästen Gnocchi in mehreren Farben auftischen – weiß, rosa, gelb und grün.

- Die Kartoffeln waschen und in der Schale kochen.
- Das Mehl auf die Arbeitsfläche geben.
- Die rote Bete im Mixer pürieren.
- Die garen Kartoffeln abziehen und durch die Kartoffelpresse auf das Mehl drücken.
- Mit Salz und Pfeffer und nach Belieben den Eiern schnell zu einem Teig verkneten. Weiter entsprechend dem Grundrezept (Seite 241) vorgehen. Die Gnocchi mit Parmesan und Olivenöl oder Butter anrichten.

**Dauert etwa 1 Stunde**
**1 Portion = 2326 kJ/557 kcal**

gut 1 kg mehlige Kartoffeln
ca. 300 g Mehl
1 gekochte rote Bete
Salz
Pfeffer aus der Mühle
evtl. 2 Eier
frisch geriebener Parmesan (oder ein anderer würziger Hartkäse)
Olivenöl extra vergine (oder zerlassene Butter)

# Gnocchi di patate alle erbe aromatiche

*Kartoffelgnocchi mit Würzkräutern*

- Den Teig entsprechend dem Grundrezept (Seite 241) zubereiten und die Gewürze und Kräuter sorgfältig untermischen.
- Die Gnocchi laut Grundrezept garen.
- Die fertigen Gnocchi mit Parmesan und Olivenöl oder Butter anrichten, alternativ dazu mit einer Tomaten- oder Käsesauce.

**Dauert etwa 1 Stunde**
**1 Portion = 2264 kJ/542 kcal**

gut 1 kg mehlige Kartoffeln
ca. 300 g Mehl
Salz
evtl. 2 Eier
Pfeffer aus der Mühle
evtl. 1 Msp. frisch geriebene Muskatnuß
2 gehäufte EL fein gehackte frische Kräuter nach Belieben (z.B. Rosmarin, Thymian, Majoran)
frisch geriebener Parmesan
Olivenöl extra vergine (oder zerlassene Butter)

# Malfatti

*Spinatgnocchi mit Ricotta*

1 kleine Zwiebel
200 g Butter
600 g Spinat, frisch oder tiefgekühlt
200 g Ricotta (oder Magerquark)
150 g frisch geriebener Parmesan
2 Eier
1 Eigelb
1 Msp. Muskatnuß
Salz
Pfeffer aus der Mühle
ca. 200 g Mehl

Dieses Gericht stammt aus der Lombardei. Die grünen Spinatgnocchi kommen farblich und geschmacklich besonders gut zur Geltung, wenn Sie eine leichte Tomatensauce dazu servieren.

• Die Zwiebel schälen, in feine Ringe schneiden und bei schwacher Hitze in etwa 50 Gramm Butter andünsten.
• Inzwischen den Spinat putzen und waschen, bei mittlerer Hitze zusammenfallen lassen, abgießen, ausdrücken und kleinhacken (Tiefkühlspinat nach Packungsvorschrift zubereiten).
• Die Zwiebelringe mit einer Gabel aus der Butter heben, den Spinat hineingeben und dünsten, bis die Flüssigkeit eingedampft ist. Abkühlen lassen.
• Den gut abgetropften Ricotta in eine Schüssel geben, etwa 50 Gramm Parmesan, den Spinat, Eier, Eigelb, Muskatnuß, Salz und Pfeffer hinzufügen und alles gut verkneten.
• Nach und nach so viel Mehl untermischen, bis der Teig fest genug ist. Falls Sie sich nicht ganz sicher sind, kochen Sie ein Probegnocchi in siedendem Salzwasser und fügen dem Teig gegebenenfalls noch etwas Mehl bei.
• Mit leicht eingeölten Händen aus dem Teig etwa walnußgroße Bällchen formen und auf eine bemehlte Fläche legen.
• Die restliche Butter zum Schmelzen bringen.
• Die Gnocchi in reichlich siedendem Salzwasser garen, herausheben, sobald sie hochschwimmen, schichtweise in eine flache, vorgewärmte Schüssel geben und jede Schicht mit Butter übergießen und mit dem restlichen Parmesan bestreuen.

**Dauert etwa 1 Stunde 30 Minuten**
**1 Portion = 3591 kJ/858 kcal**

*Zur Abwechslung*
• Statt Ricotta können Sie ohne weiteres auch Mascarpone verwenden.
• Sie können die gegarten Gnocchi auch in eine feuerfeste Form geben, mit Butterflöckchen belegen, Reibekäse darübergeben und 10 bis 15 Minuten im Ofen überbacken.

*Noch heute wird am Karfreitag in Verona das Fest der Kartoffelgnocchi gefeiert, für die Berge von Kartoffeln, Tonnen von Mehl, Tausende von Eiern und kiloweise Parmesan verwendet werden. Zur Zeit der Republik Venedig wurden die Kosten von der Staatskasse getragen, heutzutage werden sie von den Bürgern selbst aufgebracht.*

# Gnocchi di pane

*Brotgnocchi*

- 500 g altbackenes Weißbrot
- 1 l Milch
- 150 g Mortadella, fein gehackt
- 3 gehäufte EL frisch geriebener Parmesan
- etwas abgeriebene unbehandelte Zitronenschale
- 1 gehäufter EL Kapern, fein gehackt
- Salz
- Pfeffer aus der Mühle
- ca. 3 EL Mehl
- 100 g Butter
- 2 EL Weißwein
- 2 EL fein gehackte Petersilie

• Das Brot in kleine Stücke zerpflücken, mit der heißen Milch übergießen und mindestens 30 Minuten einweichen lassen.
• Das Brot ausdrücken, fein zerreißen und mit der Mortadella vermischen.
• 2 Eßlöffel Parmesan, Zitronenschale, Kapern, je eine Prise Salz und Pfeffer hinzugeben. Alles gut vermischen und 1 Stunde an einem kühlen Platz durchziehen lassen.
• Aus dem Teig Bällchen von etwa 2 1/2 cm Durchmesser formen und einzeln im Mehl wälzen.
• Einen Topf mit reichlich Salzwasser aufsetzen. Sobald das Wasser aufkocht, die Gnocchi hineingeben und nur ziehen, aber nicht kochen lassen, weil sie sonst zerfallen. Wenn sie hochschwimmen, mit dem Schaumlöffel herausnehmen.
• Inzwischen die Butter schmelzen. Mit einem Teil davon eine feuerfeste Form einfetten. Schichtweise die Gnocchi hineinfüllen, jeweils ein wenig Wein, Petersilie und den restlichen Parmesan darübergeben. Zum Schluß die verbliebene Butter darübergießen und kräftig pfeffern.
• Die Brotgnocchi 15 Minuten im vorgeheizten Ofen bei mittlerer Hitze backen und sofort servieren.

**Dauert etwa 2 Stunden 30 Minuten**
**1 Portion = 3213 kJ/767 kcal**

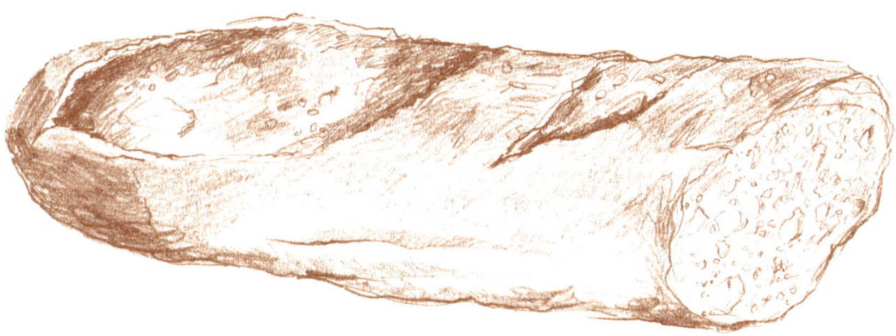

# Gnocchi alla romana

*Grießgnocchi auf römische Art*

- 1 l Milch
- 150 g Butter
- Salz
- 250 g Grieß
- 4 Eier
- 1 EL süße Sahne
- frisch geriebener Parmesan
- 1 Msp. frisch geriebene Muskatnuß
- Pfeffer aus der Mühle
- 2 EL Semmelbrösel

*Zu diesem Gericht paßt gut Blattspinat oder eine Sauce mit Hühnerlebern.*

• Die Milch mit 50 Gramm Butter und 1 Prise Salz zum Sieden bringen. Unter ständigem Rühren den Grieß einlaufen lassen. Weiterrühren und 15 bis 20 Minuten kochen.

• Die Eier trennen. Die Eigelbe mit der Sahne und 4 Eßlöffel Parmesan unter den vollständig abgekühlten Brei mischen und mit Muskat, Pfeffer und Salz würzen. Die Eiweiße steif schlagen und unterheben. 30 Minuten ruhen lassen, dann mit einem nassen Eßlöffel Gnocchi abstechen.

• Eine feuerfeste Form mit Butter bestreichen und die restliche Butter zerlassen.

• Die Gnocchi schichtweise in die Form geben, dabei jede Schicht leicht mit Semmelbröseln und großzügig mit Parmesan bestreuen und mit Butter übergießen. Im auf 200 Grad (Umluft 180 Grad, Gas Stufe 3 bis 4) vorgeheizten Ofen gut 10 Minuten überbacken.

**Dauert etwa 1 Stunde 15 Minuten**
**1 Portion = 3456 kJ/825 kcal**

# Strangolapreti

*„Priesterwürger"*

- 50 g Sultaninen
- 200 g entrindetes altbackenes Weißbrot
- 1/2 l Milch
- 2 Eier
- 400 g aufgetauter Tiefkühlspinat
- 50 g Pinienkerne
- Salz
- Mehl
- Semmelbrösel

*Die Strangolapreti werden gerne mit geschmolzener Butter und frisch geriebenem Parmesankäse oder mit einer Tomatensauce serviert.*

• Die Sultaninen in warmes Wasser einlegen. Das Brot zerzupfen und in der lauwarmen Milch einweichen. Sobald es völlig durchtränkt ist, gut ausdrücken und mit den Eiern in einer Schüssel zu einem Brei vermischen.

• Den Spinat laut Packungsanweisung zubereiten, gut abtropfen lassen und ebenfalls in die Schüssel geben.

• Abgetropfte Sultaninen, Pinienkerne, etwas Salz und so viel Mehl und Semmelbrösel zu gleichen Teilen einarbeiten, bis sich ein fester, aber geschmeidiger Teig ergibt.

• Reichlich Salzwasser zum Kochen bringen und die Strangolapreti portionsweise darin garen, bis sie hochschwimmen. Mit dem Schaumlöffel herausnehmen und in vorgewärmte Teller geben.

**Dauert etwa 1 Stunde**
**1 Portion = 1613 kJ/385 kcal**

# Polenta – ricetta di base

*Polenta-Grundrezept*

Die Mehlmenge hängt sehr vom Rezept ab. Wünschen Sie die Polenta eher breiartig, nehmen Sie etwas weniger Mehl, möchten Sie sie fester, um sie aufzuschneiden oder zu braten, nehmen Sie etwas mehr. Im letzteren Fall macht es nichts aus, wenn die Polenta beim Kochen ein wenig am Boden ansetzt – das gehört fast dazu!

**ca. 1 1/2 l Wasser**
**2 gehäufte TL Salz**
**350-450 g Maismehl**

- Das Wasser mit dem Salz in einem großen, schweren Topf aufsetzen. Er sollte nicht mehr als halbvoll mit Wasser gefüllt sein, weil die Polenta sonst überkochen könnte.
- Sobald das Wasser aufkocht, die Hitze herunterschalten und unter kräftigem Rühren jeweils eine Handvoll Mehl hineinstreuen. Immer erst neues Mehl zugeben, wenn das bisherige sich geschmeidig mit dem Wasser verbunden hat. Damit keine Klümpchen entstehen, empfiehlt es sich, zu Anfang mit dem Schneebesen zu arbeiten.
- Sobald das ganze Mehl eingerührt ist, die Flamme wieder etwas höherstellen und mit einem Holzlöffel weiterrühren.
- Die Polenta etwa 40 bis 50 Minuten köcheln und dabei immer wieder umrühren, damit sie nicht ansetzt.
- Sollte sie zu fest werden, noch etwas Wasser hinzufügen, das allerdings sehr heiß sein muß. Die Polenta ist fertig, wenn sie sich von Rand und Boden des Topfes löst.
- Die fertige Polenta mit einem zuvor in kaltes Wasser getauchten Schaumlöffel niederdrücken und auf einen Servierteller oder ein Holzbrett stürzen.

*Sie können Polenta gleich für zwei Tage zubereiten - einmal weich mit Sauce servieren und am nächsten Tag aufgebraten oder im Ofen gratiniert. Außerdem läßt sie sich sehr dekorativ anrichten. Frisch zubereitete Polenta können Sie auf einer Platte aufhäufeln und mit Fleisch in Sauce oder mit Bratwürsten umgeben. Köstlich schmeckt die Polenta auch, wenn Sie sie erkalten lassen, in Butter aufbraten und mit Fleisch oder einer Sauce servieren.*

**Dauert etwa 45 Minuten**
**1 Portion = 1297 kJ/310 kcal**

***Zur Abwechslung***

- Wenn Sie die Polenta, die sehr gut mit Saucenfleisch oder einer Pilzsauce schmeckt, als Hauptgericht servieren möchten, können Sie statt Wasser auch Fleischbrühe oder Brühe und Milch zu etwa gleichen Teilen verwenden.
- In diesem Fall vermischen Sie die gegarte Polenta mit einem guten Eßlöffel Butter und einigen Eßlöffel frisch geriebenem Parmesan und reichen noch einen Salat dazu.
- Oder Sie geben die Polenta in eine feuerfeste Form und gratinieren sie mit frisch geriebenem oder geraspeltem Käse – am besten Fontina oder Sbrinz.

## Crostini di polenta al forno

*Polentascheiben im Ofen überbacken*

fertige Polenta aus ca. 300 g Maismehl (Grundrezept Seite 249)
ca. 150 g Butter
150 g Gorgonzola (oder Mascarpone, Fontina, Taleggio, Mozzarella)

Aufgebackene Polenta war ursprünglich immer ein Resteessen. Wenn Sie Polenta vom Vortag übrig haben, eignet sich dieses Gericht hervorragend als Vorspeise.

- Die kalte Polenta in etwa 1 cm dicke Scheiben schneiden und mit einem großen Glas runde Stücke ausstechen.
- Ein Backblech oder eine große feuerfeste Form ausbuttern.
- Die Hälfte der Polentascheiben hineinlegen, mit Käse bedecken, die restlichen Teigscheiben darüberlegen und Butterflöckchen daraufsetzen.
- Im auf 200 Grad (Umluft 180 Grad, Gas Stufe 3 bis 4) vorgeheizten Ofen etwa 20 Minuten goldbraun backen.

**Dauert etwa 30 Minuten**
**1 Portion = 2841 kJ/679 kcal**

## Fette di polenta ai funghi

*Polentaschnitten mit Pilzen*

1 1/4 l Wasser
2 TL Salz
300 g Maismehl
1 Gläschen Olivenöl extra vergine
1 kleine Zwiebel, fein gehackt
150 g Champignons in Scheiben
4 Sardellenfilets, kleingeschnitten
2 EL fein gehackte Petersilie
reichlich frische Salbeiblätter
Pfeffer aus der Mühle
etwas Mehl
Öl zum Fritieren

- Die Polenta entsprechend dem Grundrezept (Seite 249) zubereiten.
- Kurz vor Ende der Kochzeit das Olivenöl in einer Pfanne erhitzen und die Zwiebel darin glasig dünsten.
- Die Champignons hinzufügen und einige Minuten schmoren lassen.
- Sardellen, Petersilie und einige Salbeiblätter hinzufügen, pfeffern und vorsichtig salzen.
- Die Mischung in die fertige Polenta einrühren.
- Die Polenta auf ein mit Wasser ausgespültes Backblech stürzen, glattstreichen und abkühlen lassen.
- Die Polenta in Würfel schneiden, leicht mit Mehl bestäuben und in reichlich Öl mit den restlichen Salbeiblättern schwimmend ausbacken. Noch heiß mit Salat servieren.

**Dauert etwa 1 Stunde 30 Minuten**
**1 Portion = 2293 kJ/548 kcal**

# Polenta al sugo di porri

*Polenta mit Lauchsauce*

- Die Polenta entsprechend dem Grundrezept (Seite 249) zubereiten.
- Inzwischen den Lauch putzen, waschen und das Weiße kleinhacken.
- Den gehackten Lauch in etwas Butter glasig dünsten, leicht salzen und kräftig pfeffern. Etwas Weißwein aufgießen und einreduzieren.
- Etwas Sahne einrühren und die Lauchsauce zur Polenta servieren.

**1 1/2 l Wasser**
**2 gehäufte TL Salz**
**350-450 g Maismehl**
**400 g Lauch**
**Butter**
**Salz**
**Pfeffer aus der Mühle**
**Weißwein**
**süße Sahne (oder Crème fraîche)**

**Dauert etwa 45 Minuten**
**1 Portion = 1590 kJ/380 kcal**

# Polenta alle erbe aromatiche

*Polenta mit Würzkräutern*

- Die Polenta entsprechend dem Grundrezept (Seite 249) zubereiten.
- Kurz vor Ende der Kochzeit die Butter in einem Töpfchen auf kleiner Flamme schmelzen.
- Den Knoblauch und die Kräuter hineingeben und sanft dünsten.
- Den Knoblauch je nach Belieben herausnehmen. Die fertige Polenta mit der Kräuterbutter würzen.

**1 1/2 l Wasser**
**2 gehäufte TL Salz**
**350-450 g Maismehl**
**150 g Butter**
**1 Knoblauchzehe, zerdrückt**
**1 gehäufter EL kleingehackte frische Würzkräuter (Salbei, Rosmarin, Thymian)**

**Dauert etwa 45 Minuten**
**1 Portion = 2470 kJ/590 kcal**

# Polenta ai quattro formaggi

*Polenta mit vier Käsesorten*

1 1/2 l Wasser
2 gehäufte TL Salz
350-450 g Maismehl
250 g gemischter gut schmelzender Käse (z.B. Fontina, Gorgonzola, Parmesan und Gruyère)

• Die Polenta entsprechend dem Grundrezept (Seite 249) zubereiten.
• Den Käse reiben oder sehr klein schneiden, kurz vor Ende der Kochzeit einrühren, gut durchmischen und die Polenta heiß auf den Tisch bringen.

**Dauert etwa 45 Minuten**
**1 Portion = 2350 kJ/561 kcal**

***Zur Abwechslung***
• Nach Belieben können Sie den Käse auch in einem Töpfchen auf kleiner Flamme schmelzen und die fertige Polenta mit der Käsesauce übergießen.
• Sie können natürlich auch nur eine Käsesorte, etwa Gorgonzola, verwenden.
• Oder Sie mischen etwa 150 Gramm Butter oder reichlich Olivenöl unter die fertige Polenta und bestreuen sie großzügig mit frisch geriebenem Parmesan.

# Polenta e cavoli

*Polenta mit Kohl*

1 1/2 l Wasser
2 gehäufte TL Salz
350-450 g Maismehl
1 kleiner Wirsing (oder Weißkohl)
100-150 g Butter
einige Salbeiblätter
150 g frisch geriebener Parmesan

• Die Polenta entsprechend dem Grundrezept (Seite 249) zubereiten.
• Inzwischen den Kohl putzen und sehr fein schneiden.
• Etwa nach der Hälfte der Kochzeit den Kohl unter die Polenta mischen.
• Die Butter auslassen und die Salbeiblätter kurz darin ziehen lassen.
• Die Polenta mit der Salbeibutter übergießen und mit Parmesan bestreuen.

*Zur Kohlpolenta passen sehr gut gebratene Schweinerippchen.*

**Dauert etwa 50 Minuten**
**1 Portion = 2880 kJ/688 kcal**

# Polenta con fonduta

*Polenta mit Fontinasauce*

- Den Fontina entrinden, fein würfeln, in eine Schüssel geben und völlig mit der Milch bedecken. Mindestens 3 Stunden ziehen lassen.
- Die Polenta entsprechend dem Grundrezept (Seite 249) zubereiten, dem Kochwasser 1 Eßlöffel Öl hinzufügen.
- Nach der Hälfte der Garzeit in einem zweiten Topf die Fonduta zubereiten. Die Hälfte der Butter schmelzen, den Topf in ein heißes Wasserbad stellen, Käse und Milch hineingeben und unter ständigem Rühren allmählich zu einer glatten Creme verschmelzen lassen. Die Sauce darf dabei nicht aufkochen.
- Die Hitze nun ein wenig erhöhen und die Eigelbe einzeln hineingeben. Das nächste Eigelb immer erst hinzufügen, wenn das vorherige sich gut mit der Sauce verbunden hat.
- Die restliche Butter in kleinen Stückchen einrühren und die Sauce mit Pfeffer würzen.
- Die Trüffel sorgfältig säubern, waschen und in feine Scheibchen raffeln.
- Die Polenta in eine vorgewärmte flache Schüssel stürzen, die Fontinasauce darübergießen und mit den Trüffelscheibchen bestreuen. Sofort auf den Tisch bringen.

**Dauert etwa 1 Stunde 10 Minuten (ohne Einweichzeit)**
**1 Portion = 4012 kJ/958 kcal**

**400 g Fontina-Käse**
**1/4 l Milch**
**1 1/2 l Wasser**
**2 gehäufte TL Salz**
**350 g grobes Maismehl**
**Olivenöl extra vergine**
**60 g Butter**
**4 Eigelb**
**weißer Pfeffer aus der Mühle**
**1 weiße Trüffel (oder 1 Handvoll Champignons)**

*Dies ist ein Rezept aus dem Piemont.*

# Polenta al rosmarino

*Polenta mit frischem Rosmarin*

- Die Polenta entsprechend dem Grundrezept (Seite 249) zubereiten, jedoch den Rosmarin ins Wasser geben, bevor das Maismehl eingerührt wird.
- Während des Garens die feste Butter hinzufügen.
- Die fertige Polenta mit dem Parmesan und der flüssigen Butter bzw. mit dem Olivenöl vermischen und sofort auf den Tisch bringen.

**Dauert etwa 45 Minuten**
**1 Portion = 3313 kJ/792 kcal**

**1 1/2 l Wasser**
**2 gehäufte TL Salz**
**350-450 g Maismehl**
**reichlich frischer Rosmarin, fein gehackt**
**50 g feste Butter**
**100 g frisch geriebener Parmesan**
**150 g flüssige Butter (oder reichlich Olivenöl)**

# Burattini

*Polenta mit Bohnen*

1 1/2 l Wasser
2 gehäufte TL Salz
350-450 g Maismehl
1 Zwiebel
1 Stange Bleichsellerie
1 Karotte
50 g Schinkenspeck
Olivenöl extra vergine
500 g pürierte Tomaten
etwas frischer Rosmarin
1 EL fein gehackte Petersilie
1 Lorbeerblatt
Salz
Pfeffer aus der Mühle
300 g vorgegarte Bohnen (am besten Borlotti)

Dieses Rezept stammt aus der Emilia-Romagna.

- Die Polenta laut Grundrezept (Seite 249) zubereiten.
- Inzwischen Zwiebel, Sellerie und Karotte putzen und kleinhacken. Den Schinkenspeck ebenfalls kleinschneiden und alles zusammen in Olivenöl andünsten.
- Die Tomaten und die Kräuter hinzufügen, salzen und pfeffern und 15 bis 20 Minuten schmoren lassen.
- Die Bohnen hinzugeben, kurz mitgaren und die Gemüsesauce etwa 5 Minuten vor Ende der Garzeit unter die Polenta mischen.

**Dauert etwa 1 Stunde**
**1 Portion = 2488 kJ/594 kcal**

# Polenta con le spuntature di maiale

*Polenta mit Schweinerippchen*

1 1/2 l Wasser
2 TL Salz
350 g Maismehl
1 kleine Zwiebel
1 Karotte
1 Bund Petersilie
1 EL Schweineschmalz
700 g magere Schweinerippchen, vom Metzger in Stücke gehackt
1/2 Glas Weißwein
700 g pürierte Tomaten
Salz
Pfeffer aus der Mühle
frisch geriebener Pecorino (oder Parmesan)

*Ein Rezept aus dem Latium*

- Die Polenta entsprechend dem Grundrezept (Seite 249) zubereiten. Sie sollte nicht zu fest werden, deshalb können Sie auch fein gemahlenes Maismehl verwenden.
- Währenddessen die Zwiebel schälen, die Karotte putzen und waschen, beides kleinhacken. Die Petersilienblättchen abzupfen und fein hacken.
- Das Schmalz in einem Topf zergehen lassen. Zwiebel, Karotte und Petersilie hineingeben und einige Minuten andünsten. Die Rippchen hinzugeben und einige Minuten kräftig anschmoren.
- Den Weißwein zugießen und langsam einkochen lassen.
- Die Tomaten hinzufügen und leicht köcheln lassen, mit Salz und Pfeffer abschmecken.
- Die fertige Polenta in eine flache Schüssel stürzen, die Sauce darübergießen und mit Reibekäse bestreuen.

**Dauert etwa 1 Stunde 10 Minuten**
**1 Portion = 3065 kJ/732 kcal**

## Polenta col sugo di coniglio

*Polenta mit Kaninchensauce*

Mit etwas Erfahrung können Sie Polenta und Sauce gleichzeitig zubereiten. Sonst kochen Sie die Sauce vor und wärmen sie auf, sobald die Polenta gar ist.

- Die Polenta laut Grundrezept (Seite 249) zubereiten.
- Das Kaninchenfleisch in kleine Stücke schneiden.
- Zwiebel und Knoblauch abziehen und fein hacken, in einer Pfanne im heißen Öl leicht anbräunen.
- Rosmarin, Salbei und Lorbeer hinzugeben, anschließend das Kaninchenfleisch kräftig anschmoren, Salz und Pfeffer hinzugeben.
- Nach und nach den Wein aufgießen, nach Bedarf auch etwas Fleischbrühe oder Wasser. Das Kaninchenragout mindestens eine halbe Stunde schmoren lassen, noch einmal abschmecken und zur Polenta servieren.

**Dauert etwa 1 Stunde (bei gleichzeitiger Zubereitung)**
**1 Portion = 2210 kJ/528 kcal**

**1 1/2 l Wasser**
**2 TL Salz**
**350 g Maismehl**
**ca. 400 g ausgelöstes Kaninchenfleisch (z.B. Brüstchen)**
**1 große Zwiebel**
**1-2 Knoblauchzehen**
**4 EL Olivenöl extra vergine**
**1 Zweig Rosmarin**
**einige Salbeiblätter**
**1-2 Lorbeerblätter, fein zerbröselt**
**Salz**
**Pfeffer aus der Mühle**
**1 Glas Rotwein**
**evtl. etwas Fleischbrühe**

*Polenta verträgt sich gut mit jeder Art von Wild, aber auch mit Gulasch oder Huhn.*

## Polenta pasticciata alla bolognese

*Polentaauflauf aus Bologna*

- Die Polenta nach dem Grundrezept (Seite 249) relativ fest zubereiten. Inzwischen die Fleischsauce aufkochen.
- Die fertige Polenta auf ein mit Wasser ausgespültes Backblech geben, glattstreichen, ein feuchtes Tuch darüberlegen und abkühlen lassen. Anschließend in etwa 1 cm breite Streifen schneiden.
- Den Mozzarella kleinwürfeln. Eine feuerfeste Form leicht einfetten. Abwechselnd schichtweise Polentascheiben, Fleischsauce, Parmesan und Mozzarella einfüllen.
- Im auf 200 Grad (Umluft 180 Grad, Gas Stufe 3 bis 4) vorgeheizten Ofen 15 bis 20 Minuten überbacken.

**Dauert etwa 1 Stunde 20 Minuten**
**1 Portion = 2918 kJ/697 kcal**

**1 1/2 l Wasser**
**2 gehäufte TL Salz**
**350-450 g Maismehl**
**1 große Portion Ragù alla bolognese (Seite 180)**
**100 g Mozzarella**
**Fett für die Form**
**100 g frisch geriebener Parmesan**

*Dieses Rezept eignet sich sehr gut als Resteessen.*

# Pasticcio di polenta al modo di Teresa

*Polentaauflauf auf Teresas Art*

**1 1/2 l Wasser**
**2 gehäufte TL Salz**
**350-450 g Maismehl**
**50 g roher Schinken**
**50 g Schinkenspeck**
**100 g Champignons (oder andere Pilze)**
**1 Bund Petersilie**
**3 EL Olivenöl extra vergine**
**1 Zwiebel**
**1-2 Karotten (je nach Größe)**
**1 Stange Bleichsellerie**
**1/8 l trockener Weißwein**
**400 g pürierte Tomaten**
**evtl. etwas Fleischbrühe**
**schwarzer Pfeffer aus der Mühle**
**einige Zweige Thymian**
**Butter**
**frisch geriebener Parmesan**

*Die italienische Bezeichnung „granoturco" – „türkisches Korn" – für Mais geht auf die Venezianer zurück, die alles, was aus der Ferne kam, als „türkisch" bezeichneten. Sie waren auch die ersten, die um die Mitte des 16. Jahrhunderts Mais im Gebiet der Po-Mündung anbauten. In der Lombardei begann man erst ein Jahrhundert später mit dem Maisanbau, als nach einer Pestepidemie eine entsetzliche Hungersnot ausgebrochen war.*

• Eine nicht allzu dicke Polenta nach dem Grundrezept (Seite 249) zubereiten und abkühlen lassen.
• Schinken und Schinkenspeck sehr fein hacken.
• Die Pilze grob hacken, die Blättchen von der Petersilie zupfen und fein hacken. Beides zusammen mit 1 Eßlöffel Olivenöl leicht andünsten.
• Inzwischen Zwiebel, Karotten und Sellerie waschen, putzen und kleinhacken.
• 2 Eßlöffel Olivenöl in einem Topf erhitzen und Schinken und Speck darin andünsten. Das Gemüse hinzugeben, kurz schmoren lassen und die Pilze mit der Petersilie hinzufügen. Gut durchrühren, den Wein zugießen und kurz einkochen lassen.
• Die Tomaten hinzufügen, umrühren und alles mindestens 20 Minuten schmoren lassen.
• Ist die Sauce nicht flüssig genug, noch etwas Wein oder Fleischbrühe nachgießen. Mit Salz, Pfeffer und Thymian abschmecken und noch ein paar Minuten durchziehen lassen.
• Die fertige Polenta in Scheiben schneiden. Eine feuerfeste Form gut mit Butter ausstreichen, die Polentascheiben hineingeben, mit der Sauce übergießen, reichlich mit Parmesan bestreuen und mit einigen Butterflöckchen besetzen.
• Den Auflauf etwa 10 Minuten im auf 180 Grad (Umluft 160 Grad, Gas Stufe 2 bis 3) vorgeheizten Ofen überbacken.

**Dauert etwa 1 Stunde 15 Minuten**
**1 Portion = 2853 kJ/682 kcal**

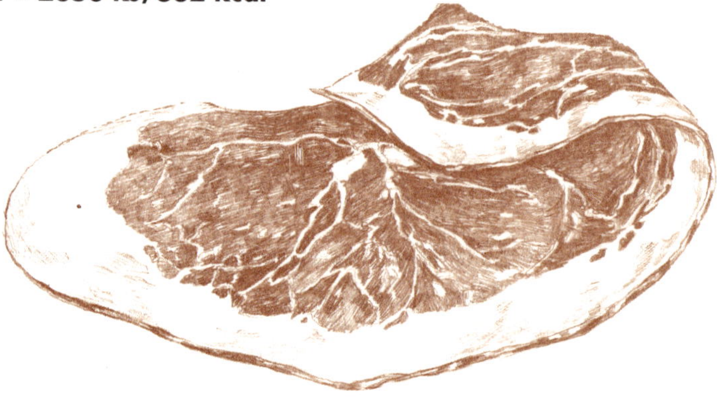

# Crocchette di polenta al formaggio

*Polenta-Käse-Bällchen*

- Laut Grundrezept (Seite 249) eine eher feste Polenta zubereiten. Sobald sie gar ist, in eine Schüssel stürzen, leicht abkühlen lassen und die Butter und den geriebenen Käse gründlich einarbeiten.
- Das Käsestück grob würfeln.
- Den Polentateig eßlöffelweise abstechen und zu Bällchen formen. Jeweils ein Käsewürfelchen hineindrücken und gut verschließen.
- Die Bällchen zuerst in den mit etwas Salz verquirlten Eiern, dann in Mehl wälzen.
- Die Bällchen in reichlich heißem Öl fritieren, mit dem Schaumlöffel herausnehmen und vor dem Servieren auf Küchenkrepp abtropfen lassen.

**Dauert etwa 1 Stunde 15 Minuten**
**1 Portion = 3390 kJ/810 kcal**

**ca. 1 l Wasser**
**2 TL Salz**
**250 g Maismehl**
**120 g weiche Butter**
**70 g geriebener Fontina (oder Emmentaler)**
**100 g Fontina (oder Emmentaler) am Stück**
**2 Eier**
**Salz**
**Mehl zum Wenden**
**Öl zum Ausbacken**

*Sie können die Polenta auch gut im voraus garen – die Bällchen sind dann schnell zubereitet.*

# Tramezzini di polenta

*Polenta-Sandwiches*

- Nach dem Grundrezept (Seite 249) eine ziemlich feste Polenta zubereiten und auf ein großes nasses Brett oder ein Backblech stürzen.
- Die Polenta mit dem Spatel oder mit der Hand gleichmäßig zu einer etwa 1 cm dicken Schicht verstreichen. Völlig abkühlen lassen und in Quadrate von etwa 6 cm Seitenlänge schneiden.
- Jeweils ein Quadrat mit Schinkenspeck bedecken und ein zweites Quadrat darauflegen.
- Die Eier verquirlen und die Polenta-Sandwiches schnell hindurchziehen, leicht in Mehl wälzen und in reichlich heißem Öl ausbacken. Auf Küchenkrepp abtropfen lassen und servieren.

**Dauert etwa 1 Stunde**
**1 Portion = 3239 kJ/774 kcal**

**ca. 1 l Wasser**
**2 TL Salz**
**250 g Maismehl**
**200 g Schinkenspeck in Scheiben**
**2 Eier**
**Mehl zum Wenden**
**Öl zum Ausbacken**

# Risotti
# Reisgerichte

*Wenn nicht anders angegeben, sind alle Rezepte für 4 Portionen berechnet.*

Der Reis ist eine der ältesten Kulturpflanzen und wird in China seit etwa 5000 Jahren angebaut. Auf die italienische Halbinsel kam er vermutlich erst um das 14./15. Jahrhundert durch die Spanier, die damals im Königreich Neapel herrschten, doch setzte er sich später vorwiegend im Norden Italiens durch, besonders im Piemont, in der Lombardei und in Venetien. Reis wächst in stehendem Wasser, und die besten Bedingungen für den Anbau fand man in der Poebene, wo noch heute der meiste Reis produziert wird.

# Risotto – regole de base

*Risotto – Grundregeln*

- Für gewöhnlich rechnet man 70 bis 100 Gramm Reis pro Person. Der Reis sollte nicht gewaschen werden, weil er sonst seine Stärke verliert.
- Bereiten Sie den Reis in einem mittelhohen schweren Topf mit möglichst weitem Boden zu, kochen Sie ihn ohne Deckel und rühren Sie mit einem Holzlöffel um.
- Ist im Rezept zum Beispiel eine Zwiebel angegeben, schneiden Sie sie klein und lassen sie halb in Öl, halb in Butter (oder auch nur in Butter oder nur in Öl) glasig werden. Bei Schwierigkeiten mit dem Cholesterin empfiehlt es sich, ausschließlich Olivenöl extra vergine zu verwenden. In Norditalien, wo die Reisgerichte ihre Heimat haben, verwendet man in der Regel nur Butter.
- Erst dann geben Sie den Reis hinzu und rühren um.
- Nun gießen Sie ein wenig Weißwein an (manche Rezepte sehen auch Rotwein vor). Sobald der Wein völlig aufgesogen ist, geben Sie nach und nach mit einem Schöpflöffel die kochendheiße Brühe hinzu. Der Reis sollte immer ein wenig von Brühe bedeckt sein und ständig köcheln, weil sonst der Garvorgang unterbrochen wird.
- Nach Belieben können Sie statt Brühe ausschließlich Milch oder halb Brühe, halb Milch verwenden.
- Sie sollten auf keinen Fall allzu häufig umrühren, sondern nur gerade so oft, daß der Reis nicht ansetzt. Andernfalls brechen die Körner und die Stärke tritt aus.
- Der Reis muß etwa 18 Minuten garen, nachdem Sie zum ersten Mal Brühe zugegossen haben.
- Für den größten Teil der Rezepte gilt: Sobald Sie den Topf vom Feuer genommen haben, mischen Sie ein Stückchen Butter und etwas frisch geriebenen Parmesan unter. Nach Belieben können Sie den Parmesan auch getrennt servieren oder völlig weglassen – aber in Italien gehört er so gut wie immer dazu. Alles mit Salz und Pfeffer würzen.
- Der Risotto sollte nach Möglichkeit „all'onda" gegart sein, das heißt, der Reis sollte eine Welle bilden, wenn Sie den Topf bewegen – er darf weder zu trocken sein, noch sollte er in Flüssigkeit schwimmen. Die Flüssigkeitsmenge, in der Sie den Reis garen, sollte in der Regel etwa das Dreifache des Reisgewichtes betragen.
- Einen nach diesen Regeln gekochten Risotto können Sie auch gut mit einer getrennt zubereiteten Sauce servieren.

**280-400 g Reis (am besten „riso superfino" vom Typ Vialone, Arborio, Carnaroli oder Baudo)**
**evtl. Gemüse (z.B. Zwiebel, Knoblauch, Bohnen, Sellerie)**
**Olivenöl extra vergine (und/oder Butter)**
**Weißwein (oder Rotwein)**
**heiße Fleisch- oder Gemüsebrühe (und/oder Milch)**
**Butter**
**frisch geriebener Parmesan**
**Salz**
**Pfeffer aus der Mühle**

*Mit „Risi e bisi", dem berühmten venezianischen Reisgericht, wurde zu Zeiten der Republik Venedig traditionell am 25. April, dem Tag des heiligen Markus, das Festmahl des Dogen eröffnet. Fanden sich um diese Zeit in Venetien noch keine Erbsen, so schaffte man sie aus dem „feindlichen" Genua herbei, denn Venezianer und Genuesen befehdeten sich auf dem Meer.*

# Risotto alla milanese

*Risotto aus Mailand*

80 g weiche Butter
ca. 50 g Rindermark
1 kleine Zwiebel, fein gehackt
1 1/2 l heiße Fleischbrühe
400 g Reis
1 Tütchen Safran
Salz
80 g frisch geriebener Parmesan

- Die Hälfte der Butter und das kleingeschnittene Rindermark in einen Topf geben und bei nicht zu starker Hitze auslassen. Die Zwiebel darin anschmoren, aber nicht braun werden lassen.
- Inzwischen in einem anderen Topf die Brühe aufkochen.
- Sobald die Zwiebel glasig ist, den Reis hinzugeben und ebenfalls glasig werden lassen.
- Nach und nach die Brühe zugießen und zwischendurch umrühren.
- Kurz bevor der Reis nach etwa 18 Minuten al dente gegart ist, den Safran in etwas Brühe auflösen und in den Risotto einrühren. Nach Belieben alles mit etwas Salz abschmecken.
- Sobald der Reis gar ist, den Rest der Butter und die Hälfte des Käses untermischen.
- Kurz zugedeckt ziehen lassen und mit dem restlichen Käse servieren.

**Dauert etwa 30 Minuten**
**1 Portion = 2958 kJ/706 kcal**

***Zur Abwechslung***
- Sie können zum Schluß statt der Butter auch etwas süße Sahne unterrühren.
- Nachdem der Reis glasig gedünstet ist, können Sie ein wenig (nicht zu kalten) Weißwein zugießen, einziehen lassen und erst dann die Brühe aufgießen.
- Wollen Sie den Risotto noch anreichern, können Sie zum Schluß Hühnerleberchen dazugeben – entweder in die Mitte einer großen Schüssel oder einzeln auf jeden Teller. Die Leberchen gut säubern, waschen und mit Küchenkrepp trockentupfen. Kleinschneiden, in Butter leicht anbraten, mit wenig Weißwein beträufeln, salzen, Pfeffer aus der Mühle darübergeben und auf dem Reis servieren.

*Der Safran behält sein Aroma besser, wenn Sie ihn erst am Ende der Kochzeit hinzugeben. Auf keinen Fall sollte man – etwa der Farbe wegen – allzu viel Safran verwenden, weil er sonst zu stark vorschmeckt.*

*Der berühmte „Risotto alla milanese“ soll zu Ende des 15. Jahrhunderts eher zufällig entstanden sein. Dem Schüler eines Glaskünstlers, der an den Fenstern für den Mailänder Dom arbeitete, war es gelungen, besonders schöne Gelbtöne zu erzielen, indem er der Farbe Safran beimischte. Eines Tages fiel ihm dabei aus Versehen ein wenig Safran in den Reis, der in der Werkstatt köchelte. Farbe und Geschmack begeisterten alle Anwesenden so sehr, daß dieses Rezept in kürzester Zeit die Runde machte.*

# Risotto con i carciofi

*Risotto mit Artischocken*

- 6-8 junge Artischocken
- Saft von 1 Zitrone
- 1 Knoblauchzehe
- 1 Bund Petersilie
- 5 EL Olivenöl extra vergine
- 50 g Butter
- Salz
- Pfeffer aus der Mühle
- 400 g Reis
- 1/2 Glas trockener Weißwein
- 1 l heiße Fleisch- oder Gemüsebrühe
- 100 g frisch geriebener Parmesan

Wichtig für das Gelingen dieses Gerichts sind kleine, zarte und wirklich frische Artischocken.

• Von den Artischocken alle harten äußeren Blätter entfernen, den Stiel und die Blattspitzen großzügig abschneiden. Längs teilen und mit einem scharfen Messer in feine Streifen schneiden. Die Streifen sofort in mit Zitronensaft gesäuertes kaltes Wasser legen, damit sie nicht dunkel anlaufen.
• Den Knoblauch abziehen, die Blättchen von der Petersilie zupfen und beides fein hacken. Das Öl und 1 Eßlöffel Butter in einen nicht zu kleinen, schweren Topf geben und Knoblauch und Petersilie einige Minuten darin andünsten.
• Die gut abgetropften Artischocken hinzufügen. Salzen und pfeffern.
• Den Reis untermischen, durchrühren und andünsten.
• Den Weißwein zugießen, einziehen lassen und mit etwas heißer Fleischbrühe ablöschen. Umrühren, einkochen lassen und dabei nach und nach immer wieder etwas Brühe zugeben.
• Sobald der Reis gar ist, nach Bedarf noch mit etwas Salz und Pfeffer abschmecken und die restliche Butter und die Hälfte des Käses unterziehen.
• Den Risotto kurz im geschlossenen Topf durchziehen lassen und mit dem restlichen Käse servieren.

**Dauert etwa 30 Minuten**
**1 Portion = 3016 kJ/720 kcal**

***Zur Abwechslung***
Dieses Rezept ist leicht abzuwandeln: Sie können beispielsweise zusammen mit Knoblauch und Petersilie auch etwas kleingeschnittenen gekochten Schinken andünsten oder zusätzlich eine fein geschnittene Zwiebel oder eine geschälte, entkernte und kleingewürfelte Tomate hineingeben.

## Risotto con gli asparagi

*Risotto mit Spargel*

1 kg junger grüner Spargel
100 g Butter
1 Zwiebel, fein gehackt
350 g Reis
1 Glas trockener Weißwein
gut 1 l heiße Fleischbrühe
Salz
Pfeffer aus der Mühle
4 gehäufte EL frisch geriebener Parmesan

• Den Spargel putzen und waschen. Die Enden großzügig abschneiden. Bei grünem Spargel in der Regel nur die dickeren Stangen in der unteren Hälfte schälen. Die Spitzen abschneiden und beiseite legen, den Rest der Stangen in gleich lange Stücke schneiden.
• Die Hälfte der Butter zerlassen und die Zwiebel darin andünsten. Den Reis hinzugeben und unter Rühren gut andünsten.
• Den Wein zugießen und einziehen lassen.
• Die Spargelstücke hinzufügen (die Spitzen erst 5 Minuten später) und nach und nach die Brühe angießen.
• Sobald der Reis gar ist, mit Salz und Pfeffer abschmekken, den Topf vom Herd nehmen, die restliche Butter und den Käse untermischen und den Reis vor dem Servieren noch kurz zugedeckt ziehen lassen.

**Dauert etwa 30 Minuten**
**1 Portion = 2589 kJ/617 kcal**

## Risotto con la zucca

*Risotto mit Kürbis*

1 Zwiebel
500 g Kürbis, geschält und entkernt
80 g Butter
400 g Reis
1/2 l heiße Milch
evtl. etwas frischer Rosmarin, fein gehackt
Salz
Pfeffer aus der Mühle
1/2 l heiße Fleischbrühe
50 g frisch geriebener Parmesan

Dieses sehr delikate Gericht hat seine Heimat in der Lombardei. Falls der Kürbis sehr reif und süß ist, empfiehlt es sich, mit Pfeffer nicht zu sparen.

• Die Zwiebel schälen und kleinhacken.
• Den Kürbis erst in Scheiben und danach in Stücke schneiden.
• Die Zwiebel in der Hälfte der Butter glasig dünsten. Den Kürbis hinzufügen und etwa 5 Minuten schmoren lassen.
• Den Reis zugeben, umrühren und einige Minuten mitdünsten.
• Die Milch zugießen und nach Belieben ein wenig Rosmarin hinzufügen. Salzen und pfeffern und etwa 1 Schöpflöffel heiße Brühe zugeben, so daß der Reis von Flüssigkeit bedeckt ist. Möglichst nur einmal umrühren und 18 Minuten garen lassen.

• Falls notwendig, während dieser Zeit noch etwas heiße Brühe hinzugeben. Der Risotto darf nicht austrocknen und muß immer eine leicht flüssige Konsistenz behalten.
• Sobald der Reis gar ist, vom Feuer nehmen, die restliche Butter und den Parmesan untermischen und den Risotto sofort auf den Tisch bringen.

**Dauert etwa 30 Minuten**
**1 Portion = 2786 kJ/665 kcal**

*Zur Abwechslung*
Nach Belieben können Sie den Reis noch mit Sultaninen anreichern, die Sie zuvor mit ein wenig Cognac beträufelt haben, und zum Schluß mit fettlos angerösteten Pinienkernen bestreuen.

*„Der Risotto … darf nicht verkocht sein, pfui Teufel, nein!, nur ein klein wenig feuchter als körnig soll er auf den Teller kommen: das Korn zwar durchtränkt und geschwellt von den obengenannten Säften, aber jedes Korn einzeln, nicht an seine Genossen gepappt, nicht aufgeweicht zu Brei und Pamps, der niemandem gefiele."*
*Carlo Emilio Gadda*

## Risotto con le fave

*Risotto mit Saubohnen*

- 350 g enthülste Saubohnen (auch tiefgekühlt)
- 1 Zwiebel, kleingehackt
- 80 g Butter
- Olivenöl extra vergine
- 400 g Reis
- 1/2 Glas Weißwein
- 1 l heiße Fleisch- oder Gemüsebrühe
- Salz
- Pfeffer aus der Mühle
- 50 g frisch geriebener Parmesan
- etwas fein gehackte Petersilie
- evtl. etwas frische Minze, fein gehackt

• Die Bohnen einige Minuten in kochendem Wasser garen. Abgießen und unter kaltem Wasser abschrecken. Die ledrige Außenhaut entfernen.
• Die Zwiebel in der Hälfte der Butter und wenig Olivenöl glasig dünsten.
• Den Reis hinzugeben, umrühren und kurz mitdünsten.
• Den Wein zugießen und einziehen lassen.
• 1 Schöpflöffel heiße Brühe hinzufügen, etwas salzen und pfeffern.
• Einige Minuten köcheln lassen und dann die Bohnen untermischen. Nach und nach die restliche Brühe hinzufügen.
• Den Reis insgesamt etwa 18 Minuten garen. Vom Feuer nehmen, die restliche Butter, den Parmesan, die Petersilie und nach Belieben die Minze unterziehen und heiß servieren.

**Dauert etwa 30 Minuten**
**1 Portion = 3355 kJ/802 kcal**

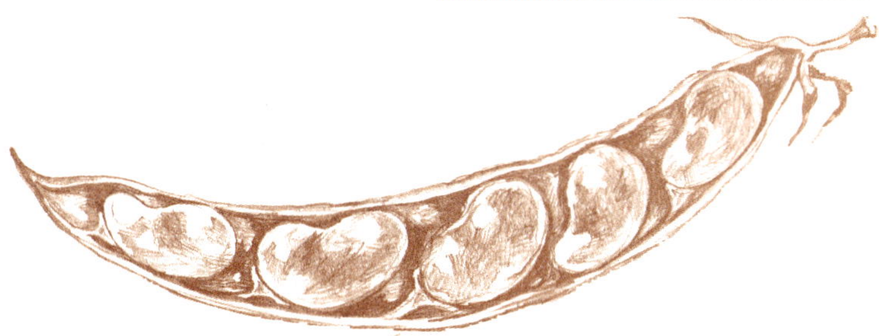

## Risotto con la rucola

*Risotto mit Rauke*

**ca. 100 g Rauke**
**1 Zwiebel, kleingeschnitten**
**2 EL Olivenöl extra vergine**
**50 g Butter**
**400 g Reis**
**1/2 Glas Weißwein**
**100 g gehäutete und entkernte Tomaten (oder pürierte Tomaten)**
**Salz**
**evtl. etwas Cayennepfeffer**
**1 l heiße Fleisch- oder Gemüsebrühe**
**50 g Crème fraîche**
**50 g frisch geriebener Parmesan**

- Die Rauke putzen, waschen und kleinhacken.
- Die Zwiebel im Olivenöl und der Hälfte der Butter glasig dünsten. Den Reis hinzufügen und kurz mitdünsten.
- Den Wein zugießen und einziehen lassen.
- 2/3 der Rauke und die kleingehackten Tomaten hinzufügen, umrühren und leicht salzen. Nach Belieben etwas Cayennepfeffer hinzugeben.
- Nach und nach die Brühe zugießen und den Reis insgesamt 18 Minuten garen.
- Den Topf vom Feuer nehmen und die Crème fraîche, die restliche Butter, den Parmesan und die restliche Rauke untermischen. Abschmecken und heiß servieren.

**Dauert etwa 30 Minuten**
**1 Portion = 2581 kJ/616 kcal**

## Risotto alla menta

*Risotto mit Minze*

**1 Zwiebel, kleingehackt**
**50 g Butter**
**2 EL Olivenöl extra vergine**
**400 g Reis**
**1/2 Glas Weißwein**
**1 l heiße Fleisch- oder Gemüsebrühe**
**Salz**
**evtl. Pfeffer aus der Mühle**
**50 g frisch geriebener Parmesan**
**reichlich frische Minze, fein gehackt**

- Die Zwiebel in der Hälfte der Butter und dem Öl glasig dünsten. Den Reis hinzufügen, umrühren und einige Minuten mitdünsten. Den Wein zugießen und einziehen lassen.
- Nach und nach die Brühe hinzugeben und den Reis insgesamt 18 Minuten garen. Mit Salz und nach Belieben mit Pfeffer abschmecken.
- Den Topf vom Feuer nehmen. Parmesan, restliche Butter und Minze untermischen und sofort servieren.

**Dauert etwa 30 Minuten**
**1 Portion = 2367 kJ/565 kcal**

***Zur Abwechslung***
- Zum Schluß können Sie statt Butter ein Gläschen süße Sahne unterziehen.
- Statt mit Minze können Sie den Reis mit einem anderen Gewürzkraut nach Wahl oder mit einer Mischung aus vielerlei frischen, fein gehackten Kräutern aromatisieren – etwa Petersilie, Salbei, Majoran, Minze und Thymian.

# Risotto con frutta secca e funghi

*Risotto mit Nüssen und Pilzen*

- 30 g getrocknete Steinpilze
- 4 EL Olivenöl extra vergine
- 1 Knoblauchzehe, geschält und zerdrückt
- 80 g Walnußkerne
- 50 g Pinienkerne
- Salz
- Pfeffer aus der Mühle
- etwas Thymian
- etwas Rosmarin
- 1 Zwiebel, kleingehackt
- 50 g Butter
- 400 g Reis
- 1 l heiße Fleischbrühe
- 50 g frisch geriebener Parmesan

• Die Pilze etwa 15 Minuten in einem Glas warmem Wasser einweichen. Abtropfen lassen und ausdrücken, das Einweichwasser aufbewahren.
• Die Hälfte des Öls in einem Topf erhitzen. Knoblauch, Pilze, Walnuß- und Pinienkerne hinzufügen und einige Minuten schmoren lassen.
• Das Einweichwasser hinzugießen und 7 bis 8 Minuten auf kleiner Flamme weiterköcheln lassen.
• Die Pilzsauce salzen, pfeffern, mit Thymian und Rosmarin würzen und im Mixer fein pürieren.
• Die Zwiebel im restlichen Olivenöl und der Hälfte der Butter glasig dünsten. Den Reis hinzufügen, umrühren und einige Minuten mitdünsten. 1 Schöpflöffel Brühe aufgießen, nach und nach die restliche Brühe hinzugeben und den Reis in 18 Minuten garen.
• Kurz bevor der Reis gar ist, die Nuß-Pilz-Creme einrühren. Den Risotto vom Feuer nehmen und die restliche Butter und den Parmesan unterziehen.

**Dauert etwa 45 Minuten**
**1 Portion = 3402 kJ/813 kcal**

# Risotto all'uovo

*Risotto mit Ei*

- 1 Zwiebel, kleingeschnitten
- 2 EL Olivenöl extra vergine
- 50 g Butter
- 400 g Reis
- 1/2 Glas Weißwein
- gut 1 l heiße Fleisch- oder Gemüsebrühe
- 3 Eigelb
- 50 g Parmesan

• Die Zwiebel im Öl und der Hälfte der Butter andünsten.
• Den Reis zugeben, gut durchrühren und glasig werden lassen. Den Weißwein zugießen und einziehen lassen.
• Mit etwas heißer Brühe ablöschen, umrühren, einziehen lassen und nach und nach die ganze Brühe zugeben. Den Reis insgesamt etwa 18 Minuten kochen lassen.
• Inzwischen die Eigelbe mit dem Parmesan verquirlen.
• Den Reis vom Feuer nehmen, die restliche Butter und die Eier-Käse-Mischung unterziehen und sofort auf den Tisch bringen.

**Dauert etwa 30 Minuten**
**1 Portion = 2629 kJ/628 kcal**

# Risotto con gli spinaci

*Risotto mit Spinat*

200 g junger Spinat
1 Zwiebel, kleingehackt
evtl. 1 Knoblauchzehe, fein gehackt
2 EL Olivenöl extra vergine
50 g Butter
400 g Reis
1/2 Glas Weißwein
Salz
evtl. Pfeffer aus der Mühle
1 l heiße Fleisch- oder Gemüsebrühe
50 g Parmesan

- Den Spinat putzen, waschen und kleinschneiden.
- Die Zwiebel und nach Belieben die Knoblauchzehe im Olivenöl und in der Hälfte der Butter glasig dünsten.
- Den Reis hinzufügen, umrühren und kurz mitdünsten.
- Den Wein zugießen und einziehen lassen.
- Den Spinat, etwas Salz und nach Belieben Pfeffer hinzugeben, umrühren und kurz schmoren lassen.
- Nach und nach die Brühe zugießen und den Reis in 18 Minuten garen.
- Den Risotto vom Feuer nehmen, Parmesan und die restliche Butter untermischen und heiß servieren.

**Dauert etwa 30 Minuten**
**1 Portion = 2391 kJ/571 kcal**

***Zur Abwechslung***
Statt Spinat können Sie auch einen Salat Ihrer Wahl verwenden – zum Beispiel Kopfsalat – und nach Belieben mit Kräutern würzen, die Sie zum Schluß untermischen.

# Risotto con ricotta e erbe

*Risotto mit Ricotta und Kräutern*

1 Zwiebel, kleingehackt
2 EL Olivenöl extra vergine
50 g Butter
400 g Reis
Salz
1/2 Glas trockener Weißwein
1 1/2 l heiße Gemüse- oder Fleischbrühe
150 g Ricotta (oder Sahnequark)
1 gehäufter EL gemischte fein gehackte Kräuter (z.B. Minze, Thymian und Majoran)
50 g frisch geriebener Parmesan
evtl. Cayennepfeffer

- Die Zwiebel in 2 Eßlöffel Öl und der Hälfte der Butter glasig werden lassen.
- Den Reis hinzufügen, durchrühren, leicht salzen und einige Minuten andünsten.
- Den Weißwein hinzugießen und einziehen lassen.
- Nach und nach die Brühe zugießen und den Reis insgesamt 18 Minuten auf kleiner Flamme garen.
- Inzwischen den Ricotta mit den Kräutern und dem Parmesan mischen, nach Belieben mit Cayennepfeffer würzen.
- Den Reis vom Feuer nehmen, den Kräuterquark und die restliche Butter untermischen und heiß servieren.

**Dauert etwa 30 Minuten**
**1 Portion = 2567 kJ/613 kcal**

# Risotto con i porri

*Risotto mit Lauch*

- Die Schalotten und nach Belieben den Schinkenspeck fein hacken und in der Hälfte der Butter andünsten.
- Inzwischen die weißen Teile des Lauchs (nach Belieben auch etwas Grün) in feine Ringe schneiden, hinzugeben, andünsten, aber nicht braun werden lassen.
- Den Reis hinzufügen, umrühren und glasig werden lassen. Leicht salzen und pfeffern.
- Den Wein zugießen und einziehen lassen.
- Nach und nach die heiße Brühe zugeben und den Reis insgesamt 18 Minuten garen.
- Den Risotto vom Feuer nehmen und den Rest der Butter, die Petersilie und den Parmesan untermischen.

**Dauert etwa 35 Minuten**
**1 Portion = 2497 kJ/597 kcal**

**2 Schalotten**
**evtl. 50 g Schinkenspeck**
**80 g Butter**
**3 Stangen Lauch**
**400 g Reis**
**Salz**
**Pfeffer aus der Mühle**
**1/2 Glas Weißwein**
**gut 1 l heiße Fleischbrühe**
**1 gehäufter EL fein gehackte Petersilie**
**50 g frisch geriebener Parmesan**

*Der Lauch wird leichter verdaulich, wenn Sie ihn zuvor einige Stunden in kaltem Wasser ziehen lassen.*

# Risotto con castagne

*Risotto mit getrockneten Kastanien*

- Die Kastanien etwa 40 Minuten in der Milch garen.
- Die Zwiebel im Öl und der Hälfte der Butter andünsten.
- Den Reis hinzufügen und einige Minuten schmoren lassen.
- Den Wein zugießen und einziehen lassen.
- Nach und nach die Brühe zugießen und den Reis etwa 18 Minuten garen.
- Kurz vor Ende der Kochzeit die Kastanien unter den Reis rühren.
- Den Topf vom Feuer nehmen, Sahne, Parmesan und die restliche Butter untermischen. Den Risotto mit Salz, Pfeffer und Muskatnuß abschmecken und heiß auf den Tisch bringen.

**Dauert etwa 1 Stunde**
**1 Portion = 3480 kJ/831 kcal**

**16 getrocknete Maronis**
**1 l Milch**
**1 kleine Zwiebel, fein gehackt**
**2 El Olivenöl extra vergine**
**60 g Butter**
**400 g Reis**
**1 Gläschen trockener Weißwein**
**1 l heiße Fleisch- oder Gemüsebrühe**
**1 Gläschen süße Sahne**
**50 g frisch geriebener Parmesan**
**Salz**
**weißer Pfeffer aus der Mühle**
**frisch geriebene Muskatnuß**

# Risotto con i ceci

*Risotto mit Kichererbsen*

1 Zwiebel
1 Karotte
1 Stange Sellerie
80 g Butter
Olivenöl extra vergine
400 g Reis
1/2 Glas Weißwein
2 gehäutete reife Tomaten (oder 1 Gläschen pürierte Tomaten)
Salz
1 l heiße Fleisch- oder Gemüsebrühe
250 g vorgegarte Kichererbsen (oder aus der Dose)
etwas fein gehackte Petersilie
etwas frischer Rosmarin
50 g frisch geriebener Parmesan
Pfeffer aus der Mühle (oder Cayennepfeffer)

- Die Zwiebel, die Karotte und den Sellerie putzen, waschen und kleinhacken.
- Das Gemüse in der Hälfte der Butter und etwas Olivenöl andünsten und einige Minuten schmoren lassen.
- Den Reis hinzufügen, umrühren und kurz mitdünsten.
- Den Wein zugießen und einziehen lassen. Die kleingehackten Tomaten hinzufügen, salzen und umrühren.
- Nach und nach die Brühe zugießen und den Reis 15 Minuten garen. Die Kichererbsen hinzufügen, umrühren und noch 3 Minuten garen.
- Den Risotto vom Feuer nehmen. Die restliche Butter, die Kräuter und den Parmesan untermischen und pfeffern.

**Dauert etwa 30 Minuten**
**1 Portion = 2982 kJ/712 kcal**

***Zur Abwechslung***
Auf die gleiche Weise können Sie einen Risotto mit vorgegarten Linsen oder Bohnen (Borlotti o. ä.) zubereiten.

# Risi e bisi

*Reis mit Erbsen auf venezianische Art*

200 g grüne Erbsen
2 Frühlingszwiebeln (oder 1 Zwiebel)
100 g Schinkenspeck (oder roher Schinken)
1 EL fein gehackte Petersilie
50 g Butter
2 EL Olivenöl extra vergine
400 g Reis
1/2 Glas Weißwein
1 l heiße Fleischbrühe
Salz
Pfeffer aus der Mühle
50 g fein geriebener Parmesan

- Die Erbsen etwa 10 Minuten in kochendem Wasser garen. Inzwischen Zwiebeln und Schinkenspeck kleinhacken und zusammen mit der Petersilie in der Hälfte der Butter und im Öl andünsten.
- Den Reis hinzufügen, durchrühren und einige Minuten mitdünsten.
- Den Wein zugießen und einziehen lassen.
- Die Erbsen und nach und nach auch die Brühe hinzugeben. Salzen und pfeffern und den Reis insgesamt etwa 18 Minuten garen.
- Den Topf vom Feuer nehmen und den Parmesan und die restliche Butter unter den Reis mischen.

**Dauert etwa 30 Minuten**
**1 Portion = 3269 kJ/781 kcal**

# Panissa

*Risotto mit Bohnen*

Dies ist ein typisches Gericht aus der Gegend um Vercelli. Die „borlotti" sind rotgefleckte weiße Bohnen, die Sie mit etwas Glück in italienischen Spezialitätengeschäften bekommen. Sie können ersatzweise aber auch eine andere Bohnensorte verwenden.
In Vercelli bereitet man dieses Gericht mit Duja-Wurst zu, die aus reinem Schweinefleisch hergestellt, in Därme abgefüllt und in Steingutgefäßen in Schweineschmalz aufbewahrt wird. Nehmen Sie ersatzweise eine möglichst würzige Kochwurst (oder aber mehrere Würstchen, damit jeder seinen Anteil bekommt).

**200 g getrocknete Borlotti-Bohnen**
**1 Kochwurst**
**1 Lorbeerblatt**
**etwas Rosmarin, möglichst frisch**
**Salz**
**1 Zwiebel**
**1 Stange Bleichsellerie**
**50 g fetter Speck**
**(oder 2 EL Olivenöl extra vergine)**
**200 g Reis**
**Pfeffer aus der Mühle**

- Die Bohnen über Nacht einweichen.
- Die Bohnen am nächsten Tag abgießen und zusammen mit der Wurst, dem Lorbeerblatt, dem Rosmarin und 3 Liter Wasser in einen Topf geben und 1 Stunde auf kleiner Flamme oder im Ofen köcheln lassen (früher bereitete man diese Suppe im Holzofen zu).
- Je nach Salzgehalt der Kochwurst noch Salz hinzufügen und weitere 1 1/2 Stunden kochen.
- Die Zwiebel und den Sellerie putzen und kleinhacken. Den Speck in Würfelchen schneiden.
- Sobald die Bohnen weitgehend gar sind, den Speck in einem großen Topf auslassen. Zwiebel und Sellerie hinzufügen und glasig dünsten.
- Den Reis in den Topf geben, umrühren und einige Minuten anschmoren, dabei darauf achten, daß nichts anbrennt.
- Die Bohnen mit dem Kochsud hinzufügen und die Suppe noch weitere 18 Minuten garen. Mit Pfeffer abschmecken.
- Die Wurst in Scheiben schneiden und getrennt servieren oder über dem Risotto verteilen.

**Dauert etwa 3 Stunden (ohne Einweichzeit)**
**1 Portion = 2790 kJ/667 kcal**

*Sie können die Kochzeit erheblich verkürzen, wenn Sie einen Dampfkochtopf verwenden. Allerdings wird der Bohnenrisotto dann weniger würzig.*

*Ein italienisches Sprichwort besagt: „I risi bisogna negarli nel vin", das bedeutet, Reis sollte im Wein schwimmen. In diesem Fall ist nicht ganz klar, ob man den Reis mit reichlich Wein zubereiten soll (was beim Risotto ja in der Regel geschieht), oder ob sich dies auf den Weingenuß bei Tisch bezieht …*

# Risotto alle cozze

*Risotto mit Miesmuscheln*

1 1/2 kg Miesmuscheln
1 Glas Weißwein oder Wasser
2 Zwiebeln
2 Knoblauchzehen
Olivenöl extra vergine
350 g Reis
evtl. etwas Fischfond
2 Paprikaschoten
etwas Peperone, fein gehackt (oder Cayennepfeffer)
Salz
1 EL fein gehackte Petersilie

- Die Muscheln sorgfältig waschen, bürsten und von den Bärten befreien. Bereits offene Muscheln aussortieren.
- In einem großen Topf die Muscheln im Wein oder Wasser zugedeckt erhitzen und einige Minuten garen, bis sie sich geöffnet haben.
- Die Muscheln aus den Schalen lösen und den Sud abseihen.
- Zwiebel und Knoblauch abziehen, fein hacken und in etwas Olivenöl glasig dünsten.
- Den Reis hinzufügen, gut durchmischen und mit dem Muschelsud auffüllen. Etwas heißes Wasser oder nach Belieben auch Fischfond zugießen, wenn der Reis zu trocken wird.
- Die Paprikaschoten waschen, entkernen und in Streifen schneiden. Nach etwa 15 Minuten die Muscheln und die Paprikastreifen zum Reis geben. Mit Peperone und wenig Salz würzen und zugedeckt noch einige Minuten weitergaren. Zum Schluß die Petersilie untermischen.

**Dauert etwa 1 Stunde**
**1 Portion = 2086 kJ/497 kcal**

# Torta di riso alla piemontese

*Reistorte aus dem Piemont*

1 mittelgroße Zwiebel
1 Knoblauchzehe
200 g frischer Speck
50 g Butter
2 EL Olivenöl extra vergine
800 g Spinat
Salz
200 g Reis
1/2 l heiße Fleischbrühe
Semmelbrösel
4 Eier
4 EL frisch geriebener Parmesan
Pfeffer aus der Mühle

- Zwiebel und Knoblauch abziehen und mit dem Speck kleinhacken. Die Hälfte der Butter und das Öl in einen großen Topf geben und alles auf kleiner Stufe darin anschmoren.
- Inzwischen den Spinat sorgfältig waschen, abtropfen lassen und kleinschneiden.
- Sobald die Zwiebel glasig und der Speck ausgelassen ist, den Spinat zugeben, leicht salzen und unter gelegentlichem Umrühren zusammenfallen lassen.
- Den Reis unterrühren, nach und nach immer wieder Brühe zugeben, wenn der Reis die vorherige Portion aufgesogen hat.
- In eine Schüssel geben und erkalten lassen.

• Inzwischen eine Springform von etwa 22 cm Durchmesser ausbuttern und leicht und gleichmäßig mit Semmelbröseln bestreuen. Die Eier gut verquirlen. Sobald die Reismischung erkaltet ist, die Eier, den Parmesan und etwas Pfeffer untermischen, eventuell nachsalzen.
• Den Backofen auf 180 Grad (Umluft 160 Grad, Gas Stufe 2 bis 3) vorheizen. Die Reismischung in die Form geben, glattstreichen, leicht mit Semmelbröseln bestreuen und die restliche Butter in Flöckchen darüber verteilen. Die Reistorte etwa 50 Minuten backen und leicht abkühlen lassen.

**Dauert etwa 1 Stunde 30 Minuten**
**1 Portion = 3571 kJ/853 kcal**

*Zwischen dem 14. und dem 16. Jahrhundert muß es in den Mailänder Adelshäusern eine wahre Manie gewesen sein, die Speisen mit Blattgold zu überziehen, da manche Ärzte der Ansicht waren, Gold sei eine gute Medizin für das Herz. Man führt deshalb die Entstehung des goldgelb gebackenen panierten Mailänder Schnitzels und des goldgelben Mailänder Risotto darauf zurück, denn viele Leute konnten es sich natürlich nicht leisten, ihre Speisen zu vergolden.*

## Timballo di riso e pesce

*Reis-Fisch-Kuchen*

**500 g Reis**
**1 Tütchen Safran**
**Butter**
**1 Ei**
**1 Eigelb**
**1/4 l Fischbrühe**
**(oder Fischfond aus dem Glas)**
**1/4 l Weißwein**
**200 g geschälte Hummerkrabben**
**400 g Seezungenfilet**
**1/4 l Crème fraîche**
**1 EL Mehl**
**Salz**
**Pfeffer aus der Mühle**
**1 Schuß Zitronensaft**
**Semmelbrösel für die Form**

• Den Reis in reichlich Salzwasser al dente kochen. Nach der halben Kochzeit den Safran zugeben.
• Den Reis abgießen und 50 Gramm Butter zugeben. Abkühlen lassen und das Ei und das Eigelb einarbeiten.
• Die Fischbrühe erhitzen, den Weißwein hinzugeben und aufkochen lassen. Die Flamme kleinstellen, Hummerkrabben und Seezungenfilets einige Minuten im Sud ziehen lassen, herausheben und die Filets in Stückchen schneiden.
• Den Sud abseihen und bei starker Hitze einige Minuten einkochen lassen. Die Crème fraîche zufügen, umrühren und noch einige Minuten köcheln lassen.
• Zum Schluß ein walnußgroßes Stück Butter mit dem Mehl verkneten und hineinrühren. Mit Salz, Pfeffer und Zitronensaft abschmecken.
• Eine möglichst hohe, runde Form innen gründlich ausbuttern und mit Semmelbröseln ausstreuen. Abwechselnd lagenweise Reis, Fisch, Krabben und Sauce hineinfüllen. Zuletzt mit Semmelbröseln bestreuen, Butterflöckchen daraufsetzen und im auf 180 Grad (Umluft 160 Grad, Gas Stufe 2 bis 3) vorgeheizten Ofen etwa 30 Minuten goldbraun überbacken. Den Kuchen leicht abkühlen lassen und auf eine Servierplatte stürzen.

**Dauert etwa 1 Stunde 30 Minuten**
**1 Portion = 4354 kJ/1040 kcal**

# Riso al barolo

*Rotweinrisotto*

1 kleine Zwiebel
50 g Butter
400 g Reis
1/2 Flasche Barolo
1/2 l Fleischbrühe
Salz
4 EL frisch geriebener Parmesan
Pfeffer aus der Mühle

Sie können dieses Gericht aus dem Piemont auch mit einem anderen Rotwein zubereiten, aber es sollte ein voller Wein sein. Der Rotweinrisotto gelingt besonders gut, wenn Sie eine hausgemachte, kräftige Fleischbrühe verwenden.

• Die Zwiebel abziehen, fein hacken und in der Hälfte der Butter glasig dünsten.
• Den Reis zugeben und unter Rühren mit dem Holzlöffel glasig werden lassen.
• Nach und nach den Wein, dann die heiße Fleischbrühe zugießen. Mit Salz abschmecken.
• Sobald der Reis gar ist, die restliche Butter und den Käse untermischen und pfeffern. Den Risotto kurz im geschlossenen Topf durchziehen lassen und sofort auf den Tisch bringen.

**Dauert etwa 30 Minuten**
**1 Portion = 2211 kJ/528 kcal**

# Risotto nero colle seppie

*Schwarzer Reis mit Tintenfischen*

400 g möglichst kleine Tintenfische
1 Zwiebel
2 Knoblauchzehen
Olivenöl extra vergine
1 Glas Weißwein
400 g Reis
Salz

Für diese Zubereitungsart bedarf es eigentlich frischer Tintenfische. In Spezialgeschäften findet man heutzutage Tinte in Tütchen und im Tiefkühlfach auch kleine Tintenfische. Natürlich können Sie das Gericht auch auf diese Weise zubereiten, doch ist das Ergebnis leider – wie bei fast allen Gerichten mit Fisch und Meeresfrüchten – mit dem frischen Original nicht vergleichbar.

• Die Tintenfische öffnen und putzen, Knochen, Mund und Augen entfernen. Die Tintenblasen beiseite legen. Die Fischchen sorgfältig waschen und in Stücke schneiden.
• Zwiebel und Knoblauch schälen, fein hacken, mit etwas Öl in einem weiten Topf erhitzen und glasig dünsten.
• Die Tintenfische hinzufügen und leicht Farbe annehmen lassen.

• Den Wein zugießen, gut durchmischen und im offenen Topf einkochen lassen.
• Ein großes Glas heißes Wasser hinzugeben, den Topf zudecken und die Tintenfische etwa 30 Minuten auf kleiner Flamme sanft schmoren lassen. Zwischendurch umrühren.
• Reis und Tinte hinzugeben und vorsichtig salzen.
• Sobald der Reis die Tinte aufgesogen hat, nach und nach insgesamt 1 1/2 Liter heißes Wasser hinzufügen, bis der Reis al dente gegart ist.

**Dauert etwa 1 Stunde**
**1 Portion = 2150 kJ/514 kcal**

***Zur Abwechslung***
Sie können diesem Risotto noch frische Erbsen oder Mangold hinzufügen, die in einer Mischung aus Butter und Olivenöl vorgegart werden.

*Unter dem Obelisken auf der Piazza Savola in Turin wurden im Jahr 1850 anläßlich der Grundsteinlegung einige Gegenstände vergraben, um den Nachfahren ein Zeugnis vom Stand der Zivilisation zu dieser Zeit zu hinterlassen: zwei Zeitungen, eine Abschrift des Gesetzes über die Abschaffung der klerikalen Gerichtsbarkeit, einige Münzen, verschiedene Arten von Reis und Getreidekörner, eine Flasche Barbera und eine Kiste Grissini – was beweist, wie sehr die Piemonteser diese Produkte ihrer Gegend schätzen.*

## Risotto coi scampi

*Scampi-Risotto*

400 g Scampi
1 Zwiebel
Olivenöl extra vergine
300 g Reis
1/4 l trockener Weißwein
1/2 l heiße Fischbrühe (oder fertiger Fischfond oder Hühnerbrühe)
1 Lorbeerblatt
2 Gewürznelken
1 Knoblauchzehe, durchgepreßt
1 Prise frischer Thymian
1 EL Cognac
Salz
Pfeffer aus der Mühle
1 Gläschen süße Sahne
1 gehäufter EL fein gehackte Petersilie
1 Stückchen Butter

• Die Scampi mit einem scharfen Messer aufschlitzen, vorsichtig aus der Schale lösen und den dunklen Darm herausziehen.
• Die Zwiebel schälen, fein hacken und in etwas Öl glasig dünsten.
• Den Reis hinzufügen, gut umrühren und einige Minuten mitdünsten.
• Mit dem Weißwein ablöschen und den Wein auf kleiner Flamme etwa 5 Minuten einziehen lassen.
• Fischbrühe, Lorbeer, Gewürznelken und Knoblauch hinzufügen und durchmischen.
• Nach etwa 5 Minuten auch Scampi, Thymian und Cognac zugeben, salzen und pfeffern.
• Den Reis al dente garen. Falls er zu trocken wird, noch etwas Brühe oder Wasser hinzugeben.
• Den Reis vom Herd nehmen und Sahne, Petersilie und Butter untermischen. Heiß servieren.

**Dauert etwa 1 Stunde**
**1 Portion = 2442 kJ/584 kcal**

# Sartù napoletano

*Neapolitanischer Reiskuchen*

**150 g enthülste Erbsen (oder feine Erbsen aus der Dose)**
**Salz**
**1 Zwiebel**
**50 g Schinkenspeck (oder fetter Speck)**
**25 g vorgeweichte Steinpilze**
**Olivenöl extra vergine**
**500 g pürierte Tomaten**
**1 Msp. Tomatenmark**
**100 g Schweinebratwurst ohne Pelle (oder Schweinemett)**
**Pfeffer aus der Mühle**
**200 g Rinderhack**
**frisch geriebener Parmesan (oder Pecorino)**
**1 Eigelb**
**Mehl**
**Öl zum Fritieren**
**2-3 Hühnerlebern (oder 50 g gekochter Schinken)**
**70 g Butter**
**300 g Reis**
**1 Schöpflöffel heiße Brühe**
**100 g Büffelmozzarella**
**1 hartgekochtes Ei**
**2 Eier**
**Semmelbrösel**

Dieses Gericht braucht zwar seine Zeit – auch in Neapel wird es nur zu besonderen Gelegenheiten zubereitet –, aber das Ergebnis lohnt die Mühe.

- Die enthülsten Erbsen 15 Minuten in wenig Salzwasser garen, abgießen und beiseite stellen.
- Die Zwiebel schälen, zusammen mit dem Schinkenspeck und den abgetropften Pilzen fein hacken und in wenig Olivenöl glasig dünsten.
- Tomaten, Tomatenmark und Schweinemett hinzufügen. Salzen und pfeffern und im zugedeckten Topf auf kleiner Flamme schmoren lassen.
- Inzwischen das Hackfleisch in eine Schüssel geben, 1 Eßlöffel Parmesan und das Eigelb hinzufügen. Salzen und pfeffern, durchmischen und etwa nußgroße Bällchen formen.
- Die Bällchen in Mehl wälzen, in reichlich Öl fritieren und auf Küchenkrepp abtropfen lassen.
- Die Hühnerlebern grob hacken, zusammen mit den Fleischbällchen in die Tomatensauce geben und 10 Minuten weiterkochen lassen.
- 30 Gramm Butter und etwas Öl in einem weiten Topf erhitzen und den Reis einige Minuten darin andünsten.
- Den Reis mit der Brühe und 2/3 der Sauce (nur die Flüssigkeit) befeuchten und leicht salzen. 15 Minuten garen und zwischendurch umrühren, damit der Reis nicht ansetzt.
- Den Mozzarella in Würfelchen, das hartgekochte Ei in Scheiben schneiden. Die Eier verquirlen.
- Den Reis abschmecken. Sobald er gar ist, die beiden verquirlten Eier und 2 Eßlöffel Parmesan hinzufügen und gut durchmischen. Abkühlen lassen.
- Inzwischen etwas Butter erhitzen und die Erbsen kurz darin sautieren.
- Eine runde Springform von etwa 22 cm Durchmesser und 15 cm Höhe gut mit Butter ausstreichen und dicht mit Semmelbröseln bestreuen.
- 3/4 der Reismenge auf den Boden und an die Wände der Form pressen, so daß in der Mitte eine Vertiefung bleibt.
- Die Vertiefung schichtweise abwechselnd mit Erbsen, Eischeiben, Mozzarella und Fleischsauce füllen.

- Den Kuchen mit dem restlichen Reis bedecken, mit etwas geschmolzener Butter bestreichen, mit Semmelbröseln bestreuen und mit Butterflöckchen belegen.
- Den Reiskuchen im auf 200 Grad (Umluft 180 Grad, Gas Stufe 3 bis 4) vorgeheizten Ofen etwa 30 bis 40 Minuten goldbraun backen.
- Aus dem Ofen nehmen, vor dem Servieren etwa 5 Minuten ruhen lassen und auf eine vorgewärmte Platte stürzen.

**Dauert etwa 2 Stunden 30 Minuten**
**1 Portion = 5290 kJ/1264 kcal**

*Zum Reis gibt es vor allem im Norden Italiens, wo man ihn fast mehr als die Pasta liebt, eine Reihe von Sprichworten. „Mangiar quattro risi" bedeutet, daß man miteinander eine Suppe ißt. In Venetien hieß es früher: „I risi xe la biava del cristian", was bedeutet, „der Reis ist für den Menschen so wichtig wie der Hafer für das Pferd".*

## Risotto alle verdure

*Gemüserisotto*

- je 80 g Lauch, Karotte und Bleichsellerie
- 2 Schalotten
- 1 Knoblauchzehe
- 40 g Butter
- 300 g Reis
- 2 Gläser Weißwein
- 3/4 l heiße Fleischbrühe
- 3 EL frisch geriebener Parmesan

- Lauch, Karotte und Sellerie putzen, waschen und in Würfelchen schneiden.
- Die Schalotten und den Knoblauch schälen und fein hacken.
- Die Butter in einem Topf erhitzen und die Schalotten und den Knoblauch leicht darin andünsten. Das Gemüse hinzugeben und kurz schmoren.
- Den Reis hinzufügen und unter Rühren mit dem Holzlöffel glasig werden lassen.
- Den Wein zugeben und einziehen lassen.
- Nach und nach schöpflöffelweise die Brühe hinzugießen und jeweils unter Rühren einziehen lassen, bis der Reis nach 18 Minuten gar ist.
- Den Risotto vom Herd nehmen, kurz ziehen lassen und erst dann den Parmesan untermischen und servieren.

**Dauert etwa 40 Minuten**
**1 Portion = 1777 kJ/424 kcal**

***Zur Abwechslung***
- Den Gemüserisotto können Sie noch mit Champignons oder Austernpilzen anreichern.
- Sie können nach Belieben auch andere Gemüsesorten kombinieren, zum Beispiel frische junge Erbsen, grünen Spargel und ausgelöste, von der ledrigen Haut befreite dicke Bohnen.

# Carni
## Fleisch

*Wenn nicht anders angegeben, sind alle Rezepte für 4 Portionen berechnet.*

Dieses Kapitel ist dem Fleisch gewidmet – Geflügel, Kaninchen und Wild ausgenommen, die ein eigenes Kapitel bekommen haben (Seite 346).
Es gibt so viele gute Fleischgerichte in Italien, daß die Auswahl keineswegs leicht war. Die kulinarischen Traditionen unterscheiden sich in dieser Hinsicht von Region zu Region. In vielen Gegenden wird Lamm gerne zu Ostern geschlachtet, und Schaffleisch ist vor allem in Mittel- und Süditalien und auf den Inseln sehr beliebt. Gerichte mit Schweinefleisch findet man in vielen Regionen Italiens, da der Platz für zumindest ein Hausschwein nie fehlte. Rindfleischrezepte stammen häufiger aus der Lombardei, da die Poebene reich an Weideland ist. In der Toskana hingegen ist der Bestand an Chiana-Rindern, die traditionell das Fleisch für die berühmte „Bistecca alla fiorentina" lieferten, in den letzten Jahrzehnten stark zurückgegangen.

# Saltimbocca alla romana

*Kalbsschnitzel mit Schinken und Salbei*

„Spring in den Mund“ heißt dieses raffinierte Gericht in der Übersetzung. Es läßt sich schnell und mühelos zubereiten und schmeckt köstlich.

- Die Schnitzel mit je 1 Salbeiblatt und 1 Scheibe Schinken belegen und mit Holzzahnstochern fixieren.
- Die Butter in einer Pfanne schmelzen und die Schnitzel auf großer Flamme beidseitig darin anbraten. Das Fleisch vorsichtig salzen und pfeffern. Die Saltimbocca auf einer Platte mit der Schinkenseite nach oben anrichten und warm stellen.
- Den Bratensaft mit einem Holzlöffel vom Pfannenboden lösen und mit etwas Weißwein ablöschen, kurz aufkochen lassen und über das Fleisch gießen.
- Dazu Kartoffelpüree und gemischten Salat oder gedünstetes Gemüse nach Belieben servieren.

**Dauert etwa 10 Minuten**
**1 Portion = 1112 kJ/266 kcal**

**500 g Kalbsschnitzel in dünnen Scheiben**
**frische Salbeiblätter**
**ca. 100 g roher Schinken in feinen Scheiben (nicht zu mager)**
**50 g Butter**
**Salz**
**Pfeffer aus der Mühle**
**etwas trockener Weißwein**

*Sollten die Schnitzel sehr groß ausfallen, halbieren Sie sie lieber und schneiden den Schinken entsprechend zu.*

# Petto di vitello alla romana

*Kalbsbrust auf römische Art*

- Die Kalbsbrust vom Metzger klopfen lassen. Das Fleisch leicht salzen und pfeffern, mit etwas Rosmarin bestreuen und mit den Schinkenscheiben bedecken. Zu einem Rollbraten wickeln und mit Küchengarn festbinden.
- Die Kalbsbrust in etwas Öl bei starker Hitze von allen Seiten anbraten.
- Eine feuerfeste Form einölen und ein Stückchen Butter hinzugeben. Das Fleisch hineinlegen, mit dem Wein übergießen und im auf 200 Grad (Umluft 180 Grad, Gas Stufe 3 bis 4) vorgeheizten Ofen etwa 1 Stunde garen. Zwischendurch den Bratensaft abschöpfen und über das Fleisch gießen.

**Dauert etwa 1 Stunde 30 Minuten**
**1 Portion = 1878 kJ/448 kcal**

**1 kg Kalbsbrust**
**Salz**
**Pfeffer aus der Mühle**
**frischer Rosmarin, fein gehackt**
**100 g roher Schinken in Scheiben (nicht zu mager)**
**Olivenöl extra vergine**
**Butter**
**1 Glas heißer Weißwein**

*Für 8 Portionen*

# Cima ripiena alla genovese

## *Gefüllte Kalbsbrust aus Genua*

1200 g Kalbsbrust
**Für die Füllung:**
50 g Kalbshirn
50 g Kalbsbries
Salz
20 g getrocknete Steinpilze
1 kleine Zwiebel
1 Knoblauchzehe
50 g Butter
150 g Kalbshackfleisch
20 g Pinienkerne
50 g grüne Erbsen, kurz vorgegart
3-4 EL frisch geriebener Parmesan
1 TL fein gehackter Majoran
2 EL fein gehackte Petersilie
3 Eier
Pfeffer aus der Mühle
1 Prise Muskatnuß
1 Msp. Zimt
**Außerdem:**
2 l Fleisch- oder Gemüsebrühe

Dieses sehr typische ligurische Rezept gibt es in mehreren Variationen, und häufig werden noch Kalbshoden und -euter hinzugegeben. Die gefüllte Kalbsbrust wird manchmal auch warm serviert, in der Regel ißt man sie aber kalt, und sie eignet sich deshalb auch sehr gut für ein kaltes Büfett. In kleinerer Menge läßt sie sich schlecht zubereiten, deshalb sind die Angaben für 8 Personen gedacht.

- Vom Metzger eine große Tasche zum Füllen in die Kalbsbrust schneiden lassen. Das Fleisch waschen, abtropfen lassen und gut abtrocknen.
- Hirn und Bries säubern und kurz in kochendem Salzwasser blanchieren. Abkühlen lassen und kleinschneiden.
- Die Steinpilze etwa 10 Minuten in warmem Wasser einweichen, abtropfen lassen und kleinschneiden.
- Zwiebel und Knoblauch schälen und fein hacken.
- Die Butter erhitzen und Hirn, Bries und Hackfleisch zusammen mit Knoblauch und Zwiebel kurz darin andünsten.
- Die Fleischmischung in eine Schüssel geben, sorgfältig mit allen anderen Zutaten vermischen und in die Kalbsbrust füllen. Die Tasche darf allerdings höchstens bis zu zwei Dritteln gefüllt werden, da die Fülle beim Kochen aufgeht, während die Kalbsbrust sich zusammenzieht.
- Die Tasche mit Küchengarn zunähen und das Fleisch vorsichtshalber mehrmals mit einer Nadel einstechen, damit es nicht platzt.
- Die Brühe erhitzen, die Kalbsbrust hineinlegen und auf kleiner Flamme gut 2 Stunden kochen. Nach Belieben kalt oder warm servieren. Die Brühe anderweitig verwenden.

**Dauer: etwa 2 Stunden 30 Minuten**
**1 Portion = 1515 kJ/362 kcal**

*Sollte die Füllung nach dem Vermischen noch zu flüssig sein, arbeiten Sie noch etwas Semmelbrösel oder eine kleingeschnittene, in Wasser oder Brühe eingeweichte altbackene Semmel hinein.*

# Spezzatino di vitello con piselli

*Kalbsragout mit Erbsen*

- Das Fleisch waschen, trockentupfen und leicht in Mehl wenden.
- Zwiebel und Knoblauch in etwas Öl glasig dünsten. Das Fleisch hineingeben und rundherum kräftig anbraten.
- Das Fleisch salzen und Salbei- und Lorbeerblätter hinzufügen. Den Wein zugießen und einkochen lassen.
- Das Tomatenpüree und 1 Schöpflöffel heiße Brühe hinzufügen, aufkochen lassen und die Flamme kleinstellen.
- Das Ragout 1 Stunde im geschlossenen Topf schmoren lassen.
- Hin und wieder etwas heiße Brühe nachgießen, falls zuviel Flüssigkeit einkocht.
- Die Erbsen hinzufügen und noch 20 bis 30 Minuten weiterköcheln lassen.
- Nach Belieben zum Schluß mit etwas Pfeffer abschmekken.

**800 g mageres Kalbfleisch, in Würfel geschnitten**
**Mehl zum Wenden**
**1 Zwiebel, kleingehackt**
**1 Knoblauchzehe, fein gehackt**
**Olivenöl extra vergine**
**Salz**
**2 Salbeiblätter**
**1 Lorbeerblatt**
**1 Glas Weißwein**
**250 g pürierte Tomaten**
**Fleischbrühe**
**500 g grüne Erbsen**
**evtl. Pfeffer aus der Mühle**

**Dauert etwa 2 Stunden**
**1 Portion = 1946 kJ/464 kcal**

***Zur Abwechslung***
Statt mit Erbsen können Sie das Ragout auch mit Pilzen zubereiten, für das Sie 500 Gramm Zuchtpilze in Scheiben und dazu 20 Gramm in warmem Wasser eingeweichte Steinpilze nehmen.

# Ossobuco alla milanese

*Kalbshaxe auf Mailänder Art*

**4 Scheiben Kalbshaxe (ca. 4 cm dick)**
**1 Zwiebel**
**1 Karotte**
**1 Stange Bleichsellerie**
**50 g Butter**
**Olivenöl extra vergine**
**Mehl zum Wenden**
**Salz**
**Pfeffer aus der Mühle**
**1 Glas Weißwein**
**250 g pürierte Tomaten**
**Fleischbrühe**
**Für die Gramolata:**
**1 Knoblauchzehe**
**je 1 dünnes Scheibchen unbehandelte Zitronen- und Orangenschale**
**etwas Petersilie**

- Das Fleisch waschen und trockentupfen.
- Zwiebel, Karotte und Sellerie putzen und kleinschneiden. In der Butter und etwas Olivenöl andünsten.
- Die Fleischscheiben leicht in Mehl wenden, zum Gemüse geben und von beiden Seiten kräftig anbraten.
- Das Fleisch salzen und pfeffern. Den Wein darübergießen und auf kleiner Flamme im offenen Topf einkochen lassen.
- Das Tomatenpüree und 1 Schöpflöffel heiße Brühe hinzufügen. 90 Minuten im zugedeckten Topf schmoren lassen.
- Inzwischen alle Zutaten für die Gramolata fein hacken und gut vermischen.
- Die Kalbshaxe mit der Gramolata bestreuen und mit Safranreis (Seite 260) servieren.

**Dauert etwa 2 Stunden**
**1 Portion = 2236 kJ/535 kcal**

***Zur Abwechslung***

- Sie können das Fleisch auch ohne Gramolata zubereiten und statt Safranreis Kartoffelpüree dazu servieren.
- Nach Belieben können Sie etwa 20 Minuten vor Ende der Kochzeit noch 400 Gramm geputzte und fein geschnittene Champignons hinzufügen.
- Sie können die Tomaten auch fortlassen, statt dessen mehr Brühe hinzufügen und das Fleisch mit Kräutern wie Oregano, Rosmarin und Basilikum oder Salbei würzen.

# Costolette di vitello alla milanese

*Kalbskoteletts auf Mailänder Art*

- Die Koteletts vom Metzger klopfen lassen. Fett und Haut am Rand wegschneiden, waschen und trockentupfen.
- Die Eier mit etwas Salz verquirlen.
- Die Koteletts ganz leicht in Mehl wenden, durch das verquirlte Ei ziehen und in den Semmelbröseln wenden.
- Die Butter in einer Pfanne erhitzen und die Koteletts darin von beiden Seiten 4 bis 5 Minuten goldbraun anbraten. Die Flamme kleiner stellen und das Fleisch noch etwa 10 Minuten weiterschmoren lassen.
- Die Koteletts mit den Zitronenscheiben servieren.

**Dauert 20 bis 30 Minuten**
**1 Portion = 2548 kJ/608 kcal**

***Zur Abwechslung***

- Nach Belieben können Sie noch 1 Zweiglein Rosmarin und 1 Salbeiblatt mitschmoren.
- Außerdem können Sie etwas frisch geriebenen Parmesan unter das Ei mischen.
- Auf dieselbe Art können Sie auch Schnitzel zubereiten.

**4 große Kalbskoteletts**
**2 Eier**
**Salz**
**Mehl zum Wenden**
**Semmelbrösel zum Wenden**
**100 g Butter**
**1 Zitrone, in Scheiben geschnitten**

*Welches von beiden war eher da? Das Wiener Schnitzel oder die „Costolette alla milanese"? In Italien heißt es, Feldmarschall Radetzky habe in Mailand diese köstliche Speise so gut gemundet, daß er das Rezept nach seiner Rückkehr aus Italien seinem Wiener Hofkoch verraten habe.*

# Costolette di vitello al marsala

*Kalbskoteletts in Marsala*

- Die Koteletts leicht in Mehl wenden.
- Die Butter in einer großen Pfanne schmelzen und die Zwiebel darin glasig dünsten. Knoblauch und Lorbeerblatt hinzufügen und 5 Minuten auf kleiner Flamme dünsten.
- Die Koteletts hinzufügen und bei starker Hitze von beiden Seiten anbraten.
- Mit dem Marsala ablöschen und etwa 5 Minuten schmoren lassen, bis der Marsala zur Hälfte eingekocht ist.
- Die Koteletts salzen und sofort auf den Tisch bringen.

**Dauert etwa 20 Minuten**
**1 Portion = 1444 kJ/344 kcal**

**4 Kalbskoteletts (jeweils ca. 200 g)**
**Mehl zum Wenden**
**50 g Butter**
**1/2 Zwiebel, fein gehackt**
**1 Knoblauchzehe, fein gehackt**
**1 Lorbeerblatt**
**1 Gläschen Marsala**
**Salz**

## Involtini di vitello all'agro

*Kalbsrouladen mit Zitrone*

- 4 große Kalbsschnitzel (à 150-200 g)
- Salz
- 1 Knoblauchzehe, fein gehackt
- 1 EL fein gehackte Petersilie
- etwas fein gehackter Majoran
- 2 EL Pinienkerne, fein gehackt
- Mehl zum Wenden
- 1 Zwiebel
- 1 Stückchen Butter
- Olivenöl extra vergine
- Saft von 1 Zitrone
- Pfeffer aus der Mühle
- 1/2 Glas Fleischbrühe

• Das Fleisch etwas klopfen und leicht salzen.

• Knoblauch, Petersilie, Majoran und Pinienkerne vermengen und die Mischung über die Schnitzel verteilen. Das Fleisch zusammenrollen, mit Zahnstochern fixieren und leicht in Mehl wenden.

• Die Zwiebel abziehen und in sehr feine Scheiben schneiden. Mit der Butter und etwas Öl in einer Pfanne glasig dünsten. Die Rouladen hinzugeben und rundherum goldbraun anbraten.

• Mit dem Zitronensaft ablöschen, pfeffern und auf kleiner Flamme zugedeckt 10 bis 15 Minuten schmoren lassen.

• Die Rouladen herausheben und warm stellen.

• Die Brühe in die Pfanne geben und den Bratensatz aufrühren. Aufkochen und über die Rouladen gießen.

**Dauert etwa 20 Minuten**
**1 Portion = 1248 kJ/298 kcal**

## Costolette di vitello alla siciliana

*Kalbskoteletts auf sizilianische Art*

- 4 Kalbskoteletts
- 1/2 Glas Essig
- 2 Eier
- Salz
- 2 Knoblauchzehen
- einige Petersilienstengel
- 100 g frisch geriebener, gut abgelagerter Pecorino (oder Parmesan)
- Semmelbrösel
- Olivenöl extra vergine

• Die Koteletts weichklopfen, Fett und Haut wegschneiden. In eine flache Schüssel geben, mit dem Essig begießen und mindestens 1 Stunde marinieren lassen.

• Die Eier mit etwas Salz verquirlen. Den Knoblauch schälen und mit der Petersilie fein hacken.

• Das Fleisch aus der Marinade nehmen und sorgfältig trocknen. Die Koteletts durch das verquirlte Ei ziehen, mit Knoblauch, Petersilie und Käse bestreuen und dann mit Semmelbröseln panieren.

• Etwas Olivenöl erhitzen und die Koteletts von beiden Seiten kräftig darin anbraten. Die Flamme kleiner stellen und das Fleisch noch 5 bis 10 Minuten schmoren lassen.

**Dauert 20 bis 30 Minuten (ohne Marinierzeit)**
**1 Portion = 2258 kJ/539 kcal**

# Messicani alla milanese

*Kalbsrouladen auf Mailänder Art*

Dies ist ein sehr typisches Gericht aus der Lombardei, und niemand weiß zu erklären, warum diese Rouladen als „Mexikaner“ bezeichnet werden. In der Regel serviert man sie mit Safranreis oder gedünsteten Erbsen oder in der Pfanne sautierten Pilzen.

- Die Fleischscheiben, waschen, trockentupfen, leicht klopfen und so in Form schneiden, daß sie in etwa rechteckig sind.
- Das Brot 10 Minuten in der Milch einweichen, anschließend ausdrücken und kleinhacken.
- Das Brot in eine Schüssel geben. Die übrigen Zutaten für die Füllung hinzufügen und alles gut durchmischen.
- Die Farce über die Fleischscheiben verteilen und zu kleinen Rouladen zusammenrollen. Je 2 Rouladen auf einen Holzspieß stecken, davor, dahinter und dazwischen jeweils ein Stück Speck aufspießen. Etwas Mehl darüberstäuben.
- Die Butter in einer großen Pfanne schmelzen, die Spieße hineinlegen und von beiden Seiten scharf anbraten.
- Leicht salzen und die Flamme kleiner stellen. Den Wein angießen und einkochen lassen.
- 1 Schöpflöffel heiße Brühe zugießen und die Spieße zugedeckt 20 bis 30 Minuten schmoren lassen.
- Die Spieße aus der Pfanne nehmen, mit dem Bratenfond übergießen und sofort servieren.

8 Scheiben mageres Kalbfleisch

**Für die Füllung:**

50 g altbackenes Brot
1/2 Glas Milch
150 g Schweinehackfleisch
100 g gekochter Schinken, fein gehackt
1 Knoblauchzehe, fein gehackt
etwas fein gehackte Petersilie
1 EL frisch geriebener Parmesan
etwas abgeriebene unbehandelte Zitronenschale
2 Eier (oder 1 Ei und 1 Eigelb)
etwas Salz
etwas Pfeffer aus der Mühle
1 Prise Muskatnuß

**Außerdem:**

4 lange Holzspieße
12 Stücke fetter Speck
Mehl
80 g Butter
Salz
1/2 Glas Weißwein
Fleischbrühe

**Dauert 50 bis 60 Minuten**
**1 Portion = 3321 kJ/793 kcal**

# Costolette di vitello alle erbe aromatiche

*Kalbskoteletts mit Würzkräutern*

**4 Kalbskoteletts**
**Mehl zum Wenden**
**100 g Butter**
**je etwas fein gehackter Rosmarin, Majoran, Salbei und Pimpinelle**
**Weißwein**
**Salz**
**Fleischbrühe**

*Statt der angegebenen Würzkräuter können Sie auch beliebige andere verwenden. Auf die gleiche Weise können Sie auch Kalbsschnitzel zubereiten.*

- Die Koteletts vom Metzger weichklopfen lassen. Das Fett und die Haut wegschneiden, waschen und trockentupfen und leicht in Mehl wenden.
- Die Butter in der Pfanne schmelzen und die Koteletts von beiden Seiten kräftig darin anbraten.
- Die Hitze reduzieren und die Würzkräuter hinzufügen. 1/2 Glas Weißwein darübergießen und einkochen lassen.
- Die Schnitzel wenden, noch einmal mit 2 Eßlöffel Wein beträufeln und noch etwa 5 Minuten schmoren lassen.
- Die Koteletts herausnehmen, salzen und warm stellen.
- Den Bratensatz mit etwas Brühe ablöschen und mit einem Holzlöffel vom Boden lösen. Die Sauce durchrühren und über das Fleisch gießen.

**Dauert etwa 30 Minuten**
**1 Portion = 1793 kJ/428 kcal**

# Scaloppine di vitello al limone

*Kalbsschnitzel in Zitronensauce*

**8 kleine Kalbsschnitzel**
**Mehl zum Wenden**
**1 Stückchen Butter**
**Olivenöl extra vergine**
**einige frische Salbeiblätter (oder 1 Zweiglein Rosmarin)**
**Saft von 1 Zitrone**
**Salz**
**evtl. Pfeffer aus der Mühle**
**Fleischbrühe**

*Nach Belieben können Sie auch nur Butter oder nur Öl zum Anbraten verwenden.*

- Das Fleisch von allem Fett befreien, leicht in Mehl wenden.
- Die Butter mit etwas Öl in einer Pfanne erhitzen. Die Salbeiblätter hineingeben und kurz andünsten.
- Das Fleisch in die Pfanne geben und bei starker Hitze auf beiden Seiten anbraten. Mit dem Saft von 1/2 Zitrone beträufeln und 3 bis 4 Minuten schmoren lassen.
- Die Schnitzel herausnehmen, leicht salzen, nach Belieben auch pfeffern, und warm stellen.
- Den restlichen Zitronensaft und etwas heiße Brühe in die Pfanne geben. Mit einem Holzlöffel gut umrühren und den Bodensatz lösen. Die Brühe einige Minuten auf großer Flamme etwas einkochen lassen und über die Schnitzel gießen.

**Dauert etwa 15 Minuten**
**1 Portion = 918 kJ/219 kcal**

# Vitello con carciofi

## *Kalbfleisch mit Artischocken*

- 600 g mageres Kalbfleisch
- 1 Zwiebel
- Olivenöl extra vergine
- 1 Knoblauchzehe, fein gehackt
- Salz
- Pfeffer aus der Mühle
- 1 Lorbeerblatt
- 1 Zweiglein Rosmarin
- 1/2 Glas Weißwein
- heiße Fleischbrühe
- 6-8 junge Artischocken
- Saft von 1/2 Zitrone
- etwas fein gehackte Petersilie
- evtl. etwas frische Minze, fein gehackt

• Das Fleisch waschen, trockentupfen und in 4 bis 5 cm große Würfel schneiden.
• Die Zwiebel abziehen, kleinhacken und einige Minuten in etwas Olivenöl glasig dünsten.
• Den Knoblauch und das Fleisch hinzufügen und gut anbraten. Mit einem Holzlöffel umrühren und darauf achten, daß das Fleisch nicht ansetzt und der Knoblauch nicht anbrennt.
• Salzen, pfeffern, Lorbeer und Rosmarin hinzufügen. Den Wein angießen und im offenen Topf auf kleiner Flamme einkochen lassen.
• 1 Schöpflöffel Brühe hinzugießen und das Fleisch zugedeckt etwa 20 Minuten schmoren lassen. Falls zuviel Flüssigkeit verkocht, noch etwas Brühe hinzufügen.
• Inzwischen die Artischocken von den äußeren harten Blättern und den dornigen Spitzen befreien, vierteln und sofort in Zitronenwasser legen.
• Die Artischocken zum Fleisch geben und zugedeckt weitere 15 Minuten mitgaren.
• Das Ragout mit gehackter Petersilie und Minze bestreuen, gut umrühren und heiß servieren.

**Dauert etwa 1 Stunde**
**1 Portion = 1076 kJ/257 kcal**

***Zur Abwechslung***
Nach Belieben können Sie gleichzeitig mit den Artischocken noch 300 Gramm geschälte, in Würfel geschnittene Kartoffeln zum Fleisch geben.

## Vitello con peperoni

*Kalbfleisch mit Paprikaschoten*

- 600 g mageres Kalbfleisch
- 2 fleischige Paprikaschoten
- Olivenöl extra vergine
- 1 Zwiebel, in Scheiben geschnitten
- 4 Sardellenfilets
- 1 Knoblauchzehe, fein gehackt
- 50 g Kapern
- 1/2 Glas Weißwein
- 400 g Tomaten, gehäutet und kleingeschnitten
- 1 Prise Oregano
- 1 Lorbeerblatt
- Salz
- 1 Bund Basilikum, grob gehackt

*Nach Belieben können Sie noch 150 Gramm Oliven hinzugeben.*

• Das Kalbfleisch waschen, trockentupfen und in sehr kleine Würfel schneiden.
• Die Paprikaschoten waschen, von Rippen und Kernen befreien und in Stücke schneiden.
• Etwas Öl erhitzen und die Zwiebel zusammen mit den Sardellenfilets auf kleiner Flamme darin dünsten.
• Nach 5 Minuten den Knoblauch und das Fleisch hinzufügen und weitere 5 Minuten kräftig anschmoren.
• Die Paprikastückchen hinzufügen und nochmals 5 Minuten mitschmoren. Die Kapern hinzugeben. Den Wein angießen und einkochen lassen.
• Tomaten, Oregano, Lorbeerblatt und 1 Schöpflöffel Wasser zufügen, salzen und alles 40 bis 50 Minuten schmoren lassen.
• Ganz zum Schluß das Basilikum untermischen.

**Dauert etwa 1 Stunde 10 Minuten**
**1 Portion = 1502 kJ/359 kcal**

## Scaloppine di vitello all'emiliana

*Kalbsschnitzel aus der Emilia-Romagna*

- 8 kleine Kalbsschnitzel
- Mehl zum Wenden
- 2 Eier
- Salz
- Pfeffer aus der Mühle
- Muskatnuß
- 50 g Butter
- Olivenöl extra vergine
- 8 Scheiben roher Schinken
- ca. 100-150 g nicht zu sehr abgelagerter Parmesan in Scheiben

• Das Fleisch waschen, trockentupfen, von jeglichem Fett befreien und leicht in Mehl wenden.
• Die Eier mit etwas Salz, Pfeffer und Muskat verquirlen.
• Die Schnitzel durch das verquirlte Ei ziehen.
• Die Hälfte der Butter mit etwas Öl in einer großen Pfanne schmelzen und die Schnitzel darin bei starker Hitze 4 bis 5 Minuten von beiden Seiten braten.
• Eine feuerfeste Form mit der restlichen Butter einfetten und die Schnitzel hineinlegen. Jedes Schnitzel mit 1 Scheibe Schinken und mit Parmesan belegen.
• Im vorgeheizten Ofen bei mittlerer Hitze überbacken, bis der Käse geschmolzen ist.

**Dauert etwa 30 Minuten**
**1 Portion = 1821 kJ/435 kcal**

# Scaloppe di vitello al pomodoro

*Kalbsschnitzel in Tomatensauce*

- Das Fleisch von jeglichem Fett befreien.
- Zwiebel und Knoblauch in etwas Öl glasig dünsten.
- Das Tomatenpüree, etwas Salz, Pfeffer und Oregano sowie die Oliven hinzufügen und 15 Minuten köcheln lassen.
- Die Schnitzel leicht in Mehl wenden. Etwas Olivenöl in einer zweiten Pfanne erhitzen und die Schnitzel darin von beiden Seiten gut anbraten.
- Das Fleisch in die Tomatensauce geben, öfter wenden und einige Minuten schmoren lassen.

**Dauert etwa 30 Minuten**
**1 Portion = 1765 kJ/422 kcal**

***Zur Abwechslung***
Auf die gleiche Weise können Sie auch Kalbsmedaillons zubereiten.

**4 Kalbsschnitzel**
**1 Zwiebel, kleingehackt**
**2 Knoblauchzehen, fein gehackt**
**Olivenöl extra vergine**
**400 g pürierte Tomaten**
**Salz**
**Pfeffer aus der Mühle**
**Oregano**
**150 g kleine schwarze Oliven**
**Mehl**

*Nach Belieben können Sie die Sauce noch mit kleingehacktem frischen Basilikum würzen; wenn Sie es schärfer mögen, auch mit etwas Peperone.*

# Involtini di vitello al pomodoro

*Kalbsrouladen in Tomatensauce*

- Das Fleisch vom Metzger klopfen lassen, waschen und trockentupfen. Salzen und mit je 1 Scheibe Schinken und Käse belegen.
- Knoblauch, Petersilie, Pinienkerne und etwas Salz vermengen und über die Schnitzel verteilen.
- Die Schnitzel einrollen und mit Zahnstochern oder Küchengarn fixieren. Etwas Mehl darüberstäuben.
- Die Zwiebel in der Butter und etwas Öl in einer Pfanne glasig dünsten. Die Rouladen hineingeben und rundherum goldbraun anbraten.
- Das Tomatenpüree mit etwas Oregano und Pfeffer hinzufügen und alles zugedeckt 10 bis 15 Minuten auf kleiner Flamme schmoren lassen.

**Dauert etwa 30 Minuten**
**1 Portion = 2023 kJ/483 kcal**

**4 große Kalbsschnitzel à 150-200 g**
**Salz**
**4 Scheiben gekochter Schinken**
**4 Scheiben leicht schmelzender Käse (z.B. Fontina, Bel Paese)**
**1 Knoblauchzehe, kleingehackt**
**1 EL fein gehackte Petersilie**
**2 EL Pinienkerne, fein gehackt**
**Mehl zum Bestäuben**
**1 Zwiebel, in feine Scheiben geschnitten**
**1 Stückchen Butter**
**Olivenöl extra vergine**
**250 g pürierte Tomaten**
**Oregano**
**Pfeffer aus der Mühle**

# Vitello tonnato

*Kalbfleisch mit Thunfischsauce*

**1 kg Kalbfleisch aus der Keule**
**Für die Marinade:**
**1 Karotte**
**1 Zwiebel**
**2 Lorbeerblätter**
**3-4 Gewürznelken**
**Salz**
**1 TL weiße Pfefferkörner**
**1 Flasche trockener Weißwein**
**Für die Sauce:**
**2 Eigelb**
**1 Spritzer Weißweinessig**
**Saft von 1 Zitrone**
**Salz**
**ca. 1/8 l Olivenöl extra vergine**
**1 große Dose Thunfisch (ca. 200 g Abtropfgewicht)**
**4 Sardellenfilets**
**3 EL Kapern, fein gehackt**

Dieses überaus beliebte Gericht kennt man in einigen Regionen Italiens – Piemont, Aostatal, Lombardei, Emilia-Romagna – in den verschiedensten Versionen. Da es einige Zeit im voraus zubereitet werden muß und noch besser schmeckt, wenn es einen Tag gut durchgezogen ist, eignet sich das Vitello tonnato auch hervorragend für ein kaltes Büfett oder als Vorspeise für eine größere Einladung. Die folgende Version stammt aus der Emilia-Romagna.

- Das Fleisch in ein Gefäß legen. Karotte und Zwiebel schälen und in Scheiben schneiden.
- Gemüsescheiben, Lorbeerblätter, Gewürznelken, etwas Salz und die Pfefferkörner zum Fleisch geben und mit dem Wein begießen. Über Nacht ziehen lassen.
- Das Fleisch am nächsten Tag etwa 1 1/2 Stunden in der Marinade kochen, bis es gar, aber noch fest ist. Anschließend im Sud erkalten lassen.
- Aus Eigelb, Essig, Zitronensaft, Salz und Olivenöl eine Mayonnaise herstellen. Thunfisch und Sardellenfilets mit etwas Sud im Mixer pürieren und mit den Kapern unter die Mayonnaise mischen.
- Das kalte Fleisch aus dem Sud nehmen, in sehr feine Scheiben schneiden und ziegelartig auf einer Platte anrichten.
- Mit der Thunfischsauce übergießen. Vor dem Servieren möglichst einen Tag ziehen lassen.

**Dauert etwa 1 Stunde 30 Minuten**
**1 Portion = 2841 kJ/679 kcal**

*Zur Abwechslung*
- Sie können das Gericht nach Belieben noch mit Cornichons, Oliven oder hartgekochtem Ei garnieren.
- Wenn Sie die Sauce im Mixer zubereiten, können Sie alle Zutaten (außer den Kapern) gleichzeitig vermischen und mit einem Gläschen Sud verdünnen. Dann die fein gehackten Kapern unterziehen und noch einmal abschmecken.
- Das gekochte Gemüse können Sie nach Belieben auch für die Sauce mitpürieren.
- Das Fleisch kann zusammen mit Gemüse und Gewürzen auch einfach in Salzwasser gegart werden, oder Sie nehmen je zur Hälfte Wein und Wasser.

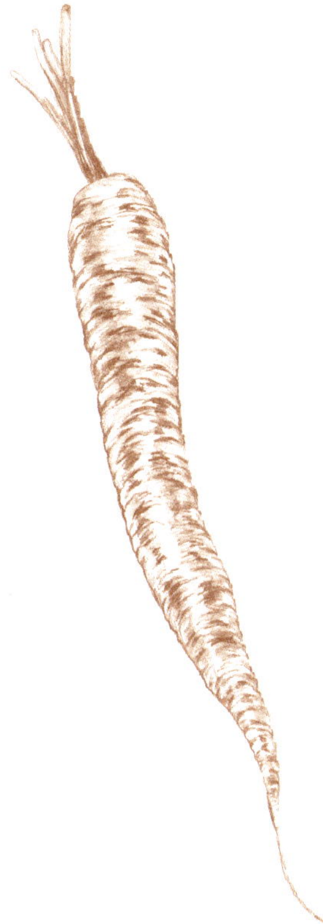

• Oder Sie braten das Fleisch gut in Olivenöl an, geben etwas Weißwein, Pfeffer und Salz hinzu und garen es zusammen mit Lorbeerblättern, 1 bis 2 Knoblauchzehen und einigen Sellerieblättern etwa 45 Minuten bei 180 Grad (Umluft 160 Grad, Gas Stufe 2 bis 3) im Ofen.
• Sie können dieses Rezept auch zum Salat abwandeln (Vitello tonnato in insalata) – womöglich als Resteverwertung. Außer den genannten Zutaten nehmen Sie zum Beispiel ein paar Stangen Bleichsellerie und eine kleine Dose Artischockenherzen. Das Gemüse kleinschneiden bzw. vierteln, mit dem in Streifen geschnittenen Kalbfleisch mischen und die Thunfischsauce darübergießen. Kalt stellen, einige Stunden gut durchziehen lassen und nach Belieben mit Sellerieblättchen, Oliven, etwas zerpflücktem Thunfisch und hartgekochten Eiern, in Scheiben geschnitten, garnieren.
• Für „pollo in salsa tonnata“ befreien Sie ein kleines gebratenes oder gekochtes Hähnchen von der Haut, lösen das Fleisch ab und schneiden es in Stücke, die Sie mit der Hälfte der Thunfischsauce vermischen. Die restliche Sauce gießen Sie darüber und garnieren das Huhn zum Beispiel mit Vierteln von hartgekochten Eiern.

## Polpette di vitello alla ligure

*Kalbsfrikadellen aus Ligurien*

**600 g Kalbfleisch, gekocht oder gebraten**
**1 altbackenes Brötchen**
**1/2 Glas Milch**
**25 g getrocknete Steinpilze**
**1 Knoblauchzehe, fein gehackt**
**1-2 EL frisch geriebener Parmesan**
**etwas fein gehackte Petersilie**
**etwas fein gehackter Majoran**
**Salz**
**Pfeffer aus der Mühle**
**1 Prise Muskatnuß**
**1-2 Eier**
**Semmelbrösel zum Wenden**
**Öl zum Ausbacken**

• Das Kalbfleisch durch den Fleischwolf drehen. Das Brötchen in der Milch und die Pilze in etwas warmem Wasser einweichen. Nach etwa 10 Minuten beides gut ausdrücken, kleinhacken und in eine Schüssel geben.
• Kalbfleisch, Knoblauch, Parmesan, Petersilie, Majoran, Salz, Pfeffer, Muskat und die Eier hinzugeben und alles gut vermengen. Aus der Mischung Bällchen formen. Sorgfältig in Semmelbröseln wenden und in reichlich heißem Öl ausbacken.

**Dauert 30 bis 40 Minuten**
**1 Portion = 1725 kJ/411 kcal**

***Zur Abwechslung***
Anstatt Pilzen können Sie auch 100 Gramm fein gehackte Mortadella bzw. rohen Schinken untermischen.

# Manzo all'umbra

*Rinderbraten aus Umbrien*

- 1 kg Rinderbraten (möglichst aus der Lende)
- 1 kg Zwiebeln
- Olivenöl extra vergine
- 1 Glas Weißwein
- Salz
- Pfeffer aus der Mühle
- 1 Lorbeerblatt
- 1 Zweig Rosmarin
- Fleischbrühe

*Das Fleisch sollte innen noch ein wenig blutig sein, während die Zwiebeln zu Püree zerfallen sollten.*

• Das Fleisch vom Metzger in Form binden lassen, waschen und trockentupfen.
• Die Zwiebeln schälen und vierteln.
• 1 Glas Öl in eine Kasserolle gießen und die Zwiebeln darin andünsten. Mit dem Weißwein ablöschen und den Wein völlig einkochen lassen.
• Salzen, pfeffern, das Lorbeerblatt und den Rosmarin sowie 1/2 Liter heiße Brühe hinzufügen.
• Aufkochen lassen, die Flamme kleiner stellen und die Zwiebeln 30 Minuten schmoren.
• Das Fleisch in den Topf geben, noch 1 Schöpflöffel heiße Brühe hinzufügen und zugedeckt weitere 30 Minuten schmoren lassen.

**Dauert etwa 1 Stunde 30 Minuten**
**1 Portion = 1815 kJ/433 kcal**

# Ciâr in bianco alla friuliana

*Rinderschmorbraten aus dem Friaul*

- 1200 g Rinderbraten
- 100 g fetter Speck
- Salz
- Pfeffer aus der Mühle
- Zimt
- 2 Gewürznelken
- Weißweinessig
- 1 Zwiebel, kleingehackt
- Olivenöl extra vergine
- 1 Glas Weißwein
- 1 Lorbeerblatt

• Das Fleisch an mehreren Stellen mit einem scharfen Messer einschneiden. Den Speck stifteln.
• Je 1 Prise Salz, Pfeffer und Zimt miteinander vermischen und den Speck damit würzen. Das Fleisch mit dem Speck und Gewürznelken spicken.
• Den Rinderbraten in ein großes Gefäß legen und mit Essig bedecken. Über Nacht im Kühlschrank ziehen lassen.
• Die Zwiebel in etwas Öl glasig dünsten. Das abgetrocknete Fleisch zugeben und von allen Seiten scharf anbraten. Salzen, pfeffern und den Wein aufgießen. Das Lorbeerblatt hinzufügen.
• Den Topf erst mit Alufolie und dann mit einem Deckel verschließen. Den Braten auf kleiner Flamme etwa 1 1/2 Stunden garen. In Scheiben schneiden und mit dem Bratenfond servieren.

**Dauert etwa 2 Stunden 30 Minuten (ohne Marinierzeit)**
**1 Portion = 2628 kJ/628 kcal**

# Ciâr alla friuliana con pomodoro

*Rinderschmorbraten in Tomatensauce aus dem Friaul*

- 1200 g Rinderbraten
- 100 g fetter Speck
- Salz
- Pfeffer aus der Mühle
- 100 g gekochter Schinken
- 1 Stange Bleichsellerie, geputzt
- 1 kleine Zwiebel, geschält
- etwas Petersilie
- Olivenöl extra vergine
- 1 Gewürznelke
- 3 Kümmelsamen
- 2 EL Meerrettich
- Oregano
- einige Pfefferkörner
- heiße Fleischbrühe
- 500 g pürierte Tomaten

- Das Fleisch mit einem scharfen Messer an mehreren Stellen leicht einschneiden.
- Den Speck in Scheibchen oder Stifte schneiden und leicht salzen und pfeffern. Das Fleisch damit spicken.
- Schinken, Sellerie, Zwiebel und Petersilie kleinhacken.
- Das Fleisch in einem Bräter in Olivenöl von allen Seiten gut anbraten.
- Das gehackte Gemüse, Gewürznelke, Kümmel, Meerrettich, 1 Prise Oregano, einige Pfefferkörner und etwas Salz hinzufügen.
- Den Braten in den auf 200 Grad (Umluft 180 Grad, Gas Stufe 3 bis 4) vorgeheizten Ofen schieben und nach einigen Minuten mit 1 Schöpflöffel heißer Brühe begießen.
- Das Fleisch 1 1/2 Stunden schmoren lassen. Falls nötig, zwischendurch noch etwas heiße Brühe angießen.
- Den Bräter aus dem Ofen nehmen und die Tomaten hinzufügen. Bei starker Hitze aufkochen lassen.
- Die Flamme kleinerstellen und den Braten noch etwa 30 Minuten weiterschmoren lassen, bis er weich ist. Zwischendurch mehrmals umwenden. Falls die Sauce zu sehr einkocht, noch etwas heiße Brühe hinzufügen.
- Das Fleisch herausnehmen und aufschneiden.
- Die Sauce durch ein Sieb streichen oder im Mixer pürieren. Noch einmal aufkochen lassen und über das Fleisch gießen.

**Dauert etwa 2 Stunden 30 Minuten**
**1 Portion = 3103 kJ/741 kcal**

# Filetto di manzo alla sarda

*Rinderfilet auf sardische Art*

| |
|---|
| 1 kg Rinderfilet |
| 1/2 l Weißwein |
| 100 g Zuchtpilze |
| Petersilie |
| 1 Zweiglein frischer Rosmarin |
| 1 Zweiglein Thymian |
| 1 frisches Lorbeerblatt |
| Olivenöl extra vergine |
| Salz |
| evtl. Pfeffer |
| Fleischbrühe |
| 3 Sardellenfilets, fein gehackt |
| 1/4 Zitrone |

- Das Filet waschen und trockentupfen.
- Das Fleisch in eine Schüssel legen und mit dem Wein bedecken.
- Die Pilze und die Petersilie putzen, fein hacken und zur Marinade geben.
- Mindestens 2 Stunden, nach Möglichkeit über Nacht zugedeckt an einem kühlen Platz ziehen lassen.
- Rosmarin, Thymian und Lorbeer fein hacken und mischen.
- Das Fleisch aus der Marinade nehmen und sorgfältig trockentupfen.
- Etwas Öl in einer Kasserolle erhitzen und das Filet darin bei starker Hitze von allen Seiten anbraten.
- Salzen, nach Belieben auch pfeffern, mit den Würzkräutern bestreuen und mit der abgeseihten Marinade übergießen. Auf großer Flamme erhitzen.
- Sobald der Wein aufkocht, die Flamme kleinstellen und das Fleisch 15 Minuten schmoren lassen, bis der Wein eingekocht ist.
- Das Fleisch mit 1 Schöpflöffel heißer Brühe übergießen und weitere 15 Minuten schmoren lassen.
- Zum Schluß die Sardellenfilets und das Zitronenviertel hinzufügen. Gut umrühren und noch 1 Minute schmoren lassen.

**Dauert etwa 40 Minuten (ohne Marinierzeit)**
**1 Portion = 1714 kJ/408 kcal**

# Manzo alla certosina

*Rinderbraten auf Kartäuserart*

- 1 kg Rinderbraten aus der Schulter
- 20 g Steinpilze
- 50 g Schinkenspeck
- Salz
- Pfeffer aus der Mühle
- frisch geriebene Muskatnuß
- Zimtpulver
- Nelkenpulver
- Olivenöl extra vergine
- 1 Gläschen trockener Weißwein
- Fleischbrühe
- etwas fein gehackte Petersilie
- 1 Knoblauchzehe, fein gehackt
- 1 kleine Zwiebel, fein gehackt
- 2 Sardellenfilets, grob gehackt
- evtl. Zitronensaft

- Das Fleisch waschen und trockentupfen.
- Die Steinpilze 10 Minuten in lauwarmes Wasser einlegen.
- Den Schinkenspeck in Streifen schneiden.
- Etwas Salz und Pfeffer mit je 1 Prise Muskatnuß, Zimt- und Nelkenpulver vermischen. Die Speckstreifen sorgfältig in den Gewürzen wenden.
- Das Fleisch mit einem scharfen Messer an mehreren Stellen einschneiden und mit dem Schinkenspeck spicken.
- Etwas Olivenöl in einem Schmortopf erhitzen und das Fleisch darin bei starker Hitze von allen Seiten gut anbraten.
- Den Weißwein über das Fleisch geben und einkochen lassen.
- Die Steinpilze abgießen und grob hacken.
- 1 Schöpflöffel heiße Fleischbrühe, Pilze, Petersilie, Knoblauch und Zwiebel sowie die Sardellenfilets zum Fleisch geben. Alles leicht salzen und nach Belieben einen Spritzer Zitronensaft zugeben.
- Den Braten auf kleiner Flamme 2 bis 2 1/2 Stunden zugedeckt schmoren lassen.
- Das gegarte Fleisch aus dem Topf nehmen, aufschneiden und warm stellen.
- Die Sauce durch ein Sieb streichen oder im Mixer pürieren. Noch einmal kurz erhitzen und über das Fleisch geben.

**Dauert 2 1/2 bis 3 Stunden**
**1 Portion = 2075 kJ/496 kcal**

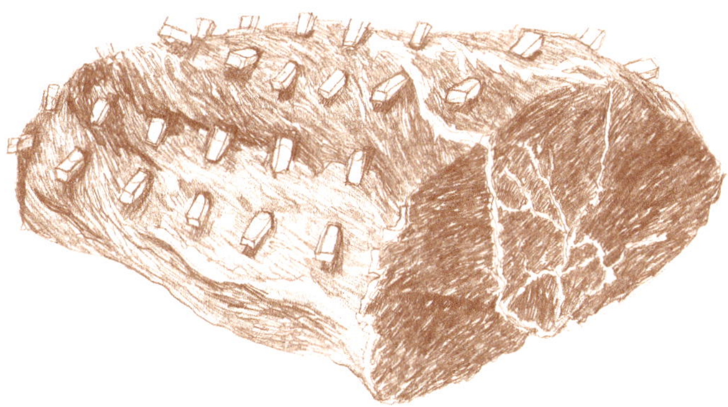

# Costata di manzo alla trentina

*Rinderlende aus dem Trentino*

**1200 g Rinderlende am Stück**
**400 g Zwiebeln**
**40 g Butter**
**Olivenöl extra vergine**
**1 Knoblauchzehe, etwas zerdrückt**
**1 Lorbeerblatt**
**Salz**
**Fleischbrühe**
**2 EL Dijonsenf**
**Mehl zum Wenden**

- Das Fleisch waschen und trockentupfen.
- Die Zwiebeln schälen und in feine Scheiben schneiden.
- Die Butter zusammen mit etwas Öl in einem Topf schmelzen. Sobald sie aufschäumt, die Zwiebeln hineingeben. Gut umrühren und bei starker Hitze leicht anbräunen.
- Die Flamme kleiner stellen. Knoblauch, Lorbeer, etwas Salz und 1 Schöpflöffel heiße Brühe hinzufügen. 10 Minuten offen köcheln lassen und, falls nötig, noch ein wenig Fleischbrühe hinzugeben.
- Knoblauch und Lorbeer herausnehmen.
- Das Fleisch rundum mit dem Senf einreiben und in Mehl wenden.
- In einer Pfanne etwas Öl erhitzen und das Fleisch von beiden Seiten kräftig anbraten.
- Die Hitze herunterschalten und die Lende 20 bis 30 Minuten schmoren lassen (je nachdem, ob Sie das Fleisch eher durchgebraten oder noch ein wenig blutig mögen).
- Das Fleisch aus der Pfanne nehmen, in Scheiben schneiden und auf einer Servierplatte warm stellen.
- Die geschmorten Zwiebeln in den Bratfond geben, noch einmal kurz erhitzen, gut durchrühren und über dem Fleisch verteilen.

**Dauert etwa 1 Stunde**
**1 Portion = 2246 kJ/535 kcal**

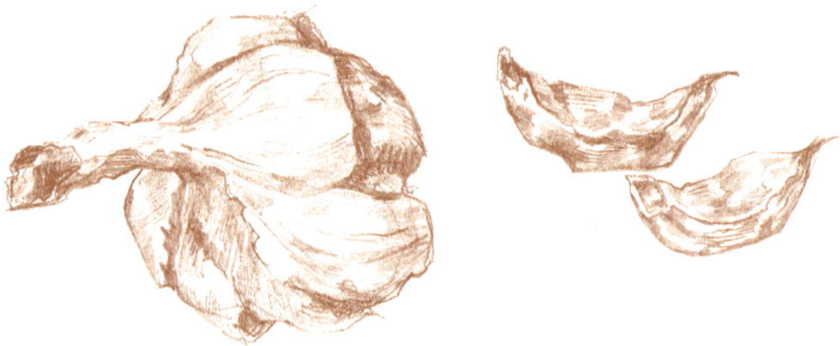

# Costata di manzo con funghi

*Rinderlendenbraten mit Pilzen*

- 1200 g Rinderlende am Stück
- 1 Zwiebel
- 1 Karotte
- 1 Stange Bleichsellerie
- 1 Knoblauchzehe
- einige Pfefferkörner
- 2 Gewürznelken
- 2 Lorbeerblätter
- 1 Zweiglein Rosmarin
- 1/4 Zimtstange
- 1/2 l kräftiger Rotwein
- 50 g fetter Speck (oder Schinkenspeck)
- 600 g beliebige Pilze
- 50 g Butter
- Salz
- etwas fein gehackte Petersilie
- Fleischbrühe
- Olivenöl extra vergine

• Das Fleisch waschen, trockentupfen und in eine Schüssel legen.

• Zwiebel, Karotte, Sellerie und Knoblauchzehe schälen bzw. putzen, kleinhacken und zum Fleisch geben. Pfefferkörner, Gewürznelken, Lorbeer, Rosmarin und Zimt ebenfalls hinzufügen.

• Den Wein darübergießen und das Fleisch über Nacht zugedeckt an einem kühlen Ort marinieren lassen.

• Am folgenden Tag die Marinade durch ein Sieb abgießen, die Flüssigkeit auffangen und das Fleisch gut abtrocknen.

• Den Speck kleinschneiden. Die Pilze putzen und in Scheiben schneiden.

• Die Butter erhitzen, die Pilze hineingeben und einige Minuten auf großer Flamme sautieren. Salzen und mit Petersilie bestreuen. 1 Schöpflöffel heiße Brühe angießen und die Pilze 10 bis 15 Minuten zugedeckt schmoren lassen.

• In einem Schmortopf den Speck in etwas Öl auslassen. Die Lende hineingeben und von allen Seiten kräftig anbraten.

• Das Fleisch aus dem Topf nehmen und die Marinade hineingießen. Bei starker Hitze im offenen Topf etwa 10 Minuten einkochen lassen.

• Die Sauce pürieren oder durch ein Sieb streichen, zurück in den Topf geben und das Fleisch hineinlegen.

• Das Fleisch etwa 20 Minuten zugedeckt schmoren lassen, so daß es innen noch rosig ist.

• Den Braten herausnehmen, in Scheiben schneiden und warm stellen.

• Die geschmorten Pilze in die Sauce geben, alles gut durchrühren, noch einmal erhitzen und über das Fleisch gießen.

**Dauert etwa 1 Stunde 10 Minuten (ohne Marinierzeit)**
**1 Portion = 2819 kJ/672 kcal**

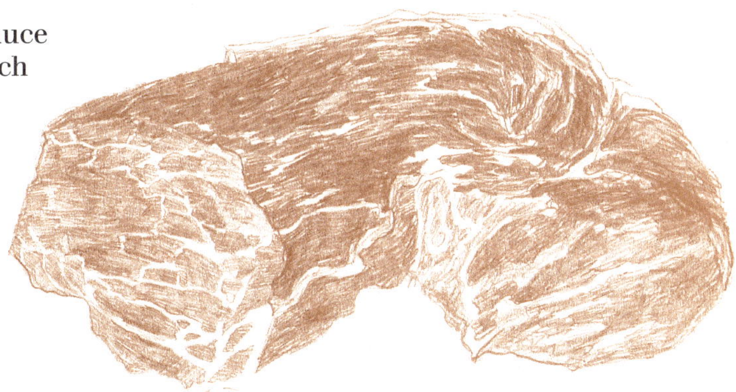

# Coda di bue alla vaccinara

*Ochsenschwanzragout*

1 1/2 kg Ochsenschwanz
2 Zwiebeln
2 Knoblauchzehen
1 Karotte
150 g Schinkenspeck
50 g gekochter Schinken
1 Handvoll Petersilienblätter
etwas Schweineschmalz
Olivenöl extra vergine
Salz
Pfeffer aus der Mühle
2 Lorbeerblätter
1 Zweig Rosmarin
1 Prise Zimt
1 Glas trockener Weißwein
250 g pürierte Tomaten
Fleischbrühe
6-7 Stangen Bleichsellerie

*Zu der Vorliebe der Römer für Schweineschmalz erzählt man sich folgendes: Weil es trotz aller Aufrufe nicht gelungen war, die Plätze und Straßen der Stadt von den vielen Schweinen zu befreien, die sich dort frei herumtrieben, verfaßte Papst Klemens VIII. im 15. Jahrhundert einen Erlaß, daß jeder, der auf der Straße ein Schwein fand, es mitnehmen durfte. Und wunderbarerweise waren alle Schweine auf der Stelle von den Straßen verschwunden!*

Dies ist ein typisches Gericht aus dem Latium. Es ist sehr zeitaufwendig, weil das Fleisch langsam geschmort werden muß. Deshalb empfiehlt sich in diesem Fall ein Dampfkochtopf.

- Den Ochsenschwanz vom Metzger in Stücke teilen lassen und waschen.
- Etwas Wasser zum Kochen bringen und das Fleisch 5 Minuten darin garen, anschließend abgießen.
- Inzwischen Zwiebeln und Knoblauch schälen, die Karotte putzen.
- Zwiebeln, Knoblauch, Karotte, Speck, Schinken und Petersilie kleinhacken.
- Alles außer dem Knoblauch 5 Minuten in etwas Schmalz und Öl andünsten.
- Den Knoblauch und kurz darauf auch das Fleisch hinzugeben. Von allen Seiten kräftig anbraten und 5 bis 10 Minuten schmoren lassen.
- Den Ochsenschwanz salzen, pfeffern und mit Lorbeer, Rosmarin und Zimt würzen. Den Wein zugießen und einkochen lassen.
- Das Tomatenpüree und 2 Schöpflöffel heiße Brühe hinzufügen.
- Den Topf zudecken und den Ochsenschwanz etwa 3 Stunden auf kleiner Flamme schmoren lassen. Falls die Sauce zu sehr einkocht, noch etwas Brühe zugießen.
- Den Sellerie putzen, waschen und kleinschneiden. Am Ende der Kochzeit hinzufügen, gut umrühren und alles noch etwa 15 Minuten weiterköcheln lassen, bis der Sellerie gar ist.

**Dauert etwa 3 Stunden 30 Minuten**
**1 Portion = 2939 kJ/702 kcal**

## Costata di manzo con salsa piccante

*Rinderlende in pikanter Sauce*

- Das Fleisch waschen und trockentupfen.
- Die Sardellen zusammen mit etwas Olivenöl in eine Kasserolle geben. Kurz schmoren lassen, bis sie zu zerfallen beginnen, dann Kapern und Knoblauch hinzufügen und noch einige Minuten mitschmoren.
- Das Fleisch dazugeben und rundherum kräftig anbraten.
- Die Flamme kleiner stellen und Petersilie und Oliven hinzugeben. Etwas Mehl darüberstäuben, mit Peperone und Salz würzen. Den Weißwein darübergießen und einkochen lassen. Das Fleisch mit 1 Schöpflöffel Brühe übergießen und etwa 20 Minuten zugedeckt schmoren lassen.
- Die Lende herausnehmen, aufschneiden und mit dem Bratfond übergießen.

**1200 g Rinderlende am Stück**
**5 Sardellenfilets**
**Olivenöl extra vergine**
**70 g Kapern, grob gehackt**
**2 Knoblauchzehen, fein gehackt**
**2 EL fein gehackte Petersilie**
**150 g entkernte Oliven**
**Mehl zum Bestäuben**
**etwas Peperone, fein gehackt (oder Cayennepfeffer)**
**Salz**
**1 Schuß Weißwein**
**heiße Fleischbrühe**

**Dauert 30 bis 40 Minuten**
**1 Portion = 2336 kJ/557 kcal**

## Costata di manzo al sale

*Rinderlende in Salz gegart*

- Das Fleisch waschen und trockentupfen.
- Eine feuerfeste Form leicht einölen. Den Boden mit einer Schicht Salz bedecken. Den Knoblauch schälen, leicht quetschen und das Fleisch ringsum damit einreiben.
- Die Lende rundum mit Rosmarin bestreuen, in die Form legen und völlig mit Salz überdecken.
- Im auf 250 Grad (Umluft 230 Grad, Gas Stufe 6) vorgeheizten Ofen 20 bis 30 Minuten braten – je nachdem, ob das Fleisch mehr oder weniger durchgebraten sein soll.
- Den Ofen ausschalten und die Lende noch 10 Minuten darin ruhen lassen.
- Das Salz völlig entfernen. Die Lende in Scheiben schneiden und mit einer Sauce nach Geschmack servieren.

**1200 g Rinderlende am Stück**
**Olivenöl extra vergine**
**1 kg grobes Meersalz**
**1 Knoblauchzehe**
**reichlich frischer Rosmarin, fein gehackt**

**Dauert 40 bis 50 Minuten**
**1 Portion = 1534 kJ/365 kcal**

# Arrosto ripieno

*Gefüllter Rollbraten*

1 große Scheibe Rindfleisch (ca. 700 g)
Salz
Pfeffer aus der Mühle
2 Eier
Muskatnuß
etwas fein gehackte Petersilie
1 EL frisch geriebener Parmesan
Olivenöl extra vergine
100 g Schinken in Scheiben
150 g Fontina (oder anderer schmelzbarer Käse) in Scheiben
3-4 Mangoldblätter (oder 5-6 Spinatblätter)
1/2 Glas Weißwein

- Die Fleischscheibe vom Metzger ganz dünn klopfen lassen, waschen und trockentupfen. Leicht salzen und pfeffern.
- Die Eier mit je 1 Prise Salz, Pfeffer und Muskatnuß sowie Petersilie und Parmesankäse verquirlen.
- Etwas Olivenöl in einer großen Pfanne erhitzen, die Eimischung hineingießen und zu einem dünnen Eierkuchen ausbacken.
- Den Eierkuchen auf das Fleisch legen, darüber den Schinken und obenauf den Käse geben.
- Die Mangoldblätter einige Minuten in kochendem Salzwasser blanchieren. Sofort unter kaltem Wasser abschrekken, abtropfen lassen und über die Käsescheiben legen.
- Die Fleischscheibe zu einem Rollbraten einrollen und mit Küchengarn umwickeln.
- In einer Pfanne etwas Öl erhitzen und das Fleisch darin rundherum anbraten.
- Eine feuerfeste Form leicht einölen, das Fleisch hineinlegen und mit dem Weißwein übergießen. Etwa 30 Minuten im auf 200 Grad (Umluft 180 Grad, Gas Stufe 3 bis 4) vorgeheizten Ofen garen.

**Dauert etwa 1 Stunde**
**1 Portion = 2079 kJ/497 kcal**

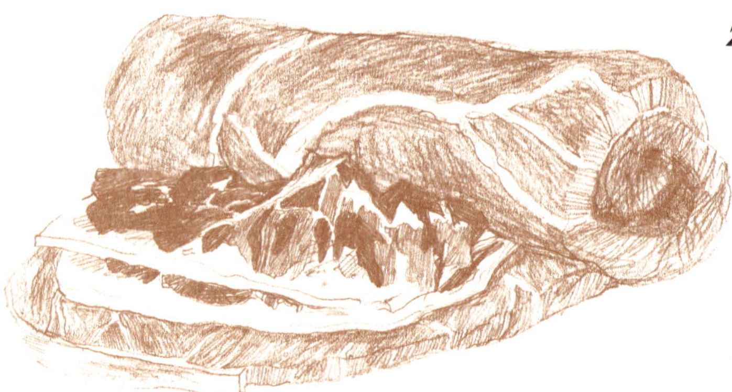

***Zur Abwechslung***
Nach Belieben können Sie auch eine Tomatensauce vorbereiten und das Fleisch darin garen.

## Tortino di carne ai pinoli

*Hackbraten mit Pinienkernen*

• Die Pinienkerne in einer Pfanne ohne Fett leicht anrösten. Die Mortadella durch den Fleischwolf drehen.
• Hackfleisch, Mortadella, Parmesan, Pinienkerne, etwas Semmelbrösel und 1 Ei zu einem geschmeidigen Teig verkneten. Falls nötig, ein weiteres Ei oder noch mehr Semmelbrösel hinzugeben. Den Fleischteig mit Cognac und den Gewürzen abschmecken.
• Eine Springform mit Butter ausfetten, die Fleischmasse in die Form drücken und glattstreichen. Mit Semmelbröseln bestreuen und mit Butterflöckchen belegen.
• Den Hackbraten etwa 50 Minuten bei 180 Grad (Umluft 160 Grad, Gas Stufe 2 bis 3) im vorgeheizten Ofen backen, bis die Oberfläche leicht gebräunt ist.
• Aus dem Ofen nehmen und wie einen Kuchen aufschneiden. Nach Belieben heiß, lauwarm oder kalt servieren.

**Dauert etwa 1 Stunde 15 Minuten**
**1 Portion = 2612 kJ/624 kcal**

**2 EL Pinienkerne**
**100 g Mortadella**
**400 g mageres Rinderhackfleisch**
**100 g Schweinehackfleisch**
**100 g frisch geriebener Parmesan**
**Semmelbrösel**
**1-2 Eier**
**1 EL Cognac**
**Salz**
**Pfeffer aus der Mühle**
**1 Prise Majoran**
**1 Prise frisch geriebene Muskatnuß**
**50 g Butter**

## Bruscît

*Rinderragout mit Fenchelsamen*

Dieses Gericht wird in der Regel mit Polenta serviert.

• Das Rindfleisch waschen, trockentupfen und in höchstens erbsengroße Würfel schneiden.
• Butter, Fleisch, Fenchelsamen, Schinkenspeck und die ganze Knoblauchzehe in einen Topf geben. Langsam erhitzen und auf kleinster Flamme zugedeckt 2 bis 2 1/2 Stunden schmoren lassen.
• Wenn die Schmorflüssigkeit nicht ausreicht, noch etwas Butter hinzugeben.
• Das Ragout 10 Minuten vor Ende der Kochzeit salzen, pfeffern und mit dem Wein übergießen. Im offenen Topf noch etwas einkochen lassen.

**Dauert 2 1/2 bis 3 Stunden**
**1 Portion = 1587 kJ/379 kcal**

**600 g mageres Rindfleisch**
**ca. 50 g Butter**
**1 EL Fenchelsamen in einem Gazesäckchen**
**50 g Schinkenspeck, kleingehackt**
**1 Knoblauchzehe, geschält**
**Salz**
**Pfeffer aus der Mühle**
**1 Glas guter Rotwein**

*Aus dem Piemont*

# Brasato al barolo

*Schmorbraten in Barolo*

- 1 1/2 kg Rinderbraten
- 50 g fetter Speck
- 1 Flasche Barolo
- 4 Karotten
- 2 mittelgroße Zwiebeln
- 2 Stangen Bleichsellerie
- 1 Knoblauchzehe, geschält
- 1 Lorbeerblatt
- 2 Gewürznelken
- 1 Zweig Rosmarin
- 1 Zweig Thymian
- 1/4 Zimtstange
- Olivenöl extra vergine
- 1/2 EL Tomatenmark (oder 3 EL pürierte Tomaten)
- Fleischbrühe
- Salz
- Pfeffer aus der Mühle
- 1 Schuß Cognac

Im Piemont bereitet man diesen Schmorbraten traditionell mit Barolo zu, aber Sie können nach Belieben natürlich auch einen anderen kräftigen, vollmundigen Rotwein verwenden.

- Das Fleisch waschen, trockentupfen und mit einem sehr scharfen Messer an verschiedenen Stellen leicht einschneiden.
- Den Speck in kleine Scheiben oder Stifte schneiden und das Fleisch damit spicken.
- Den Braten in eine große Schüssel legen und mit dem Wein bedecken. Karotten, Zwiebeln und Sellerie schälen bzw. putzen, kleinschneiden und zum Fleisch geben.
- Knoblauchzehe, Lorbeerblatt, Gewürznelken, Rosmarin, Thymian und Zimt ebenfalls hinzufügen.
- Das Fleisch über Nacht zugedeckt an einem kühlen Ort ziehen lassen.
- Am nächsten Tag das Fleisch aus der Marinade nehmen und gut trockentupfen.
- Etwas Olivenöl in einer Kasserolle erhitzen und das Fleisch darin von allen Seiten scharf anbraten.
- Die Marinade mit allen Gemüsen und Gewürzen darübergießen, das Tomatenmark und 1 Schöpflöffel Brühe hinzufügen. Salzen, pfeffern und aufkochen lassen.
- Die Flamme kleinerstellen und den Braten zugedeckt 2 bis 2 1/2 Stunden schmoren lassen. Hin und wieder durchrühren und noch etwas Brühe hinzufügen, falls die Sauce zu sehr einkocht.
- Den Braten aus der Kasserolle nehmen, sobald er gar ist. Rosmarin, Thymian, Lorbeerblatt, Nelken und Zimt entfernen und die Sauce durch ein Sieb streichen oder im Mixer pürieren.
- Die Sauce und den Braten in den Topf zurückgeben, mit etwas Cognac beträufeln und noch einmal erhitzen. Sollte die Sauce zu flüssig sein, ein wenig einkochen lassen.
- Das Fleisch in Scheiben schneiden, auf eine vorgewärmte Platte legen und mit der Sauce begießen. Dazu Polenta oder Kartoffelpüree servieren.

**Dauert etwa 2 Stunden 30 Minuten (ohne Marinierzeit)**
**1 Portion = 2967 kJ/708 kcal**

*Nichts geht im Piemont über eine gute Fleischbrühe, und im Volksmund heißt es, daß man sie niemandem verweigern darf – nicht einmal einem zum Tode Verurteilten! Tatsächlich schrieb das Gesetz in Turin bis zum Ende des letzten Jahrhunderts vor, daß einem zum Tode Verurteilten vor dem Gang zum Schafott eine erstklassige Fleischbrühe zu reichen sei.*

# Farsumagru

*Rollbraten auf sizilianische Art*

- Die Fleischscheibe vom Metzger möglichst dünn klopfen lassen, waschen und trockentupfen.
- Rinderhack und Schweinemett in eine Schüssel geben.
- Schinkenspeck und Schinken fein hacken und beides dazugeben.
- Semmelbrösel, Pecorino, Petersilie, Knoblauch, Ei und Eigelb hinzufügen. Mit Salz, Pfeffer und 1 Prise Muskatnuß würzen und alles gut miteinander vermengen.
- Die Farce über die Fleischscheibe verteilen.
- Die hartgekochten Eier pellen und in Scheiben schneiden, den Caciocavallo würfeln und beides auf die Farce geben.
- Das Fleisch gut einrollen und mit Küchengarn sorgfältig zubinden.
- Die Zwiebel schälen, kleinhacken und in einer Kasserolle in etwas Olivenöl glasig dünsten. Den Rollbraten hineingeben, leicht salzen und rundherum auf großer Flamme kräftig anbraten.
- Den Marsala darübergießen und einkochen lassen.
- Den Rotwein, das Tomatenmark und 1 Schöpflöffel heiße Brühe hinzufügen und gut durchrühren.
- Den Braten auf kleiner Flamme im geschlossenen Topf etwa 1 Stunde schmoren lassen.
- Falls die Sauce dabei zu sehr einkocht, zwischendurch noch etwas Brühe hinzufügen.
- Die Fleischrolle aus dem Topf nehmen und den Faden entfernen. In Scheiben schneiden und mit der Sauce übergießen.

**1 große Scheibe mageres Rindfleisch (ca. 700 g)**
**150 g mageres Rinderhack**
**100 g Schweinemett**
**70 g Schinkenspeck**
**100 g roher Schinken**
**1 EL Semmelbrösel**
**2 EL abgelagerter Pecorino (oder frisch geriebener Parmesan)**
**etwas fein gehackte Petersilie**
**1 Knoblauchzehe, fein gehackt**
**1 Ei**
**1 Eigelb**
**Salz**
**Pfeffer aus der Mühle**
**Muskatnuß**
**2 hartgekochte Eier**
**50 g Caciocavallo-Käse**
**1 große Zwiebel**
**Olivenöl extra vergine**
**1/2 Glas trockener Marsala**
**1/2 Glas Rotwein**
**1 EL Tomatenmark**
**Fleischbrühe**

**Dauert etwa 1 Stunde 30 Minuten**
**1 Portion = 3127 kJ/747 kcal**

*Für 6 Portionen*

# Bollito misto alla piemontese

*Gekochtes Fleisch aus dem Piemont*

1 Huhn oder Hähnchen
4 Kochwürste oder 1 Zampone (gefüllter Schweinsfuß)
1 Schweinsfuß
3-4 Markknochen
1 Tomate
2 Zwiebeln
4 Karotten
2 Stangen Lauch
1 Stange Sellerie
2 Gewürznelken
1 Lorbeerblatt
einige Pfefferkörner
Salz
ca. 300 g Ochsenschwanz
1 Vorderhaxe vom Kalb
1 kg durchwachsenes Rind- und Kalbfleisch zum Kochen

*Gut zum Kochfleisch passen Salsa verde, Bagnet verde, Bagnet rosso, Knoblauchsauce, Sardellensauce oder Mostarda di Cremona (siehe Saucenkapitel), außerdem pikante Zwiebelchen oder eingelegte Paprikaschoten (siehe Kapitel „Eingemachtes").*

Für gewöhnlich wird ein Bollito misto für mindestens 6 Personen gekocht, weil es sich mit kleinen Fleischmengen kaum zubereiten läßt.

- Das Huhn kochfertig vorbereiten und waschen.
- Die Kochwürste bzw. den Zampone anstechen. In einen Topf geben, mit kaltem Wasser bedecken und 40 Minuten bis 1 Stunde kochen.
- Inzwischen etwaige Haare vom Schweinsfuß abflämmen. Den Fuß abschaben, waschen und 5 Minuten in kochendes Wasser geben.
- Die Knochen und die Tomate waschen. Zwiebeln, Karotten, Lauch und Sellerie schälen bzw. putzen. Eine der Zwiebeln mit den Gewürznelken spicken und das restliche Gemüse grob zerkleinern.
- Gemüse, Knochen, Pfefferkörner und Lorbeerblatt in einen großen Topf geben. Mit reichlich Wasser bedecken, salzen und zum Kochen bringen.
- Das gesamte Fleisch waschen, mit Ausnahme der Würste hinzugeben und aufkochen lassen.
- Die Flamme kleiner stellen und alles 2 bis 2 1/2 Stunden im offenen Topf garen, dabei immer wieder den aufsteigenden Schaum abschöpfen. Kleinere Fleischstücke etwas früher herausnehmen, ebenso das Huhn, sobald es gar ist (nach etwa 1 Stunde).
- Das gare Fleisch und die Kochwürste aufschneiden. Dazu extra gekochtes Gemüse nach Wahl servieren.

**Dauert 2 1/2 bis 3 Stunden**
**1 Portion = 3711 kJ/887 kcal**

***Zur Abwechslung***
- Nach Belieben können Sie auch noch eine Rinderzunge mitkochen.
- Auf gleiche Weise können Sie auch ein einziges großes Stück Rindfleisch zubereiten, das dann allerdings etwa 3 Stunden kochen sollte. Mit dem Rest können Sie weitere Rindfleischgerichte zubereiten (siehe die folgenden beiden Rezepte) oder auch einen Fleischsalat.
- Die Brühe können Sie nach Belieben auch als Vorsuppe servieren.

# Bollito rifatto con salsa piccante

*Gekochtes Rindfleisch in pikanter Sauce*

- Das Rindfleisch in Scheiben oder in Würfel schneiden.
- Knoblauch und Sardellenfilets zusammen mit etwas Öl in eine Kasserolle geben und gut anschmoren.
- Die Petersilienblätter abzupfen und fein wiegen, die Oliven grob hacken. Beides mit 1 Prise Cayennepfeffer und etwas Salz hinzufügen und gut durchmischen. Den Wein zugießen und einkochen lassen.
- 1 knappen Schöpflöffel heiße Brühe hinzufügen und 5 Minuten köcheln lassen.
- Das Fleisch in den Topf geben und weitere 5 Minuten unter Rühren mitschmoren, damit es den Geschmack annimmt. Heiß servieren.

**Dauert 20 bis 30 Minuten**
**1 Portion = 1518 kJ/363 kcal**

**700-800 g gekochtes Rindfleisch**
**2 Knoblauchzehen, fein gehackt**
**6 Sardellenfilets**
**Olivenöl extra vergine**
**1 Bund Petersilie**
**100 g entkernte Oliven**
**Cayennepfeffer**
**Salz**
**1/2 Glas Weißwein**
**Fleischbrühe**

# Bollito rifatto con funghi

*Gekochtes Rindfleisch mit Pilzen*

- Das Rindfleisch in Scheiben oder in Würfel schneiden.
- Die Pilze putzen und in Scheiben schneiden. Den Knoblauch leicht quetschen und in etwas Öl andünsten.
- Die Pilze hinzufügen, salzen, nach Belieben auch pfeffern und einige Minuten im offenen Topf auf kleiner Flamme schmoren lassen. Dabei öfter umrühren.
- Den Wein zugießen und einkochen lassen.
- Petersilie darüberstreuen, 1 Schöpflöffel heiße Brühe hinzufügen und die Pilze weitere 5 Minuten schmoren lassen, bis sie fast gar sind.
- Das Fleisch hinzufügen, alles gut durchmischen und nochmals 5 bis 10 Minuten schmoren lassen.
- Den Knoblauch herausnehmen. Etwas Petersilie über das Fleisch streuen und heiß auf den Tisch bringen.

**Dauert etwa 30 Minuten**
**1 Portion = 1414 kJ/338 kcal**

**700-800 g gekochtes Rindfleisch**
**500 g Champignons**
**(oder beliebige andere Pilze)**
**2 Knoblauchzehen, geschält**
**Olivenöl extra vergine**
**Salz**
**evtl. Pfeffer aus der Mühle**
**(oder Cayennepfeffer)**
**1/2 Glas Weißwein**
**reichlich fein gehackte Petersilie**
**Fleischbrühe**

# Stracotto pepato

*Rinderragout aus der Toskana*

**600 g mageres Rindfleisch, gewürfelt**
**1 Schweinsfuß**
**Salz**
**1 große Zwiebel**
**2 Stangen Bleichsellerie**
**2 Karotten**
**1/2 scharfer Peperone**
**Olivenöl extra vergine**
**2 Knoblauchzehen, fein gehackt**
**1 EL grob gemahlener Pfeffer**
**Mehl zum Wenden**
**1 Glas kräftiger Rotwein**
**300 g pürierte Tomaten**
**evtl. Fleischbrühe**
**4 Scheiben altbackenes helles Landbrot**
**1 Knoblauchzehe, leicht zerquetscht**

Dies ist ein typisches Gericht der Versilia.

- Das Rindfleisch waschen und trockentupfen.
- Den Schweinsfuß waschen. Etwas Salzwasser erhitzen, den Schweinsfuß hineingeben und 15 Minuten kochen.
- Abgießen und die Schweinepfote unter kaltem Wasser abschrecken. Das Fleisch vom Knochen lösen und in Streifen oder Stücke schneiden.
- Zwiebel, Sellerie, Karotten und Peperone schälen bzw. putzen, kleinschneiden und in etwas Olivenöl andünsten.
- Nach 5 Minuten auch den gehackten Knoblauch und 1/2 Eßlöffel Pfeffer hinzufügen. Einige Minuten weiterschmoren lassen.
- Rindfleisch und Schweinefleisch leicht in Mehl wenden.
- Das Fleisch unter das Gemüse mischen und einige Minuten auf großer Flamme anbraten, dabei gut umrühren.
- Mit dem Rotwein ablöschen und kurz einkochen lassen. Die Tomaten hinzufügen.
- Aufkochen lassen, die Flamme kleiner stellen, salzen und das Ragout im geschlossenen Topf mindestens 2 Stunden schmoren lassen. Falls die Sauce zu sehr einkocht, etwas heiße Fleischbrühe hinzufügen.
- Die Brotscheiben von beiden Seiten mit der Knoblauchzehe einreiben und im Ofen leicht anrösten. Auf eine nicht zu flache Servierplatte legen.
- Sobald das Fleisch gar ist, den restlichen Pfeffer hinzufügen und gut durchmischen.
- Die Sauce über das Brot gießen und das Fleisch darübergeben.

**Dauert etwa 2 Stunden 30 Minuten**
**1 Portion = 2128 kJ/509 kcal**

*In vielen Gegenden Italiens ist der 17. Januar, der Tag des heiligen Antonius, noch heute der Schweineschlachttag. Der Eremit, der so tapfer den Versuchungen des Teufels widerstand, gilt als Schutzheiliger der Haustiere und besonders der Schweine. Dabei hat man ihn ursprünglich nur mit einem Schwein dargestellt, um den Sieg der Tugend über die Wollust zu verherrlichen.*

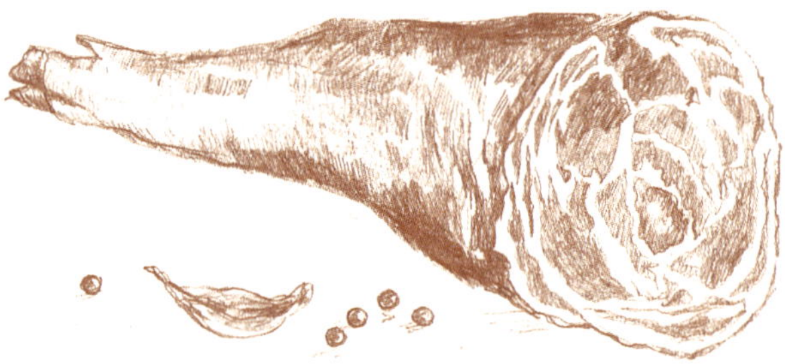

## Bistecche all'arrabiata

*Lendensteaks in pikanter Sauce*

- Die Steaks waschen und trockentupfen.
- Sardellenfilets, Kapern und Knoblauch fein hacken und in etwas Öl in einer großen Pfanne einige Minuten kräftig andünsten. Darauf achten, daß der Knoblauch nicht anbrennt.
- Die Oliven, 1 Prise Cayennepfeffer, etwas Salz und Petersilie hinzufügen. Mit dem Marsala ablöschen.
- Den Marsala 5 Minuten bei starker Hitze einkochen lassen. Das Tomatenpüree und ein wenig Wasser hinzufügen und alles 10 Minuten köcheln lassen.
- Inzwischen in einer anderen Pfanne die Butter zerlassen und die Steaks darin kurz von beiden Seiten kräftig anbraten.
- Die Steaks zusammen mit dem Bratensaft in die Tomatensauce geben und noch etwa 5 Minuten schmoren lassen. Das Fleisch sollte durchgebraten, aber innen noch ein wenig rosig sein. Nochmals abschmecken.

**Dauert etwa 30 Minuten**
**1 Portion = 2542 kJ/607 kcal**

**4 Lendensteaks (jeweils ca. 200 g)**
**5 Sardellenfilets**
**50 g Kapern**
**1 Knoblauchzehe, geschält**
**Olivenöl extra vergine**
**150 g entkernte schwarze Oliven**
**Cayennepfeffer**
**Salz**
**fein gehackte Petersilie**
**1/2 Glas trockener Marsala**
**250 g pürierte Tomaten**
**40 g Butter**

*Auf die gleiche Weise können Sie auch Kalbsschnitzel oder Kalbsmedaillons zubereiten.*

## Bistecche alla pizzaiola

*Lendensteaks mit Tomaten und Mozzarella*

- Die Steaks waschen und trockentupfen.
- Die Knoblauchzehe in einer großen Pfanne mit etwas Öl andünsten. Die Tomaten und 1 Prise Oregano hinzufügen. Salzen und 10 bis 15 Minuten köcheln lassen.
- Den Knoblauch herausnehmen. Die Steaks in die Sauce legen und 2 bis 3 Minuten darin schmoren lassen. Zwischendurch einmal umdrehen und leicht salzen.
- Den Mozzarella in 4 Scheiben schneiden und die Steaks damit belegen. Oregano und Basilikum darüberstreuen. Die Pfanne zudecken und 2 bis 3 Minuten schmoren lassen, bis der Käse geschmolzen ist.

**Dauert 20 bis 30 Minuten**
**1 Portion = 1972 kJ/471 kcal**

**4 Lendensteaks (jeweils ca. 200 g)**
**1 Knoblauchzehe, zerquetscht**
**Olivenöl extra vergine**
**300 g pürierte Tomaten**
**Oregano**
**Salz**
**200 g Mozzarella (möglichst vom Büffel)**
**frisches Basilikum, grob gehackt**

*Nach diesem Rezept können Sie auch Schnitzel zubereiten.*

# Bistecche al cartoccio

## *Lendensteaks in Folie*

**4 Rindersteaks (jeweils ca. 200 g)**
**Mehl zum Wenden**
**40 g Butter**
**Olivenöl extra vergine**
**2 Salbeiblätter**
**1 Gläschen Rotwein**
**250 g Steinpilze (oder Zuchtpilze)**
**1 Knoblauchzehe, zerquetscht**
**Salz**
**etwas fein gehackte Petersilie**
**100 g Schinkenspeck in Scheiben**
**Fleischbrühe**
**1 Eiweiß**

- Das Fleisch waschen und trockentupfen.
- Die Steaks leicht in Mehl wenden.
- Die Butter und etwas Olivenöl in einer Pfanne erhitzen. Die Steaks hineinlegen und die Salbeiblätter hinzufügen. Von beiden Seiten kräftig anbraten, mit etwas Rotwein ablöschen und 5 Minuten einkochen lassen.
- Die Pilze putzen und in Scheiben schneiden.
- Die Knoblauchzehe in einem Topf in etwas Öl andünsten. Die Pilze hinzugeben und kurz sautieren.
- Die Pilze salzen, mit Petersilie bestreuen und mit etwas Rotwein ablöschen. 5 Minuten schmoren lassen.
- Vier größere Stücke Alufolie vorbereiten. Jeweils ein Steak darauflegen, mit einer Portion Pilze und einigen Scheiben Schinkenspeck bedecken und mit etwas Rotwein und Brühe beträufeln.
- Die Folienränder mit Eiweiß bestreichen, fest verschließen und die Steaks etwa 15 Minuten im auf 200 Grad (Umluft 180 Grad, Gas Stufe 3 bis 4) vorgeheizten Ofen garen.

**Dauert etwa 40 Minuten**
**1 Portion = 2407 kJ/575 kcal**

***Zur Abwechslung***
- Nach Belieben können Sie noch ein wenig Tomatensauce zu den Pilzen geben.
- Statt mit Pilzen können Sie das Gericht auch mit vorgegarten Erbsen und kleingeschnittenem Schinken zubereiten.

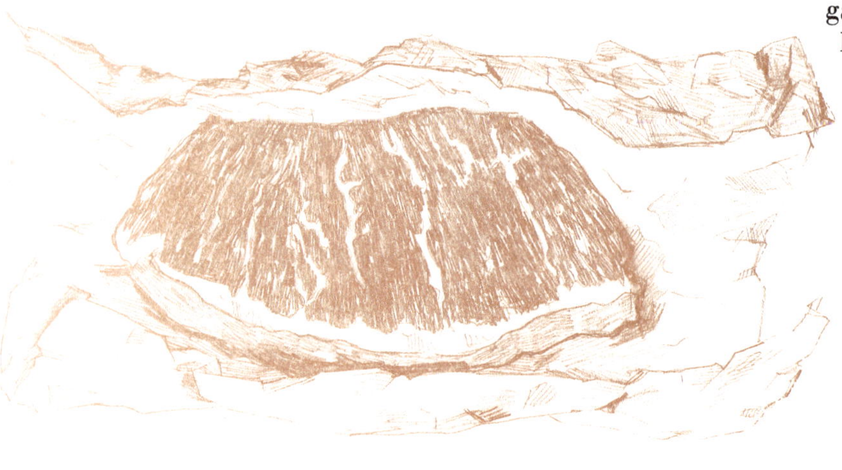

# Bistecche con fonduta

*Lendensteaks mit Käse überbacken*

- Den Fontina in Würfel schneiden, in ein Gefäß legen, mit der Milch bedecken, leicht salzen und pfeffern und mindestens 2 Stunden an einem kühlen Ort ziehen lassen.
- Die Butter schmelzen. Den eingeweichten Käse zusammen mit der Milch hinzufügen und langsam unter ständigem Rühren erhitzen. Sobald der Käse geschmolzen und eine geschmeidige Creme entstanden ist, den Topf vom Feuer nehmen und die Eigelbe sorgfältig unterrühren.
- Die Steaks waschen, trockentupfen und in Mehl wenden.
- Die Butter in einer Pfanne schmelzen und die Steaks einige Minuten von beiden Seiten darin anbraten.
- Eine feuerfeste Form mit Butter einfetten. Die Steaks hineinlegen und die Fonduta gleichmäßig darüber verteilen. Nach Belieben eine in feine Scheiben geschnittene Trüffel darübergeben. Die Steaks etwa 3 Minuten im auf 200 Grad (Umluft 180 Grad, Gas Stufe 3 bis 4) vorgeheizten Ofen überbacken.

**Für die Fonduta:**
250 g Fontina-Käse
1/2 Glas Milch
Salz
weißer Pfeffer aus der Mühle
50 g Butter
2 Eigelb
**Für die Steaks:**
4 Lendensteaks (jeweils ca. 200 g)
Mehl zum Wenden
50 g Butter
Butter für die Form
Salz
evtl. 1 Trüffel

**Dauert 30 bis 40 Minuten (ohne Ruhezeit)**
**1 Portion = 3124 kJ/746 kcal**

# Filetti di bue all'aglio

*Rinderfilets mit Knoblauch*

- Das Fleisch waschen und trockentupfen.
- Die Knoblauchzehen leicht zerquetschen und das Fleisch rundherum damit einreiben. Die Steaks in eine Schüssel legen und leicht mit Rosmarin bestreuen. Mit etwas Öl beträufeln und mindestens 2 Stunden, möglichst über Nacht im Kühlschrank ziehen lassen.
- Das Filet in der Pfanne oder auf dem Grill von beiden Seiten kräftig anbraten.
- Die Hitze reduzieren und die Steaks noch etwa 5 Minuten weitergaren, je nachdem, wie gut sie durchgebraten sein sollen. Salzen und sofort servieren.

4 Filetsteaks (jeweils ca. 150 g)
3 Knoblauchzehen
etwas frischer Rosmarin, fein gehackt
Olivenöl extra vergine
Salz

**Dauert etwa 20 Minuten (ohne Marinierzeit)**
**1 Portion = 963 kJ/229 kcal**

## Filetti di bue con mozzarella e prosciutto

*Filetsteaks mit Mozzarella und Schinken*

**4 Filetsteaks (jeweils ca. 150 g)**
**4 Scheiben Mozzarella**
**4 Scheiben Schinken**
**evtl. 4 Scheibchen Trüffel**
**Salz**
**70 g Butter**
**Semmelbrösel**
**Olivenöl extra vergine**
**1 Glas trockener Marsala**
**1 Lorbeerblatt**

- Die Filetsteaks waschen, trockentupfen und seitlich so einschneiden, daß sich eine Tasche ergibt.
- Jeweils 1 Scheibe Mozzarella und Schinken und nach Belieben 1 Trüffelscheibchen hineingeben. Die Steaks von außen salzen.
- 50 Gramm Butter zerlassen. Das Fleisch damit rundum einstreichen und in reichlich Semmelbröseln wenden.
- Die restliche Butter zusammen mit etwas Öl in einer Pfanne erhitzen. Die Steaks von beiden Seiten kräftig darin anbraten.
- Die Steaks aus der Pfanne nehmen. Den Bratenfond mit dem Marsala ablöschen. Das Lorbeerblatt hineingeben und den Wein ein wenig einkochen lassen.
- Das Fleisch in die Pfanne zurückgeben und nur kurz darin schmoren lassen, so daß es nicht zu stark durchgebraten ist.

**Dauert etwa 30 Minuten**
**1 Portion = 1918 kJ/458 kcal**

## Filetti di bue trinacria

*Rinderfilets auf sizilianische Art*

**4 Filetsteaks (jeweils ca. 150 g)**
**8 nicht zu dünne Auberginenscheiben**
**Salz**
**Mehl**
**Olivenöl extra vergine**
**4 dicke Scheiben Mozzarella**
**8 Tomatenscheiben**
**Oregano**
**einige frische Basilikumblättchen, gehackt**

- Die Steaks waschen und trockentupfen.
- Die Auberginenscheiben salzen, damit sie Wasser ziehen. Nach 10 Minuten in einem Sieb abtropfen lassen. Leicht in Mehl wenden und einige Minuten in etwas heißem Öl ausbacken, aber nicht zu braun werden lassen.
- Inzwischen die Steaks in einer Pfanne oder auf dem Grill von beiden Seiten kurz anbraten, so daß sie innen noch blutig sind.
- Eine feuerfeste Form einölen. Zuerst 4 Auberginenscheiben hineinlegen, dann die leicht gesalzenen Steaks. Darauf die Tomatenscheiben legen, wieder leicht salzen und mit etwas Oregano bestreuen. Den Mozzarella hineingeben, mit Basilikum bestreuen und die restlichen Auberginenscheiben obenauf legen.

- Die Steaks im auf 200 Grad (Umluft 180 Grad, Gas Stufe 3 bis 4) vorgeheizten Ofen etwa 5 Minuten garen, bis der Mozzarella geschmolzen und das Fleisch innen nur noch leicht rosig ist.

**Dauert 20 bis 30 Minuten**
**1 Portion = 1267 kJ/302 kcal**

*Zur Abwechslung*
Auf die gleiche Weise können Sie auch Schnitzel zubereiten.

## Arista alla fiorentina

*Schweinebraten aus Florenz*

- Das Fleisch waschen und sorgfältig trockentupfen.
- Den Knoblauch schälen, mit den Rosmarinnadeln sehr fein hacken und etwas Salz und Pfeffer untermischen.
- Das Fleisch an mehreren Stellen leicht einschneiden und jeweils ein wenig von der Würzmischung hineingeben. Den Braten von außen gut salzen und pfeffern und eventuell mit Küchengarn umwickeln, damit er in Form bleibt.
- Den Schweinebraten nach Möglichkeit am Spieß grillen, ansonsten mit etwas Öl in einen Bräter geben und bei etwa 180 Grad (Umluft 160 Grad, Gas Stufe 2 bis 3) etwa 2 Stunden im Ofen schmoren. Das Fleisch zwischendurch hin und wieder drehen bzw. umwenden und mit dem Bratensaft beschöpfen.

**Dauert gut 2 Stunden**
**1 Portion = 2139 kJ/512 kcal**

**1 1/2 kg Schweinebraten**
**2 Knoblauchzehen**
**1 Zweig frischer Rosmarin (oder Fenchelsamen)**
**Salz**
**Pfeffer aus der Mühle**

*Einem alten sardischen Sprichwort gemäß muß der Bauer drei Dinge tun, um ruhigen Gewissens schlafen zu können: ein Schwein mästen, seinen Gemüsegarten pflegen und Gott in Ehren halten.*

- *Für den Braten eignet sich am besten ein Kotelettstück mit Knochen, da das Fleisch saftiger bleibt und der Knochen zusätzliche Würze gibt.*
- *Der Schweinebraten schmeckt auch kalt sehr gut und läßt sich ohne weiteres einige Tage aufheben. Sie können ihn deshalb auch wunderbar als Aufschnitt anrichten und nach Belieben eine kalte Sauce dazu servieren.*

## Costine di maiale al pomodoro

*Schweinerippchen in Tomatensauce*

- 1 kg Schweinerippchen
- 1 Zwiebel
- 2 Karotten
- 1 Stange Bleichsellerie
- 50 g Schinkenspeck
- Olivenöl extra vergine
- 500 pürierte Tomaten
- 1 Lorbeerblatt
- 1 Zweig Rosmarin
- Salz
- Pfeffer aus der Mühle
- Fleischbrühe
- etwas frischer Peperone, fein gehackt (oder Cayennepfeffer)

• Die Schweinerippchen vom Metzger trennen und in der Mitte einmal durchteilen lassen.
• Das Fleisch waschen und gut trocknen.
• Zwiebel, Karotten und Sellerie schälen bzw. putzen und mit dem Schinkenspeck kleinhacken. Gemüse und Speck etwa 5 Minuten in etwas Öl anschmoren.
• Die Schweinerippchen hinzugeben und von allen Seiten gut anbraten. Weitere 5 Minuten schmoren lassen.
• Tomatenpüree, Lorbeerblatt und Rosmarin hinzufügen. Salzen, pfeffern und mit etwas heißer Brühe aufgießen.
• Alles gut durchrühren und auf kleiner Flamme offen 45 bis 60 Minuten köcheln lassen.
• Nochmals abschmecken und zum Schluß etwas Peperone unterrühren.

**Dauert 45 bis 60 Minuten**
**1 Portion = 1991 kJ/475 kcal**

## Salsiccia all'uccelletto

*Schweinsbratwurst mit Kräutern und Oliven*

- 600 g Schweinsbratwurst
- Olivenöl extra vergine
- 2 Knoblauchzehen, leicht zerquetscht
- 1 Handvoll kleine schwarze Oliven
- 1 Lorbeerblatt
- 1 Zweig Rosmarin
- Salz
- 1/2 Glas Weißwein
- 1 Glas heiße Fleischbrühe

• Die Bratwurst in 5 bis 6 cm lange Stücke schneiden. Jedes Stück mit einer Gabel einstechen.
• Etwas Öl in einer Pfanne erhitzen, den Knoblauch darin andünsten. Die Bratwurst hinzugeben und von allen Seiten gut anbraten.
• Oliven, Lorbeerblatt und Rosmarin hinzufügen. Ganz vorsichtig salzen.
• Den Wein zugießen und einkochen lassen.
• Die Fleischbrühe zugießen und die Wurst noch etwa 10 Minuten schmoren lassen.
• Zum Schluß den Knoblauch herausnehmen und die Bratwurst heiß servieren.

**Dauert 30 bis 40 Minuten**
**1 Portion = 2651 kJ/634 kcal**

# Casseruola di maiale alla milanese

*Schweinetopf auf Mailänder Art*

- Schweinepfote und -schwarte falls nötig abflämmen, abschaben und gut waschen.
- Reichlich Wasser erhitzen und beides 15 Minuten darin kochen, anschließend unter kaltem Wasser abschrecken.
- Die Schwarte in Stücke schneiden, die Pfote in 4 Teile zerlegen.
- Die Kochwurst 5 Minuten in heißem Wasser brühen.
- Zwiebel, Karotten, Sellerie und Knoblauch schälen bzw. putzen und mit dem Schinkenspeck kleinschneiden.
- Die Butter in einem Topf zerlassen. Gemüse und Speck hineingeben und auf kleiner Flamme andünsten.
- Die gewaschenen Schweinerippchen, Schwarte und Pfote dazugeben und kräftig von allen Seiten anschmoren.
- Das Tomatenmark, 1 Schöpflöffel heiße Brühe und das Lorbeerblatt hinzufügen. Salzen und den Schweinetopf 2 Stunden auf kleiner Flamme zugedeckt köcheln lassen.
- Den Wirsing waschen und in Streifen schneiden.
- Wirsing und Kochwurst zum Fleisch geben und noch 30 Minuten mitschmoren. Falls nötig, noch etwas Brühe hinzufügen. Zum Schluß mit etwas Pfeffer abschmecken.

**Dauert etwa 3 Stunden**
**1 Portion = 3529 kJ/844 kcal**

*Als Beilage wird gerne Polenta serviert, doch wird das Gericht dann sehr mächtig.*

**1 Schweinepfote**
**100 g Schweineschwarte**
**200 g Kochwurst**
**1 Zwiebel**
**3 Karotten**
**2 Stangen Bleichsellerie**
**1 Knoblauchzehe**
**50 g Schinkenspeck**
**70 g Butter**
**400 g Schweinerippchen**
**1 EL Tomatenmark**
**Fleischbrühe**
**1 Lorbeerblatt**
**Salz**
**1 kleiner Wirsing (oder Weißkohl)**
**Pfeffer aus der Mühle**

*Der Wohlstand Mailands wird zum Teil auf den heiligen Bernhard von Clairvaux zurückgeführt. Er gründete 1134 in einem von Malaria verseuchten Gebiet in der Nähe der Stadt eine Abtei. Die Mönche lehrten die Einwohner, das sumpfige Gelände urbar zu machen, die Felder zu bearbeiten und die Gewässer zu leiten. Die Viehzucht brachte bald Reichtum an Fleisch, Milch und Milcherzeugnissen, und die Butter wurde zu einer der beliebtesten Zutaten der Küche. Seinem Beispiel folgend führte man später auch die Bewässerungsregulierung in der Poebene durch.*

# Batsoà

*Fritierte Schweinepfötchen*

**4 Schweinepfötchen**
**1 Zwiebel**
**2 Karotten**
**1 Stange Bleichsellerie**
**einige Petersilienstengel**
**1 Stange Lauch**
**1 Lorbeerblatt**
**2 Gewürznelken**
**einige Pfefferkörner**
**1/2 Glas Weinessig**
**Salz**
**3 Eier**
**2 EL fein gehackte Petersilie**
**Pfeffer aus der Mühle**
**Muskatnuß**
**Semmelbrösel zum Wenden**
**1 Stückchen Butter**
**Olivenöl extra vergine**
**Zitronenscheiben zum Garnieren**

- Die Schweinepfötchen abflämmen, falls noch Haare daran sind, und gut waschen.
- Jeweils längs durchschneiden und die Hälften mit Küchengarn zusammenbinden.
- Die Pfoten in einen Topf geben und mit Wasser bedekken.
- Zwiebel, Karotten, Sellerie, Petersilienstengel und Lauch schälen bzw. putzen, zerkleinern und ebenfalls in den Topf geben.
- Lorbeerblatt, Gewürznelken, Pfefferkörner, Weinessig und etwas Salz hinzufügen. Den Sud aufkochen lassen.
- Die Flamme kleiner stellen und die Schweinepfötchen etwa 2 Stunden köcheln, bis sich das Fleisch leicht vom Knochen löst.
- Den Topf vom Feuer nehmen. Die Schweinepfoten in der Brühe erkalten lassen, am besten über Nacht.
- Das Fleisch vom Knochen lösen und in nicht allzu kleine Stücke schneiden.
- Die Eier mit etwas Salz und Pfeffer, der gehackten Petersilie und 1 Prise Muskatnuß verquirlen.
- Die Fleischstücke zuerst im Ei, dann in den Semmelbröseln wenden.
- Die Butter mit etwas Olivenöl in einem Topf erhitzen und das Fleisch darin ausbacken. Auf Küchenkrepp abtropfen lassen und zusammen mit den Zitronenscheiben und einem Salat servieren.

**Dauert etwa 2 Stunden 30 Minuten (ohne Abkühlzeit)**
**1 Portion = 2956 kJ/706 kcal**

*Parma ist nicht nur bekannt für seinen Schinken und andere Spezialitäten aus Schweinefleisch, sondern es ist seit jeher eine Stadt der Musik. Ganz in der Nähe wurden weltberühmte Musiker wie Verdi und Toscanini geboren. Und so sagt man in Parma, das Schwein sei wie die Musik von Verdi: „Jedes Stück von ihm ist gut!"*

# Costolette di maiale ai funghi

*Schweinekoteletts mit Pilzen*

- Die Koteletts vom Metzger weichklopfen lassen. Alles Fett entfernen, das Fleisch waschen und trockentupfen.
- Die getrockneten Pilze 10 Minuten in lauwarmem Wasser einweichen. Anschließend abgießen und kleinhacken.
- Die Zuchtpilze putzen und in Scheiben schneiden.
- Die Knoblauchzehe schälen, leicht zerquetschen und zusammen mit den eingeweichten Pilzen einige Minuten in etwas Öl dünsten.
- Die Pilzscheiben hinzufügen und unter Rühren 5 Minuten schmoren lassen.
- Das Fleisch leicht in Mehl wenden.
- Die Butter zusammen mit etwas Öl in einer Pfanne erhitzen und die Koteletts von beiden Seiten kräftig darin anbraten.
- Die Flamme kleiner stellen, die geschmorten Pilze, die Würzkräuter und das Lorbeerblatt hinzufügen.
- Den Weißwein zugießen und alles auf kleiner Flamme etwa 15 Minuten köcheln lassen.
- Falls die Sauce zu sehr einkocht, etwas heiße Brühe hinzufügen.
- Das Lorbeerblatt entfernen, das Fleisch salzen und nach Belieben auch pfeffern.
- Die Koteletts auf eine Servierplatte geben und die Pilzsauce darüber verteilen.

**4 dicke Schweinekoteletts**
**25 g getrocknete Steinpilze**
**500 g Zuchtpilze**
**1 Knoblauchzehe**
**Olivenöl extra vergine**
**Mehl zum Wenden**
**50 g Butter**
**etwas frischer Rosmarin, fein gehackt**
**etwas fein gehackte Petersilie**
**1 Lorbeerblatt**
**1 Glas Weißwein**
**evtl. etwas Fleischbrühe**
**Salz**
**evtl. Pfeffer aus der Mühle**

**Dauert etwa 30 Minuten**
**1 Portion = 1934 kJ/461 kcal**

*Schweinekoteletts können Sie übrigens auch auf ähnliche Weise zubereiten wie Kalbsschnitzel bzw. Kalbskoteletts oder Hühnerbrüstchen.*

# Costine di maiale con ceci

*Schweinerippchen mit Kichererbsen*

**300 g Schweinerippchen**
**250 g Schweinelende**
**100-150 g getrocknete Kichererbsen**
**Salz**
**1 Stange Bleichsellerie**
**1 Zwiebel**
**2 Karotten**
**Olivenöl extra vergine**
**2 Salbeiblätter**
**1 Zweiglein Rosmarin**
**1 Zweiglein Thymian**
**2 Lorbeerblätter**
**Fleischbrühe**
**Pfeffer aus der Mühle (oder Cayennepfeffer)**
**etwas frische Petersilie, fein gehackt**

- Die Schweinerippchen vom Metzger in Stücke hacken lassen. Rippchen und Lende waschen und trockentupfen.
- Die Kichererbsen in reichlich Wasser 12 bis 24 Stunden einweichen. Zwischendurch mehrfach das Wasser wechseln.
- Die eingeweichten Kichererbsen 2 Stunden in Wasser köcheln lassen und nach 1 Stunde etwas salzen.
- Inzwischen die Schweinelende in nicht zu kleine Stücke schneiden.
- Sellerie, Zwiebel und Karotten putzen bzw. schälen, in feine Scheiben schneiden und mit wenig Öl in einer Kasserolle andünsten.
- Die Rippchen dazugeben und rundherum kräftig anbraten.
- Salbei, Rosmarin, Thymian, Lorbeer und reichlich heiße Brühe hinzufügen. 1 Stunde im geschlossenen Topf auf kleiner Flamme köcheln lassen.
- Die Kichererbsen und die Lende hinzufügen, salzen und pfeffern und in weiteren 30 bis 45 Minuten weich schmoren.
- Lorbeer und Rosmarin herausnehmen. Den Eintopf mit Petersilie bestreuen und sofort servieren.

**Dauert etwa 3 Stunden (ohne Einweichzeit)**
**1 Portion = 1176 kJ/281 kcal**

# Abbacchio alla romana

## *Milchlamm auf römische Art*

**1 kg Milchlamm (entbeinte Schulter und einige Koteletts)**
**1 Zweiglein frischer Rosmarin**
**2 Knoblauchzehen, geschält**
**3 Sardellenfilets**
**1 Gläschen Weinessig**
**Salz**
**Pfeffer aus der Mühle**
**Mehl zum Wenden**
**Olivenöl extra vergine (oder Schweineschmalz)**

- Das Fleisch bis auf die Koteletts in Stücke schneiden, waschen und trockentupfen.
- Von der Hälfte des Rosmarinzweigs die Nadeln ablösen, zusammen mit Knoblauch und Sardellenfilets fein hacken und mit dem Weinessig vermischen.
- Die Fleischstücke salzen, pfeffern und leicht in Mehl wenden. Alles Fleisch mit dem Rosmarinzweig und etwas Olivenöl in eine Kasserolle geben und von allen Seiten gut anbraten, bis sie goldgelb sind.
- Das Lammfleisch aus der Kasserolle nehmen und warm stellen.
- Den Rosmarinzweig herausnehmen und den Bratensatz mit der Essigsauce ablöschen.
- Die Sauce auf großer Flamme ein wenig einkochen lassen.
- Die Fleischstücke wieder hineingeben und 20 bis 25 Minuten im offenen Topf auf niedriger Stufe köcheln lassen. Sollte die Sauce zu sehr einkochen, 1 Gläschen heißes Wasser hinzufügen.

**Dauert etwa 50 Minuten**
**1 Portion = 1956 kJ/467 kcal**

***Zur Abwechslung***
Auf die gleiche Weise können Sie auch Lamm oder Zicklein zubereiten.

# Abbacchio al forno con patate

*Milchlamm mit Kartoffeln im Ofen gebraten*

**1 kg entbeinte Schulter oder Schlegel vom Milchlamm**
**2 Knoblauchzehen, in Scheiben geschnitten**
**einige Zweiglein Rosmarin**
**400-500 g Kartoffeln**
**Salz**
**Pfeffer aus der Mühle**
**Olivenöl extra vergine**
**Saft von 1/2 Zitrone**

Das Milchlamm wird vor allem im Latium und in den Abruzzen geschätzt und ist in der Regel ein Frühjahrsgericht. Ursprünglich wurde das Fleisch immer in Schweineschmalz gegart – je nach Geschmack können Sie aber auch Olivenöl verwenden.

- Das Fleisch waschen und trockentupfen. An mehreren Stellen leicht einschneiden und jeweils 1 Scheibe Knoblauch und etwas Rosmarin hineingeben.
- Den Lammbraten mit Küchengarn zusammenbinden, damit er seine Form behält.
- Die Kartoffeln schälen, waschen und in Stücke schneiden. Das Fleisch rundum salzen und pfeffern.
- Eine feuerfeste Form einölen, den Braten hineinlegen und leicht mit Öl beträufeln.
- Die Kartoffeln um das Fleisch herum einfüllen und ebenfalls salzen und pfeffern.
- Den Lammbraten in den auf 200 Grad (Umluft 180 Grad, Gas Stufe 3 bis 4) vorgeheizten Ofen schieben und etwa 1 Stunde garen. Zwischendurch mehrmals wenden.
- 10 Minuten vor Ende der Garzeit das Fleisch mit dem Zitronensaft bestreichen.
- Den Braten zusammen mit den Kartoffeln heiß servieren.

**Dauert etwa 1 Stunde 15 Minuten**
**1 Portion = 1751 kJ/418 kcal**

***Zur Abwechslung***

Auf die gleiche Weise können Sie auch Lamm oder Zicklein zubereiten, doch sollten Sie das Fleisch dann etwa 10 Minuten länger garen.

# Cosciotto d'agnello ai profumi mediterranei

*Lammkeule mit Mittelmeerkräutern*

- Die Lammkeule vom Metzger entbeinen lassen. Das Fleisch waschen und trockentupfen.
- Knoblauch und alle Kräuter gut miteinander vermischen. Den Peperone und etwas Salz hinzufügen.
- Die Hälfte dieser Würzmischung dort in das Fleisch geben, wo zuvor der Knochen steckte. Mit der anderen Hälfte das Fleisch außen einreiben.
- Das Fleisch mit Küchengarn so zusammenbinden, daß es in etwa wieder die ursprüngliche Keulenform erhält.
- Eine feuerfeste Form einölen, die Keule hineinlegen und im auf 250 Grad (Umluft 230 Grad, Gas Stufe 6) vorgeheizten Ofen 10 Minuten gleichmäßig anbraten. Zwischendurch mehrmals wenden.
- Die Temperatur auf 200 Grad (Umluft 180 Grad, Gas Stufe 3 bis 4) herunterstellen und die Keule mit dem Wein übergießen.
- Das Fleisch 10 Minuten schmoren lassen, 1 Schöpflöffel heiße Brühe darübergießen und in weiteren 30 Minuten gar schmoren.
- Die Keule in Scheiben schneiden, mit dem Bratensaft übergießen und mit Kartoffeln, Gemüse oder Salat servieren.

**Dauert etwa 1 Stunde 10 Minuten**
**1 Portion = 1571 kJ/375 kcal**

***Zur Abwechslung***
Sie können die Keule auch grillen. In diesem Fall gießen Sie die Würzmischung mit 1 Glas Olivenöl auf und marinieren die Keule mindestens 1/2 Stunde darin. Das Fleisch während des Grillens immer wieder mit etwas Marinade bestreichen.

*In Italien ißt man das Lamm gerne gut durchgebraten. Soll das Fleisch innen noch rosig sein, garen Sie es einfach 10 bis 15 Minuten kürzer.*

**1 Lammkeule (gut 1 kg)**
**2 Knoblauchzehen, fein gehackt**
**je 1 knapper EL fein gehackter Majoran, Thymian, Rosmarin und Petersilie**
**etwas zerstößelter getrockneter Peperone (oder Pfeffer aus der Mühle)**
**Salz**
**Olivenöl extra vergine**
**1 Glas Rotwein**
**heiße Fleischbrühe**

*Das römische Sprichwort „Je mehr Gras man ißt, desto mehr wird man zum Tier", geht darauf zurück, daß man sich in der Fastenzeit vegetarisch ernähren mußte. Die Römer lieben zwar Gemüse, aber besonders zusammen mit Fleisch.*

# Abbacchio brodettato

*Milchlamm-Ragout*

- 1 kg entbeinte Schulter oder Keule vom Milchlamm
- 1 Zitrone, in Viertel geschnitten
- 1 Zwiebel
- 1 Knoblauchzehe
- 50 g roher Schinken (oder Schinkenspeck)
- Olivenöl extra vergine (oder Schweineschmalz)
- Salz
- schwarzer Pfeffer aus der Mühle
- 50 g Mehl
- 1 Glas Weißwein
- Fleischbrühe
- 1 Lorbeerblatt
- 3 Eigelb
- 1 EL fein gehackte Petersilie
- etwas fein gehackter Majoran
- Saft von 1 Zitrone
- abgeriebene Schale von 1/2 unbehandelten Zitrone
- 1 EL frisch geriebener Parmesan

Dieses sehr typische Gericht aus dem Latium wird auch in anderen Regionen Italiens auf ganz ähnliche Weise mit Lamm oder Zicklein zubereitet.

- Das Fleisch in nicht zu kleine Stücke schneiden, abspülen und mit Küchenkrepp trockentupfen.
- Die Zitronenviertel über dem Fleisch ausdrücken.
- Zwiebel und Knoblauch abziehen und zusammen mit dem Schinken fein hacken. Alles in einem Topf mit wenig Öl kurz andünsten.
- Die Fleischstücke hinzugeben, salzen und pfeffern. Auf kleiner Flamme im offenen Topf leicht anbräunen lassen.
- Mit Mehl bestäuben, den Wein zugießen und völlig einkochen lassen.
- 1 Schöpflöffel heiße Brühe und das Lorbeerblatt hinzufügen und das Ragout auf kleiner Flamme etwa 1 Stunde zugedeckt köcheln lassen. Hin und wieder umrühren und noch etwas heiße Brühe oder Wasser hinzufügen, falls die Sauce zu sehr einkocht.
- Inzwischen in einer Schüssel die Eigelbe mit Petersilie, Majoran, Zitronensaft und -schale, etwas Pfeffer und Salz und dem Käse verquirlen.
- Kurz vor Ende der Garzeit die Eimischung unter ständigem Rühren zum Ragout geben und ganz kurz köcheln lassen, bis die Sauce cremig wird. Darauf achten, daß das Ei nicht gerinnt.
- Das Lammragout mit Kartoffelpüree und Erbsen, Karotten oder anderem Gemüse nach Wahl servieren.

**Dauert etwa 1 Stunde 20 Minuten**
**1 Portion = 2206 kJ/526 kcal**

# Costolette d'agnello all'abruzzese

*Lammkoteletts aus den Abruzzen*

- 1 kg Lammkoteletts
- Mehl zum Wenden
- Olivenöl extra vergine
- Salz
- Cayennepfeffer (oder fein zerstößelter scharfer Peperone)
- 150-200 g große schwarze entkernte Oliven, grob gehackt
- Oregano
- Saft von 1 Zitrone

• Die Lammkoteletts waschen, gut trockentupfen, leicht in Mehl wenden und in etwas Öl von beiden Seiten scharf anbraten.
• Die Hitze reduzieren, die Koteletts salzen und mit etwas Cayennepfeffer bestreuen.
• Die Oliven, 1 Prise Oregano und den Zitronensaft hinzugeben und die Koteletts noch einige Minuten schmoren.

**Dauert etwa 15 Minuten**
**1 Portion = 2097 kJ/501 kcal**

***Zur Abwechslung***
Auf die gleiche Weise können Sie auch magere Lammfleischscheiben aus der Schulter zubereiten.

# Agnello agrodolce alla pugliese

*Lamm süß-sauer aus Apulien*

- 1 kg entbeintes Lammfleisch (Schulter)
- 1 Zwiebel
- 1 Stange Bleichsellerie
- Olivenöl extra vergine
- 1 Glas pürierte Tomaten
- 1 Gläschen heiße Fleischbrühe
- Salz
- Pfeffer aus der Mühle (oder etwas scharfer Peperone)
- 1 Gläschen Weinessig
- 50 g Zucker
- 1 Lorbeerblatt

• Das Fleisch in Stücke schneiden, waschen und gut trockentupfen.
• Die Zwiebel und den Sellerie abziehen und in feine Scheiben schneiden. In einer Kasserolle in etwas Öl 5 Minuten glasig dünsten. Das Lammfleisch hineingeben und von allen Seiten anbräunen. Tomatenpüree, Brühe, etwas Salz und Pfeffer hinzufügen und alles auf niedriger Stufe zugedeckt 30 Minuten schmoren lassen.
• Den Essig, den Zucker und das Lorbeerblatt zugeben. Den Essig im offenen Topf auf die Hälfte einreduzieren.
• Anschließend den Topf wieder zudecken und das Lamm 10 bis 15 Minuten weiterschmoren lassen. Falls notwendig, noch ein wenig heißes Wasser hinzufügen.

**Dauert etwa 1 Stunde 15 Minuten**
**1 Portion = 2058 kJ/492 kcal**

# Agnello al vino bianco

*Lamm in Weißwein*

**1 kg mageres Lammfleisch (aus der Keule oder Schulter)**
**1 Stange Bleichsellerie**
**200 g Zwiebeln**
**Olivenöl extra vergine**
**1 Knoblauchzehe, fein gehackt**
**50 g Schinkenspeck, kleingehackt**
**fein gehackte Petersilie**
**Salz**
**Pfeffer aus der Mühle**
**1 Glas Weißwein**
**heiße Fleischbrühe**
**1 Lorbeerblatt**
**etwas fein gehackter Majoran**

- Das Fleisch in Stücke schneiden, waschen und trockentupfen.
- Den Sellerie und die Zwiebel putzen bzw. schälen und kleinhacken.
- Das Gemüse in einem Terracottatopf oder in einer schweren Kasserolle mit etwas Olivenöl anschmoren.
- Den Knoblauch hinzufügen und nach einigen Minuten auch den Schinkenspeck hinzugeben.
- Die Fleischstücke in den Topf geben, mit etwas Petersilie bestreuen, salzen, pfeffern und 10 Minuten auf kleinster Flamme zugedeckt schmoren lassen. Hin und wieder umrühren.
- Den Wein zugießen und offen weiterköcheln lassen, bis der Wein völlig einreduziert ist.
- 2 Schöpflöffel Brühe, Lorbeerblatt und Majoran hinzufügen und das Lammfleisch auf kleiner Flamme zugedeckt etwa 1 Stunde und 10 Minuten köcheln lassen.
- Den Topf vom Feuer nehmen und reichlich Petersilie unterrühren.

**Dauert etwa 1 Stunde 40 Minuten**
**1 Portion = 1996 kJ/476 kcal**

***Zur Abwechslung***
Auf die gleiche Art können Sie auch Zicklein zubereiten.

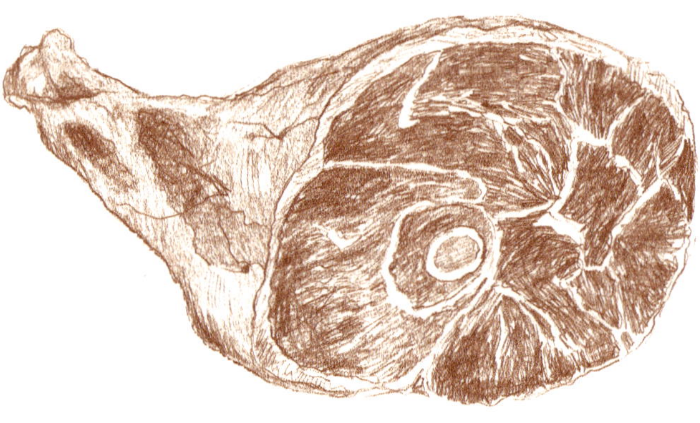

# Agnello in umido alla sarda

*Lamm in Tomatensauce auf sardische Art*

- Das Fleisch waschen und trockentupfen.
- Den Rosmarinzweig in kleine Stückchen schneiden. Den Knoblauch abziehen und in Scheiben schneiden.
- Die Lammkeule an mehreren Stellen einschneiden und jeweils etwas Rosmarin und Knoblauch hineingeben. Die Keule rundum mit Salz und Pfeffer einreiben.
- Etwas Öl in einer großen Kasserolle erhitzen. Das Fleisch von allen Seiten darin anbraten. Die Flamme kleiner stellen, die Zwiebel hinzufügen und einige Minuten andünsten.
- Die Tomaten hinzufügen, das Fleisch darin wenden, die Kasserolle fest verschließen und die Keule auf kleiner Flamme etwa 45 Minuten schmoren lassen. Zwischendurch gegebenenfalls etwas Wasser hinzufügen.
- Das Fleisch vom Knochen lösen, in Scheiben schneiden und mit der Sauce übergießen. Sofort servieren.

**Dauert etwa 1 Stunde 20 Minuten**
**1 Portion = 1636 kJ/389 kcal**

**1 kg Lammkeule**
**1 Zweig Rosmarin**
**2 Knoblauchzehen**
**Salz**
**Pfeffer aus der Mühle**
**Olivenöl extra vergine**
**1 kleine Zwiebel, fein gehackt**
**800 g frische Tomaten, gehäutet und kleingehackt**

# Agnello con peperoni

*Lamm mit Paprikaschoten*

- Das Fleisch waschen, trockentupfen, von allem überflüssigen Fett befreien und in nicht zu kleine Stücke zerteilen. Salzen, pfeffern und leicht in Mehl wenden.
- Das Öl in einem großen Terracottatopf oder in einer schweren Kasserolle erhitzen und den Knoblauch kurz darin anschmoren, anschließend wieder herausnehmen.
- Das Fleisch in den Topf geben und von allen Seiten gut anbräunen. Den Wein aufgießen und einkochen lassen.
- Inzwischen die Paprikaschoten von Rippen und Kernen befreien, waschen und in nicht zu kleine Stücke schneiden.
- Paprika, Tomaten und Lorbeerblatt in den Topf geben. Alles etwa 50 Minuten auf kleiner Flamme schmoren lassen.
- Nochmals abschmecken und heiß servieren.

**Dauert etwa 1 Stunde 10 Minuten**
**1 Portion = 1619 kJ/386 kcal**

**1 kg Lammfleisch mit Knochen**
**Salz**
**Pfeffer aus der Mühle (oder Cayennepfeffer oder fein zerstößelter getrockneter Peperone)**
**Mehl zum Wenden**
**Olivenöl extra vergine**
**2 Knoblauchzehen, leicht zerquetscht**
**1/4 l trockener Weißwein**
**4-6 verschiedenfarbige Paprikaschoten (je nach Größe)**
**4 frische Tomaten, gehäutet und geviertelt**
**1 Lorbeerblatt**

# Agnello ai carciofi

*Lamm mit Artischocken*

**1 kg mageres Lammfleisch (Schlegel oder Schulter)**
**10 junge, feste Artischocken**
**Saft von 1 Zitrone**
**1 Stange Bleichsellerie**
**200 g Zwiebel**
**Olivenöl extra vergine**
**1 Knoblauchzehe, durchgepreßt**
**50 g Schinkenspeck, kleingehackt**
**fein gehackte Petersilie**
**Salz**
**Pfeffer aus der Mühle**
**1 Glas Weißwein**
**Fleischbrühe**
**1 Lorbeerblatt**
**etwas fein gehackter Majoran (möglichst frisch)**
**einige frische Minzeblätter, fein gehackt (oder 1 Prise getrocknete Minze)**

Dieses Gericht wird gern zu Ostern, auf jeden Fall aber im Frühjahr zubereitet.

- Das Fleisch in Stücke schneiden, waschen und gut trockentupfen.
- Die Artischocken von den harten äußeren Blättern und Spitzen befreien. Längs halbieren und das Heu herausschneiden. Die Artischocken in Viertel schneiden und sofort in Zitronenwasser geben, damit sie nicht dunkel werden.
- Sellerie und Zwiebel putzen bzw. abziehen und fein hacken.
- Beides in einem Terracottatopf oder in einer schweren Kasserolle in wenig Öl andünsten.
- Den Knoblauch hinzugeben, nach einigen Minuten auch den Schinkenspeck zufügen, und alles kurz schmoren lassen.
- Die Lammstücke in den Topf geben, mit Petersilie bestreuen, salzen und pfeffern. Das Fleisch bei niedriger Hitze 10 Minuten zugedeckt schmoren lassen. Zwischendurch mehrmals umrühren.
- Den Weißwein zugießen und im offenen Topf auf kleiner Flamme völlig einkochen lassen.
- 2 Schöpflöffel heiße Brühe, Lorbeerblatt und Majoran hinzufügen.
- Den Topf wieder zudecken und das Lamm 1 Stunde auf kleinster Flamme weiterschmoren lassen.
- Die Artischockenviertel und die Minze hinzufügen und mitschmoren, bis die Artischocken weich sind.
- Den Topf vom Feuer nehmen, noch reichlich Petersilie unterrühren und sofort servieren.

**Dauert etwa 1 Stunde 50 Minuten**
**1 Portion = 2267 kJ/541 kcal**

***Zur Abwechslung***

- Nach Belieben können Sie zusammen mit den Artischokken noch 250 Gramm zuvor blanchierte Erbsen in den Topf geben.
- Auf die gleiche Weise können Sie auch Zicklein zubereiten.

# Agnello al forno con patate e funghi

## *Lamm mit Kartoffeln und Pilzen*

- Das Fleisch in Stücke schneiden, waschen und gut trockentupfen.
- Die Kartoffeln schälen, waschen, in nicht zu feine Scheiben oder in Stücke schneiden und 2 bis 3 Minuten in leicht gesalzenem kochendem Wasser blanchieren. Abgießen und unter fließendem kaltem Wasser abschrecken.
- Die Pilze putzen und in Stücke schneiden.
- Das Lammfleisch in einer Pfanne in wenig Öl von allen Seiten gut anbraten. Anschließend auf Küchenkrepp abtropfen lassen.
- Eine feuerfeste Form einölen, die Fleischstücke hineinlegen, mit Petersilie bestreuen, salzen und pfeffern. Den Weißwein darübergießen und das Fleisch bei 200 Grad (Umluft 180 Grad, Gas Stufe 3 bis 4) 15 Minuten im vorgeheizten Ofen garen.
- Kartoffeln, Pilze und 1 knappen Schöpflöffel Brühe hinzufügen, alles etwa 1 Stunde weiterschmoren lassen. Zwischendurch mehrmals mit der Bratensauce beschöpfen, gegebenenfalls noch ein wenig heiße Brühe oder Wein hinzufügen.
- Zum Schluß noch etwas Petersilie darüberstreuen und heiß servieren.

**Dauert etwa 1 Stunde 40 Minuten**
**1 Portion = 1900 kJ/454 kcal**

***Zur Abwechslung***
Nach dem gleichen Rezept können Sie auch Zicklein zubereiten.

**1 kg Lammfleisch (Schlegel oder Schulter)**
**500 g Kartoffeln**
**Salz**
**300 g Steinpilze (oder Zuchtpilze)**
**Olivenöl extra vergine**
**fein gehackte Petersilie**
**Salz**
**Pfeffer aus der Mühle**
**1 Glas Weißwein**
**heiße Fleischbrühe**

# Agnello al forno con patate e cipolle

*Lamm mit Kartoffeln und Zwiebeln*

**1 kg mageres Lammfleisch**
**Salz**
**Pfeffer aus der Mühle**
**Olivenöl extra vergine (oder Schweineschmalz)**
**1 Lorbeerblatt**
**frischer Rosmarin**
**500 g Kartoffeln**
**300 g Schalotten (oder Zwiebeln)**
**1 Glas Weißwein**
**evtl. heiße Fleischbrühe**

• Das Fleisch in Stücke schneiden, waschen, trockentupfen und salzen und pfeffern.
• Eine feuerfeste Form einfetten. Die Fleischstücke hineinlegen, Lorbeerblatt und etwas Rosmarin dazugeben und im auf 250 Grad (Umluft 230 Grad, Gas Stufe 6) vorgeheizten Ofen 15 Minuten von allen Seiten anbraten. Zwischendurch umwenden.
• Inzwischen die Kartoffeln und die Zwiebeln schälen, die Kartoffeln waschen, und beides in große Stücke schneiden.
• Kartoffeln und Zwiebeln zum Fleisch geben und den Wein darübergießen. Die Hitze auf 200 Grad (Umluft 180 Grad, Gas Stufe 3 bis 4) reduzieren und das Lammragout zugedeckt 1 Stunde garen. Hin und wieder mit dem Bratensaft begießen. Falls nötig, noch etwas Brühe hinzufügen.

**Dauert etwa 1 Stunde 20 Minuten**
**1 Portion = 1939 kJ/463 kcal**

***Zur Abwechslung***
Sie können auf diese Weise auch einen Lammschlegel oder eine Lammschulter im ganzen braten, nur sollten Sie sie dann etwa 15 Minuten länger garen lassen.

## Agnello allo spiedo

*Lamm am Spieß*

- 1 Lammkeule (ca. 1 kg)
- 2 Knoblauchzehen
- einige Rosmarinzweige
- 3 EL Weinessig (oder Saft von 1 Zitrone)
- Salz
- Pfeffer aus der Mühle
- einige zerzupfte Salbeiblättchen
- Olivenöl extra vergine

• Das Fleisch waschen und trockentupfen.
• Den Knoblauch abziehen und in Scheiben schneiden. Die Rosmarinzweige in kleine Stücke teilen.
• Das Fleisch an mehreren Stellen leicht einschneiden, in jede Öffnung 1 Scheibchen Knoblauch und etwas Rosmarin geben. Aus Essig, Salz, Pfeffer und Salbei sowie 1 Gläschen Olivenöl eine Marinade zubereiten.
• Die Keule in ein großes Gefäß geben, die Marinade darübergießen und an einem kühlen Ort mindestens 1 Stunde ziehen lassen. Zwischendurch mehrmals wenden.
• Das Lamm aus der Marinade nehmen, trockentupfen und auf einen Spieß stecken. Über Holzkohle etwa 75 Minuten grillen, immer wieder drehen und zwischendurch häufig mit der Marinade bestreichen.

*Auf die gleiche Weise können Sie auch Milchlamm oder Zicklein zubereiten.*

**Dauert etwa 1 Stunde 20 Minuten (ohne Marinierzeit)**
**1 Portion = 1486 kJ/354 kcal**

***Zur Abwechslung***
Natürlich können Sie das Lamm am Spieß auch im Ofen bei 250 Grad (Umluft 230 Grad, Gas Stufe 6) garen, doch ist das Fleisch dann weit weniger schmackhaft.

## Rostelle d'agnello

*Lammspießchen*

- 800 g mageres Lammfleisch
- Olivenöl extra vergine
- 1 Zweig Rosmarin
- Salz
- Pfeffer aus der Mühle

• Das Fleisch waschen, trockentupfen, in sehr kleine, etwa nußgroße Stückchen schneiden und auf Holzspießchen stecken.
• Die Spießchen in etwas Öl mindestens 30 Minuten an einem kühlen Ort marinieren lassen.
• Das Lammfleisch knapp 10 Minuten über Holzkohle grillen und zwischendurch mit dem in die Marinade getauchten Rosmarinzweig bestreichen.
• Zum Schluß salzen und pfeffern und sehr heiß servieren.

**Dauert etwa 30 Minuten**
**1 Portion = 1216 kJ/290 kcal**

## Costolette d'agnello in foglia

*Lammkoteletts in der Folie*

8 Lammkoteletts
25 g getrocknete Steinpilze
1 EL Kapern
3 Sardellenfilets
4-6 reife Tomaten (je nach Größe), gehäutet und kleingehackt
Salz
Pfeffer aus der Mühle
Olivenöl extra vergine

- Die Lammkoteletts waschen und trockentupfen.
- Die Pilze etwa 30 Minuten in warmem Wasser einweichen, anschließend ausdrücken und fein hacken.
- Die Kapern fein hacken und die Sardellenfilets mit der Gabel zerdrücken. Pilze, Kapern und Sardellen mit den Tomaten vermischen.
- 4 Stücke Alufolie leicht einölen. Auf jedes 2 Koteletts legen, salzen, pfeffern, mit Öl beträufeln und die Tomatenmischung auf dem Fleisch verteilen. Die Folien gut verschließen. Die Koteletts 15 bis 20 Minuten im auf 250 Grad (Umluft 230 Grad, Gas Stufe 6) vorgeheizten Ofen garen und in der Folie servieren.

**Dauert etwa 30 Minuten (ohne Einweichzeit)**
**1 Portion = 1396 kJ/333 kcal**

## Agnello al cren

*Lamm mit Meerrettich*

1 kg entbeintes Lammfleisch (Schlegel oder Schulter)
100 g Butter
1 Zwiebel, kleingehackt
einige Pfefferkörner
1 Gläschen Weinessig
heiße Fleischbrühe
etwas fein gehackter Rosmarin
1 Lorbeerblatt
Olivenöl extra vergine
etwas frisch geriebener Meerrettich (oder aus dem Glas)
fein gehackte Petersilie

*Ein sehr typisches Gericht aus dem Friaul. Als Beilage wird dazu traditionell Polenta serviert.*

- Das Fleisch in Stücke schneiden, waschen und trockentupfen. Die Hälfte der Butter in einem Topf zerlassen und die Zwiebelwürfel darin glasig dünsten.
- Pfefferkörner, Essig und 2 Schöpflöffel Brühe hinzugeben und aufkochen lassen. Die Lammstücke, Rosmarin und Lorbeerblatt hinzufügen. Auf kleiner Flamme im zugedeckten Topf alles 1 gute Stunde schmoren lassen, bis die Flüssigkeit völlig eingekocht ist.
- Das Fleisch aus dem Topf nehmen, leicht abtupfen, in einer Pfanne in etwas Öl leicht anbräunen und in den Topf zurückgeben.
- Die restliche Butter in einem kleinen Topf aufschäumen lassen, den Meerrettich und die Petersilie hinzugeben.
- Die Meerrettichsauce sofort über das Fleisch gießen. Mit einem Kochlöffel den Bratensatz vom Boden des Topfes lösen, gut umrühren und ebenfalls über das Fleisch gießen.

**Dauert etwa 1 Stunde 40 Minuten**
**1 Portion = 2313 kJ/552 kcal**

## Agnello alla cacciatora

*Lamm in Tomatensauce*

- Das Fleisch in Stücke schneiden, waschen und trocknen.
- Die Fleischstücke leicht in Mehl wenden, salzen, pfeffern und in einer Pfanne mit etwas Öl von allen Seiten scharf anbraten. Anschließend auf Küchenkrepp abtropfen lassen.
- In einer Kasserolle die Zwiebelwürfel in etwas Öl glasig dünsten. Nach einigen Minuten Knoblauch, Lamm, Lorbeerblatt und Rosmarin hinzufügen. Gut umrühren und 5 Minuten zugedeckt auf kleiner Flamme schmoren lassen.
- Mit etwas Petersilie bestreuen, den Wein zugießen und im offenen Topf einkochen lassen.
- Die pürierten Tomaten und 1 Schöpflöffel Fleischbrühe hinzufügen. Den Topf zudecken und 30 Minuten auf kleiner Flamme weiterschmoren lassen. Hin und wieder umrühren und noch etwas Fleischbrühe oder Wasser hinzufügen, falls die Sauce zu sehr einkocht.
- Inzwischen die Pilze putzen und in nicht zu dünne Scheiben schneiden. Die Pilze in den Topf geben und noch etwa 15 Minuten mitschmoren lassen. Zum Schluß abschmekken, noch etwas Petersilie einrühren und heiß servieren.

**Dauert etwa 1 Stunde 20 Minuten**
**1 Portion = 2160 kJ/515 kcal**

**1 kg Lammfleisch (Schulter oder Schlegel)**
**Mehl zum Wenden**
**Salz**
**Pfeffer aus der Mühle**
**Olivenöl extra vergine**
**150 g Zwiebeln, kleingehackt**
**2 Knoblauchzehen, fein gehackt**
**1 Lorbeerblatt**
**etwas frischer Rosmarin, fein gehackt**
**etwas frische Petersilie, fein gehackt**
**1 Glas Weißwein**
**400 g pürierte Tomaten**
**heiße Fleischbrühe**
**500 g Pilze**

*Auf die gleiche Art können Sie auch Zicklein zubereiten.*

## Costolette d'agnello impanate

*Panierte Lammkoteletts*

- Das Fleisch waschen und trockentupfen.
- Die Eier mit etwas Salz und Pfeffer verquirlen.
- Die Koteletts leicht in Mehl wenden, durch das Ei ziehen und mit den Semmelbröseln panieren.
- Die Koteletts in reichlich heißem Öl von beiden Seiten ausbacken. Auf Küchenkrepp abtropfen lassen und sofort mit den Zitronenscheiben servieren.

**Dauert 20 bis 30 Minuten**
**1 Portion = 2451 kJ/585 kcal**

**1 kg Lammkoteletts**
**3 Eier**
**Salz**
**Pfeffer aus der Mühle**
**Mehl zum Wenden**
**Semmelbrösel**
**Öl zum Fritieren**
**2 Zitronen, in Scheiben geschnitten**

# Frattaglie
# Innereien

## Animelle – preparazione base

*Bries – Grundrezept*

**500 g Kalbsbries**
**einige EL Weinessig (oder Saft von 1 Zitrone)**
**Würzkräuter nach Belieben (z.B. Rosmarin, Thymian, 1 Lorbeerblatt, Salbei)**
**einige Pfefferkörner**
**etwas Salz**

• Das Bries in ein Sieb legen und mindestens 1 Stunde unter fließendem Wasser spülen.
• Das Bries in einen Topf geben und mit kaltem Wasser bedecken. Essig, Würzkräuter, Pfefferkörner und etwas Salz hinzufügen und 3 bis 4 Minuten köcheln lassen.
• Das Bries unter kaltem Wasser abschrecken, in ein sauberes Tuch wickeln, in ein niedriges Gefäß geben und mit einem kleinen Gewicht beschweren. Mindestens 2 Stunden ruhen lassen.

**Dauert etwa 1 Stunde 15 Minuten (ohne Ruhezeit)**

*Nach Belieben können Sie das Bries anfangs auch für 2 Stunden in eine Schüssel legen und mit Wasser bedecken, das Sie häufig wechseln.*

## Animelle di vitello al marsala

*Kalbsbries in Marsala*

**500 g vorbereitetes Kalbsbries (siehe oben)**
**2 EL Mehl**
**Salz**
**Pfeffer aus der Mühle**
**50 g Butter**
**1 kleine Zwiebel, fein gehackt**
**1/2 Glas Marsala**
**heiße Fleischbrühe**

• Das Kalbsbries in Scheiben schneiden und leicht im Mehl wenden, salzen und pfeffern.
• Die Butter erhitzen und die Zwiebel darin glasig dünsten. Das Bries zugeben und ringsum ganz leicht anbräunen.
• Den Marsala zugießen und etwas einkochen lassen. Das Bries auf kleiner Flamme 30 Minuten zugedeckt köcheln lassen. Verkochende Flüssigkeit mit etwas Brühe ersetzen.
• Die Briesscheiben herausnehmen. Etwas Wasser zugießen und den Bratensatz vom Boden lösen. Die Sauce kurz aufkochen lassen und über das Bries gießen.

**Dauert etwa 45 Minuten**
**1 Portion = 1075 kJ/257 kcal**

# Animelle di vitello con capperi e olive

*Kalbsbries mit Kapern und Oliven*

- Das Kalbsbries in Scheiben schneiden, salzen, pfeffern und leicht in Mehl wenden.
- Die Butter in einer Pfanne zerlassen und die Briesscheiben von beiden Seiten ganz leicht darin anbraten. Etwa 15 Minuten auf kleiner Flamme schmoren lassen.
- Eine feuerfeste Form leicht ausbuttern. Das Bries hineinlegen und mit Semmelbröseln und Petersilie bestreuen. Kapern, Oliven und den Bratensaft aus der Pfanne hinzugeben.
- Das Bries im auf 180 Grad (Umluft 160 Grad, Gas Stufe 2 bis 3) vorgeheizten Ofen 25 bis 30 Minuten garen und heiß servieren.

**Dauert etwa 1 Stunde**
**1 Portion = 1699 kJ/406 kcal**

**500 g vorbereitetes Kalbsbries (Seite 328)**
**Salz**
**Pfeffer aus der Mühle**
**Mehl zum Wenden**
**50 g Butter**
**Butter für die Form**
**2 EL Semmelbrösel**
**etwas fein gehackte Petersilie**
**100 g Kapern**
**40 g entkernte schwarze Oliven, grob gehackt**

# Animelle di vitello alla milanese

*Kalbsbries auf Mailänder Art*

- Das Kalbsbries dem Grundrezept entsprechend vorbereiten und in Scheiben schneiden.
- Die Eier mit etwas Salz und nach Belieben auch mit Pfeffer verquirlen.
- Die Briesscheiben leicht in Mehl wenden, durch das Ei ziehen und mit Semmelbröseln panieren.
- Die Butter in einer Pfanne schmelzen.
- Die Briesscheiben in der Butter von beiden Seiten etwa 15 Minuten auf kleiner Flamme braten, bis die Panade goldgelb ist.
- Das Bries auf Küchenkrepp abtropfen lassen und mit den Zitronenscheiben servieren.

**Dauert 30 bis 40 Minuten**
**1 Portion = 1747 kJ/417 kcal**

**500 g vorbereitetes Kalbsbries (Seite 328)**
**2 Eier**
**Salz**
**evtl. Pfeffer aus der Mühle**
**Mehl zum Wenden**
**Semmelbrösel zum Panieren**
**100 g Butter**
**1 Zitrone, in Scheiben geschnitten**

# Animelle di vitello al limone

*Kalbsbries mit Zitrone*

**500 g vorbereitetes Kalbsbries (Seite 328)**
**Salz**
**Pfeffer aus der Mühle**
**Mehl zum Wenden**
**40 g Butter**
**Olivenöl extra vergine**
**Saft von 1/2 Zitrone**
**1/2 abgeriebene unbehandelte Zitronenschale**
**1 Zitrone, in Achtel geschnitten**

*In Italien bereitet man auf diese Weise auch Lammbries zu.*

• Das Bries in Scheiben schneiden, salzen, pfeffern und leicht in Mehl wenden.
• Die Butter mit etwas Öl in einer Pfanne erhitzen und die Briesscheiben darin einige Minuten auf einer Seite leicht anbraten. Wenden, das Bries mit dem Zitronensaft beträufeln und die Zitronenschale hinzufügen. Weitere 10 bis 15 Minuten garen lassen.
• Die Briesscheiben aus der Pfanne heben, auf einer Servierplatte anrichten, mit dem Bratensaft begießen und mit den Zitronenachteln garnieren.

**Dauert etwa 30 Minuten**
**1 Portion = 1148 kJ/275 kcal**

# Animelle di vitello con salsa piccante

*Kalbsbries in pikanter Sauce*

**500 g vorbereitetes Kalbsbries (Seite 328)**
**Mehl zum Wenden**
**Olivenöl extra vergine**
**1 Knoblauchzehe, durchgepreßt**
**4 Sardellenfilets**
**40 g Pinienkerne**
**fein gehackte Petersilie**
**1 Stück scharfer Peperone (oder Cayennepfeffer)**
**70 g Kapern**
**70-100 g entkernte schwarze Oliven, grob gehackt**
**Salz**
**1 Gläschen Weißwein**
**heiße Fleischbrühe**

• Das Kalbsbries in Scheiben schneiden und leicht in Mehl wenden.
• Das Olivenöl in einer großen Pfanne erhitzen, Knoblauch, Sardellenfilets und Pinienkerne hineingeben. Die Briesscheiben hinzufügen und einige Minuten auf großer Flamme von beiden Seiten leicht anbräunen.
• Petersilie, Peperone, Kapern, Oliven, etwas Salz und den Weißwein hinzufügen. Den Wein einkochen lassen.
• Die Flamme kleiner stellen und 1 knappen Schöpflöffel heiße Brühe hinzufügen.
• Alles noch 5 bis 10 Minuten leicht köcheln lassen und heiß servieren.

**Dauert 20 bis 30 Minuten**
**1 Portion = 1674 kJ/400 kcal**

***Zur Abwechslung***
Auf die gleiche Weise können Sie auch Lammbries zubereiten.

# Animelle di vitello con carciofi

*Kalbsbries mit Artischocken*

- 6 junge Artischocken
- Saft von 1 Zitrone
- 50 g Schinkenspeck (oder roher Schinken)
- Olivenöl extra vergine
- Salz
- Pfeffer aus der Mühle
- fein gehackte Petersilie
- fein gehackte Minze
- 1 Gläschen Weißwein
- heiße Fleischbrühe
- 500 g vorbereitetes Kalbsbries (Seite 328)
- Mehl zum Wenden
- 40 g Butter

• Die Artischocken von den äußeren harten Blättern und Dornen befreien. Längs durchschneiden und das Heu entfernen. Die Artischockenhälften in Scheiben schneiden und sofort in Zitronenwasser geben, damit sie nicht dunkel werden.
• Den Schinkenspeck kleinschneiden und einige Minuten in etwas Öl anschmoren, aber nicht ansetzen lassen.
• Die Artischockenscheiben hinzufügen und gut umrühren. Salzen, pfeffern und etwas Petersilie und Minze hinzufügen.
• Den Wein zugießen und einkochen lassen. Etwas Brühe hinzufügen und die Artischocken noch 5 bis 10 Minuten garen (je nach Dicke der Scheiben).
• Inzwischen das Bries in Scheiben schneiden und leicht in Mehl wenden.
• Die Butter mit etwas Öl in einer Pfanne erhitzen. Die Briesscheiben hineingeben, salzen, pfeffern, von beiden Seiten leicht anbraten und etwa 10 Minuten schmoren lassen.
• Das Bries von den Artischocken umgeben servieren.

**Dauert etwa 1 Stunde**
**1 Portion = 1863 kJ/445 kcal**

*Zur Abwechslung*
Auf die gleiche Weise läßt sich auch Lammbries zubereiten.

# Animelle di vitello con funghi

*Kalbsbries mit Pilzen*

**15 g getrocknete Steinpilze**
**300 g beliebige frische Pilze**
**500 g vorbereitetes Kalbsbries (Seite 328)**
**Olivenöl extra vergine**
**1 Knoblauchzehe, leicht zerquetscht**
**etwas fein gehackte Petersilie**
**Salz**
**Pfeffer aus der Mühle**
**1 Gläschen trockener Weißwein**
**Mehl zum Wenden**
**50 g Butter**
**heiße Fleischbrühe**

- Die Pilze in lauwarmem Wasser einweichen und abtropfen lassen. Die frischen Pilze putzen und mit den eingeweichten Pilzen in Scheiben schneiden.
- Das Bries in Scheiben schneiden.
- Etwas Olivenöl in einer Pfanne erhitzen und die Knoblauchzehe kurz andünsten, anschließend wieder herausnehmen. Sämtliche Pilze und die Petersilie in die Pfanne geben. Salzen und pfeffern und zugedeckt auf kleiner Flamme 5 Minuten schmoren lassen.
- Etwas Wein zugießen, einkochen lassen und die Pilze noch 10 bis 15 Minuten weiterschmoren.
- Inzwischen die Briesscheiben leicht in Mehl wenden.
- Die Butter in einer zweiten Pfanne schmelzen und die Briesscheiben von beiden Seiten leicht darin anbraten.
- Etwas Wein angießen und kurz einkochen lassen.
- Etwas heiße Brühe hinzugeben und das Bries 5 bis 10 Minuten weitergaren. Die Pilze zufügen, alles gut vermischen und noch einige Minuten köcheln lassen.

**Dauert etwa 40 Minuten**
**1 Portion = 1300 kJ/310 kcal**

# Animelle di vitello al burro e salvia

*Kalbsbries mit Butter und Salbei*

**500 g vorbereitetes Kalbsbries (Seite 328)**
**Mehl zum Wenden**
**60 g Butter**
**einige Salbeiblätter**
**heiße Fleischbrühe**
**Saft von 1/2 Zitrone**
**Salz**
**Pfeffer aus der Mühle**

- Das Kalbsbries in gleichmäßige Scheiben schneiden und leicht in Mehl wenden. Die Butter in einer Pfanne schmelzen, die Salbeiblätter hinzugeben und die Briesscheiben hineinlegen. Einige Minuten schmoren lassen.
- Einige Eßlöffel Brühe darübergießen, mit dem Zitronensaft beträufeln und leicht salzen und pfeffern.
- Die Briesscheiben wenden, noch einige Minuten weiterschmoren und sofort servieren.

**Dauert etwa 20 Minuten**
**1 Portion = 1074 kJ/257 kcal**

## Animelle di vitello brodettate

*Kalbsbries in Ei-Zitronen-Sauce*

- Das Kalbsbries in Scheiben schneiden und leicht in Mehl wenden. Die Butter und etwas Öl in einer Kasserolle erhitzen und die Zwiebel darin glasig dünsten.
- Die Briesscheiben hineingeben, die Brühe darübergießen, leicht salzen und pfeffern. Lorbeer, Thymian und etwas Petersilie hinzufügen und aufkochen lassen, danach 10 bis 15 Minuten im offenen Topf leise köcheln lassen.
- Die Eigelbe mit dem Zitronensaft, der Zitronenschale, etwas Pfeffer, Salz und Petersilie verquirlen und am Ende der Garzeit bei schwacher Hitze über das Bries gießen. Gut umrühren und den Topf sofort vom Feuer nehmen.

**Dauert etwa 30 Minuten**
**1 Portion = 1304 kJ/312 kcal**

**500 g vorbereitetes Kalbsbries (Seite 328)**
**Mehl zum Wenden**
**40 g Butter**
**Olivenöl extra vergine**
**1 kleine Zwiebel, fein gehackt**
**gut 1/4 l heiße Brühe**
**Salz, Pfeffer aus der Mühle**
**1 Lorbeerblatt, Thymian**
**fein gehackte Petersilie**
**2-3 Eigelb**
**Saft von 1/2 Zitrone**
**1 fein abgeriebene unbehandelte Zitronenschale**

## Busecca alla milanese

*Kutteln auf Mailänder Art*

- Die Kutteln sorgfältig waschen, trockentupfen und in Scheiben schneiden.
- Den Schinkenspeck kleinhacken. Zwiebel, Sellerie, Karotte und Lauch schälen bzw. putzen und ebenfalls kleinhacken. Alles zusammen in etwas Öl andünsten.
- Die Kutteln hinzugeben, gut verrühren und einen Augenblick schmoren lassen. Bohnen, Tomatenpüree, 2 gute Schöpflöffel Brühe, Salbei und Lorbeerblatt hinzufügen. Salzen, pfeffern und mit etwas Muskat würzen.
- Alles gut 2 Stunden auf kleiner Flamme köcheln lassen, bis die Bohnen gar sind. Hin und wieder etwas heiße Brühe oder Wasser ergänzen, falls die Sauce zu sehr einkocht.
- Inzwischen die Kartoffeln schälen und in kleine Stücke teilen, den Kohl fein schneiden. Beides 15 Minuten vor Ende der Garzeit hinzufügen und gut untermischen.
- Nochmals abschmecken und sofort servieren. Nach Belieben geröstete Brotscheiben dazu reichen.

**Dauert gut 2 Stunden 30 Minuten**
**1 Portion = 3138 kJ/751 kcal**

**800 vorgegarte Kutteln (vom Metzger)**
**100 g Schinkenspeck**
**1 Zwiebel**
**1 Stange Bleichsellerie**
**1 Karotte**
**2 Stangen Lauch**
**Olivenöl extra vergine**
**250 g große weiße Bohnen, über Nacht eingeweicht**
**300 g pürierte Tomaten**
**heiße Fleischbrühe**
**einige Salbeiblätter**
**1 Lorbeerblatt**
**Salz**
**Pfeffer aus der Mühle**
**Muskatnuß**
**250 g Kartoffeln**
**250 g Wirsing (oder Weißkohl)**

# Trippe liguri all'antica

*Kutteln auf alte ligurische Art*

**800 g vorgegarte Kutteln (vom Metzger)**
**30 g getrocknete Steinpilze**
**1 mittelgroße Zwiebel**
**1 Stange Bleichsellerie**
**2 Karotten**
**Olivenöl extra vergine**
**1 Glas Weißwein**
**300 g pürierte Tomaten**
**Fleischbrühe**
**Salz**
**1 Lorbeerblatt**
**etwas frischer Rosmarin, fein gehackt**
**100 g Bohnen (Borlotti oder weiße Bohnen), über Nacht eingeweicht**
**300 g Kartoffeln, in kleine Stücke geschnitten**
**fein gehackte Petersilie**
**Pfeffer aus der Mühle**
**evtl. frisch geriebener Parmesan**

- Die Kutteln sorgfältig waschen, trockentupfen und in Streifen schneiden.
- Die Pilze 30 Minuten in einem Glas warmem Wasser einweichen. Durch ein feines Sieb abgießen und kleinhacken. Das Einweichwasser auffangen.
- Zwiebel und Sellerie abziehen bzw. putzen und kleinhacken.
- Die Karotten putzen. Die eine kleinhacken, die andere in Scheiben schneiden.
- Das kleingehackte Gemüse und die Pilze in einem Terracottagefäß oder in einem schweren Topf mit etwas Öl andünsten.
- Die Kuttelstreifen hinzugeben und auf kleiner Flamme etwa 10 Minuten zugedeckt garen.
- Den Weißwein zugießen und im offenen Topf einkochen lassen.
- Das Tomatenpüree, 1 Schöpflöffel kochende Brühe, etwas Salz, Lorbeerblatt, Rosmarin und das Einweichwasser hinzufügen.
- Den Deckel wieder aufsetzen und alles etwa 30 Minuten sanft köcheln lassen.
- Die Bohnen hinzufügen und noch etwa 2 Stunden mitgaren.
- Nach etwa 1 1/2 Stunden die Karottenscheiben, etwa 15 Minuten vor Ende der Kochzeit die Kartoffelstückchen zugeben.
- Den Kutteleintopf abschmecken. Mit Petersilie, etwas Pfeffer und nach Belieben auch mit etwas Parmesan bestreuen.
- Nach Belieben noch ein wenig Olivenöl darüberträufeln und sofort servieren.

**Dauert etwa 3 Stunden**
**1 Portion = 2140 kJ/512 kcal**

***Zur Abwechslung***
Dieses Rezept existiert in vielen verschiedenen Variationen. Wollen Sie keine Bohnen, sondern nur Kartoffeln verwenden, erhöhen Sie die Kartoffelmenge auf 400 bis 500 Gramm. Lassen Sie hingegen die Kartoffeln weg, brauchen Sie 200 Gramm Bohnen.

## Trippe con olive alla ligure

*Kutteln mit Oliven aus Ligurien*

- Die Kutteln sorgfältig waschen, trockentupfen und in Streifen schneiden.
- Die Zwiebel und den Sellerie putzen und kleinhacken.
- Die Karotten putzen. Eine Karotte kleinhacken, die beiden anderen in Scheiben schneiden.
- Das kleingehackte Gemüse in einem Terracottagefäß oder in einem schweren Topf in etwas Öl andünsten.
- Die Kuttelstreifen hinzufügen und zugedeckt auf kleiner Flamme etwa 10 Minuten schmoren lassen.
- Den Wein angießen und offen einkochen lassen.
- Das Tomatenpüree, 1 Schöpflöffel Brühe, etwas Salz, Lorbeerblatt und Rosmarin hineingeben. Etwa 30 Minuten auf kleiner Flamme im zugedeckten Topf schmoren lassen.
- Die Bohnen hinzufügen und noch etwa 2 Stunden mitgaren. Nach etwa 1 1/2 Stunden die Karottenscheiben, 15 Minuten vor Ende der Kochzeit die Kartoffeln und die Oliven hinzugeben.
- Den Kutteltopf nochmals abschmecken, mit Petersilie und etwas Pfeffer bestreuen und mit etwas Olivenöl beträufeln.

**Dauert etwa 3 Stunden**
**1 Portion = 2670 kJ/639 kcal**

**800 g vorgegarte Kutteln (vom Metzger)**
**1 mittelgroße Zwiebel**
**1 Stange Bleichsellerie**
**3 Karotten**
**Olivenöl extra vergine**
**1 Glas trockener Weißwein**
**300 g pürierte Tomaten**
**heiße Fleischbrühe**
**Salz**
**1 Lorbeerblatt**
**etwas frischer Rosmarin, fein gehackt**
**100 g Bohnen (Borlotti oder weiße Bohnen), über Nacht eingeweicht**
**300 g Kartoffeln, geschält und gewürfelt**
**150 g kleine schwarze Oliven**
**fein gehackte Petersilie**
**Pfeffer aus der Mühle**

## Fegato di vitello all'uva

*Kalbsleber mit Trauben*

- Die Weintrauben häuten und entkernen.
- Die Leber in sehr dünne Scheiben schneiden. In der Butter und etwas Olivenöl einige Minuten von beiden Seiten bei großer Hitze braten, salzen und warm stellen.
- Den Bratensatz mit dem Weißwein ablöschen und mit einem Holzlöffel lösen. Den Wein bei starker Hitze einkochen lassen. Trauben und Petersilie hineingeben und die Sauce über die Leber gießen.

**Dauert etwa 30 Minuten**
**1 Portion = 1441 kJ/344 kcal**

**250 g helle Weintrauben**
**500 g Kalbsleber**
**40 g Butter**
**Olivenöl extra vergine**
**Salz**
**1/2 Glas Weißwein**
**1 EL fein gehackte Petersilie**

# Fegato alla veneziana

*Kalbsleber auf venezianische Art*

**500 g Kalbsleber**
**2 große Zwiebeln (ca. 350 g)**
**2 EL Olivenöl extra vergine**
**50 g Butter**
**Salz**
**Pfeffer aus der Mühle**
**einige Salbeiblätter (oder Lorbeer)**
**etwas trockener Marsala**

*Sie können den Marsala durch ein wenig guten Weinessig ersetzen oder auch ganz fortlassen.*

Traditionell wird dieses Gericht in einer Pfanne zubereitet, doch wird die Leber dabei eher gedünstet als gebraten. Wer die Leber also knuspriger mag, nimmt zwei Pfannen.

- Die Leber längs halbieren und in Scheibchen schneiden.
- Die Zwiebeln schälen, halbieren und in feine Scheiben schneiden.
- Die Hälfte des Olivenöls und der Butter in einer Pfanne erhitzen und die Zwiebeln darin goldgelb andünsten. Etwas Salz, Pfeffer und die Salbeiblätter hinzufügen und einige Minuten schmoren lassen.
- In einer zweiten Pfanne die Leberscheibchen scharf anbraten, bis kein Blut mehr austritt. Mit dem Marsala ablöschen und kurz einkochen lassen.
- Die Leber in die Zwiebelpfanne geben, gut vermischen und sofort servieren.

**Dauert etwa 30 Minuten**
**1 Portion = 1431 kJ/342 kcal**

# Fegato in agrodolce

*Leber süß-sauer*

**400-500 g Kalbsleber (oder Schweineleber)**
**Mehl zum Wenden**
**2 Eier**
**Salz**
**Pfeffer aus der Mühle**
**Semmelbrösel**
**50 g Butter**
**Olivenöl extra vergine**
**2 EL Balsamessig (oder Zitronensaft)**
**1/2 TL Zucker**

- Die Leber in sehr dünne Scheiben schneiden und leicht in Mehl wenden.
- Die Eier mit etwas Salz und Pfeffer verquirlen.
- Die Leberscheiben durch das verquirlte Ei ziehen und mit Semmelbröseln panieren.
- Die Butter und etwas Öl in einer Pfanne erhitzen und die Leber darin von beiden Seiten anbräunen. Aus der Pfanne nehmen und warm stellen.
- Ein wenig Fett aus der Pfanne abgießen, den Essig und den Zucker hinzufügen. Kurz aufkochen lassen, den Bratensatz mit einem Holzlöffel lösen und die Sauce über die Leber gießen. Sofort servieren.

**Dauert etwa 25 Minuten**
**1 Portion = 1609 kJ/384 kcal**

## Fegato alla milanese

*Leber auf Mailänder Art*

- Die Leber in sehr feine Scheiben schneiden, auf einer großen Platte ausbreiten und ganz leicht salzen.
- Die Eier mit ein wenig Salz und Pfeffer verquirlen.
- Die Leberscheiben durch das Ei ziehen.
- In einer großen Pfanne die Butter mit etwas Öl erhitzen. Die Leberscheiben hineingeben und von beiden Seiten bei schwacher Hitze insgesamt 5 bis 7 Minuten braten.
- Die Leber herausnehmen, auf Küchenkrepp abtropfen lassen und sofort mit den Zitronenscheiben servieren.

**500 g Kalbsleber (oder Schweineleber)**
**Salz**
**2 Eier**
**Pfeffer aus der Mühle**
**40 g Butter**
**Olivenöl extra vergine**
**2 Zitronen, in Scheiben geschnitten**

**Dauert 10 bis 15 Minuten**
**1 Portion = 1468 kJ/351 kcal**

## Fegato al pomodoro

*Leber in Tomatensauce*

- Die Leber in sehr dünne Scheiben schneiden. Falls die Scheiben sehr groß sind, in der Mitte durchteilen oder auch dritteln.
- Zwiebel und Knoblauch abziehen, fein hacken und in wenig Öl glasig dünsten.
- Das Tomatenpüree hinzufügen, salzen und pfeffern und mit 1 Prise Oregano abschmecken.
- Die Leber dazugeben und etwa 5 Minuten schmoren lassen, bis sie nicht mehr blutig ist. Gegebenenfalls nachsalzen und sofort auf den Tisch bringen.

**400-500 g Kalbsleber (oder Schweineleber)**
**1 Zwiebel**
**1 Knoblauchzehe**
**Olivenöl extra vergine**
**250 g pürierte Tomaten**
**Salz**
**Pfeffer aus der Mühle (oder Cayennepfeffer oder etwas scharfer Peperone)**
**Oregano**

**Dauert etw 20 bis 25 Minuten**
**1 Portion = 979 kJ/234 kcal**

***Zur Abwechslung***
Falls Sie die Leber lieber gebraten mögen, garen Sie sie in einer anderen Pfanne und geben die fertige Tomatensauce darüber.

## Fegato al limone

*Leber in Zitronensauce*

**400-500 g Kalbsleber (oder Schweineleber)**
**Mehl zum Wenden**
**40 g Butter**
**Olivenöl extra vergine**
**Saft von 1 Zitrone**
**1/2 abgeriebene unbehandelte Zitronenschale**
**1 Lorbeerblatt**
**Salz**
**Pfeffer**

- Die Leber in sehr dünne Scheiben schneiden und leicht in Mehl wenden.
- Die Butter und etwas Öl in einer Pfanne erhitzen und die Leberscheiben 3 bis 4 Minuten von beiden Seiten darin anbräunen.
- Die Leber aus der Pfanne nehmen und warm stellen.
- Zitronensaft, Zitronenschale und Lorbeerblatt in die Pfanne geben. Den Bratensatz mit einem Holzlöffel vom Boden lösen. Die Sauce einige Minuten auf großer Flamme kochen lassen, salzen und pfeffern und über die Leber gießen.

**Dauert 15 bis 20 Minuten**
**1 Portion = 1182 kJ/282 kcal**

## Fegatini di pollo con carciofi

*Hühnerleber mit Artischocken*

**400 g Hühnerleber**
**4 junge feste Artischocken**
**Saft von 1 Zitrone**
**2 EL Olivenöl extra vergine**
**Salz**
**Pfeffer aus der Mühle**
**40 g Butter**
**100 g roher Schinken**
**reichlich fein gehackte Petersilie**
**etwas Zitronensaft**

- Die Hühnerleber sorgfältig putzen, waschen, trockentupfen und in je 2 bis 3 Stücke teilen.
- Die Artischocken von äußeren harten Blättern, dornigen Spitzen und Stiel befreien, achteln und sofort in Zitronenwasser tauchen, damit sie nicht anlaufen.
- Das Öl in einem Topf erhitzen. Die Artischockenachtel trockentupfen und hineingeben. Auf kleiner Flamme schmoren lassen und hin und wieder ein wenig Wasser zugeben, falls nötig. Mit Salz und Pfeffer würzen.
- Inzwischen die Butter in einer großen Pfanne schmelzen und die Hühnerleber unter ständigem Wenden einige Minuten darin sautieren.
- Den Schinken in Streifen schneiden, unter Rühren hinzugeben und einige Minuten mitschmoren.
- Die Artischocken in die Pfanne geben und vorsichtig untermischen. Petersilie und 1 Spritzer Zitronensaft darübergeben und sofort servieren.

**Dauert etwa 1 Stunde 15 Minuten**
**1 Portion = 1333 kJ/318 kcal**

# Grive delle langhe

*Leber-Hirn-Frikadellen*

Dieses Rezept stammt aus dem Piemont. Im piemontesischen Dialekt nennt man die Drossel „grive". Das Gericht wird nämlich mit Wacholderbeeren gewürzt, von denen die Drossel sich gern ernährt – daher hat es seinen Namen. Bei unseren Metzgern bekommt man meist nur Kalbshirn, in Italien verwendet man öfter auch das Hirn vom Lamm.

**1 Kalbshirn**
**etwas Zitronensaft (oder Essig)**
**evtl. Würzkräuter nach Belieben**
**350 g Schweineleber (oder Kalbsleber)**
**100 g Brotbröckchen**
**1/2 Glas Milch**
**30 g Butter**
**Olivenöl extra vergine**
**1 Lorbeerblatt**
**1 Gläschen Cognac**
**Salz**
**Pfeffer aus der Mühle**
**einige Wacholderbeeren**
**1 Ei**
**Mehl zum Wenden**
**150-200 g Schweinenetz**

- Das Kalbshirn für einige Stunden in fließendes Wasser legen, damit das Blut austritt, anschließend die Aderhaut entfernen.
- Das Hirn in mit etwas Zitronensaft gesäuertem Wasser aufsetzen, nach Belieben einige Würzkräuter beigeben.
- Das Wasser aufkochen lassen und das Hirn je nach Größe 5 bis 10 Minuten garen. Im Kochwasser abkühlen lassen.
- Inzwischen die Leber in Scheiben oder in kleine Stücke schneiden.
- Das Brot gut 5 Minuten in der Milch einweichen.
- Die Butter und etwas Öl in einer Pfanne erhitzen und Leber und Lorbeerblatt hineingeben.
- Die Leber kurz von beiden Seiten anbräunen. Mit dem Cognac übergießen und flambieren.
- Die Leber aus der Pfanne nehmen und zusammen mit dem abgekühlten Kalbshirn und den ausgedrückten Brotbröckchen möglichst fein hacken. Alles in eine Schüssel geben.
- Salz, Pfeffer, 2 bis 3 zerdrückte Wacholderbeeren, das Ei und den Bratensaft aus der Pfanne hinzufügen und gut durchmischen. Bällchen aus dem Fleischteig formen und leicht in Mehl wenden.
- Das Schweinenetz waschen, 5 Minuten in lauwarmem Wasser einweichen und je nach Größe der Frikadellen in Stücke schneiden.
- Die Frikadellen in die Netzstücke wickeln und gut verschließen. In etwas Öl zusammen mit einigen ganzen Wacholderbeeren in einer Pfanne schmoren, bis sie von allen Seiten goldgelb sind.
- Noch heiß mit Kartoffelpüree servieren.

**Dauert etwa 50 Minuten**
**1 Portion = 2331 kJ/558 kcal**

## Fegatini di pollo al marsala

*Hühnerleber in Marsala*

**400 g Hühnerleber**
**40 g Butter**
**Olivenöl extra vergine**
**einige ganze Salbeiblätter**
**1 Lorbeerblatt**
**etwas fein gehackter Salbei**
**etwas fein gehackte Petersilie**
**Salz**
**Pfeffer aus der Mühle**
**1 Gläschen Marsala**

*Zu diesem Leberrezept paßt sehr gut weißer Reis oder Safranreis.*

• Die Hühnerlebern säubern, waschen, gut trockentupfen und in je 2 bis 3 Stücke teilen.
• Die Butter und etwas Öl in einer Pfanne erhitzen, Salbeiblätter und Lorbeer hineingeben und die Leber darin einige Minuten scharf anbraten.
• Den gehackten Salbei und die Petersilie hinzugeben und salzen und pfeffern.
• Die Leber aus der Pfanne heben und warm stellen. Die ganzen Salbeiblätter und das Lorbeerblatt herausnehmen.
• Den Bratensaft mit dem Marsala ablöschen und den Bodensatz mit einem Holzlöffel aufrühren. Die Sauce bei starker Hitze ein wenig einkochen lassen und über die Leber gießen.

**Dauert etwa 20 Minuten**
**1 Portion = 1154 kJ/275 kcal**

## Fegatini di pollo al vino rosso

*Hühnerleber in Rotwein*

**25 g getrocknete Steinpilze**
**400 g Hühnerleber**
**50 g Butter**
**Olivenöl extra vergine**
**1 Knoblauchzehe, leicht zerquetscht**
**1/2 Glas Rotwein**
**Salz**
**Pfeffer aus der Mühle**

• Die Pilze etwa 15 Minuten in lauwarmem Wasser einweichen, anschließend abgießen, ausdrücken und kleinhacken.
• Inzwischen die Hühnerleber putzen, waschen, trockentupfen und jeweils in 2 bis 3 Stücke teilen.
• Die Butter und etwas Öl in einer Pfanne erhitzen. Pilze und Knoblauch hineingeben und 2 Minuten sautieren.
• 2 bis 3 Eßlöffel Rotwein hinzufügen und 5 Minuten schmoren lassen.
• Die Hühnerleber hinzufügen und 1 Minute anbraten. Mit dem restlichen Wein ablöschen. Die Flamme großstellen und noch 4 bis 5 Minuten garen.
• Den Knoblauch herausnehmen.
• Die Leberchen salzen und pfeffern und heiß auf den Tisch bringen.

**Dauert etwa 30 Minuten**
**1 Portion = 1234 kJ/294 kcal**

# Spiedini di fegatini di pollo

*Hühnerleber-Spießchen*

300 g Hühnerleber
1 Glas trockener Marsala (oder Madeira)
15 Scheiben Schinkenspeck
15 dicke Pilzscheiben (möglichst Steinpilze)
10 Scheiben Toastbrot
1 Zwiebel, geschält
1 frischer scharfer Peperone oder 1 Trüffel
70 g Butter
5 frische Salbeiblätter, kleingeschnitten
einige Lorbeerblätter
Salz
Pfeffer aus der Mühle
Semmelbrösel zum Wenden
Butter oder Öl für die Form

- Die Hühnerlebern putzen, gut waschen und trockentupfen. Jeweils in 2 bis 3 Stücke schneiden und mindestens 20 Minuten im Marsala marinieren.
- Die Speckscheiben in kleine Quadrate schneiden.
- Die geputzten Pilzscheiben, das Toastbrot, die Zwiebel, den Peperone oder die Trüffel ebenfalls in mundgerechte Stücke schneiden.
- Die Leberstücke abtropfen lassen und trockentupfen.
- 50 Gramm Butter schmelzen und die Hühnerleber darin 2 bis 3 Minuten scharf anbraten. Aus der Pfanne heben und warm stellen.
- In der gleichen Pfanne die Pilzscheiben 2 bis 3 Minuten bei starker Hitze sautieren.
- Auf 8 bis 12 Spieße abwechselnd Hühnerleber, Brot, Pilze, Zwiebel, Peperone oder Trüffel, Schinkenspeck sowie Salbei- und Lorbeerblätter aufstecken.
- Die restliche Butter zum Bratfond in die Pfanne geben, kurz erhitzen und die Spieße rundum damit bestreichen. Etwas salzen und pfeffern und leicht in Semmelbröseln wenden.
- Eine feuerfeste Form mit Butter oder Öl einfetten. Die Spieße hineinlegen und im auf 200 Grad (Umluft 180 Grad, Gas Stufe 3 bis 4) vorgeheizten Ofen etwa 15 Minuten backen.

**Dauert etwa 1 Stunde 15 Minuten**
**1 Portion = 3625 kJ/866 kcal**

***Zur Abwechslung***
Nach Belieben können Sie die Spieße auch in reichlich heißem Öl fritieren und dann auf Küchenkrepp abtropfen lassen.

# Casseruola di rigaglie

*Leber-Nieren-Topf*

**250 g Hühnerleber**
**250 g Kalbsniere**
**1/2 Glas Weinessig**
**2 Knoblauchzehen**
**Olivenöl extra vergine**
**200 g Zuchtpilze**
**Salz**
**fein gehackte Petersilie**
**Weißwein**
**200 g Schalotten**
**1 Stückchen Butter**
**heiße Fleischbrühe**
**Pfeffer aus der Mühle**
**1 Glas trockener Marsala**

- Die Hühnerleber säubern, waschen, trockentupfen und in Stücke schneiden.
- Die Niere von allem Fett befreien und mindestens 10 Minuten unter fließendem Wasser durchspülen.
- 5 Minuten in kochendem Wasser mit dem Weinessig blanchieren, anschließend kalt abspülen, trocknen und in Scheibchen schneiden.
- Den Knoblauch abziehen. 1 Knoblauchzehe leicht zerquetschen und in etwas Olivenöl andünsten.
- Die Pilze putzen und hinzugeben, salzen und mit etwas Petersilie bestreuen. Einen Schuß Weißwein zugießen und im offenen Topf 10 bis 15 Minuten schmoren lassen. Den Knoblauch wieder herausnehmen und die Pilze beiseite stellen.
- Die Schalotten schälen.
- Die Butter und etwas Öl in einem Topf erhitzen und die Schalotten darin andünsten. Leicht salzen und mit etwas Petersilie bestreuen.
- 1 Schöpflöffel Brühe darübergießen und die Schalotten 20 bis 30 Minuten schmoren lassen. Anschließend aus dem Topf nehmen und beiseite stellen.
- Noch etwas Öl in den Topf gießen. Die zweite Knoblauchzehe kleinhacken, hineingeben und kurz andünsten.
- Die Nierenscheibchen einige Minuten darin sautieren, dann auch die Hühnerleber hinzufügen. Salzen und pfeffern.
- Noch einige Minuten bei starker Hitze sautieren, bis die Leber leicht angebräunt ist.
- Die vorbereiteten Pilze und Schalotten hinzufügen. Alles zusammen auf kleiner Flamme kurz schmoren lassen, dabei gut umrühren.
- Fleisch und Gemüse mit dem Schaumlöffel aus der Pfanne heben.
- Den Bratenfond mit dem Marsala ablöschen und etwa auf die Hälfte einkochen lassen.
- Fleisch und Gemüse wieder in die Pfanne geben. Durchrühren, nochmals abschmecken, mit etwas Petersilie bestreuen und servieren.

**Dauert 1 1/2 bis 2 Stunden**
**1 Portion = 1400 kJ/334 kcal**

*Im Piemont sagt man: „Der Knoblauch ist des Bauern Apotheker." Früher aßen ihn die Männer während des Boccia- oder Kartenspiels oft roh zum Wein, um dessen Wirkung zu mildern. Überdies galt er als wirksames Vorbeugungsmittel gegen Würmer und wurde deshalb häufig den Kindern auch in die Zwischenmahlzeiten gemischt.*

# Lingua in agrodolce

*Zunge süßsauer*

- 1 Kalbs- oder Rinderzunge (ca. 1 kg)
- 2 kleine Zwiebeln
- 2 Gewürznelken
- 2 Karotten
- 2 Stangen Bleichsellerie
- 1 Stange Lauch
- 1 Lorbeerblatt
- 1 Tomate
- Salz
- 1 Bund Petersilie
- etwas Olivenöl extra vergine (oder 1 EL Schweineschmalz)
- Mehl
- heiße Fleischbrühe
- 1/2 Glas Weinessig
- 20 g bittere Schokolade, fein gerieben
- 50 g Pinienkerne
- 70 g Sultaninen und kandierte Früchte, fein gehackt
- 30 g Zucker

- Die Zunge waschen.
- Die Zwiebeln schälen und eine Zwiebel mit den Gewürznelken spicken.
- Karotten, Sellerie und Lauch putzen. 1 Karotte, 1 Selleriestange und den Lauch zusammen mit Spickzwiebel, Lorbeerblatt und Tomate in einem Topf mit Salzwasser aufsetzen und zum Kochen bringen.
- Die Zunge hineingeben und auf kleiner Flamme zugedeckt 1 Stunde (Kalbszunge) bzw. 1 1/2 Stunden (Rinderzunge) garen.
- Das restliche Gemüse und die gewaschenen Petersilienblätter kleinschneiden. Im Öl andünsten und nach 5 Minuten die Zunge hinzugeben.
- Etwas Mehl darüberstäuben und mit 2 Schöpflöffel Fleischbrühe ablöschen. Auf kleiner Flamme im offenen Topf 45 Minuten schmoren lassen.
- Die Zunge aus dem Topf nehmen und warm stellen. Die Sauce pürieren oder durch ein Sieb streichen und wieder in den Topf geben.
- In einer Schüssel Essig, Schokolade, Pinienkerne, Sultaninen, kandierte Früchte und Zucker miteinander vermischen, zur Sauce geben und gut durchrühren.
- Die Zunge wieder in den Topf legen und weitere 15 Minuten schmoren lassen. Zum Schluß in Scheiben aufschneiden und mit der Sauce übergießen.

*Da die Zunge sehr lange garen muß, empfiehlt sich für dieses Rezept ein Dampfkochtopf.*

**Dauert etwa 2 1/2 Stunden (Kalbszunge) bzw. 3 Stunden (Rinderzunge)**
**1 Portion = 3175 kJ/758 kcal**

# Lingua brasata

*Geschmorte Zunge*

**1 Kalbs- oder Rinderzunge (ca. 1 kg)**
**reichlich grobes Meersalz**
**2 Zwiebeln**
**300 g Karotten**
**2 Stangen Bleichsellerie**
**70 g Schinkenspeck**
**Olivenöl extra vergine**
**Mehl zum Wenden**
**1 Lorbeerblatt**
**1/2 l Rotwein**
**evtl. 2 Tomaten, gehäutet und kleingehackt**
**2 Gewürznelken**
**15 g getrocknete Steinpilze, vorgeweicht und kleingehackt**
**2 Knoblauchzehen, fein gehackt**
**1 Zweiglein frischer Rosmarin**
**1 Zweig Thymian**
**einige Salbeiblätter**
**Fleischbrühe**
**Salz**
**Pfeffer aus der Mühle**

Für dieses Gericht sollten Sie einen wirklich guten Rotwein verwenden, da der Geschmack der Sauce wesentlich von dessen Qualität abhängt.

- Die Zunge waschen, gut trocknen und 24 Stunden in eine Schüssel mit Salz legen. Am nächsten Tag abspülen und die Haut abziehen.
- Etwas Salzwasser erhitzen und die Zunge 10 Minuten darin kochen. Anschließend abgießen und das Kochwasser auffangen.
- Zwiebel, Karotten und Sellerie schälen bzw. putzen und mit dem Schinkenspeck kleinschneiden. In etwas Olivenöl 10 Minuten auf kleiner Flamme andünsten.
- Die Zunge inzwischen in Mehl wenden und in einem Topf mit wenig Öl rundum goldbraun anbraten.
- Das angedünstete Gemüse, Lorbeer, Wein, nach Belieben Tomaten, Gewürznelken, Pilze, Knoblauch, Rosmarin, Thymian, Salbei und 2 Schöpflöffel Brühe hinzugeben. Mit Salz und Pfeffer würzen und aufkochen lassen.
- Die Flamme kleinstellen und die Zunge im geschlossenen Topf 2 Stunden (Kalbszunge) bzw. 2 1/2 Stunden (Rinderzunge) schmoren lassen.
- Die Zunge herausnehmen. Lorbeerblatt, Gewürznelken, Rosmarin und Thymian entfernen und die Sauce durch ein Sieb streichen oder im Mixer pürieren.
- Die Zunge in Scheiben schneiden. Die Sauce nochmals erhitzen und über das Fleisch geben. Mit Kartoffelpüree servieren.

**Dauert etwa 3 Stunden (Kalbszunge) bzw. 3 1/2 Stunden (Rinderzunge) – ohne Marinierzeit**
**1 Portion = 2966 kJ/708 kcal**

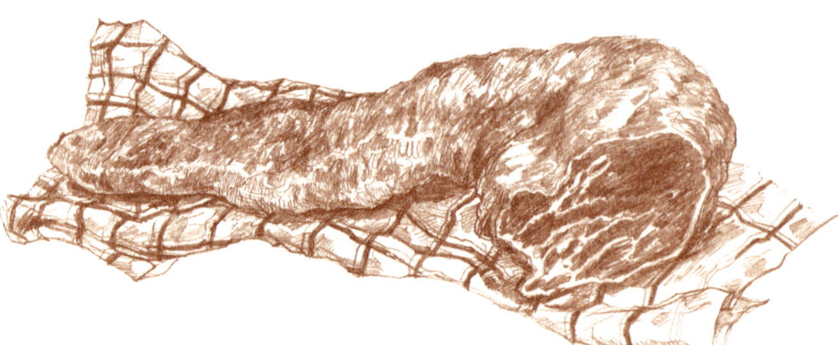

# Lingua lessata con bagnet rosso

*Zunge in Tomatensauce*

Dies ist ein sehr typisches Rezept aus dem Piemont. Nach Belieben können Sie die Sauce auch mit einer fertig gekauften Pökelzunge servieren, sie paßt aber auch sehr gut zu anderem gekochtem Fleisch.

- Die Zunge sorgfältig waschen. Die Zwiebeln schälen, Karotten, Sellerie und Lauch putzen.
- Eine der Zwiebeln mit den beiden Gewürznelken spicken. Die Spickzwiebel zusammen mit 1 Karotte, 1 Selleriestange, dem Lauch, dem Lorbeerblatt und der Tomate in einen Topf mit reichlich Salzwasser geben und alles aufkochen lassen.
- Die Zunge hineingeben und zugedeckt 2 Stunden (Kalbszunge) bzw. 2 1/2 Stunden (Rinderzunge) auf kleiner Flamme köcheln lassen.
- Inzwischen das restliche geputzte Gemüse kleinschneiden und etwa 5 Minuten in etwas Olivenöl andünsten. Den Knoblauch hinzugeben und weitere 2 Minuten mitdünsten lassen.
- Tomatenpüree, Petersilie, Cayennepfeffer, Rosmarin, Thymian und Salbei hinzufügen, salzen und alles 20 Minuten auf kleiner Flamme schmoren lassen.
- Rosmarin, Thymian und Salbei herausnehmen und die Tomatensauce durch ein Sieb streichen oder im Mixer pürieren.
- Den Essig hinzufügen und die Sauce noch etwa 5 Minuten im offenen Topf einkochen lassen.
- Die gare Zunge mit einem scharfen Messer längs einschneiden und die Haut abziehen.
- Zunge und Tomatensauce nach Belieben warm oder kalt servieren.

**Dauert etwa 2 1/2 Stunden (Kalbszunge) bzw. 3 Stunden (Rinderzunge)**
**1 Portion = 2514 kJ/601 kcal**

***Zur Abwechslung***
Nach Belieben können Sie die Sauce mit 70 Gramm Kapern und/oder 100 Gramm schwarzen Oliven anreichern.

**1 Kalbs- oder Rinderzunge (ca. 1 kg)**
**2 Zwiebeln**
**2 Karotten**
**2 Stangen Bleichsellerie**
**1 Stange Lauch**
**2 Gewürznelken**
**1 Lorbeerblatt**
**1 Tomate**
**Salz**
**Olivenöl extra vergine**
**2 Knoblauchzehen, fein gehackt**
**500 g pürierte Tomaten**
**1 EL fein gehackte Petersilie**
**1 Prise Cayennepfeffer (oder 1 Stück frischer Peperone)**
**1 Zweig Rosmarin**
**1 Zweig Thymian**
**einige Salbeiblätter**
**1-2 EL Weinessig**

*Wenn Sie zusammen mit dem Essig 1 Eßlöffel Zucker an die Tomatensauce geben, wird sie süßsauer.*

# Pollame, coniglio, selvaggina

# Geflügel, Kaninchen, Wild

*Wenn nicht anders angegeben, sind alle Rezepte für 4 Portionen berechnet.*

Italienische Köchinnen und Köche sind in der Zubereitung von Geflügel, besonders von Huhn, bewundernswert phantasievoll. Typisch ist die reichliche Verwendung von Würzkräutern, aber auch von Tomaten und Pilzen. Ähnliches gilt für Wild sowie für Kaninchen, die man sich vor allem in ländlichen Gegenden vielfach auch heute noch im Garten hält.

# Pollo in umido

*Huhn in Tomatensauce*

- Das Huhn in 8 Stücke zerlegen, waschen und trockentupfen.
- Die Zwiebel schälen, Sellerie und Karotte putzen, alles kleinhacken und in etwas Öl andünsten.
- Den Knoblauch und die Hühnerstücke hinzufügen. Von beiden Seiten bei nicht zu starker Hitze in etwa 10 Minuten goldbraun anbraten.
- Den Wein angießen und einkochen lassen. Das Tomatenpüree, etwas Salz und Pfeffer, 1 Prise Oregano, die Petersilie und 1 Schöpflöffel heiße Brühe hinzufügen.
- Das Huhn im geschlossenen Topf etwa 45 Minuten schmoren lassen. Falls die Sauce zu sehr einkocht, zwischendurch noch etwas heiße Brühe hinzufügen.
- Zum Schluß nochmals abschmecken, die Knoblauchzehen herausnehmen und das Huhn sofort auf den Tisch bringen.

**Dauert etwa 1 Stunde 15 Minuten**
**1 Portion = 2174 kJ/520 kcal**

**1 junges Huhn (ca. 1200 g)**
**1 Zwiebel**
**1 Stange Bleichsellerie**
**1 Karotte**
**Olivenöl extra vergine**
**2 Knoblauchzehen, leicht zerquetscht**
**1 Glas Weißwein**
**400 g pürierte Tomaten**
**Salz**
**Pfeffer aus der Mühle**
**Oregano**
**etwas fein gehackte Petersilie**
**Hühner- oder Fleischbrühe**

# Pollo alla valdostana

*Huhn aus dem Aostatal*

- Das Huhn in 8 Stücke zerlegen, waschen und trockentupfen. Die Zwiebel schälen und kleinhacken, Karotten und Sellerie putzen und in Stifte schneiden.
- Die Hühnerstücke leicht in Mehl wenden und in etwas Olivenöl von allen Seiten scharf anbraten.
- Das Huhn herausnehmen. Das Gemüse hineingeben und 5 Minuten auf kleiner Flamme andünsten.
- Das Huhn dazugeben, gut durchmischen, salzen und pfeffern und mit 1 Glas Wein aufgießen. Das Fleisch 40 bis 50 Minuten auf kleiner Flamme schmoren lassen, dabei nach und nach den restlichen Wein zugießen.
- Zum Schluß mit je 1 Prise Muskat und Zimt würzen.

**Dauert etwa 1 Stunde 10 Minuten**
**1 Portion = 2200 kJ/526 kcal**

**1 junges Huhn (ca. 1200 g)**
**1 Zwiebel**
**2 Karotten**
**1 Stange Bleichsellerie**
**Mehl zum Wenden**
**Olivenöl extra vergine**
**Salz**
**Pfeffer aus der Mühle**
**2 Gläser Weißwein**
**frisch geriebene Muskatnuß**
**Zimtpulver**

# Pollo al limone

*Huhn in Zitronensauce*

**1 junges Huhn (ca. 1200 g)**
**1 Zwiebel**
**Olivenöl extra vergine**
**1 Knoblauchzehe**
**Oregano**
**1 Lorbeerblatt**
**etwas fein gehackter Rosmarin**
**Saft von 2-3 Zitronen**
**Salz**
**evtl. Fleisch- oder Hühnerbrühe**

*Nach Belieben können Sie auch noch ein Stück unbehandelte Zitronenschale hinzugeben.*

- Das Huhn in 8 Stücke teilen, waschen und trockentupfen.
- Die Zwiebel schälen, kleinhacken und in etwas Öl glasig dünsten. Die Hühnerteile hinzufügen und bei starker Hitze von allen Seiten goldbraun braten.
- Die zerquetschte Knoblauchzehe, 1 Prise Oregano, Lorbeerblatt und Rosmarin hinzufügen. Den Zitronensaft darübergießen, salzen, die Flamme kleinstellen und das Huhn zugedeckt im Topf etwa 40 Minuten schmoren lassen. Falls die Sauce zu sehr einkocht, zwischendurch etwas heiße Brühe oder Wasser hinzufügen.
- Nochmals abschmecken. Knoblauchzehe und Lorbeerblatt herausnehmen und sofort servieren.

**Dauert etwa 1 Stunde**
**1 Portion = 1849 kJ/442 kcal**

# Pollo ai cipollotti novelli

*Huhn mit Frühlingszwiebeln*

**1 junges Huhn (ca. 1200 g)**
**30 g Butter**
**2 EL Olivenöl**
**Salz**
**Pfeffer aus der Mühle**
**1 EL Mehl**
**1 Glas trockener Sekt (oder Weißwein)**
**8 Frühlingszwiebeln**
**Saft und fein abgeriebene Schale von 1/2 unbehandelten Zitrone**
**Thymian**

- Das Huhn in 8 Stücke zerlegen, waschen und trockentupfen.
- Die Butter zusammen mit dem Öl in einem Terracottatopf oder in einem anderen schweren Topf erhitzen. Die Hühnerstücke hineingeben und von allen Seiten goldbraun braten. Salzen, pfeffern und mit Mehl bestäuben. Den Sekt zugießen und ein wenig einkochen lassen.
- Inzwischen die Frühlingszwiebeln putzen und in nicht zu kleine Stücke schneiden. Zum Huhn geben, alles gut durchmischen und auf kleiner Flamme zugedeckt etwa 40 Minuten schmoren lassen.
- Etwa 10 Minuten vor Ende der Garzeit den Zitronensaft darüberträufeln, 1 kräftige Prise Thymian hinzugeben und durchmischen. Die Hitze etwas höherstellen.
- Das Huhn ganz zum Schluß mit der Zitronenschale bestreuen und heiß auf den Tisch bringen.

**Dauert etwa 1 Stunde**
**1 Portion = 2206 kJ/528 kcal**

# Pollo in tecia

## *Geschmortes Huhn auf venezianische Art*

- 1 junges Huhn (ca. 1200 g)
- Mehl zum Wenden
- 1 Zwiebel
- 1 Karotte
- 1 Stange Bleichsellerie
- 100 g Schinkenspeck
- Olivenöl extra vergine
- 1 Knoblauchzehe, leicht zerquetscht
- Salz
- Pfeffer aus der Mühle
- 2 Gewürznelken
- 1 Zweiglein Rosmarin
- einige Salbeiblätter
- 1 Glas Weißwein
- 400 g pürierte Tomaten
- etwas fein gehackte Petersilie

• Das Huhn in 8 Stücke teilen, waschen und trockentupfen. Das Fleisch leicht in Mehl wenden.
• Die Zwiebel schälen. Karotte und Sellerie putzen. Gemüse und Schinkenspeck kleinhacken und zusammen in etwas Öl andünsten. Knoblauch und Fleisch zufügen und bei starker Hitze von allen Seiten gut anbräunen.
• Die Flamme kleiner stellen. Salzen, pfeffern und Gewürznelken, Rosmarin und Salbeiblätter hinzufügen. Den Wein angießen und einkochen lassen.
• Die Tomaten hinzugeben, gut unterrühren und das Huhn etwa 40 bis 50 Minuten schmoren lassen. Falls die Sauce zu sehr einkocht, zwischendurch noch ein wenig heißes Wasser hinzugeben.
• Den Knoblauch herausnehmen, nochmals abschmecken, mit Petersilie bestreuen und sofort auf den Tisch bringen. Dazu schmeckt Polenta oder Kartoffelpüree.

**Dauert etwa 1 Stunde 30 Minuten**
**1 Portion = 2997 kJ/717 kcal**

*Sie können auch 400 Gramm Pilze (möglichst Steinpilze) separat schmoren und am Schluß zufügen.*

# Petto di pollo al vino

## *Hühnerbrust in Wein*

- 2 Hühnerbrüste
- Mehl
- 50 g Butter
- 4-5 Salbeiblätter
- Salz
- 1/2 Glas Weißwein
- evtl. heiße Brühe

• Die Hühnerbrüste teilen, leicht klopfen und in Mehl wenden. Die Butter in einer Pfanne erhitzen. Das Fleisch darin von beiden Seiten goldbraun anbraten.
• Die Salbeiblätter hinzufügen, salzen und die Flamme kleiner stellen. Das Huhn mit dem Wein übergießen und in der offenen Pfanne etwa 15 Minuten schmoren lassen. Falls der Bratfond zu sehr einkocht, etwas Brühe zugeben.

**Dauert etwa 30 Minuten**
**1 Portion = 1225 kJ/293 kcal**

***Zur Abwechslung***
Für Hühnerbrust in Zitrone (Petto di pollo al limone) garen Sie die Hühnerbrüstchen anstelle von Wein im Saft von 1 1/2 Zitronen und fügen noch 1 Rosmarinzweig hinzu.

# Pollo con melanzane

*Huhn mit Auberginen*

1 junges Huhn (ca. 1200 g)
2-3 Auberginen (je nach Größe)
Salz
2 Paprikaschoten
2 Zwiebeln
3 reife Eiertomaten
1 Knoblauchzehe, leicht zerquetscht
6 EL Olivenöl extra vergine
30 g Butter
schwarzer Pfeffer aus der Mühle
1 Gläschen Cognac
Majoran
knapp 1/2 l heiße Brühe

*In Imperia-Oneglia an der Riviera die Ponente hat die Firma Fratelli Carli ein wohl wirklich einzigartiges, sehr liebevoll eingerichtetes Museum geschaffen, das Olivenbaum, Olive und Olivenöl gewidmet ist und 1993 den Europäischen Museumspreis unter dem Patronat des Europäischen Rates erhielt. Es zeigt nicht nur eine Vielzahl von kostbaren Gegenständen, von der Familie über Generationen gesammelt, sondern informiert auch ausführlich über Geschichte und Herstellung des Olivenöls.*

- Das Huhn in 8 Stücke zerlegen, waschen und trockentupfen.
- Die Auberginen von beiden Enden befreien und längs halbieren.
- Jede Hälfte längs in 4 Teile teilen und noch einmal quer durchschneiden.
- Die Auberginenstücke mit Salz bestreuen und 1 Stunde auf ein großes, geneigtes Holzbrett legen, damit die austretende Flüssigkeit ablaufen kann. Anschließend waschen und trockentupfen.
- Die Paprikaschoten von Kernen und Rippen befreien und je nach Größe mindestens vierteln. Die Zwiebeln schälen und ebenfalls vierteln.
- Die Tomaten halbieren und entkernen.
- Die Auberginen mit der Knoblauchzehe und dem Olivenöl in einer großen Pfanne erhitzen und von beiden Seiten goldbraun werden lassen. Mit einem Schaumlöffel herausheben und auf Küchenkrepp abtropfen lassen. Die Knoblauchzehe entfernen.
- Die Butter in der Pfanne zerlassen und die Hühnerteile darin von allen Seiten goldbraun braten.
- Alles salzen und großzügig pfeffern. Den Cognac aufgießen und flambieren.
- Die Auberginen auf die Hühnerstücke legen, dann die Paprikaschoten, die Zwiebeln und die Tomaten.
- Nochmals leicht salzen, mit 1 Prise Majoran bestreuen und mit der Brühe übergießen.
- Zudecken und auf kleinster Flamme etwa 45 Minuten schmoren lassen.
- Zum Schluß den Deckel abnehmen und bei starker Hitze die Sauce noch ein wenig einkochen lassen.

**Dauert etwa 2 Stunden**
**1 Portion = 2365 kJ/565 kcal**

*Dazu passen mit Öl beträufelte und im Ofen geröstete Weißbrotscheiben.*

# Pollo con funghi e patate

*Huhn mit Pilzen und Kartoffeln*

- Das Huhn zerlegen, waschen und trockentupfen.
- Die Kartoffeln schälen, in große Stücke schneiden, waschen und in Wasser legen, damit sie nicht braun werden. Die Pilze putzen und in Stücke schneiden.
- Die Hühnerteile leicht in Mehl wenden und bei starker Hitze in etwas Öl rundum goldbraun anbraten. Mit einem Schaumlöffel herausheben und auf Küchenkrepp abtropfen lassen. Eine feuerfeste Form einölen. Die Kartoffeln abgießen, trockentupfen und zuunterst einschichten.
- Die Hühnerstücke darauflegen. Knoblauch, Rosmarin, Lorbeer und Petersilie darübergeben, salzen und pfeffern. Mit dem Wein übergießen und im auf 200 Grad (Umluft 180 Grad, Gas Stufe 3 bis 4) vorgeheizten Ofen etwa 25 Minuten schmoren. Die Pilze hinzufügen und weitere 15 Minuten mitschmoren lassen. Falls nötig, zwischendurch etwas heiße Fleischbrühe angießen.
- Mit etwas Petersilie bestreuen und heiß servieren.

**1 junges Huhn (ca. 1200 g)**
**300 g Kartoffeln**
**250 g beliebige Pilze**
**Mehl zum Wenden**
**Olivenöl extra vergine**
**1 Knoblauchzehe, fein gehackt**
**etwas fein gehackter Rosmarin**
**1 Lorbeerblatt**
**etwas fein gehackte Petersilie**
**Salz**
**Pfeffer aus der Mühle**
**1 Glas Weißwein**
**evtl. Fleischbrühe**

**Dauert etwa 1 Stunde**
**1 Portion = 2218 kJ/531 kcal**

# Pollo impanato

*Paniertes Huhn*

- Das Huhn in möglichst kleine Stücke zerlegen, waschen und trockentupfen.
- Die Hühnerstücke in eine Schüssel geben und mit Zitronensaft, Salz, Pfeffer und Rosmarin marinieren. An einem kühlen Ort mindestens 30 Minuten ziehen lassen.
- Inzwischen die Eier mit etwas Salz verquirlen.
- Die Hühnerstücke leicht in Mehl wenden, durch das verquirlte Ei ziehen und mit Semmelbröseln panieren.
- Das Huhn in reichlich heißem Öl goldbraun fritieren. Auf Küchenkrepp abtropfen lassen und mit den Zitronenscheiben servieren.

**1 junges Huhn (ca. 1200 g)**
**Saft von 1 Zitrone**
**Salz**
**Pfeffer aus der Mühle**
**etwas frischer Rosmarin, fein gehackt**
**2-3 Eier**
**Mehl zum Wenden**
**Semmelbrösel zum Panieren**
**Öl zum Ausbacken**
**1 Zitrone in Scheiben**

**Dauert etwa 30 Minuten (ohne Marinierzeit)**
**1 Portion = 3403 kJ/813 kcal**

# Pollo in fricassea

*Hühnerfrikassee*

**1 junges Huhn (ca. 1200 g)**
**1 Zwiebel**
**Olivenöl extra vergine**
**Mehl**
**Salz**
**Pfeffer aus der Mühle**
**Hühner- oder Fleischbrühe**
**1 Lorbeerblatt**
**1 Zweiglein Rosmarin**
**2 Eigelb**
**Saft von 1 Zitrone**
**etwas fein gehackte Petersilie**
**1 EL frisch geriebener Parmesan**
**evtl. 1/2 fein abgeriebene unbehandelte Zitronenschale**

*Das Ei soll die Sauce nur binden. Es darf auf keinen Fall zu stark erhitzt werden, weil es sonst gerinnt.*

• Das Huhn in nicht zu große Stücke teilen, waschen und trockentupfen.
• Die Zwiebel abziehen, kleinhacken und in etwas Olivenöl glasig dünsten. Nach einigen Minuten das Huhn hinzufügen und bei starker Hitze von allen Seiten goldbraun anbraten.
• Das Fleisch mit etwas Mehl bestäuben, salzen, pfeffern und gut umrühren.
• 1 Schöpflöffel heiße Brühe zugießen, Lorbeer und Rosmarin hinzufügen und das Huhn im zugedeckten Topf etwa 40 bis 50 Minuten schmoren.
• Die Eigelbe mit Zitronensaft, Petersilie, Parmesan und etwas Salz und Pfeffer verquirlen. Über das Huhn gießen, gut umrühren und den Topf vom Feuer nehmen.
• Nach Belieben noch die Zitronenschale darüberstreuen und sofort servieren.

**Dauert etwa 1 Stunde 10 Minuten**
**1 Portion = 2137 kJ/511 kcal**

***Zur Abwechslung***
• Diesem Gericht werden auch gerne junge Artischocken beigegeben: 6 kleine Artischocken putzen, vierteln und die letzten 15 Minuten mitgaren lassen.
• Oder Sie mischen zum Schluß noch 200 Gramm vorgegarte frische Erbsen unter.

# Pollo con i peperoni

## *Huhn mit Paprikaschoten*

- 1 junges Huhn (ca. 1200 g)
- 1 Zwiebel
- 1 Knoblauchzehe
- 3 Paprikaschoten möglichst unterschiedlicher Farbe
- Olivenöl extra vergine
- Oregano
- Salz
- 1 Stück frischer Peperone (oder Cayennepfeffer)
- 1 Glas Weißwein
- 400 g pürierte Tomaten
- Hühner- oder Fleischbrühe
- etwas frisches Basilikum, grob gehackt

- Das Huhn in 8 Stücke zerlegen, waschen und trockentupfen.
- Die Zwiebel schälen und kleinhacken. Den Knoblauch abziehen und leicht zerquetschen.
- Die Paprikaschoten aufschneiden, von Rippen und Kernen befreien, waschen und in nicht zu kleine Stücke schneiden.
- Die Zwiebel in etwas Öl glasig dünsten. Die Hühnerstücke hineingeben und auf großer Flamme von allen Seiten goldbraun braten.
- Paprika und Knoblauchzehe hinzugeben und 5 Minuten auf kleiner Flamme im offenen Topf andünsten.
- Mit 1 Prise Oregano würzen, salzen und den Peperone hinzugeben. Alles gut durchmischen.
- Den Wein angießen und bei schwacher Hitze einkochen lassen.
- Das Tomatenpüree und 1 Schöpflöffel heiße Brühe hinzufügen.
- Alles aufkochen und dann auf kleiner Flamme etwa 30 bis 40 Minuten schmoren lassen.
- Knoblauch und Peperone herausnehmen, das Basilikum hinzufügen, nochmals abschmecken und servieren.

**Dauert etwa 1 Stunde 10 Minuten**
**1 Portion = 2246 kJ/537 kcal**

***Zur Abwechslung***
Nach Belieben können Sie das Gericht auch noch mit 50 Gramm Kapern anreichern.

*Wer Paprikaschoten als schwer verdaulich empfindet, sollte sie vorher abziehen: Die ganzen Schoten im vorgeheizten Ofen rösten, bis die Haut bräunlich wird, zwischendurch einmal umdrehen. In eine Plastiktüte stecken, fest verschließen und 10 Minuten abkühlen lassen – jetzt kann man sie ganz leicht abziehen. Entkernen und 15 Minuten vor Ende der Kochzeit zum Huhn geben.*

# Pollo ripieno alla parmense

*Gefülltes Huhn aus Parma*

- 150 g Semmelbrösel
- 1/2 Glas Bratensaft (oder Hühner- oder Fleischbrühe)
- 250-300 g Parmesan, frisch gerieben
- 2 Eier
- 3 Eigelb
- Salz
- Pfeffer aus der Mühle
- 1 junges Suppenhuhn (ca. 1200 g)
- 1 Zwiebel
- 1 Karotte
- 1 Stange Bleichsellerie
- 1 Lorbeerblatt
- 2 Gewürznelken
- 2 kleine Tomaten

• Die Semmelbrösel im Bratensaft einweichen lassen, anschließend in eine große Schüssel geben.
• Parmesan, Eier, Eigelbe und etwas Salz und Pfeffer hinzufügen. Alles gut vermengen und noch etwas Brühe hinzugeben, falls die Farce nicht geschmeidig genug ist.
• Das Huhn damit füllen, aber nicht allzu sehr stopfen. Die Öffnung mit Küchengarn zunähen.
• Die Zwiebel abziehen, Karotte und Sellerie putzen.
• Einen großen Topf mit Wasser aufsetzen. Zwiebel, Karotte, Sellerie, Lorbeerblatt, etwas Salz, die Gewürznelken und die Tomaten hineingeben.
• Das Huhn ins kochende Wasser geben und zugedeckt auf kleiner Flamme 60 Minuten köcheln lassen.
• Das Huhn tranchieren und mit der Füllung servieren, die Brühe für eine Suppe verwenden.

**Dauert etwa 1 Stunde 15 Minuten**
**1 Portion = 3725 kJ/890 kcal**

# Pollo al sale

*Huhn in Salz gegart*

- 1 junges Huhn (ca. 1200 g)
- Salz
- Pfeffer aus der Mühle
- 1 Knoblauchzehe, geschält
- 1 Zweiglein Rosmarin
- einige Salbeiblätter
- evtl. 50 g Oliven
- evtl. 50 g Schinkenspeck, kleingehackt
- 1 1/2-2 kg grobes Meersalz

• Das Huhn sorgfältig waschen und gut trockentupfen.
• Das Huhn innen salzen und pfeffern. Knoblauch und Würzkräuter hineingeben, nach Belieben auch die Oliven und den Schinkenspeck. Die Öffnung mit Küchengarn zunähen.
• Den Boden einer feuerfesten Form dicht mit Salz überziehen. Das Huhn darauflegen und vollständig mit Salz bedecken.
• 50 Minuten im auf 200 Grad (Umluft 180 Grad, Gas Stufe 3 bis 4) vorgeheizten Ofen garen.
• Das Salzhuhn in der Form auf den Tisch bringen. Mit einem Hammer die Salzkruste aufschlagen und das Huhn tranchieren.

**Dauert 60 bis 70 Minuten**
**1 Portion = 1545 kJ/370 kcal**

# Gallina ripiena al profumo di marsala

*Gefülltes Huhn mit Marsala*

- Das Brötchen etwa 10 Minuten in der Milch einweichen, anschließend gut ausdrücken. Zusammen mit dem Schinken fein hacken und in eine Schüssel geben.
- Kalbfleisch, Schweinemett, Parmesan, Petersilie, Eier, Marsala sowie je 1 Prise Salz, Pfeffer und Muskatnuß hinzufügen und alles gut miteinander vermischen.
- Das Huhn mit der Mischung füllen, aber nicht allzu sehr stopfen, weil die Fülle sich während des Kochens ausdehnt. Die Öffnung mit Küchengarn zunähen.
- Die Zwiebel schälen, Karotte und Sellerie putzen. Einen großen Topf mit Wasser aufsetzen.
- Karotte, Zwiebel und Sellerie hineingeben. Lorbeerblatt, Tomate, Gewürznelken und etwas Salz hinzufügen und aufkochen lassen.
- Das Huhn hineingeben und im zugedeckten Topf auf kleiner Flamme etwa 70 Minuten garen.
- Das Huhn tranchieren und zusammen mit der Fülle heiß servieren.

**Dauert etwa 1 Stunde 30 Minuten**
**1 Portion = 3340 kJ/798 kcal**

**1 altbackenes Brötchen**
**1/2 Glas Milch**
**150 g roher Schinken**
**150 g gehacktes Kalbfleisch**
**150 g Schweinemett**
**50 g frisch geriebener Parmesan**
**etwas fein gehackte Petersilie**
**2 Eier**
**2 EL trockener Marsala**
**Salz**
**Pfeffer aus der Mühle**
**Muskatnuß**
**1 junges Suppenhuhn (ca. 1 1/2 kg)**
**1 Zwiebel**
**1 Karotte**
**1 Stange Bleichsellerie**
**1 Lorbeerblatt**
**1 Tomate**
**2 Gewürznelken**

*Ein auf diese Weise zubereitetes Huhn können Sie genauso wie das Huhn aus Parma (Seite 354) sehr gut zu einem Bollito misto (Seite 302) servieren.*

# Pollo alla diavola

*Huhn auf Teufelsart*

1 junges Huhn (ca. 1200 g)
1 Knoblauchzehe, geschält
1 Stück scharfer Peperone
Salz
Saft von 1 Zitrone
4 EL Olivenöl extra vergine

*Ist jemand in Italien in Geldnöten, so gibt es vielerlei Sprichworte. Eines besagt: „Es fehlt ihm der Salat des Sixtus." Wie es heißt, hatte Papst Sixtus einem armen kranken Freund einen großen Korb voller Salat geschickt. Der Kranke war nach ein paar Tagen wie durch ein Wunder wieder genesen, denn der Papst hatte eine prall gefüllte Geldbörse unter den Blättern versteckt!*

Dieses Rezept findet man mit leichten Abwandlungen in verschiedenen Regionen Italiens wieder. Mal wird das Huhn längs am Rücken geöffnet, mal an der Brust. Und es wird auch unterschiedlich gewürzt: Statt mit Knoblauch und Peperone können Sie es entweder mit Muskatnuß oder mit Weißwein und Salbei zubereiten.

- Das Huhn in der Rückenmitte längs aufschneiden.
- Das Huhn waschen und trockentupfen. Mit der Brust nach oben auf ein Holzbrett legen und flachdrücken.
- Mit Knoblauch und Peperone rundum gut einreiben, auf eine große Platte geben, salzen und mit Zitronensaft und Öl beträufeln. Mindestens 2 Stunden ziehen lassen und zwischendurch wenden.
- Das Huhn unter häufigem Bepinseln mit der Marinade auf einem Holzkohlegrill garen.

**Dauert etwa 45 Minuten (ohne Marinierzeit)**
**1 Portion = 1966 kJ/470 kcal**

*Nach Belieben können Sie das Huhn auch in einer großen Form im auf 200 Grad (Umluft 180 Grad, Gas Stufe 3 bis 4) vorgeheizten Ofen braten und von Zeit zu Zeit mit der Marinade bestreichen.*

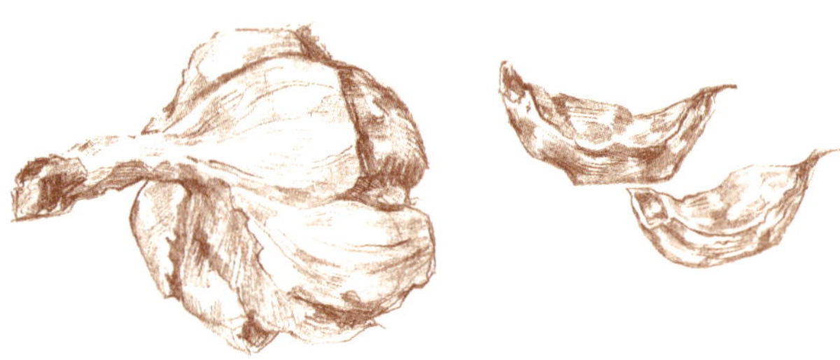

# Pollo alla Marengo

*Marengo-Huhn*

Angeblich soll Napoleon dieses Huhn 1800 nach der Schlacht von Marengo serviert worden sein. Der Koch nahm das, was ihm an Vorräten noch geblieben war, und außerdem Zutaten, die man von den Österreichern erbeutet hatte. Höchstwahrscheinlich war dieses Gericht bei seiner Premiere sehr viel einfacher und wurde erst später mit Flußkrebsen, Pilzen und Eiern angereichert.

- Das Huhn in Stücke zerlegen, waschen und trockentupfen. Anschließend leicht in Mehl wenden.
- Das Olivenöl in einer großen Pfanne erhitzen. Zuerst die Hühnerschenkel hineingeben, etwas später auch die übrigen Stücke. Die Hühnerteile auf mittlerer Flamme von allen Seiten anbraten, salzen und pfeffern.
- Inzwischen den Knoblauch abziehen und fein hacken. Die Tomaten mit kochendem Wasser überbrühen, häuten, entkernen und kleinschneiden.
- Nach etwa 10 Minuten den größten Teil des Öls in eine zweite Pfanne abgießen.
- Knoblauch, Tomaten und das gewaschene ganze Basilikumbund zum Huhn geben. Kurz aufkochen und mit 1 Glas Weißwein ablöschen. Den Wein einkochen lassen, die Pfanne zudecken und das Huhn etwa 15 Minuten weiterschmoren.
- Die Pilze putzen und in Scheiben schneiden. In die Hühnerpfanne geben, alles gut durchmischen und weitere 10 Minuten schmoren lassen.
- Die zweite Pfanne mit dem Öl erhitzen. Die Brotscheiben darin bräunen und herausnehmen. Die Butter in der Pfanne zerlassen und die Eier hineinschlagen.
- Die Krebse im restlichen Weißwein kurz erhitzen.
- Das fertige Huhn mit dem Zitronensaft beträufeln und die Petersilie darüberstreuen. Nochmals abschmecken.
- Die Hühnerteile auf eine große Platte legen, die Pilze rundherum anrichten und die Sauce darübergießen. Die gerösteten Brotscheiben am Rand anordnen und jeweils ein Spiegelei daraufsetzen. Die Flußkrebse dekorativ dazwischenlegen.

**Dauert etwa 1 Stunde 15 Minuten**
**1 Portion = 3008 kJ/719 kcal**

**1 junges Huhn (ca. 1200 g)**
**Mehl zum Wenden**
**1/2 Glas Olivenöl extra vergine**
**Salz**
**Pfeffer aus der Mühle**
**2 Knoblauchzehen**
**3-4 reife Tomaten**
**1 Bund Basilikum**
**1 1/2 Gläser Weißwein**
**300 g frische Pilze**
**4 Scheiben Toastbrot**
**20 g Butter**
**4 Eier**
**4 gekochte Flußkrebse (oder Scampi)**
**Saft von 1/2 Zitrone**
**1 EL gehackte Petersilie**

*Nachdem die heute allerorts so beliebte Tomate im 16. Jahrhundert von den Spaniern in Peru entdeckt worden war, dauerte es noch geraume Zeit, bis sie sich weltweit durchsetzte. Sie wurde zwar bald auch nach Italien importiert, doch betrachtete man sie dort lange als reine Zierpflanze, deren Früchte als giftig galten. Von der „eßbaren“ Tomate wird in Italien erstmals im 18. Jahrhundert berichtet. Als der Amerikaner Robert J. Johnson im Jahr 1820 auf den Stufen des Justizpalastes in Salem eine Tomate aß, entsetzten sich die Vorübergehenden, weil sie an einen Selbstmord glaubten.*

# Pollo alla sarda

*Huhn auf sardische Art*

- 1 junges Huhn (ca. 1 1/2 kg)
- 200 g Hühnerleberchen
- 1 Stückchen Butter
- Olivenöl extra vergine
- 1 Lorbeerblatt
- 200-250 g Semmelbrösel
- 250 g reife Tomaten
- 2 Eier
- 80 g frisch geriebener Pecorino (oder Parmesan)
- 50 g Sultaninen, in warmem Wasser eingeweicht
- 1/2 Glas Milch
- Salz
- Pfeffer aus der Mühle
- 1 hartgekochtes Ei
- Saft von 1/2 Zitrone
- 2 Schöpflöffel heiße Fleischbrühe

• Das Huhn sorgfältig waschen und abtrocknen. Die Hühnerleberchen säubern, waschen und kleinhacken.
• Die Butter mit etwas Öl in einer Pfanne erhitzen. Hühnerleber und Lorbeerblatt hineingeben und 2 Minuten kräftig anbraten. Die Semmelbrösel hinzufügen und 5 Minuten auf kleiner Flamme weiterschmoren lassen.
• Die Tomaten inzwischen mit kochendem Wasser überbrühen, abziehen und in dünne Scheiben schneiden. Die Scheiben in die Pfanne geben und weitere 5 Minuten mitschmoren.
• Die Pfanne vom Feuer nehmen und 10 Minuten abkühlen lassen. Die rohen Eier, den Pecorino, die Sultaninen und die Milch hinzufügen. Alles sorgfältig vermischen, salzen und pfeffern.
• Das Huhn mit der Mischung füllen und das harte Ei in die Mitte geben.
• Eine feuerfeste Form einölen, das Huhn hineinlegen und 50 bis 60 Minuten im auf 200 Grad (Umluft 180 Grad, Gas Stufe 3 bis 4) vorgeheizten Ofen braten, dabei nach und nach mit Zitronensaft und Brühe beträufeln.

**Dauert etwa 2 Stunden**
**1 Portion = 4405 kJ/1052 kcal**

# Pollo arrosto ai profumi

*Brathuhn mit Kräutern*

- 1 junges Huhn (ca. 1200 g)
- Salz
- Pfeffer aus der Mühle
- 1 Knoblauchzehe, geschält
- 1 Zweiglein Rosmarin
- evtl. einige schwarze Oliven
- einige Salbeiblätter
- 50 g Schinkenspeck, kleingehackt
- Olivenöl extra vergine

• Das Huhn sorgfältig waschen und trockentupfen. Innen salzen und pfeffern und Knoblauchzehe, Rosmarin, Oliven, Salbei und Schinkenspeck hineingeben. Das Huhn mit Küchengarn zunähen und auch von außen leicht salzen.
• Eine feuerfeste Form leicht einölen und das Huhn hineinlegen. Im auf 200 Grad (Umluft 180 Grad, Gas Stufe 3 bis 4) vorgeheizten Ofen je nach Größe 40 bis 60 Minuten braten oder aber am Spieß grillen.

**Dauert etwa 1 Stunde 10 Minuten**
**1 Portion = 2002 kJ/479 kcal**

# Pollo alle erbe col profumo di grappa

## *Hähnchen mit Kräutern und Grappa*

- 1 Hähnchen
- 2 Zweiglein Thymian
- 1 Zweig Rosmarin
- 4 Salbeiblätter
- 1 EL Oreganoblättchen
- 1 Lorbeerblatt
- 1-2 Knoblauchzehen, fein gehackt
- Salz
- Pfeffer aus der Mühle
- 4-6 EL Grappa
- Olivenöl extra vergine

• Das Hähnchen waschen, trockentupfen und in nicht zu große Stücke zerteilen.
• Die Blätter von den Kräutern zupfen, waschen und trockentupfen.
• Alle Kräuterblätter grob hacken und mit Knoblauch, Salz und Pfeffer vermischen.
• Die Hähnchenstücke rundum damit einreiben, mit dem Grappa und etwas Olivenöl beträufeln und einige Stunden marinieren lassen. Zwischendurch wenden.
• Eine feuerfeste Form leicht einfetten, das Hähnchen hineinlegen und etwa 40 Minuten im auf 200 Grad (Umluft 180 Grad, Gas Stufe 3 bis 4) vorgeheizten Ofen garen.
• Die Hähnchenteile herausnehmen, abkühlen lassen und kalt servieren.

**Dauert etwa 50 Minuten (ohne Marinierzeit)**
**1 Portion = 1950 kJ/466 kcal**

*• Sie können das Grappa-Hähnchen natürlich auch warm servieren, aber kalt kommt das Aroma besser zur Geltung.*
*• Ein pikant mariniertes Hähnchen macht sich, dekorativ angerichtet, auf einem kalten Büfett sehr gut und ist ideal für den Picknickkorb. Zusammen mit Salat und einer herzhaften Sauce – z.B. Kapernsauce, Kartoffelsauce oder rohe Tomatensauce – können Sie es als leichtes Sommergericht servieren. Wichtig sind dafür allerdings frische Kräuter.*

## Polpette di pollo

*Hühnerfrikadellen*

- 600 g Hühnerfleisch
- 1 Brötchen
- 1/2 Glas Milch
- 25 g getrocknete Steinpilze
- 1-2 EL frisch geriebener Parmesan
- etwas fein gehackte Petersilie
- 1 Prise Majoran
- Salz
- Pfeffer aus der Mühle
- 1 Prise Muskatnuß
- 1-2 Eier
- Semmelbrösel zum Wenden
- Öl zum Fritieren

*Zu diesen Bällchen paßt sehr gut eine Tomatensauce.*

• Das Huhn durch den Fleischwolf drehen.
• Das Brötchen 10 Minuten in die Milch einlegen, die Pilze in etwas lauwarmem Wasser einweichen. Das Brötchen ausdrücken, die Pilze abtropfen lassen und beides kleinhacken.
• In einer Schüssel mit dem Hühnerfleisch sowie dem Parmesan, Petersilie, Majoran, Salz, Pfeffer, Muskatnuß und Ei vermischen.
• Aus der Mischung kleine Bällchen formen, in Semmelbröseln wenden und in reichlich heißem Öl fritieren. Heiß servieren.

**Dauert 30 bis 40 Minuten**
**1 Portion = 2436 kJ/582 kcal**

***Zur Abwechslung***
Nach Belieben können Sie die Bällchen auch mit gekochtem oder gebratenem Hühnerfleisch zubereiten und entsprechend kürzer ausbacken.

## Pollo alla cacciatora

*Huhn nach Jägerart*

- 1 junges Huhn (ca. 1200 g)
- 20 g Kapern
- 3 Sardellenfilets
- 1 Knoblauchzehe
- 3 reife Tomaten
- 1 Prise Oregano
- 1 Glas Weißwein
- Olivenöl extra vergine
- Salz
- Pfeffer aus der Mühle (oder fein gehackter Peperone oder Cayennepfeffer)

• Das Huhn in Stücke teilen, waschen und trockentupfen.
• Kapern, Sardellenfilets und Knoblauchzehe fein hacken.
• Die Tomaten mit heißem Wasser überbrühen, häuten, entkernen und kleinhacken. Zusammen mit den fein gehackten Zutaten in eine Schüssel geben, mit dem Wein übergießen und kurz ziehen lassen.
• Die Hühnerstücke inzwischen in etwas Olivenöl von beiden Seiten goldbraun anbraten.
• Die Tomatensauce zugießen, aufkochen lassen und das Huhn auf kleiner Flamme etwa 40 Minuten schmoren lassen.
• Mit Salz und Pfeffer abschmecken und heiß servieren.

**Dauert etwa 1 Stunde**
**1 Portion = 1975 kJ/472 kcal**

*Zur Abwechslung*

- Dieses Gericht gibt es in vielerlei Versionen. So können Sie Sardellen und Kapern auch fortlassen und statt dessen kleingeschnittenen Schinken zufügen.
- Oder Sie verwenden weder das eine noch das andere, würzen dafür aber zusätzlich mit Salbei und Rosmarin.
- Manchmal wird der Weißwein auch durch Rotwein oder trockenen Marsala ersetzt.

## Petto di pollo al cartoccio

*Hühnerbrust in Folie*

**2 Hühnerbrüste**
**Mehl zum Wenden**
**50 g Butter**
**2 Salbeiblätter**
**Salz**
**Weißwein**
**250 g Steinpilze (oder Champignons)**
**1 Knoblauchzehe, leicht zerquetscht**
**etwas Olivenöl extra vergine (oder Butter)**
**evtl. Pfeffer aus der Mühle**
**etwas fein gehackte Petersilie**
**100 g Schinkenspeck in Scheiben**
**etwas Fleischbrühe**
**1 Eiweiß**

- Die Hühnerbrüste halbieren und flachklopfen.
- Das Fleisch ganz leicht in Mehl wenden.
- Die Butter in einer Pfanne erhitzen. Die Hühnerbrüstchen hineingeben und von beiden Seiten goldbraun braten.
- Die Flamme kleiner stellen, die Salbeiblätter hinzufügen, salzen, das Fleisch mit etwas Weißwein beträufeln und 5 Minuten offen köcheln lassen.
- Die Pilze putzen und in Scheiben schneiden.
- In einer zweiten Pfanne den Knoblauch leicht in Öl andünsten. Die Pilze hinzufügen, salzen, nach Belieben auch pfeffern, und mit der Petersilie bestreuen. Etwas Weißwein darüberträufeln und 5 Minuten schmoren lassen.
- 4 große Stücke Alufolie zurechtschneiden. Jeweils ein Hühnerbrüstchen daraufgeben, die Pilze und die Speckscheiben gleichmäßig darüber verteilen und jeweils mit etwas Brühe beträufeln.
- Die Ränder der Folien mit Eiweiß bestreichen, sorgfältig verschließen und die Hühnerbrüstchen 15 Minuten im auf 200 Grad (Umluft 180 Grad, Gas Stufe 3 bis 4) vorgeheizten Ofen garen.

**Dauert etwa 40 Minuten**
**1 Portion = 2187 kJ/523 kcal**

*Zur Abwechslung*

- Nach Belieben können Sie noch etwas kleingehackte Tomate hinzufügen.
- Statt mit Pilzen können Sie das Gericht auch mit leicht vorgegarten Erbsen zubereiten.

*Die Medizinschule von Salerno, eine der ältesten der Welt, wurde bereits im 11. Jahrhundert gegründet, und ihr Gesundheitskodex galt lange als maßgebend in Europa. So heißt es in einem dieser uralten Rezepte: „Ist dir am Abend der Wein nicht bekommen, so trinke am anderen Morgen auf leeren Magen davon!“*

## Petto di pollo alla pizzaiola

*Hühnerbrust mit Tomaten und Mozzarella*

**2 Hühnerbrüste**
**Mehl zum Wenden**
**40 g Butter**
**Olivenöl extra vergine**
**1 Knoblauchzehe, kleingehackt**
**300 g pürierte Tomaten**
**Salz**
**Oregano**
**125 g Mozzarella**

*Im Sommer können Sie den Oregano auch durch frisches Basilikum ersetzen.*

- Die Hühnerbrüste halbieren und flachklopfen.
- Das Fleisch leicht in Mehl wenden.
- Die Butter und etwas Öl in einer Pfanne erhitzen. Die Hühnerbrüste darin einige Minuten auf großer Flamme von beiden Seiten goldbraun anbraten, anschließend herausnehmen.
- Den Knoblauch in der Pfanne andünsten.
- Das Tomatenpüree hinzugeben, salzen und 5 Minuten schmoren lassen.
- Die Hühnerbrüste wieder in die Pfanne geben, leicht salzen, mit etwas Oregano würzen und etwa 10 Minuten zugedeckt köcheln lassen.
- Den Mozzarella in 4 Scheiben schneiden, die Hühnerbrüste damit belegen und das Fleisch zugedeckt noch etwa 5 Minuten schmoren lassen, bis der Käse vollständig geschmolzen ist.

**Dauert etwa 40 Minuten**
**1 Portion = 1864 kJ/446 kcal**

## Petto di pollo alla milanese

*Hühnerbrust auf Mailänder Art*

**600 g Hühnerbrust**
**2 Eier**
**Salz**
**Mehl zum Wenden**
**Semmelbrösel zum Panieren**
**Olivenöl extra vergine**
**2 Zitronen**

- Das Fleisch in Scheiben schneiden.
- Die Eier mit etwas Salz verquirlen.
- Die Hühnerbrustscheiben zuerst leicht in Mehl wenden, dann durch das Ei ziehen und zuletzt gut mit Semmelbröseln panieren.
- In einer Pfanne etwas Öl erhitzen und das Huhn darin von beiden Seiten goldbraun anbraten. Einige Minuten auf kleiner Flamme weiterschmoren lassen, bis die Scheiben gut durchgegart sind.
- Die Zitronen in Scheiben schneiden.
- Das Huhn auf Küchenkrepp abtropfen lassen und noch heiß mit den Zitronenscheiben servieren.

**Dauert etwa 30 Minuten**
**1 Portion = 2154 kJ/515 kcal**

# Faraona al vino rosso

*Perlhuhn in Rotweinsauce*

- 1 Perlhuhn (ca. 1200 g)
- 30 g getrocknete Steinpilze
- 1 Zwiebel
- Olivenöl extra vergine
- evtl. 50 g fetter Speck, kleingewürfelt
- etwas Fleischbrühe (oder Wasser)
- Salz
- 1/2 l Rotwein
- Pfeffer aus der Mühle
- etwas frisch geriebene Muskatnuß
- 1 Lorbeerblatt
- einige Salbeiblätter
- 1 nußgroßes Stück Butter
- 1 TL Mehl

• Das Perlhuhn waschen, sorgfältig trockentupfen und in 4 oder 8 Teile zerlegen.
• Die Pilze 10 bis 15 Minuten in warmem Wasser einweichen, abtropfen lassen und das Einweichwasser zurückbehalten. Die Zwiebel schälen und fein würfeln, die Pilze fein hacken.
• Etwas Öl in einem Topf erhitzen, nach Belieben den Speck darin auslassen. Die Zwiebelwürfel hinzufügen und glasig dünsten. 1/2 Glas Brühe angießen und 5 Minuten einkochen lassen. Die Hühnerstücke in den Topf geben, salzen und etwa 5 Minuten von allen Seiten anbräunen.
• Die Pilze zusammen mit dem Einweichwasser hinzufügen. Gut umrühren und 1 Minute schmoren lassen.
• Den Rotwein angießen und mit Pfeffer, Muskatnuß, Lorbeer und Salbei würzen. Auf kleiner Flamme alles etwa 1 Stunde zugedeckt köcheln lassen.
• Das Perlhuhn aus dem Topf nehmen und warm stellen.
• Die Butter mit dem Mehl verrühren und die Sauce damit binden. Kurz aufkochen lassen und über die Hühnerstücke gießen. Dazu Kartoffelpüree oder Polenta servieren.

**Dauert etwa 1 Stunde 20 Minuten**
**1 Portion = 2177 kJ/519 kcal**

# Faraona al cartoccio

*Perlhuhn in der Folie*

- 1 Perlhuhn (ca. 1200 g)
- Salz
- Pfeffer aus der Mühle
- 1 Zweiglein frischer Rosmarin
- einige Salbeiblätter
- 1 Zweig Thymian
- 1 Knoblauchzehe, geschält
- einige Scheiben Schinkenspeck

• Das Perlhuhn waschen und trockentupfen. Innen salzen und pfeffern, alle Würzkräuter und die Knoblauchzehe hineingeben. Die Brustseite mit dem Schinkenspeck belegen und das ganze Huhn mit Küchengarn umwickeln.
• Ein großes Stück Alufolie abtrennen, das Huhn fest darin einwickeln und im auf 200 Grad (Umluft 180 Grad, Gas Stufe 3 bis 4) vorgeheizten Ofen 1 Stunde garen. Erst bei Tisch auswickeln und aufschneiden.

**Dauert etwa 1 Stunde 15 Minuten**
**1 Portion = 1801 kJ/430 kcal**

# Faraona con salsa di acciughe

*Perlhuhn mit Sardellensauce*

1 Perlhuhn (ca. 1200 g)
Salz
Pfeffer aus der Mühle
1 Lorbeerblatt
1 Knoblauchzehe, geschält
Olivenöl für die Form
ca. 10 Sardellenfilets
1 nußgroßes Stück Butter
fein gehackte Petersilie

- Das Perlhuhn waschen und gut trockentupfen. Innen mit Salz, Pfeffer, Lorbeerblatt und Knoblauchzehe würzen.
- Das Huhn in eine eingefettete Form geben und im auf 180 Grad (Umluft 160 Grad, Gas Stufe 2 bis 3) vorgeheizten Ofen etwa 1 Stunde braten. Zwischendurch immer wieder mit dem Bratensaft bestreichen.
- Anschließend das Perlhuhn herausnehmen und warm stellen. Den Bratensaft in ein Pfännchen gießen.
- Sardellenfilets und Butter hineingeben, auf kleiner Flamme völlig zerfallen lassen, etwas Petersilie untermischen und die Sauce zum Perlhuhn servieren.

**Dauert etwa 1 Stunde 20 Minuten**
**1 Portion = 1757 kJ/419 kcal**

# Anatra in tegame

*Ente in Weißwein*

1 küchenfertige Ente (ca. 1200 g)
**Für die Marinade:**
1/2 l Weißwein
1 Lorbeerblatt
1 Zwiebel, in Stücke geschnitten
1 Stange Bleichsellerie, in Stücke geschnitten
2 Gewürznelken
**Für die Sauce:**
1 Zwiebel
Olivenöl extra vergine
Salz
Pfeffer aus der Mühle
1 Knoblauchzehe, kleingehackt
etwas frischer Rosmarin
2 Salbeiblätter
3 Gläser Weißwein
Fleischbrühe

- Die Ente in Stücke zerlegen und waschen.
- Die Fleischstücke in eine große Schüssel geben und die Zutaten für die Marinade hinzufügen. Die Ente mindestens 4 Stunden im Kühlschrank marinieren lassen. Herausnehmen und sorgfältig trockentupfen.
- Die Zwiebel schälen, in feine Scheiben schneiden und zusammen mit etwas Öl in einer Kasserolle glasig dünsten. Die Entenstücke hineingeben und rundherum goldbraun anbraten. Salzen, pfeffern, Knoblauch, Rosmarin und Salbei hinzufügen und die Ente auf kleiner Flamme zugedeckt schmoren lassen.
- Nach 10 Minuten den Wein zugießen, nach weiteren 20 Minuten 1 Schöpflöffel heiße Brühe hinzufügen und alles noch etwa 20 Minuten köcheln lassen.
- Das Fleisch herausnehmen. Die Bratensauce mit einem Löffel oder mit Hilfe von Küchenkrepp entfetten und zur Ente servieren.

**Dauert etwa 1 Stunde 30 Minuten (ohne Marinierzeit)**
**1 Portion = 2514 kJ/599 kcal**

# Anatra al barolo

*Ente in Barolo*

- Die Ente waschen, gut trockentupfen und innen mit Salz, Pfeffer, Zitronensaft, 1 Knoblauchzehe und 1 Salbeiblatt einreiben.
- Die Ente so mit Küchengarn umwinden, daß Flügel und Schenkel am Körper anliegen.
- Die Zwiebel schälen, Karotten und Sellerie putzen. Den Sellerie in Stücke, Zwiebel und Karotten in Scheiben schneiden. Die zweite Knoblauchzehe fein hacken.
- In einer großen Kasserolle die Butter zusammen mit etwas Öl erhitzen. Karotten, Zwiebel, Sellerie, Knoblauch und Rosmarin darin leicht andünsten.
- Die Ente hineinlegen, salzen, pfeffern und rundherum kräftig anbraten.
- Etwas von dem Fett abschöpfen. Einige Salbeiblätter, Zimt, Gewürznelken, den Wein und 1 Schöpflöffel Brühe hinzufügen. Alles auf kleiner Flamme zugedeckt etwa 1 1/2 Stunden schmoren lassen.
- Die Ente aus dem Topf nehmen und tranchieren.
- Rosmarin, Salbei und Gewürznelken entfernen und die Sauce durch ein Sieb streichen.
- Die Sauce in den Topf zurückgeben, aufkochen lassen, die Entenstücke hineingeben und noch einige Minuten köcheln lassen.
- Die Entenstücke auf einer großen Platte anrichten und mit der Sauce übergießen.

**Dauert etwa 2 Stunden**
**1 Portion = 2953 kJ/704 kcal**

**1 küchenfertige Ente (ca. 1200 g)**
**Salz**
**Pfeffer aus der Mühle**
**Saft von 1/2 Zitrone**
**2 Knoblauchzehen, geschält**
**einige Salbeiblätter**
**1 Zwiebel**
**3 Karotten**
**1 Stange Bleichsellerie**
**50 g Butter**
**Olivenöl extra vergine**
**1 Zweiglein Rosmarin**
**1 Stück Zimtstange**
**2 Gewürznelken**
**1/2 l Barolo**
**Fleischbrühe**

*Sie können statt Barolo natürlich auch einen anderen guten Rotwein verwenden.*

# Anatra alla pugliese

*Ente aus Apulien*

- 1 küchenfertige Ente (ca. 1200 g)
- Salz
- Pfeffer aus der Mühle
- Saft von 1/2 Zitrone
- 1 Knoblauchzehe, geschält
- einige Salbeiblätter
- 1 Zwiebel
- 1 Karotte
- 1 Stange Bleichsellerie
- 70 g nicht zu magerer roher Schinken
- Olivenöl extra vergine
- 1 Zweiglein Rosmarin
- 1 Glas Weißwein
- heiße Fleischbrühe
- 200 g große grüne oder schwarze Oliven

• Die Ente waschen, gut trockentupfen und innen mit Salz, Pfeffer, Zitronensaft, Knoblauch und 1 Salbeiblatt einreiben. Mit Küchengarn so umwinden, daß Flügel und Schenkel am Körper anliegen.
• Die Zwiebel abziehen, Karotte und Sellerie putzen. Das Gemüse zusammen mit dem Schinken kleinhacken und in einer großen Kasserolle in etwas Olivenöl anschmoren.
• Die Ente hineingeben, salzen und pfeffern und kräftig von allen Seiten anbraten.
• Etwas Fett abschöpfen. Einige Salbeiblätter und den Rosmarin hinzufügen. Den Wein zugießen und im offenen Topf auf kleiner Flamme völlig einkochen lassen.
• 2 Schöpflöffel Brühe hinzufügen und die Ente etwa 1 1/2 Stunden zugedeckt schmoren lassen. Falls nötig, noch ein wenig Brühe nachgießen.
• 10 Minuten vor Ende der Garzeit die Oliven hineingeben.
• Das Küchengarn lösen. Die Ente aufschneiden und zusammen mit der Bratensauce servieren.

**Dauert 1 1/2 bis 2 Stunden**
**1 Portion = 3202 kJ/764 kcal**

# Anatra arrosto

*Bratente*

- 1 küchenfertige Ente (ca. 1200 g)
- 1 Lorbeerblatt
- 1 Zweiglein Rosmarin
- einige Salbeiblätter
- Salz
- Pfeffer aus der Mühle
- 1 Stück unbehandelte Zitronenschale
- Olivenöl extra vergine

• Die Ente waschen, trockentupfen und innen mit Lorbeerblatt, Rosmarin, Salbei, Salz, Pfeffer und Zitronenschale einreiben. Mit Küchengarn so umwinden, daß Flügel und Schenkel am Körper anliegen.
• In einer großen Pfanne etwas Öl erhitzen und die Ente darin rundherum anbraten.
• Eine feuerfeste Form einölen und die Ente hineinlegen. Im auf 200 Grad (Umluft 180 Grad, Gas Stufe 3 bis 4) vorgeheizten Ofen 1 1/2 Stunden braten. Zwischendurch immer wieder den Bratfond über die Ente träufeln.

**Dauert etwa 2 Stunden**
**1 Portion = 2260 kJ/539 kcal**

## Coniglio alla ligure

*Kaninchen aus Ligurien*

- 1 Kaninchen (ca. 1 kg)
- 1 Zwiebel
- 2 Knoblauchzehen
- ca. 60 g Pinienkerne
- Olivenöl extra vergine
- 1 Zweiglein Thymian
- 1 Lorbeerblatt
- 1 Zweiglein Rosmarin
- Salz
- 1 Glas trockener Weißwein
- heiße Fleischbrühe
- 100 g kleine schwarze Oliven

• Das Kaninchen in Stücke zerlegen, Leber und Nieren beiseite legen. Zwiebel und Knoblauch schälen und fein hacken. Zusammen mit den Pinienkernen in einem Terracottagefäß oder schweren Topf in etwas Öl andünsten.

• Die Kaninchenstücke hinzufügen und von allen Seiten bei starker Hitze anbraten. Die Hitze herunterschalten. Thymian, Lorbeer, Rosmarin und Salz hinzufügen, gut umrühren und 1 Minute mitschmoren lassen.

• Mit dem Wein übergießen und das Fleisch zugedeckt gut 15 Minuten schmoren lassen, bis der Wein völlig eingekocht ist. 1 Schöpflöffel Fleischbrühe, die Oliven sowie Leber und Nieren hinzufügen. Weitere 40 bis 50 Minuten auf kleinster Flamme köcheln lassen.

• Leber und Nieren entweder extra servieren oder pürieren und unter die Sauce rühren.

*Als Weißwein empfiehlt sich besonders ein Vermentino aus Ligurien.*

**Dauert etwa 1 Stunde 40 Minuten**
**1 Portion = 1866 kJ/446 kcal**

## Coniglio alla romana

*Kaninchen auf römische Art*

- 1 Kaninchen (ca. 1 kg)
- Mehl zum Wenden
- Olivenöl extra vergine
- 2 Knoblauchzehen
- 4 Sardellenfilets
- 1 Zweiglein Rosmarin
- Salz
- Pfeffer aus der Mühle
- 1 kleines Glas Weinessig
- evtl. Fleischbrühe

• Das Kaninchen in Stücke zerlegen, leicht in Mehl wenden und mit wenig Öl in einer Pfanne von allen Seiten rundum anbraten. Das Fleisch aus der Pfanne heben und mit Küchenkrepp gut trockentupfen. Das Öl in einen schweren Topf geben.

• Den Knoblauch abziehen und zusammen mit Sardellenfilets und Rosmarin fein hacken.

• Die Kaninchenstücke in den Topf geben, leicht salzen und pfeffern, Knoblauch, Sardellen, Rosmarin und Essig zufügen und alles auf kleinster Flamme 50 bis 60 Minuten zugedeckt schmoren lassen. Zwischendurch mehrmals wenden, eventuell noch etwas Wasser oder heiße Fleischbrühe hinzufügen.

**Dauert etwa 1 Stunde 15 Minuten**
**1 Portion = 1195 kJ/286 kcal**

## Coniglio all'emiliana

*Kaninchen aus der Emilia*

- 1 Kaninchen (ca. 1 kg)
- 3-4 Wacholderbeeren
- 1 Knoblauchzehe, geschält
- 3-4 Salbeiblätter
- etwas Rosmarin
- Salz
- Pfeffer aus der Mühle
- 1/2 Glas Weinessig
- 1 Glas Olivenöl extra vergine

• Das Kaninchen in Stücke zerlegen. Wacholderbeeren, Knoblauch, Salbei und Rosmarin fein hacken.

• Das Kaninchen in ein Gefäß geben, die Gewürze zufügen, salzen und pfeffern und mit Essig und Öl übergießen. Einige Stunden marinieren, am besten über Nacht, zwischendurch hin und wieder wenden.

• Das Kaninchen zusammen mit der Marinade in einen Topf geben und zugedeckt etwa 75 Minuten schmoren lassen. Den Deckel abnehmen und den Sud etwas einkochen lassen. Das Kaninchen heiß servieren.

**Dauert etwa 1 Stunde 30 Minuten (ohne Marinierzeit)**
**1 Portion = 1780 kJ/425 kcal**

## Coniglio in fricassea

*Kaninchenragout*

- 1 Kaninchen (ca. 1 kg)
- Salz
- 25-30 g getrocknete Steinpilze
- 1 Zwiebel
- 2 Knoblauchzehen
- 50 g Schinkenspeck
- 40 g Butter
- Olivenöl extra vergine
- Mehl zum Wenden
- 1 Lorbeerblatt
- etwas Rosmarin, kleingehackt
- 1 Glas Weißwein
- heiße Fleischbrühe
- 3 Eigelb
- Saft von 1 Zitrone
- 1 abgeriebene unbehandelte Zitronenschale
- 1 Handvoll kleingehackte Petersilie
- evtl. 1 EL frisch geriebener Parmesan

• Das Kaninchen in Stücke zerlegen, Leber und Nieren beiseite legen.

• Die Fleischstücke 1 bis 2 Minuten in kochendes Salzwasser geben, abgießen und sofort unter kaltem Wasser abschrecken. Anschließend gut abtrocknen.

• Die Pilze in einem Glas lauwarmem Wasser einweichen. Zwiebel und Knoblauch abziehen.

• Die Zwiebel mit dem Schinkenspeck kleinhacken. Beides in der Butter und etwas Öl in einem Terracottatopf oder schweren Topf andünsten.

• Die Kaninchenstücke leicht in Mehl wenden und zusammen mit dem Knoblauch in den Topf geben. Von allen Seiten kräftig anbraten.

• Die Flamme kleiner stellen. Lorbeer, Rosmarin, Salz und Wein hinzufügen und alles zugedeckt etwa 15 Minuten schmoren lassen, bis der Wein völlig eingekocht ist.

• Die Pilze abgießen, das Einweichwasser auffangen und abseihen. Pilze, Leber und Nieren fein hacken.

• 1 Schöpflöffel Brühe, Pilze, Einweichwasser, Leber und Nieren zum Kaninchen geben und weitere 40 bis 50 Minuten zugedeckt auf kleinster Flamme köcheln lassen.

• Inzwischen in einer Schüssel die Eigelbe mit Zitronensaft, Zitronenschale und Petersilie verquirlen, nach Belieben auch den Parmesan hinzufügen.
• Die Kaninchenstücke aus dem Topf heben und die Sauce noch etwas einkochen lassen, falls sie zu flüssig ist. Die verquirlten Eigelbe hineinrühren, das Fleisch in den Topf zurückgeben, gut umrühren, kurz ziehen lassen und sofort auf den Tisch bringen.

**Dauert etwa 1 Stunde 40 Minuten**
**1 Portion = 2286 kJ/546 kcal**

## Coniglio in agrodolce alla siciliana

*Kaninchen süßsauer auf sizilianische Art*

1 Kaninchen (ca. 1 kg)
**Für die Marinade:**
2 Gläser Rotwein
1 Zwiebel, in Scheiben geschnitten
2 Gewürznelken
1 Bund Petersilie, gehackt
1 Lorbeerblatt
1-2 Salbeiblätter
einige Pfefferkörner
1 Knoblauchzehe, geschält
**Für die Sauce:**
1/2 Zwiebel
50 g Schinkenspeck
50 g Pinienkerne
Olivenöl extra vergine
Mehl zum Wenden
1 Lorbeerblatt
Salz
Pfeffer aus der Mühle
50 g Sultaninen
heiße Fleischbrühe
2 EL Zucker
1 Gläschen Essig

• Das Kaninchen in Stücke schneiden, waschen, trocknen und in eine Schüssel geben. Alle Zutaten für die Marinade in einen Topf geben, aufkochen lassen und über das Kaninchen gießen. Das Fleisch mehrere Stunden, nach Möglichkeit über Nacht in der Marinade ziehen lassen.
• Zwiebel und Schinkenspeck kleinhacken, zusammen mit den Pinienkernen in einem Topf mit etwas Öl andünsten.
• Die Kaninchenstücke aus der Marinade nehmen, gut abtrocknen, leicht in Mehl wenden und im Topf von allen Seiten scharf anbraten. Die Hitze reduzieren, Lorbeerblatt, Salz, Pfeffer und Sultaninen hinzufügen, gut umrühren und 1 Minute schmoren lassen.
• Die Marinade abseihen und über das Kaninchen gießen. Auf kleiner Flamme zugedeckt etwa 30 Minuten schmoren lassen, bis die Flüssigkeit völlig eingekocht ist.
• 1 bis 2 Schöpflöffel Brühe hinzufügen und das Fleisch auf kleinster Flamme weitere 40 Minuten köcheln lassen.
• Kurz vor Ende der Garzeit den Zucker in einer Pfanne karamelisieren lassen, bis er hellgelb ist. Den Essig hinzufügen, kurz einkochen lassen und die Mischung über das Kaninchen gießen. Die Sauce noch etwas einkochen lassen und das Kaninchen heiß servieren.

**Dauert etwa 1 Stunde 40 Minuten (ohne Marinierzeit)**
**1 Portion = 2246 kJ/537 kcal**

# Coniglio alla langarola

*Kaninchen aus der Langhe*

**1 Kaninchen (ca. 1 kg)**
**350 g frische Steinpilze (oder Zuchtpilze)**
**25 g getrocknete Steinpilze**
**1 Zwiebel**
**2 Knoblauchzehen**
**1 Stange Bleichsellerie**
**1 Karotte**
**40 g Butter**
**Olivenöl extra vergine**
**1 Glas Rotwein**
**Salz**
**1 EL Tomatenmark**
**heiße Fleischbrühe**
**1 Lorbeerblatt**
**1 Zweig Rosmarin**

*Die ideale Beilage zu diesem Gericht ist Polenta.*

- Das Kaninchen in Stücke schneiden, Leber und Nieren beiseite legen.
- Die frischen Pilze putzen und in Stücke schneiden. Die getrockneten Pilze in 1 Glas warmem Wasser einweichen.
- Zwiebel und Knoblauch abziehen, Sellerie und Karotte putzen. Alles fein schneiden.
- Die eingeweichten Pilze abtropfen lassen und kleinschneiden. Das Einweichwasser auffangen und abseihen.
- Das Kaninchen in 20 Gramm Butter und wenig Öl in einem Terracottagefäß oder einem schweren Topf von allen Seiten kräftig anbraten und so lange schmoren lassen, bis die austretende Flüssigkeit völlig eingekocht ist. Die Kaninchenstücke herausnehmen und warm stellen.
- Die restliche Butter und noch etwas Öl in den Topf geben. Zwiebel, Knoblauch, Sellerie, Karotte und die getrockneten Pilze auf kleiner Flamme darin andünsten. Das Fleisch wieder hinzugeben und einige Minuten unter ständigem Wenden schmoren lassen.
- Den Wein aufgießen, salzen und auf niedriger Stufe zugedeckt gut 15 Minuten weiterschmoren lassen, bis der Wein völlig eingekocht ist.
- Inzwischen Leber und Nieren kleinschneiden. Das Tomatenmark in 1 Schöpflöffel Brühe auflösen.
- Die frischen Pilze, das aufgelöste Tomatenmark, Leber und Nieren, Lorbeerblatt, Rosmarin und das Pilz-Einweichwasser hinzufügen. Weitere 40 Minuten auf kleinster Flamme köcheln lassen.

**Dauert etwa 1 Stunde 40 Minuten**
**1 Portion = 1784 kJ/427 kcal**

## Coniglio al pomodoro

*Kaninchen in Tomatensauce*

- Das Kaninchen in Stücke zerlegen.
- Zwiebel und Knoblauch schälen, Sellerie und Karotte putzen und alles kleinhacken. Das Gemüse in etwas Olivenöl anschmoren, das Kaninchen hinzufügen und von allen Seiten gut anbraten.
- Salzen, pfeffern und den Wein zugießen, auf großer Flamme im offenen Topf einkochen lassen.
- Das Tomatenpüree, 1 Schöpflöffel Fleischbrühe, 1 Prise Oregano und das Lorbeerblatt hinzufügen und alles 1 Stunde auf kleiner Flamme zugedeckt schmoren lassen.

**Dauert etwa 1 Stunde 30 Minuten**
**1 Portion = 1355 kJ/324 kcal**

***Zur Abwechslung***
Nach Belieben können Sie zusammen mit den Tomaten 50 Gramm schwarze oder grüne Oliven oder 2 kleingeschnittene Paprikaschoten hinzufügen.

**1 Kaninchen (ca. 1 kg)**
**1 Zwiebel**
**1 Knoblauchzehe**
**1 Stange Bleichsellerie**
**1 Karotte**
**Olivenöl extra vergine**
**Salz**
**frisch gemahlener Pfeffer (oder Cayennepfeffer oder 1 frischer scharfer Peperone)**
**1/2 Glas Wein (rot oder weiß)**
**300 g pürierte Tomaten**
**heiße Fleischbrühe**
**Oregano**
**1 Lorbeerblatt**

## Coniglio fritto

*Fritiertes Kaninchen*

- Das Fleisch in nicht zu dicke Stücke schneiden. In eine Schüssel geben, Olivenöl, Zitronensaft, Salbeiblätter und Pfeffer hinzufügen. Gut umrühren und an einem kühlen Ort mindestens 1 Stunde ziehen lassen.
- Die Eier mit etwas Salz verquirlen. Das Fleisch aus der Marinade nehmen, trockentupfen, durch das Ei ziehen und in den Semmelbröseln wenden.
- Das Fleisch in reichlich heißem Öl etwa 10 Minuten fritieren, zwischendurch nur einmal wenden. Nicht zu viele Stücke auf einmal fritieren, damit das Öl seine Temperatur behält. Die Kaninchenstücke nach und nach auf Küchenkrepp abtropfen lassen, warm stellen und mit den Zitronenscheiben servieren.

**Dauert etwa 30 Minuten (ohne Marinierzeit)**
**1 Portion = 3429 kJ/819 kcal**

**1 kg entbeinter Kaninchenrücken**
**3 EL Olivenöl extra vergine**
**Saft von 1/2 Zitrone**
**einige Salbeiblätter**
**etwas Pfeffer aus der Mühle**
**3 Eier**
**Salz**
**Semmelbrösel zum Panieren**
**Öl zum Ausbacken**
**1 Zitrone, in Scheiben geschnitten**

# Coniglio alla marchigiana

*Kaninchen aus den Marken*

**1 Kaninchen (ca. 1 kg), möglichst mit Leber und Lungen**
**Salz**
**Pfeffer**
**200-250 g Fenchelgrün**
**1 Knoblauchzehe, geschält**
**100 g Schinkenspeck**
**100 g Salami**
**50 g roher Schinken**
**Olivenöl extra vergine**
**1 Glas Weißwein**

- Das Kaninchen waschen und gut abtrocknen. Innen und außen leicht salzen und pfeffern.
- Das Fenchelgrün waschen, zusammen mit der Knoblauchzehe in einen Topf geben, mit Wasser bedecken und etwa 10 Minuten garen lassen.
- Den Knoblauch herausnehmen. Das Fenchelgrün abgießen, gut ausdrücken und fein hacken. Das Kochwasser auffangen.
- Leber und Lungen in Scheibchen schneiden.
- Schinkenspeck, Salami und rohen Schinken fein hacken. Zusammen mit dem Fenchelgrün in einem Topf mit etwas Öl leicht andünsten.
- Den Topf vom Feuer nehmen, Leber- und Lungenscheibchen unterrühren und die Mischung in das Kaninchen füllen. Die Bauchöffnung mit Küchengarn verschließen.
- Eine große feuerfeste Form einölen, das Kaninchen hineinlegen und im auf 200 Grad (Umluft 180 Grad, Gas Stufe 3 bis 4) vorgeheizten Ofen 15 bis 20 Minuten von beiden Seiten anbraten.
- Mit dem Wein begießen und etwa 20 Minuten weiterschmoren lassen, bis der Wein völlig eingekocht ist.
- Das Kaninchen mit dem Fenchelkochwasser begießen, noch etwa 40 Minuten weiterköcheln lassen und dabei hin und wieder wenden.
- Den Braten in Stücke teilen und heiß auf den Tisch bringen.

**Dauert etwa 2 Stunden**
**1 Portion = 2350 kJ/562 kcal**

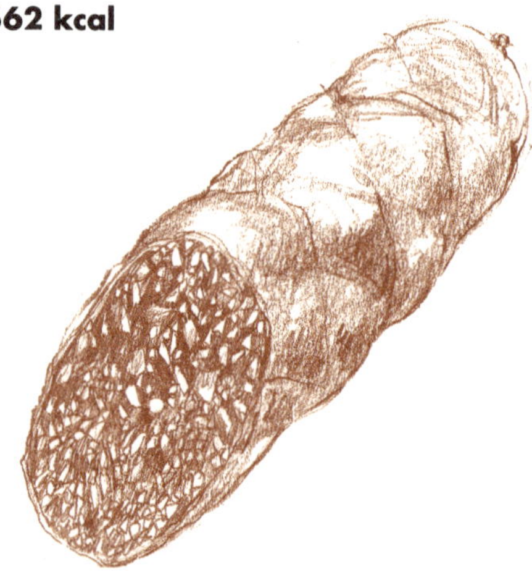

# Coniglio con gremolada

*Kaninchen mit Nußsauce*

- 1 Kaninchen (ca. 1 kg)
- 1 kleine Zwiebel
- 2 Knoblauchzehen
- 50 g Schinkenspeck
- 40 g Butter
- Olivenöl extra vergine
- 1 Lorbeerblatt
- Salz
- 1 Glas Weißwein
- Fleischbrühe

**Für die Sauce:**

- ca. 8 Walnußkerne, kleingehackt
- 1 Handvoll fein gehackte Petersilie
- 1 knapper EL frischer Rosmarin, fein gehackt
- 1/2 abgeriebene unbehandelte Zitronenschale

- Das Kaninchen in Stücke zerlegen, Leber und Nieren beiseite legen.
- Zwiebel und Knoblauch abziehen und zusammen mit dem Schinkenspeck kleinhacken.
- Die Zwiebel auf kleiner Flamme in einem Terracottatopf oder einem anderen schweren Topf in Butter und etwas Öl glasig dünsten. Knoblauch und Schinkenspeck hinzufügen und einige Minuten mitdünsten.
- Das Fleisch hinzugeben und von allen Seiten kräftig anbraten.
- Das Lorbeerblatt hinzufügen, salzen, mit dem Wein begießen und auf niedriger Stufe zugedeckt gut 15 Minuten schmoren lassen, bis der Wein völlig eingekocht ist.
- 1 Schöpflöffel Brühe sowie Leber und Nieren hinzufügen. Das Kaninchen weitere 40 bis 50 Minuten auf kleinster Flamme weiterköcheln lassen.
- Inzwischen alle Zutaten für die Sauce miteinander vermischen, kurz vor Ende der Garzeit in den Topf geben und noch einige Minuten mitköcheln lassen.
- Leber und Nieren entweder extra servieren oder aber im Mixer pürieren und unter die Sauce mischen.

**Dauert etwa 1 Stunde 40 Minuten**
**1 Portion = 1995 kJ/477 kcal**

***Zur Abwechslung***
Statt Fleischbrühe können Sie auch 400 Gramm pürierte Tomaten zum Fleisch geben.

# Lepre in agrodolce

*Hase süßsauer*

- 1 gut abgehangener Hase (ca. 1 1/2 kg)
- Olivenöl extra vergine
- 2 Knoblauchzehen, geschält
- 1 Zweiglein Rosmarin
- 1 Zwiebel
- 1 Karotte
- 1 Stange Bleichsellerie
- einige Stengel Petersilie
- evtl. etwas Butter
- 1 Lorbeerblatt
- einige Salbeiblätter
- Salz
- Pfeffer aus der Mühle
- 1 Glas Rotwein
- 300 g pürierte Tomaten
- heiße Fleischbrühe
- 100 g Pinienkerne
- 70 g Sultaninen, eingeweicht
- 1 EL kandierte Früchte, kleingehackt
- 2 EL Kakaopulver
- 1 1/2 EL Zucker
- 1/2 Glas Weinessig

• Den Hasen vom Metzger in nicht zu große Stücke zerlegen lassen.
• Eine große Pfanne leicht einölen und die Fleischstücke zusammen mit 1 Knoblauchzehe und 1/2 Rosmarinzweig hineingeben.
• Das Fleisch auf kleiner Flamme zugedeckt 10 bis 15 Minuten schmoren lassen. Die ausgetretene Flüssigkeit abgießen.
• Die Zwiebel abziehen, Karotte und Sellerie putzen. Das Gemüse zusammen mit der zweiten Knoblauchzehe und der Petersilie fein hacken und in einer Kasserolle in etwas Olivenöl oder Butter andünsten.
• Das Fleisch hineingeben und von allen Seiten kräftig anbraten. Lorbeer und Salbei hinzufügen, salzen und pfeffern. Den Wein zugießen und einkochen lassen.
• Das Tomatenpüree und 1 Schöpflöffel Brühe zufügen.
• Den Topf zudecken und alles gut 1 1/2 Stunden leicht köcheln lassen, bis das Fleisch ganz weich ist. Hin und wieder etwas heiße Brühe hinzugeben, falls zuviel Flüssigkeit verkocht.
• Inzwischen die Pinienkerne in etwas Öl in einer Pfanne anrösten.
• Sultaninen, kandierte Früchte, Kakao, Zucker und ein Gläschen Brühe hinzufügen.
• Alles aufkochen lassen, mit dem Schneebesen oder einer Gabel gut durchmischen und 10 Minuten auf kleiner Flamme köcheln lassen.
• Zum Schluß den Essig in die Pfanne geben, die Sauce nochmals gut umrühren und über das Fleisch gießen.
• Bei starker Hitze den Hasen noch 5 bis 10 Minuten unter Rühren kochen lassen. Mit Polenta oder Kartoffelpüree servieren.

**Dauert etwa 3 Stunden**
**1 Portion = 3220 kJ/770 kcal**

*Sie können den Hasen auch einen Tag im voraus zubereiten, weil er aufgewärmt fast noch besser schmeckt.*

# Cinghiale in umido

*Geschmortes Wildschwein*

- Das Fleisch in nicht zu kleine Stücke schneiden und in eine große Schüssel geben.
- Alle Zutaten für die Marinade hinzufügen und das Fleisch mindestens 12 Stunden, besser über Nacht, an einem kühlen Ort ziehen lassen.
- Für die Sauce Zwiebel, Karotten und Sellerie putzen und kleinhacken.
- Das Gemüse in einer Kasserolle in etwas Öl andünsten.
- Das Fleisch aus der Marinade nehmen, trockentupfen und zum Gemüse geben. 10 Minuten kräftig rundherum anschmoren.
- Lorbeer, Rosmarin, Gewürznelken, Wein, Tomatenpüree und 1 Schöpflöffel Brühe hinzufügen. Salzen und pfeffern.
- Das Wildschwein auf kleinster Flamme 2 1/2 bis 3 Stunden schmoren lassen, dabei hin und wieder umrühren. Etwas Fleischbrühe hinzufügen, falls die Sauce zu sehr einkocht.
- Das Fleisch mit der Sauce zusammen mit Kartoffelpüree oder Polenta servieren.

**Dauert 3 bis 3 1/2 Stunden (ohne Marinierzeit)**
**1 Portion = 2199 kJ/525 kcal**

**1200 g gut abgehangenes Fleisch vom Wildschwein**

**Für die Marinade:**

**1 Zwiebel, kleingeschnitten**
**2 Karotten, kleingeschnitten**
**2 Stangen Bleichsellerie, kleingeschnitten**
**1 Zweig Rosmarin**
**2 Lorbeerblätter**
**3 Gewürznelken**
**einige Pfefferkörner**
**1 l kräftiger Rotwein**

**Für die Sauce:**

**1 Zwiebel**
**2 Karotten**
**1 Stange Bleichsellerie**
**Olivenöl extra vergine**
**1 Lorbeerblatt**
**1 Zweig Rosmarin**
**2 Gewürznelken**
**knapp 3/4 l Rotwein**
**400 g pürierte Tomaten**
**heiße Fleischbrühe**
**Salz**
**Pfeffer aus der Mühle (oder Cayennepfeffer)**

# Capriolo arrosto

*Gebratener Rehschlegel*

**ca. 1200 g Rehschlegel oder -schulter**

**Für die Marinade:**
**knapp 1 l Rotwein**
**1 Gläschen Weinessig**
**2 Karotten, kleingeschnitten**
**1 Stange Bleichsellerie, kleingeschnitten**
**1 Zwiebel, in Stücke geschnitten**
**1 Knoblauchzehe, geschält**
**1 Lorbeerblatt**
**1 Zweig Rosmarin**
**1 Zweiglein Thymian**
**2 Gewürznelken**

**Zum Braten:**
**Salz**
**Pfeffer aus der Mühle**
**70 g fetter Speck**
**einige Zweiglein frischer Rosmarin**
**50 g weiche Butter**
**evtl. Rotwein**

**Für die Sauce:**
**30 g Butter**
**1 EL Mehl**
**1 Glas Rotwein**
**1 Schöpflöffel heiße Fleischbrühe**

- Den Rehschlegel waschen, trockentupfen und in ein ausreichend großes Gefäß legen.
- Sämtliche Zutaten für die Marinade hinzugeben und das Fleisch einen Tag marinieren.
- Den Rehschlegel aus der Marinade nehmen, trockentupfen, leicht salzen und pfeffern.
- Den Speck in Stifte schneiden.
- Das Fleisch an mehreren Stellen mit einem scharfen Messer einschneiden. In jede Öffnung etwas Speck und Rosmarin stecken.
- Rundherum mit der weichen Butter bestreichen und in einen Bräter legen.
- In den auf 250 Grad (Umluft 230 Grad, Gas Stufe 6) vorgeheizten Ofen schieben und 20 Minuten braten. Zwischendurch das Fleisch mehrmals umdrehen und mit dem Bratenfond beträufeln.
- Die Hitze auf 180 Grad (Umluft 160 Grad, Gas Stufe 2 bis 3) reduzieren und den Rehschlegel noch eine gute Stunde schmoren lassen. Nach Belieben zwischendurch mit etwas Wein beträufeln.
- Das Fleisch aus der Form nehmen und warm stellen.
- Butter und Mehl zum Bratenfond geben, gut umrühren und mit dem Rotwein löschen. Etwas einkochen lassen und die Brühe hinzufügen.
- Die Sauce gut umrühren und köcheln lassen, bis sie ein wenig eingedickt ist.
- Die Sauce nochmals abschmecken und zum Rehschlegel servieren.

**Dauert etwa 2 Stunden 30 Minuten (ohne Marinierzeit)**
**1 Portion = 2470 kJ/590 kcal**

*Nach Belieben können Sie die Marinade zunächst kurz aufkochen, abkühlen lassen und erst dann über das Fleisch gießen.*

# Capriolo in umido

*Rehragout*

- 1 kg Rehfleisch
- **Für die Marinade:**
- knapp 1 l Rotwein
- 1 Gläschen Weinessig
- 2 Karotten, kleingeschnitten
- 1 Stange Bleichsellerie, kleingeschnitten
- 1 Zwiebel, in Stücke geschnitten
- 1 Knoblauchzehe, geschält
- 1 Lorbeerblatt
- 1 Zweig Rosmarin
- 1 Prise Thymian
- 2 Gewürznelken
- **Für die Sauce:**
- 1 Zwiebel
- 1 Stange Bleichsellerie
- 2 Karotten
- 30 g fetter Speck
- Olivenöl extra vergine
- 2 Gläser Rotwein
- Thymian
- 1 Lorbeerblatt
- 1 Zweig Rosmarin
- einige Wacholderbeeren
- Fleischbrühe
- Salz
- evtl. Pfeffer aus der Mühle

• Das Fleisch waschen, trockentupfen, in Stücke schneiden und in eine große Schüssel geben.
• Alle Zutaten für die Marinade zusammen aufkochen, etwas abkühlen lassen und über das Fleisch gießen. Einen Tag ziehen lassen.
• Für die Sauce Zwiebel, Sellerie und Karotten putzen und mit dem fetten Speck kleinschneiden. Alles in etwas Olivenöl andünsten.
• Das Fleisch aus der Marinade nehmen, in den Topf geben und rundum kräftig anbraten. Den Wein angießen.
• Thymian, Lorbeer, Rosmarin, Wacholder und 1 Schöpflöffel heiße Brühe hinzufügen und alles aufkochen lassen.
• Die Flamme kleiner stellen. Das Fleisch salzen, nach Belieben auch pfeffern. 1 1/2 bis 2 Stunden schmoren lassen und etwas Brühe hinzufügen, falls die Sauce zu sehr einkocht.
• Das Fleisch herausnehmen und warm stellen. Den Bratenfond loskochen und extra zum Fleisch servieren. Dazu schmeckt sehr gut eine Polenta.

**Dauert etwa 3 Stunden**
**1 Portion = 1641 kJ/392 kcal**

*Zur Abwechslung*
Auf die gleiche Weise können Sie natürlich auch anderes Wildbret zubereiten.

# Pesce e crostacei

# Fisch und Krustentiere

*Wenn nicht anders angegeben, sind alle Rezepte für 4 Portionen berechnet.*

Die italienische Halbinsel ist von Meer umgeben, und dementsprechend viele Fischrezepte haben sich hier entwickelt.
Im folgenden Kapitel finden Sie eine reiche Auswahl an Rezepten für köstliche Fisch- und Meeresfrüchtegerichte wie sie in den verschiedenen Regionen Italiens zubereitet werden. Doch gilt dabei immer als erste Regel, daß der Fisch möglichst frisch sein soll und man ihn zwar würzig zubereitet, aber nicht mit allzu vielen Zutaten erschlagen darf!

# Branzino con i frutti di mare

*Seebarsch mit Meeresfrüchten*

- Den Barsch schuppen, ausnehmen und waschen. Innen leicht mit Thymian und Petersilie würzen, salzen und pfeffern. Die Miesmuscheln putzen, waschen und mit der Knoblauchzehe, 1/2 Glas Wein und 100 Gramm Tomaten auf kleiner Flamme 5 bis 10 Minuten garen, bis die Muscheln sich geöffnet haben (ungeöffnete wegwerfen).
- Vom Feuer nehmen und jeweils diejenige Hälfte der Schale entfernen, an der die Muschel nicht befestigt ist. Den Sud durch ein Sieb streichen und beiseite stellen.
- Die Venusmuscheln in einen leicht eingeölten Topf geben. 1/2 Glas Wein und den Peperone hinzufügen und die Venusmuscheln einige Minuten zugedeckt auf kleiner Flamme garen, bis sie sich geöffnet haben. Herausnehmen und den Sud sorgfältig abseihen, weil sich womöglich Sand am Boden abgesetzt hat.
- Eine große Form einölen und den Fisch hineinlegen.
- Die Oliven, den restlichen Wein, etwas Petersilie, die Tintenfischringe, Garnelen und Kapern, die restlichen Tomaten und den abgeseihten Sud von Mies- und Venusmuscheln hinzugeben. Sparsam salzen.
- Den Fisch je nach Größe 15 bis 30 Minuten bei etwa 200 Grad (Umluft 180 Grad, Gas Stufe 3 bis 4) im vorgeheizten Ofen garen.
- 5 Minuten vor Ende der Kochzeit die Mies- und Venusmuscheln hinzugeben und nochmals Petersilie darüberstreuen.

**Dauert etwa 1 Stunde und 10 Minuten**
**1 Portion = 2468 kJ/588 kcal**

*Zur Abwechslung*
- Dieses Gericht schmeckt auch sehr gut „in bianco" – dafür lassen Sie einfach die Tomaten weg.
- Nach diesem Rezept können Sie jede größere Fischart zubereiten.

*Sie brauchen erheblich weniger Zeit, wenn Sie Fisch und Muscheln gleich vom Händler putzen lassen.*

**1 großer Seebarsch von ca. 1 kg (oder 4 kleine à 250 g)**
**1 Prise Thymian**
**reichlich fein gehackte Petersilie**
**Salz**
**Pfeffer aus der Mühle**
**500 g frische Miesmuscheln (oder 300 g Tiefkühlmuscheln oder Muscheln aus dem Glas)**
**1 Knoblauchzehe, geschält**
**3 Gläser trockener Weißwein**
**250 g geschälte, kleingeschnittene Tomaten (oder Dosentomaten)**
**300 g Venusmuscheln**
**Olivenöl extra vergine**
**1 Stück frischer (oder getrockneter) Peperone**
**100 g schwarze Oliven**
**200 g Tintenfisch, in Ringe geschnitten**
**200 g rohe Garnelen**
**1 EL Kapern**

*In Italien wird meist nur die halbe Schale von den Muscheln entfernt. Wenn Sie wollen, können Sie die Muscheln natürlich auch ganz auslösen.*

# Branzino con salsa alle olive e pomodori

*Seebarsch mit Oliven-Tomaten-Sauce*

**1 Seebarsch (ca. 1 kg), möglichst küchenfertig**
**Salz**
**ca. 100 g Mehl**
**Olivenöl extra vergine**
**1 kleine Zwiebel**
**100 g Kapern**
**6 Sardellenfilets**
**100 g entkernte Oliven**
**evtl. 1 kleiner scharfer Peperone, möglichst frisch**
**evtl. 1 Knoblauchzehe, durchgepreßt**
**1/2 Glas trockener Weißwein**
**250 g pürierte Tomaten**
**1 EL fein gehackte Petersilie**

*Auf gleiche Weise können Sie auch Scheiben oder Filets von anderen Fischen zubereiten.*

- Falls nötig, den Seebarsch ausnehmen und entschuppen, Kopf und Schwanz abschneiden. Den Fisch in Scheiben schneiden, waschen und trockentupfen.
- Die Fischstücke leicht salzen, im Mehl wenden und in einer großen Pfanne oder Kasserolle in wenig Öl leicht von beiden Seiten anbraten, so daß sie eine Kruste bekommen, aber nicht völlig durchgegart sind. Den Fisch aus der Pfanne nehmen.
- Die Zwiebel schälen und kleinschneiden. Kapern und Sardellenfilets abtropfen lassen. Die Oliven und nach Belieben auch den entkernten Peperone fein hacken.
- 3 Eßlöffel Öl in die Pfanne geben und Zwiebel und Sardellen kurz darin andünsten.
- Kapern, nach Belieben Knoblauch, Oliven und Peperone hinzufügen und einige Minuten schmoren lassen.
- Den Wein hinzugießen und einkochen lassen.
- Tomatenpüree, Petersilie und den Fisch hinzugeben. Mit Salz abschmecken und etwa 10 Minuten köcheln lassen.

**Dauert etwa 40 Minuten**
**1 Portion = 2727 kJ/650 kcal**

*Da vor allem das Heraustrennen der Rückengräte einiges Geschick erfordert, lassen Sie sich den Fisch nach Möglichkeit vom Händler vorbereiten.*

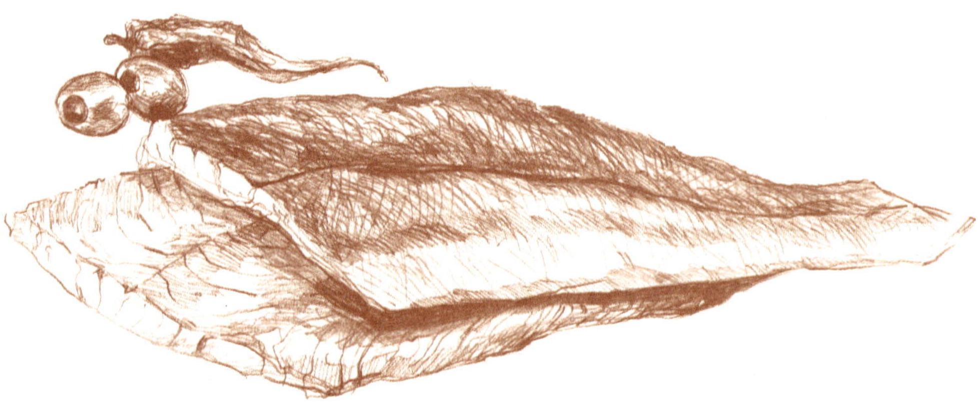

# Branzino con carciofi e patate

*Seebarsch mit Artischocken und Kartoffeln*

- 4 Seebarsche (jeweils ca. 250 g)
- ca. 100 g Mehl
- Olivenöl extra vergine
- 5 junge Artischocken (auch tiefgekühlt)
- Saft von 1 1/2 Zitronen
- 400 g Kartoffeln
- Salz
- 1 Glas trockener Weißwein
- frischer Thymian, fein gehackt
- 2 Gläser Fischbrühe (oder Fischfond aus dem Glas)
- evtl. 1-2 TL Kapern
- Pfeffer aus der Mühle
- etwas fein gehackte Petersilie
- einige Tropfen Worcestersauce

• Die Fische, falls nötig, schuppen und mit einem scharfen Messer den Bauch vom Kopf bis zum Schwanz so aufschneiden, daß sich die Fische wie ein Buch öffnen lassen. Eventuell ausnehmen, waschen und trockentupfen.
• Von innen und außen mit Mehl bestäuben.
• Die Barsche aufklappen, zuerst auf der Innenseite und dann von außen in Olivenöl goldbraun braten. Sofort wieder aus der Pfanne nehmen, damit sie innen noch roh bleiben.
• Die Artischocken von den harten Außenblättern, den dornigen Spitzen und vom Stiel befreien.
• Die Artischocken in nicht zu dicke Schnitze teilen und sofort in Zitronenwasser legen.
• Die Kartoffeln schälen, waschen und in Stifte schneiden. Einige Minuten in kochendem Salzwasser blanchieren.
• Die Artischocken abgießen, trockentupfen und kurz mit wenig Öl in einer zweiten Pfanne sautieren.
• 1/2 Glas Wein aufgießen. Sobald der Wein eingekocht ist, mit etwas Thymian würzen, leicht salzen und 1/2 Glas Fischbrühe aufgießen. Die Artischocken etwa 5 Minuten schmoren lassen.
• Die Kartoffelstifte in einen Topf geben, mit etwas Salz und Thymian würzen und mit der restlichen Fischbrühe übergießen (einige Eßlöffel zurückbehalten). Zum Kochen bringen und etwa 5 Minuten köcheln lassen. Die Kartoffeln abgießen und die Brühe auffangen. Eine feuerfeste Form leicht einölen, die Fische hineinlegen, nach Belieben mit den Kapern und Thymian bestreuen, pfeffern und mit dem restlichen Wein übergießen.
• Sobald der Wein eingekocht ist, die aufgefangene Fischbrühe hinzugeben und die Barsche bei etwa 180 Grad (Umluft 160 Grad, Gas Stufe 2 bis 3) 20 Minuten im vorgeheizten Ofen garen.
• Inzwischen die restliche Fischbrühe mit etwas Worcestersauce und Zitronensaft vermischen.
• Gut 5 Minuten vor Ende der Garzeit die Kartoffeln, die Artischocken, etwas Petersilie und die gewürzte Brühe hinzugeben.

**Dauert etwa 1 Stunde 15 Minuten**
**1 Portion = 2586 kJ/617 kcal**

*Apulien mit seiner fast 800 km langen Küste ist reich an Fischgerichten. Eine Ausnahme bildete noch bis vor relativ kurzer Zeit der Gargano, und man erklärt das so: Zwischen dem 14. und dem 13. Jahrhundert v. Chr. flüchteten die Daunier, Schäfer aus Arkadien, vor der dorischen Invasion übers Meer nach Apulien. Da sie keine kundigen Seefahrer waren, kamen viele unterwegs ums Leben. Den Überlebenden blieb eine panische Angst vor dem Wasser und allem, was damit zu tun hat. Und wahrscheinlich deshalb wählten sie sich als neue Heimat den Gargano, der durch 200 bis 300 Meter hohe Steilhänge gegen das Meer geschützt ist.*

# Branzino con patate alla ligure

*Seebarsch mit Kartoffeln aus Ligurien*

**1 großer Seebarsch oder mehrere kleine Fische (insgesamt ca. 1 kg)**
**400 g Kartoffeln**
**1 Knoblauchzehe**
**Salz**
**Pfeffer aus der Mühle**
**reichlich frischer Thymian**
**3 EL Olivenöl extra vergine**
**1 Glas trockener Weißwein**
**1 gehäufter EL Petersilie, fein gehackt**

- Den Fisch, falls erforderlich, schuppen, ausnehmen und waschen.
- Die Kartoffeln schälen, waschen und in Stifte schneiden.
- Die Kartoffelstifte etwa 1 Minute in kochendem Salzwasser blanchieren, abgießen und unter fließendem Wasser abschrecken.
- Die Knoblauchzehe abziehen und fein hacken.
- Den Fisch von außen salzen und pfeffern, innen mit etwas Thymian, Knoblauch und Salz würzen.
- Eine Kasserolle leicht einölen. Die Kartoffeln gleichmäßig einschichten, den Fisch darauflegen und mit etwas Thymian bestreuen.
- Den Wein darübergießen und den Fisch bei mäßiger Hitze zugedeckt etwa 30 Minuten schmoren.
- Den Fisch zwischendurch immer wieder mit etwas Garfond beträufeln.
- Den gegarten Fisch vorsichtig auf eine Servierplatte setzen.
- Die Kartoffeln ringsum anrichten und alles mit Petersilie bestreuen.

**Dauert etwa 50 Minuten**
**1 Portion = 1734 kJ/413 kcal**

***Zur Abwechslung***
Den Fisch können Sie während des Garens auch mit leicht erhitztem Weißwein, warmem Wasser oder natürlich mit Fischfond beträufeln.

- *Wenn der Fisch mehr als 800 Gramm wiegt, empfiehlt es sich, ihn nach dem Waschen mit einem scharfen Messer mehrfach einzuschneiden, damit er innen und außen gleichmäßig gart.*
- *Verwenden Sie mehrere kleine Fische, sollten Sie mit nur 15 bis 20 Minuten Garzeit rechnen und die Kartoffeln außerdem etwas feiner schneiden.*

# Pesce alla griglia

## *Grillfisch*

Auf diese Weise können Sie Fische aller Art zubereiten: Fisch in Scheiben oder filetiert, ganze Fische, klein oder groß – zum Beispiel Schwertfisch, Thunfisch, Merlan, Goldbrasse, Meerbrasse, Meeräsche oder Barsch.

- Den Fisch waschen, gut abtrocknen und in eine große Schüssel legen.
- Aus Öl, Knoblauch, Thymian, Rosmarin, Petersilie, Salz und Peperone eine Marinade zubereiten und über den Fisch gießen. Mindestens 30 Minuten ziehen lassen.
- Den Fisch grillen und zwischendurch immer wieder mit der Marinade bestreichen.
- Mit Zitronenscheiben oder beliebigen anderen Saucen heiß servieren.

**Dauert etwa 50 Minuten**
**1 Portion = 1093 kJ/262 kcal**

*Zur Abwechslung*
Für die Marinade können Sie beispielsweise auch Salbei und Thymian oder alle Würzkräuter miteinander verwenden.

**1 kg beliebiger Fisch**
**1/2 Glas Olivenöl extra vergine**
**2 Knoblauchzehen, in Scheiben geschnitten**
**je etwas frischer Thymian, Rosmarin und Petersilie, kleingehackt**
**Salz**
**etwas zerstößelter getrockneter Peperone (oder Pfeffer aus der Mühle)**
**evtl. 1 Zitrone in Scheiben**

- *Bei Fischen mit sehr zartem Fleisch empfiehlt es sich, sie vor dem Grillen leicht in Mehl zu wenden.*
- *Wenn Sie sehr große Fische grillen, schneiden Sie sie vor dem Grillen am besten an mehreren Stellen leicht ein, damit die Hitze gleichmäßig eindringen kann.*

## Filetti di pesce persico fritti

*Fritierte Flußbarschfilets*

4 mittelgroße oder 8 kleine Barschfilets
Salz
1 Glas Milch
100 g Mehl
Öl zum Ausbacken

*Dazu können Sie Zitronenscheiben oder eine Sauce nach Belieben servieren.*

- Die Fischfilets mindestens 30 Minuten in leicht gesalzene Milch einlegen.
- Anschließend herausnehmen, mit Küchenkrepp gut abtrocknen und ganz leicht im Mehl wenden.
- Den Fisch in reichlich heißem Öl ausbacken und auf Küchenkrepp abtropfen lassen.

**Dauert etwa 15 Minuten (ohne Marinierzeit)**
**1 Portion = 1621 kJ/386 kcal**

***Zur Abwechslung***
Auf gleiche Weise können Sie zum Beispiel Forellenfilets zubereiten.

## Orata al cartoccio con i frutti di mare

*Goldbrasse mit Meeresfrüchten in der Folie*

2 mittelgroße oder 4 kleine Goldbrassen (zusammen ca. 1 kg)
Salz, Pfeffer aus der Mühle
1 Prise frischer Thymian
fein gehackte Petersilie
500 g frische (oder 300 g tiefgekühlte) Muscheln
2 Knoblauchzehen, geschält
1 1/2 Gläser trockener Weißwein
250 g geschälte Tomaten (oder Dosentomaten), kleingehackt
Olivenöl extra vergine
200 g tiefgekühlte Tintenfischringe
200 g rohe Garnelen
1 Stück unbehandelte Zitronenschale
100 g schwarze Oliven
50 g Kapern
1 Ei

- Die Fische putzen, waschen und trockentupfen. Innen leicht salzen, pfeffern und mit Thymian und etwas Petersilie einreiben.
- Die Muscheln putzen, waschen und zusammen mit 1 Knoblauchzehe, 1/2 Glas Wein und 100 Gramm Tomaten im geschlossenen Topf 5 bis 10 Minuten garen.
- Sobald alle Muscheln sich geöffnet haben, den Topf vom Feuer nehmen und von jeder Muschel diejenige Schale entfernen, an der sie nicht befestigt ist (nicht geöffnete Muscheln wegwerfen). Die Muscheln beiseite stellen und den Sud aufheben.
- Die andere Knoblauchzehe fein hacken und in 1 Eßlöffel Öl auf kleiner Flamme andünsten.
- Die Tintenfischringe hinzufügen und einige Minuten schmoren lassen. Mit 1/2 Glas Wein begießen. Sobald der Wein völlig eingekocht ist, die restlichen Tomaten hinzufügen und etwa 15 Minuten mitschmoren lassen.
- Die Tintenfischringe herausheben und die Tomatensauce zurückbehalten.

• Für jede Goldbrasse ein ausreichend großes Stück Alufolie mit Olivenöl bestreichen. Die Fische jeweils in die Mitte legen.
• Muscheln, Tintenfischringe und Garnelen darauf verteilen. Zitronenschale, Oliven, Kapern und 1 Eßlöffel Petersilie darüberstreuen. Mit etwas Weißwein beträufeln und ein wenig Muschelsud und Tomatensauce darübergeben.
• Das Ei verquirlen. Die Folienränder leicht damit bestreichen und die Folien gut verschließen. Bei 200 Grad (Umluft 180 Grad, Gas Stufe 3 bis 4) 30 Minuten im Ofen garen.
• Die Folien auf eine Servierplatte legen und erst bei Tisch öffnen.

**Dauert etwa 1 Stunde 15 Minuten**
**1 Portion = 2616 kJ/624 kcal**

*Zur Abwechslung*
• Sie können den Fisch auch ohne Meeresfrüchte zubereiten. Ansonsten gehen Sie genau nach dem Rezept vor.
• Nach Belieben können Sie den Fisch noch in heißer Butter schwenken, bevor Sie ihn in die Folie legen.
• Auf gleiche Weise können Sie auch andere mittelgroße Meeresfische zubereiten, zum Beispiel Seebarsch, Meeräsche, Zackenbarsch oder Meerbrasse.

*Verwenden Sie nur einen großen Fisch, empfiehlt es sich, ihn vor der Zubereitung an einigen Stellen ein wenig einzuschneiden, damit er gleichmäßig gart.*

*Das „Fast Food“ ist keineswegs eine moderne Erfindung, denn in Neapel existiert es schon seit Jahrhunderten auf die gleiche traditionelle Weise. In seiner „Italienischen Reise“ beschreibt Goethe dies so: „Fast an der Ecke jeder großen Straße sind die Backwerkverfertiger mit ihren Pfannen voll siedenden Öls, besonders an Fasttagen, beschäftigt, Fische und Backwerk einem jeden nach seinem Verlangen sogleich zu bereiten. Diese Leute haben einen unglaublichen Abgang und viele tausend Menschen tragen ihr Mittag- und Abendessen von da auf einem Stückchen Papier davon.“*

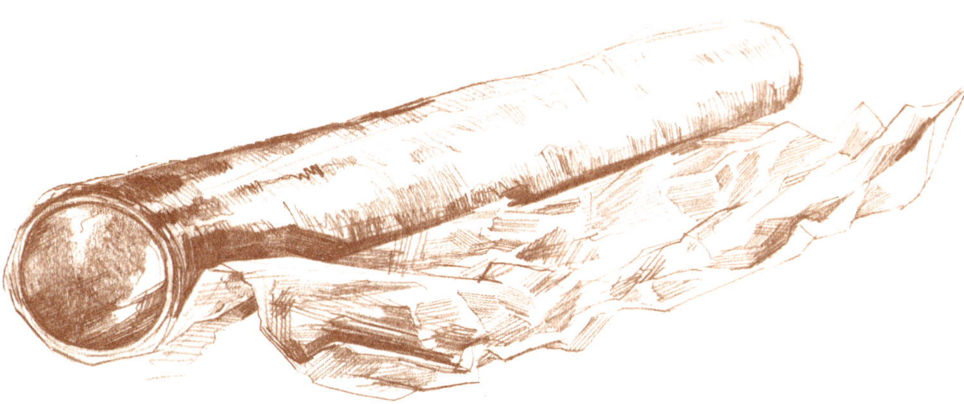

# Orata arrosto alle erbe

*Goldbrasse mit Kräutern gebraten*

**1 küchenfertige Goldbrasse von ca. 1 kg (oder 4 Fische à 250 g)**
**Olivenöl extra vergine**
**gut 1 Bund Petersilie**
**einige Salbeiblätter**
**fein gehackter Thymian**
**fein gehackter Majoran**
**einige Pfefferkörner**
**2 Gewürznelken**
**1 Lorbeerblatt**
**Salz**
**weißer Pfeffer aus der Mühle**
**Mehl zum Wenden**
**ca. 100 g Butter**
**trockener Weißwein**
**Saft von 1/2 Zitrone**
**Worcestersauce**

• Den Fisch waschen, trockentupfen, in ein ausreichend großes Gefäß legen und rundherum großzügig mit Olivenöl bestreichen. Die Petersilienblättchen abzupfen, waschen und 1 Eßlöffel davon beiseite legen. Einige Salbeiblätter grob zerrupfen.
• Petersilie, Salbei, etwas Thymian und Majoran, Pfefferkörner, Gewürznelken und Lorbeerblatt über den Fisch verteilen. Zudecken und für mindestens 30 Minuten in den Kühlschrank stellen.
• Den Fisch aus der Marinade nehmen, trockentupfen, salzen, pfeffern und leicht in Mehl wenden. In einer großen, schweren Pfanne von beiden Seiten in wenig Öl goldbraun anbraten.
• Den Fisch zusammen mit dem Bratfett in eine feuerfeste Form geben. Je 1 Prise Thymian und Majoran sowie einige fein gehackte Salbeiblätter darüberstreuen und mit einem Schuß Weißwein beträufeln.
• Obenauf einige Butterflöckchen setzen und den Fisch bei 200 Grad (Umluft 180 Grad, Gas Stufe 3 bis 4) etwa 20 Minuten im Ofen garen, zwischendurch mit dem Bratfond beträufeln.
• Den Fisch aus der Form nehmen und vorsichtig auf eine Servierplatte legen, damit er nicht auseinanderfällt.
• Den Bratfond mit dem Zitronensaft ablöschen. Die restliche Petersilie kleinhacken, mit etwas Butter und einigen Tropfen Worcestersauce dazugeben und den Fisch mit der Sauce begießen.

**Dauert gut 1 Stunde**
**1 Portion = 2639 kJ/629 kcal**

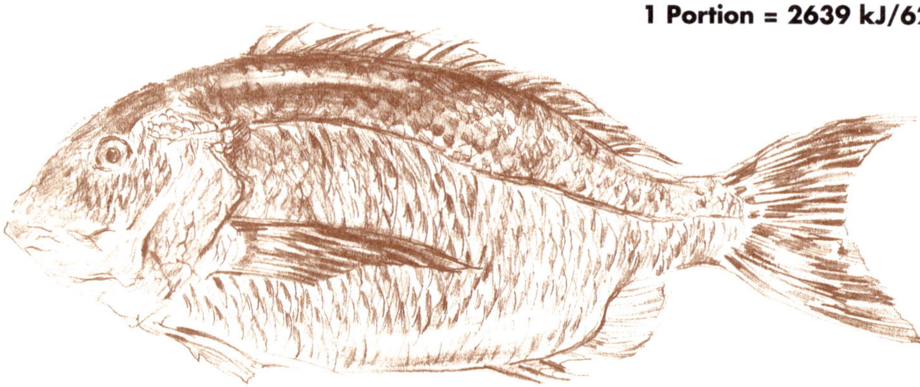

# Carpa brasata

*Geschmorter Karpfen*

- Den Karpfen, falls nötig, schuppen, ausnehmen, sorgfältig waschen und abtrocknen. Innen mit etwas Salz und Thymian einreiben.
- Zwiebel und Knoblauch abziehen, Karotte, Sellerie und Lauch putzen und alles möglichst kleinschneiden.
- Eine große feuerfeste Form gut einölen. Den Boden mit dem zerkleinerten Gemüse auslegen. Lorbeer, Gewürznelke, Pfefferkörner und Thymianzweiglein dazugeben.
- Den Karpfen darauflegen und zu gleichen Teilen Weißwein und Fischbrühe zugießen, so daß er mindestens zur Hälfte mit Flüssigkeit bedeckt ist.
- Den Sud auf dem Herd aufkochen lassen. Die Form mit einem Deckel oder mit Alufolie zudecken und den Fisch im auf 180 Grad (Umluft 160 Grad, Gas Stufe 2 bis 3) vorgeheizten Ofen 20 bis 30 Minuten garen.
- Zwischendurch den Karpfen mehrmals mit dem Kochsud beschöpfen.
- Inzwischen die Butter in einem Topf schmelzen lassen und das Mehl langsam hineinrühren, bis sich eine gleichmäßige Paste ergibt. Die Mehlbutter 5 bis 10 Minuten abkühlen lassen.
- Etwa 1/2 Liter Fischbrühe mit dem Schneebesen einrühren, damit keine Klümpchen entstehen. Die Sauce aufkochen und etwa 10 Minuten unter ständigem Rühren köcheln lassen.
- Inzwischen die Pinienkerne in einer Teflonpfanne rösten. Die Oliven entkernen und kleinschneiden. Die Kapern fein hacken.
- Pinienkerne, Oliven, Kapern, die Petersilie und etwas Thymian und Salz zur Sauce geben und noch einige Minuten köcheln lassen.
- Den gegarten Fisch vorsichtig aus der Form heben, auf eine Platte legen und warm stellen.
- Den Fischsud durchpassieren und zur Sauce geben. Nochmals durchrühren und abschmecken. Sollte die Sauce zu flüssig sein, noch einige Minuten auf großer Flamme einkochen lassen.
- Karpfen und Sauce getrennt servieren.

**Dauert 50 bis 60 Minuten**
**1 Portion = 3006 kJ/719 kcal**

**1 kg Karpfen**
**Salz**
**frischer Thymian, fein gehackt**
**1 kleine Zwiebel**
**1 Knoblauchzehe**
**1 Karotte**
**1 Stange Bleichsellerie**
**1 Stück Lauch**
**2 EL Olivenöl extra vergine**
**1 Lorbeerblatt**
**1 Gewürznelke**
**einige Pfefferkörner**
**einige Thymianzweige**
**2 Gläser trockener Weißwein**
**ca. 1 l Fischbrühe**
**(oder Fischfond aus dem Glas)**
**50 g Butter**
**50 g Mehl**
**50 g Pinienkerne**
**70 g schwarze Oliven**
**70 g Kapern**
**1 EL fein gehackte Petersilie**

*Auf gleiche Weise können Sie beispielsweise Seebarsch oder Forelle zubereiten.*

# Carpa in carpione

## *Marinierter Karpfen*

**600 g Karpfen**
**ca. 100 g Mehl**
**Salz**
**Olivenöl extra vergine**
**1 kleine Zwiebel**
**1 Knoblauchzehe**
**1 kleine Karotte**
**1 Stange Bleichsellerie**
**3 Gläser trockener Weißwein**
**3 Gläser guter Weißweinessig**
**1 Lorbeerblatt**
**einige Pfefferkörner**
**4-5 Salbeiblätter**
**1 Zweig frischer Thymian**
**evtl. 1 frischer (oder getrockneter) Peperone**
**1 Stück unbehandelte Zitronenschale**

- Den Karpfen, falls nötig, schuppen, ausnehmen, waschen, mit Küchenkrepp trockentupfen und in Stücke schneiden.
- Die Stücke im Mehl wenden, leicht salzen und in reichlich heißem Olivenöl fritieren, anschließend in eine große Schüssel legen.
- Zwiebel und Knoblauch schälen, Karotte und Sellerie putzen und alles kleinschneiden.
- Wein und Essig in einen Topf geben. Das kleingehackte Gemüse und alle weiteren Zutaten hinzufügen. Die Marinade erhitzen und 7 bis 8 Minuten köcheln lassen.
- Die Marinade über den Karpfen gießen. Mindestens 24 Stunden im Kühlschrank ziehen lassen und kalt servieren.

**Dauert etwa 40 Minuten**
**1 Portion = 2216 kJ/530 kcal**

*Eingelegten Bratfisch kennt man in vielen Gegenden Italiens. Die Marinade wird je nach Region mit unterschiedlichen Zutaten zubereitet und „carpione", „scabeccio", „scapece" oder „saôr" genannt. Als es noch keinen Kühlschrank gab, hat man sich dieser Zubereitungsart sehr gern bedient, um den Fisch länger haltbar zu machen. An einem kühlen Ort können Sie den eingelegten Fisch über längere Zeit aufbewahren, deshalb empfiehlt es sich, womöglich gleich eine größere Menge zuzubereiten. Dem Karpfen nimmt die Marinade überdies den Schlammgeschmack. Doch können Sie alle möglichen Fischarten – auch Aal – auf diese Weise einlegen. Vor allem im Sommer serviert man in Italien eingelegten Bratfisch gerne als Vorspeise.*

## Sarde fritte

*Fritierte Sardinen*

- 800-1000 g frische Sardinen
- 3 Eier
- Salz
- Semmelbrösel zum Panieren
- Öl zum Ausbacken
- 1 Zitrone

• Die Sardinenköpfe abtrennen.
• Die Fische vorsichtig längs am Bauch öffnen und Mittelgräte und Eingeweide entfernen. Sorgfältig waschen und mit Küchenkrepp gut abtrocknen.
• Die Eier verquirlen und salzen.
• Jede Sardine zuerst durch das Ei ziehen, dann in den Semmelbröseln wenden.
• Reichlich Öl in einer Pfanne erhitzen.
• Die Sardinen goldbraun darin ausbacken und auf Küchenkrepp abtropfen lassen.
• Die Zitrone in Scheiben schneiden.
• Die heißen Fische mit den Zitronenscheiben servieren.

**Dauert etwa 50 Minuten**
**1 Portion = 2823 kJ/674 kcal**

***Zur Abwechslung***
Nach Belieben können Sie die Sardinen auch nur in Mehl wenden, das Sie zuvor jedoch leicht salzen und nach Belieben auch pfeffern. Auf diese Weise wird das Gericht etwas leichter.

## Sarde al forno

*Sardinen im Ofen gebacken*

- 800 g frische Sardinen
- Olivenöl extra vergine
- Salz
- Pfeffer aus der Mühle (oder Cayennepfeffer)
- 2-3 Knoblauchzehen, fein gehackt
- etwas fein gehackte Petersilie
- etwas Semmelbrösel

• Die Sardinenköpfe abtrennen. Die Fische am Bauch längs aufschneiden und die Innereien entfernen.
• Den Fisch waschen und gut mit Küchenkrepp trocknen.
• Eine feuerfeste Form leicht einölen und die Sardinen nebeneinander hineinlegen.
• Die Fische salzen und pfeffern und mit Knoblauch, Petersilie und Semmelbröseln bestreuen.
• Etwas Öl darüberträufeln und die Sardinen 20 bis 25 Minuten bei 200 Grad (Umluft 180 Grad, Gas Stufe 3 bis 4) im Ofen backen.

*Sie können die Sardinen heiß, lauwarm oder kalt servieren.*

**Dauert etwa 45 Minuten**
**1 Portion = 1267 kJ/303 kcal**

# Sarde all'agretto

*Sardinen mit Zitrone*

800-1000 g frische Sardinen
4 EL fein gehackte Petersilie
2 Knoblauchzehen, fein gehackt
2 Zitronen
Olivenöl extra vergine
Salz
einige Salbeiblättchen
4 EL Semmelbrösel

Dies ist ein sehr typisches Gericht aus Sizilien, das auf gleiche Weise auch mit frischen Sardellen zubereitet wird.

- Die Sardinen waschen und die Köpfe abtrennen. Die Fische am Bauch öffnen, ausnehmen und vorsichtig die Mittelgräte entfernen. Erneut waschen, mit Küchenkrepp trockentupfen und wieder in die Form legen.
- Die Petersilie mit dem Knoblauch vermischen.
- Die Zitronen sorgfältig schälen, bis auch die weiße Haut völlig entfernt ist. In dünne Scheiben schneiden.
- Eine feuerfeste Form einölen. Eine Schicht Sardinen hineinlegen, leicht salzen und eine Schicht Zitronenscheiben darübergeben. Mit Petersilie, Knoblauch und Semmelbröseln bestreuen und 1 bis 2 Salbeiblättchen darauflegen.
- Dann wieder mit Sardinen beginnen und auf diese Weise alle Zutaten abwechselnd einschichten. Obenauf kommt eine dünne Schicht Semmelbrösel, mit etwas Olivenöl beträufelt.
- Die Sardinen bei 180 Grad (Umluft 160 Grad, Gas Stufe 2 bis 3) 15 bis 20 Minuten im vorgeheizten Ofen garen. Die Oberfläche sollte goldbraun werden.

**Dauert etwa 50 Minuten**
**1 Portion = 1403 kJ/335 kcal**

# Sarde a beccaficu 1

*Gefüllte Sardinen aus Ostsizilien*

- 800 g frische Sardinen
- 6 Sardellenfilets
- 50 g Pinienkerne
- 50 g Sultaninen, eingeweicht
- 1 kräftige Prise Zucker
- 1 Prise frisch geriebene Muskatnuß
- 1 EL frische Petersilie, kleingehackt
- schwarzer Pfeffer aus der Mühle
- Olivenöl extra vergine
- 12 Lorbeerblätter
- 50 g Semmelbrösel
- Saft von 1 Zitrone
- 1 Zitrone, in Scheiben oder Achtel geschnitten
- 1 Handvoll Petersilienblättchen

Die in Sizilien wie folgt zubereiteten Sardinen beziehen ihren Namen von der Grasmücke, die auf italienisch „beccafico" (sizilianisch „beccaficu") heißt, weil sie als Feigenfresser gilt. Sie wird in Süditalien sehr gerne gegessen, weil sie ebenso fett wie eine Sardine ist.

• Die Sardinenköpfe abschneiden. Den Bauch längs auftrennen, die Fische ausnehmen und vorsichtig die Rückengräte entfernen. Sorgfältig waschen und gut mit Küchenkrepp abtrocknen.
• Sardellenfilets, Pinienkerne und Sultaninen kleinhacken. Mit Zucker, Muskat, gehackter Petersilie, etwas Pfeffer und 1 Eßlöffel Olivenöl gut vermischen.
• In jede Sardine etwas von dieser Fülle geben. Die Sardinen wieder sorgfältig zusammendrücken und in eine leicht eingeölte feuerfeste Form legen.
• Die Lorbeerblätter zwischen die Fische stecken. Die Semmelbrösel darüberstreuen und mit Öl beträufeln.
• Die Sardinen im auf 200 Grad (Umluft 180 Grad, Gas Stufe 3 bis 4) vorgeheizten Ofen in etwa 30 Minuten goldbraun backen.
• Zum Schluß mit dem Zitronensaft beträufeln und mit Zitronenscheiben oder -achteln und Petersilienblättchen garniert servieren.

**Dauert etwa 1 Stunde**
**1 Portion = 2158 kJ/516 kcal**

***Zur Abwechslung***
Sie können dieses Gericht ebenso mit frischen Sardellen zubereiten.

## Sarde a beccaficu 2

*Ausgebackene Sardinen aus Westsizilien*

**800 g frische Sardinen**
**milder Weinessig**
**80 g frisch geriebener Pecorino (oder Parmesan)**
**2 Knoblauchzehen, fein gehackt**
**2 EL fein gehackte Petersilie**
**3 Eier**
**Salz**
**Pfeffer aus der Mühle**
**120 g Semmelbrösel**
**Öl zum Ausbacken**

*In Sizilien ißt man diese Sardinen im Sommer auch kalt und bereitet nach dem gleichen Rezept auch Sardellen zu.*

- Die Sardinenköpfe abtrennen. Die Fische am Bauch öffnen, ausnehmen und die Mittelgräte vorsichtig entfernen. Gut unter fließendem Wasser abspülen und mit Küchenkrepp trockentupfen. In eine flache Schüssel geben, mit Essig bedecken und etwa 3 Stunden marinieren lassen.
- Den Pecorino mit Knoblauch und Petersilie sorgfältig vermischen und in einen tiefen Teller geben.
- Die Eier in einem anderen tiefen Teller mit etwas Salz und Pfeffer verquirlen.
- Die Semmelbrösel ebenfalls in einen tiefen Teller geben.
- Die Sardinen aus dem Essig nehmen, abtropfen lassen und mit Küchenkrepp abtrocknen.
- Die Fische erst in der Käsemischung, dann im verquirlten Ei und schließlich in den Semmelbröseln wenden.
- In reichlich heißem Öl schwimmend ausbacken, auf Küchenkrepp abtropfen lassen und sofort servieren.

**Dauert etwa 50 Minuten (ohne Marinierzeit)**
**1 Portion = 2861 kJ/683 kcal**

## Sarde ai semi di finocchio

*Sardinen mit Fenchelsamen*

**1 kg frische Sardinen**
**Mehl zum Wenden**
**1 EL Fenchelsamen**
**1 Knoblauchzehe**
**Olivenöl extra vergine**
**1/2 Glas Weißwein**
**Salz**

- Die Sardinenköpfe abtrennen. Die Fische am Bauch öffnen, ausnehmen und vorsichtig die Mittelgräte herausziehen. Gut unter fließendem Wasser abspülen und mit Küchenkrepp trockentupfen, anschließend leicht in Mehl wenden.
- Die Fenchelsamen unter fließendem Wasser durchspülen und in 1/2 Glas warmem Wasser einweichen.
- Den Knoblauch abziehen, durchpressen und in 2 Eßlöffel Olivenöl in einem großen Topf glasig andünsten.
- Die Fenchelsamen abgießen, hinzufügen und kurz mitschmoren lassen. Das Einweichwasser auffangen.
- Die Sardinen in den Topf geben und einige Minuten auf großer Flamme von beiden Seiten goldbraun anbraten. Den Wein zugießen und einkochen lassen.

•Die Sardinen salzen, das Einweichwasser hinzugeben. Noch 5 bis 10 Minuten zugedeckt schmoren lassen. Zwischendurch den Topf aufschütteln, aber nicht umrühren, weil die Fische sonst zerfallen könnten.
•Zum Schluß nochmals abschmecken und die Sardinen heiß auf den Tisch bringen.

**Dauert 30 bis 40 Minuten**
**1 Portion = 1577 kJ/377 kcal**

## Sarde ripiene alla ligure

*Gefüllte Sardinen aus Ligurien*

- 800 g frische Sardinen
- 200 g Weißbrot
- 1 Glas Milch
- 1 Kopfsalatherz
- evtl. 2 Knoblauchzehen, geschält
- etwas Petersilie
- etwas Majoran
- 100 g Pinienkerne
- Salz
- Pfeffer aus der Mühle
- Olivenöl extra vergine
- 1-2 Eier

•Die Fischköpfe abtrennen. Die Sardinen vorsichtig längs am Bauch öffnen, ausnehmen und die Rückengräte entfernen. Sorgfältig waschen und abtrocknen.
•Das Brot in der Milch einweichen, anschließend gut ausdrücken und zusammen mit Salatherz, nach Belieben Knoblauch, Petersilie, Majoran und Pinienkernen möglichst fein hacken.
•Alle fein gehackten Zutaten in eine Schüssel geben, etwas Salz, Pfeffer und Öl sowie 1 Ei hinzufügen, gut untermischen und nochmals abschmecken. Falls die Mischung zu fest geworden sein sollte, noch etwas Milch oder ein weiteres Ei hinzugeben.
•Eine feuerfeste Form einölen und die geöffneten Sardinen mit der Außenseite nach unten nebeneinander hineinlegen. Auf jeden Fisch etwas von der Füllung geben.
•Die Fische leicht mit Öl beträufeln und 20 bis 30 Minuten im auf 200 Grad (Umluft 180 Grad, Gas Stufe 3 bis 4) vorgeheizten Ofen garen.

**Dauert etwa 1 Stunde 10 Minuten**
**1 Portion = 2647 kJ/632 kcal**

***Zur Abwechslung***
•Auf gleiche Weise können Sie auch frische Sardellen zubereiten – siehe „Gefüllte Sardellen“ auf ligurische Art (Seite 395).
•Nach Belieben können Sie auch jeweils 2 Sardinen übereinander in die Form legen und die doppelte Menge Füllung dazwischen geben.

## Sarde ripiene con spinaci

*Sardinen mit Spinat gefüllt*

**800 g frische Sardinen**
**400 g Spinat**
**Salz**
**50 g Butter**
**evtl. 1 Knoblauchzehe, fein gehackt**
**3 Eier**
**Salz**
**Pfeffer aus der Mühle**
**Semmelbrösel**
**Öl zum Ausbacken**

• Die Sardinen waschen und die Köpfe abtrennen. Vorsichtig auf der Bauchseite längs öffnen, ausnehmen und die Mittelgräte entfernen. Die Fische unter fließendem Wasser nochmals sorgfältig waschen und abtrocknen.
• Den Spinat putzen und waschen, in wenig Salzwasser blanchieren. Unter kaltem Wasser abschrecken, in einem Sieb abtropfen lassen, gut ausdrücken und kleinhacken.
• Die Butter in einer Pfanne erhitzen. Nach Belieben den Knoblauch kurz darin andünsten. Den Spinat hinzufügen und etwa 5 Minuten garen. Jede Sardine mit etwas Spinat füllen und mit einem Zahnstocher verschließen. Die Eier mit Salz und Pfeffer verquirlen.
• Die Sardinen zuerst im Ei, dann in den Semmelbröseln wenden. In reichlich heißem Öl schwimmend ausbacken.

**Dauert etwa 1 Stunde 10 Minuten**
**1 Portion = 2662 kJ/636 kcal**

## Acciughe ripiene e fritte

*Gefüllte und fritierte Sardellen*

**800-1000 g frische Sardellen**
**1 Knoblauchzehe**
**1 Bund Petersilie**
**150 g Kapern**
**3 Eier**
**Salz**
**Pfeffer aus der Mühle**
**Semmelbrösel zum Panieren**
**Öl zum Ausbacken**
**2 Zitronen, in Scheiben geschnitten**

• Die Sardellenköpfe entfernen, vorsichtig am Bauch öffnen, die Eingeweide herausziehen und die Rückengräte auslösen. Sorgfältig waschen.
• Den Knoblauch abziehen, die Petersilienblättchen abzupfen und die Kapern abtropfen lassen. Alles fein hacken und in einer Schüssel gut miteinander vermischen.
• In jede Sardelle ein wenig von der Würzmischung geben und die Fische wieder zusammendrücken.
• Die Eier verquirlen, salzen und pfeffern. Die Sardellen zuerst im Ei und dann in Semmelbröseln wenden. Reichlich Öl in eine Pfanne geben und erhitzen. Die Sardellen darin schwimmend goldbraun ausbacken.
• Auf Küchenkrepp abtropfen lassen und zusammen mit den Zitronenscheiben heiß servieren.

**Dauert etwa 25 Minuten**
**1 Portion = 3154 kJ/753 kcal**

# Acciughe ripiene alla ligure

*Gefüllte Sardellen aus Ligurien*

- 1 kg frische Sardellen
- 1 Kopfsalatherz
- 50 g Kapern
- 1 kleines Bund Petersilie
- 1 Knoblauchzehe, geschält
- 200 g Semmelbrösel
- 50 g frisch geriebener Parmesan
- 2-3 Eier
- Salz
- Pfeffer aus der Mühle
- Olivenöl extra vergine
- evtl. etwas Milch

•Die Sardellenköpfe entfernen, vorsichtig den Bauch der Fische längs öffnen, die Rückengräte und die Innereien herausziehen und dabei darauf achten, daß der Rücken nicht durchtrennt wird. Sorgfältig waschen.

•Salatherz, Kapern, Petersilienblättchen und Knoblauch sehr fein hacken.

•Die Semmelbrösel in eine große Schüssel geben. Salat, Kapern, Petersilie, Knoblauch, Parmesan, 2 Eier, Salz, Pfeffer und 1 Eßlöffel Öl hinzufügen.

•Alles gut miteinander vermischen und nochmals abschmecken. Falls die Mischung nicht geschmeidig genug ist, noch etwas Milch oder ein weiteres Ei hinzugeben.

•Eine feuerfeste Form einölen und die Sardellen mit dem Rücken nach unten aufgeklappt hineinlegen. Auf jede Sardelle etwas von der Füllung geben.

•Mit etwas Öl beträufeln und die Sardellen 20 bis 30 Minuten im vorgeheizten Ofen bei 200 Grad (Umluft 180 Grad, Gas Stufe 3 bis 4) überbacken, bis sie goldbraun sind.

**Dauert etwa 1 Stunde 10 Minuten**
**1 Portion = 2757 kJ/658 kcal**

***Zur Abwechslung***
Auf die gleiche Weise können Sie auch frische Sardinen zubereiten.

*Nach Belieben können Sie auch jeweils 2 Sardellen übereinander in die Form legen und die doppelte Menge Füllung dazwischen geben.*

# Acciughe ripiene con salsa al pomodoro

*Gefüllte Sardellen mit Tomatensauce*

- 1 kg frische Sardellen
- 1 kleine Zwiebel
- 2 Knoblauchzehen
- 1 Stück Bleichsellerie
- Olivenöl extra vergine
- ca. 250 g geschälte Tomaten (oder Dosentomaten)
- 1 Prise Oregano
- Salz
- 1 Kopfsalatherz
- 2-3 Eier
- 200-250 g Semmelbrösel
- 1 Prise Majoran
- etwas fein gehackte Petersilie
- Pfeffer aus der Mühle
- evtl. etwas Milch

*Nach Belieben können Sie den Knoblauch auch weglassen.*

• Die Sardellen waschen und die Köpfe abtrennen. Vorsichtig längs am Bauch öffnen, ausnehmen und die Rückengräte entfernen.
• Zwiebel und Knoblauch abziehen, den Sellerie putzen und alles fein hacken.
• Zwiebel und Sellerie in 1 Eßlöffel Olivenöl andünsten. Die Tomaten kleinhacken.
• Nach einigen Minuten die Hälfte des Knoblauchs hinzufügen und kurz andünsten. Tomaten, Oregano und 1/2 Glas Wasser zugeben, salzen und 10 Minuten köcheln lassen.
• Inzwischen das Salatherz fein hacken und 2 Eier verquirlen.
• In einer großen Schüssel Semmelbrösel, Salat, Majoran, Petersilie, Eier, den restlichen Knoblauch, etwas Salz und Pfeffer und 1 Eßlöffel Olivenöl miteinander vermengen und abschmecken. Falls die Mischung zu trocken ist, noch etwas Milch oder ein weiteres Ei hinzufügen.
• Eine große feuerfeste Form einölen. Den Boden mit der Tomatensauce bedecken und die aufgeklappten Sardellen mit dem Rücken nach unten hineinlegen.
• Die Füllung gleichmäßig über die Sardellen verteilen und mit ein wenig Öl beträufeln. Etwa 20 bis 30 Minuten bei 200 Grad (Umluft 180 Grad, Gas Stufe 3 bis 4) im Ofen garen.

**Dauert etwa 1 Stunde 30 Minuten**
**1 Portion = 2378 kJ/568 kcal**

# Acciughe al forno con patate

*Sardellen mit Kartoffeln*

- Die Kartoffeln schälen, waschen und in Scheiben schneiden. In Salzwasser halbgar kochen und unter kaltem Wasser abschrecken.
- Inzwischen die Sardellen waschen und die Köpfe abtrennen. Vorsichtig längs am Bauch öffnen und ausnehmen. Die Rückengräte herausziehen und darauf achten, daß der Rücken intakt bleibt. Unter fließendem Wasser abspülen und mit Küchenkrepp trockentupfen.
- Eine feuerfeste Form einölen und die Kartoffeln hineinlegen. Die Sardellen aufklappen und mit der Haut nach oben daraufschichten.
- Die Knoblauchzehe abziehen und fein hacken.
- Die Fische salzen, nach Belieben auch pfeffern, mit Petersilie und Knoblauch bestreuen, mit dem Weißwein beträufeln und das Tomatenpüree darüber verteilen.
- Die Sardellen im vorgeheizten Ofen bei 200 Grad (Umluft 180 Grad, Gas Stufe 3 bis 4) etwa 10 Minuten garen und heiß servieren.

**Dauert etwa 40 Minuten**
**1 Portion = 1430 kJ/342 kcal**

**600 g Kartoffeln**
**Salz**
**800 g frische Sardellen**
**Olivenöl extra vergine**
**1 Knoblauchzehe**
**evtl. Cayennepfeffer (oder Pfeffer aus der Mühle)**
**1 EL fein gehackte Petersilie**
**1/2 Glas Weißwein**
**1/2 Glas pürierte Tomaten**

# Trance di pesce spada alla meridionale

*Schwertfischscheiben aus Süditalien*

- Die Fischstücke leicht im Mehl wenden und in einer Pfanne in wenig Öl von beiden Seiten goldbraun braten.
- Knoblauch, 1 Eßlöffel Petersilie und etwas Thymian hinzugeben, salzen und pfeffern.
- Den Fisch mit dem Weißwein begießen und etwa 10 Minuten auf kleiner Flamme gar schmoren.
- Den Fisch auf eine Servierplatte legen, mit der Sauce begießen und mit etwas Petersilie bestreuen.

**Dauert etwa 30 Minuten**
**1 Portion = 1593 kJ/381 kcal**

**4 Scheiben Schwertfisch (jeweils ca. 250 g)**
**ca. 100 g Mehl**
**Olivenöl extra vergine**
**2 Knoblauchzehen, fein gehackt**
**frische Petersilie, fein gehackt**
**fein gehackter Thymian**
**Salz**
**etwas Cayennepfeffer**
**1 Glas trockener Weißwein**

# Trance di pesce spada all'acciughata

*Schwertfischsteaks mit Sardellensauce*

**4 Schwertfischsteaks (jeweils ca. 250 g)**
**je etwas frischer Thymian, Salbei und Petersilie, fein gehackt**
**Salz**
**Olivenöl extra vergine**
**16 Sardellenfilets**
**1 Knoblauchzehe, leicht zerquetscht**

- Die Schwertfischstücke auf eine große Platte legen, mit den Gewürzkräutern und wenig Salz bestreuen und mit 1/2 Glas Öl begießen. Mindestens 30 Minuten an einem kühlen Ort ziehen lassen.
- Inzwischen die Sardellenfilets mit 1/2 Gläschen Öl und der Knoblauchzehe in ein Pfännchen geben. Erhitzen und rühren, bis die Sardellen völlig zerfallen sind.
- Den Knoblauch herausnehmen und unter Rühren noch 1/2 Gläschen Öl hinzufügen.
- Die Fischstücke aus der Marinade nehmen und grillen.
- Den Fisch auf einer Servierplatte anrichten und die Sardellensauce darübergießen.

**Dauert etwa 20 Minuten (ohne Marinierzeit)**
**1 Portion = 1849 kJ/442 kcal**

*Zur Abwechslung*
- Statt den Fisch zu grillen, können Sie ihn ebensogut im Öl der Marinade in der Pfanne ausbraten.
- Nach Belieben können Sie die Schwertfischstücke auch fritieren: Den Fisch aus der Marinade nehmen, mit Küchenkrepp abtrocknen, leicht in Mehl wenden und in reichlich Öl ausbacken.
- Nach diesem Rezept können Sie auch Filets oder Steaks von Thunfisch, Seebarsch, Zahnbrasse oder Goldbrasse zubereiten.

# Agghiotta di pesce spada alla siciliana

*Schwertfisch auf sizilianische Art*

- Die Sultaninen waschen und in lauwarmem Wasser einweichen.
- Zwiebel und Knoblauch abziehen, den Sellerie putzen und alles fein hacken.
- Den Fisch leicht im Mehl wenden und in wenig Olivenöl in einem schweren Topf auf beiden Seiten goldbraun anbraten, anschließend herausnehmen.
- Im gleichen Topf auf kleiner Flamme die Zwiebel und den Sellerie andünsten.
- Knoblauch und Pinienkerne hinzufügen und einige Minuten schmoren lassen.
- Tomatenpüree und Lorbeerblatt hineingeben. Salzen und pfeffern und die Sauce 10 bis 15 Minuten köcheln lassen.
- Die Sultaninen und die Kapern abtropfen lassen. Zusammen mit Oliven, Schwertfischstücken und 1/2 Glas warmes Wasser in den Topf geben. Alles noch 10 Minuten auf kleiner Flamme schmoren lassen.

**50 g Sultaninen**
**1 mittelgroße Zwiebel**
**2 Knoblauchzehen**
**1 Stange Bleichsellerie**
**4 Schwertfischstücke (jeweils ca. 250 g)**
**100 g Mehl**
**Olivenöl extra vergine**
**50 g Pinienkerne**
**500 g pürierte Tomaten**
**1 Lorbeerblatt**
**Salz**
**Pfeffer aus der Mühle (oder 1 getrockneter Peperone)**
**50 g Kapern**
**150 g kleine grüne oder schwarze Oliven**

**Dauert etwa 45 Minuten**
**1 Portion = 2798 kJ/669 kcal**

***Zur Abwechslung***
Nach Belieben können Sie den angebratenen Fisch 15 Minuten bei 180 Grad (Umluft 160 Grad, Gas Stufe 2 bis 3) im vorgeheizten Ofen garen und die Sauce extra servieren.

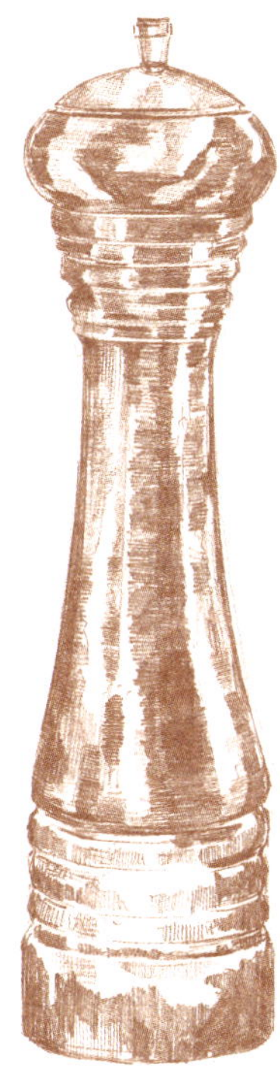

## Trance di pesce spada al piatto

*Schwertfisch im Dampf gegart*

**4 Schwertfischscheiben (jeweils ca. 250 g)**
**Olivenöl extra vergine**
**Saft von 1 Zitrone**
**je etwas Thymian, Oregano und Petersilie, fein gehackt**
**50 g Kapern**
**Salz**
**Pfeffer aus der Mühle**

*Auf die gleiche Weise können Sie auch Seezungenfilets zubereiten, die Sie nur leicht mit Thymian würzen.*

Diese Garmethode empfiehlt sich besonders für alle, die Diät halten müssen. Wenn Sie zudem sparsam mit dem Öl umgehen, ist dieses Gericht zugleich schmackhaft und sehr gut bekömmlich.

• Eine Kasserolle mit 1 1/2 bis 2 Liter Wasser aufsetzen und zum Kochen bringen.
• Einen genau auf die Kasserolle passenden Teller leicht einölen, die Fischstücke darauflegen und mit wenig Öl und dem Zitronensaft beträufeln. Mit den Würzkräutern und Kapern bestreuen, salzen und pfeffern.
• Den Teller mit einem tiefen Teller, einem Deckel oder mit Alufolie bedecken und auf den Topf setzen. Die Flamme kleinerstellen, so daß das Wasser nur noch köchelt, und den Fisch etwa 20 Minuten garen.

**Dauert etwa 30 Minuten**
**1 Portion = 1576 kJ/377 kcal**

## Tonno alla siciliana

*Thunfisch auf sizilianische Art*

**800 g Thunfisch**
**3 EL guter Weinessig**
**1 Gläschen Olivenöl extra vergine**
**2 EL fein gehackte Petersilie**
**1 EL fein gehackter Thymian**
**1 Lorbeerblatt**
**2 EL fein gehackte Zwiebel**
**1 Knoblauchzehe, leicht zerquetscht**
**Salz**
**fein zerstößelter Peperone (oder Cayennepfeffer)**

• Den Fisch gründlich unter fließendem Wasser waschen, in Scheiben schneiden und trockentupfen. Die Scheiben in eine flache Schüssel geben.
• Essig und Öl in einem Schälchen verrühren und Kräuter, Zwiebel und Knoblauch hinzufügen.
• Die Marinade über den Fisch gießen und möglichst über Nacht ziehen lassen.
• Den Thunfisch herausnehmen und in eine feuerfeste Form legen. Die Marinade abseihen und darübergießen. Mit etwas Salz und Peperone würzen.
• Den Fisch 25 bis 30 Minuten im auf 200 Grad (Umluft 180 Grad, Gas Stufe 3 bis 4) vorgeheizten Ofen garen und zwischendurch mit der Schmorflüssigkeit beträufeln.

**Dauert etwa 40 Minuten (ohne Marinierzeit)**
**1 Portion = 2325 kJ/556 kcal**

# Pesce spada arrosto

*Schwertfisch im Ofen gebraten*

- Den Fisch gut waschen und mit Küchenkrepp trocknen. In ein Gefäß legen und von allen Seiten großzügig einölen.
- Petersilie- und Salbeiblätter, Thymian, Pfefferkörner, Gewürznelken und Lorbeerblatt hinzufügen. Den Fisch mindestens 20 Minuten, besser einige Stunden oder über Nacht marinieren.
- Den Schwertfisch aus der Marinade nehmen, salzen, pfeffern und leicht in Mehl wenden. In etwas heißem Olivenöl von allen Seiten goldbraun anbraten.
- Den Fisch in eine feuerfeste Form legen und die Kräuter aus der Marinade hinzugeben.
- Das Fleisch an mehreren Stellen leicht einschneiden, damit es gleichmäßig gart.
- Den Wein darüberträufeln und den Fisch bei 200 Grad (Umluft 180 Grad, Gas Stufe 3 bis 4) gut 20 Minuten im vorgeheizten Ofen braten.
- Zwischendurch mehrmals den Fond abschöpfen und den Fisch damit beträufeln.
- Den gegarten Fisch vorsichtig auf eine Servierplatte heben, damit er nicht auseinanderbricht.
- Den Fond mit dem Zitronensaft löschen, die Butter und die gehackte Petersilie hineinrühren. Die Sauce aufkochen lassen und über den Fisch gießen.

**Dauert etwa 40 Minuten (ohne Marinierzeit)**
**1 Portion = 1985 kJ/475 kcal**

***Zur Abwechslung***
Zum Anbraten können Sie auch das Öl der Marinade verwenden.

**1 kg Schwertfisch am Stück**
**Olivenöl extra vergine**
**etwas grob zerzupfte Petersilie**
**einige grob zerzupfte Salbeiblätter**
**1 Zweiglein Thymian**
**einige Pfefferkörner**
**2 Gewürznelken**
**1 Lorbeerblatt**
**Salz**
**weißer Pfeffer aus der Mühle**
**Mehl zum Wenden**
**1 Glas trockener Weißwein**
**Saft von 1/2 Zitrone**
**1 Stückchen Butter**
**1 EL fein gehackte Petersilie**

# Biancomangiare di luccio

*Hecht in Milch*

1 Hecht (ca. 1 kg)
1 l Milch
1 Lorbeerblatt
frisch geriebene Muskatnuß
Salz
weißer Pfeffer aus der Mühle
250 g Weißbrot
Olivenöl extra vergine
1 Gläschen Crème fraîche
(oder 1 Stückchen Butter)
etwas fein gehackte Petersilie

Nach Möglichkeit lassen Sie sich den Fisch vom Händler vorbereiten – schuppen, ausnehmen, entgräten und in große Stücke schneiden. Nehmen Sie jedoch auch den Kopf mit, da er für den Geschmack wichtig ist.

• Die Fischstücke und den Kopf sorgfältig waschen und zusammen mit der Milch in einen Topf geben. Das Lorbeerblatt, etwas Muskatnuß, Salz und Pfeffer hinzufügen und alles etwa 20 Minuten auf kleiner Flamme köcheln lassen.
• Inzwischen das Brot in Würfel schneiden, mit etwas Olivenöl beträufeln und im Ofen rösten.
• Den Fisch aus der Milch nehmen, noch vorhandene Gräten herausziehen und den Kopf fortwerfen.
• Den Hecht zusammen mit der Milch im Mixer pürieren. Das Püree in einen Topf geben, nochmals erhitzen und die Crème fraîche hinzufügen. Falls das Püree zu flüssig ist, einige Minuten einkochen lassen, im umgekehrten Fall noch ein wenig Milch hinzugeben.
• Das Hechtpüree mit Petersilie bestreuen und zusammen mit den gerösteten Brotwürfeln servieren.

**Dauert etwa 50 Minuten**
**1 Portion = 2508 kJ/598 kcal**

***Zur Abwechslung***
Auf diese Weise können Sie auch Seeteufel, Seezunge, Scholle oder Steinbutt zubereiten.

*Nach Belieben können Sie den Hecht vor dem Pürieren auch abziehen. Wenn Sie ihn mit der Haut pürieren, ist der Geschmack etwas intensiver, doch bleiben kleine schwarze Pünktchen zurück.*

# Anguilla fritta

*Fritierter Aal*

Nach Möglichkeit lassen Sie sich die Aale vom Händler küchenfertig vorbereiten. Zum Fritieren eignen sich am besten die kleinen Aale, die weniger fett und schmackhafter als die großen sind.

- Die gesäuberten Aale mit der leicht gesalzenen Milch übergießen und etwa 5 bis 10 Minuten darin ziehen lassen.
- Die Aale aus der Milch nehmen und im Mehl wenden.
- Reichlich Öl erhitzen und die Fische darin schwimmend ausbacken. Die fritierten Aale herausheben, auf Küchenkrepp abtropfen lassen, leicht salzen und mit den Zitronenscheiben servieren.

**Dauert etwa 30 Minuten**
**1 Portion = 4487 kJ/1073 kcal**

**8-12 kleine küchenfertige Aale**
**1/2 Glas Milch**
**Salz**
**100 g Mehl**
**Öl zum Fritieren**
**2-3 Zitronen, in Scheiben geschnitten**

*Sie können für dieses Rezept auch größere Aale verwenden, nur müssen Sie sie dann abziehen und in Stücke schneiden. Auf die gleiche Weise können Sie auch Hornhechte zubereiten.*

# Spiedini di anguille

*Aalspieße*

- Die Aale putzen und nach Belieben abziehen. In Stücke schneiden und in eine große Schüssel legen.
- 1 Zitrone in kleine Stücke schneiden, mit dem Öl und den gehackten Kräutern hinzugeben und die Aale mindestens 1 Stunde im Kühlschrank marinieren.
- Die Aalstücke auf Spieße stecken, nach Belieben kleine Lorbeerblätter dazwischenstecken.
- Die Spieße grillen und dabei hin und wieder mit etwas Marinade bestreichen, salzen und nach Belieben auch pfeffern. Die Aalspieße mit Zitronenscheiben servieren.

**Dauert 30 bis 40 Minuten (ohne Marinierzeit)**
**1 Portion = 3191 kJ/763 kcal**

**1 kg kleine Aale**
**2 unbehandelte Zitronen**
**1 Glas Olivenöl extra vergine**
**je etwas gehackter Thymian, Majoren, Rosmarin und Petersilie**
**evtl. einige Lorbeerblätter**
**Salz**
**evtl. zerstößelter scharfer Peperone**

*Sie können die Spieße auch zuerst in einer Pfanne anbraten und dann im Ofen in einer mit etwas Marinade eingeölten Form garen.*

# Capitone in umido

*Aal in Tomatensauce*

**1 großer Aal (ca. 1 kg)**
**1 Zwiebel**
**2 Knoblauchzehen**
**3 EL Olivenöl extra vergine**
**1 Glas trockener Weißwein**
**500 g Tomaten**
**1 EL fein gehackte Petersilie**
**Salz**
**etwas fein gehackter Peperone (oder Pfeffer aus der Mühle)**

Im Latium kam dieses Aalgericht früher traditionell am Heiligen Abend auf den Tisch. Nach Möglichkeit lassen Sie sich den Aal schon vom Fischhändler küchenfertig vorbereiten, denn das Ausnehmen und Häuten ist nicht ganz einfach und bedarf einiger Erfahrung.

• Den Aal unterhalb des Kopfes rundum einschneiden und mit Hilfe eines Tuchs die Haut abziehen. Waschen, trokkentupfen und in Stücke schneiden.
• Zwiebel und Knoblauch abziehen und fein hacken. Die Zwiebel in 2 Eßlöffel Olivenöl in einer großen Pfanne glasig dünsten.
• Den Knoblauch hinzufügen und einige Minuten mitdünsten lassen.
• Die Aalstücke hineingeben und einige Minuten rundum anbraten.
• Den Wein zugießen und einkochen lassen.
• Inzwischen die Tomaten mit kochendem Wasser überbrühen, häuten, entkernen und kleinschneiden.
• Tomaten, Petersilie und ein wenig Wasser hinzufügen. Mit Salz und Peperone würzen und auf kleiner Flamme 20 bis 30 Minuten köcheln lassen.
• Alles nochmals abschmecken und sofort auf den Tisch bringen.

**Dauert gut 45 Minuten**
**1 Portion = 3079 kJ/736 kcal**

## Dentice con olive alla pugliese

*Zahnbrasse mit Oliven aus Apulien*

- 1 küchenfertige Zahnbrasse (ca. 1 kg)
- Salz
- 1 Stück scharfer Peperone (oder Pfeffer aus der Mühle)
- 4 EL fein gehackte Petersilie
- 1 Knoblauchzehe, halbiert
- ca. 100 g Mehl
- Olivenöl extra vergine
- 3-4 EL guter Weinessig
- 1 Spritzer Zitronensaft
- 250 g schwarze Oliven

• Den Fisch innen mit wenig Salz, Peperone, 1 Eßlöffel Petersilie und dem Knoblauch würzen.
• Von außen salzen und pfeffern, im Mehl wenden und in heißem Olivenöl goldbraun anbraten.
• Eine feuerfeste Form leicht einölen. Den Fisch an mehreren Stellen vorsichtig einschneiden, in die Form legen, mit 1 Eßlöffel Petersilie bestreuen und mit wenig Essig und Zitronensaft beträufeln. Im auf 200 Grad (Umluft 180 Grad, Gas Stufe 3 bis 4) vorgeheizten Ofen gut 20 Minuten braten, dabei öfter mit etwas Fond und Essig beträufeln.
• Nach der Hälfte der Garzeit die Oliven hinzufügen.
• Zum Schluß mit der restlichen Petersilie bestreuen.

**Dauert etwa 50 Minuten**
**1 Portion = 2381 kJ/568 kcal**

## Nasello al forno con acciugata

*Merlan mit Sardellensauce*

- 4 kleine Merlane
- Salz
- 4 Zweiglein Rosmarin
- Olivenöl extra vergine
- 8-10 Sardellenfilets
- 1 Knoblauchzehe, leicht zerquetscht
- 2 gehäufte EL Semmelbrösel

• Die Fische schuppen, ausnehmen, sorgfältig waschen und abtrocknen. Von innen salzen und in jeden Merlan einen Rosmarinzweig stecken. Eine feuerfeste Form einölen und die Fische hineinlegen.
• Die Sardellen zusammen mit einem Gläschen Öl und der Knoblauchzehe erhitzen und auf kleiner Flamme unter ständigem Rühren köcheln lassen, bis die Sardellen völlig zerfallen sind. Den Knoblauch herausnehmen.
• In jeden Fisch ein wenig Sardellensauce geben und den Rest darüber verteilen. Mit den Semmelbröseln bestreuen und 20 Minuten im auf 200 Grad (Umluft 180 Grad, Gas Stufe 3 bis 4) vorgeheizten Ofen garen. Heiß servieren.

**Dauert etwa 45 Minuten**
**1 Portion = 1542 kJ/368 kcal**

## Aguglia al limone

*Hornhecht in Zitronensauce*

ca. 1 kg Hornhechte
100 g Mehl
1 Zwiebel
1 Knoblauchzehe
2 EL Olivenöl extra vergine
1 Glas trockener Weißwein
1 EL fein gehackte Petersilie
etwas frischer Thymian, fein gehackt
Saft von 2 Zitronen
Salz
Pfeffer aus der Mühle

*Wenn die Fische sehr groß sind, können Sie sie nach dem Putzen auch in Stücke schneiden.*

• Die Fische putzen und ausnehmen, Kopf und Schwanz abschneiden. Im Mehl wenden.
• Zwiebel und Knoblauch schälen und fein hacken. Die Zwiebel im Olivenöl glasig dünsten. Den Knoblauch hinzufügen und einige Minuten mitdünsten.
• Die Fische in den Topf geben und einige Minuten auf kleiner Flamme schmoren. Den Weißwein zugießen und völlig einkochen lassen.
• Petersilie, Thymian, Zitronensaft und 1/2 Glas Wasser hinzufügen, salzen und pfeffern.
• Alles 20 Minuten auf kleiner Flamme im geschlossenen Topf schmoren lassen. Die Fische dabei gelegentlich wenden. Falls die Sauce zu sehr einkocht, noch ein wenig warmes Wasser hinzufügen.
• Zum Schluß nochmals abschmecken und heiß servieren.

**Dauert 40 bis 45 Minuten**
**1 Portion = 1652 kJ/395 kcal**

## Nasello lessato al latte

*Merlan in Milch*

1 Merlan von ca. 1 kg (oder 4 kleine Fische à 250 g)
1/2 l Milch
1 Prise Salz
1 Lorbeerblatt
1 Zweiglein frischer Rosmarin
2 Gewürznelken
einige Pfefferkörner
1 Zitronenscheibe, geschält

*Dazu schmecken Knoblauchsauce, Sardellensauce oder auch Mayonnaise.*

• Den Fisch putzen, ausnehmen und sorgfältig waschen.
• 2 Liter Wasser und die Milch in einer großen Kasserolle aufsetzen. Den Merlan hineinlegen und alle weiteren Zutaten hinzufügen. Aufkochen lassen und den Fisch auf kleinster Flamme etwa 20 Minuten sieden lassen.
• Den Fisch aus dem Sud nehmen und mit einer Sauce nach Belieben servieren.

**Dauert etwa 30 Minuten**
**1 Portion = 788 kJ/188 kcal**

*Falls Sie kleine Fische verwenden, geben Sie sie erst in den Topf, wenn der Sud aufkocht, und garen sie etwa 10 Minuten auf kleiner Flamme.*

# Pagello con olive e patate

*Meerbrasse mit Oliven und Kartoffeln*

- Den Fisch, falls nötig, schuppen, ausnehmen, sorgfältig waschen und abtrocknen.
- Die Kartoffeln schälen, waschen und in nicht zu dünne Scheiben schneiden.
- Die Scheiben kurz in kochendem Wasser blanchieren, abgießen und unter kaltem Wasser abschrecken.
- Die Meerbrasse innen salzen. Etwas Petersilie und Thymian sowie den Knoblauch hineingeben.
- Den Fisch von außen pfeffern, leicht in Mehl wälzen und in einer großen Pfanne in etwas Olivenöl von beiden Seiten goldbraun anbraten.
- Eine feuerfeste Form leicht einölen.
- Die Kartoffeln hineinschichten und leicht salzen. Den Fisch darauflegen und an einigen Stellen ganz leicht einschneiden, damit er innen und außen gleichmäßig gart.
- Mit etwas Petersilie und Thymian bestreuen und mit dem Weißwein beträufeln.
- Bei 200 Grad (Umluft 180 Grad, Gas Stufe 3 bis 4) im vorgeheizten Ofen 20 bis 30 Minuten garen und den Fisch zwischendurch mit etwas Olivenöl beträufeln.
- Inzwischen die Butter in einem kleinen Topf zerlassen und 30 Gramm Mehl einrühren.
- Unter ständigem Rühren die Fischbrühe zugießen und einige Minuten köcheln lassen, damit die Sauce etwas eindickt. Die Oliven sowie etwas Thymian und Zitronensaft hinzufügen und die Sauce im Wasserbad warmhalten.
- Sobald der Fisch gar ist, vorsichtig auf eine große Platte legen. Ringsum die Kartoffeln anordnen und die Sauce getrennt dazu servieren.

**Dauert etwa 1 Stunde**
**1 Portion = 2887 kJ/689 kcal**

***Zur Abwechslung***
Auf die gleiche Weise können Sie auch Goldbrasse oder Seebarsch zubereiten.

**1 Meerbrasse (ca. 1 kg)**
**450 g Kartoffeln**
**Salz**
**3 EL fein gehackte Petersilie**
**1 EL fein gehackter Thymian**
**1 Knoblauchzehe, durchgepreßt**
**Pfeffer aus der Mühle**
**Mehl**
**Olivenöl extra vergine**
**1 Glas trockener Weißwein**
**30 g Butter**
**1/2 l heiße Fischbrühe (oder Fischfond aus dem Glas)**
**150 g entkernte kleine schwarze Oliven (möglichst aus Ligurien)**
**1 Schuß Zitronensaft**

## Triglie al limone

*Meerbarben mit Zitrone*

- 4 Meerbarben (jeweils ca. 250 g)
- Salz
- 100 g Mehl
- 1 Knoblauchzehe, zerquetscht
- 1 Lorbeerblatt
- Olivenöl extra vergine
- 2 EL fein gehackte Petersilie
- 1 Prise fein gehackter Thymian
- Saft von 1 1/2 Zitronen
- 1/2 unbehandelte Zitronenschale, abgerieben
- Pfeffer aus der Mühle (oder fein zerriebener trockener Peperone oder Cayennepfeffer)
- 1 unbehandelte Zitronenschale, grob gehackt

•Falls nötig, die Meerbarben abschuppen und ausnehmen. Sorgfältig waschen und trockentupfen, innen sparsam salzen und anschließend leicht im Mehl wälzen.

•In einer großen Pfanne den Knoblauch und das Lorbeerblatt in wenig Öl erhitzen.

•Die Meerbarben hineingeben und von beiden Seiten goldbraun anbraten.

•1 Eßlöffel Petersilie, Thymian, Zitronensaft, die abgeriebene Zitronenschale und etwas Wasser hinzufügen, salzen und pfeffern. Alles zugedeckt auf kleiner Flamme 20 Minuten garen.

•Die Fische auf eine Platte legen. Knoblauchzehe und Lorbeerblatt herausnehmen und den Sud über die Fische gießen. Mit der restlichen Petersilie und der gehackten Zitronenschale bestreuen und sofort servieren.

**Dauert 40 bis 50 Minuten**
**1 Portion = 1564 kJ/373 kcal**

## Triglie al cartoccio

*Meerbarben in der Folie*

- 4 Meerbarben (jeweils ca. 250 g)
- Salz
- Pfeffer aus der Mühle
- fein gehackter Thymian
- fein gehackte Petersilie
- Olivenöl extra vergine
- 100 g schwarze Oliven
- 1 Glas trockener Weißwein (oder Sekt)
- 2 Knoblauchzehen, fein gehackt
- evtl. 4 Stückchen unbehandelte Zitronenschale
- 50 g Kapern

•Falls nötig, die Meerbarben schuppen, ausnehmen, waschen und mit Küchenkrepp trockentupfen. Innen vorsichtig salzen und pfeffern und mit etwas Thymian und Petersilie würzen.

•Für jeden Fisch ein entsprechend großes Stück Alufolie vorbereiten und leicht mit Olivenöl bestreichen.

•Die Fische in die Mitte der Folien legen. Leicht salzen und pfeffern, mit etwas Thymian und Petersilie bestreuen und die restlichen Zutaten gleichmäßig auf die Meerbarben verteilen.

•Die Folien gut verschließen. Die Fische im auf 250 Grad (Umluft 230 Grad, Gas Stufe 6) vorgeheizten Ofen 20 Minuten garen und in der Folie auf den Tisch bringen.

**Dauert etwa 40 Minuten**
**1 Portion = 1953 kJ/466 kcal**

# Nasello con piselli in umido

*Merlan in Tomatensauce mit Erbsen*

- Falls nötig, den Fisch schuppen, ausnehmen, sorgfältig waschen und abtrocknen.
- Zwiebel und Knoblauch abziehen. Die Zwiebel kleinhacken und in 2 Eßlöffel Öl in einem Topf glasig dünsten.
- Die Knoblauchzehen leicht zerquetschen, die Sardellenfilets kleinschneiden und beides einige Minuten mitschmoren lassen.
- Den Wein zugießen und einkochen lassen.
- Inzwischen die Tomaten mit heißem Wasser überbrühen, häuten, entkernen und kleinschneiden.
- Tomaten, Petersilie, Thymian und 1 Schöpflöffel Wasser in den Topf geben. Salzen und pfeffern, den Knoblauch entfernen und die Sauce 5 bis 10 Minuten köcheln lassen.
- Inzwischen den Merlan leicht im Mehl wenden und in einer Pfanne in wenig Öl von beiden Seiten leicht anbraten.
- Den Fisch in eine Kasserolle legen, mit der Sauce begießen und die Erbsen hinzufügen. Auf kleiner Flamme alles 20 bis 25 Minuten garen.

**Dauert etwa 50 Minuten**
**1 Portion = 1798 kJ/428 kcal**

**1 Merlan von ca. 1 kg (oder 4 kleine Merlane à 250 g)**
**1 Zwiebel**
**2 Knoblauchzehen**
**Olivenöl extra vergine**
**3 Sardellenfilets**
**1 Glas trockener Weißwein**
**500 g Tomaten**
**1 EL fein gehackte Petersilie**
**etwas fein gehackter Thymian**
**Salz**
**Pfeffer aus der Mühle**
**ca. 100 g Mehl**
**350 g grüne Erbsen (auch tiefgekühlt)**

*Nach diesem Rezept können Sie beispielsweise auch Goldbrassen oder Makrelen zubereiten.*

# Triglie in umido con olive e capperi

*Meerbarben mit Oliven und Kapern*

**4 mittelgroße oder 8 kleine Meerbarben (insgesamt ca. 1 kg)**
**Salz**
**100 g Mehl**
**1 Zwiebel**
**2 Knoblauchzehen**
**Olivenöl extra vergine**
**4 Sardellenfilets**
**50 g Kapern**
**100 g schwarze Oliven**
**1 Glas trockener Weißwein**
**500 g geschälte Tomaten (oder Dosentomaten)**
**1 EL fein gehackte Petersilie**
**Salz**
**Pfeffer aus der Mühle**

- Falls nötig, die Meerbarben schuppen, ausnehmen, waschen und sorgfältig abtrocknen. Innen etwas salzen und leicht in Mehl wenden.
- Zwiebel und Knoblauch abziehen und fein hacken. Die Zwiebel in 2 Eßlöffel Öl in einem Topf glasig dünsten.
- Knoblauch und Sardellenfilets hinzugeben und einige Minuten schmoren lassen.
- Kapern und Oliven hinzufügen. Den Wein zugießen und einkochen lassen.
- Die Tomaten kleinhacken und mit der Petersilie einrühren. Die Sauce salzen und pfeffern und noch 10 Minuten köcheln lassen.
- Inzwischen die Meerbarben in einer Pfanne mit wenig Öl von beiden Seiten goldbraun anbraten.
- Die Fische in eine Kasserolle geben, die Sauce darübergießen und auf kleiner Flamme weitere 15 bis 20 Minuten garen.

**Dauert etwa 40 Minuten**
**1 Portion = 2476 kJ/590 kcal**

*Nach Belieben können Sie die Meerbarben mit der Sauce auch in eine feuerfeste Form geben und bei 180 Grad (Umluft 160 Grad, Gas Stufe 2 bis 3) im Ofen garen.*

# Triglie alla livornese

*Meerbarben aus Livorno*

- Falls nötig, die Meerbarben schuppen, ausnehmen, waschen und sorgfältig trockentupfen. Von innen salzen.
- Die Zwiebel abziehen, die Karotte und den Sellerie putzen und alles kleinhacken. Das Gemüse einige Minuten in etwas Olivenöl andünsten. Den Knoblauch hinzufügen und kurz mitdünsten lassen.
- Das Tomatenpüree in den Topf geben, leicht salzen, die Petersilie hinzufügen und die Sauce etwa 10 Minuten köcheln lassen.
- Inzwischen die Meerbarben leicht im Mehl wenden. Etwas Olivenöl in einer Pfanne erhitzen, die Fische kurz von beiden Seiten goldbraun braten und herausnehmen.
- Etwas Tomatensauce in eine feuerfeste Form gießen. Die Meerbarben hineinlegen und die restliche Sauce darübergießen. Im auf 200 Grad (Umluft 180 Grad, Gas Stufe 3 bis 4) vorgeheizten Ofen etwa 20 Minuten garen.

**Dauert etwa 50 Minuten**
**1 Portion = 2094 kJ/500 kcal**

***Zur Abwechslung***
Häufig wird der Sauce noch etwas Peperone beigegeben. Dadurch wird sie zwar pikanter, aber der spezifische Eigengeschmack der Barben wird etwas beeinträchtigt.

*Nach Belieben können Sie die Fische auch in einem entsprechenden Topf auf dem Herd bei schwacher Hitze gar schmoren.*

**4 Meerbarben (jeweils ca. 250 g)**
**Salz**
**1 kleine Zwiebel**
**1 kleine Karotte**
**1/2 Stange Bleichsellerie**
**Olivenöl extra vergine**
**1 Knoblauchzehe, fein gehackt**
**500 g pürierte Tomaten**
**etwas fein gehackte Petersilie**
**100 g Mehl**

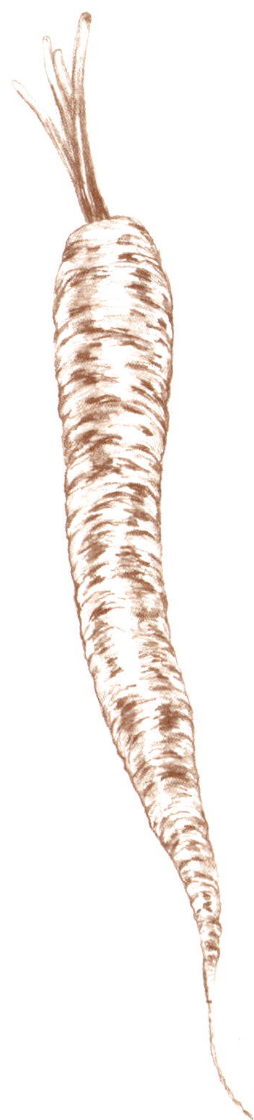

# Filetti di sogliole allo spumante

*Seezungenfilets mit trockenem Sekt*

**8 Seezungenfilets**
**Salz**
**ca. 100 g Mehl**
**60 g Butter**
**etwas frischer Thymian**
**1 Schuß trockener Sekt**

• Den Fisch vorsichtig salzen und leicht im Mehl wenden.
• Die Butter mit den Thymianblättchen in einer großen Pfanne erhitzen.
• Die Seezungenfilets hineingeben und einige Minuten darin anbraten.
• Den Fisch vorsichtig umdrehen und mit einem kräftigen Schuß Sekt begießen. Den Sekt einkochen lassen.
• Die Fischfilets auf eine Servierplatte legen und den Bratfond darübergießen.

**Dauert 10 bis 15 Minuten**
**1 Portion = 1169 kJ/279 kcal**

***Zur Abwechslung***
• Statt Sekt können Sie auch einen trockenen Weißwein verwenden oder den Alkohol ganz fortlassen.
• Statt Thymian können Sie auch Salbei verwenden.
• Auf gleiche Weise können Sie auch andere Fischfilets wie Forelle oder Barsch zubereiten. Dann verlängert sich die Garzeit allerdings um einige Minuten.

# Filetti di sogliole arlecchino

*Seezungenfilets mit Paprikaschoten*

**2 verschiedenfarbige Paprikaschoten**
**8 Seezungenfilets**
**Salz**
**100 g Mehl**
**80 g Butter**
**16 Sardellenfilets**

• Die Paprikaschoten 10 bis 15 Minuten bei mittlerer Hitze im Ofen garen. Zwischendurch einmal wenden.
• Die Schoten in eine Papiertüte geben, diese wiederum in eine Plastiktüte. Gut verschließen und 5 Minuten ruhen lassen.
• Die Paprikaschoten abziehen, Strunk, Rippen und Kerne entfernen und in 16 Streifen schneiden.
• Die Seezungenfilets wenig salzen und leicht im Mehl wälzen.
• Die Butter in einer Pfanne erhitzen und die Seezungenfilets einige Minuten darin bräunen. Vorsichtig wenden und auch auf der anderen Seite goldbraun braten.

• Den gebratenen Fisch auf eine Servierplatte geben. Auf jedes Filet quer 2 Sardellenfilets und längs 2 Paprikaschotenstreifen legen. Mit der Butter aus der Pfanne begießen.

**Dauert etwa 45 Minuten**
**1 Portion = 1383 kJ/330 kcal**

***Zur Abwechslung***
Nach diesem Rezept können Sie auch andere Fischfilets zubereiten (Barsch, Forelle), die allerdings einige Minuten länger gegart werden müssen.

## Pagello in umido

*Meerbrasse im Sud*

- 1 Meerbrasse (ca. 1 kg)
- 2 Karotten
- 1/2 Stange Lauch
- 1 Stange Bleichsellerie
- 1 Zwiebel
- 2 Gewürznelken
- 1 Gläschen Weinessig (oder gut 1/4 l trockener Weißwein)
- 1 Lorbeerblatt
- 1 Prise Thymian
- einige Petersilienstengel
- Salz
- einige Pfefferkörner
- 2 Zitronen, in Scheiben geschnitten

*Es empfiehlt sich, den Sud im voraus zuzubereiten und dann abkühlen zu lassen, weil er so aromatischer wird und der Fisch mehr Geschmack annimmt.*

• Falls nötig, den Fisch schuppen, ausnehmen und sorgfältig waschen.
• Karotten, Lauch und Sellerie putzen und in Stücke schneiden. Die Zwiebel schälen und mit den Gewürznelken spicken.
• 3 Liter Wasser, den Essig, das vorbereitete Gemüse, Lorbeerblatt, Thymian und Petersilie in einen großen Topf geben. Salzen und einige Pfefferkörner zufügen.
• Die Meerbrasse hineinlegen, aufkochen lassen und auf kleiner Flamme 12 bis 15 Minuten garen.
• Den Fisch heiß mit den Zitronenscheiben auf den Tisch bringen. Dazu gekochte Kartoffeln oder gedünstetes Gemüse servieren.

**Dauert etwa 30 Minuten**
**1 Portion = 1282 kJ/305 kcal**

***Zur Abwechslung***
• Statt mit Zitronenscheiben können Sie den Fisch auch mit Knoblauch- oder Sardellensauce oder mit einer Sauce Hollandaise servieren.
• Sie können die Meerbrasse auch kalt servieren. Dann kochen Sie sie nur 5 Minuten, lassen sie im Sud erkalten und servieren sie mit einer Sauce nach Belieben (siehe Saucenkapitel).
• Auf gleiche Weise können Sie auch Gold- oder Zahnbrasse sowie Karpfen zubereiten.

# Trota in umido

## *Forelle in Tomatensauce*

1 große oder 2 mittlere küchenfertige Forellen (insgesamt ca. 1 kg)
1 Zwiebel
2 Knoblauchzehen
Olivenöl extra vergine
4 Sardellenfilets
1 Glas Weißwein
300 g Tomaten
70 g Kapern
1 EL fein gehackte Petersilie
Salz
Pfeffer aus der Mühle
ca. 100 g Mehl

- Die Forelle sorgfältig waschen und mit Küchenkrepp trocknen.
- Zwiebel und Knoblauch abziehen und fein hacken. Die Zwiebel in 2 Eßlöffel Öl in einem Topf glasig dünsten. Den Knoblauch hinzufügen, nach 1 Minute auch die kleingehackten Sardellenfilets, und einige Minuten schmoren lassen.
- Den Wein zugießen und einkochen lassen. Inzwischen die Tomaten überbrühen, häuten, entkernen und kleinschneiden.
- Tomaten, Kapern, Petersilie und etwas Wasser in den Topf geben. Salzen und pfeffern und die Sauce 5 bis 10 Minuten köcheln lassen.
- Inzwischen die Forelle leicht im Mehl wenden und in einer Pfanne in etwas Öl von beiden Seiten goldbraun braten.
- Den Fisch in eine andere Pfanne legen, die Sauce hinzugeben und auf kleiner Flamme zugedeckt 20 bis 25 Minuten garen.

**Dauert etwa 40 Minuten**
**1 Portion = 1921 kJ/458 kcal**

*Zur Abwechslung*

- Nach Belieben können Sie Sardellen und Kapern auch fortlassen und statt dessen nur mit Thymian würzen.
- Auf diese Art können Sie beispielsweise auch Zahn-, Gold- oder Meerbrasse zubereiten.

*Sie können die Forelle mit der Sauce auch in einer feuerfesten Form bei etwa 180 Grad (Umluft 160 Grad, Gas Stufe 2 bis 3) im Ofen fertiggaren.*

## Trota al forno

*Forelle im Ofen gebacken*

1 große oder 2 mittelgroße küchenfertige Forellen (insgesamt ca. 1 kg)
je etwas frischer Salbei, Thymian und Petersilie, fein gehackt
einige Pfefferkörner
Olivenöl extra vergine
Salz
weißer Pfeffer aus der Mühle
100 g Mehl
50 g Kapern
1 Schuß Weißwein
30 g Butter
Saft von 1/2 Zitrone

- Die Forelle gut waschen und abtrocknen. In ein großes Gefäß geben und innen mit Salbei, Thymian, Petersilie und Pfefferkörnern würzen. Leicht mit Öl übergießen und mindestens 10 Minuten ziehen lassen. Den Fisch herausnehmen, salzen und pfeffern und leicht im Mehl wenden.
- In einer großen Pfanne etwas Olivenöl erhitzen und den Fisch darin von beiden Seiten leicht anbräunen.
- Eine feuerfeste Form einölen und die Forelle hineinlegen. An mehreren Stellen leicht einschneiden, mit Salbei, Thymian und Petersilie bestreuen, die Kapern hinzufügen und etwas Wein darüberträufeln.
- Bei 200 Grad (Umluft 180 Grad, Gas Stufe 3 bis 4) etwa 20 Minuten braten. Zwischendurch immer wieder den Fond abschöpfen und über den Fisch träufeln. Den Fisch herausnehmen. Butter, Zitronensaft und 1 Eßlöffel Petersilie in den Fond rühren und über den Fisch gießen.

**Dauert etwa 50 Minuten**
**1 Portion = 1922 kJ/459 kcal**

## Trote al burro e salvia

*Forellen in Salbeibutter*

4 küchenfertige Forellen (jeweils ca. 250 g)
Salz
einige Salbeiblätter
100 g Mehl
60 g Butter
2 Zitronen, in Scheiben geschnitten

- Die Forellen waschen und trockentupfen. Innen salzen und je ein Salbeiblatt hineingeben. Im Mehl wenden.
- Die Butter mit einigen Salbeiblättchen in einer großen Pfanne erhitzen. Die Forellen hineingeben und von einer Seite anbräunen. Die Flamme kleinstellen und die Fische 5 Minuten weiterschmoren lassen.
- Die Forellen vorsichtig umdrehen und bei starker Hitze von der anderen Seite bräunen. Die Hitze verringern und die Fische nochmals 5 Minuten weitergaren. Die Fische auf eine Platte legen. Die Salbeiblättchen aus der Pfanne nehmen und die Butter über die Forellen gießen.
- Mit den Zitronenscheiben garnieren und servieren.

**Dauert etwa 30 Minuten**
**1 Portion = 1571 kJ/375 kcal**

# Trota ai funghi

*Forelle mit Pilzen*

**1 große oder 2 mittelgroße küchenfertige Forellen (insgesamt ca. 1 kg)**
**Salz**
**2 Knoblauchzehen, feingehackt**
**frische Petersilie, fein gehackt**
**100 g Mehl**
**Olivenöl extra vergine**
**400 g Champignons (oder Steinpilze)**
**Pfeffer aus der Mühle**
**1 Glas trockener Weißwein**

• Die Forelle sorgfältig waschen und mit Küchenkrepp trocknen.
• Die Forelle von innen salzen. Die Hälfte des Knoblauchs und etwas Petersilie hineingeben.
• Den Fisch leicht im Mehl wenden. In einer großen Pfanne in wenig Öl von beiden Seiten goldbraun anbraten.
• Inzwischen die Pilze putzen und in Scheiben schneiden. Ein paar Minuten in einigen Eßlöffel Öl sautieren.
• Eine feuerfeste Form einölen und den Fisch hineinlegen, die Pilze rundherum verteilen. Leicht salzen und pfeffern und mit dem restlichen Knoblauch und reichlich Petersilie bestreuen. Den Wein darübergießen.
• Im auf 200 Grad (Umluft 180 Grad, Gas Stufe 3 bis 4) vorgeheizten Ofen etwa 20 Minuten garen. Vor dem Servieren noch mit etwas Petersilie bestreuen.

**Dauert etwa 35 Minuten**
**1 Portion = 1561 kJ/372 kcal**

*Wenn Sie Meerbarben oder Karpfen, Barsch- oder Seezungenfilets auf gleiche Weise zubereiten wollen, sollten Sie die Pilze fast vollständig garen, bevor Sie sie in die Form geben, weil die kleineren Fische eine kürzere Garzeit haben.*

# Buridda di pesce alla ligure

*Fischtopf aus Ligurien*

- 1 kg gemischter Fisch
- 30 g getrocknete Steinpilze
- 1 Zwiebel
- 1 Karotte
- 1 Stange Bleichsellerie
- 5 Sardellenfilets
- 50 g Pinienkerne (oder 4-5 Walnußkerne)
- 1 Knoblauchzehe, geschält
- Olivenöl extra vergine
- 1 Glas trockener Weißwein
- 600 g geschälte reife Tomaten (oder Dosentomaten)
- 30 g Mehl
- 1 EL fein gehackte Petersilie
- Salz
- evtl. Pfeffer aus der Mühle (oder Cayennepfeffer)
- 250 g altbackenes Weißbrot

• Falls nötig, den Fisch küchenfertig vorbereiten. Sorgfältig waschen und mit Küchenkrepp abtrocknen.
• Die Pilze in 1/2 Glas warmem Wasser einweichen.
• Die Zwiebel schälen, Karotte und Sellerie putzen und alles kleinschneiden.
• Sardellenfilets, Pinienkerne, Knoblauch und die eingeweichten Pilze im Mixer pürieren.
• Zwiebel, Karotte und Bleichsellerie in 3 Eßlöffel Olivenöl in einem Topf andünsten. Nach einigen Minuten die pürierten Zutaten hinzufügen, umrühren und 1 Minute mitdünsten lassen.
• Den Fisch hinzugeben, umrühren und einige Minuten schmoren lassen.
• Den Wein zugießen und einkochen lassen. Die Tomaten kleinschneiden.
• Den Fisch mit dem Mehl bestäuben, Tomaten, Petersilie, Salz, nach Belieben auch Pfeffer und 1/2 Glas Wasser hinzufügen. Auf kleiner Flamme alles 20 bis 30 Minuten köcheln lassen.
• Inzwischen das Weißbrot in Würfel schneiden, mit Olivenöl beträufeln und einige Minuten im Ofen rösten.
• Den Fisch zusammen mit dem gerösteten Brot servieren.

**Dauert etwa 1 Stunde**
**1 Portion = 2541 kJ/606 kcal**

***Zur Abwechslung***
Nach dem gleichen Rezept können Sie auch gut Stockfisch zubereiten, doch müssen Sie ihn dann 1 Stunde länger kochen.

*Dieses Gericht sollten Sie mit mindestens zwei bis drei verschiedenen Fischsorten zubereiten, die festes Fleisch haben – Schwertfisch, Thunfisch, Seeteufel, Seelachs oder Hecht. Nach Möglichkeit lassen Sie den Fisch gleich vom Händler putzen und entgräten. Allerdings empfiehlt es sich, die Haut nicht abzuziehen, weil das Fleisch dann nicht so leicht auseinanderfällt.*

# Buridda sarda

*Fisch mit Nußsauce aus Sardinien*

**800 g gemischter küchenfertiger Fisch (siehe voriges Rezept Seite 417)**
**2 Lorbeerblätter**
**fein gehackter Thymian**
**Salz**
**80 g altbackenes Brot**
**1/2 Glas Fischbrühe (oder Fischfond aus dem Glas)**
**50 g Pinienkerne**
**50 g Walnußkerne**
**2 Knoblauchzehen, geschält**
**1 Lorbeerblatt**
**1 1/2 Gläser Weinessig**

• Die Fischstücke gut waschen.
• 2 1/2 Liter Wasser zusammen mit den Lorbeerblättern, etwas Thymian und 1 Prise Salz in einem Topf aufsetzen. Aufkochen und anschließend abkühlen lassen.
• Inzwischen das Brot etwa 5 Minuten in der Brühe einweichen und ausdrücken.
• Pinienkerne, Walnüsse und Knoblauch fein hacken. Zusammen mit dem Brot in einen anderen Topf geben, Lorbeerblatt und Weinessig hinzufügen und 5 Minuten auf kleiner Flamme köcheln lassen.
• Die Fischstücke in den abgekühlten Sud geben, wieder aufkochen lassen und etwa 10 Minuten sanft garen.
• Den Fisch vorsichtig herausheben, auf eine Servierplatte legen und mit der Sauce übergießen.

**Dauert etwa 30 Minuten**
**1 Portion = 1666 kJ/398 kcal**

***Zur Abwechslung***
• Sie können die Fischstücke auch leicht in Mehl wenden und in Öl fritieren, statt sie im Sud zu garen.
• Wenn Sie dieses Gericht als Vorspeise servieren wollen, lassen Sie den Fisch in der Sauce erkalten und noch 24 Stunden darin ziehen.
• Die Sauce können Sie auch auf andere Weise zubereiten: Den kleingehackten Knoblauch in 3 Eßlöffel Olivenöl glasig dünsten. Lorbeer, Essig und 1/2 Glas Wasser hinzufügen und 5 Minuten köcheln lassen. Die fein gehackten Pinienkerne und Nüsse, 3 Eßlöffel Semmelbrösel, Salz und Pfeffer hinzugeben. Die Sauce noch einige Minuten schmoren lassen und über den Fisch gießen.

# Cassola sarda di pesce

*Fischtopf aus Sardinien*

Sardinien befand sich lange Zeit unter spanischer Herrschaft, und „cassola“ ist die spanische Bezeichnung für Kasserolle. Traditionell gehören zu diesem Gericht mindestens zwölf Fischsorten sowie Kraken und Tintenfische, aber Sie kommen auch gut mit weniger aus – in Frage kommen zum Beispiel Heringskönig (Petersfisch), Merlan, Seehecht, Brasse, Meeraal, Roter Knurrhahn, Kraken und kleine Tintenfische. Nach Möglichkeit lassen Sie sich die Fische vom Händler vorbereiten.

- Die Fische in nicht zu kleine Stücke schneiden und sorgfältig waschen. Die verschiedenen Sorten voneinander getrennt halten.
- Die Zwiebel und 1 Knoblauchzehe schälen und fein hacken.
- Die getrockneten Tomaten in Stücke schneiden.
- Zwiebel, Knoblauch, Tomaten und Peperone in einem großen Topf einige Minuten in 3 Eßlöffel Öl andünsten.
- Den Wein zugießen und einkochen lassen. Den Peperone herausnehmen.
- Zuerst Kraken und Tintenfische in den Topf geben und einige Minuten anschmoren. Mit der Fischbrühe aufgießen und 15 Minuten köcheln lassen.
- Nach und nach die Fische hinzufügen, zuerst diejenigen mit dem festesten Fleisch.
- Die Suppe salzen und auf kleiner Flamme noch 40 bis 45 Minuten köcheln lassen. Darauf achten, daß der Fisch nicht zerfällt. Bei Bedarf etwas Flüssigkeit ergänzen.
- Inzwischen die Weißbrotscheiben mit Öl beträufeln und mit der zweiten geschälten Knoblauchzehe einreiben. Einige Minuten im Ofen rösten.
- Die fertige Suppe mit Petersilie bestreuen und das geröstete Weißbrot extra servieren.

**Dauert gut 1 Stunde**
**1 Portion = 2650 kJ/631 kcal**

***Zur Abwechslung***
In manchen Gegenden Sardiniens bereitet man den Fischtopf auch mit gehäuteten und entkernten frischen Tomaten zu.

**1 1/4 kg gemischter küchenfertiger Fisch**
**1 Zwiebel**
**2 Knoblauchzehen**
**200-250 g getrocknete Tomaten**
**1 scharfer Peperone**
**Olivenöl extra vergine**
**1 Glas trockener Weißwein**
**1 1/2 l Fischbrühe (oder warmes Wasser)**
**Salz**
**250 g altbackenes Weißbrot, in Scheiben geschnitten**
**2 EL fein gehackte Petersilie**

# Merluzzo con i peperoni

*Seehecht mit Paprikaschoten*

**ca. 800 g Seehechtfilets**
**4-5 verschiedenfarbige Paprikaschoten (rot, gelb, grün)**
**2 Knoblauchzehen**
**1 Zwiebel**
**50 g Kapern**
**50 g Sardellen**
**Olivenöl extra vergine**
**500 g pürierte Tomaten**
**1 Prise Oregano**
**Salz**
**Pfeffer aus der Mühle**
**100 g Mehl**
**1 EL fein gehackte Petersilie**

- Die Seehechtfilets waschen, trocknen und in Stücke schneiden.
- Die Paprikaschoten waschen, trocknen und bei 250 Grad (Umluft 230 Grad, Gas Stufe 6) etwa 10 Minuten im Ofen garen. Anschließend 10 Minuten in einer Papiertüte, von einer Plastiktüte umhüllt, ruhen lassen.
- Die abgekühlten Schoten abziehen, die Rippen und Kerne entfernen und die Schoten kleinschneiden.
- Inzwischen den Knoblauch und die Zwiebel abziehen und fein hacken. Kapern und Sardellen abtropfen lassen.
- Die Zwiebel in etwas Öl andünsten und nach einigen Minuten Knoblauch, Kapern und Sardellen hinzugeben. Einige Minuten schmoren lassen.
- Tomatenpüree und Oregano hinzufügen, leicht salzen und pfeffern und die Sauce etwa 15 Minuten köcheln lassen.
- Inzwischen den Fisch leicht im Mehl wenden und in einer Pfanne von beiden Seiten goldbraun anbraten.
- Paprikastücke, Fischfilets und Petersilie in die Sauce geben und noch etwa 10 Minuten köcheln lassen.
- Nochmals abschmecken und sofort auf den Tisch bringen.

**Dauert etwa 1 Stunde**
**1 Portion = 1886 kJ/450 kcal**

*Falls Sie Paprikaschoten gut vertragen und sie deshalb nicht abziehen müssen, schneiden Sie sie klein und geben sie gleichzeitig mit dem Knoblauch in den Topf.*

# Sgombri con i piselli

*Makrelen mit Erbsen*

- 1 kg Makrelen
- 350 g frische (oder tiefgefrorene) Erbsen
- 1 Zwiebel
- 2 Knoblauchzehen
- Olivenöl extra vergine
- 1/2 Glas Weißwein
- 400 g pürierte Tomaten
- 1 EL fein gehackte Petersilie
- Salz
- evtl. Pfeffer aus der Mühle (oder scharfer Peperone)

- Falls nötig, die Makrelen schuppen, ausnehmen und waschen.
- Die Erbsen einige Minuten in kochendem Wasser blanchieren, anschließend abgießen und etwas abkühlen lassen.
- Inzwischen Zwiebel und Knoblauch schälen und fein hacken. Die Zwiebel in 1 Eßlöffel Öl in einem Topf glasig dünsten. Den Knoblauch hinzufügen und einige Minuten mitdünsten.
- Die Erbsen zugeben. Einige Minuten schmoren lassen, den Wein zugießen und einkochen lassen.
- Tomatenpüree, Petersilie und ein wenig Wasser hinzufügen. Die Sauce salzen und pfeffern und 5 Minuten köcheln lassen.
- Die Fische innen salzen, in den Topf legen, zudecken und von beiden Seiten je 5 Minuten garen.

**Dauert etwa 40 Minuten**
**1 Portion = 2307 kJ/551 kcal**

***Zur Abwechslung***
Sie können dieses Gericht auch ohne Tomaten zubereiten. In diesem Fall geben Sie ein ganzes Glas Wein und etwas mehr Wasser zur Sauce.

# Filetti di pescatrice in foglie di bietola

*Seeteufelfilets in Mangoldblättern*

12 zarte junge Mangoldblätter
1 kg Seeteufelfilets
Salz
Pfeffer aus der Mühle
Mehl zum Wenden
200 g Crème fraîche
1 EL scharfer Senf
Butter
(oder Olivenöl extra vergine)

*Eignet sich auch sehr gut als warme Vorspeise für mehrere Personen.*

• Die Mangoldblätter von den Stielen befreien und waschen. Auf der Arbeitsfläche ausbreiten und die Fischfilets auf den Blättern verteilen.
• Den Fisch leicht salzen und pfeffern. Die Blätter einrollen, mit Küchengarn umwickeln und leicht in Mehl wälzen. Die Crème fraîche mit dem Senf verrühren.
• In einer großen Pfanne etwas Butter erhitzen. Die gefüllten Mangoldblätter bei mittlerer Hitze von beiden Seiten darin anbraten. Die Senfsahne zugießen und etwa 15 Minuten zugedeckt auf kleinster Flamme schmoren lassen.
• Dazu geröstetes Landbrot oder Weißbrot servieren.

**Dauert etwa 40 Minuten**
**1 Portion = 1751 kJ/419 kcal**

# Baccalà e stoccafisso

*Klippfisch und Stockfisch*

Wie es heißt, brachten einst die Normannen den Stockfisch in den Süden. Da heute überall Tiefkühlkost im Handel ist, mutet es seltsam an, daß der auf traditionelle Weise haltbar gemachte Kabeljau – er wird in Norwegen an Gestellen aus Stöcken zum Trocknen aufgehängt – sich in vielen Gegenden Italiens noch immer allergrößter Beliebtheit erfreut. Doch die Italiener mit ihrer langen Küstenlinie, an der täglich Unmengen von frischem Fisch eingebracht werden, teilen diese Vorliebe mit den Bewohnern vieler anderer Mittelmeerländer. Tatsächlich ist der Stockfisch – wahrscheinlich gerade aufgrund der Konservierung – sehr aromatisch.
Es gibt in Italien eine Vielzahl von Rezepten dafür, und freitags wird in vielen Lebensmittelgeschäften der schon vorgeweichte und gesalzene „baccalà“ angeboten, der nur noch einige Stunden gewässert werden muß. Der „stoccafisso“ hingegen muß vier bis fünf Tage gewässert werden, bevor man ihn zubereiten kann.

# Baccalà mantecato

*Klippfisch-Püree*

Selbst in Italien gehen über die Bezeichnung – „baccalà" oder „stoccafisso" – die Meinungen zum Teil auseinander. So wird eines der berühmtesten Gerichte, „baccalà alla vicentina", mit Stockfisch zubereitet. Sie können für die Rezepte, in denen baccalà angegeben ist, in der Regel auch Stockfisch verwenden. Nach Belieben können Sie die folgenden Gerichte natürlich auch mit frischem Kabeljau zubereiten.

**gut 800 g fertig gewässerter Klippfisch**
**Salz**
**einige Petersilienstengel**
**ca. 2 Gläser Olivenöl extra vergine**
**1 EL fein gehackte Petersilie**
**evtl. 2 Knoblauchzehen, durchgepreßt**
**ca. 1/4 l Milch (oder süße Sahne)**
**Pfeffer aus der Mühle**

- Den Klippfisch abgießen und noch einmal gut durchspülen. In Stücke schneiden.
- Einen Topf mit reichlich Wasser aufsetzen, Salz und Petersilienstengel hinzufügen. Sobald das Wasser aufkocht, den Fisch hineingeben und zugedeckt etwa 10 Minuten köcheln lassen.
- Den Fisch abgießen, die Haut abziehen und die Gräte entfernen.
- 1 Glas Olivenöl auf kleiner Flamme in einem Topf erhitzen.
- Die Fischstücke zugeben und etwa 10 Minuten unter ständigem Rühren mit einem Holzlöffel schmoren, bis sie sich weitgehend aufgelöst haben.
- Den Topf vom Feuer nehmen und unter ständigem Rühren die Petersilie, nach Belieben den Knoblauch und zu gleichen Teilen so viel Olivenöl und Milch hinzufügen, daß die Fischcreme etwa die Konsistenz von Kartoffelpüree bekommt.
- Zum Schluß das Püree mit Pfeffer abschmecken.

**Dauert etwa 35 Minuten**
**1 Portion = 3123 kJ/746 kcal**

- *Nach Belieben können Sie die Ölmenge auch weitgehend reduzieren und statt dessen mehr Milch oder süße Sahne verwenden.*
- *Dazu paßt Weißbrot, mit etwas Olivenöl beträufelt und im Ofen geröstet, oder in der Pfanne geröstete Polentascheiben.*

# Baccalà alla siciliana

*Klippfisch auf sizilianische Art*

**800 g fertig gewässerter Klippfisch**
**50 g Sultaninen**
**50 g Pinienkerne**
**450 g frische Tomaten**
**1 große oder 2 kleine Zwiebeln**
**2 Knoblauchzehen**
**1 Gläschen Olivenöl extra vergine**
**100 g Mehl**
**150 g grüne Oliven**
**evtl. 50 g Kapern**
**1 EL fein gehackte Petersilie**
**Salz**
**Pfeffer aus der Mühle**

Die Kombination von Fisch und Sultaninen erscheint auf Anhieb etwas ungewöhnlich, sie ist aber sehr pikant und schmackhaft.

- Den Klippfisch abgießen, unter fließendem Wasser noch einmal durchspülen, gut mit Küchenkrepp trockentupfen und in Stücke schneiden.
- Die Sultaninen in warmem Wasser einweichen, anschließend abtropfen lassen.
- Die Pinienkerne leicht in einer Teflonpfanne anrösten.
- Die Tomaten kurz in kochendheißes Wasser tauchen, häuten, entkernen und kleinschneiden.
- Zwiebel und Knoblauch schälen, kleinhacken und in einem Topf im Öl glasig dünsten. Mit einem Schöpflöffel herausheben und beiseite stellen.
- Den Klippfisch mit dem Mehl bestäuben und von beiden Seiten im Öl anbraten.
- Zwiebel und Knoblauch wieder hinzugeben, außerdem die Tomaten, 1 Schöpflöffel warmes Wasser, die Oliven, nach Belieben Kapern, Pinienkerne und Sultaninen sowie die Petersilie. Mit Salz und Pfeffer abschmecken.
- Das Fischragout noch 20 Minuten schmoren lassen und den Topf zwischendurch aufschütteln, damit Fisch und Sauce nicht ansetzen. Falls die Sauce zu sehr einkocht, noch warmes Wasser hinzugeben.

**Dauert etwa 1 Stunde**
**1 Portion = 1974 kJ/472 kcal**

***Zur Abwechslung***

Nach Belieben können Sie 10 Minuten vor Ende der Garzeit noch 350 bis 400 Gramm Kartoffeln in Stiften oder in etwa 1/2 cm dicken Scheiben zum Fischragout geben.

# Baccalà con funghi e pinoli

## *Klippfisch mit Pilzen und Pinienkernen*

- Den Klippfisch abgießen, unter fließendem Wasser gut durchspülen, ausdrücken, mit Küchenkrepp trockentupfen und in Stücke schneiden.
- Die Kartoffeln schälen, waschen, in Stifte oder etwa 1/2 cm dicke Scheiben schneiden und kochen, bis sie etwa zu 3/4 gegart sind.
- Die Pilze 15 Minuten in einer Tasse warmem Wasser einweichen, anschließend abgießen und kleinschneiden. Das Einweichwasser aufheben.
- Zwiebel und Knoblauch schälen, kleinhacken und in einem Topf im Öl glasig dünsten.
- Pilze und Pinienkerne hinzufügen und einige Minuten mitschmoren.
- Den Klippfisch mit dem Mehl bestäuben und auf beiden Seiten im Topf anbraten.
- Die Tomaten kleinschneiden und mit den Kräutern hinzufügen. Salzen, pfeffern, den Wein zugießen und auf kleiner Flamme völlig einkochen lassen.
- Die Kartoffeln und das Pilzwasser hinzugeben und alles noch 10 bis 15 Minuten schmoren lassen.
- Nochmals abschmecken und sofort auf den Tisch bringen.

**800 g fertig gewässerter Klippfisch**
**300-400 g Kartoffeln**
**30 g getrocknete Steinpilze**
**1 Zwiebel**
**2 Knoblauchzehen**
**3-4 EL Olivenöl extra vergine**
**50 g Pinienkerne**
**100 g Mehl**
**3 gehäutete reife Tomaten (oder Tomatenpüree)**
**etwas frischer Thymian, fein gehackt**
**2 EL fein gehackte Petersilie**
**1 Glas trockener Weißwein**
**Salz**
**Pfeffer aus der Mühle**

**Dauert 50 bis 60 Minuten**
**1 Portion = 1889 kJ/452 kcal**

***Zur Abwechslung***
Nach Belieben können Sie zusammen mit Zwiebel und Knoblauch auch 2 Sardellenfilets anschmoren. Sie machen das Gericht noch etwas pikanter.

## Baccalà con cipolline

*Klippfisch mit Frühlingszwiebeln*

- 800 g fertig gewässerter Klippfisch
- 100 g Mehl
- Öl zum Fritieren
- 2 Karotten
- 1 Stange Bleichsellerie
- 600 g Frühlingszwiebeln
- 2 EL Olivenöl extra vergine
- 1 Glas Weißwein
- 1 Schöpflöffel Gemüsebrühe
- 1 EL fein gehackte Petersilie
- 1 Lorbeerblatt
- evtl. 250 g pürierte Tomaten
- Salz
- Pfeffer aus der Mühle

• Den Klippfisch abgießen, unter fließendem Wasser gut durchspülen und trockentupfen. Die Gräte entfernen, den Fisch in Stücke schneiden und im Mehl wenden.
• Die Fischstücke in reichlich heißem Öl fritieren, mit dem Schöpflöffel herausheben und auf Küchenkrepp abtropfen lassen.
• Karotten und Sellerie putzen, waschen und kleinhacken. Die Frühlingszwiebeln gründlich putzen, waschen und kleinschneiden.
• Karotten und Sellerie im Olivenöl andünsten. Die Zwiebeln hinzufügen und einige Minuten mitschmoren lassen. Den Weißwein zugießen und einkochen lassen.
• Die Brühe, Petersilie, Lorbeerblatt und nach Belieben auch das Tomatenpüree zugeben und salzen und pfeffern. Auf kleiner Flamme zugedeckt alles etwa 30 Minuten köcheln lassen.
• Den Fisch in den Topf geben, noch etwa 5 Minuten mitschmoren und heiß auf den Tisch bringen.

**Dauert etwa 1 Stunde 10 Minuten**
**1 Portion = 1939 kJ/464 kcal**

## Baccalà all'agliata

*Klippfisch mit Knoblauchsauce*

- 800 g fertig gewässerter Klippfisch
- 1/4 l Milch
- 1 großes Brötchen
- 1/2 Glas Essig
- 1 Gläschen Olivenöl extra vergine
- 3 Knoblauchzehen, geschält
- Salz
- 100 g Mehl
- Öl zum Fritieren

• Den Klippfisch abgießen, unter fließendem Wasser durchspülen, in Stücke schneiden und mindestens 30 Minuten in der Milch einlegen.
• Das Brötchen entrinden und im Essig und 1/2 Glas Olivenöl einweichen.
• Das Brötchen mitsamt der Einweichflüssigkeit, den Knoblauchzehen und etwas Salz im Mixer pürieren. Mit dem Schneebesen das restliche Öl unterrühren, bis sich eine sehr cremige Sauce ergibt.
• Die Fischstücke aus der Milch nehmen, mit Küchenkrepp trockentupfen und im Mehl wenden.
• Reichlich Öl erhitzen und den Fisch darin von beiden Seiten schwimmend ausbacken. Auf Küchenkrepp abtropfen.

• Den Fisch auf einer Servierplatte anrichten und die Knoblauchsauce darüber verteilen. Sofort servieren.

**Dauert 30 bis 40 Minuten (ohne Einweichzeit)**
**1 Portion = 2097 kJ/501 kcal**

***Zur Abwechslung***
Statt den Fisch in Milch einzuweichen, können Sie ihn auch marinieren: Sie vermischen in einer Schüssel 1 Gläschen Olivenöl mit dem Saft von 1 Zitrone, etwas Salz und Pfeffer, 1 Eßlöffel fein gehackter Petersilie und 1 zerdrückten Knoblauchzehe und lassen den Fisch mindestens 30 Minuten darin ziehen.

*Nach Belieben können Sie den Klippfisch auch von Haut und Gräten befreien, bevor Sie ihn in Stücke schneiden.*

## Baccalà alla ligure

*Klippfisch aus Ligurien*

**600 g fertig gewässerter Klippfisch**
**300 g Kartoffeln**
**500 g Blumenkohl**
**Salz**
**50 g Pinienkerne**
**etwas Olivenöl extra vergine**
**Für die Sauce:**
**100 g altbackenes Brot**
**1/2 Glas Essig**
**2 Knoblauchzehen, kleingehackt**
**1 großes Bund Petersilie, Blätter abgezupft**
**8 Sardellenfilets**
**50 g Pinienkerne**
**50 g Kapern**
**Salz**
**Pfeffer aus der Mühle**
**1 Gläschen Olivenöl extra vergine**

• Den Klippfisch abgießen, unter fließendem Wasser gut durchspülen, mit Küchenkrepp abtupfen und in Stücke schneiden.
• Die Kartoffeln schälen, waschen und in große Stücke schneiden. Den Blumenkohl putzen, waschen und in kleine Röschen teilen.
• Kartoffeln und Blumenkohl einige Minuten in kochendem Salzwasser blanchieren. Die Pinienkerne in einer Pfanne leicht anrösten.
• Eine feuerfeste Form leicht einölen und Kartoffeln, Blumenkohl, Klippfisch und Pinienkerne hineinschichten.
• Das Brot kurz im Essig einweichen. Das Brot samt Einweichwasser und sämtliche Zutaten für die Sauce im Mixer pürieren und 1 Schöpflöffel Wasser hinzufügen. Die Sauce gleichmäßig über den Auflauf verteilen.
• Die Form mit Alufolie abdecken und alles 20 Minuten bei 200 Grad (Umluft 180 Grad, Gas Stufe 3 bis 4) im vorgeheizten Ofen garen. Falls die Sauce zu stark einkocht, etwas Wasser nachgießen.
• Gegen Ende der Garzeit die Alufolie entfernen und die Oberfläche unter dem Grill leicht bräunen lassen.

**Dauert etwa 50 Minuten**
**1 Portion = 2467 kJ/590 kcal**

# Baccalà alla vicentina

*Stockfisch aus Vicenza*

**ca. 1 kg fertig gewässerter Stockfisch, möglichst am Stück**
**400 g Zwiebeln**
**2 Knoblauchzehen**
**1 Glas Olivenöl extra vergine**
**8 Sardellenfilets**
**Salz**
**Pfeffer aus der Mühle**
**gut 100 g Mehl**
**4 EL frisch geriebener Parmesan**
**1 EL fein gehackte Petersilie**
**1 l Milch**

Dies ist zweifellos das berühmteste aller italienischen Stockfischrezepte und ein beliebtes Karfreitagsgericht. In Venetien heißt der Stockfisch ebenfalls „baccalà“.

• Den Stockfisch waschen, trockentupfen und von Rückengräte, Flossen und Knorpeln befreien.
• Zwiebel und Knoblauch schälen und fein hacken.
• Die Zwiebel in 1/2 Glas Olivenöl in einer Pfanne glasig werden lassen. Nach einigen Minuten den Knoblauch und die Sardellenfilets hinzugeben.
• Auf kleiner Flamme schmoren lassen, bis die Sardellenfilets sich aufgelöst haben und die Zwiebeln völlig zusammengefallen sind. Das überschüssige Öl abgießen und zurückstellen.
• Den Stockfisch in zwei gleich große Stücke teilen. Jedes Stück leicht salzen und pfeffern und die Zwiebelmischung gleichmäßig darüber verteilen.
• Leicht mit Mehl bestäuben, etwas Parmesan und die Petersilie darüberstreuen.
• Die beiden Fischstücke übereinanderlegen und mit einem Faden zusammenbinden.
• Das Fischpaket in etwa 5 cm breite Stücke teilen und jedes Stück in Mehl wenden. Die Stücke nebeneinander in eine Kasserolle legen und mit dem Öl aus der Pfanne begießen. Das restliche Olivenöl und die Milch darübergießen, leicht salzen und auf kleinster Flamme etwa 1 1/2 Stunden schmoren.
• Den Stockfisch anschließend mit dem restlichen Parmesan bestreuen und noch 30 Minuten bei 180 Grad (Umluft 160 Grad, Gas Stufe 2 bis 3) im Ofen garen.

**Dauert etwa 2 Stunden 30 Minuten**
**1 Portion = 2439 kJ/583 kcal**

• *Wenn Sie den Stockfisch selber wässern wollen, brauchen Sie 500 Gramm trockenen Stockfisch.*
• *Als Beilage paßt Kartoffelpüree oder frisch gekochte oder gebratene Polenta.*

# Stoccafisso alla lombarda

*Stockfisch aus der Lombardei*

- 1 kg fertig gewässerter Stockfisch
- 1 Zwiebel
- 2 Stangen Lauch
- 2 Stangen Bleichsellerie
- 30 g Butter
- 2 EL Olivenöl extra vergine
- 2 Paprikaschoten
- 300 g reife Tomaten
- etwas frischer Thymian, fein gehackt
- 1 Glas Weißwein
- 1 EL fein gehackte Petersilie
- Salz
- 400 g Kartoffeln
- 200 g vorgegarte Borlotti-Bohnen (oder aus der Dose)

• Den Stockfisch abgießen und gut durchspülen. Die Rückengräte entfernen, den Fisch trockentupfen und in Stücke schneiden.
• Die Zwiebel schälen, Lauch und Sellerie putzen und alles kleinhacken.
• Die Butter in einer Kasserolle schmelzen und leicht anbräunen.
• Das Öl hinzufügen, das gehackte Gemüse hineingeben und gut andünsten.
• Die Fischstücke in den Topf geben und einige Minuten auf kleiner Flamme schmoren lassen.
• Inzwischen die Paprikaschoten putzen, waschen und kleinschneiden. Die Tomaten mit kochendem Wasser überbrühen, häuten, entkernen und kleinschneiden.
• Paprika und Thymian hinzufügen. Den Wein über den Fisch gießen und völlig einkochen lassen.
• 2 Schöpflöffel heißes Wasser aufgießen, Tomaten und Petersilie hinzufügen, salzen und den Stockfisch mindestens 3 Stunden köcheln lassen. Falls nötig, ab und zu noch etwas heißes Wasser hinzufügen.
• Inzwischen die Kartoffeln schälen, in Stifte oder Scheiben schneiden, waschen und in kochendem Salzwasser fast vollständig garen.
• Gegen Ende der Kochzeit die Kartoffeln und die Bohnen zum Fisch geben und noch einige Minuten mitgaren. Den Fischtopf heiß auf den Tisch bringen.

**Dauert etwa 3 Stunden 30 Minuten**
**1 Portion = 1892 kJ/453 kcal**

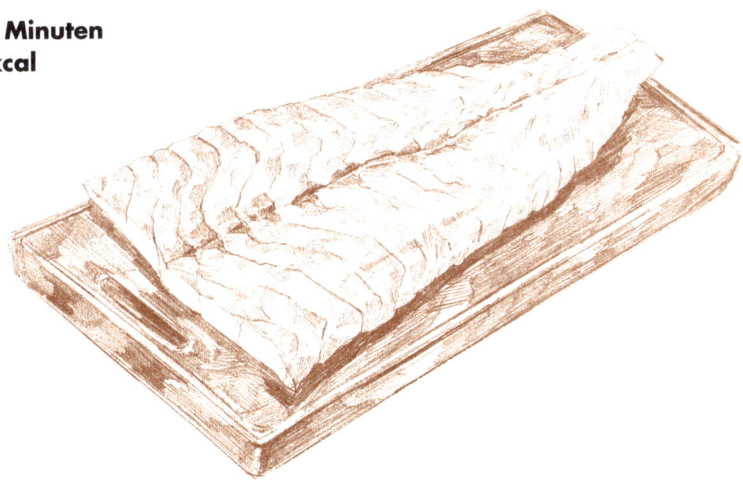

# Seppie con porcini

*Tintenfische mit Steinpilzen*

**800 g küchenfertige Seppie (kleine Tintenfische)**
**Salz**
**1-2 Lorbeerblätter**
**300 g Steinpilze**
**2 Knoblauchzehen**
**1 Bund Petersilie**
**Olivenöl extra vergine**
**fein gehackter Oregano**
**evtl. Pfeffer aus der Mühle**

• Die Tintenfische waschen und in leicht gesalzenem siedendem Wasser zusammen mit dem Lorbeer in etwa 20 Minuten garen, anschließend herausnehmen und gut abtropfen lassen. Leicht abkühlen lassen und mit Küchenkrepp trockentupfen.
• Die Steinpilze waschen, putzen und in dünne Scheiben schneiden.
• Die Knoblauchzehen schälen, die Petersilienblättchen abzupfen und waschen und beides fein hacken.
• In einer Pfanne 2 bis 3 Eßlöffel Olivenöl erhitzen. Den Knoblauch ganz kurz darin andünsten. Die Steinpilzscheiben hinzugeben und kurz sautieren. Etwas Oregano darüberstreuen, salzen und nach Belieben auch pfeffern.
• Die Seppie und die gehackte Petersilie hinzufügen, vorsichtig durchrühren und alles noch einige Minuten auf mittlerer Flamme schmoren lassen.

**Dauert etwa 40 Minuten**
**1 Portion = 1055 kJ/253 kcal**

*• Für dieses Rezept sollten Sie möglichst nicht die großen Calamari, sondern die kleineren Seppie verwenden, die man auch bei uns (allerdings meist nur tiefgekühlt) bekommen kann.*
*• Dieses Gericht eignet sich auch als warme Vorspeise.*

## Calamari in bianco

*Tintenfische in Weinsauce*

- Augen und Tintensäcke der Calamari entfernen. Die Tintenfische gründlich waschen. Die Fangarme vom Rumpf trennen und alles in grobe Stücke schneiden.
- Knoblauch und Sardellen in etwas Öl andünsten. Kapern, Tintenfische und etwas Petersilie hinzufügen und gut durchmischen. Den Wein zugießen und einkochen lassen.
- 1/2 Liter Wasser, etwas Salz, Lorbeerblatt, Oliven und Peperone hinzufügen. Die Kalmare zugedeckt bei mittlerer Hitze in etwa 40 Minuten weich köcheln, mit einem Zahnstocher die Garprobe machen. Zwischendurch ein wenig heißes Wasser hinzufügen, falls nötig.
- Lorbeerblatt und Peperone aus der Sauce entfernen. Etwas Petersilie darüberstreuen und sofort servieren.

**Dauert etwa 1 Stunde 30 Minuten**
**1 Portion = 1795 kJ/429 kcal**

**1 kg Tintenfische (Calamari oder Totani)**
**2 Knoblauchzehen, fein gehackt**
**4 Sardellenfilets**
**Olivenöl extra vergine**
**50 g Kapern**
**fein gehackte Petersilie**
**1 Glas Weißwein**
**Salz**
**1 Lorbeerblatt**
**200 g grüne Oliven**
**1 Stück scharfer Peperone**

## Calamaretti in umido alla napoletana

*Kalmare aus Neapel*

- Die Tintenfische putzen, waschen und abtrocknen. Bei größeren Exemplaren die Fangarme von den Rümpfen trennen und die Rümpfe in grobe Stücke teilen.
- Den Knoblauchzehen in etwas Olivenöl andünsten. Kapern, Tintenfische und etwas Petersilie hinzufügen und kurz anbraten. Den Wein angießen und einkochen lassen.
- Tomatenpüree, etwas Salz, das Lorbeerblatt, Oliven und Peperone hinzufügen. Auf mittlerer Flamme zugedeckt etwa 40 Minuten garen, bis die Tintenfische ganz weich sind. Falls die Sauce zu sehr einkocht, zwischendurch ein wenig heißes Wasser hinzufügen.
- Knoblauch, Lorbeer und Peperone herausnehmen, alles mit Petersilie bestreuen und sofort servieren.

**Dauert etwa 1 Stunde 30 Minuten**
**1 Portion = 2606 kJ/623 kcal**

**1 kg kleine Kalmare (große Tintenfische)**
**2 Knoblauchzehen, halbiert**
**Olivenöl extra vergine**
**50 g Kapern**
**fein gehackte Petersilie**
**1 Glas Weißwein**
**500 g pürierte Tomaten**
**Salz**
**1 Lorbeerblatt**
**200 g schwarze Oliven**
**1 Stück scharfer Peperone**

# Calamari alla griglia

*Gegrillte Tintenfische*

**1200 g Tintenfische**
**Saft von 1 1/2 Zitronen**
**1/2 Glas Olivenöl extra vergine**
**einige Salbeiblättchen**
**1 Lorbeerblatt**
**Salz**
**fein gehackte Petersilie**
**2 Zitronen, in Scheiben geschnitten**

- Die Tintenfische von Augen und Tintensäcken befreien und gut waschen. Die Fangarme abtrennen und anderweitig verwenden.
- Die Tintenfische in eine Schüssel geben und mit Zitronensaft und Öl übergießen, Salbei und Lorbeer hinzufügen. Mindestens 20 Minuten an einem kühlen Ort ziehen lassen.
- Den Tintenfisch aus der Marinade nehmen, bei mäßiger Hitze von beiden Seiten grillen und zwischendurch immer wieder mit der Marinade bestreichen. Nach 20 bis 30 Minuten mit einem Zahnstocher die Garprobe machen.
- Die weichen Kalmare salzen, mit Petersilie bestreuen und mit den Zitronenscheiben garnieren.

**Dauert etwa 1 Stunde 20 Minuten**
**1 Portion = 1503 kJ/359 kcal**

***Zur Abwechslung***
Auch gefüllte Tintenfische lassen sich sehr gut grillen: Für Calamari ripieni alla ligure (Gefüllte Tintenfische aus Ligurien) weichen Sie 200 Gramm altbackenes Brot in 1/2 Glas Milch ein, drücken es aus und hacken es mit 2 Knoblauchzehen, 1 Bund Petersilie, etwas Majoran, 4 Sardellenfilets und den Fangarmen der geputzten Tintenfische klein. Nun mischen Sie 2 Eier, etwas Olivenöl, Salz, Pfeffer und Muskat sowie 1 Glas Weißwein darunter und füllen die Tintenfischrümpfe mit der Masse. Die Öffnungen mit Zahnstochern verschließen und die gefüllten Calamari wie im Rezept marinieren und grillen.

*Die Fangarme der Tintenfische können Sie zum Beispiel für ein Risotto oder eine Spaghettisauce verwenden.*

# Seppie con piselli

*Tintenfische mit Erbsen*

- 1200 g Tintenfische
- 2 Knoblauchzehen
- 4 Sardellenfilets
- Olivenöl extra vergine
- Salz
- Pfeffer aus der Mühle
- frisch geriebene Muskatnuß
- 1 Glas trockener Weißwein
- 250 g pürierte Tomaten
- 400 g kleine grüne Erbsen
- fein gehackte Petersilie

- Die Tintenfische von Augen und Tintensäcken befreien, gut waschen, trockentupfen und in Streifen schneiden.
- Den Knoblauch abziehen und fein hacken. Knoblauch und Sardellen in einem Topf in etwas Öl andünsten, bis die Sardellen zerfallen.
- Die Tintenfischstreifen hinzufügen, salzen, pfeffern und mit etwas Muskat würzen. Gut umrühren und einige Minuten schmoren lassen.
- Den Wein angießen und einkochen lassen. Das Tomatenpüree und 1 Schöpflöffel heißes Wasser hinzufügen und auf kleiner Flamme zugedeckt etwa 15 Minuten köcheln.
- Die Erbsen und einen weiteren Schöpflöffel Wasser hinzufügen. Noch etwa 30 Minuten weiterschmoren lassen, bis die Tintenfische weich sind. Zum Schluß reichlich Petersilie unterrühren und nochmals abschmecken.

**Dauert etwa 1 Stunde 30 Minuten**
**1 Portion = 1909 kJ/456 kcal**

***Zur Abwechslung***
Auf die gleiche Weise können Sie auch Moscardini und Polypen zubereiten: Polypen müssen etwa 1 1/2 bis 2 Stunden gekocht werden – in diesem Fall geben Sie die Erbsen nach frühestens 50 Minuten hinzu. Moscardini dagegen brauchen nur etwa 25 bis 30 Minuten, also garen Sie die Erbsen von Anfang an mit.

# Seppie in zimino

## *Tintenfische mit Mangold und Pilzen aus Ligurien*

**1200 g kleine Tintenfische**
**30 g getrocknete Steinpilze**
**700 g Mangold**
**1 Zwiebel**
**1 Knoblauchzehe**
**1 Stange Bleichsellerie**
**1 Bund Petersilie**
**50 g Pinienkerne**
**Olivenöl extra vergine**
**350 g pürierte Tomaten**
**Salz**
**evtl. Pfeffer aus der Mühle**
**1 EL Mehl**

- Die Tintenfische von Augen und Tintensäcken befreien, gut waschen und in Streifen schneiden.
- Die Pilze in einer Tasse warmem Wasser einweichen.
- Den Mangold waschen und die Stiele von den Blättern trennen. Stiele und Blätter jeweils in Streifen schneiden.
- Die Pilze abgießen und das Einweichwasser auffangen.
- Zwiebel und Knoblauch abziehen, den Sellerie putzen und die Petersilienblättchen abzupfen.
- Zwiebel, Knoblauch, Sellerie, Petersilie, Pinienkerne und die eingeweichten Pilze kleinhacken. Alles miteinander in einem Topf in etwas Öl andünsten, den Knoblauch etwas später hinzufügen. Einige Minuten schmoren lassen und darauf achten, daß der Knoblauch nicht anbrennt.
- Tintenfischstreifen, Tomatenpüree, etwas Salz, nach Belieben auch Pfeffer und ein wenig heißes Wasser hinzufügen.
- Das Mehl im Einweichwasser auflösen und unterrühren.
- Die Tintenfische auf kleiner Flamme zugedeckt etwa 25 Minuten garen. Zwischendurch umrühren und gegebenenfalls noch etwas Wasser oder Tomatensauce hinzufügen. Die Mangoldstengel hinzugeben und 10 Minuten mitgaren lassen.
- Die Mangoldblätter hinzufügen und alles noch einmal 5 Minuten köcheln lassen. Nochmals abschmecken und heiß auf den Tisch bringen.

**Dauert etwa 1 Stunde 10 Minuten**
**1 Portion = 2230 kJ/534 kcal**

### *Zur Abwechslung*

Auf die gleiche Weise können Sie auch Moscardini oder Polypen zubereiten, nur ändert sich die Garzeit: Für die Moscardini rechnet man insgesamt 30 Minuten, für die Polypen 1 1/2 bis 2 Stunden.

*Sie können für dieses Gericht entweder nur die Mangoldblätter oder nur die Stiele oder auch beides zusammen verwenden. Es ist jedoch wichtig, Blätter und Stiele getrennt zu halten, weil sie unterschiedliche Garzeiten haben.*

# Moscardini in bianco

*Moscardini in Weißwein*

**1200 g küchenfertige Moscardini**
**1 kleine Zwiebel**
**2 Knoblauchzehen**
**Olivenöl extra vergine**
**4 Sardellenfilets**
**fein gehackte Petersilie**
**1 Glas trockener Weißwein**
**Salz**
**Pfeffer aus der Mühle**
**(oder etwas scharfer Peperone)**

Man kennt diese Zubereitungsart in vielen Gegenden Italiens, und sie wird in der Regel nach der jeweiligen Stadt oder Region benannt.

- Die Moscardini sorgfältig waschen und abtrocknen.
- Zwiebel und Knoblauch abziehen und kleinhacken. Die Zwiebel in etwas Öl glasig dünsten.
- Knoblauch, Sardellenfilets und etwas Petersilie hinzufügen und mitschmoren, bis die Sardellen sich aufzulösen beginnen. Darauf achten, daß der Knoblauch nicht anbrennt.
- Die Moscardini hinzufügen und gut umrühren. Den Wein angießen und einkochen lassen.
- Salzen, pfeffern, 1 großen Schöpflöffel Wasser angießen und die Moscardini etwa 20 Minuten köcheln lassen. Zwischendurch immer wieder umrühren und noch etwas heißes Wasser hinzugeben, falls nötig.

**Dauert 40 bis 45 Minuten**
**1 Portion = 1519 kJ/363 kcal**

*Zur Abwechslung*

- Sie können zu Ende der Garzeit auch eine Handvoll in wenig Öl angeröstete Semmelbrösel in die Sauce geben.
- Sie können auch Tintenfisch auf diese Weise zubereiten, falls Sie die Moscardini – eine kleine Polypenart – nicht bekommen können. Für Tintenfisch oder Polpi (große Polypen) müssen Sie jedoch die doppelte Garzeit rechnen.

# Polpi in umido

*Polypen in Tomatensauce*

- 1200 g Polypen
- 4 Sardellenfilets
- Olivenöl extra vergine
- 2 Knoblauchzehen
- reichlich fein gehackte Petersilie
- 1 Glas trockener Weißwein
- 400 g pürierte Tomaten
- Salz
- 1 Stück scharfer Peperone (oder Pfeffer aus der Mühle)

• Die Polypen putzen, waschen und in Stücke schneiden.
• Die Sardellen zusammen mit etwas Öl in einen Topf geben und auf kleiner Flamme zerfallen lassen. Den Knoblauch abziehen und fein hacken, kurz im Topf mitdünsten, aber nicht braun werden lassen.
• Die Polypenstücke hinzugeben und einige Minuten anbraten. Mit etwas Petersilie bestreuen. Den Wein zugießen und einkochen lassen.
• Tomatenpüree, Salz und Peperone hinzufügen und die Polypen 1 bis 1 1/2 Stunden im zugedeckten Topf auf kleiner Flamme gar köcheln lassen. Verkochte Flüssigkeit zwischendurch ergänzen.
• Zum Schluß abschmecken, nochmals mit etwas Petersilie bestreuen und heiß auf den Tisch bringen.

**Dauert etwa 2 Stunden**
**1 Portion = 1816 kJ/435 kcal**

***Zur Abwechslung***
Auf gleiche Weise können Sie Moscardini zubereiten, die aber nur etwa 25 Minuten gekocht werden müssen.

# Polpi alla luciana

*Polypen aus Santa Lucia*

- 1200 g mittelgroße Polypen
- 150 g frische Tomaten
- Olivenöl extra vergine
- Salz
- 1 scharfer Peperone
- frische Petersilie, fein gehackt
- 1 Glas trockener Weißwein
- 1 Knoblauchzehe, fein gehackt

Dieses Rezept stammt aus Santa Lucia, dem neapolitanischen Fischerviertel.

• Die Polypen säubern und noch einmal auf dem Waschbecken aufschlagen, damit sie weicher werden. Besonders große Polypen in grobe Stücke schneiden.
• Die Tomaten kurz mit kochendem Wasser überbrühen, unter kaltem Wasser abschrecken, abziehen und kleinschneiden.
• Etwas Öl in einem großen Topf erhitzen, die Polypen hineinlegen und einige Minuten anbraten.
• Die Polypen salzen, Peperone und etwas Petersilie hinzugeben. Den Wein zugießen und einkochen lassen.

• Die Tomaten hinzufügen, den Topf mit einem Deckel oder mit Alufolie gut verschließen und die Polypen auf kleinster Flamme etwa 1 Stunde köcheln lassen.
• Den Peperone herausnehmen, die Polypen mit Knoblauch und etwas Petersilie bestreuen und sofort servieren.

**Dauert etwa 1 Stunde 30 Minuten**
**1 Portion = 1484 kJ/355 kcal**

## Gamberoni con olive e capperi

*Krebsschwänze mit Oliven und Kapern*

- 800 Krebsschwänze in der Schale
- 1/2 Glas Olivenöl extra vergine
- 4 Knoblauchzehen, leicht zerquetscht
- 1 EL Kapern
- 1 Handvoll kleine schwarze Oliven
- 1 Glas Weißwein
- evtl. 1 Schuß Cognac
- Salz
- Pfeffer aus der Mühle

• Die Schalen der Krebsschwänze öffnen.
• In einer Pfanne das Olivenöl leicht erhitzen. Die Knoblauchzehen im Öl kurz durchziehen lassen und wieder herausnehmen.
• Die Krebsschwänze mit der Schale nach unten in die Pfanne setzen. Die Kapern und Oliven hinzugeben und einige Minuten auf großer Flamme sautieren.
• Den Weißwein zugießen, nach Belieben auch den Cognac. Mit Salz und Pfeffer würzen.
• Die Krebsschwänze zugedeckt auf mittlerer Flamme einige Minuten schmoren. Vom Feuer nehmen und vor dem Servieren noch kurz durchziehen lassen.

**Dauert etwa 20 Minuten**
**1 Portion = 1349 kJ/323 kcal**

*Sie können dieses Gericht auch gut mit Scampi oder Krabben zubereiten.*

# Scampi con salsa di rucola

*Scampi mit Raukesauce*

**800 g Scampi (oder mehr)**
**40 g Butter**
**Salz**
**Pfeffer aus der Mühle**
**Für die Sauce:**
**1 Becher Naturjoghurt**
**100 g Mayonnaise, möglichst frisch zubereitet**
**100 g Raukeblättchen, sehr fein gehackt**
**2 Schalotten (oder 1 kleine Zwiebel), fein gehackt**
**Salz**
**Pfeffer aus der Mühle**
**Zum Anrichten:**
**frischer Blattsalat (Lollo, Frisée, Eichblattsalat)**
**Saft von 1/2 Zitrone**

- Die Scampi gut waschen. Mit einer Schere die Schalen seitlich aufschneiden und den Körper aus der Schale ziehen. Den Darm (brauner Faden) entfernen.
- Die Butter erhitzen und die Scampi einige Minuten darin sautieren. Salzen, pfeffern und warm stellen.
- Alle Zutaten für die Sauce sorgfältig vermengen und mit Salz und Pfeffer abschmecken.
- Die Salatblätter auf Portionsteller verteilen und jeweils etwas Sauce in die Mitte geben.
- Die Scampi darauflegen und jeweils mit etwas Zitronensaft beträufeln.

**Dauert etwa 30 Minuten**
**1 Portion = 2097 kJ/502 kcal**

*Sie können die Sauce auch im Mixer zubereiten, dann verliert sie jedoch an Farbe.*

# Scampi dorati

*Fritierte Scampi*

**1 kg Scampi**
**2 Eier**
**Salz**
**Mehl zum Wenden**
**Öl zum Ausbacken**
**1 Zitrone**

- Die Scampi gut waschen. Die Schalen mit einer Schere seitlich aufschneiden und den Körper aus der Schale ziehen. Den Darm (brauner Faden) entfernen.
- Die Eier mit etwas Salz verquirlen.
- Die Scampi zuerst leicht in Mehl und dann im Ei wenden.
- Die Scampi in reichlich heißem Öl fritieren und auf Küchenkrepp abtropfen lassen.
- Die Zitronen aufschneiden und die Scampi mit Zitronenvierteln servieren.

**Dauert etwa 30 Minuten**
**1 Portion = 2010 kJ/481 kcal**

# Cozze piccanti

*Muscheln in pikantem Sud*

- Die Muscheln mit einem Messer säubern und den Bart abtrennen. Sorgfältig waschen, bis das Wasser sauber bleibt. Mindestens 10 Minuten in Salzwasser legen, alle geöffneten oder beschädigten Exemplare fortwerfen.
- In einem großen Topf das Olivenöl erhitzen und den Knoblauch darin leicht andünsten. Gewürznelken, Lorbeer, Thymian und Peperone hinzufügen, mit Salz abschmecken. Die Zwiebel schälen. Zwiebel und Zitrone in Scheiben schneiden und mit Essig, Marsala und etwas Wasser in den Topf geben.
- Den Sud erhitzen und etwa 5 Minuten köcheln lassen. Den Peperone herausnehmen.
- Die Muscheln in den Topf geben und zudecken. Auf kleiner Flamme garen und zwischendurch aufschütteln.
- Sobald die Muscheln sich geöffnet haben, den Topf vom Feuer nehmen und den Oregano über die Muscheln streuen. Vor dem Servieren nach Belieben noch Petersilienblätter darübergeben. Lauwarm auf den Tisch bringen.

**Dauert etwa 30 Minuten**
**1 Portion = 1075 kJ/256 kcal**

2 kg Miesmuscheln
Salz
4 EL Olivenöl extra vergine
4-8 Knoblauchzehen, kleingehackt
2 Gewürznelken
1 Lorbeerblatt
2 Zweige Thymian
1 frischer (oder getrockneter) scharfer Peperone
1 Zwiebel
1/2 Zitrone
1 EL Balsamessig
1 Glas trockener Marsala (oder Weißwein)
1 Prise Oregano
evtl. Petersilienblättchen zum Bestreuen

*Dieses Gericht eignet sich auch sehr gut als Vorspeise.*

# Cozze alla pugliese

*Miesmuscheln aus Apulien*

- Die Muscheln wie oben beschrieben vorbereiten. Jeweils denjenigen Teil der Schale entfernen, an dem die Muschel nicht haftet.
- Die Flüssigkeit aus dem Inneren der Muscheln in einer Schüssel auffangen. Mit Semmelbröseln, Knoblauch, Petersilie, Peperone und so viel Öl vermischen, daß sich ein geschmeidiger Brei ergibt.
- Die Muscheln nebeneinander in eine feuerfeste Form legen und auf jede Muschel etwas Füllung geben. Etwa 10 Minuten im Ofen unter dem Grill überbacken.

**Dauert etwa 40 Minuten**
**1 Portion = 1384 kJ/330 kcal**

1200 g Miesmuscheln
Salz
150-200 g Semmelbrösel
3 Knoblauchzehen, fein gehackt
reichlich fein gehackte Petersilie
fein zermahlener getrockneter Peperone (oder Cayennepfeffer)
Olivenöl extra vergine

*Falls die Muscheln keine Flüssigkeit enthalten, geben Sie etwas mehr Öl und außerdem etwas Salz zur Füllung.*

# Cozze gratinate

*Überbackene Muscheln*

- 1 1/2 kg Miesmuscheln
- Salz
- 1/2 Glas trockener Weißwein
- Olivenöl extra vergine
- 2 Knoblauchzehen
- fein gehackte Petersilie
- 200 g Semmelbrösel
- 1 EL fein gehackter Majoran

• Die Muscheln mit einem Messer säubern und den Bart abtrennen. Sorgfältig waschen, bis das Wasser sauber bleibt. Mindestens 10 Minuten in Salzwasser legen, alle geöffneten oder beschädigten Exemplare fortwerfen.
• Die Muscheln zusammen mit dem Wein und 1 Eßlöffel Öl in einen großen Topf geben. Zudecken und auf mittlerer Stufe köcheln, bis alle Muscheln sich geöffnet haben.
• Jeweils diejenige Schale ablösen, an der die Muschel nicht befestigt ist. Die Muscheln nebeneinander in eine leicht eingeölte Form legen.
• Den Knoblauch abziehen, fein hacken und in einer Schüssel mit etwas Petersilie, den Semmelbröseln und dem Majoran vermischen. 2 Eßlöffel Öl und 2 bis 3 Eßlöffel abgeseihten Muschelsud hinzugeben.
• Die Mischung auf die Muscheln verteilen. Die Muscheln 10 Minuten im Ofen unter dem Grill überbacken.

**Dauert etwa 50 bis 60 Minuten**
**1 Portion = 1376 kJ/328 kcal**

# Cozze dorate

*Fritierte Muscheln*

- 1 1/2 kg möglichst große Miesmuscheln
- Salz
- 1/2 Glas Wein
- 1 EL Olivenöl extra vergine
- 3 Eier
- Salz
- Semmelbrösel zum Panieren
- Öl zum Ausbacken
- Zitronenscheiben zum Garnieren

*Sie können die ausgelösten Muscheln zum Fritieren auch auf Spießchen stecken.*

• Die Muscheln mit einem Messer säubern und den Bart abtrennen. Sorgfältig waschen, bis das Wasser sauber bleibt. Mindestens 10 Minuten in Salzwasser legen, alle geöffneten oder beschädigten Exemplare fortwerfen.
• Die Muscheln in einem großen Topf aufsetzen, Wein und Olivenöl zugießen. Zudecken und auf mittlerer Flamme garen, bis alle Muscheln sich geöffnet haben. Aus den Schalen lösen und in eine Schüssel geben.
• Die Eier mit etwas Salz verquirlen. Die Muscheln hineintauchen und anschließend in den Semmelbröseln wenden. Portionsweise in reichlich heißem Öl fritieren, abtropfen lassen und mit Zitronenscheiben servieren.

**Dauert etwa 1 Stunde**
**1 Portion = 2255 kJ/538 kcal**

# Tortino di cozze e patate

*Kartoffelgratin mit Muscheln*

- 1 1/2 kg Miesmuscheln
- Salz
- Olivenöl extra vergine
- 1/2 Glas Wein
- 500 g Kartoffeln
- 1 EL fein gehackte Petersilie
- 2 Knoblauchzehen, fein gehackt
- 1 EL fein gehackter Majoran
- Semmelbrösel

• Die Muscheln mit einem Messer säubern und den Bart entfernen. In reichlich Wasser sorgfältig waschen und 10 Minuten in Salzwasser liegen lassen, damit sie noch Sand verlieren. Alle geöffneten oder beschädigten Muscheln fortwerfen.

• Die Muscheln mit 1 Eßlöffel Öl und dem Wein in einen großen Topf geben. Zugedeckt bei mittlerer Hitze garen, bis alle Muscheln sich geöffnet haben.

• Die Kartoffeln schälen, waschen und in Scheiben schneiden. 2 Minuten in kochendem Salzwasser blanchieren, abgießen und unter fließendem kalten Wasser abschrecken.

• Eine feuerfeste Form leicht einölen und die Kartoffeln hineinschichten. Den Muschelsud abseihen, darübergießen und die Kartoffeln bei 200 Grad (Umluft 180 Grad, Gas Stufe 3 bis 4) 10 Minuten im Ofen garen.

• Inzwischen die Muscheln aus den Schalen lösen.

• Die Form aus dem Ofen nehmen, die Muscheln über die Kartoffeln verteilen und mit Petersilie, Knoblauch, Majoran und Semmelbröseln bestreuen. Alles leicht mit Olivenöl beträufeln und so lange im Ofen weitergaren, bis die Kartoffeln weich sind.

• Zum Schluß die Muscheln einige Minuten bei Oberhitze leicht gratinieren.

**Dauert etwa 1 Stunde**
**1 Portion = 1130 kJ/270 kcal**

# Salse
## Saucen

*Wenn nicht anders angegeben, sind alle Rezepte für 4 Portionen berechnet.*

Die italienische Küche kennt eine Vielzahl von Saucen, die größtenteils einfach zuzubereiten sind. Bei der Mischung der Zutaten sollte man sich auch auf seinen eigenen Geschmack verlassen und nach Belieben durchaus etwas mehr von der einen und etwas weniger von der anderen Zutat verwenden. Weitere Saucenvorschläge finden Sie im Pasta-Kapitel auf Seite 158.

# Salse fredde
# Kalte Saucen

## Salsa di pomodori a crudo

### Rohe Tomatensauce

Dies ist eine reine Sommersauce, da sie eigentlich nur mit guten, an der Sonne gereiften Tomaten schmeckt. Sie paßt sehr gut zu kaltem Fleisch oder zu Spaghetti. Zwiebel und Knoblauch werden bei dieser Sauce eigentlich nicht gemeinsam verwendet – aber an diese Regel brauchen Sie sich nicht zu halten.

**500 g reife, feste Tomaten**
**1 Zwiebel**
**(oder 2 Knoblauchzehen)**
**1 Prise gerebelter Oregano**
**1 Bund Basilikum**
**1 Bund Petersilie**
**1 kleiner frischer Peperone**
**1 Gläschen Olivenöl extra vergine**
**Salz**
**Pfeffer aus der Mühle**

- Die Tomaten waschen, kleinhacken und in eine Schüssel geben. Die Zwiebel oder den Knoblauch abziehen, fein hacken, daruntermischen und den Oregano darüberstreuen.
- Basilikum und Petersilie waschen, die Blättchen abzupfen, fein hacken und ebenfalls untermischen. Den Peperone entkernen, fein hacken und hinzugeben.
- Die Mischung mit dem Olivenöl übergießen und nach Belieben eine Weile marinieren lassen. Kurz vor dem Servieren mit Salz und Pfeffer abschmecken.

**Dauert etwa 15 Minuten (ohne Marinierzeit)**
**1 Portion = 1034 kJ/246 kcal**

***Zur Abwechslung***
- Wenn die Sauce weniger scharf sein soll, halbieren und entkernen Sie den Peperone, lassen ihn mitmarinieren und entfernen ihn vor dem Servieren.
- Sie können die Tomaten auch mit kochendem Wasser überbrühen, häuten und entkernen.
- Sie können die Tomatensauce nach Belieben noch mit entkernten, kleingehackten grünen oder schwarzen Oliven oder mit Kapern anreichern.
- Neben den hier angegebenen Kräutern können Sie noch andere kleingehackte Würzkräuter hinzufügen.
- Oder Sie mischen 100 Gramm geputzte und gehackte Zuchtchampignons unter die Sauce.

## Salsa di aglio e pomodoro

*Knoblauch-Tomaten-Sauce*

**4 Knoblauchzehen**
**1 Eigelb**
**1/2 Tasse Olivenöl extra vergine**
**1 große, reife Tomate**
**1 knapper EL fein gehackte Petersilie**
**Salz**
**Pfeffer aus der Mühle**

• Die Knoblauchzehen schälen und in eine Schüssel pressen. Das Eigelb untermischen.
• Das Öl unter ständigem Rühren in einem dünnen Faden hineinrinnen lassen.
• Die Tomate unter dem Grill garen, abkühlen lassen, abziehen und zusammen mit der Sauce pürieren.
• Die Petersilie unterrühren und die fertige Sauce mit Salz und Pfeffer abschmecken.

**Dauert etwa 10 Minuten**
**1 Portion = 701 kJ/167 kcal**

## Salsa verde

*Grüne Sauce*

**1 kleine Zwiebel**
**1-2 Knoblauchzehen**
**1 Tomate**
**1 TL Kapern**
**1 Cornichon (oder 1 kleine Essiggurke)**
**1 hartgekochtes Ei**
**1 gute Handvoll frische Kräuter (z.B. Basilikum, Petersilie, Zitronenmelisse, Minze, Estragon, Schnittlauch, Dill)**
**Saft von 1/2 Zitrone**
**Salz**
**Pfeffer aus der Mühle**
**Olivenöl extra vergine**

• Zwiebel und Knoblauch abziehen und fein hacken.
• Die Tomate mit kochendem Wasser überbrühen, häuten und entkernen.
• Kapern, Cornichon und Ei fein hacken. Die Kräuter fein wiegen.
• Alle vorbereiteten Zutaten mit Zitronensaft, Salz und Pfeffer in eine Schüssel geben und gut miteinander vermischen.
• Langsam so viel Olivenöl einrühren, bis die Sauce eine schöne, dicke Konsistenz hat.

**Dauert etwa 20 Minuten**
**1 Portion = 771 kJ/184 kcal**

*Diese Sauce paßt vor allem zu gekochtem Fleisch sehr gut, aber auch zu kaltem Braten oder Fisch.*

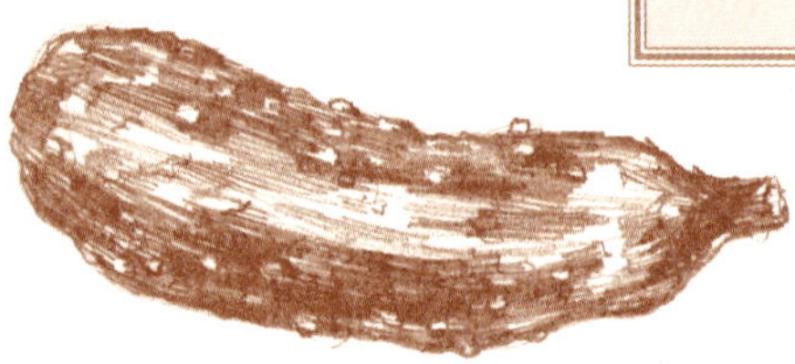

# Salsa di miele e noci

*Honig-Nuß-Sauce*

Diese Sauce wird im Piemont gern zu gekochtem Fleisch serviert.
Beispielsweise können Sie sie zusammen mit Salsa verde (Seite 444) und Salsa peverada (Seite 452) gut zum Bollito misto reichen.

**50 g geschälte Walnüsse**
**1 EL Fleischbrühe**
**1 TL scharfer Senf**
**100 g Honig**
**evtl. Cayennepfeffer oder Peperone**

- Die Nüsse im Mörser zerstoßen oder im Mixer mahlen und sorgfältig mit der Fleischbrühe und dem Senf vermischen.
- Den Honig zufügen und alles zu einer glatten Sauce verrühren.
- Die Sauce nach Belieben mit Cayennepfeffer oder Peperone würzen.

**Dauert etwa 25 Minuten**
**1 Portion = 671 kJ/160 kcal**

# Bagnet verde

*Grüne Sauce aus dem Piemont*

Eine der bekanntesten Saucen aus dem Piemont – sie wird dort in der Regel zu gekochtem Fleisch oder gedünstetem Gemüse serviert.
In Ligurien fügt man den Zutaten zudem noch 70 Gramm Pinienkerne hinzu und serviert die Sauce nicht nur zur berühmten Cima (Seite 278), sondern füllt im Sommer auch Tomaten damit.

**1 Brötchen**
**knapp 1/2 Glas Weinessig**
**70 g Kapern**
**1 hartgekochtes Ei**
**reichlich frische Petersilie**
**2-3 Knoblauchzehen, geschält**
**5-6 Sardellenfilets**
**Olivenöl extra vergine**
**Salz**

- Das Brötchen entrinden, etwa 10 Minuten im Essig einweichen und gut ausdrücken.
- Brot, Kapern, Ei, Petersilienblättchen, Knoblauchzehen, Sardellen und 1/2 Glas Olivenöl im Mixer pürieren. Falls die Sauce zu dick geworden ist, noch etwas Öl unterrühren.
- Die Sauce zum Schluß mit Salz abschmecken.

**Dauert etwa 30 Minuten**
**1 Portion = 1320 kJ/315 kcal**

# Bagnet rosso

*Rote Sauce aus dem Piemont*

**1 kleine Zwiebel**
**2 Knoblauchzehen**
**1 Karotte**
**1 Stange Bleichsellerie**
**Olivenöl extra vergine**
**1 kg reife Tomaten (oder 500 g Dosentomaten)**
**etwas fein gehackte Petersilie**
**1 Stück Peperone**
**1 Zweiglein Rosmarin**
**1 Zweig Thymian**
**einige Salbeiblätter**
**1-2 EL Weinessig**
**1 EL Zucker**

*Wenn Sie Dosentomaten verwenden, halbiert sich die Garzeit.*

Diese Sauce wird traditionell kalt zu gekochtem Fleisch, zum Beispiel zu Bollito misto (Seite 302) serviert. Sie schmeckt aber auch zu kaltem Braten sehr gut.

• Zwiebel und Knoblauch schälen, Karotte und Sellerie putzen und alles fein hacken. Die Tomaten waschen und kleinschneiden. Zwiebel, Karotte und Sellerie in etwas Olivenöl andünsten und nach 5 Minuten auch den Knoblauch hinzufügen.
• Nach einigen Minuten die Tomaten sowie Petersilie, Peperone, Rosmarin, Thymian und Salbei hinzufügen. Die Sauce 1 Stunde köcheln lassen. Rosmarin, Thymian und Salbei herausnehmen und alles im Mixer pürieren.
• Die Sauce mit Weinessig und Zucker im offenen Topf auf großer Flamme einkochen lassen, bis die Sauce die gewünschte Konsistenz hat, und abkühlen lassen.

**Dauert etwa 1 Stunde 15 Minuten**
**1 Portion = 479 kJ/113 kcal**

***Zur Abwechslung***
Statt mit Rosmarin, Thymian und Salbei können Sie auch mit Lorbeer und Senfkörnern würzen.

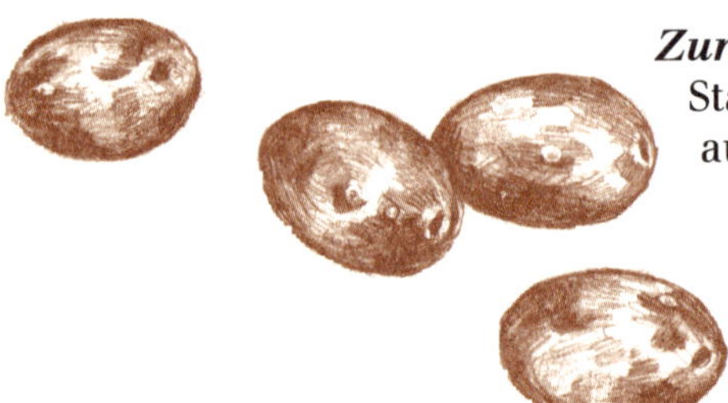

# Salsa di olive

*Olivensauce*

**10 schwarze Oliven**
**2-3 Knoblauchzehen**
**1/2 Bund Petersilie**
**1 Prise Zucker**
**1 Prise Salz**
**1 EL mittelscharfer Senf**
**ca. 1/8 l Olivenöl extra vergine**
**Saft von 1/2 Zitrone**
**evtl. Pfeffer aus der Mühle**

• Die Oliven entkernen, die Knoblauchzehen schälen und die Petersilienblättchen abzupfen. Alles fein hacken und im Mörser oder im Mixer pürieren.
• Zucker, Salz und Senf zugeben und die Mischung zu einer geschmeidigen Creme verrühren. Nach und nach das Olivenöl untermischen.
• Die Sauce mit Zitronensaft und nach Belieben mit Pfeffer abschmecken.

**Dauert etwa 10 Minuten**
**1 Portion = 1111 kJ/265 kcal**

# Salsa di peperoni

*Scharfe Paprikasauce*

- je 1 kleine gelbe und grüne Paprikaschote
- 3 reife Tomaten (oder 1/2 kleine Dose Tomaten, abgetropft)
- 2 Knoblauchzehen
- 1 Bund Basilikum
- 30 g Kapern
- 1 EL Balsamessig
- 2 EL Olivenöl extra vergine
- 1 kräftige Prise Cayennepfeffer (oder gemahlener Peperone)
- Salz
- evtl. schwarzer Pfeffer aus der Mühle

• Die Paprikaschoten waschen, entkernen und kleinhacken. Die Tomaten heiß überbrühen, abziehen und kleinschneiden. Die Knoblauchzehen schälen und fein hacken. Das Basilikum waschen, die Blättchen abzupfen und grob hacken.
• Alle Zutaten und die Kapern mit dem Handmixer nur grob pürieren, so daß die Sauce noch etwas Biß hat.
• Essig, Olivenöl und Cayennepfeffer unterrühren.
• Die Sauce mit Salz und nach Belieben auch mit Pfeffer abschmecken.

**Dauert etwa 10 Minuten**
**1 Portion = 489 kJ/117 kcal**

***Zur Abwechslung***
Die Paprikasauce bekommt eine ganz andere Geschmacksrichtung – milder, aber dennoch sehr pikant –, wenn Sie sie mit 3 bis 4 fein gehackten harten Eiern vermischen.

*Mit dieser Sauce können Sie ganz schnell eine würzige Beilage zaubern, wenn Sie sie dick über frisch aufgeschnittene Tomatenscheiben gießen.*

*Aglio, salvia e pepe fino*
*sal, prezzemolo e buon vino,*
*se il miscuglio non si falsa,*
*forman sempre buona salsa.*
*(Knoblauch, Salbei, Pfeffer, Salz, Petersilie und guter Wein ergeben in der richtigen Mischung immer eine gute Sauce.)*
*Spruch aus dem Aostatal*

# Salsa di prezzemolo

*Pikante Petersiliensauce*

- 1 Prise Salz
- Pfeffer aus der Mühle
- 1 Prise Cayennepfeffer
- 3-4 EL guter Weinessig
- 8 EL Olivenöl extra vergine
- 2 große Bund Petersilie
- 1 mittelgroße Zwiebel
- 1-2 Knoblauchzehen
- 1 TL gerebelter Oregano

• Die Gewürze im Essig verrühren und langsam das Öl hinzugeben.
• Die Petersilienblättchen abzupfen und fein hacken. Zwiebel und Knoblauch schälen und ebenfalls fein hacken.
• Die gehackten Zutaten zusammen mit dem Oregano in die Vinaigrette geben und gut verrühren.

**Dauert etwa 10 Minuten**
**1 Portion = 774 kJ/185 kcal**

# Salsa di patate

*Kartoffelsauce*

200 g mehlige Kartoffeln
1 großes Bund Petersilie
3-4 Sardellenfilets
1 gehäufter EL Kapern
2 Knoblauchzehen, geschält
Pfeffer aus der Mühle
Olivenöl extra vergine
1-2 EL Balsamessig (oder ein anderer guter Weinessig)

• Die Kartoffeln kochen, pellen und in Stücke schneiden.
• Die Petersilienblättchen abzupfen, waschen und trocknen.
• Kartoffeln, Petersilie, Sardellen, Kapern, Knoblauchzehen und 1 kräftige Prise Pfeffer im Mixer pürieren.
• Langsam so viel Öl in die Mischung einlaufen lassen, bis die Sauce dick und schaumig wird. Zum Schluß mit dem Essig abschmecken.

**Dauert etwa 30 Minuten**
**1 Portion = 993 kJ/237 kcal**

*• Die Kartoffelsauce paßt sehr gut zu gekochtem Fleisch.*
*• In einer größeren Menge zubereitet, können Sie die Sauce auch als eigenständiges kleines Gericht auf ein kaltes Büfett stellen.*

# Salsa di basilico

*Basilikumsauce*

3 große Bund Basilikum
3 Knoblauchzehen
4 Sardellenfilets
evtl. 20 g Pinienkerne
Olivenöl extra vergine
Salz

*Sie können die Sauce vor dem Servieren auch leicht anwärmen.*

Diese Sauce erinnert an den berühmten ligurischen Pesto, aber sie wird ohne Käse zubereitet, da man sie in der Regel zu gekochtem Fisch reicht. Unerläßlich ist allerdings frisches, kräftiges Sommerbasilikum.

• Das Basilikum gut waschen, die Blätter abzupfen, trocknen und kleinhacken.
• Den Knoblauch abziehen und zusammen mit den Sardellenfilets kleinhacken. Basilikum, Knoblauch, Sardellen und eventuell Pinienkerne im Mörser zerstößeln.
• Nach und nach so viel Öl zugeben, bis ein dicker Brei entsteht. Mit Salz abschmecken.

**Dauert etwa 10 Minuten**
**1 Portion = 810 kJ/193 kcal**

## Salsa di capperi

*Kapernsauce*

• Kapern und Sardellen fein hacken. Die Knoblauchzehen schälen, fein hacken und alles pürieren.
• Nach und nach so viel Öl in einem feinen Faden einlaufen lassen, bis die Sauce die gewünschte Konsistenz hat. Zum Schluß mit Zitronensaft abschmecken.

**Dauert etwa 10 Minuten**
**1 Portion = 1268 kJ/303 kcal**

4 gehäufte EL Kapern (gut 100 g)
6 Sardellenfilets
3 Knoblauchzehen
Olivenöl extra vergine
etwas Zitronensaft

*Diese Sauce schmeckt gut zu hartgekochten Eiern, gedünstetem Fisch oder Pasta.*

## Salsa di acciughe

*Sardellensauce*

• Sardellenfilets und Eidotter pürieren. Das Püree mit wenig Öl geschmeidig rühren.
• Abwechselnd den Wein und noch etwas Öl unterrühren, bis die Sauce die gewünschte Konsistenz hat.
• Die Petersilienblättchen fein hacken und hinzufügen. Kräftig pfeffern und nach Belieben die Kapern untermischen.

**Dauert etwa 10 Minuten**
**1 Portion = 975 kJ/233 kcal**

8-10 Sardellenfilets
3 hartgekochte Eidotter
Olivenöl extra vergine
1 Glas trockener Weißwein
1 Bund Petersilie
Pfeffer aus der Mühle
evtl. 1 EL Kapern, kleingehackt

## Salsa di noci

*Haselnußsauce*

• Das Weißbrot im Essig einweichen. Die Haselnüsse ohne Fett kurz anrösten. Die Knoblauchzehen schälen und grob hacken. Nüsse, Knoblauch und Minzeblätter mit etwas Salz im Mixer pürieren.
• Das Weißbrot ausdrücken, zerzupfen und untermengen, bis sich eine gleichmäßige Paste ergibt. Langsam das Olivenöl einrühren und alles mit Pfeffer würzen.

**Dauert etwa 15 Minuten**
**1 Portion = 1226 kJ/293 kcal**

2 Scheiben entrindetes Weißbrot
1/2 Glas Weinessig
50 geschälte Haselnüsse
4 Knoblauchzehen
1 EL fein gehackte Minzeblätter
Salz
1 Glas Olivenöl extra vergine
weißer Pfeffer aus der Mühle

# Sughi
# Warme Saucen

## Sugo di pomodoro

*Tomatensauce*

**700 g reife, aber feste Tomaten (möglichst Eiertomaten, ersatzweise Dosentomaten)**
**1 Zwiebel**
**1 Knoblauchzehe**
**Olivenöl extra vergine**
**1 Handvoll Basilikumblätter**
**Salz**
**Zucker**
**Pfeffer aus der Mühle (oder kleingehackter frischer oder getrockneter Peperone)**

• Die Tomaten mit heißem Wasser überbrühen, abziehen, nach Belieben auch entkernen, und kleinschneiden.
• Zwiebel und Knoblauch abziehen. Die Zwiebel kleinhacken, die Knoblauchzehe leicht zerquetschen.
• In einem Topf etwas Olivenöl erhitzen und Zwiebel, Knoblauch und Basilikumblätter darin andünsten, bis die Zwiebel glasig ist.
• Die Tomaten hinzugeben und gut durchrühren. Die Sauce mit etwas Salz und je 1 Prise Zucker und Pfeffer würzen.
• Alles etwa 20 bis 30 Minuten zugedeckt schmoren lassen. Falls die Sauce zu flüssig ist, zugedeckt noch etwas einkochen lassen.
• Knoblauchzehe und Basilikumblätter herausnehmen und die Sauce sofort servieren.

**Dauert etwa 30 Minuten**
**1 Portion = 355 kJ/84 kcal**

***Zur Abwechslung***
• Nach Belieben können Sie Knoblauch und Basilikum auch kleinhacken und in der Sauce belassen.
• Zur Tomatensauce gibt es zahllose Varianten. Im Sommer bereitet man sie gerne nur mit frischem Basilikum zu. Statt dessen können Sie aber auch eine Mischung aus Würzkräutern verwenden – z.B. Rosmarin, Thymian und Salbei.

*Besonders bei frischen Tomaten sollten Sie immer eine kleine Prise Zucker an die Sauce geben, weil sie sonst zu säuerlich schmeckt.*

# Salmoriglio

*Salmoriglio*

Diese typische sizilianische Sauce, die ganz schnell zubereitet ist, wird zu gegrilltem oder gekochtem Fleisch oder Fisch, zu hartgekochten Eiern oder gedünstetem Gemüse serviert.

- **1/4 l Olivenöl extra vergine**
- **Saft von 2 Zitronen**
- **1-2 Knoblauchzehen, durchgepreßt**
- **1-2 EL fein gehackte Petersilie**
- **1 EL fein gehackter Oregano**
- **Salz**
- **Pfeffer aus der Mühle**

• Das Öl in ein Töpfchen geben. Unter ständigem Schlagen mit dem Schneebesen nach und nach knapp 1/8 Liter heißes Wasser und den Zitronensaft hinzufügen.
• Anschließend die übrigen Zutaten hineingeben und den Topf in ein Wasserbad stellen.
• Die Sauce 5 Minuten köcheln lassen, dabei ständig mit dem Schneebesen aufschlagen. Sofort servieren.

**Dauert etwa 10 Minuten**
**1 Portion = 1956 kJ/467 kcal**

# Salsa peárà

*Pfeffersauce*

Diese Sauce ist eine Spezialität des Trentino und wird dort zu gekochtem Fleisch, gedünstetem Gemüse oder hartgekochten Eiern serviert.

- **100 g Rindermark**
- **1 Stückchen Butter**
- **200 g Semmelbrösel**
- **1/2 l heiße Fleischbrühe**
- **1 Knoblauchzehe, durchgepreßt**
- **2 Gewürznelken**
- **reichlich schwarzer Pfeffer**
- **Salz**
- **evtl. etwas Meerrettich, frisch gerieben**

• Das Rindermark fein hacken oder durch ein Sieb passieren.
• Mark und Butter in ein Töpfchen geben und zerlassen.
• Die Semmelbrösel hinzufügen und unter ständigem Rühren mit einem Holzlöffel leicht anrösten.
• Nach und nach die Brühe hineinrühren, Knoblauch und Nelken zugeben.
• Die Sauce aufkochen lassen und die Hitze herunterschalten. Etwa 1 Stunde zugedeckt köcheln lassen.
• Pfeffer, Salz und nach Belieben auch den Meerrettich hinzufügen und die Sauce so lange weiterköcheln lassen, bis sie die gewünschte Konsistenz hat.

**Dauert etwa 1 Stunde 30 Minuten**
**1 Portion = 1839 kJ/439 kcal**

# Salsa peverada

*Pfeffersauce mit Hühnerleber*

**150 g Hühnerleber**
**150 g Salami**
**1 Bund Petersilie**
**1 kleine Zwiebel**
**2 Knoblauchzehen**
**4 Sardellenfilets**
**1 unbehandelte Zitronenschale**
**Olivenöl extra vergine**
**Salz**
**Pfeffer aus der Mühle**
**3-4 EL Weißweinessig**
**2-3 EL heiße Fleischbrühe**

*Diese Sauce stammt ursprünglich aus Venetien und wird zu Fleisch, Gemüse oder gekochten Eiern serviert.*

• Die Hühnerleber waschen.
• Von der Salami die Pelle abziehen.
• Die Petersilie waschen und die Blättchen abzupfen.
• Zwiebel und Knoblauch schälen.
• Hühnerleber, Salami, Sardellenfilets, Zitronenschale, Petersilie und Zwiebel im Mixer pürieren.
• Die Knoblauchzehen leicht zerquetschen, in einem Topf in etwas Öl andünsten und wieder herausnehmen.
• Das Püree in den Topf geben und 10 Minuten auf kleiner Flamme dünsten, dabei öfter umrühren. Etwas salzen und reichlich pfeffern.
• Den Weinessig zugießen und einkochen lassen.
• Die Fleischbrühe unterrühren und die Sauce noch einige Minuten köcheln lassen.

**Dauert etwa 30 Minuten**
**1 Portion = 980 kJ/234 kcal**

# Salsa genovese

*Sauce aus Genua*

**6 Schalotten**
**1 Knoblauchzehe**
**5 junge Karotten**
**6 EL Olivenöl extra vergine**
**1-2 Lorbeerblätter**
**1 Prise Thymian**
**Salz**
**Pfeffer aus der Mühle**
**etwas Mehl**
**1 Glas schwerer trockener Rotwein**

Diese Sauce wird in der Regel warm zu Fisch serviert, sie schmeckt aber auch kalt sehr gut.

• Schalotten und Knoblauch abziehen und fein hacken. Die Karotten abschaben, waschen und kleinhacken.
• Das Olivenöl in einen kleinen Topf geben und leicht erhitzen. Die gehackten Zutaten hineingeben und andünsten.
• Lorbeer und Thymian zugeben, salzen und pfeffern. Das Gemüse noch kurz schmoren lassen, dann leicht mit Mehl überstäuben und mit dem Rotwein begießen.
• Die Sauce eine gute Viertelstunde auf kleiner Flamme köcheln lassen. Die Lorbeerblätter herausnehmen und die Sauce durch ein Sieb passieren oder im Mixer pürieren.

**Dauert etwa 30 Minuten**
**1 Portion = 816 kJ/195 kcal**

# Salsa di pane

*Brotsauce*

Diese Sauce geht auf süditalienische Tradition zurück.

- Die Zwiebeln schälen und mit den Sardellenfilets fein hacken. Den Peperone entkernen und ebenfalls fein hacken.
- Das Öl in einem kleinen Topf erhitzen. Die Zwiebeln hineingeben und glasig werden lassen.
- Die Sardellen und das zerbröckelte Brot hinzufügen. Auf ganz kleiner Flamme zu einem sämigen Brei verrühren.
- Nach und nach den Rotwein und den Peperone hinzugeben. Die Flüssigkeit einkochen lassen.
- Die Sauce mit Salz abschmecken und zum Schluß mit der Butter aufschlagen.

**Dauert etwa 20 Minuten**
**1 Portion = 1651 kJ/394 kcal**

**2 mittelgroße Zwiebeln**
**4 Sardellenfilets**
**1 scharfer Peperone**
**6 EL Olivenöl extra vergine**
**150 g entrindetes trockenes Weißbrot**
**1 Glas kräftiger Rotwein**
**Salz**
**3 EL Butter**

*Tropft das kostbare Olivenöl auf den Boden, bringt dies Unglück, glaubt man in Italien. Auf der Kleidung sind Ölflecken hingegen ein gutes Zeichen.*

# Salsa di marsala all'arancia

*Marsalasauce mit Orangen*

Diese Sauce paßt sehr gut zu kurz gebratenem oder gegrilltem Fleisch, aber Sie können damit auch eine Bratensauce verfeinern.

- Die Butter in einem Pfännchen zerlassen und unter Rühren das Kartoffelmehl und den Zucker zugeben.
- Marsala und Peperone zusammen mit gut 1/8 Liter Wasser zufügen und unter ständigem Rühren etwas einkochen lassen.
- Orangensaft und abgeriebene -schale hinzufügen und die Sauce mit Salz abschmecken.

**Dauert etwa 15 Minuten**
**1 Portion = 982 kJ/265 kcal**

**100 g Butter**
**1 TL Kartoffelmehl**
**2 TL Zucker**
**gut 1/8 l Marsala**
**etwas kleingehackter Peperone (oder Cayennepfeffer)**
**1 unbehandelte Orange**
**Salz**

# Salsa finanziera

*Sauce mit Pilzen und Innereien*

**150-200 g Hühnerleberchen, Kalbsbries und -nierchen (gemischt)**
**100-150 g frische Champignons (oder andere Pilze)**
**1 Zwiebel**
**80 g Butter**
**ca. 60 g Mehl**
**1 Glas Marsala (oder Madeira)**
**1/2 EL Tomatenmark**
**1 Schöpflöffel Brühe**
**Salz**
**1 Gläschen süße Sahne**

Diese Sauce paßt ausgezeichnet zu Reis, denn eigentlich stellt sie ein eigenständiges kleines Fleischgericht dar. Häufig werden aber auch Blätterteigpastetchen damit gefüllt.

- Leber, Bries und Nierchen waschen und in Stückchen schneiden. Die Pilze putzen und grob hacken.
- Die Zwiebel abziehen, fein hacken und in der Butter glasig dünsten. Leber, Bries, Nieren und Pilze hinzufügen und einige Minuten anbraten.
- Das Mehl darüberstäuben. Den größten Teil des Marsala darübergießen und einkochen lassen.
- Das Tomatenmark und ein wenig Brühe hinzufügen, salzen, umrühren und die Sauce etwa 10 Minuten köcheln lassen. Falls notwendig, zwischendurch noch etwas Brühe hinzugeben.
- Zum Schluß die Sahne und den restlichen Marsala in die Sauce rühren.

**Dauert 30 bis 40 Minuten**
**1 Portion = 1545 kJ/369 kcal**

# Salsa al tonno

*Thunfischsauce*

**250 g Thunfisch in Öl (oder im eigenen Saft)**
**4 Sardellenfilets**
**Olivenöl extra vergine**
**1 Knoblauchzehe**
**frische Petersilie, fein gehackt**
**Pfeffer aus der Mühle (oder Cayennepfeffer oder 1 Stück scharfer Peperone)**
**1/2 Glas Weißwein**
**50 g Kapern**
**400 g pürierte Tomaten**
**Salz**

- Den Thunfisch abgießen und mit einer Gabel etwas zerpflücken.
- Die Sardellen in etwas Öl sanft schmoren lassen, bis sie völlig zerfallen sind.
- Die Knoblauchzehe abziehen, fein hacken und darin leicht andünsten.
- Thunfisch, etwas Petersilie und Pfeffer hinzufügen und alles gut durchmischen.
- Den Wein angießen und völlig einkochen lassen.
- Kapern und Tomatenpüree hinzufügen und umrühren.
- Die Sauce auf großer Flamme zum Kochen bringen, die Hitze reduzieren und noch 10 bis 15 Minuten offen köcheln lassen.

• Die Sauce zum Schluß mit etwas Petersilie bestreuen und mit Salz abschmecken. Zu Nudeln oder Reis servieren.

**Dauert etwa 25 Minuten**
**1 Portion = 1378 kJ/329 kcal**

***Zur Abwechslung***
Nach Belieben können Sie gleichzeitig mit dem Tomatenpüree etwa 250 Gramm leicht vorgegarte Erbsen in die Sauce geben.

## Salsa alle cozze

*Muschelsauce*

- 1 kg Muscheln in der Schale (oder 400 g ausgelöste Muscheln)
- 2 Knoblauchzehen
- Olivenöl extra vergine
- fein gehackte Petersilie
- 1/2 Glas Weißwein
- Cayennepfeffer (oder frischer Peperone)
- evtl. etwas Fischbrühe (oder Fischfond aus dem Glas)
- evtl. 400 g pürierte Tomaten
- Salz

*Die Muschelsauce paßt am besten zu Nudeln oder Reis.*

• Die Muscheln gut waschen, mit dem Messer putzen und den Bart entfernen.
• Alle geöffneten oder beschädigten Exemplare fortwerfen, sie sind ungenießbar.
• Die Muscheln 10 Minuten in Salzwasser legen, um den restlichen Sand zu entfernen.
• Einen schweren Topf aufsetzen und die Muscheln darin mit 1/2 Glas Wasser auf kleiner Flamme zugedeckt garen, bis sich alle geöffnet haben.
• Die Muscheln aus den Schalen lösen. Die ausgetretene Flüssigkeit durchfiltern und aufheben.
• Den Knoblauch abziehen, fein hacken und kurz in etwas Öl andünsten.
• Die Muscheln hinzufügen, gut umrühren und mit etwas Petersilie bestreuen.
• Den Wein zugießen und einkochen lassen.
• Etwas Cayennepfeffer und den gefilterten Muschelsud hinzufügen, bei bereits ausgelösten Muscheln statt dessen etwas Fischbrühe dazugeben.
• Nach Belieben das Tomatenpüree zugeben und die Sauce 10 bis 15 Minuten auf mittlerer Flamme im offenen Topf köcheln lassen.
• Die Sauce zum Schluß nochmals mit Salz und Pfeffer abschmecken.
• Nach Belieben noch etwas Petersilie unterrühren.

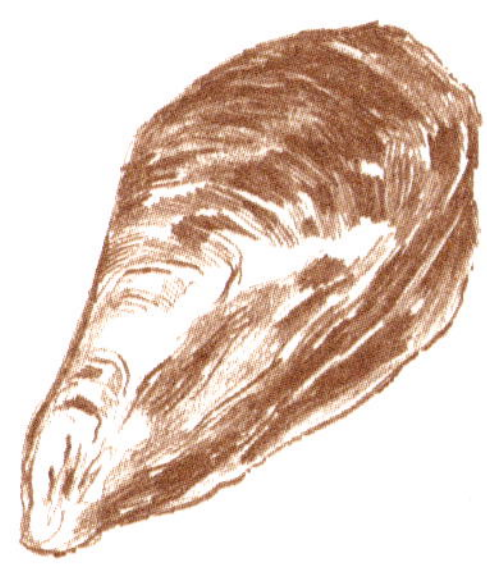

**Dauert etwa 40 Minuten**
**1 Portion = 510 kJ/122 kcal**

# Verdure
## Gemüse

*Wenn nicht anders angegeben, sind alle Rezepte für 4 Portionen berechnet.*

Gemüse spielen in der italienischen Küche eine große Rolle, und man legt dabei Wert auf allergrößte Frische. Angegammeltes Gemüse wird eher forgeworfen oder an die Kaninchen verfüttert, als daß man ein Gericht damit ruiniert. Häufig wird sehr junges Gemüse, beispielsweise grüne Böhnchen, ganz einfach nur mit Salz und Pfeffer und gutem Olivenöl angemacht.
Viele der folgenden Rezepte können Sie sehr gut auch als Vorspeise oder auf einem kalten Büffet servieren.

# Pastella per fritti

*Ausbackteig*

Durch Teig gezogenes und schwimmend ausgebackenes Gemüse findet man in den Küchen vieler italienischer Regionen. Es wird häufig als Haupt- oder Zwischengericht serviert, eignet sich aber auch sehr gut als Vorspeise. Ausbackteige kann man auf die verschiedensten Arten zubereiten: mit Hefe und Wasser, mit Hefe, Wasser und Milch oder auch mit Bier und Mineralwasser. Das folgende Rezept ist besonders einfach.

- 300 g Mehl
- 15-20 g Hefe
- 1 TL Melasse
- evtl. 1-2 Eier
- 1 Prise Salz
- evtl. etwas Pfeffer aus der Mühle

• Das Mehl in eine große Schüssel geben. Die Hefe in einem Glas lauwarmem Wasser auflösen, die Melasse hinzufügen und ruhen lassen, bis sich Schaum bildet.
• Die aufgelöste Hefe und noch ein Gläschen Wasser mit dem Schneebesen oder einer Gabel mit dem Mehl vermischen. Nach Belieben 1 oder 2 Eier unterrühren.
• Der Teig soll relativ flüssig sein, darf aber nicht zu dünn werden. Falls nötig, noch ein wenig lauwarmes Wasser hinzugeben. Den Teig etwa 30 Minuten an einem warmen Ort ruhen lassen. Salzen und nach Belieben auch pfeffern und weitere 30 Minuten ruhen lassen.

**Dauert etwa 15 Minuten (ohne Ruhezeit)**
**1 Portion = 1111 kJ/266 kcal**

# Fritelle di zucchini 1

*In Teig fritierte Zucchini*

- 300 g möglichst kleine Zucchini
- Öl zum Ausbacken
- Ausbackteig von 300 g Mehl (siehe oben)

• Die Zucchini waschen und putzen. Längs in nicht zu dünne Scheiben schneiden und quer in jeweils etwa 3 bis 4 gleich große Rechtecke teilen.
• In einer Friteuse oder Pfanne reichlich Öl erhitzen.
• Die Zucchinistücke einzeln in den Teig tauchen und im heißen Öl schwimmend goldbraun ausbacken.
• Die fritierten Zucchini auf Küchenpapier abtropfen lassen und heiß servieren.

**Dauert etwa 20 Minuten**
**1 Portion = 2084 kJ/498 kcal**

# Fritelle di carciofi

*In Teig fritierte Artischocken*

**6 möglichst junge Artischocken**
**Saft von 2 Zitronen**
**Salz**
**Öl zum Fritieren**
**Ausbackteig von 300 g Mehl (Seite 457)**

- Die Artischocken von den Außenblättern befreien und die harten Spitzen großzügig abschneiden. Das Gemüse längs halbieren, das Heu auskratzen und die Hälften in Spalten schneiden.
- Den Saft von 1 Zitrone in eine große Schüssel mit Wasser geben und die Spalten hineinlegen.
- Salzwasser mit dem Saft der zweiten Zitrone in einem Topf zum Kochen bringen und die Artischockenstücke darin einige Minuten vorgaren. Abgießen und trockentupfen.
- In einer Friteuse oder tiefen Pfanne reichlich Öl erhitzen.
- Die Stücke in den Ausbackteig tauchen und portionsweise im Öl goldbraun fritieren. Auf Küchenkrepp abtropfen lassen und heiß servieren.

**Dauert etwa 30 Minuten**
**1 Portion = 2049 kJ/490 kcal**

# Fritelle di salvia e basilico

*In Teig fritierte Salbei- und Basilikumblätter*

**Ausbackteig von 300 g Mehl (Seite 457)**
**ca. 20 große Salbeiblätter**
**ca. 20 große Basilikumblätter**
**Öl zum Fritieren**

*Hier brauchen Sie wirklich frische und möglichst große Blätter. Sie können natürlich auch nur Salbei oder nur Basilikum verwenden.*

- Etwas Wasser unter den vorbereiteten Teig rühren, damit er flüssiger wird als im Grundrezept.
- Die Blätter sehr vorsichtig waschen, damit sie nicht brechen. Mit Küchenkrepp abtrocknen.
- Reichlich Öl in einer Friteuse oder Pfanne erhitzen, die Blätter einzeln in den Ausbackteig tauchen und portionsweise im Öl fritieren.
- Auf Küchenkrepp abtropfen lassen und heiß servieren.

**Dauert etwa 30 Minuten**
**1 Portion = 2044 kJ/489 kcal**

> *In der Regel werden die fritierten Blätter als delikate kleine Vorspeise oder zusammen mit anderem Ausgebackenem serviert.*

## Fritelle di zucchini 2

*Ausgebackene Zucchiniplätzchen*

- 500 g Zucchini
- 2 Zwiebeln
- 1 Bund Basilikum (oder Dill oder Petersilie)
- 4 Eier
- 60 g Mehl
- 2 kleine Becher Sahnejoghurt
- Salz
- Pfeffer aus der Mühle
- Öl zum Ausbacken

• Die Zucchini waschen und fein raspeln. Die Zwiebeln schälen und sehr fein hacken. Die Kräuter waschen, trocknen und die abgezupften Blättchen fein hacken.
• Gemüse und Kräuter gut miteinander vermischen.
• Die Eier in einer Schüssel verquirlen, langsam das Mehl hinzugeben und glattrühren. Das Joghurt untermengen, salzen und pfeffern.
• Die Eiercreme kurz ziehen lassen und mit dem Gemüse vermischen. Eventuell noch ein wenig Mehl hinzufügen.
• Den Teig schöpflöffelweise in reichlich Öl goldbraun ausbacken. Die Plätzchen auf Küchenkrepp abtropfen lassen.

*Die Plätzchen schmecken lauwarm und kalt und eignen sich gut für ein rustikales Büfett oder für ein Picknick.*

**Dauert etwa 30 Minuten**
**1 Portion = 1644 kJ/392 kcal**

***Zur Abwechslung***
Auf die gleiche Weise können Sie auch Lauchplätzchen zubereiten: Statt Zucchini nehmen Sie die gleiche Menge Lauch und hacken ihn möglichst fein. Die Zwiebeln lassen Sie weg und mischen dafür nach Belieben etwas fein gehackten Knoblauch unter.

## Fritelle di cavolfiori

*In Teig fritierter Blumenkohl*

- 1 Blumenkohl (ca. 700 g)
- Salz
- Öl zum Fritieren
- Ausbackteig von 300 g Mehl (Seite 457)

• Den Blumenkohl in Röschen teilen und sorgfältig unter fließendem Wasser waschen. In kochendem Salzwasser höchstens 15 Minuten vorgaren, so daß sie noch etwas Biß haben. Abgießen und mit Küchenkrepp trockentupfen.
• In einer Friteuse oder tiefen Pfanne reichlich Öl erhitzen.
• Die Blumenkohlröschen einzeln in den Teig tauchen und portionsweise im Öl von beiden Seiten goldbraun ausbacken. Das Gemüse auf Küchenkrepp abtropfen lassen und warm stellen, bis alle Röschen fritiert sind. Heiß servieren.

*Nicht zu viele Röschen auf einmal in das Öl geben, weil es sonst zu sehr abkühlt und das Gemüse nicht gut „schwimmen“ kann.*

**Dauert etwa 30 Minuten**
**1 Portion = 2137 kJ/510 kcal**

# Fritelle di porri

*Ausgebackene Lauchplätzchen*

ca. 800 g Lauch
Olivenöl extra vergine
1 Gläschen trockener Weißwein
Salz
Pfeffer aus der Mühle
jeweils etwas fein gehackter Rosmarin, Thymian und Majoran
Ausbackteig von 300 g Mehl (Seite 457)
Öl zum Ausbacken

*Auf die gleiche Weise können Sie auch Zwiebelplätzchen ausbacken.*

- Den Lauch putzen, sorgfältig waschen und nur den weißen Teil in feine Ringe schneiden.
- In einer Pfanne einige Eßlöffel Olivenöl erhitzen und den Lauch darin auf kleiner Flamme glasig dünsten.
- Den Wein zugießen, durchrühren und einkochen lassen.
- Den Lauch salzen, pfeffern und mit den Würzkräutern abschmecken.
- Den Inhalt der Pfanne in den Teig geben und vorsichtig durchmischen.
- In einer Friteuse oder tiefen Pfanne reichlich Öl erhitzen, den Teig löffelweise hineingeben und die Plätzchen von beiden Seiten goldbraun ausbacken.
- Die Plätzchen auf Küchenkrepp abtropfen lassen und sofort servieren.

**Dauert etwa 30 Minuten**
**1 Portion = 2296 kJ/549 kcal**

***Zur Abwechslung***
Die Zusammenstellung der Würzkräuter können Sie nach Geschmack variieren.

# Anelli di cipolla fritti

*Fritierte Zwiebelringe*

3 große Zwiebeln
2 Eier
Salz
Semmelbrösel
Öl zum Ausbacken

- Die Zwiebeln schälen, in nicht zu dünne Scheiben schneiden und in Ringe teilen.
- Die Eier mit etwas Salz verquirlen.
- Die Zwiebelringe erst im verquirlten Ei, dann in den Semmelbröseln wenden. In reichlich heißem Öl ausbacken, auf Küchenkrepp abtropfen lassen und sofort servieren.

**Dauert etwa 20 Minuten**
**1 Portion = 1533 kJ/366 kcal**

***Zur Abwechslung***
Sie können die Zwiebelringe auch durch einen Ausbackteig (Seite 457) ziehen, anstatt sie zu panieren.

# Frittelle di carote

*Ausgebackene Karottenplätzchen*

600 g Karotten
Salz
evtl. 1 frischer grüner Peperone (oder 1 EL grüne Pfefferkörner)
2 Eier
1 EL fein gehackte Petersilie
1 EL Cognac
Mehl
Öl zum Ausbacken

- Die Karotten abschaben und in Salzwasser garen, aber nicht zu weich werden lassen. Nach Belieben den Peperone entkernen und fein hacken.
- Die Karotten pürieren und den dabei austretenden Saft abgießen.
- 1 Ei, Petersilie, Peperone oder Pfeffer, Cognac und etwas Salz unter das Püree mischen. Nach und nach so viel Mehl unterrühren, bis der Teig nicht mehr flüssig ist.
- Aus dem Teig Bällchen formen und flachdrücken.
- Das zweite Ei verquirlen und auf einen Teller geben, auf einen anderen Teller etwas Mehl schütten.
- Die Plätzchen erst durch das verquirlte Ei, dann durch das Mehl ziehen und in reichlich heißem Öl ausbacken.
- Auf Küchenkrepp abtropfen lassen und heiß oder lauwarm servieren.

**Dauert etwa 50 Minuten**
**1 Portion = 1012 kJ/242 kcal**

# Finocchi fritti

*Ausgebackener Fenchel*

2-3 Fenchelknollen
Salz
3 Eier
Pfeffer aus der Mühle
frisch geriebene Muskatnuß
Semmelbrösel
Öl zum Ausbacken

- Die Fenchelknollen putzen, achteln und in etwas kochendes Salzwasser geben. Etwa 10 bis 15 Minuten garen, aber nicht zu weich werden lassen. Anschließend abgießen.
- Die Eier mit etwas Salz, Pfeffer und Muskat verquirlen.
- Den Fenchel im verquirlten Ei und in den Semmelbröseln wenden. In reichlich heißem Öl ausbacken.

**Dauert etwa 30 Minuten**
**1 Portion = 1708 kJ/408 kcal**

*Nach Belieben können Sie auch einen Ausbackteig zubereiten (Seite 457) und den Fenchel darin eingehüllt fritieren.*

# Caponata alla siciliana

*Sizilianischer Gemüseeintopf*

**500 g Auberginen**
**Salz**
**50 g Rosinen**
**250 g Zwiebeln**
**200 g Tomaten**
**2 Stangen Bleichsellerie**
**100 g möglichst kleine schwarze Oliven**
**Olivenöl extra vergine**
**50 g Kapern**
**50 g Pinienkerne**
**1 Bund frisches Basilikum, fein gehackt**
**1 kleiner Peperone, entkernt und fein gehackt**
**1/2 Glas Weinessig**
**1 Prise Zucker**

*In einer aufwendigeren Version werden zusätzlich kleine Kraken (polpi) und Garnelen hinzugegeben.*

- Die Auberginen waschen, in Würfel oder Stäbchen schneiden und in ein großes Sieb geben. Großzügig salzen und 1 bis 2 Stunden ziehen lassen, so daß die bittere Flüssigkeit abtropfen kann.
- Inzwischen die Rosinen in warmem Wasser einweichen.
- Die Zwiebeln schälen und in Scheiben schneiden.
- Die Tomaten kurz mit siedendem Wasser überbrühen, abziehen und kleinschneiden.
- Den Sellerie waschen und in Stücke schneiden.
- Die Oliven nach Belieben entkernen und die Rosinen abtropfen lassen.
- Die Auberginenstücke abwaschen und trockentupfen.
- In einem niedrigen Topf oder in einer großen Pfanne reichlich Olivenöl erhitzen. Die Auberginenstücke unter Wenden darin garen. Mit dem Schaumlöffel herausheben, auf Küchenkrepp abtropfen lassen und in eine Schüssel geben.
- Im selben Öl den Sellerie garen, aber nicht zu weich werden lassen, und zu den Auberginen geben.
- Die Zwiebelscheiben in das Öl geben und leicht anbräunen lassen. Rosinen, Tomaten, Oliven, Kapern, Pinienkerne und die Hälfte des Basilikums zufügen und alles etwa 10 Minuten unter Wenden bei starker Hitze garen.
- Leicht salzen. Auberginen, Sellerie, Peperone, Essig und Zucker hinzufügen, durchrühren und den Essig einige Minuten einkochen lassen.
- Den Eintopf nochmals mit Gewürzen abschmecken, mit dem restlichen Basilikum bestreuen und entweder sofort servieren oder kalt stellen.

**Dauert etwa 50 Minuten (ohne Einsalzzeit)**
**1 Portion = 1744 kJ/416 kcal**

### *Zur Abwechslung*

- Dieses sehr typische sizilianische Gericht gibt es in vielerlei Variationen: Sie können beispielsweise die Rosinen und Pinienkerne weglassen und statt dessen gehackte Mandeln hinzugeben. Auch Artischocken oder Paprikaschoten passen in die Gemüsemischung.
- Nach Belieben können Sie zusätzlich noch mit gemahlenem Zimt und Gewürznelken abschmecken.

# Cianfotta napoletana

*Gemüsetopf aus Neapel*

Dieses kampanische Gericht ist der berühmten französischen Ratatouille sehr ähnlich. Als typische Sommerspeise wird es meist lauwarm oder kalt gegessen.

**600 g Auberginen**
**Salz**
**300 g Kartoffeln**
**700 g Paprikaschoten**
**300 g Zwiebeln**
**250 g Tomaten**
**1 Knoblauchzehe, fein gehackt**
**Olivenöl extra vergine**
**Pfeffer aus der Mühle**
**1 EL frisches Basilikum, fein gehackt**
**1 EL fein gehackte Petersilie**
**1 Prise getrockneter Oregano**

- Die Auberginen vom Stielansatz befreien, waschen, in Würfel schneiden und mindestens 15 Minuten mit Salz bestreut ziehen lassen. Anschließend abspülen und mit Küchenkrepp trocknen.
- Inzwischen die Kartoffeln schälen, waschen und würfeln.
- Die Paprikaschoten waschen, trocknen, von Stielansatz, Rippen und Kernen befreien und in Stücke schneiden.
- Die Zwiebeln schälen und in Scheiben schneiden.
- Die Tomaten mit kochendem Wasser überbrühen, abziehen und in Stücke schneiden.
- Zwiebelscheiben und kurz darauf den Knoblauch mit etwas Olivenöl in einen flachen Topf geben und glasig dünsten.
- Alle anderen Gemüse hinzugeben, salzen und pfeffern und 1/2 Stunde zugedeckt schmoren lassen. Den Deckel abnehmen und die Flüssigkeit auf großer Flamme noch etwas einkochen lassen.
- Die Kräuter hinzufügen und noch einmal mit Gewürzen abschmecken. Sofort servieren.

*In der Basilikata gilt noch immer das Sprichwort: „Süße Paprikaschoten und scharfer Peperone sind das Essen des Bauern", denn in der ursprünglich sehr armen Küche dieser Gegend verlieh der pikante „Peperoncino" auch den einfachsten Gerichten die richtige Würze.*

**Dauert etwa 1 Stunde**
**1 Portion = 719 kJ/172 kcal**

***Zur Abwechslung***

- Wenn Sie es pikanter mögen, lassen Sie zum Schluß 1 ganzen scharfen Peperone mitkochen, den Sie vor dem Servieren entfernen.
- Nach Belieben können Sie auch noch Zucchini und Bleichsellerie hinzufügen und die anderen Gemüsemengen entsprechend reduzieren.

# Parmigiana di melanzane

*Auberginen mit Mozzarella überbacken*

800 g Auberginen
Salz
1 kleine Zwiebel
1 Bund Basilikum
800 g geschälte Tomaten
Olivenöl extra vergine
1 Lorbeerblatt
1 Prise Zucker
evtl. 1 Knoblauchzehe, geschält
Pfeffer aus der Mühle
250 g Mozzarella
100 g frisch geriebener Parmesan
2 Eier

*Dieser Auberginenauflauf ist eine klassische neapolitanische Spezialität, die in mehreren Variationen existiert und die man leicht abgewandelt auch in anderen süditalienischen Regionen wie Apulien oder Sizilien findet.*

- Die Auberginen waschen, entstielen und längs in Scheiben schneiden. Mit Salz bestreuen und mit einem Gewicht beschwert etwa 1 Stunde ruhen lassen, um die Bitterstoffe herauszulösen.
- Inzwischen die Zwiebel abziehen und fein hacken. Die Hälfte der Basilikumblätter abzupfen und kleinschneiden. Die Tomaten abtropfen lassen und grob hacken.
- Etwas Olivenöl erhitzen. Die Zwiebel darin andünsten, dann die Tomaten, die gehackten Basilikumblätter, Lorbeerblatt und Zucker hinzufügen, nach Belieben auch die Knoblauchzehe.
- Auf kleiner Flamme alles etwa 20 Minuten zu einer dicken Sauce einkochen lassen. Kräftig mit Salz und Pfeffer würzen und eventuell den Knoblauch herausnehmen.
- Die Auberginenscheiben waschen, gut ausdrücken und mit Küchenkrepp trocknen.
- Reichlich Öl erhitzen und die Auberginen darin auf beiden Seiten goldgelb fritieren. Auf Küchenkrepp abtropfen lassen.
- Den Mozzarella in Würfelchen oder dünne Scheiben schneiden. Die restlichen Basilikumblätter abzupfen und grob hacken.
- In eine feuerfeste Form zuerst etwas Sauce geben. Eine Schicht Auberginenscheiben darüber verteilen, mit Mozzarella, Parmesan und Basilikum bestreuen. Etwas Tomatensauce darübergeben, dann wieder eine Schicht Auberginen und so weiter, bis alle Zutaten aufgebraucht sind.
- Die letzte Schicht besteht aus Tomatensauce, die zuvor mit den Eiern, etwas Parmesan und dem restlichen Basilikum verquirlt wird.
- 20 Minuten im auf 200 Grad (Umluft 180 Grad, Gas Stufe 3 bis 4) vorgeheizten Ofen überbacken.

**Dauert etwa 1 Stunde 30 Minuten (ohne Einsalzzeit)**
**1 Portion = 2167 kJ/517 kcal**

*Die Parmigiana schmeckt heiß ebenso gut wie lauwarm oder kalt und kann sowohl als Vorspeise wie als Hauptgericht serviert werden.*

***Zur Abwechslung***

- Die Parmigiana können Sie auch mit Zucchini anstelle von Auberginen zubereiten.
- Statt der Tomatensauce können Sie auch fertiges Ragù (Fleisch-Tomaten-Sauce, Seite 180) verwenden.

# Casseruola di patate, peperoni e zucchini

*Eintopf aus Kartoffeln, Paprikaschoten und Zucchini*

- Die Paprikaschoten waschen, von Rippen und Kernen befreien und in Stücke schneiden.
- Die Kartoffeln schälen, waschen und in Stücke schneiden.
- Die Zucchini putzen, waschen und in Scheiben oder Würfel schneiden.
- Die Zwiebel schälen, in Scheiben schneiden und – nach Belieben zusammen mit den Sardellenfilets – in wenig Öl auf kleiner Flamme andünsten. Nach 5 Minuten Knoblauchzehe, Paprikaschoten, Kartoffeln und Zucchini hinzufügen.
- Das Gemüse 10 Minuten schmoren lassen und dabei immer wieder wenden, damit es nicht ansetzt.
- Nach Belieben die Kapern hinzufügen. Den Wein angießen und einkochen lassen.
- 2 Schöpflöffel heiße Brühe hinzugeben, leicht salzen und den Eintopf etwa 30 Minuten schmoren lassen.
- Zum Schluß den Knoblauch herausnehmen, die Würzkräuter hinzufügen, nochmals umrühren und sofort servieren.

**Dauert etwa 1 Stunde**
**1 Portion = 691 kJ/165 kcal**

***Zur Abwechslung***
- Nach Belieben können Sie noch 300 Gramm geschälte und kleingehackte Tomaten hinzufügen.
- Sie können das Gericht noch weiter anreichern, indem Sie 400 bis 500 Gramm in Würfel geschnittenes Kalb- oder Rindfleisch mitschmoren oder aber Reste von gekochtem Rindfleisch hinzufügen.

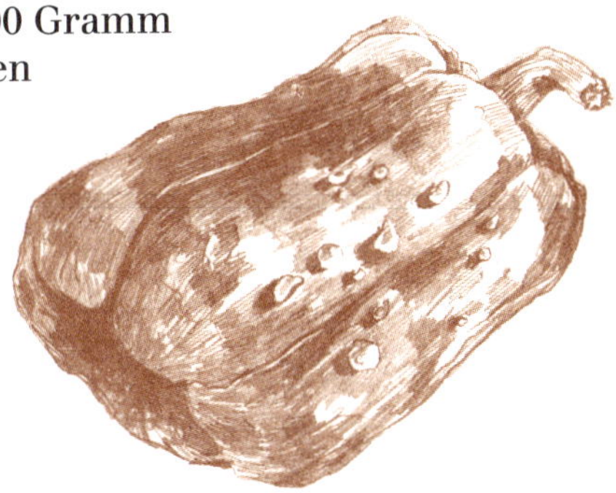

**3 fleischige Paprikaschoten**
**400 g Kartoffeln**
**300 g Zucchini**
**1 Zwiebel**
**evtl. 4 Sardellenfilets**
**Olivenöl extra vergine**
**1 Knoblauchzehe, leicht zerquetscht**
**evtl. 30 g Kapern**
**1 Gläschen Weißwein**
**Fleischbrühe (oder Gemüsebrühe)**
**Salz**
**etwas fein gehackte Petersilie**
**etwas fein gehackter Majoran**
**1 Prise Oregano**
**einige Basilikumblätter, grob gehackt**

*Sie können diesen Eintopf als eigenständiges Gericht oder auch als Beilage servieren.*

# Peperonata

*Paprikagemüse*

4-5 fleischige Paprikaschoten
1 Zwiebel
evtl. 4 Sardellenfilets
Olivenöl extra vergine
1 Knoblauchzehe, durchgepreßt
evtl. 30 g Kapern
1 Gläschen Weißwein
400 g Tomaten
1 Prise Oregano
Salz
1 Bund Basilikum

• Die Paprikaschoten waschen, von Stielansatz, Rippen und Kernen befreien und in Stücke schneiden.
• Die Zwiebel abziehen, in Scheiben schneiden und – nach Belieben zusammen mit den Sardellenfilets – in etwas Öl auf kleiner Flamme andünsten.
• Nach 5 Minuten den Knoblauch und die Paprikastücke hinzufügen und 10 Minuten unter Rühren schmoren lassen.
• Den Wein – und nach Belieben die Kapern – hinzufügen und einkochen lassen.
• Die Tomaten mit kochendem Wasser überbrühen, häuten und kleinschneiden.
• Tomaten, Oregano und etwas Salz in den Topf geben und alles 30 bis 40 Minuten schmoren lassen, je nachdem, wie weich das Gemüse werden soll.
• Zum Schluß die Basilikumblätter von den Stielen streifen, grob zerzupfen und hinzufügen. Nochmals gut umrühren und sofort servieren.

**Dauert gut 1 Stunde**
**1 Portion = 496 kJ/118 kcal**

***Zur Abwechslung***
• Sie können sehr gut noch etwa 200 Gramm Zucchini mitgaren und dafür die Paprikamenge verringern.
• Wenn Sie das Gericht noch weiter anreichern wollen, mischen Sie zum Schluß 6 mit Salz verquirlte Eier darunter und lassen Sie einige Minuten stocken.

*• Die Peperonata schmeckt auch kalt sehr gut und kann auf einem sommerlichen Büfett serviert werden.*
*• Falls Paprikaschoten für Sie weniger bekömmlich sind, grillen Sie sie zuerst im Ofen, bis die Haut bräunlich wird. Anschließend lassen Sie sie in einer gut verschlossenen Plastiktüte 10 Minuten abkühlen. Die schwer verdauliche Haut läßt sich dann ganz leicht abziehen. Geben Sie die enthäuteten Paprikaschoten erst 10 bis 15 Minuten vor Ende der Garzeit in den Topf.*

# Pomodori e zucchini al forno

*Tomaten und Zucchini im Ofen gegart*

- Die Tomaten kurz in kochendes Wasser tauchen und abziehen.
- Die Hälfte der Tomaten in Achtel, den Rest in dünne Scheiben schneiden.
- Die Zucchini putzen, waschen, abtrocknen und quer halbieren, dann in etwa 1/2 cm dicke Längsstifte teilen.
- Die Weißbrotscheiben diagonal teilen, so daß sich insgesamt 4 Dreiecke ergeben.
- Das Brot in 20 Gramm Butter von beiden Seiten goldbraun rösten.
- Die Käsescheiben auf die gleiche Größe zuschneiden und auf die Brotdreiecke legen.
- Den Boden einer feuerfesten Form mit Olivenöl bestreichen.
- Nacheinander Tomatenachtel, Zucchinistifte und Brotdreiecke darin einschichten.
- Mit den Tomatenscheiben bedecken, salzen, pfeffern und mit Oregano würzen. Etwas Olivenöl darüberträufeln und mit Semmelbröseln bestreuen. Die restliche Butter in Flöckchen daraufsetzen.
- Die Form mit Alufolie abdecken und in den auf 180 Grad (Umluft 160 Grad, Gas Stufe 2 bis 3) vorgeheizten Ofen schieben.
- Nach 20 Minuten die Folie abnehmen und den Auflauf noch 30 Minuten weitergaren.

**Dauert etwa 1 Stunde**
**1 Portion = 1289 kJ/307 kcal**

**350 g feste, reife Tomaten**
**2-3 mittelgroße Zucchini**
**2 Scheiben Toastbrot**
**40 g Butter**
**2 Scheiben Fontina-Käse (ca. 70 g)**
**Olivenöl extra vergine**
**Salz**
**Pfeffer aus der Mühle**
**etwas gerebelter Oregano**
**3 gehäufte EL Semmelbrösel**

*Dieses Gericht eignet sich gut als Vorspeise, aber auch als kleiner sommerlicher Imbiß.*

# Zucchini col ripieno di amaretti

*Zucchini mit Amarettifüllung*

**4 Zucchini**
**Salz**
**50 g Amaretti**
**1 mittelgroße Zwiebel**
**Butter**
**1 Ei**
**4 EL frisch geriebener Parmesan**
**etwas fein gehackte Petersilie**
**Pfeffer aus der Mühle**
**frisch geriebene Muskatnuß**

Dieses Rezept stammt aus der Lombardei. Der Pfiff dabei sind die Amaretti (Mandelplätzchen), die Sie aber auch durch die bei uns leichter erhältlichen Makronen ersetzen können.

- Die Zucchini waschen, vom Stielansatz befreien und in kochendes Salzwasser geben. Einige Minuten darin blanchieren, anschließend herausnehmen und abkühlen lassen.
- Die Zucchini halbieren und so viel Fruchtfleisch herauskratzen, daß gut füllbare Schiffchen entstehen. Die Zucchinihälften mit der Innenseite nach unten auf einem Brett abtropfen lassen.
- Das Fruchtfleisch fein hacken, in einem Sieb kurz abtropfen lassen und in eine Schüssel geben.
- Die Amaretti fein zerstoßen.
- Die Zwiebel schälen, fein hacken und kurz in wenig Butter andünsten.
- Zwiebelwürfel, Amarettibrösel, Ei, Parmesan und Petersilie zum Zucchinifleisch geben.
- Alles gut vermischen und mit Pfeffer und Muskat abschmecken.
- Mit der Mischung die Zucchinihälften füllen und kleine Butterflöckchen daraufsetzen.
- Die gefüllten Zucchinihälften in eine leicht eingebutterte feuerfeste Form setzen und im auf 200 Grad (Umluft 180 Grad, Gas Stufe 3 bis 4) vorgeheizten Ofen etwa 20 Minuten garen.

**Dauert etwa 40 Minuten**
**1 Portion = 1091 kJ/260 kcal**

*Dieses Gericht eignet sich auch als Vorspeise oder – in Stücke geschnitten – als kleiner Happen zum Aperitif, denn die Zucchini schmecken lauwarm oder kalt genauso gut.*

# Pasticcio di zucchini

*Zucchiniauflauf*

- Die Zucchini waschen und den Stielansatz entfernen.
- Die Kartoffeln schälen und waschen.
- Beide Gemüse in leicht gesalzenem Wasser garen und anschließend im Mixer pürieren. Inzwischen den Mozzarella in dünne Scheiben schneiden, die Würstchen würfeln und die Oliven entkernen.
- Das Püree in eine Schüssel geben und mit dem Ei und dem Parmesan vermischen, nach Belieben auch pfeffern.
- Eine große feuerfeste Fom einölen und die Hälfte des Gemüsepürees hineingeben. Die Oberfläche glattstreichen.
- Mozzarella, Würstchen und Oliven gleichmäßig darüber verteilen. Mit Oregano bestreuen und mit dem restlichen Püree bedecken.
- Die Oberfläche wiederum glattstreichen und mit etwas Öl beträufeln.
- Den Auflauf im auf 200 Grad (Umluft 180 Grad, Gas Stufe 3 bis 4) vorgeheizten Ofen etwa 30 Minuten backen.

**2-3 Zucchini**
**4-5 mittelgroße Kartoffeln**
**Salz**
**250 g Mozzarella**
**3 Wiener Würstchen**
**80 g schwarze Oliven**
**1 Ei**
**40-50 g frisch geriebener Parmesan**
**evtl. Pfeffer aus der Mühle**
**Olivenöl extra vergine**
**1 Prise Oregano**

*Die Würstchen können Sie auch durch eine entsprechende Menge gewürfelten gekochten Schinken ersetzen.*

**Dauert etwa 1 Stunde 30 Minuten**
**1 Portion = 2495 kJ/596 kcal**

# Zucchini trifolati

*Zucchini mit Knoblauch und Petersilie*

- Die Zucchini waschen, vom Stielansatz befreien und in Würfel schneiden. Den Knoblauch abziehen und durchpressen.
- Das Öl erhitzen, die Hälfte von Petersilie und Knoblauch hineingeben und kurz andünsten.
- Die Zucchiniwürfel hinzufügen und leicht salzen. Bei starker Hitze schmoren lassen, bis die Flüssigkeit eingekocht ist und die Zucchini leicht angebräunt sind.
- Den Rest von Petersilie und Knoblauch hinzugeben. Alles gut durchmischen, mit Salz und Pfeffer abschmecken und noch kurz ziehen lassen.

**1 kg Zucchini**
**2 Knoblauchzehen**
**4 EL Olivenöl extra vergine**
**3 EL fein gehackte Petersilie**
**Salz**
**Pfeffer aus der Mühle**

**Dauert etwa 30 Minuten**
**1 Portion = 556 kJ/132 kcal**

## Carciofi con la mozzarella

*Artischocken mit Mozzarella*

**8 zarte, junge Artischocken**
**Saft von 1 Zitrone**
**200 g Mozzarella, kleingewürfelt**
**20 g frisch geriebener Parmesan**
**20 g frisch geriebener Pecorino**
**1 EL Semmelbrösel**
**1 EL fein gehackte Petersilie**
**1 verquirltes Ei**
**Salz**
**Pfeffer aus der Mühle**
**8 Sardellenfilets**
**1 Glas Olivenöl extra vergine**

• Die Artischocken von den äußeren harten Blättern befreien. Dornige Spitzen und Stiele abschneiden und in eine Schüssel mit kaltem Zitronenwasser geben.
• Mozzarella, Parmesan, Pecorino, Semmelbrösel, Petersilie, Ei, Salz und Pfeffer gut vermengen.
• Die Artischocken abtrocknen und die Blätter auseinanderdrücken. Die Füllung auf die Vertiefungen verteilen. Auf jede Artischocke ein Sardellenfilet legen.
• Die gefüllten Artischocken in einen flachen feuerfesten Topf setzen und mit etwas Öl beträufeln. So viel Wasser angießen, daß es etwa die Mitte der Artischocken erreicht, und das restliche Öl hinzugeben. Den Topf zudecken und auf mittlerer Stufe etwa eine Viertelstunde köcheln lassen, bis das Wasser weitgehend verdunstet ist. Danach noch etwa 15 Minuten im auf 180 Grad (Umluft 160 Grad, Gas Stufe 2 bis 3) vorgeheizten Ofen garen.

**Dauert etwa 45 Minuten**
**1 Portion = 1610 kJ/385 kcal**

## Broccoli alla siciliana

*Brokkoli auf sizilianische Art*

**1 kg Brokkoli**
**8-10 Sardellenfilets**
**Olivenöl extra vergine**
**1 große Zwiebel, in Scheiben geschnitten**
**Olivenöl extra vergine**
**150 g schwarze oder grüne Oliven**
**Salz**
**Pfeffer aus der Mühle**
**1 Glas Rotwein**

*Nach Belieben können Sie den Brokkoli auch in einer feuerfesten Form im Ofen garen.*

• Den Brokkoli waschen und in Röschen teilen. Die Sardellenfilets halbieren.
• So viel Öl in einen Terracottatopf oder einen anderen schweren Topf geben, daß der Boden bedeckt ist.
• Eine dünne Schicht Zwiebelringe hineinlegen, einige Brokkoliröschen darüber verteilen. Mit Sardellenfilets und Oliven bestreuen, salzen und pfeffern und mit ein wenig Olivenöl beträufeln. In dieser Reihenfolge fortfahren, bis alle Zutaten aufgebraucht sind. Zum Schluß noch mit etwas Öl beträufeln und mit dem Wein begießen.
• Zugedeckt auf kleinster Flamme 20 bis 30 Minuten schmoren lassen, ohne daß die Röschen zerfallen.

**Dauert etwa 50 Minuten**
**1 Portion = 1456 kJ/347 kcal**

# Carciofi alla villanella

*Artischocken mit Sardellen und Kapern*

- 8 zarte, junge Artischocken
- Saft von 1 Zitrone
- 1 Zwiebel
- 1 Knoblauchzehe
- Olivenöl extra vergine
- 6 EL Semmelbrösel
- 4 Sardellenfilets, fein gehackt
- 1/2 TL Zucker
- Salz
- Pfeffer aus der Mühle
- fein gehackte Petersilie
- 1-2 EL Kapern, fein gehackt

- Die Artischocken von den äußeren harten Blättern befreien, die dornigen Spitzen und die Stiele abschneiden.
- Die Artischocken in eine große Schüssel mit kaltem Wasser und Zitronensaft geben, damit die Schnittstellen sich nicht verfärben.
- Zwiebel und Knoblauch abziehen und fein hacken.
- Etwas Olivenöl in einer Pfanne erhitzen. Semmelbrösel, Sardellenfilets, Zucker, etwas Salz und reichlich Pfeffer kurz darin anrösten. Mit Zwiebel, Knoblauch, reichlich Petersilie und den Kapern vermischen.
- Die Artischocken aus dem Zitronenwasser nehmen, abtrocknen und die Blätter auseinanderdrücken. Die Füllung auf die Vertiefungen verteilen.
- Die gefüllten Artischocken dicht nebeneinander in eine feuerfeste Form setzen und mit Wasser und Öl zu gleichen Teilen knapp bedecken.
- Etwa 30 Minuten zugedeckt im auf 200 Grad (Umluft 180 Grad, Gas Stufe 3 bis 4) vorgeheizten Ofen garen.

**Dauert etwa 45 Minuten**
**1 Portion = 743 kJ/177 kcal**

***Zur Abwechslung***
Für eines der berühmtesten Artischockengerichte, Carciofi alla romana, füllen Sie die vorbereiteten Artischocken mit einer Mischung aus je 1 Handvoll feingehackter frischer Minze- und Petersilienblättchen, 2 gehackten Knoblauchzehen, Pfeffer und Salz. Die gefüllten Artischocken auf die gleiche Weise 40 Minuten im Ofen garen.

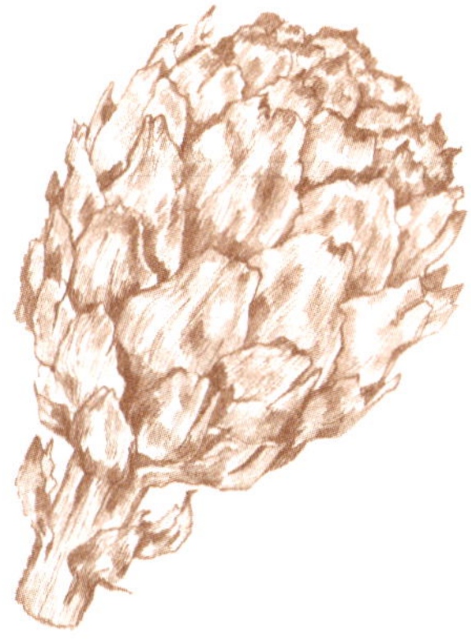

# Coste gratinate

*Überbackene Mangoldstiele*

1 kg Mangoldstiele
Salz
70 g Butter
100 g frisch geriebener Parmesan
frischer (oder getrockneter) Majoran, fein gehackt

• Die Mangoldstengel waschen, putzen und etwa 10 Minuten in Salzwasser garen. Anschließend abtropfen lassen und in etwa 5 cm lange Stücke schneiden, dabei die herausstehenden Fasern entfernen.
• Eine feuerfeste Form mit Butter ausstreichen. Eine Lage Mangoldstiele hineingeben, mit Parmesan bestreuen, Butterflöckchen darüber verteilen und mit etwas Majoran würzen. In dieser Reihenfolge fortfahren, bis alle Zutaten aufgebraucht sind. Die oberste Schicht besteht aus Parmesan und Butter.
• Den Mangold 20 Minuten im auf 200 Grad (Umluft 180 Grad, Gas Stufe 3 bis 4) vorgeheizten Ofen garen.

**Dauert 30 Minuten**
**1 Portion = 1218 kJ/292 kcal**

***Zur Abwechslung***
• Statt mit Majoran können Sie nach Belieben auch mit frisch geriebenem Muskat würzen.
• Sie können die Mangoldstiele auch in Salzwasser garen und nur mit Olivenöl, Salz und Pfeffer würzen.
• Oder Sie garen die Stiele vor, sautieren sie mit Butter in der Pfanne und schmecken zum Schluß mit Salz und Pfeffer ab.
• Sie können die vorgegarten Mangoldstiele auch in einen Ausbackteig hüllen (Seite 457) und in reichlich Öl in der Pfanne ausbacken.

*Man verwendet für dieses Rezept nur die breiten weißen Mangoldstiele. Aus den Blättern können Sie ein anderes Gericht zubereiten, zum Beispiel Mangold aus Genua (Seite 473).*

# Bietola alla genovese

*Mangold aus Genua*

In Ligurien verwendet man für dieses Gericht jungen Mangold (erbette), der dort häufig auch wild wächst, oder Spinat. Sie können aber auch ebensogut den großen, breitstieligen Mangold nehmen und die Stiele nach Belieben fein geschnitten untermischen oder anderweitig verwenden.

**1 kg junger Mangold (oder Spinat)**
**Salz**
**50 g Sultaninen**
**1 Zwiebel**
**1-2 Knoblauchzehen**
**Olivenöl extra vergine**
**50 g Pinienkerne**

- Den Mangold sorgfältig waschen. Die Stiele zurückschneiden und welke Blätter entfernen.
- Die Mangoldblätter tropfnaß in einen Topf geben und mit Salz bestreuen. Zugedeckt bei mittlerer Hitze etwa 5 Minuten zusammenfallen lassen. Mit kaltem Wasser abschrecken und in einem Sieb abtropfen lassen.
- Die Blätter je nach Größe im ganzen lassen oder in Streifen schneiden.
- Die Sultaninen 10 Minuten in warmem Wasser einweichen, anschließend abgießen und leicht trockentupfen.
- Inzwischen Zwiebel und Knoblauch schälen, fein hacken und in etwas Öl andünsten.
- Mangold, Sultaninen und Pinienkerne daruntermischen und mit Salz würzen. Alles auf kleiner Flamme zugedeckt etwa 10 Minuten garen.

**Dauert etwa 30 Minuten**
**1 Portion = 875 kJ/210 kcal**

***Zur Abwechslung***
Nach Belieben können Sie auch noch einige kleingehackte Sardellenfilets hinzufügen.

- *Den Mangold können Sie nach Belieben heiß, lauwarm oder kalt servieren.*
- *Besonders köstlich schmecken dazu Knoblauch-Crostini – von beiden Seiten leicht in Butter angeröstete und mit etwas durchgepreßtem Knoblauch bestrichene Weißbrotdreiecke.*

# Palline di spinaci piccanti

*Pikante Spinatbällchen*

**1 kg Blattspinat**
**Salz**
**2-4 Knoblauchzehen**
**1/2-1 frischer Peperone**
**1 Spritzer Zitronensaft**
**5 EL Olivenöl**

- Den Spinat putzen und waschen, tropfnaß in einen Topf geben und mit etwas Salz bestreuen. Bei mittlerer Hitze zugedeckt in etwa 5 Minuten zusammenfallen lassen.
- Den Spinat mit kaltem Wasser abschrecken und in einem Sieb abtropfen lassen.
- Den Knoblauch schälen, den Peperone entkernen. Beides sehr fein hacken und mit Zitronensaft und Öl zu einer Sauce verrühren.
- Den Spinat ausdrücken und nach Belieben grob hacken. Etwas Sauce daruntermischen, Bällchen daraus formen und mit der restlichen Sauce begießen.

**Dauert etwa 20 Minuten**
**1 Portion = 646 kJ/155 kcal**

***Zur Abwechslung***
- Sie können natürlich auch weniger Knoblauch verwenden. Wenn Sie ihn ganz fortlassen, sollten Sie statt dessen etwas Schalotte oder Zwiebel nehmen.
- Auch den Peperone können Sie sparsamer verwenden oder durch ein wenig Cayennepfeffer oder frisch gemahlenen Pfeffer ersetzen.

*Die Spinatbällchen schmecken lauwarm oder kalt als Vorspeise und sehen mit Zitronenscheiben garniert auf einem Büfett sehr dekorativ aus. Sie können sie aber auch als Beilage zu Fleisch servieren.*

# Cavolfiore e broccoli con la mozzarella

*Blumenkohl und Brokkoli mit Mozzarella*

Dieses süditalienische Gericht ist nicht nur geschmacklich, sondern auch farblich besonders reizvoll, wenn Sie es zu gleichen Teilen aus Blumenkohl und Brokkoli zubereiten. Sie können aber auch nur Blumenkohl oder Brokkoli oder statt dessen den hellgrünen römischen Kohl verwenden.

- 300 g geputzter Blumenkohl
- 300 g geputzter Brokkoli
- Salz
- 200 g Mozzarella
- 4 hartgekochte Eier, geschält
- 4 Sardellenfilets
- 1 Knoblauchzehe, in dünne Scheibchen geschnitten
- 1 große Handvoll grüne und schwarze Oliven
- 1 EL fein gehackte Petersilie
- Salz
- 1/2-1 scharfer Peperone, entkernt und fein gehackt
- Saft von 1 Zitrone
- 4 EL Olivenöl extra vergine

• Blumenkohl und Brokkoli in Röschen teilen. Die kleinen Brokkoliblätter beiseite legen. Die Röschen in leicht gesalzenem Wasser etwa 15 bis 20 Minuten sieden, aber nicht zerfallen lassen. Zum Schluß die Blätter kurz mitgaren.
• Inzwischen Mozzarella, Eier und Sardellenfilets kleinhacken und mit dem Knoblauch in eine Schüssel geben.
• Alle weiteren Zutaten hinzufügen und gut vermischen.
• Das gegarte Gemüse abgießen und in eine große Schüssel geben. Sehr vorsichtig mit der vorbereiteten Mischung vermengen und sofort auf den Tisch bringen.

**Dauert etwa 40 Minuten**
**1 Portion = 1762 kJ/421 kcal**

*Schmeckt heiß, lauwarm und kalt.*

# Broccoli con acciughe

*Brokkoli mit Sardellen*

- 1 kg geputzter Brokkoli
- Olivenöl extra vergine
- 5-6 Sardellenfilets
- 2 Knoblauchzehen, fein gehackt
- Salz
- evtl. 1 TL Kapern
- evtl. etwas Peperone, fein gehackt (oder Cayennepfeffer)
- evtl. etwas heiße Brühe

• Den Brokkoli in Röschen teilen, die Strünke in Stücke schneiden. Etwas Öl in einen Topf geben. Sardellenfilets und Knoblauch unter Rühren sanft darin schmoren, bis die Sardellen völlig zerfallen sind.
• Den Brokkoli hineingeben, gut untermischen, salzen und nach Belieben Kapern und Peperone hinzugeben.
• Den Topf zudecken, die Flamme kleinstellen und das Gemüse etwa 20 Minuten schmoren lassen. Zwischendurch vorsichtig umrühren und eventuell etwas Wasser oder Brühe angießen, damit der Brokkoli nicht ansetzt.

**Dauert etwa 40 Minuten**
**1 Portion = 426 kJ/101 kcal**

*Statt Sardellenfilets können Sie Schinkenspeckwürfel nehmen.*

# Sformato di verza

*Wirsingsoufflé*

**1 mittelgroßer Wirsing (oder Weißkohl)**
**1 Zwiebel**
**2 Lorbeerblätter**
**50 g Butter**
**Olivenöl extra vergine**
**Salz**
**Pfeffer aus der Mühle**
**evtl. heiße Fleischbrühe**
**6 Eier**
**1 großes Bund Basilikum (oder Petersilie)**
**200 g Crème fraîche**
**100 g frisch geriebener Parmesan**
**Semmelbrösel für die Form**

*Nach Belieben können Sie eine Käse- oder Tomatensauce dazu servieren.*

• Den Wirsing von Strunk und äußeren Blättern befreien, halbieren und möglichst fein schneiden.
• Die Zwiebel schälen und fein hacken.
• Kohl und Zwiebel zusammen mit den Lorbeerblättern in der Hälfte der Butter und etwas Öl andünsten. Salzen, pfeffern und auf kleinster Flamme etwa 15 Minuten schmoren lassen. Falls nötig, noch etwas Fett oder Fleischbrühe zugeben, damit der Kohl nicht anbrennt.
• Inzwischen die Eier trennen und das Eiweiß steif schlagen. Die Basilikumblätter abzupfen, waschen und trockentupfen.
• Die Lorbeerblätter herausnehmen und den geschmorten Wirsing zusammen mit Basilikum und Crème fraîche im Mixer pürieren. Etwas abkühlen lassen.
• Die Eigelbe und den Käse unter das Püree mischen und zum Schluß vorsichtig den Eischnee unterziehen.
• Eine feuerfeste Form mit der restlichen Butter einfetten und mit Semmelbröseln ausstreuen. Die Gemüsemischung hineinfüllen.
• Die Form in eine größere, mit warmem Wasser gefüllte Kasserolle setzen, in den auf 200 Grad (Umluft 180 Grad, Gas Stufe 3 bis 4) vorgeheizten Ofen schieben und im Wasserbad 45 Minuten garen.
• Das Soufflé einige Minuten abkühlen lassen, auf eine Servierplatte stürzen und aufschneiden.

**Dauert etwa 1 Stunde 30 Minuten**
**1 Portion = 2457 kJ/588 kcal**

# Involtini di verza con porri

*Wirsingröllchen mit Lauchfülle*

- Die äußeren Wirsingblätter so vorsichtig wie möglich ablösen, damit sie nicht reißen. Das Wirsingherz für ein anderes Rezept verwenden.
- Den Lauch säubern, den grünen Teil abschneiden und anderweitig verwenden.
- Die weißen Teile vom Lauch waschen und in feine Scheiben schneiden oder grob hacken.
- Einige Eßlöffel Öl in einem weiten Topf erhitzen. Den Lauch hineingeben, salzen und pfeffern und zugedeckt auf kleiner Flamme etwa 15 Minuten schmoren lassen. Hin und wieder umrühren und etwas Brühe angießen, damit das Gemüse nicht ansetzt.
- Den Deckel abnehmen, die Hitze etwas höherstellen und den Lauch leicht anbräunen lassen. Den Topf vom Feuer nehmen.
- Inzwischen die Wirsingblätter waschen und in einem zweiten Topf einige Minuten in kochendem Salzwasser blanchieren.
- Die Blätter herausheben, leicht trockentupfen und jeweils etwas Lauch daraufgeben.
- Die Blätter seitlich einschlagen und so eng wie möglich einrollen.
- Eine feuerfeste Form einfetten, die Wirsingröllchen vorsichtig hineinlegen und noch mit etwas Öl beträufeln.
- Mit einigen Eßlöffel Brühe oder Wasser befeuchten und die Form mit Alufolie zudecken.
- Im auf 200 Grad (Umluft 180 Grad, Gas Stufe 3 bis 4) vorgeheizten Ofen etwa 20 Minuten garen, bis die Kohlblätter weich sind.

**Dauert etwa 1 Stunde 20 Minuten**
**1 Portion = 765 kJ/183 kcal**

*Die Wirsingröllchen sind eine köstliche Beilage zu Fleisch, eignen sich aber auch als Hauptgericht – in diesem Fall können Sie sie nach Belieben noch mit Reibekäse bestreuen oder eine Sauce Ihrer Wahl dazu servieren.*

**1 Wirsing (ca. 1 kg)**
**1 1/2 kg Lauch**
**Olivenöl extra vergine**
**Salz**
**Pfeffer aus der Mühle**
**Fleischbrühe (oder Gemüsebrühe)**

# Involtini di cavolo bianco

*Weißkohlrouladen*

**1 kleiner Weißkohl**
**Salz**
**Pfeffer aus der Mühle**
**150 g frisch geriebener Parmesan**
**reichlich frischer (oder getrockneter) Thymian, fein gehackt**
**Olivenöl extra vergine**
**4 Knoblauchzehen, leicht zerquetscht**
**1 Zweig Rosmarin**
**1 Glas Weißwein**
**evtl. heiße Fleischbrühe**

• Den Kohlkopf waschen, von unansehnlichen Blättern befreien und den Strunk keilförmig herausschneiden. Den Kohl etwa 10 Minuten in leicht gesalzenem Wasser sieden.
• Den Kohl herausnehmen und die Blätter, die sich gut lösen, abziehen. Den Kohlkopf eventuell noch weiter garen, bis etwa 16 Blätter abgelöst sind.
• Die Blätter auf der Arbeitsfläche auslegen und die Mittelrippen etwas flachklopfen. Leicht salzen und pfeffern.
• Die Hälfte des Parmesans und jeweils 1 kräftige Prise Thymian auf den Kohlblättern verteilen. Die Blätter seitlich einschlagen, eng einrollen und die Rouladen mit Küchengarn umwickeln.
• In zwei Pfannen etwas Olivenöl geben und mäßig erhitzen. Die Knoblauchzehen auf die beiden Pfannen verteilen, leicht darin andünsten und wieder herausnehmen.
• Die Röllchen in die Pfannen legen und mit Rosmarin bestreuen. Jeweils 1/2 Glas Wein angießen, kurz einkochen lassen und die Röllchen zugedeckt etwa 20 Minuten schmoren lassen.
• Nach der halben Garzeit vorsichtig wenden und etwas Brühe angießen, falls der Bratenfond zu sehr eingekocht ist.
• Die Kohlröllchen auf einer großen Platte anrichten und den Fond darübergießen. Mit dem restlichen Parmesan bestreuen.

**Dauert 50 bis 60 Minuten**
**1 Portion = 1209 kJ/289 kcal**

*Sie können diese kleinen Rouladen heiß oder lauwarm servieren – sowohl als Vorspeise wie auch als Beilage zu Fleischgerichten. Pro Person sollten Sie etwa 4 Stück rechnen.*

# Ceci in zimino

*Kichererbseneintopf aus Ligurien*

- Die Kichererbsen waschen und über Nacht, am besten 24 Stunden einweichen. Zwischendurch das Wasser mehrmals wechseln.
- Die eingeweichten Kichererbsen etwa 2 Stunden in siedendem Wasser garen, aber nicht zu weich werden lassen. Nach der halben Garzeit salzen.
- Inzwischen die Pilze etwa 10 Minuten in einer Tasse lauwarmem Wasser einweichen, anschließend abgießen und kleinhacken.
- Den Mangold waschen und die Stiele von den Blättern trennen. Beides in Streifen schneiden.
- Die Zwiebel schälen, Bleichsellerie und Petersilie waschen und alles fein hacken. Die Pinienkerne ebenfalls kleinhacken.
- Zwiebel, Sellerie, Petersilie, Pinienkerne und Pilze in etwas Öl andünsten.
- Den Knoblauch hinzufügen, einige Minuten mitdünsten lassen und wieder herausnehmen.
- Kichererbsen und Tomaten hinzugeben. Salzen, nach Belieben auch pfeffern und ein wenig heißes Wasser angießen.
- Auf kleiner Flamme im zugedeckten Topf etwa 20 Minuten schmoren. Hin und wieder umrühren und eventuell etwas Wasser oder Brühe zugießen, falls die Flüssigkeit zu sehr einkocht.
- Die Mangoldstengel und nach 10 Minuten auch die Mangoldblätter hinzugeben. Noch etwa 5 bis 10 Minuten weitergaren.
- Den Eintopf nochmals abschmecken und heiß auf den Tisch bringen.

**Dauert etwa 3 Stunden (ohne Einweichzeit)**
**1 Portion = 1588 kJ/380 kcal**

- *Sie können dieses Gericht auch nur mit den Mangoldstielen oder nur mit den Blättern zubereiten.*
- *Wegen der langen Garzeit empfiehlt es sich, einen Dampfkochtopf zu verwenden, durch den sich die Garzeit auf weniger als die Hälfte reduziert.*

**250 g getrocknete Kichererbsen**
**Salz**
**30 g getrocknete Steinpilze**
**600 g Mangold**
**1 Zwiebel**
**1 Stange Bleichsellerie**
**1 Bund Petersilie**
**50 g Pinienkerne**
**Olivenöl extra vergine**
**1-2 Knoblauchzehen, geschält**
**250 g Tomaten, geschält und kleingehackt**
**evtl. Pfeffer aus der Mühle**
**evtl. heiße Fleischbrühe**

*In vielen Regionen Italiens ißt man am Silvesterabend Linsen, denn dem Volksglauben zufolge garantieren sie viel Geld im neuen Jahr.*

## Rucola in umido

*Rauke in Tomatensauce*

- 1 kg Rauke
- 1 Zwiebel
- 1 Knoblauchzehe
- 300 g reife, frische Tomaten
- Olivenöl extra vergine
- etwas frischer Peperone (oder Cayennepfeffer)
- Salz
- Fleischbrühe

• Die Rauke waschen und putzen. Große Blätter kleinschneiden.
• Zwiebel und Knoblauch schälen. Die Zwiebel in dünne Scheiben schneiden und die Knoblauchzehe ganz leicht zerquetschen.
• Die Tomaten mit kochendem Wasser überbrühen, häuten und kleinschneiden.
• In einem Topf etwas Öl erhitzen, Zwiebelscheiben und Knoblauchzehe darin andünsten.
• Den Peperone fein hacken.
• Die Tomaten hinzufügen, salzen und mit dem Peperone würzen. 10 Minuten im offenen Topf köcheln lassen.
• Die Rauke hineingeben, 2 bis 3 Eßlöffel heiße Brühe zugießen und alles zugedeckt weitere 10 Minuten schmoren lassen.
• Den Deckel abnehmen und die Rauke noch kurz auf kleiner Flamme fertiggaren.
• Nochmals abschmecken und sofort heiß auf den Tisch bringen.

**Dauert etwa 30 Minuten**
**1 Portion = 833 kJ/197 kcal**

## Cipolline all'uva

*Schalotten mit Rosinen*

- 400 g Schalotten
- 40 g Butter
- 1 EL Zucker
- 1 EL Balsamessig
- 1 Glas Weißwein
- 1 TL Pfefferkörner
- 1 EL Sultaninen

• Die Schalotten schälen und waschen. In einer Pfanne die Butter erhitzen und die Schalotten darin rundum leicht anbräunen. Den Zucker darüberstreuen und die Schalotten gut darin wenden.
• Den Essig hinzugeben, nochmals wenden und dann den Wein, die Pfefferkörner und die Sultaninen hinzugeben.
• Die Schalotten zugedeckt etwa 30 Minuten auf kleinster Flamme schmoren und anschließend im Sud erkalten lassen.

**Dauert etwa 45 Minuten**
**1 Portion = 599 kJ/143 kcal**

# Asparagi in salsa tartara

*Spargel in würziger Sauce*

- Den Spargel nach Bedarf schälen, die holzigen Stellen abschneiden und die Stangen zusammenbinden.
- Das Bündel aufrecht in einen hohen, schmalen Topf mit kaltem Salzwasser setzen. Die zarten Spitzen sollen alle aus dem Wasser ragen und nur im Dampf gegart werden.
- Den Spargel auf mittlerer Flamme mit leicht geöffnetem Deckel 10 bis 20 Minuten kochen, bis die Spitzen sich biegen. Behutsam aus dem Wasser nehmen, abtropfen und abkühlen lassen.
- Inzwischen die Eidotter in eine Schüssel geben und mit der Gabel zerdrücken. Mit dem rohen Eigelb, Senf und Essig zu einer geschmeidigen Paste verrühren. Etwas Salz und reichlich Pfeffer hinzugeben.
- Langsam das Öl hineinlaufen lassen und dabei kräftig schlagen. Sobald die Sauce die gewünschte Konsistenz hat, Kapern und Petersilie untermischen.
- Den Spargel mit der Sauce übergießen und servieren.

**Dauert etwa 30 Minuten**
**1 Portion = 1588 kJ/378 kcal**

***Zur Abwechslung***
Köstlich schmeckt der Spargel auch in einer Basilikumsauce: Eine Vinaigrette aus 1 bis 2 Teelöffel Balsamessig, 5 bis 6 Eßlöffel gutem Olivenöl, etwas Spargelwasser, Pfeffer, Salz und einer kleinen Prise Zucker anrühren und die kleingehackten Blätter von einem dicken Büschel Basilikum untermischen. Die Sauce nach Belieben mit 1 Handvoll Krabben aus der Dose und/oder gehacktem hartem Ei bestreuen –, oder aber 50 Gramm Bresaola (luftgetrocknetes Rindfleisch), rohen Schinken oder fein geschnittenen Räucherlachs dazu servieren.

*Sie können den Spargel in würziger Sauce als Vorspeise, auf einem kalten Büfett oder als sommerliches Hauptgericht servieren. Die angegebenen Mengen sind für eine Vorspeise gedacht und sollten für eine vollwertige Mahlzeit verdoppelt werden.*

**1 kg grüner (oder weißer) Spargel**
**Salz**
**Für die Sauce:**
**2 hartgekochte Eidotter**
**1 rohes Eigelb**
**1 TL pikanter Senf**
**1 TL guter Weinessig (oder 1 Spritzer Zitrone)**
**Salz**
**weißer Pfeffer aus der Mühle**
**1 Glas Olivenöl extra vergine**
**1 TL Kapern, fein gehackt**
**etwas fein gehackte Petersilie**

*Plutarch berichtet, daß Cäsar bei seiner Rückkehr aus Gallien in Mailand Station machte und dort bei dem reichen Valerio Leonte speiste. Man tischte unter anderem Spargel mit Butter auf. Cäsars Hauptleute ergingen sich in so ironischen Kommentaren – da sie Butter nur als Salbe zum Massieren kannten –, daß Cäsar sie zur Ordnung rufen mußte: „Wer fremde Speisen barbarisch schilt, ist selbst ein Barbar." Heute kennt man dieses Gericht in der ganzen Welt.*

## Asparagi alla parmigiana

*Spargel aus Parma*

**2 kg grüner Spargel**
**Salz**
**150 g Butter**
**100 g frisch geriebener Parmesan**

*In Mailand serviert man zu diesem Spargelgericht noch Spiegeleier.*

- Den Spargel nach Bedarf schälen, die holzigen Stellen abschneiden und die Stangen zusammenbinden.
- Die Bündel aufrecht in einen hohen, schmalen Topf mit kaltem Salzwasser setzen. Die zarten Spitzen sollen aus dem Wasser ragen und nur im Dampf gegart werden.
- Den Spargel auf mittlerer Flamme mit leicht geöffnetem Deckel 10 bis 20 Minuten garen, bis die Spitzen sich biegen. Anschließend abgießen und abtropfen lassen.
- Die Butter erhitzen, bis sie schaumig wird.
- Den Spargel auf einer Platte anrichten. Schichtweise mit Käse bestreuen und mit der Butter übergießen.

**Dauert etwa 30 Minuten**
**1 Portion = 1883 kJ/448 kcal**

## Asparagi in salsa di limone

*Spargel in Zitronensauce*

**2 kg grüner Spargel**
**Salz**
**Für die Sauce:**
**50 g Butter**
**2 EL Mehl**
**1/2 l Hühnerbrühe**
**1 Eigelb**
**1 Becher Crème fraîche**
**Saft von 1 Zitrone**
**Salz**

- Den Spargel schälen, falls nötig. Holzige Stellen abschneiden und die Stangen zu mehreren Bündeln zusammenbinden. Die Bündel aufrecht in einen hohen, schmalen Topf mit so viel kaltem Salzwasser setzen, daß die Spitzen noch aus dem Wasser ragen.
- Den Spargel auf mittlerer Flamme mit leicht geöffnetem Deckel 10 bis 20 Minuten garen, bis die Spitzen sich biegen. Anschließend abgießen und abtropfen lassen.
- Inzwischen die Hälfte der Butter erhitzen und das Mehl unterrühren, bis sich eine glatte Mehlschwitze ergibt.
- Nach und nach unter ständigem Rühren die Brühe zugießen. Den Topf vom Herd nehmen und das Eigelb unterziehen. Die Sauce ins Wasserbad stellen und bei schwacher Hitze die restliche Butter hineinrühren.
- Zum Schluß Crème fraîche und Zitronensaft hineinrühren, mit Salz abschmecken und die Sauce sofort über den auf einer Platte angerichteten Spargel gießen.

**Dauert etwa 30 Minuten**
**1 Portion = 1364 kJ/324 kcal**

# Funghi ripieni con patate al forno

*Gefüllte Pilze mit Kartoffeln im Ofen gegart*

- Die Pilze mit einem feuchten Tuch sorgfältig putzen.
- Das Ende der Stiele abschneiden. Die Stiele ablösen und sehr fein hacken. Pilzstiele, Petersilie, Knoblauch, Semmelbrösel, etwas Olivenöl, das Ei, Salz und Pfeffer in einer Schüssel gut miteinander vermengen.
- Die Kartoffeln schälen, waschen und in Scheiben schneiden. Einen Topf mit Salzwasser zum Kochen bringen und die Kartoffeln 5 Minuten darin blanchieren, anschließend abgießen und unter kaltem Wasser abschrecken.
- Eine feuerfeste Form einölen und die Kartoffelscheiben hineinschichten. Die Pilze mit der vorbereiteten Mischung füllen und auf die Kartoffeln setzen. Das Lorbeerblatt dazwischenlegen, etwas Weißwein und Öl darüberträufeln.
- Im auf 180 Grad (Umluft 160 Grad, Gas Stufe 2 bis 3) vorgeheizten Ofen 40 bis 50 Minuten backen.

**Dauert etwa 1 Stunde**
**1 Portion = 1449 kJ/347 kcal**

**8-10 mittelgroße bis große Steinpilze (oder entsprechend mehr große Champignons)**
**1 EL fein gehackte Petersilie**
**2 Knoblauchzehen, fein gehackt**
**100 g Semmelbrösel**
**Olivenöl extra vergine**
**1 Ei**
**Salz**
**Pfeffer aus der Mühle**
**500 g Kartoffeln**
**1 Lorbeerblatt**
**Weißwein**

*Nach Belieben können Sie der Pilzfüllung noch etwas frisch geriebenen Parmesan beifügen.*

# Funghi alla partenopea

*Pilze aus Neapel*

- Die Stielenden abschneiden, die Pilze abreiben und in Scheiben schneiden. Die Zwiebel abziehen, Karotte und Sellerie putzen und alles kleinhacken. Die Petersilienblättchen abzupfen, waschen und grob hacken.
- Gemüse und Petersilie in wenig Öl kurz andünsten, den Knoblauch und dann den Weißwein hinzugeben und auf großer Flamme etwas einkochen lassen.
- Die Flamme kleinerstellen und das Gemüse noch einige Minuten schmoren lassen. Pilze, Thymianblättchen, Lorbeerblatt und Tomatenpüree hinzufügen. Salzen, pfeffern und noch etwa 15 Minuten zugedeckt schmoren lassen.

**Dauert etwa 40 Minuten**
**1 Portion = 533 kJ/127 kcal**

**500 g Egerlinge**
**1 Zwiebel**
**1 Karotte**
**1 Stange Bleichsellerie**
**1 Bund Petersilie**
**Olivenöl extra vergine**
**1 Knoblauchzehe, durchgepreßt**
**1 Glas Weißwein**
**2 Thymianzweige (oder getrockneter Thymian)**
**1 Lorbeerblatt**
**200 g pürierte Tomaten**
**Salz**
**Pfeffer aus der Mühle**

# Cipolle ripiene alla piemontese

*Gefüllte Zwiebeln aus dem Piemont*

**4 große weiße Gemüsezwiebeln (oder sehr große normale Zwiebeln)**
**100 g frisch geriebener Parmesan**
**1 Ei**
**2 EL weiche Butter**
**4 EL Grappa (oder Cognac)**
**1 Knoblauchzehe, fein gehackt**
**1 EL fein gehackte Petersilie**
**Salz**
**Pfeffer aus der Mühle**
**Butter für die Form**

*Diese pikanten Zwiebelchen schmecken als Beilage zu Fleisch oder als eines von mehreren Gemüsen auf dem kalten Büfett.*

• Die Zwiebeln so schälen, daß später beim Aushöhlen ein fester Boden erhalten bleibt.
• Die Zwiebeln einzeln in Alufolie wickeln und je nach Größe 15 bis 20 Minuten in den auf mittlere Hitze vorgeheizten Ofen legen. Herausnehmen, auswickeln und etwas abkühlen lassen.
• Von jeder Zwiebel eine kleine Kappe abschneiden und möglichst viel Fruchtfleisch herauslösen, doch sollten mindestens 2 Zwiebelhäute erhalten bleiben.
• Das Fruchtfleisch möglichst fein hacken, ein knappes Drittel beiseite legen und anderweitig verwenden.
• Alle übrigen Zutaten daruntermischen, leicht salzen und kräftig pfeffern. Die Zwiebeln mit der Mischung füllen.
• Eine feuerfeste Form leicht ausbuttern und die gefüllten Zwiebeln hineinsetzen. Bei mittlerer Hitze etwa 15 Minuten im Backofen garen.

**Dauert etwa 45 Minuten**
**1 Portion = 1450 kJ/346 kcal**

*Zur Abwechslung*
• Für eine goldbraune Kruste bestreichen Sie die Oberfläche der Zwiebeln mit verschlagenem Ei und streuen etwas Semmelbrösel darüber.
• Möchten Sie das Gericht noch gehaltvoller machen, hacken Sie zusätzlich 3 große Zwiebeln klein, dünsten sie in Butter und 1 Gläschen Wein weich und gießen etwas Crème fraîche auf. Das Zwiebelmus nochmals kurz erhitzen, in die Form geben und die gefüllten Zwiebeln daraufsetzen.
• Nach Belieben können Sie die Füllung auch mit angebratenem Hackfleisch oder mit fein gehacktem rohem oder gekochtem Schinken, pikanter Salami oder Mortadella anreichern – dann sollten Sie allerdings vorsichtig salzen und pfeffern.
• Wunderbar schmeckt aber auch eine Pilzfüllung: Fein gehackte frische Steinpilze (oder Champignons oder Austernpilze), Würfelchen von rohem oder gekochtem Schinken und gewürfelten Fontina (oder Gruyère) zu gleichen

Teilen miteinander vermischen. Das Zwiebelfleisch und etwas fein gehackte Petersilie untermengen, salzen und pfeffern. Die gefüllten Zwiebeln vor dem Garen mit Semmelbröseln bestreuen und Butterflöckchen daraufsetzen.

- *Die gefüllten Zwiebeln können Sie als Vorspeise servieren, aber auch als kleines Zwischengericht.*
- *Sie können die Zwiebeln auch einfach schälen und in siedendem Salzwasser blanchieren. In Alufolie vorgegart bewahren sie jedoch besser ihr Aroma.*

## Fagiolini alla menta

*Grüne Bohnen mit Minze*

- 800 g junge grüne Bohnen (tiefgekühlt 600 g)
- 1 Bund Petersilie
- einige Zweige frische Minze
- 1 TL scharfer Senf
- 1 Gläschen Olivenöl extra vergine
- Salz
- Pfeffer aus der Mühle
- frische Minzeblättchen zum Garnieren

- Die Bohnen putzen, waschen und in so viel kochendes Salzwasser geben, daß die Bohnen gerade bedeckt sind. Etwa 20 Minuten garen und anschließend abgießen.
- Inzwischen die Petersilien- und Minzeblättchen abzupfen, waschen und trocknen. Blätter, Senf, Öl, etwas Salz und 1 kräftige Prise Pfeffer im Mixer pürieren.
- Das Püree über die Bohnen geben und vorsichtig untermischen. Einige Minzeblättchen darüberstreuen und lauwarm servieren.

**Dauert etwa 30 Minuten**
**1 Portion = 672 kJ/160 kcal**

*Zur Abwechslung*
Falls Sie einen leicht säuerlichen Geschmack bevorzugen, geben Sie vor dem Öl noch etwas Zitronensaft in den Mixer.

# Sformato di fagiolini

*Bohnensoufflé*

600 g junge grüne Bohnen
Salz
50 Gramm Butter
2 EL Mehl
knapp 1/2 l Milch
4 Eier
Pfeffer aus der Mühle
50 g frisch geriebener Parmesan
etwas fein gehackte Petersilie
etwas fein gehackter Majoran
Butter für die Form
Semmelbrösel

*Zu diesem Soufflé paßt sehr gut eine warme Tomatensauce.*

- Die Bohnen putzen, waschen, in etwas kochendes Salzwasser geben und etwa 20 Minuten darin garen.
- Die Bohnen abgießen, im Mixer pürieren und in eine Schüssel geben.
- Die Butter in einem Topf erhitzen und das Mehl unterrühren, bis sich eine glatte Mehlschwitze ergibt. Nach und nach unter ständigem Rühren die Milch zugießen.
- Bechamelsauce, Eier, Salz, Pfeffer, Parmesan und die Kräuter zu den Bohnen geben. Alles sorgfältig miteinander vermischen.
- Eine rechteckige feuerfeste Form ausbuttern, mit Semmelbröseln bestreuen und die Mischung hineinfüllen.
- Den Ofen auf 180 Grad (Umluft 160 Grad, Gas Stufe 2 bis 3) vorheizen. Die Form in eine größere, mit warmem Wasser gefüllte Kasserolle setzen, in den Ofen schieben und das Soufflé etwa 45 Minuten im Wasserbad garen.
- Falls das Soufflé dabei zu sehr anbräunt, mit Alufolie bedecken.
- Das Soufflé aus dem Ofen nehmen, einige Minuten ruhen lassen und auf eine Servierplatte stürzen. Heiß oder lauwarm auf den Tisch bringen.

**Dauert etwa 1 Stunde 20 Minuten**
**1 Portion = 1444 kJ/344 kcal**

***Zur Abwechslung***
Auf gleiche Weise können Sie Soufflés auch mit anderem Gemüse zubereiten – zum Beispiel Spinat, Mangold, Karotten, Blumenkohl oder Zucchini. Wenn das Gemüse nach dem Garen und gründlichen Abtropfen noch sehr feucht ist, sollten Sie es vor dem Pürieren in der Pfanne sautieren, weil es auf diese Weise noch Wasser verliert.

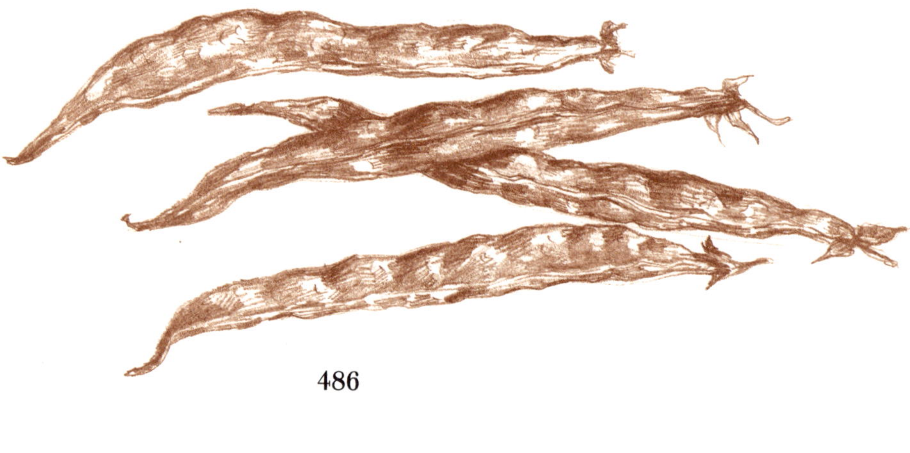

# Finocchi dolci

*Fenchel in süßer Sauce*

Dieses etwas ungewöhnliche, aber sehr empfehlenswerte Rezept haben wir bei Nico Valerio gefunden, der sich wiederum auf ein Rezept des Corrado aus dem Jahr 1781 beruft.

- Vom Fenchel den Strunk, die oberen Stiele und die harten Außenblätter entfernen. Das Kraut, soweit es frisch ist, kleinhacken und beiseite stellen.
- Die Knollen längs vierteln und zusammen mit der Zitronenscheibe in so viel kochendes Salzwasser geben, daß der Fenchel gerade bedeckt ist. Den Fenchel etwa 15 Minuten garen, aber nicht zu weich werden lassen.
- Die Fenchelstücke herausnehmen, abtropfen lassen und in kleine Spalten schneiden.
- Nach Belieben den Knoblauch schälen und fein hacken. Den Thunfisch fein zerbröckeln. Die Orangen auspressen.
- Thunfisch, eventuell Knoblauch, Orangensaft, Fenchelkraut sowie alle übrigen Zutaten zu einer Sauce verrühren. Nach Bedarf noch etwas salzen.
- Die Sauce über die Fenchelspalten geben und vorsichtig vermischen. Vor dem Servieren gut durchziehen lassen.

**Dauert etwa 30 Minuten (ohne Marinierzeit)**
**1 Portion = 1282 kJ/306 kcal**

*Dieses Gericht eignet sich gut als Vorspeise, auf einem kalten Büfett oder als sommerliches Zwischengericht.*

**4 Fenchelknollen**
**Salz**
**1 Zitronenscheibe**
**evtl. 1-2 Knoblauchzehen**
**100 g Thunfisch aus der Dose**
**1 große oder 2 kleine Orangen**
**4 EL Olivenöl extra vergine**
**30 g Rosinen**
**50 g Pinienkerne**
**2 EL fein gehackte Minze**
**2 EL fein gehackter Estragon**
**Pfeffer aus der Mühle**

*Einer alten italienischen Volksweisheit zufolge sind für einen guten Salat sieben Personen nötig: ein Armer, der ihn sammelt; ein Geduldiger, der ihn putzt; ein Verschwender, der das Öl hinzugibt; ein Geiziger, der ihn mit Essig würzt; ein Weiser, der ihn salzt; ein Verrückter, der ihn mischt; ein Hungriger, der ihn ißt.*

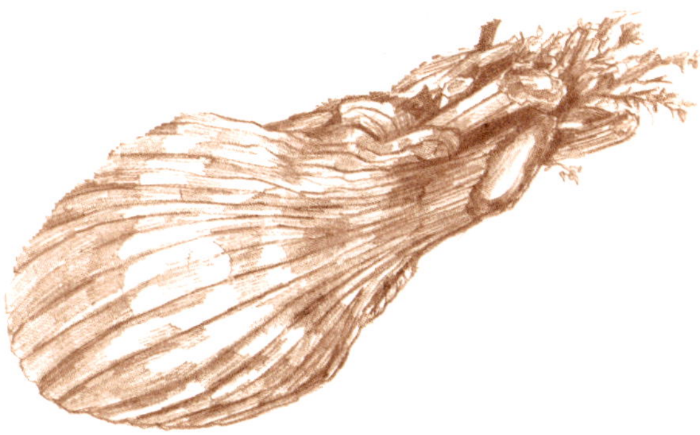

# Finocchi in casseruola

*Geschmorter Fenchel*

2-3 Fenchelknollen (je nach Größe)
1 Zwiebel
1 Knoblauchzehe
Olivenöl extra vergine
Salz
1 Lorbeerblatt
50 g frisch geriebener Parmesan
heiße Fleischbrühe (oder Gemüsebrühe)
fein gehackte Petersilie
1 Prise Majoran

- Vom Fenchel den Strunk, die oberen Stiele und die harten Außenblätter entfernen. Die Knollen halbieren und in Scheiben schneiden.
- Zwiebel und Knoblauch abziehen. Die Zwiebel kleinhacken, die Knoblauchzehe leicht zerquetschen und beides in etwas Olivenöl andünsten.
- Den Fenchel hinzufügen und gut umrühren. Etwas Salz, Lorbeerblatt, Parmesan und 1 knappen Schöpflöffel Brühe hinzugeben.
- Das Gemüse etwa 15 bis 20 Minuten auf kleinster Flamme schmoren lassen. Zum Schluß den Knoblauch herausnehmen, mit Petersilie und Majoran bestreuen und den Fenchel als Beilage servieren.

**Dauert etwa 35 Minuten**
**1 Portion = 564 kJ/135 kcal**

# Finocchi alla fiorentina

*Fenchel aus Florenz*

4 mittelgroße Fenchelknollen
1 EL Olivenöl extra vergine
1 Knoblauchzehe, geschält und halbiert
1 Zitronenscheibe
Salz
50 g Butter
schwarzer Pfeffer aus der Mühle
2-3 EL frisch geriebener Parmesan

*Ein ganz simples, aber köstliches Gericht, das Sie als Vorspeise oder als Beilage zu Fleisch servieren können.*

- Den Fenchel an der Wurzel stutzen, oben die langen Stiele abschneiden und mit einem Kartoffelmesser alle verfärbten Stellen entfernen.
- Die Knollen gut waschen, vierteln und in einen Topf mit so viel kochendem Wasser geben, daß sie knapp davon bedeckt sind. Öl, Knoblauch, Zitronenscheibe und 1 Prise Salz hinzugeben.
- Nochmals aufkochen lassen, die Flamme kleinerstellen und den Fenchel etwa 15 bis 20 Minuten sieden. Anschließend gut abtropfen lassen.
- Die Butter in einer Auflaufform zerlassen. Die gegarten Fenchelstücke hineinlegen, vorsichtig in der Butter wenden, pfeffern und mit dem Käse bestreuen.
- Den Fenchel kurz unter dem Grill anbräunen und sofort servieren.

**Dauert etwa 35 Minuten**
**1 Portion = 720 kJ/172 kcal**

# Fave in fricassea

*Saubohnen in Eiersauce*

- 600 g enthülste frische Saubohnen
- 1 Zwiebel
- Olivenöl extra vergine
- Salz
- Pfeffer aus der Mühle
- fein gehackte Petersilie
- Fleischbrühe (oder Gemüsebrühe)
- 3 Eigelb
- Saft von 1/2 Zitrone
- etwas abgeriebene unbehandelte Zitronenschale
- 50 g frisch geriebener Parmesan
- etwas fein gehackte Minze
- etwas fein gehackter Majoran

• Die Saubohnen waschen und abtropfen lassen.
• Die Zwiebel schälen, in Scheiben schneiden und in etwas Öl glasig dünsten.
• Die Bohnen hinzufügen. Salzen, pfeffern, mit etwas Petersilie bestreuen und 1 Schöpflöffel Brühe hinzufügen.
• Die Bohnen auf kleiner Flamme im zugedeckten Topf 20 bis 30 Minuten köcheln lassen. Zum Schluß sollte noch ein wenig Flüssigkeit im Topf sein, andernfalls noch etwas Brühe hinzufügen.
• Inzwischen die Eigelbe mit Zitronensaft, Zitronenschale und etwas Salz sowie Parmesan, Minze und Majoran verquirlen.
• Die Eimischung unter die fertigen Saubohnen geben und vorsichtig erhitzen, aber auf keinen Fall mehr kochen lassen, weil das Ei sonst gerinnt. Sofort servieren.

**Dauert etwa 50 Minuten**
**1 Portion = 2212 kJ/529 kcal**

***Zur Abwechslung***
• Nach Belieben können Sie auch noch Erbsen und/oder Artischocken hinzufügen.
• Sie können die Saubohnen auch vollständig durch Erbsen ersetzen.

# Fave alla romana

*Saubohnen auf römische Art*

- 500 g enthülste frische Saubohnen
- 1 Zwiebel
- 150 g Schinkenspeck
- Olivenöl extra vergine
- Salz
- Pfeffer aus der Mühle
- 1 EL fein gehackte Petersilie
- heiße Fleischbrühe

• Die Saubohnen waschen und abtropfen lassen.
• Die Zwiebel schälen und in feine Scheiben schneiden, den Schinkenspeck in Scheibchen schneiden und beides in etwas Olivenöl glasig dünsten.
• Die Bohnen hinzufügen, salzen und pfeffern. Mit der Petersilie bestreuen und 1 Schöpflöffel Brühe hinzufügen.
• Alles auf kleiner Flamme im zugedeckten Topf etwa 20 Minuten garen.

**Dauert etwa 40 Minuten**
**1 Portion = 2526 kJ/604 kcal**

# Fave alla calabrese

*Saubohnen aus Kalabrien*

**400 g enthülste junge Saubohnen**
**Salz**
**2 Knoblauchzehen**
**1/2 Zwiebel**
**Olivenöl extra vergine**
**1 EL fein gehackte Petersilie**
**2-3 EL Semmelbrösel**
**etwas Peperone, fein gehackt (oder Cayennepfeffer)**
**1 Schuß Weinessig**

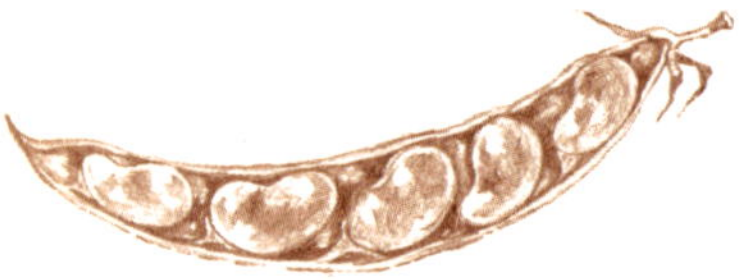

- Die Bohnen waschen, in kochendes Salzwasser geben und etwa 20 Minuten darin garen, anschließend abgießen.
- Inzwischen den Knoblauch abziehen und fein hacken, die Zwiebel in dünne Ringe schneiden.
- Die Zwiebel in etwas Olivenöl glasig dünsten. Den Knoblauch hinzufügen und kurz mitdünsten.
- Die Saubohnen hineingeben und bei starker Hitze sautieren, aber nicht ansetzen lassen.
- Die Flamme kleinerstellen. Petersilie, Semmelbrösel und Peperone hinzugeben und gut umrühren.
- Zum Schluß den Weinessig zugießen und einkochen lassen. Die Saubohnen heiß als Beilage servieren.

**Dauert etwa 40 Minuten**
**1 Portion = 1749 kJ/418 kcal**

# Polpettone di verdure alla ligure

*Gemüseauflauf aus Ligurien*

**1 Zwiebel**
**300 g Kartoffeln**
**150 g grüne Bohnen**
**300 g Zucchini**
**Salz**
**4 Eier**
**Semmelbrösel**
**1 Prise fein gehackter Majoran**
**Pfeffer aus der Mühle**
**50 g frisch geriebener Parmesan**
**Olivenöl extra vergine**

*Statt der grünen Bohnen können Sie auch Karotten verwenden.*

- Die Zwiebel abziehen. Die Kartoffeln schälen und waschen. Bohnen und Zucchini putzen und waschen.
- Alles Gemüse in Salzwasser halb gar kochen, im Mixer pürieren und in eine Schüssel geben.
- Die Eier, 1 Handvoll Semmelbrösel, Majoran, Salz, Pfeffer und Parmesan hinzugeben. Das Püree gut durchmischen, nochmals abschmecken und weitere Semmelbrösel hinzufügen, falls es noch zu flüssig ist.
- Eine feuerfeste Form einölen und mit Semmelbröseln ausstreuen. Das Gemüsepüree hineingeben, leicht mit Semmelbröseln bestreuen und mit Olivenöl beträufeln.
- Den Ofen auf 180 Grad (Umluft 160 Grad, Gas Stufe 2 bis 3) vorheizen und den Auflauf 30 bis 40 Minuten darin garen.

**Dauert etwa 1 Stunde 10 Minuten**
**1 Portion = 1549 kJ/370 kcal**

# Tortino di taccole

*Zuckerschotenauflauf*

- 400 g Zuckerschoten
- 1 Zwiebel
- 1 Knoblauchzehe
- Olivenöl extra vergine
- 300 g Tomaten
- Salz
- 1 Bund Basilikum
- 4 Eier
- 50 g frisch geriebener Parmesan
- Pfeffer
- 3-4 EL Milch

• Die Zuckerschoten gut waschen. Zwiebel und Knoblauch abziehen. Die Zwiebel fein hacken, die Knoblauchzehe leicht zerquetschen und beides in etwas Öl andünsten.
• Die Zuckerschoten zugeben, umrühren und einige Minuten schmoren lassen. Inzwischen die Tomaten überbrühen, enthäuten und kleinschneiden.
• Die Tomaten, etwas Salz und 1 Glas Wasser in den Topf geben, zudecken und etwa 15 Minuten auf kleiner Flamme schmoren lassen. Den Knoblauch herausnehmen.
• Die Basilikumblätter abzupfen und grob hacken.
• Eine feuerfeste Form einölen und die Zuckerschoten mit etwas Tomatensauce hineingeben. Die Eier mit dem Parmesan, etwas Salz und Pfeffer, der Milch und dem Basilikum verquirlen und über die Zuckerschoten gießen.
• Den Auflauf in den auf 200 Grad (Umluft 180 Grad, Gas Stufe 3 bis 4) vorgeheizten Ofen schieben und etwa 10 bis 15 Minuten überbacken, bis das Ei fest geworden ist. Nach Belieben heiß oder auch lauwarm servieren.

*In den ländlichen Gebieten Italiens ist es noch immer üblich, die Zutaten für einen Salat wie Brunnenkresse, Löwenzahn oder Zitronenmelisse draußen in der freien Natur zu sammeln.*

**Dauert etwa 1 Stunde**
**1 Portion = 1091 kJ/260 kcal**

# Zucca alla ligure

*Kürbis aus Ligurien*

- 400 g Kürbisfleisch
- 2 Knoblauchzehen
- Olivenöl extra vergine
- 1 Lorbeerblatt
- 2 EL Weinessig
- Salz

• Den Kürbis in Würfel schneiden.
• Die Knoblauchzehen abziehen und leicht zerquetschen, kurz in etwas Öl andünsten und wieder herausnehmen.
• Die Kürbiswürfel mit dem Lorbeerblatt in das Öl geben und auf großer Flamme rundum ganz leicht anbräunen.
• Die Hitze reduzieren und den Kürbis 5 Minuten weiterschmoren lassen.
• Den Weinessig darüberträufeln und etwas einkochen lassen. Mit Salz abschmecken und das Gemüse heiß auf den Tisch bringen.

**Dauert etwa 20 Minuten**
**1 Portion = 253 kJ/60 kcal**

## Peperoni ripieni di tonno

*Paprikaschoten mit Thunfischfüllung*

- 4 gleich große Paprikaschoten
- 2 altbackene Semmeln
- 150 g abgetropfter Thunfisch aus der Dose
- 2 EL fein gehackte Petersilie
- 1 EL Minzeblättchen, fein gehackt
- Olivenöl extra vergine
- Salz
- Pfeffer aus der Mühle

• Die Paprikaschoten waschen, längs halbieren und von Rippen und Kernen befreien.

• Die Semmeln entrinden und kurz in lauwarmes Wasser legen, anschließend ausdrücken und zerkleinern.

• Den Thunfisch zerzupfen und mit Petersilie, Minze, 3 Eßlöffel Öl und dem Brot mischen. Mit Salz und Pfeffer abschmecken und in die Paprikahälften geben.

• Eine feuerfeste Form leicht einölen. Die Schoten hineinlegen und im Backofen bei 180 Grad (Umluft 160 Grad, Gas Stufe 2 bis 3) 30 bis 40 Minuten garen.

**Dauert etwa 50 Minuten**
**1 Portion = 1075 kJ/257 kcal**

## Tortino di cetrioli

*Gurkenauflauf*

- 1 kg kleine Gurken
- 2 große Stangen Lauch
- Salz
- Olivenöl extra vergine
- 1 kräftige Prise Bohnenkraut
- ca. 2 TL Kümmel
- Pfeffer aus der Mühle
- 6 Eier

*Dieses Rezept geht bis auf die Römerzeit zurück und wurde nur ein wenig dem heutigen Geschmack angeglichen. Bemerkenswert ist die Verwendung von Kümmel und Bohnenkraut, die man heute in der italienischen Küche nur selten findet.*

• Die Gurken schälen und waschen. Je zur Hälfte in grobe und feine Würfel schneiden. Den Lauch putzen und waschen, das grüne Ende abschneiden. Die weißen Stengel in Ringe schneiden und grob hacken.

• Salzwasser in einem Topf erhitzen und die grob gewürfelten Gurken einige Minuten darin garen. Die Gurken abgießen, ausdrücken und im Mixer pürieren.

• Das Gurkenpüree in eine Schüssel geben und die kleingewürfelten Gurken untermischen.

• Einige Eßlöffel Öl in einem Topf erhitzen, den Lauch darin weichdünsten und zu der Gurkenmischung geben. Bohnenkraut, Kümmel, Pfeffer, Eier und 2 Eßlöffel Öl hinzufügen und alles gut durchmischen.

• Eine große feuerfeste Form leicht einfetten und die Gemüsemischung hineinfüllen – möglichst nicht höher als 2 bis 3 Zentimeter. Den Auflauf im auf 200 Grad (Umluft 180 Grad, Gas Stufe 3 bis 4) vorgeheizten Ofen etwa 30 Minuten goldbraun backen und sofort servieren.

**Dauert etwa 1 Stunde 30 Minuten**
**1 Portion = 1200 kJ/287 kcal**

# Fiori di zucca alla piemontese

*Kürbisblüten aus dem Piemont*

Gefüllte Kürbis- und Zucchiniblüten sind in Italien beliebte Köstlichkeiten, und dank der Verbreitung der italienischen Küche sind sie inzwischen auch bei uns auf gut sortierten Gemüsemärkten erhältlich.

- 16-20 Kürbisblüten
- 200-250 g gedünstetes oder gebratenes Kalbfleisch
- 100 g Salami
- 3 Eigelb
- 50 g frisch geriebener Parmesan
- Semmelbrösel
- Milch
- Salz
- 1 Knoblauchzehe, fein gehackt
- etwas fein gehackte Petersilie
- 3 Eier
- Öl zum Ausbacken

• Die Kürbisblüten vorsichtig waschen und abtrocknen.
• Kalbfleisch und Salami fein hacken oder durch den Fleischwolf drehen. Zusammen mit den Eigelben, dem Parmesan, 1 Eßlöffel Semmelbrösel, 2 bis 3 Eßlöffel Milch, etwas Salz, dem Knoblauch und der Petersilie in eine Schüssel geben und gut durchmischen. Mit einem kleinen Löffel die Blüten vorsichtig mit der Mischung füllen.
• Die Eier mit etwas Salz und ein wenig Milch verquirlen.
• Die Kürbisblüten im verquirlten Ei, danach in Semmelbröseln wenden. In reichlich heißem Öl ausbacken, auf Küchenkrepp abtropfen lassen und heiß servieren.

*Auf gleiche Weise können Sie statt Kürbisblüten auch Zucchiniblüten füllen.*

**Dauert 45 bis 60 Minuten**
**1 Portion = 2784 kJ/664 kcal**

# Peperoni farciti

*Gefüllte Paprikaschoten*

- 4 gleich große Paprikaschoten
- 2 hartgekochte Eier
- 3 EL Kapern
- 6 Sardellenfilets
- 80 g schwarze Oliven
- 80 g frisch geriebener Parmesan
- gut 100 g Semmelbrösel
- 2 EL fein gehackte Petersilie
- 2 EL fein gehacktes Basilikum
- Salz
- Pfeffer aus der Mühle
- Olivenöl extra vergine

• Die Paprikaschoten waschen, längs halbieren und von Rippen und Kernen befreien. Die Eier pellen und zusammen mit Kapern und Sardellen sehr fein hacken.
• Die Oliven entkernen und fein hacken. Eier, Kapern, Sardellen, Oliven, Parmesan, Semmelbrösel und Kräuter vermischen, salzen und pfeffern und vorsichtig Olivenöl hinzugeben, bis alles geschmeidig wird.
• Die Fülle in die halbierten Schoten geben. Die Paprikahälften in eine leicht eingeölte feuerfeste Form legen und im auf 180 Grad (Umluft 160 Grad, Gas Stufe 2 bis 3) vorgeheizten Ofen 30 bis 40 Minuten garen.
• Die Schoten heiß, lauwarm oder kalt servieren.

**Dauert etwa 50 Minuten**
**1 Portion = 1948 kJ/465 kcal**

# Uova, frittate, formaggi

# Kleine Eier- und Käsegerichte

*Wenn nicht anders angegeben, sind alle Rezepte für 4 Portionen berechnet.*

Die in diesem Kapitel vorgestellten Gerichte werden in der Regel gerne als kleine Zwischenmahlzeiten serviert, Sie können sie aber auch sehr gut als Antipasti – als Vorspeise – servieren. Natürlich können Sie die Rezepte nach eigenem Geschmack abwandeln oder sie nach Belieben auch mit anderen Käsesorten zubereiten.

# Frittata – ricetta di base

*Eierkuchen – Grundrezept*

- 4-5 Eier
- Salz
- Pfeffer aus der Mühle
- evtl. frisch geriebener Parmesankäse
- weitere Zutaten nach Belieben
- Olivenöl extra vergine

Ein Lob der Frittata! Sie können sie als Hauptgericht, kleines Zwischengericht oder als Vorspeise zubereiten. Sie schmeckt heiß, lauwarm oder kalt, und Sie können sie auch in den Picknickkorb packen. Außerdem kann sie kleingeschnitten zum Aperitif serviert werden.
Wenn unverhofft Besuch in der Tür steht, können Sie immer einen kleinen Imbiß auf den Tisch bringen, vorausgesetzt, Sie haben ein paar Eier vorrätig. Dazu nehmen Sie einfach das, was gerade in Kühlschrank oder Speisekammer vorhanden ist – sei es eine Zwiebel, etwas Knoblauch, Petersilie oder verschiedene andere Würzkräuter, etwas Schinken oder Wurst oder Fleischreste, Gemüsereste oder frisches Gemüse fast jeder Art. Aber auch ein Stück Hartkäse, Krabben oder gemischte Meeresfrüchte (Miesmuscheln, Venusmuscheln, Garnelen) ermöglichen Ihnen, in kürzester Zeit ein ansehnliches Gericht auf den Tisch zu bringen. Und die Reste der Frittata ergeben eine köstliche Einlage in guter Fleischbrühe!

- Die Eier in einer Schüssel leicht verquirlen, aber nicht schaumig schlagen. Mit Rücksicht auf die übrigen Zutaten salzen und pfeffern. Nach Belieben noch 50 bis 100 Gramm frisch geriebenen Parmesan darunter mischen.
- Mit allen vorbereiteten Zutaten gründlich vermischen.
- Etwas Öl in einer schweren Pfanne erhitzen und die Eiermischung hineingießen. Auf kleiner Flamme stocken lassen und mit einem Spatel zwischendurch von Pfannenrand und -boden lösen, damit sie nicht ansetzt.
- Sobald der Eierkuchen zu 3/4 durchgegart ist, mit Hilfe eines gut passenden Deckels oder Tellers wenden und nur ganz kurz auf der anderen Seite fertiggaren.
- Die Frittata sollte innen feucht und außen goldbraun sein.
- Sie können die Eimasse auch etwa 10 Minuten in einer flachen, leicht eingeölten Form im auf 200 Grad (Umluft 180 Grad, Gas Stufe 3 bis 4) vorgeheizten Backofen ohne Wenden garen. Die Oberfläche sollte aber leicht feucht bleiben. Ist die Frittata noch nicht ganz fest, lassen Sie sie noch kurz im ausgeschalteten Backofen ruhen.

**Dauert etwa 10 Minuten**
**1 Portion = 572 kJ/136 kcal**

# Frittata alle erbe alla friuliana

*Eierkuchen aus dem Friaul*

**300 g Spinat (oder frischer junger Mangold)**
**1 große oder 2 kleine Lauchstangen**
**1 kleine Zwiebel**
**1 Bund Basilikum**
**einige Salbeiblätter**
**Olivenöl extra vergine**
**4-5 Eier**
**Salz**
**Pfeffer aus der Mühle**

- Den Spinat waschen und putzen, die groben Stiele großzügig wegschneiden.
- Den Spinat in sprudelndem Salzwasser kurz blanchieren, gut abtropfen lassen und kleinschneiden.
- Den Lauch putzen und nur das dunklere Grün entfernen. In feine Ringe schneiden.
- Die Zwiebel schälen und fein hacken.
- Die Basilikum- und Salbeiblätter waschen und ebenfalls kleinhacken.
- In einer schweren Pfanne etwas Olivenöl erhitzen. Zwiebel und Lauch darin auf mittlerer Flamme gut andünsten, aber nicht braun werden lassen.
- Nach einigen Minuten Spinat und Kräuter hinzugeben, umrühren und kurz ohne Deckel dünsten lassen, bis die Mischung gut durchgegart und relativ trocken ist.
- Die Eier in einer Schüssel mit etwas Salz und Pfeffer verquirlen.
- Das Gemüse zugeben und gut untermischen.
- In der gleichen Pfanne erneut etwas Öl erhitzen und die Ei-Gemüse-Mischung hineingießen.
- Den Eierkuchen nach dem Grundrezept (Seite 495) ausbacken.

**Dauert etwa 20 Minuten**
**1 Portion = 860 kJ/205 kcal**

***Zur Abwechslung***

- Statt Lauch und Zwiebel können Sie auch nur Frühlingszwiebeln verwenden.
- Nach Belieben können Sie auch noch andere frische Kräuter hinzufügen.
- Gut schmeckt auch Knoblauch oder ein wenig frisch geriebene Muskatnuß.
- Nach diesem Rezept können Sie eine Gemüse-Frittata ganz nach persönlichem Geschmack auch mit vorgedünstetem grünen Salat, Endiviensalat, jungen grünen Bohnen, Erbsen (nach Belieben gemischt mit Krabben), Lauch, jungen Artischocken, Blumenkohl, Brokkoli, Paprikaschoten oder Pilzen zubereiten.

# Rotolo di spinaci

*Eirolle mit Spinat*

**20 g getrocknete Steinpilze**
**2 EL Mehl**
**8 Eier**
**evtl. etwas Milch**
**Salz**
**Pfeffer aus der Mühle**
**evtl. Butter für die Form**
**300 g tiefgefrorener Blattspinat**
**2 Salbeiblätter**
**40 g Butter**
**100 g süße Sahne**
**200 g Ricotta (oder Sahnequark)**
**100 g frisch geriebener Parmesan**
**100 g gekochter Schinken in Scheiben**

• Die Pilze in warmem Wasser einweichen.
• Inzwischen das Mehl in eine Schüssel sieben und die Eier hineinschlagen. Beides mit der Gabel sorgfältig zu einem glatten Teig verrühren. Sollte er zu fest geraten, etwas Milch hinzufügen. Den Teig salzen und pfeffern.
• Eine flache Bratenform großzügig ausbuttern oder mit Alufolie auslegen und den Teig gleichmäßig einfüllen.
• Die Frittata etwa 15 Minuten im auf 180 Grad (Umluft 160 Grad, Gas Stufe 2 bis 3) vorgeheizten Ofen backen, bis sie fest geworden ist.
• Inzwischen den Spinat mit wenig Wasser in einen Topf geben und nach Gebrauchsanweisung auftauen. Abtropfen lassen, gut ausdrücken und kleinhacken.
• Die eingeweichten Pilze waschen, abtrocknen, mit den Salbeiblättern kleinhacken und beides in der Butter andünsten.
• Den Spinat zugeben, durchrühren und die Sahne hinzufügen. Das Gemüse kurz köcheln lassen und mit Salz abschmecken. Abkühlen lassen und mit Ricotta und Reibekäse vermischen.
• Die Frittata auf eine Arbeitsfläche gleiten lassen, mit dem gekochten Schinken belegen und die Spinat-Quark-Masse gleichmäßig darüber verteilen.
• Den Eierkuchen vorsichtig einrollen, in Alufolie wickeln und noch einige Minuten bei gleicher Temperatur in den Ofen geben. Zum Schluß in Scheiben schneiden und nach Belieben heiß, lauwarm oder kalt servieren.

**Dauert gut 1 Stunde**
**1 Portion = 2537 kJ/605 kcal**

# Frittata alla barcarola

*Eierkuchen aus Ligurien*

**5 Eier**
**2 Knoblauchzehen**
**1 Bund Petersilie**
**1 Bund Basilikum**
**6 Sardellenfilets (oder 100 g Krabben)**
**1 große, reife Tomate**
**Olivenöl extra vergine**
**Salz**
**Pfeffer aus der Mühle**

- Die Eier in einer Schüssel verquirlen.
- Die Knoblauchzehen schälen und fein hacken. Petersilien- und Basilikumblättchen abzupfen, waschen und ebenfalls fein hacken. Die Sardellenfilets grob hacken.
- Die Tomate kurz mit kochendem Wasser überbrühen, abziehen und kleinhacken, nach Belieben auch zusätzlich entkernen.
- In einem Pfännchen 2 Eßlöffel Olivenöl erhitzen und den Knoblauch hineingeben. Kurz darauf Petersilie, Basilikum und Sardellen zugeben und ein paar Minuten schmoren lassen.
- Die Tomate hinzufügen, mit Salz und Pfeffer würzen und noch einmal gut 5 Minuten köcheln lassen.
- Die Mischung abkühlen lassen und mit den Eiern vermengen. Die Frittata laut Grundrezept (Seite 495) in reichlich Olivenöl ausbacken.

**Dauert etwa 30 Minuten**
**1 Portion = 954 kJ/228 kcal**

# Frittata di asparagi

*Eierkuchen mit Spargel*

**1 kg junger grüner Spargel**
**Salz**
**1 Bund Petersilie**
**5 Eier**
**2 EL frisch geriebener pikanter Pecorino (oder Parmesan)**
**Pfeffer aus der Mühle**
**Olivenöl extra vergine**

- Den Spargel waschen und die Enden großzügig abschneiden, lediglich nach Bedarf die unteren Hälften leicht abschälen.
- Die Stangen in Stückchen schneiden und kurz in kochendem Salzwasser blanchieren. Anschließend gut abtropfen lassen.
- Die Petersilieblättchen abzupfen, waschen und fein hacken.
- Die Eier verquirlen. Käse, Petersilie und Spargel untermischen, mit Salz und Pfeffer abschmecken und nach dem Grundrezept (Seite 495) mit etwas Olivenöl einen Eierkuchen ausbacken.

**Dauert etwa 20 Minuten**
**1 Portion = 897 kJ/213 kcal**

## Frittata con menta e prezzemolo

*Eierkuchen mit Minze und Petersilie*

- Die Eier in einer Schüssel gut verquirlen.
- Die Petersilien- und Minzeblättchen abzupfen, waschen, trockentupfen und kleinhacken.
- Semmelbrösel, Käse und die gehackten Kräuter unter das verquirlte Ei geben. Salzen, pfeffern und kurz ziehen lassen.
- In einer Pfanne etwas Olivenöl erhitzen und die Eiermischung darin nach dem Grundrezept (Seite 495) ausbacken.

**5 Eier**
**1 Bund Petersilie**
**1 Bund frische Minze**
**150 g Semmelbrösel**
**100 g frisch geriebener Pecorino (oder Parmesan)**
**Salz**
**Pfeffer aus der Mühle**
**Olivenöl extra vergine**

**Dauert etwa 20 Minuten**
**1 Portion = 1703 kJ/406 kcal**

***Zur Abwechslung***
Sie können dieses Rezept abwandeln, indem Sie statt Petersilie und Minze 2 bis 3 Bund Basilikum verwenden.

*Von Lorenzo de' Medici, Kunstmäzen und Dichter, weiß man, daß er den Pecorino über die Maßen schätzte. Und so soll er der schönen Nencia da Barberina das große Kompliment ausgesprochen haben, daß sie vollendeter sei als ein köstlicher Pecorino.*

## Frittata cogli zucchini trifolati

*Eierkuchen mit Zucchini*

- Die Zucchini waschen, in Scheiben schneiden und anschließend würfeln. Den Knoblauch abziehen und fein hacken.
- In einer Pfanne etwas Öl erhitzen. Zucchini, Petersilie und Knoblauch hineingeben, salzen und unter Rühren kräftig andünsten, aber nicht zu weich werden lassen. Das Gemüse aus der Pfanne nehmen und abkühlen lassen.
- Die Eier verquirlen, Käse und Gemüse unterrühren und mit Salz und Muskat abschmecken.
- Die Butter mit etwas Öl in der gleichen Pfanne erhitzen, die Eimischung hineingeben und weiter nach dem Grundrezept (Seite 495) vorgehen.
- Die Frittata lauwarm oder kalt servieren.

**600 g kleine Zucchini**
**1 Knoblauchzehe**
**Olivenöl extra vergine**
**2 EL fein gehackte Petersilie (oder Minze)**
**5 Eier**
**4 EL frisch geriebener Parmesan**
**Salz**
**frisch geriebene Muskatnuß**
**30 g Butter**

**Dauert etwa 20 Minuten**
**1 Portion = 1382 kJ/330 kcal**

# Frittata alle cipolle

*Eierkuchen mit Zwiebeln*

**600 g große weiße Zwiebeln**
**Salz**
**Pfeffer aus der Mühle**
**1 Prise Oregano**
**Olivenöl extra vergine**
**5 Eier**

*Diese Frittata schmeckt besonders gut kalt.*

Dieses Gericht kennt man mit kleinen Varianten in vielen Regionen Italiens. Die hier beschriebene, sehr einfache Version stammt aus den Abruzzen. Die Frittata alle cipolle schmeckt zwar köstlich, ist aber nicht ganz leicht verdaulich. Verwenden Sie deshalb möglichst die milden weißen Gemüsezwiebeln.

- Die Zwiebeln schälen und in feine Scheiben schneiden, salzen, pfeffern und mit Oregano bestreuen.
- Die Zwiebelscheiben in etwas Olivenöl weichdünsten, vom Feuer nehmen und abkühlen lassen.
- In einer Schüssel die Eier verquirlen, salzen, die Zwiebeln hinzufügen und gut vermischen.
- Nach dem Grundrezept (Seite 495) aus der Mischung einen Eierkuchen backen.

**Dauert etwa 20 Minuten**
**1 Portion = 1029 kJ/246 kcal**

***Zur Abwechslung***
- Sie können zusätzlich etwa 50 Gramm frisch geriebenen Käse (möglichst Parmesan und Pecorino zu gleichen Teilen) mit den Eiern vermischen.
- Statt mit Oregano können Sie auch mit frischem Basilikum oder mit Minze würzen.
- In Kampanien gibt man noch etwas fein gehackten rohen Schinken und vorgegarte kleingeschnittene Tomaten in den Eierteig.

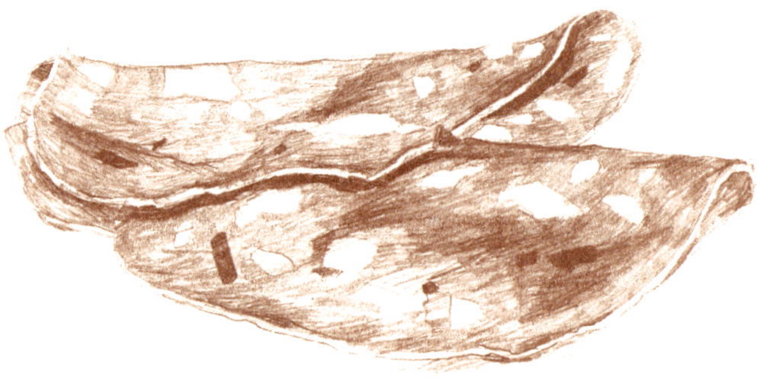

## Frittata di mozzarella

*Eierkuchen mit Mozzarella*

- 4 Eier
- 1 EL fein gehackte Petersilie
- 2 gehäufte EL frisch geriebener Parmesan
- Salz
- Pfeffer aus der Mühle
- 125 g Mozzarella
- Olivenöl extra vergine

• Die Eier verquirlen und mit Petersilie, Parmesan, Salz und Pfeffer vermischen. Den Mozzarella in Würfelchen oder feine Scheiben schneiden.
• In einer Pfanne etwas Olivenöl erhitzen und die Eimasse laut Grundrezept (Seite 495) darin backen.
• Sobald der Eierkuchen fest zu werden beginnt, den Mozzarella in einem breiten Streifen über die Mitte verteilen und die Teigränder von beiden Seiten mit Hilfe eines Pfannenwenders darüberklappen. Das Omelett fertiggaren und heiß oder lauwarm servieren.

**Dauert etwa 20 Minuten**
**1 Portion = 1046 kJ/250 kcal**

***Zur Abwechslung***
Nach Belieben können Sie zusammen mit dem Mozzarella auch vorgegartes Gemüse in den Eierkuchen hüllen.

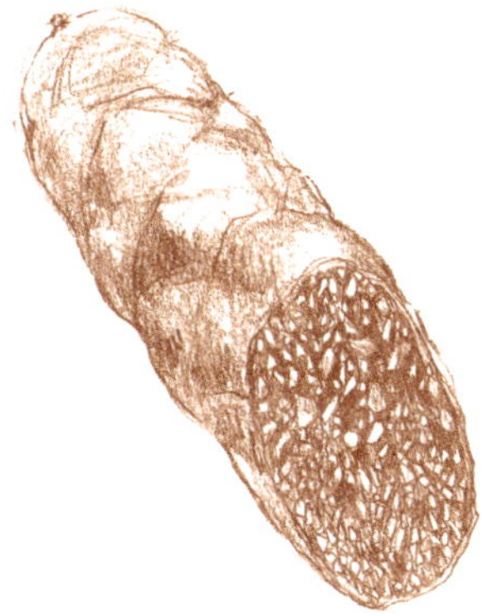

## Frittata rustica

*Eierkuchen auf bäuerliche Art*

- 1 Glas Milch
- 1 altbackenes Brötchen
- 1 Zwiebel
- Olivenöl extra vergine
- 100 g gemischter Käse nach Belieben
- 100 g Salami (oder Mettwurst)
- 6 Eiweiß
- 4 Eier
- 1 Eigelb
- Salz
- Pfeffer aus der Mühle
- 1 Schuß Bier
- 1 EL fein gehackte Petersilie
- 1 Stück Butter

• Die Milch leicht erwärmen. Das Brötchen entrinden, in Stückchen schneiden und mindestens 10 Minuten in der Milch einweichen lassen.
• Die Zwiebel schälen und in möglichst feine Scheiben schneiden. In einer Pfanne in wenig Öl glasig dünsten.
• Inzwischen Käse und Wurst grob hacken. Die Eiweiße steif schlagen.
• Eier und Eigelb mit etwas Salz und Pfeffer verquirlen. Das Brot ausdrücken und zusammen mit Zwiebel, Käse, Wurst, Bier und Petersilie hinzufügen. Alles gut vermischen und schließlich den Eischnee unterziehen.
• Die Butter und etwas Öl in einer schweren Pfanne erhitzen und die Eimischung darin wie im Grundrezept (Seite 495) ausbacken.

**Dauert etwa 30 Minuten**
**1 Portion = 2115 kJ/505 kcal**

# Crespelle ai fagiolini

*Bohnen-Crêpes*

2 Eier
Salz
Pfeffer aus der Mühle
3 EL Mehl
1 Schuß Weißwein (oder Bier)
1 Glas Milch
100 g junge grüne Bohnen
1 Bund Petersilie (oder Schnittlauch)
einige Basilikumblätter
Butter zum Ausbacken
1 Zweig Majoran

Crespelle, sehr dünn ausgebackene Pfannkuchen, findet man in vielen Regionen Italiens. Häufig werden sie gefüllt, eingerollt und im Ofen überbacken, ähnlich wie die aus Nudelteig zubereiteten Cannelloni. Daher können Sie Cannelloni-Füllungen sehr gut für Crespelle verwenden und umgekehrt. In Florenz bezeichnet man die Crespelle übrigens auch als Cannelloni, im südlichen Italien als Manicotti. Mit einer relativ festen Fülle können Sie eine Crespelle-Rolle auch vorab in Happen schneiden, bevor Sie sie im Ofen gratinieren oder aufbacken. Manchmal werden Crespelle aber auch in Streifen geschnitten in einer kräftigen Sauce serviert.
Immer jedoch haben die Crespelle den Vorteil – ob für die Familie zubereitet, als Essen zu zweit oder als Vor- oder Hauptspeise für Gäste –, daß Sie sie im voraus zubereiten können. Dann werden sie erst im letzten Augenblick nochmals überbacken.

- In einer Schüssel die Eier verquirlen, salzen und pfeffern. Unter kräftigem Schlagen das Mehl hinzugeben, dann langsam den Wein und die Milch zufügen, bis sich ein glatter, flüssiger Teig ergibt. 1 Stunde kühl stellen.
- Inzwischen die Böhnchen waschen, putzen, kleinschneiden und in wenig kochendes Salzwasser geben.
- Etwa 15 Minuten sieden lassen, bis sie gar, aber noch fest sind. Die Bohnen abgießen, abkühlen lassen und in eine Schüssel geben.
- Die Petersilien- und Basilikumblätter abzupfen, waschen, abtrocknen, fein hacken und mit den Bohnenstückchen vermischen. Die Mischung unter den Teig rühren.
- Ein Stückchen Butter in einer kleinen beschichteten Pfanne zerlassen. 1 kleinen Schöpflöffel Teig hineingeben und durch Drehen der Pfanne gleichmäßig verteilen.
- Den Crêpe wenden, sobald sich auf der Oberfläche kleine Bläschen bilden, kurz von der anderen Seite fertigbacken und warm stellen. Mit den übrigen Crêpes so fortfahren, bis der Teig aufgebraucht ist.
- Die Crêpes mit Majoranblättchen bestreuen.

**Dauert etwa 50 Minuten (ohne Ruhezeit)**
**1 Portion = 865 kJ/206 kcal**

# Crespelle ai funghi

*Pilz-Crêpes*

- 100 g Mehl
- 4 Eier
- Salz
- 10 g getrocknete Steinpilze
- 1 mittelgroße Zwiebel
- 600 g Egerlinge (oder weiße Champignons)
- Butter
- 1 EL fein gehackte Petersilie
- Pfeffer aus der Mühle
- 100 g süße Sahne (oder Crème fraîche)
- 150 g Gorgonzola

• Mehl, Eier, 1 Prise Salz und etwa 6 Eßlöffel Wasser mit dem Schneebesen zu einem Teig verrühren.
• Die Steinpilze 10 Minuten in lauwarmem Wasser einweichen. Inzwischen die Zwiebel schälen und fein hacken.
• Die Egerlinge putzen und sorgfältig mit Küchenkrepp abreiben. Eine Handvoll beiseite legen, den Rest grob hacken.
• Die Steinpilze abtropfen lassen, ebenfalls grob hacken und zu den gehackten Pilzen geben.
• 1 Eßlöffel Butter in einer Pfanne erhitzen und die Zwiebel darin glasig dünsten. Die Petersilie hinzufügen, andünsten und die gehackten Pilze zugeben.
• Salzen und pfeffern. Die Pilze schmoren, bis die Flüssigkeit völlig verkocht ist, dabei zwischendurch umrühren.
• Die Sahne zugießen, einige Minuten einkochen und anschließend abkühlen lassen.
• In einer beschichteten Pfanne ein Stückchen Butter zerlassen. 1 kleinen Schöpflöffel Teig hineingeben und durch Drehen der Pfanne gleichmäßig verteilen.
• Den Crêpe wenden, sobald sich auf der Oberfläche kleine Bläschen bilden, und kurz fertigbacken. Auf gleiche Weise den gesamten Teig verarbeiten.
• Die fertigen Crespelle auf eine Arbeitsfläche legen und die Pilzfarce darüber verteilen. Die Pfannküchlein einrollen und nebeneinander in eine ausgebutterte feuerfeste Form legen.
• Die ganzen Egerlinge in Scheiben schneiden und darüberstreuen. Den Gorgonzola gleichmäßig darüber verteilen und mit Butterflöckchen besetzen.
• Die Crespelle im vorgeheizten Ofen bei 200 Grad (Umluft 180 Grad, Gas Stufe 3 bis 4) 15 bis 20 Minuten überbacken.

**Dauert etwa 1 Stunde**
**1 Portion = 2222 kJ/530 kcal**

*Nach Belieben können Sie noch etwas fein gehackten rohen oder gekochten Schinken unter die gehackten Pilze mischen.*

# Crespelle agli spinaci

*Spinat-Crêpes*

**300 g tiefgekühlter Spinat**
**1/2 Bund Petersilie**
**3 Knoblauchzehen**
**Olivenöl extra vergine**
**4 Sardellenfilets**
**2 Eier**
**3 EL Mehl**
**1 Glas Milch**
**Salz**
**Pfeffer aus der Mühle**
**125 g Mozzarella**
**150 g Ricotta**
**2 EL frisch geriebener Parmesan**
**Butter**
**200 g pürierte Tomaten**
**1/2 Gläschen Cognac**
**1 kleine Handvoll Basilikumblätter**

Statt Tiefkühlspinat können Sie selbstverständlich – in der entsprechend größeren Menge – auch frischen Spinat verwenden.

- Den Spinat nach Packungsvorschrift garen, abtropfen lassen und kleinschneiden.
- Die Petersilienblättchen abzupfen, waschen, trocknen und fein hacken. Den Knoblauch schälen und ebenfalls fein hacken.
- Die Petersilie und 1 Knoblauchzehe in 2 Eßlöffel Olivenöl leicht andünsten. Die Sardellenfilets kleinhacken und kurz mitschmoren lassen.
- Den Spinat zufügen und die Flüssigkeit etwa 5 Minuten einkochen lassen. Den Topf vom Feuer nehmen.
- Eier, Mehl und Milch zu einem glatten Teig verrühren. Salzen und pfeffern und etwa 15 Minuten ruhen lassen.
- Inzwischen den Mozzarella sehr fein schneiden und mit Ricotta und Parmesan vermischen.
- In einer beschichteten Pfanne nacheinander die Crespelle in Butter ausbacken (Seite 502).
- Die fertigen Crêpes jeweils mit 1 Eßlöffel Spinat und etwas Käsemischung bestreichen, einrollen und in eine ausgebutterte Auflaufform geben.
- Den restlichen Knoblauch in wenig Öl andünsten. Tomatenpüree und Cognac hinzugeben, salzen und alles 5 Minuten schmoren lassen.
- Die Basilikumblätter waschen, abtrocknen, grob zerzupfen und zur Tomatensauce geben. Einmal durchrühren und die Sauce über die Crespelle gießen.
- Die Crespelle im auf 180 Grad (Umluft 160 Grad, Gas Stufe 2 bis 3) vorgeheizten Ofen etwa 10 Minuten überbacken.

**Dauert etwa 50 Minuten**
**1 Portion = 2122 kJ/507 kcal**

# Crespelle con cipolline e gorgonzola

*Crêpes mit Frühlingszwiebeln und Gorgonzola*

- 3 EL Mehl
- 2 Eier
- 1 Prise Salz
- 1 Glas Milch
- 1 großes Bund Frühlingszwiebeln
- Butter
- 250 g Gorgonzola
- 4 Schalotten

• Aus Mehl, Eiern, Salz und Milch einen glatten Teig rühren und etwa 15 Minuten ruhen lassen.
• Inzwischen die Frühlingszwiebeln putzen und mitsamt dem Grün in Ringe schneiden. In etwa 50 Gramm Butter zugedeckt etwa 5 Minuten sanft schmoren lassen, so daß sie nur knapp gegart sind. Den Gorgonzola würfeln.
• In einer beschichteten Pfanne die Crespelle nacheinander ausbacken (Seite 502).
• Frühlingszwiebeln und Gorgonzola gleichmäßig auf den fertigen Crêpes verteilen.
• Eine Auflaufform mit Butter einfetten. Die Crespelle zu Halbmonden zusammenklappen, in die Form einschichten und im auf 180 Grad (Umluft 160 Grad, Gas Stufe 2 bis 3) vorgeheizten Ofen 10 Minuten überbacken.
• Die Schalotten in Ringe schneiden und in etwas Butter sanft bräunen. Die Crespelle damit bestreuen.

**Dauert etwa 50 Minuten**
**1 Portion = 2357 kJ/563 kcal**

# Costolette di provolone dolce

*Ausgebackener Provolone*

- 400 g Provolone dolce
- 1 Knoblauchzehe
- 1 EL frischer Rosmarin
- etwas frischer Thymian
- einige Salbeiblätter
- 100 g Semmelbrösel
- 1 Ei
- Salz
- Pfeffer aus der Mühle
- etwas Butter

• Den Käse in 4 gleich große Scheiben schneiden.
• Den Knoblauch abziehen und zusammen mit den Kräutern fein hacken.
• Semmelbrösel, Kräuter und Knoblauch in eine Schüssel geben und gut vermischen.
• In einer anderen Schüssel das Ei verquirlen, salzen und pfeffern.
• Die Käsescheiben durch das Ei und anschließend durch die Semmelbrösel ziehen. Von beiden Seiten kurz in Butter bräunen.

**Dauert etwa 20 Minuten**
**1 Portion = 2289 kJ/546 kcal**

# Fonduta

*Fontina-Fondue*

**600 g Fontina**
**2 1/2 Tassen Milch**
**50 g Butter**
**6 Eigelb**
**Salz**
**weißer Pfeffer aus der Mühle**
**evtl. etwas Stärkemehl**
**evtl. 1-2 Trüffeln (oder Zuchtchampignons in Scheiben)**

*Mit diesem wohl berühmtesten Gericht des Aostatals mußten Bräute in früheren Zeiten kurz vor der Hochzeit ihre hausfraulichen Fähigkeiten beweisen.*

Die Fonduta ist ein klassisches Gericht aus dem Piemont, das ursprünglich aus dem Aostatal kommt. Sie wird meist in Portionsschälchen serviert. Wenn Sie die Fonduta wie ein Käsefondue zu Tisch bringen wollen, sollten Sie sie auf ein Stövchen stellen, da sie nicht kochen darf.

- Den Käse entrinden, fein würfeln und mehrere Stunden, am besten über Nacht, in der Milch einlegen.
- Butter und Käse mit der Milch unter ständigem Rühren mit einem Holzlöffel in einem Topf zu einer glatten Creme verschmelzen.
- Nacheinander die Eigelbe hinzugeben und kräftig durchrühren, bis die Masse wieder gut vermischt ist. Nicht mehr kochen lassen, da sonst die Eier gerinnen.
- Vorsichtig salzen und pfeffern. Sollte die Fonduta zu dünn geraten, ein wenig Stärkemehl hinzufügen.
- Die Fonduta in vorgewärmte Schalen füllen und nach Belieben Trüffeln darüberraspeln.

**Dauert etwa 20 Minuten (ohne Einweichzeit)**
**1 Portion = 3636 kJ/844 kcal**

- *Dazu können Sie warme, in Butter angeröstete Weißbrotecken servieren.*
- *Nach Belieben können Sie zusätzlich frisches Gemüse zum Hineintauchen vorbereiten.*
- *Die Fonduta eignet sich auch hervorragend als Sauce zur Pasta oder zu Blumenkohl oder zum Überbacken von Gemüse.*

# Mozzarella in carrozza

*Ausgebackener Mozzarella*

8 Scheiben altbackenes Weißbrot
300 g Mozzarella
1 Gläschen Milch
2 Eier
Salz
Pfeffer aus der Mühle
Semmelbrösel
Öl zum Ausbacken

Dieses Gericht aus Neapel wird dort zwar als Vorspeise serviert, aber es ist sehr sättigend und kann deshalb zusammen mit einem gemischten Salat sehr wohl eine sommerliche Hauptmahlzeit bilden.

- Das Brot entrinden. Den Mozzarella in 4 Scheiben teilen, so daß die Brotscheiben etwas größer als die Käsescheiben sind.
- Zwischen je 2 Brotscheiben eine Scheibe Mozzarella legen und die Sandwichs von beiden Seiten mit der Milch beträufeln.
- Die Eier in einem tiefen Teller mit Salz und Pfeffer verquirlen. Einen zweiten Teller mit Semmelbröseln bestreuen.
- Die Sandwichs gut zusammenpressen, durch das verquirlte Ei ziehen, in den Semmelbröseln wälzen und in reichlich heißem Öl goldgelb ausbacken.

**Dauert etwa 20 Minuten**
**1 Portion = 1575 kJ/376 kcal**

*Um das Gericht noch etwas pikanter zu machen, legen Sie jeweils ein Sardellenfilet auf die Mozzarellascheiben.*

# Polpettine di formaggio alle mandorle

*Käsebällchen mit Mandeln*

4 EL Mehl
250 g frisch geriebener Parmesan
weißer Pfeffer aus der Mühle
2 Eiweiß
150 g fein gehackte Mandeln
Öl zum Ausbacken

- Das Mehl durchsieben und mit Parmesan und Pfeffer vermischen. Die Eiweiße steif schlagen und vorsichtig unter die Mischung ziehen.
- Bällchen aus der Masse formen und in den Mandeln wälzen. Reichlich Öl in einer Friteuse oder Pfanne erhitzen, aber nicht zu heiß werden lassen, weil sonst die Mandeln braun werden, bevor das Innere gar ist.
- Die Käsebällchen portionsweise im Öl ausbacken und auf Küchenkrepp abtropfen lassen.

**Dauert etwa 20 Minuten**
**1 Portion = 3215 kJ/768 kcal**

## Polpettine di mozzarella

*Fritierte Mozzarellabällchen*

**500 g Mozzarella**
**2 Eier**
**Semmelbrösel**
**Salz**
**Pfeffer aus der Mühle**
**Öl zum Fritieren**

- Den Mozzarella in etwa 25 Würfel schneiden und zu Bällchen formen.
- Die Eier in einem tiefen Teller verquirlen.
- Auf einem zweiten Teller reichlich Semmelbrösel mit Salz und Pfeffer vermischen.
- Die Mozzarellabällchen im verquirlten Ei und dann in den Semmelbröseln wälzen.
- In reichlich heißem Öl ausbacken und auf Küchenkrepp abtropfen lassen.

**Dauert etwa 20 Minuten**
**1 Portion = 2823 kJ/675 kcal**

*Lo fromadzo freque l'at trei vetu: toute la fan, la sei, et lave le dei. (Frischer Käse hat drei Vorzüge: Er sättigt, er stillt den Durst und er reinigt die Zähne.) Spruch aus dem Aostatal*

*Sie können die Bällchen noch anreichern, indem Sie jeweils eine entkernte Olive oder eine Walnußhälfte in den Käse hineindrücken.*

## Caciu all'argintera

*Gebratener Provolone*

**400 g Provolone piccante**
**1 Knoblauchzehe**
**3 EL Olivenöl extra vergine**
**1 TL guter Weinessig**
**1 Prise gerebelter Oregano**
**1/2 TL Zucker**

Provolone ist in der Regel dolce (mild und weich) oder piccante (pikant und hart). Für dieses Rezept benötigen Sie den Provolone piccante, weil er als Hartkäse nicht schmilzt.

- Den Käse in 4 gleich große Scheiben schneiden.
- Den Knoblauch schälen, durchpressen und im schwach erhitzten Öl kurz ziehen lassen.
- Die Käsescheiben hineinlegen und von beiden Seiten goldbraun backen.
- Zum Schluß mit Essig beträufeln und mit Oregano und Zucker bestreuen. Sofort servieren.

**Dauert etwa 15 Minuten**
**1 Portion = 1724 kJ/411 kcal**

# Crocchette della Valle d'Aosta

*Käsekroketten aus dem Aostatal*

- Das Mehl durchsieben und mit der Milch zu einem glatten Brei verrühren. Den Fontina entrinden und würfeln. Mehlbrei, Käse und Butter in einen Topf geben und mit Salz, Pfeffer und Muskat würzen. Auf kleiner Flamme unter ständigem Rühren langsam erhitzen.
- Sobald sich die Masse zu einer dicken, glatten Creme verbunden hat, den Topf vom Feuer nehmen und die Eigelbe untermischen.
- Die Käsecreme in eine gebutterte Form geben und abkühlen lassen. Das Ei verquirlen und reichlich Semmelbrösel auf einen Teller geben.
- Aus der abgekühlten Käsemasse Bällchen formen. Zuerst im Ei, dann in den Semmelbröseln wälzen.
- Die Bällchen in reichlich heißem Öl schwimmend ausbacken und sofort servieren.

**Dauert etwa 30 Minuten**
**1 Portion = 4586 kJ/1095 kcal**

**120 g Mehl**
**1 Glas Milch**
**400 g Fontina**
**100 g Butter**
**Salz**
**Pfeffer aus der Mühle**
**1 Msp. frisch geriebene Muskatnuß**
**2 Eigelb**
**Butter für die Form**
**1 Ei**
**Semmelbrösel**
**Öl zum Ausbacken**

# Palline del prete

*Priesterbällchen*

- Den Spinat verlesen, waschen, in kochendem Salzwasser ganz kurz blanchieren, ausdrücken und fein hacken. Den Knoblauch abziehen und kleinhacken.
- Spinat, Ricotta, Eier, Parmesan, Semmelbrösel, Knoblauch und Petersilie miteinander vermischen. Mit Salz und Pfeffer abschmecken.
- Kleine Bällchen aus der Mischung formen. Sollten sie an den Händen kleben, noch etwas Semmelbrösel hinzufügen.
- Die Bällchen in eine leicht mit Pflanzenöl eingefettete Form setzen, Butterflöckchen daraufsetzen und 15 Minuten im auf 180 Grad (Umluft 160 Grad, Gas Stufe 2 bis 3) vorgeheizten Ofen garen.
- Die Priesterbällchen direkt aus der Form servieren.

**Dauert etwa 30 Minuten**
**1 Portion = 1756 kJ/420 kcal**

**200 g Spinat**
**Salz**
**1 Knoblauchzehe**
**500 g Ricotta (oder fester Quark)**
**2 Eier**
**50 frisch geriebener Parmesan**
**100 g Semmelbrösel**
**1 EL fein gehackte Petersilie**
**Pfeffer aus der Mühle**
**Pflanzenöl für die Form**
**Butter**

*Nach Belieben können Sie zu den Bällchen eine warme Tomatensauce servieren.*

# Tortino di gorgonzola, mascarpone e noci

*Gorgonzola und Mascarpone mit Walnüssen*

**300 g weicher Gorgonzola**
**300 g Mascarpone**
**150 g Walnußkerne**

*Dieses Käsegericht können Sie zum Nachtisch oder auf einem kalten Büfett servieren.*

- Eine kleine längliche Kuchenform rundum mit Alufolie auslegen.
- Den Gorgonzola cremig rühren und dritteln. Den Mascarpone ebenfalls in 3 Portionen aufteilen.
- Die erste Schicht Gorgonzola auf dem Boden der Form verteilen und gut festdrücken, mit Nüssen bestreuen und eine Portion Mascarpone darüberstreichen.
- In dieser Reihenfolge fortfahren, bis die Zutaten aufgebraucht sind. Zuoberst kommt eine Schicht glatt verstrichener Mascarpone, mit Nüssen garniert.
- Die Form für mindestens 2 Stunden kalt stellen. Den Käse aus der Form heben und die Alufolie entfernen.

**Dauert etwa 20 Minuten**
**1 Portion = 3213 kJ/767 kcal**

# Brôss d'Aosta

*Pikanter Fontina*

**300 g Fontina**
**weißer Pfeffer aus der Mühle**
**Grappa**

In Varianten – jeweils mit dem örtlichen Käse zubereitet – kennt man den Brôss (oder auch Bruss) in vielen Regionen Italiens. Im Piemont bereitet man ihn aus Robiola, aber auch aus Ricotta und Gorgonzola oder aus mit Pfefferschote und Knoblauch scharf gewürztem Toma zu. Er wird mit frischem Weißbrot und Weißwein zum Aperitif oder mit Rotwein zum Nachtisch serviert.

- Den Käse entrinden, in feine Scheiben und dann in dünne Streifen schneiden. In einen kleinen Steinguttopf füllen und jede Schicht mit Pfeffer bestreuen.
- So viel Grappa angießen, daß der Käse gut bedeckt ist. Zudecken und mindestens 3 Tage ziehen lassen.
- Den Topfinhalt zu einer Creme verrühren und servieren.

**Dauert 15 Minuten (ohne Marinierzeit)**
**1 Portion = 1328 kJ/317 kcal**

# Cipollata rossa

*Roter Toma*

Die folgenden beiden farbig angemachten Käsegerichte werden im Piemont in der Regel zusammen serviert. Wichtig ist, daß der Käse möglichst frisch ist. Toma und Robiola sind sehr wohlschmeckende Weichkäse – nach Belieben können Sie aber auch einheimische Sorten verwenden. Dazu wird traditionell mit Olivenöl beträufeltes und im Ofen geröstetes Bauernbrot gereicht.

- 1 rote Paprikaschote
- 1 große Zwiebel
- etwas frischer Peperone (oder Cayennepfeffer)
- 1/2 TL edelsüßes Paprikapulver
- Saft von 1/2 Zitrone
- 2 EL Olivenöl extra vergine
- 1 Prise Salz
- 200 g frischer Toma oder Robiola

• Die Paprikaschote waschen, abtrocknen, in den vorgeheizten Ofen geben und auf mittlerer Stufe garen, bis die Haut bräunlich wird. In einen Plastikbeutel geben und abkühlen lassen. Die Haut abziehen, Strunk, Rippen und Kerne entfernen und die Schote in Stücke schneiden.
• Die Zwiebel schälen und mit dem Peperone fein hacken.
• Paprikastücke, Zwiebel, Peperone, Paprikapulver, Zitronensaft, Olivenöl und Salz zusammen in den Mixer geben und pürieren. Das Püree sorgfältig mit dem Käse verkneten und kalt stellen.

**Dauert etwa 30 Minuten**
**1 Portion = 837 kJ/200 kcal**

# Agliata verde

*Grüner Toma*

- 1/2 Bund Petersilie
- 1/2 Bund Basilikum
- ca. 10 Blätter vom Bleichsellerie
- 2 Knoblauchzehen
- Salz
- Pfeffer aus der Mühle
- Saft von 1/2 Zitrone
- 2 EL Olivenöl extra vergine
- 200 g frischer Toma oder Robiola

• Petersilien- und Basilikumblätter abzupfen, zusammen mit den Sellerieblättern waschen, trocknen und grob schneiden. Von der Petersilie auch einen Teil der Stengel mitverwenden.
• Die Knoblauchzehen schälen und mit den Kräutern im Mörser zu einer feinen Paste verarbeiten. Salz, Pfeffer, Zitronensaft und Öl unter ständigem Rühren hinzugeben.
• Die Paste sorgfältig mit dem Käse verrühren, bis er eine gleichmäßig grüne Farbe annimmt. Kalt stellen und zusammen mit der Cipollata rossa servieren.

**Dauert etwa 30 Minuten**
**1 Portion = 807 kJ/193 kcal**

# Pizza e torte salate

## Pizza und pikante Torten

*Wenn nicht anders angegeben, sind alle Rezepte für 4 Portionen berechnet.*

Das berühmteste Gericht in der italienischen Küche – neben der Pasta – ist zweifellos die Pizza in all ihren Variationen. Inzwischen kennt man sie wohl überall auf der Welt, doch wird sie leider häufig nicht in bester Qualität serviert. Pizzabacken ist eine Kunst, und nicht umsonst ist in Italien ein „pizzaiolo", ein geübter Pizzabäcker, ein gesuchter Spezialist.
Pizza, Focaccia und die pikanten Torten, die in diesem Kapitel vorgestellt werden, können Sie ebensogut als Hauptspeise servieren wie in Happen geschnitten als Vorspeise – und natürlich machen sie sich frisch zubereitet auch auf einem kalten Büfett sehr gut.

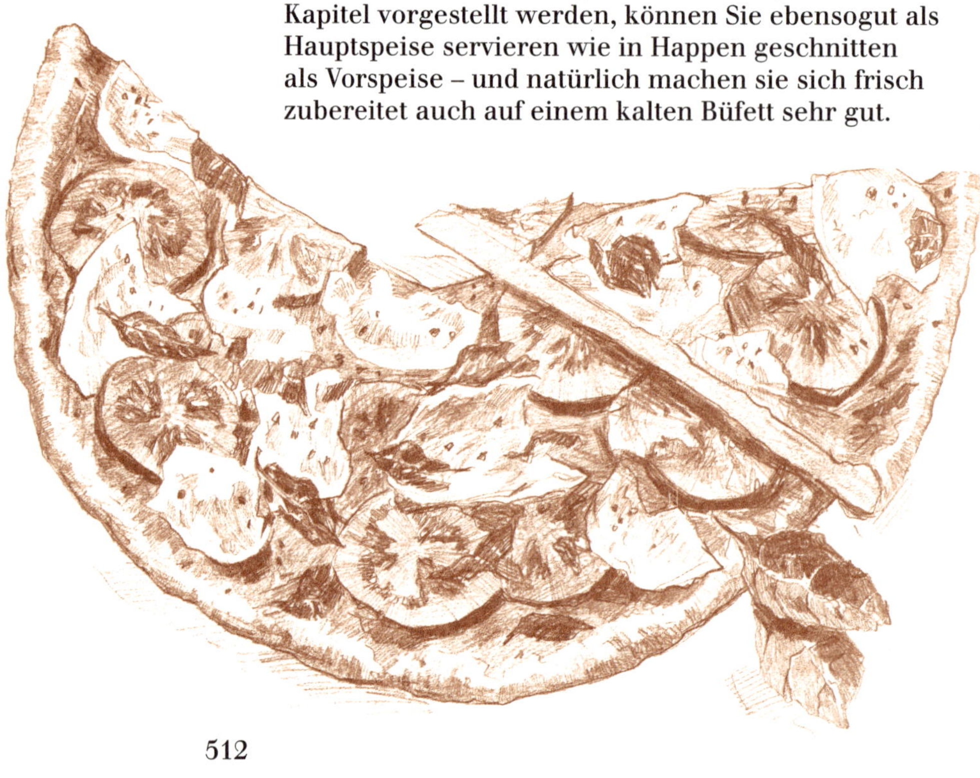

# Pizza

## Pasta per pizza – ricetta di base 1

*Pizzateig – Grundrezept 1*

- 25 g Hefe
- 1/4 l lauwarmes Wasser
- 1 TL Zucker
- 400 g Weizenmehl, Type 405 oder 550
- 10 g Salz
- Mehl zum Ausrollen
- Olivenöl extra vergine

• Die Hefe in eine Schüssel bröckeln, mit knapp der Hälfte des Wassers und dem Zucker verrühren und 100 Gramm Mehl hinzufügen. Alles gut vermischen und den Vorteig etwa 30 Minuten zugedeckt stehen lassen.
• Das restliche Mehl auf die Arbeitsfläche sieben, gut mit dem Salz vermengen, eine Mulde eindrücken und den Vorteig hineingeben. Das Mehl mit dem Vorteig verkneten und nach und nach das restliche Wasser hinzufügen.
• Den Teig 10 Minuten weiterkneten und zwischendurch auf dem Tisch aufschlagen, bis er sehr geschmeidig wird. Zugedeckt an einem warmen Ort 1 1/2 bis 2 Stunden auf etwa das doppelte Volumen aufgehen lassen.
• Den Teig auf der bemehlten Arbeitsfläche zunächst nur ein wenig ausrollen und noch einmal kurz ruhen lassen. Anschließend etwa 3 mm dünn in Fladen oder auf die Größe eines Backblechs ausrollen und darauf achten, daß die Ränder etwas dicker werden. Den Teig auf 4 eingeölte runde Pizzaformen oder auf ein Backblech legen.
• Mit den Fingerspitzen an mehreren Stellen kleine Mulden eindrücken, den vorbereiteten Pizzabelag auf dem Teig verteilen und reichlich Olivenöl in einem dünnen Faden darüberträufeln.
• Die Pizza im auf 250 bis 270 Grad (Umluft 220 bis 240 Grad, Gas Stufe 6 bis 7) vorgeheizten Ofen 20 bis 25 Minuten backen.

**Dauert 40 bis 45 Minuten (ohne Ruhezeit)**
**1 Portion = 2005 kJ/479 kcal**

*Wenn Sie einen Holzofen zur Verfügung haben, verkürzt sich die Garzeit auf 10 bis 15 Minuten – und die Pizza schmeckt um einiges delikater.*

## Pizza alla napoletana

*Pizza aus Neapel*

**Teig siehe Grundrezept 1 (Seite 513)**
**200 g reife Tomaten**
**2 Knoblauchzehen**
**Salz**
**Pfeffer aus der Mühle**
**1 Prise Oregano**
**evtl. einige Basilikumblätter**
**1 Gläschen Olivenöl extra vergine**

Dies ist höchstwahrscheinlich das allerälteste Pizzarezept. Häufig wird die Napoletana auch als „Pizza alla marinara“ bezeichnet oder als „Pizza aglio, olio e pomodoro“.

- Den Pizzateig zubereiten und ausrollen.
- Die Tomaten mit kochendheißem Wasser überbrühen, abschrecken, häuten, entkernen und kleinschneiden. Die Knoblauchzehen schälen und fein hacken oder in Scheiben schneiden.
- Tomaten und Knoblauch auf dem Teig verteilen, salzen und pfeffern, mit Oregano und nach Belieben auch mit einigen zerzupften Basilikumblättern bestreuen.
- Die Pizza großzügig mit Olivenöl beträufeln und laut Grundrezept 1 im Ofen backen.

**Dauert etwa 50 Minuten (ohne Ruhezeit)**
**1 Portion = 2048 kJ/489 kcal**

## Pizza alle vongole

*Pizza mit Venusmuscheln*

**Teig siehe Grundrezept 1 (Seite 513)**
**200 g reife Tomaten**
**1 Knoblauchzehe**
**Salz**
**Pfeffer aus der Mühle**
**1 Prise Oregano**
**1 Gläschen Olivenöl extra vergine**
**500 g Venusmuscheln**
**1 EL fein gehackte Petersilie**

- Den Pizzateig zubereiten und ausrollen.
- Die Tomaten mit heißem Wasser überbrühen, schälen, entkernen und kleinschneiden. Die Knoblauchzehe abziehen und fein hacken.
- Die Tomaten über den Teig verteilen. Mit Salz, Pfeffer und Oregano würzen, Öl darüberträufeln und die Pizza laut Grundrezept 1 backen.
- Inzwischen die Muscheln säubern, gründlich waschen und in einem Topf zusammen mit 1/2 Glas Wasser erhitzen, bis die Schalen sich öffnen. Das Muschelfleisch auslösen und warmhalten.
- Die fertige Pizza aus dem Ofen nehmen und mit den Muscheln belegen. Zum Schluß mit Knoblauch und Petersilie bestreuen.

**Dauert etwa 50 Minuten (ohne Ruhezeit)**
**1 Portion = 2127 kJ/508 kcal**

# Pizza Margherita

*Pizza Margherita*

Im Jahr 1889 lud Königin Margherita von Savoyen den Pizzabäcker Brandi in den neapolitanischen Palast Capodimonte ein und bat ihn, eine Pizza zuzubereiten. Verwöhnt von den köstlichen Gerichten der Hofköche, war ihr dennoch nicht entgangen, mit welchem Behagen die einfachen Neapolitaner ihre Pizza verzehrten. Und Brandi hatte eine geniale Idee. Er kreierte eine Pizza in den italienischen Landesfarben: im Grün des Basilikum, im Weiß des Mozzarella und im Rot der Tomate.

**Teig siehe Grundrezept 1 (Seite 513)**
**200 g Tomaten**
**300 g Mozzarella**
**Salz**
**Pfeffer aus der Mühle**
**40 g frisch geriebener Parmesan**
**1 Handvoll Basilikumblätter**
**1 Gläschen Olivenöl extra vergine**

- Den Pizzateig zubereiten und ausrollen.
- Die Tomaten überbrühen, enthäuten, entkernen und kleinschneiden.
- Den Mozzarella in dünne Scheiben schneiden.
- Den Teig mit den Tomaten belegen, salzen und pfeffern, mit Parmesan bestreuen und reichlich Basilikumblätter darüber verteilen.
- Die Pizza großzügig mit Öl beträufeln und laut Grundrezept 1 im Ofen backen. Nach 15 Minuten herausnehmen, die Mozzarellascheiben darüber verteilen und die Pizza fertigbacken.

**Dauert etwa 50 Minuten (ohne Ruhezeit)**
**1 Portion = 3037 kJ/726 kcal**

***Zur Abwechslung***
- Die Pizza auf römische Art (Pizza alla romana) belegen Sie zusätzlich mit einigen kleingeschnittenen Sardellenfilets.
- Bei der weißen Pizza Margherita (Pizza Margherita bianca) lassen Sie die Tomaten fort und backen dafür den Mozzarella von Anfang an mit.

## Pizza al prosciutto

*Pizza mit Schinken*

**Teig siehe Grundrezept 1 (Seite 513)**
**200 g Mozzarella**
**100 g roher Schinken**
**Salz**
**Pfeffer aus der Mühle**
**1 Gläschen Olivenöl extra vergine**

- Den Pizzateig zubereiten und ausrollen.
- Den Mozzarella in Scheiben oder in Würfelchen schneiden.
- Den Teig mit Schinken und Mozzarella bedecken, salzen, pfeffern und mit Öl beträufeln.
- Die Pizza nach dem Grundrezept 1 im Ofen backen.

**Dauert etwa 50 Minuten (ohne Ruhezeit)**
**1 Portion = 2682 kJ/641 kcal**

## Pizza alle cozze

*Pizza mit Miesmuscheln*

**Teig siehe Grundrezept 1 (Seite 513)**
**200 g Tomaten**
**evtl. 2 Knoblauchzehen, kleingehackt**
**Salz**
**Pfeffer aus der Mühle**
**1 EL fein gehackte Petersilie**
**1 Gläschen Olivenöl extra vergine**
**500 g Miesmuscheln**

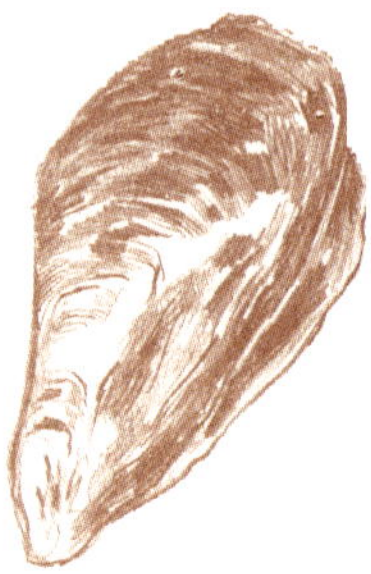

- Den Pizzateig zubereiten und ausrollen.
- Die Tomaten kurz in kochendes Wasser tauchen, häuten, entkernen und kleinschneiden.
- Den Teig mit den Tomaten belegen und nach Belieben auch die Knoblauchzehen darübergeben. Mit Salz und Pfeffer würzen, mit Petersilie bestreuen und großzügig mit Öl beträufeln.
- Die Pizza nach dem Grundrezept 1 im Ofen backen.
- Inzwischen die Muscheln unter fließendem Wasser gründlich säubern, zusammen mit 1/2 Glas Wasser in einen schweren Topf geben, zudecken und erhitzen, bis die Schalen sich öffnen. Die Muscheln herausnehmen und auslösen.
- Die fertige Pizza aus dem Ofen nehmen, mit dem aus den Muscheln ausgetretenen Sud beträufeln und die Muscheln darüber verteilen.

**Dauert etwa 50 Minuten (ohne Ruhezeit)**
**1 Portion = 2112 kJ/505 kcal**

# Pizza ai funghi

*Pizza mit Pilzen*

- Den Pizzateig zubereiten und ausrollen.
- Die Pilze putzen und in feine Scheiben schneiden.
- Den Knoblauch in etwas Olivenöl glasig dünsten und die Pilze hinzufügen. Salzen, pfeffern und ohne Deckel schmoren lassen, bis die Pilzflüssigkeit völlig eingekocht ist.
- Die Petersilie untermischen und die Pilze auf dem Teig verteilen. Leicht mit Olivenöl beträufeln.
- Die Pizza wie im Grundrezept 1 im Ofen backen.

**Dauert etwa 1 Stunde (ohne Ruhezeit)**
**1 Portion = 2234 kJ/534 kcal**

**Teig siehe Grundrezept 1 (Seite 513)**
**300 g frische Pilze (Champignons oder Steinpilze)**
**1 Knoblauchzehe, fein gehackt**
**Olivenöl extra vergine**
**Salz**
**Pfeffer aus der Mühle**
**1 EL fein gehackte Petersilie**

# Pizza al formaggio

*Käsepizza*

- Die Hefe in eine Schüssel bröckeln, mit knapp der Hälfte des Wassers und dem Zucker verrühren und 100 Gramm Mehl hinzufügen. Alles gut vermischen und den Vorteig etwa 30 Minuten zugedeckt stehen lassen.
- Inzwischen die Eier verquirlen. Den Schafskäse in feine Würfelchen schneiden und zusammen mit den anderen Käsesorten gründlich untermischen.
- Das restliche Mehl auf die Arbeitsfläche häufeln und eine Mulde eindrücken. Etwas Salz und 1 Eßlöffel Öl hineingeben, die Käsemasse zufügen und mit dem Mehl zu einem geschmeidigen Teig verkneten. Bei Bedarf etwas Wasser hinzugeben. Den Vorteig einarbeiten und so lange weiterkneten, bis der Teig sich leicht von Arbeitsfläche und Händen löst.
- Eine große, glatte Springform mit hohem Rand einölen, den Teig passend ausrollen und hineinlegen. Zugedeckt an einem warmen Ort etwa auf das Doppelte aufgehen lassen.
- Die Käsepizza im auf 250 Grad (Umluft 230 Grad, Gas Stufe 6) vorgeheizten Ofen etwa 30 Minuten backen und nach Belieben heiß oder kalt servieren.

**Dauert etwa 1 Stunde (ohne Ruhezeit)**
**1 Portion = 2235 kJ/534 kcal**

**20-25 g Hefe**
**1 Gläschen lauwarmes Wasser (oder Milch)**
**1 Prise Zucker**
**350 g Weizenmehl**
**2 Eier**
**50 g junger Schafskäse**
**80 g Ricotta (oder Quark)**
**50 g frisch geriebener Parmesan**
**50 g frisch geriebener, gut abgelagerter Pecorino**
**1 Prise Salz**
**Olivenöl extra vergine**
**Mehl für die Arbeitsfläche**

# Pizza pugliese

*Pizza aus Apulien*

**Teig siehe Grundrezept 1 (Seite 513)**
**2 große Zwiebeln**
**100 g frisch geriebener Pecorino (oder Parmesan)**
**1 Gläschen Olivenöl extra vergine**
**schwarzer Pfeffer aus der Mühle**

• Den Pizzateig zubereiten und ausrollen.
• Die Zwiebeln schälen, grob hacken und über den Teig verteilen. Mit dem geriebenen Käse bestreuen und großzügig mit Olivenöl beträufeln.
• Die Pizza wie im Grundrezept 1 im Ofen backen und vor dem Servieren reichlich Pfeffer darübergeben.

**Dauert etwa 50 Minuten (ohne Ruhezeit)**
**1 Portion = 2494 kJ/596 kcal**

# Pizzelle fritte

*Fritierte Minipizzas*

**Teig siehe Grundrezept 1 (Seite 513)**
**Öl zum Fritieren**
**500 g reife Tomaten**
**1 Knoblauchzehe**
**1 Bund Basilikum**
**Salz**
**Pfeffer aus der Mühle**

• Den Pizzateig backfertig vorbereiten. Kleine Fladen von der Größe einer Espresso-Untertasse formen. Die Fladen so lange mit dem Handballen schlagen, bis der Teig nicht dicker als etwa 1 cm ist.
• In einer Friteuse reichlich Öl erhitzen.
• Die Fladen im heißen Öl schwimmend ausbacken, auf Küchenkrepp abtropfen lassen und warm stellen.
• Die Tomaten mit kochendem Wasser überbrühen, schälen, entkernen, den Saft ausdrücken und kleinschneiden.
• Die Knoblauchzehe schälen und fein hacken. Die Basilikumblätter abzupfen, waschen und grob zerkleinern.
• Tomaten, Knoblauch und Basilikum verrühren, salzen und pfeffern. Die Teigfladen mit der Mischung belegen und sofort servieren.

**Dauert 35 bis 40 Minuten (ohne Ruhezeit)**
**1 Portion = 2562 kJ/612 kcal**

***Zur Abwechslung***
• Sie können die Teigfladen auch mit 250 Gramm selbstgemachtem Pesto (Seite 227) bestreichen.
• Oder Sie bestreuen die Teigfladen mit 100 Gramm frisch geriebenem Parmesan und verteilen 1 Handvoll zerzupfte Basilikumblätter und nach Belieben noch etwas Olivenöl darüber.

# Pitta chicchiulata

*Gefüllte Pizza aus Kalabrien*

- Den Teig backfertig vorbereiten.
- Den Knoblauch abziehen und fein hacken. Die Tomaten kleinschneiden.
- Knoblauch und Petersilie in wenig Olivenöl andünsten und die Tomaten hinzugeben. Leicht salzen und pfeffern und auf großer Flamme schmoren, bis die Flüssigkeit weitgehend eingekocht ist. Den Topf vom Feuer nehmen und abkühlen lassen.
- Den Thunfisch abtropfen lassen und zerzupfen, die Sardellenfilets kleinschneiden, die Oliven entkernen und grob hacken. Alles zusammen mit den Kapern und etwa 5 Eßlöffel Olivenöl unter die Tomatensauce mischen.
- 2/3 des Teigs ausrollen, eine eingefettete Springform von etwa 22 cm Durchmesser damit auskleiden und den Teig am Rand etwas hochziehen. Die Füllung hineingeben.
- Den restlichen Teig ausrollen und die Füllung damit bedecken. Die Teigränder gut aneinanderdrücken.
- Den Teigdeckel mit etwas Olivenöl bestreichen und mit einer Gabel mehrfach einstechen.
- Die Form in den auf 230 Grad (Umluft 210 Grad, Gas Stufe 5) vorgeheizten Ofen schieben und die Pitta etwa 30 Minuten backen.

**Dauert etwa 1 Stunde 15 Minuten (ohne Ruhezeit)**
**1 Portion = 2854 kJ/682 kcal**

***Zur Abwechslung***
Nach Belieben können Sie diese Pitta auch wie eine normale Pizza zubereiten: Sie kleiden eine Form von etwa 28 cm Durchmesser mit dem gesamten Teig aus und belegen ihn anschließend mit der Füllung.

**Teig siehe Grundrezept 1 (Seite 513)**
**2 Knoblauchzehen**
**500 g geschälte Tomaten**
**1 EL fein gehackte Petersilie**
**Olivenöl extra vergine**
**Salz**
**Pfeffer aus der Mühle**
**100 g Thunfisch in Öl**
**6 Sardellenfilets**
**50 g schwarze Oliven**
**1 EL Kapern**

*Wie es heißt, wurden die „Grissini" erstmals im Jahr 1668 von dem Turiner Bäcker Antonio Brunero gebacken, und zwar auf Anraten des Arztes Pecchio della Lanza, der den kleinen Herzog Vittorio Amadeo wegen eines Magenleidens behandelte. Der Arzt vermutete die Ursache des Leidens im Brot und beauftragte den Bäcker, sehr feines Brot ohne schwerverdauliche Kruste zu backen.*

## Pitta con ricotta

*Ricotta-Pizza aus Kalabrien*

**Teig siehe Grundrezept 1 (Seite 513)**
**200 g Ricotta (oder Quark)**
**1 EL frisch geriebener Pecorino (oder Parmesan)**
**2 hartgekochte Eier**
**Olivenöl extra vergine**
**100 g Schweinemett**

Das Originalrezept verlangt eigentlich Salsiccia, eine sehr pikant gewürzte Bratwurst. Doch können Sie mit nicht allzu fettem und gut gewürztem Schweinemett ein ähnliches Ergebnis erzielen.

- Den Pizzateig backfertig zubereiten.
- Inzwischen den Ricotta mit dem Pecorino vermischen.
- Die Eier pellen und in Scheiben schneiden.
- 2/3 des Teigs ausrollen und eine eingefettete Springform von etwa 22 cm Durchmesser damit auskleiden. Den Teig am Rand etwas hochziehen.
- Den Käse hineingeben, das Schweinemett darüber verteilen und mit den Eischeiben belegen.
- Den restlichen Teig ausrollen und die Füllung damit bedecken. Die Ränder von Teigboden und -deckel gut zusammendrücken.
- Den Teigdeckel mit Olivenöl bestreichen, mit einer Gabel mehrmals einstechen und die Pizza im auf 200 Grad (Umluft 180 Grad, Gas Stufe 3 bis 4) vorgeheizten Ofen etwa 30 Minuten backen.
- Nach Belieben heiß oder kalt servieren.

**Dauert etwa 1 Stunde 15 Minuten (ohne Ruhezeit)**
**1 Portion = 2759 kJ/659 kcal**

## Pizza alla marinara

*Pizza mit Sardellen, Kapern und Oliven*

**Teig siehe Grundrezept 1 (Seite 513)**
**200 g reife Tomaten**
**5-6 Sardellenfilets**
**2-3 EL entkernte schwarze Oliven**
**Salz**
**Pfeffer aus der Mühle**
**1 EL Kapern**
**1 Gläschen Olivenöl extra vergine**

- Den Pizzateig zubereiten und ausrollen.
- Die Tomaten mit kochendheißem Wasser überbrühen, abschrecken, häuten, entkernen und kleinschneiden.
- Die Sardellenfilets in Stücke schneiden. Die Oliven grob hacken.
- Alle Zutaten der Reihe nach auf den Teig geben und mit dem Öl beträufeln. Die Pizza wie im Grundrezept 1 backen.

**Dauert etwa 50 Minuten (ohne Ruhezeit)**
**1 Portion = 2326 kJ/556 kcal**

# Pizza rustica

*Pizza auf Bauernart*

- Alle Zutaten für den Teig sehr schnell miteinander verkneten und gegebenenfalls noch etwas Wasser zufügen. Der Teig soll geschmeidig, aber fest sein. Mit einem Tuch bedecken und etwa 1 Stunde ruhen lassen.
- Den Ricotta mit einer Gabel zerdrücken, nach und nach die Eier hineinrühren und die Petersilie hinzufügen.
- Provolone, Mozzarella und Schinken in Würfelchen schneiden und ebenfalls untermischen. Die Füllung vorsichtig salzen und kräftig pfeffern.
- Den Teig halbieren und zu 2 runden Fladen ausrollen.
- Eine Springform von etwa 20 cm Durchmesser einfetten und mit einem der Teigfladen auskleiden. Den Teig auch am Rand hochziehen.
- Die Füllung hineingeben und mit dem anderen Teigfladen bedecken. Die Teigränder gut zusammendrücken.
- Das Eigelb verquirlen und den Teigdeckel damit bestreichen.
- Im auf 180 Grad (Umluft 160 Grad, Gas Stufe 2 bis 3) vorgeheizten Ofen etwa 1 Stunde backen und nach Belieben warm oder kalt servieren.

**Dauert etwa 1 Stunde 30 Minuten (ohne Ruhezeit)**
**1 Portion = 4191 kJ/1001 kcal**

**Für den Teig:**
250 g Weizenmehl
125 g Schweineschmalz (oder Butter)
1 TL Zucker
2 Eigelb
1 Eiweiß
1 Prise Salz

**Für die Füllung:**
250 g Ricotta (oder Quark)
3-4 Eier
2 EL fein gehackte Petersilie
150 g milder Provolone
150 g Mozzarella
1 dicke Scheibe gekochter Schinken (ca. 150 g)
Salz
Pfeffer aus der Mühle

**Außerdem:**
Mehl zum Ausrollen
Öl (oder Butter) für die Form
1 Eigelb zum Bestreichen

*Im apulischen Bari kam es 1647 unter der spanischen Herrschaft zu einer „Mehlrevolution". Die Spanier hatten schon alles mögliche besteuert, nun auch das Mehl, Basis für die beiden wichtigsten Nahrungsmittel Brot und Pasta. Die aufgebrachten Männer gerieten vollends in Rage, als die verhaßten Spanier unter dem Vorwand der Kontrolle auch noch ihre Frauen abtasteten. Der Aufstand war so heftig, daß die Spanier schließlich auf die Steuer verzichteten.*

# Calzoni alla napoletana

*Pizzataschen aus Neapel*

**Für den Teig:**
20 g Hefe
knapp 1/4 l lauwarmes Wasser
1 Prise Zucker
400 g Weizenmehl
1 kräftige Prise Salz
**Für die Füllung:**
150 g Salami
(möglichst neapolitanische)
125 g Mozzarella
200 g Ricotta
1 EL frisch geriebener Parmesan
1 EL fein gehackte Petersilie
1 EL fein gehacktes Basilikum
1 EL Olivenöl extra vergine
etwas Pfeffer aus der Mühle
evtl. etwas Salz
**Außerdem:**
Mehl zum Ausrollen
Fett für das Backblech

- Den Teig wie im Grundrezept 1 (Seite 513) beschrieben zubereiten und aufgehen lassen.
- Salami und Mozzarella in kleine Würfelchen schneiden. Sämtliche Zutaten für die Füllung in einer Schüssel sorgfältig vermischen und nach Belieben noch mit Salz abschmecken.
- Den Teig vierteilen. Auf der bemehlten Arbeitsfläche 4 runde Teigfladen ausrollen und jeweils 1/4 der Füllung daraufgeben, dabei etwas Rand freilassen.
- Die Fladen halbmondförmig zuklappen und die Ränder fest andrücken.
- Ein Backblech einfetten, die Pizzataschen darauflegen und im auf 250 Grad (Umluft 230 Grad, Gas Stufe 6) vorgeheizten Ofen 20 bis 30 Minuten backen, bis sie leicht angebräunt sind. Sofort auf den Tisch bringen.

**Dauert etwa 45 Minuten (ohne Ruhezeit)**
**1 Portion = 2846 kJ/680 kcal**

***Zur Abwechslung***
Statt Salami können Sie auch kleingeschnittenen Schinken verwenden.

# Pizza ripiena alla napoletana

*Gefüllte Pizza aus Neapel*

- Den Pizzateig zubereiten, halbieren und zu gleich großen runden Fladen ausrollen. Mit dem ersten Fladen eine eingeölte Form auskleiden.
- Ricotta, Mozzarella, Salami und 80 Gramm Pecorino miteinander vermischen und mit Salz und Pfeffer würzen. Die Mischung auf dem Teig verteilen.
- Den zweiten Teigfladen darübergeben und die Teigränder fest zusammendrücken.
- Die Tomaten über den Teigdeckel verteilen, mit dem restlichen Pecorino und dem Basilikum bestreuen und großzügig mit Öl beträufeln.
- Die gefüllte Pizza im auf 250 Grad (Umluft 230 Grad, Gas Stufe 6) vorgeheizten Ofen etwa 1 Stunde backen.

**Dauert etwa 1 Stunde 30 Minuten (ohne Ruhezeit)**
**1 Portion = 4003 kJ/957 kcal**

**Teig siehe Grundrezept 1 (Seite 513)**
**Olivenöl extra vergine**
**200 g Mozzarella, gewürfelt**
**150 g möglichst neapolitanische Salami, gewürfelt**
**300 g Ricotta**
**100 g frisch geriebener Pecorino (oder Parmesan)**
**Salz**
**Pfeffer aus der Mühle**
**200 g Tomaten, gehäutet, entkernt und kleingeschnitten**
**1 EL grob gehacktes Basilikum**

# Calzoni di verdura

*Pizzataschen mit Gemüsefüllung*

- Den Teig entsprechend dem Grundrezept 1 (Seite 513) vorbereiten.
- Die Endivien putzen, waschen, gut trockenschleudern und in feine Streifen schneiden. Zusammen mit Sultaninen, Peperone, etwa 4 Eßlöffel Olivenöl und etwas Salz in eine Schüssel geben und alles gut vermischen.
- Den Teig auf der bemehlten Arbeitsfläche zu 4 runden oder ovalen Fladen ausrollen. Die Füllung gleichmäßig darauf verteilen, aber einen kleinen Rand freilassen. Die Fladen zu Halbmonden zusammenklappen und die Ränder fest zusammendrücken.
- Ein Backblech einfetten, die Calzoni darauflegen und leicht mit Öl bestreichen.
- Im auf 230 Grad (Umluft 210 Grad, Gas Stufe 5) vorgeheizten Ofen etwa 30 Minuten backen und heiß servieren.

**Dauert etwa 1 Stunde (ohne Ruhezeit)**
**1 Portion = 2151 kJ/515 kcal**

**Für den Teig:**
**20 g Hefe**
**knapp 1/4 l lauwarmes Wasser**
**1 TL Zucker**
**400 g Weizenmehl**
**1 kräftige Prise Salz**
**Für die Füllung:**
**800 g Endivien (oder Mangoldblätter ohne Stiele)**
**1 Handvoll vorgeweichte Sultaninen (oder entkernte schwarze Oliven)**
**1 zerkrümelter getrockneter Peperone (oder Cayennepfeffer)**
**Olivenöl extra vergine**
**Salz**
**Außerdem:**
**Mehl zum Ausrollen**

# Pasta per pizza – ricetta di base 2

*Pizzateig – Grundrezept 2*

**25 g Hefe**
**1/4 l lauwarmes Wasser**
**500 g Weizenmehl**
**1/8 l Olivenöl extra vergine**
**10 g Salz**

• Die Hefe in etwas lauwarmem Wasser auflösen und ruhen lassen, bis sich Schaum an der Oberfläche bildet.
• Das Mehl auf die Arbeitsfläche sieben, aufhäufeln und eine Mulde hineindrücken. Die angerührte Hefe, das Öl und das restliche Wasser hineingeben. Etwa 10 Minuten zu einem geschmeidigen, weichen Teig verkneten.
• Den Teig 1 Stunde lang zugedeckt an einem warmen Ort aufgehen lassen. Das Salz hineinkneten und den Teig weitere 40 Minuten gehen lassen.

**Dauert etwa 20 Minuten (ohne Ruhezeit)**
**1 Portion = 2700 kJ/646 kcal**

# Focaccia

*Focaccia*

**Teig siehe Grundrezept 2**
**1 Gläschen Olivenöl extra vergine**
**1 knapper TL Salz**

• Den Teig laut Grundrezept 2 backfertig vorbereiten.
• Ein Backblech einölen. Nach Belieben den Teig darauf ausrollen oder aber zu Fladen formen und darauflegen. Mit den Fingern möglichst gleichmäßige Vertiefungen eindrücken.
• Das Öl, 1/2 Gläschen Wasser und das Salz mit einer Gabel oder einem Schneebesen gut verquirlen und über dem Teig verteilen.
• Die Focaccia etwa 30 Minuten im auf 200 Grad (Umluft 180 Grad, Gas Stufe 3 bis 4) vorgeheizten Ofen backen.

**Dauert etwa 50 Minuten (ohne Ruhezeit)**
**1 Portion = 3161 kJ/756 kcal**

***Zur Abwechslung***
• Sie können die Focaccia außerdem noch mit frischem Rosmarin, Salbei oder schwarzen Oliven bestreuen.
• Besonders locker gerät die Focaccia, wenn Sie etwa 150 Gramm vorgekochte und zerquetschte mehlige Kartoffeln unter den Teig kneten.

# Focaccia con le cipolle

*Focaccia mit Zwiebeln*

Die Focaccia hat ihren Ursprung wohl in Ligurien, ist inzwischen aber in ganz Italien verbreitet – und mit Sicherheit uralt, denn derartige Teigfladen findet man im ganzen Mittelmeerraum. Allerdings wird die Focaccia meist auf einem großen Backblech ausgebacken. Frisch, in kleine Stücke geschnitten, schmeckt sie zusammen mit Oliven und in Stücke gebröckeltem Pecorino oder Parmesan wunderbar zum Aperitif oder statt Weißbrot zu einer Wurst- oder Schinkenplatte.

**Teig siehe Grundrezept 2 (Seite 524)**
**800 g Zwiebeln**
**1 Gläschen Olivenöl extra vergine**
**1 Glas trockener Weißwein**
**1 Gläschen Fleischbrühe**
**10 g Salz**
**Öl für die Form**

- Den Teig laut Grundrezept 2 vorbereiten und ruhen lassen.
- Inzwischen die Zwiebeln schälen und in feine Scheiben schneiden.
- Die Zwiebelscheiben im Olivenöl auf kleiner Flamme 7 bis 8 Minuten glasig dünsten.
- Den Wein zugießen und einkochen lassen.
- Die Brühe zufügen und die Zwiebeln noch 5 bis 10 Minuten offen schmoren lassen, bis die Flüssigkeit völlig eingekocht ist. Mit Salz abschmecken.
- Ein Backblech oder eine große Springform einölen und mit dem ausgerollten Teig belegen. Die Zwiebeln darüber verteilen.
- Die Zwiebelfocaccia 30 bis 40 Minuten im auf 200 Grad (Umluft 180 Grad, Gas Stufe 3 bis 4) vorgeheizten Ofen backen.

**Dauert etwa 1 Stunde 20 Minuten (ohne Ruhezeit)**
**1 Portion = 3663 kJ/876 kcal**

***Zur Abwechslung***
- Nach Belieben können Sie über die Zwiebeln noch einige frische Tomatenscheiben legen.
- Oder Sie rollen nur die Hälfte des Teigs aus, legen ihn in eine gefettete Springform, ziehen den Rand etwas hoch, geben die Zwiebeln sowie 150 Gramm Schinkenspeck in dünnen Scheiben darauf und setzen den ausgerollten Teigrest als Deckel darauf. Nun drücken Sie einige Vertiefungen in den Teigdeckel und beträufeln ihn mit einer Öl-Wasser-Salz-Mischung (siehe Focaccia, Seite 524). Backzeit und -temperatur ändern sich nicht.

*Die Pizza, die berühmteste Spezialität Neapels, wurde wohl keineswegs dort erfunden, und ihren eigentlichen Siegeszug trat sie erst gemeinsam mit der Tomate an. Teigfladen kannte man seit frühesten Zeiten in vielen Ländern, und nicht nur in den Mittelmeerregionen. Ursprünglich dienten sie wahrscheinlich auch als Tellerersatz, und Teller und Belag wurden gemeinsam aufgegessen – nicht anders als heute!*

# Farinata

*Kichererbsenfladen aus Ligurien*

300 g Kichererbsenmehl
Salz
Olivenöl extra vergine
100-150 g Zwiebeln
(oder Frühlingszwiebeln)
Pfeffer aus der Mühle

Dieses Gericht ist eine Spezialität der Gegend um Imperia. Häufig wird die Farinata auch ohne Zwiebeln zubereitet – in Savona bestreut man sie statt dessen mit frischen Rosmarinblättchen.

- Das Kicherbsenmehl in eine große Schüssel geben. Unter ständigem Schlagen mit dem Schneebesen nach und nach 900 ml Wasser hinzugießen, ohne daß Klümpchen entstehen.
- Den Teig leicht salzen und 100 ml Öl untermischen. Mindestens 6 Stunden, besser noch über Nacht ruhen lassen.
- Die Zwiebeln abziehen, in feine Scheiben schneiden, unter den Teig rühren und mit etwas Pfeffer würzen.
- Den Teig in eine eingeölte flache Form geben und im auf 230 bis 250 Grad (Umluft 210 bis 230 Grad, Gas Stufe 5 bis 6) vorgeheizten Ofen 20 bis 30 Minuten garen, bis die Farinata eine schöne goldgelbe Kruste hat.
- Noch etwas Pfeffer darüberstreuen und heiß servieren.

**Dauert etwa 50 Minuten (ohne Ruhezeit)**
**1 Portion = 1788 kJ/427 kcal**

# Sardenaira

## *Pizza Andrea Doria*

Diese sehr typische Pizza, die von dem Genueser Dogen und Admiral Andrea Doria erfunden worden sein soll, wird auf dem Küstenstrich zwischen Genua und Ventimiglia in fast jedem Ort mit einem anderen Namen benannt – zum Beispiel „Pissalandrea", „Pissadella" oder „Machetaira".

**Teig siehe Grundrezept 2 (Seite 524)**
**250 g Zwiebeln**
**Olivenöl extra vergine**
**50 g Kapern**
**12-16 Sardellenfilets**
**2 EL Weißwein**
**500 g pürierte Tomaten**
**1 Prise Salz**
**Pfeffer aus der Mühle**
**1 TL Oregano**
**einige Blättchen Basilikum**
**3-4 Knoblauchzehen**
**100 g möglichst kleine schwarze Oliven**

- Den Pizzateig laut Grundrezept 2 backfertig vorbereiten und ruhen lassen.
- Inzwischen die Zwiebeln schälen und fein hacken oder in dünne Scheiben schneiden. Etwas Olivenöl erhitzen und die Zwiebeln darin glasig dünsten.
- Die Kapern grob hacken und mit der Hälfte der Sardellenfilets hinzugeben. Schmoren lassen und zwischendurch mehrfach umrühren, bis die Sardellen sich aufgelöst haben.
- Den Wein zugießen und einkochen lassen.
- Das Tomatenpüree hinzufügen, mit Salz und Pfeffer abschmecken und etwa 30 Minuten auf kleiner Flamme köcheln lassen.
- Zum Schluß mit Oregano und den grob zerzupften Basilikumblättern würzen und die Sauce abkühlen lassen.
- Den Knoblauch abziehen und in Scheibchen schneiden.
- Eine große rechteckige oder runde Form einölen und mit dem Teig auskleiden.
- Die Sauce darüber verteilen und die Pizza mit den restlichen Sardellenfilets, den Oliven und den Knoblauchscheibchen garnieren.
- Die Sardenaira im auf 200 Grad (Umluft 180 Grad, Gas Stufe 3 bis 4) vorgeheizten Ofen 30 bis 40 Minuten backen.

**Dauert etwa 1 Stunde 40 Minuten (ohne Ruhezeit)**
**1 Portion = 4172 kJ/998 kcal**

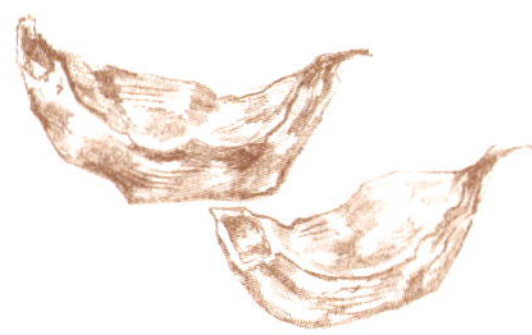

***Zur Abwechslung***
Sie können den ausgerollten Pizzateig auch mit einer rohen Sauce aus den gleichen Zutaten belegen. Dabei lassen Sie nur Zwiebeln und Wein weg und vermischen einfach alle Zutaten miteinander – mit Ausnahme der Oliven und der Hälfte der Sardellenfilets, die Sie zum Schluß auf dem Belag verteilen. Die Pizza etwa 30 Minuten bei gleicher Temperatur im Ofen backen.

# Torta di borragine

*Borretschtorte*

**Teig siehe Grundrezept 2 (Seite 524)**
**1 kg Borretsch**
**50 g Sultaninen**
**1 Zwiebel**
**Olivenöl extra vergine**
**100 g Pinienkerne**
**100 g entkernte schwarze Oliven**
**evtl. 2 Sardellenfilets**

Borretsch, der hierzulande vor allem als Salatgewürz verwendet wird, wächst in manchen Gegenden Italiens in großen Mengen wild. Doch finden Sie ihn auch bei uns auf gut sortierten Märkten – oder Sie haben ihn vielleicht sogar im eigenen Gemüsegarten!

- Den Teig laut Grundrezept 2 backfertig vorbereiten und ruhen lassen.
- Inzwischen den Borretsch waschen, putzen und kleinschneiden. Die Sultaninen in lauwarmem Wasser einweichen und abtropfen lassen.
- Die Zwiebel abziehen, kleinhacken und in 2 Eßlöffel Olivenöl glasig dünsten. Sultaninen, Pinienkerne, Oliven und nach Belieben auch die Sardellenfilets hinzufügen und alles kurz schmoren lassen.
- Den Borretsch in den Topf geben, gut durchrühren und einige Minuten zugedeckt garen. Die Füllung leicht abkühlen lassen.
- Die Hälfte des Teigs ausrollen und eine eingeölte Springform damit auskleiden. Den Teig an den Rändern etwas hochziehen.
- Die Füllung hineingeben und mit einer Gabel flachdrücken.
- Die zweite Teighälfte ausrollen, darüberlegen und gut an den Rand des Teigbodens andrücken. Mit einer Gabel leicht einstechen.
- Die Borretschtorte im auf 200 Grad (Umluft 180 Grad, Gas Stufe 3 bis 4) vorgeheizten Ofen etwa 30 Minuten backen.

**Dauert etwa 1 Stunde (ohne Ruhezeit)**
**1 Portion = 4356 kJ/1042 kcal**

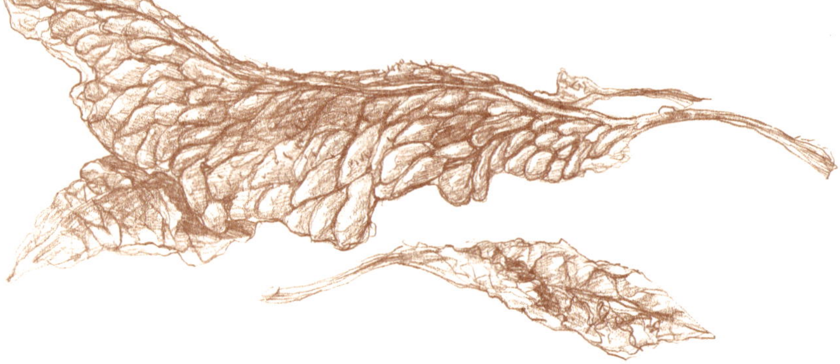

# Pane – ricetta di base

*Für etwa 12 Scheiben*

## *Brot – Grundrezept*

Man findet in Italien keine solche Vielfalt an Brot wie in Deutschland – dunkles Brot kennt man kaum –, doch hat jede Region ihre eigenen Spezialitäten: die Toskana das salzlose Brot, das wunderbar zu würziger Wurst und Schinken schmeckt, oder Sardinien die „carta da musica" (hauchdünne Fladen). In Italien wird sehr viel Brot als Beilage zum Hauptgericht gegessen, und nicht selten wird das Brot auf dem Land auch noch im Holzofen gebacken.

**25-30 g Hefe**
**150-200 ml lauwarmes Wasser**
**1 TL Zucker (oder Melasse)**
**500 g Weizenmehl**
**15-20 g Salz**

*Brot darf niemals „umgekehrt" auf den Tisch gebracht werden. Das bringt Unglück, denn so reichte man es einst dem Henker.*

- Die Hefe in eine Tasse bröckeln und mit der Hälfte des Wassers und dem Zucker verrühren. Etwa 10 Minuten ruhen lassen, bis sich Schaum an der Oberfläche bildet.
- Das Mehl auf die Arbeitsfläche sieben, aufhäufeln und eine Mulde eindrücken. Die aufgelöste Hefe und das restliche Wasser hineingeben und mit dem Mehl zu einem Teig verarbeiten. Mindestens 10 Minuten gut durchwalken – je länger, desto besser. Etwa 90 Minuten zugedeckt an einem warmen Ort aufgehen lassen.
- Das Salz in 1 Eßlöffel Wasser auflösen, zum Teig geben und noch einmal etwa 10 Minuten gut durchkneten. Zwischendurch mehrmals auf dem Tisch aufschlagen. Der Teig soll geschmeidig, aber nicht allzu weich sein, deshalb gegebenenfalls noch ein wenig Mehl hinzufügen. Noch einmal 60 bis 90 Minuten aufgehen lassen.
- Den Teig zu einem Laib formen und 20 Minuten im auf 250 bis 270 (Umluft 220 bis 240 Grad, Gas Stufe 6 bis 7) vorgeheizten Ofen backen. Die Temperatur auf 200 bis 230 Grad (Umluft 180 bis 210 Grad, Gas Stufe 4 bis 5) herunterstellen und das Brot 70 bis 90 Minuten weiterbacken.

**Dauert etwa 5 Stunden**
**1 Scheibe = 603 kJ/144 kcal**

***Zur Abwechslung***

Diesen Grundteig können Sie nach Belieben anreichern und aromatisieren: mit gehacktem Rosmarin oder Salbei (jeweils 1 Eßlöffel auf 500 Gramm Mehl), Oregano, Sesam, gehackten Haselnüssen oder Mandeln, entkernten und grob gehackten Oliven – um nur einige Beispiele zu nennen. In jedem Fall werden diese Zutaten erst hinzugegeben, wenn Sie den Teig zum zweiten Mal durchkneten.

*Ob in der Familie oder im Restaurant – das Brot spielt in Italien bei den Mahlzeiten seit jeher eine überragende Rolle. Oft hatte man auch nicht sehr viel mehr, und man aß es lediglich mit ein wenig Öl und Knoblauch gewürzt.*

# Torte di verdure
## Gemüsetorten

### Pasta per torte – ricetta di base
*Tortenteig – Grundrezept*

- 500 g Mehl
- 1/2 Glas Olivenöl extra vergine
- 1/2 Glas Weißwein (oder Milch)
- 1/2 Glas Wasser
- 1 Ei
- 1 Prise Salz

• Das Mehl auf die Arbeitsfläche sieben, aufhäufeln und eine Mulde eindrücken. Alle übrigen Zutaten hineingeben und zu einem geschmeidigen, nicht allzu festen Teig verkneten.
• Den Teig mit einem feuchten Tuch bedecken und mindestens 30 Minuten ruhen lassen. Inzwischen die Füllung der jeweiligen Gemüsetorte vorbereiten.

**Dauert etwa 10 Minuten (ohne Ruhezeit)**
**1 Portion = 2818 kJ/674 kcal**

### Torta di bietole
*Mangoldtorte*

- Teig siehe Grundrezept (oben)
- 150 g Reis
- ca. 1 Glas Milch
- Salz
- 150 g Erbsen
- 1 Zwiebel
- evtl. 1 Knoblauchzehe
- Olivenöl extra vergine
- 700 g junger Mangold
- 2 Eier
- 60 g frisch geriebener Parmesan
- Pfeffer aus der Mühle
- frisch geriebene Muskatnuß
- 1 Prise Majoran
- etwas fein gehackte Petersilie

• Den Teig vorbereiten und ruhen lassen.
• Den Reis in einen Topf geben, knapp mit Milch bedecken, leicht salzen und erhitzen. Sobald der Reis aufkocht, vom Feuer nehmen und zugedeckt ziehen lassen.
• Die Erbsen in wenig Salzwasser sehr bißfest garen und sofort mit kaltem Wasser abschrecken.
• Die Zwiebel und nach Belieben auch den Knoblauch schälen, fein hacken und in wenig Öl glasig dünsten.
• Den Mangold waschen, putzen und grob hacken. In ein Sieb geben, mit etwas Salz bestreuen und mit einem Teller beschweren, damit Flüssigkeit austritt.
• Den Mangold nach etwa 10 Minuten durchspülen, nur kurz abtropfen lassen und in den Topf mit den Zwiebeln geben. Vorsichtig salzen und etwa 10 Minuten garen. Falls die Flüssigkeit nicht ausreicht, noch ein wenig Wasser hinzufügen.
• Den Mangold abkühlen lassen und in eine Schüssel geben. Den Reis mitsamt der verbliebenen Milch, die abge-

tropften Erbsen sowie Eier, Parmesan, Pfeffer und Muskatnuß hinzufügen.
• Alle Zutaten gut miteinander vermengen. Die Füllung mit Majoran, Petersilie und Salz abschmecken.
• Eine Springform mit Öl ausstreichen. 2/3 der Teigmenge ausrollen und die Form so großzügig damit auskleiden, daß der Teig leicht über den Rand hinaus reicht. Die Füllung hineingeben und die Oberfläche glattstreichen.
• Den restlichen Teig zu einem passenden Deckel ausrollen und auf die Füllung legen. Den herausstehenden Rand des Teigbodens darüber einschlagen, so daß ein fest verschlossener Teigmantel entsteht.
• Den Teigdeckel mit etwas Öl bestreichen und mehrfach mit einer Gabel einstechen. Die Torte im auf 200 Grad (Umluft 180 Grad, Gas Stufe 3 bis 4) vorgeheizten Ofen in etwa 30 Minuten goldbraun backen. Nach Belieben lauwarm oder kalt servieren.

*Pikante Gemüsetorten haben eine lange Tradition in Italien. In jeder Region, in jedem Ort findet man Rezepte, die von Generation zu Generation überliefert worden sind. Die Torten werden mit den unterschiedlichsten Gemüsen zubereitet. Und anstelle des auf Seite 530 beschriebenen Grundteigs bäckt man sie ebenso gerne mit Blätterteig oder Hefeteig.*

**Dauert etwa 2 Stunden 30 Minuten**
**1 Portion = 4731 kJ/1131 kcal**

*Zur Abwechslung*
• Statt des Grundteigs können Sie auch eine entsprechende Menge tiefgekühlten Blätterteig verwenden, den Sie vor dem Backen statt mit Öl mit verquirltem Ei bestreichen.
• Nach Belieben können Sie zusätzlich 100 Gramm Ricotta unter die Füllung rühren.
• Nach Belieben können Sie den Reis auch fortlassen und statt dessen etwa 250 Gramm Ricotta nehmen.
• Den Mangold können Sie ebensogut durch die gleiche Menge Spinat oder Zucchini ersetzen. Das Gemüse sollten Sie aber in jedem Fall vor dem Backen nur bißfest vorgaren.
• Für eine Wildpflanzentorte (Torta di erbette di campo) stellen in Ligurien die dort wild wachsenden erbette (eine Mangoldart), Borretsch und Brombeerblätter die Basis dar. Sie können sich aber je nach Geschmack und Verfügbarkeit Ihre eigene Mischung zusammenstellen und dabei auch kultivierte Pflanzen verwenden: insgesamt 600 bis 800 Gramm Mangold, junger Löwenzahn (nur wenig, weil er bitter ist), junge Brennesselblätter, zarte Brombeerblattspitzen, Borretsch, Kopfsalat oder Endivien. Die Wildpflanzentorte bereiten Sie ganz nach dem obigen Rezept zu – Sie lassen nur den Reis und eventuell auch die Erbsen fort und geben statt dessen etwa 250 Gramm Ricotta an die Füllung.

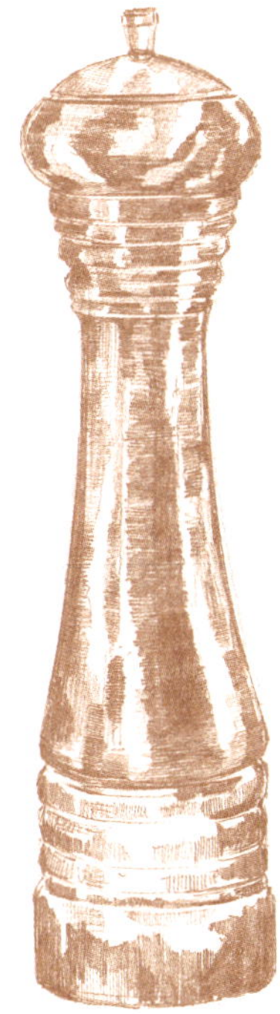

# Torta di cipolle

*Zwiebeltorte*

Teig siehe Grundrezept (Seite 530)
1 1/2 kg Zwiebeln
Olivenöl extra vergine
1 Glas trockener Weißwein
1 Glas Fleischbrühe
250 g Ricotta
60 g frisch geriebener Parmesan
2 Eier
Salz
etwas Pfeffer aus der Mühle
etwas frisch geriebene Muskatnuß
reichlich fein gehackte Petersilie
etwas fein gehackter Majoran

- Den Teig laut Grundrezept backfertig vorbereiten und ruhen lassen.
- Inzwischen die Zwiebeln schälen und kleinhacken oder in feine Scheiben schneiden. Etwa 5 Minuten in einem breiten Topf in Olivenöl glasig dünsten.
- Den Wein zugießen und einkochen lassen.
- Die Brühe zufügen. Die Zwiebeln noch etwa 15 Minuten weiterschmoren lassen, bis alle Flüssigkeit eingekocht ist.
- Den Topf vom Feuer nehmen und abkühlen lassen. Alle übrigen Zutaten hinzufügen und gut vermischen.
- 2/3 der Teigmenge ausrollen und eine mit Öl ausgestrichene Springform damit auskleiden. Der Teig sollte leicht über den Rand hinausstehen.
- Die Füllung hineingeben und glattstreichen.
- Den restlichen Teig ausrollen und die Füllung damit abdecken. Den überstehenden Rand des Teigbodens so nach innen schlagen, daß sich ein fest verschlossener Teigmantel ergibt.
- Die Teigoberfläche mit etwas Öl bestreichen und mehrfach mit einer Gabel einstechen.
- Die Torte im auf 200 Grad (Umluft 180 Grad, Gas Stufe 3 bis 4) vorgeheizten Ofen etwa 30 Minuten backen, bis sie gleichmäßig goldbraun ist. Abkühlen lassen und lauwarm oder kalt servieren.

**Dauert etwa 2 Stunden 30 Minuten**
**1 Portion = 4475 kJ/1069 kcal**

***Zur Abwechslung***

- Nach Belieben können Sie den Teig nach Grundrezept auch durch eine entsprechende Menge tiefgekühlten Blätterteig ersetzen und den Teigdeckel mit etwas verquirltem Ei bestreichen.
- Für eine Zwiebeltorte mit Pilzen (Torta di cipolle e funghi secchi) weichen Sie 40 bis 50 Gramm getrocknete Steinpilze etwa 15 Minuten in lauwarmem Wasser ein, lassen sie abtropfen, schneiden sie klein und schmoren sie zusammen mit den angedünsteten Zwiebeln.
- Für eine Lauchtorte (Torta di porri) ersetzen Sie die Zwiebeln durch die gleiche Menge geputzten Lauch und gehen ansonsten genau nach dem obigen Rezept vor.

# Torta di carciofi

*Artischockentorte*

- Den Teig laut Grundrezept backfertig zubereiten.
- Während der Ruhezeit die Artischocken vom Stiel und den äußeren harten Blättern befreien und den oberen Teil mit den Spitzen großzügig abschneiden. Die Artischocken längs halbieren und das Heu herauslösen.
- Die Artischockenhälften sofort in eine Schüssel mit Zitronenwasser legen, damit sie nicht braun anlaufen. Das Gemüse nacheinander herausnehmen, in Scheiben schneiden und gleich wieder in die Schüssel legen.
- Zwiebel und Knoblauch schälen, kleinhacken und in etwas Olivenöl glasig dünsten.
- Die gut abgetropften Artischockenscheiben hinzugeben, durchmischen und einige Minuten schmoren lassen. Mit dem Wein begießen und mit Petersilie bestreuen. Das Gemüse noch 10 bis 15 Minuten weiterschmoren.
- Die Artischocken etwas abkühlen lassen und mit dem Ricotta, Parmesan, Eiern und Majoran sowie etwas Salz und Pfeffer gut vermischen.
- Den Teig ausrollen, füllen und die Torte backen, wie auf Seite 530 (Mangoldtorte) beschrieben.

**Teig siehe Grundrezept (Seite 530)**
**12 frische junge Artischocken**
**Saft von 1 Zitrone**
**1 Zwiebel**
**2 Knoblauchzehen**
**Olivenöl extra vergine**
**1/2 Glas trockener Weißwein**
**1 EL fein gehackte Petersilie**
**250 g Ricotta**
**60 g frisch geriebener Parmesan**
**2 Eier**
**1 Prise Majoran**
**Salz**
**Pfeffer aus der Mühle**

**Dauert etwa 2 Stunden 30 Minuten**
**1 Portion = 4445 kJ/1062 kcal**

***Zur Abwechslung***
Statt des hier angegebenen Teigs können Sie auch die gleiche Menge tiefgekühlten Blätterteig verwenden und die Teigdecke vor dem Backen mit verquirltem Ei bestreichen.

# Torta di funghi

*Pilztorte*

**Teig siehe Grundrezept (Seite 530)**
**1 kg Champignons oder Steinpilze (oder andere Pilze)**
**2 Knoblauchzehen**
**Olivenöl extra vergine**
**Salz**
**reichlich fein gehackte Petersilie**
**1/2 Glas Weißwein**
**80-100 g frisch geriebener Parmesan**
**1 Prise Majoran**
**Pfeffer aus der Mühle**
**etwas frisch geriebene Muskatnuß**
**350 g Ricotta**
**1 1/2 EL Mehl**
**1/2 Glas Crème fraîche**

*Auf dem Land gilt noch heute: Fällt Brot zu Boden, muß man es auf der Stelle aufheben, den Staub wegblasen und es wie zur Entschuldigung küssen.*

- Den Teig entsprechend dem Grundrezept backfertig zubereiten und ruhen lassen.
- Während der Teig ruht, die Pilze putzen und in dünne Scheiben schneiden.
- Die Knoblauchzehen schälen und leicht zerdrücken. Zusammen mit wenig Öl in eine Pfanne geben und leicht andünsten.
- Die Pilze hinzufügen, leicht salzen, zudecken und einige Minuten schmoren lassen.
- Die inzwischen ausgetretene Pilzflüssigkeit abgießen. Petersilie, Weißwein und noch etwas Öl zu den Pilzen geben und unter öfterem Wenden alles 10 bis 15 Minuten weiterschmoren lassen, bis der Wein völlig eingekocht ist und die Pilze gar sind.
- Die Pfanne vom Feuer nehmen und den Knoblauch entfernen.
- 80 Gramm Parmesan untermischen und mit etwas Majoran, Salz, Pfeffer und Muskatnuß würzen.
- Den Ricotta in ein sauberes Tuch geben und alle Flüssigkeit herausdrücken.
- In einer Schüssel Ricotta, Mehl und Crème fraîche miteinander vermischen und nach Belieben noch etwas Parmesan hinzufügen.
- Im folgenden weiter vorgehen wie bei der Mangoldtorte (Seite 530) beschrieben. Die Füllung dabei in 2 Lagen in die Form einschichten: zuunterst die Pilze und darüber die Ricottamischung geben.

**Dauert etwa 2 Stunden 30 Minuten**
**1 Portion = 4649 kJ/1111 kcal**

***Zur Abwechslung***

- Sie können die Füllung auch anders zubereiten: Unter die abgekühlten Pilze rühren Sie 2 bis 3 Eier, 50 Gramm frisch geriebenen Parmesan und 50 Gramm Ricotta und füllen mit dieser Mischung die Torte. Backtemperatur und -zeit ändern sich dadurch nicht.
- Den Grundteig können Sie sehr gut auch durch eine entsprechende Menge tiefgekühlten fertigen Blätterteig ersetzen und den Teigdeckel vor dem Backen mit etwas verquirltem Ei bestreichen.

# Torta di zucca salata

*Pikante Kürbistorte*

- Den Teig laut Grundrezept zubereiten und ruhen lassen.
- Inzwischen die Trockenpilze etwa 15 Minuten in lauwarmem Wasser einweichen.
- Den Kürbis schälen und von Rippen und Kernen befreien. Das Fruchtfleisch in Stücke schneiden und einige Minuten in kochendem Salzwasser garen.
- Die Kürbisstücke abgießen, mit einem sauberen Tuch die Feuchtigkeit herausdrücken und kleinhacken.
- Die Zwiebel schälen. Die Pilze abgießen und trockentupfen. Beide Zutaten kleinhacken und in einem Topf in etwas Olivenöl andünsten.
- Nach einigen Minuten den Kürbis hinzufügen. Alles gut durchrühren und etwa 10 Minuten schmoren lassen, bis alle Flüssigkeit eingekocht ist.
- Den Topfinhalt abkühlen lassen und in eine Schüssel geben. Alle weiteren Zutaten hinzufügen, mit Salz, Pfeffer und Muskatnuß würzen und gut miteinander vermengen.
- 2/3 des Teigs ausrollen und weiter vorgehen wie bei der Mangoldtorte (Seite 530) beschrieben.

**Teig siehe Grundrezept (Seite 530)**
**30 g getrocknete Steinpilze**
**1 1/2 kg Kürbis**
**Salz**
**1 Zwiebel**
**Olivenöl extra vergine**
**4 Eier**
**100 g frisch geriebener Parmesan**
**evtl. 100 g Ricotta**
**etwas fein gehackter Majoran**
**Pfeffer aus der Mühle**
**frisch geriebene Muskatnuß**

**Dauert etwa 2 Stunden 30 Minuten**
**1 Portion = 4485 kJ/1072 kcal**

*Zur Abwechslung*

Statt des im Grundrezept beschriebenen Teigs können Sie auch tiefgekühlten Blätterteig verwenden, wobei Sie dann den Teigdeckel mit verquirltem Ei bestreichen.

*Für 12 Stücke*

# Torta pasqualina

*Ostertorte aus Ligurien*

**Für den Teig:**
500 g Mehl
1 Prise Salz
3/4 Glas Weißwein
3/4 Glas Wasser
3-4 EL Olivenöl extra vergine

**Für die Füllung:**
1 kg gemischtes Gemüse (Mangold, Spinat, Zucchini, Artischocken und grüner Spargel)
1 große Zwiebel
2 Knoblauchzehen
Olivenöl extra vergine
5 Eier
Salz
Pfeffer aus der Mühle
etwas frisch geriebene Muskatnuß
etwas fein gehackter Majoran
70 g frisch geriebener Parmesan
500 g Ricotta
1 Glas Crème fraîche
Mehl
30 g Butter

**Außerdem:**
Öl für die Form
Mehl für die Form

Diese Torte ist eine Spezialität der Genueser Küche. Früher war sie ein typisches Ostergericht, weil gerade zu dieser Jahreszeit frischer Mangold und junge Artischocken auf dem Markt waren. Inzwischen wird sie das ganze Jahr über zubereitet, zumal man heutzutage auch auf Tiefkühlgemüse zurückgreifen kann. Wie viele Teigblätter zu verwenden sind, darüber gehen die Meinungen erheblich auseinander. Ursprünglich waren es 33 Schichten, die die Jahre des Herrn symbolisieren sollten. Andere Rezepte schreiben 27 oder 16 Teigblätter vor – aber auch mit einer kleineren Anzahl (und etwas weniger Aufwand) ist das Ergebnis durchaus noch ansehnlich.

- Das Mehl auf die Arbeitsfläche sieben, aufhäufeln, eine Mulde eindrücken und die übrigen Zutaten hineingeben. Alles zu einem geschmeidigen, weichen Teig verkneten.
- 8 bis 10 gleich große Kugeln aus dem Teig formen und unter einem angefeuchteten Tuch etwa 15 Minuten ruhen lassen. Inzwischen das Gemüse vorbereiten.
- Die Blattgemüse putzen, waschen und in feine Streifen schneiden.
- Die Zucchini putzen, waschen und fein würfeln.
- Die Artischocken von den äußeren harten Blättern und den Spitzen befreien, längs halbieren, das Heu herauslösen und die Hälften in Scheibchen schneiden.
- Den Spargel von den harten Enden befreien und in Stückchen schneiden.
- Zwiebel und Knoblauch abziehen, fein hacken und vermischen.
- Jeweils etwas von der Mischung in etwas Olivenöl glasig dünsten, eine Gemüsesorte dazugeben und zugedeckt garen.
- Die Gemüse leicht abkühlen lassen. Jeweils 1 Ei verquirlen, unter die einzelnen Gemüse mischen und mit etwas Salz, Pfeffer, Muskatnuß, Majoran und Parmesan würzen.
- Den Ricotta in einem Tuch völlig auspressen und in einer Schüssel mit 2 Eßlöffel Mehl und der Crème fraîche vermischen.
- Die Teigbällchen nacheinander so dünn wie möglich ausrollen und vorsichtig noch weiter von Hand ausziehen, damit der Teig nicht reißt.

*Nach Möglichkeit sollten die Gemüse im eigenen Saft und im Wasser schmoren, das ihnen noch vom Waschen anhaftet. Falls die Flüssigkeit jedoch nicht ausreicht, fügen Sie noch etwas Brühe oder Wasser hinzu.*

- Eine große Springform einölen und leicht mit Mehl ausstreuen.
- Den ersten Teigfladen einlegen, so daß der Teig über den Rand hinaussteht. Den Teig mit wenig Öl einpinseln, einen zweiten Fladen darüberbreiten, diesen wiederum mit Öl bestreichen, am Rand einige Butterflöckchen verteilen und auf die gleiche Weise einen dritten und vierten Teigfladen darüberlegen.
- Nun die einzelnen Gemüse immer abwechselnd mit der Ricottamischung in die Form schichten.
- Die Füllung mit den restlichen Teigfladen abdecken und jeden Teigfladen wiederum mit Öl einpinseln.
- Den über die Springform hinausstehenden Rand des untersten Teigfladens nach innen einschlagen, so daß die Torte vollständig verschlossen ist.
- Die Teigdecke mit etwas Öl bestreichen und mit einer Gabel mehrfach einstechen, damit sich der Teig nicht aufbläht.
- Die Torte im auf 200 Grad (Umluft 180 Grad, Gas Stufe 3 bis 4) vorgeheizten Ofen 50 bis 60 Minuten backen, abkühlen lassen und nach Belieben lauwarm oder kalt servieren.

**Dauert etwa 3 Stunden**
**1 Portion = 1711 kJ/409 kcal**

***Zur Abwechslung***

- Sie können auch alles gegarte Gemüse miteinander vermischen und dann etwa 4 Eier sowie die Gewürze unterziehen. Beim Füllen der Torte sollten Sie dennoch Gemüse und Ricottamischung abwechselnd in mehreren Lagen einschichten.
- Oder Sie lassen die Gemüse ungewürzt, schichten sie im Wechsel mit der Ricottamischung in die Form, drücken in gleichmäßigem Abstand 4 Vertiefungen hinein und geben in jede 1 Stückchen Butter und vorsichtig 1 Ei. Die Füllung mit Salz, Pfeffer, Majoran und Parmesan bestreuen und mit den restlichen Teigfladen vorsichtig abdecken. Beim Einstechen der Teigdecke darauf achten, daß Sie die Eier nicht verletzen.
- Die Gemüsemischung können Sie natürlich je nach Saison und Geschmack nach Belieben variieren.
- Sie erleichtern sich die Arbeit etwas, wenn Sie den Teig nicht selbst zubereiten, sondern tiefgekühlten Blätterteig verwenden.

# Torta rustica alla pugliese

*Bauerntorte aus Apulien*

**Teig siehe Grundrezept (Seite 530)**
**4 Eier**
**300 g Ricotta (oder Sahnequark)**
**200 g Mozzarella (oder Scamorza)**
**100 g Cacciocavallo**
**200 g gekochter Schinken (oder Salami)**
**Salz**
**Pfeffer aus der Mühle**
**frisch geriebene Muskatnuß**
**reichlich fein gehackte Petersilie**
**Olivenöl extra vergine**
**Mehl für die Form**

Vor allem in den ländlichen Gebieten Mittel- und Süditaliens findet man unter der Bezeichnung Torta rustica die unterschiedlichsten pikanten Torten. In der Regel werden sie mit Gemüse und Käse, manchmal aber auch mit Schinken oder Wurst zubereitet.

- Den Teig entsprechend dem Grundrezept backfertig vorbereiten und ruhen lassen.
- Inzwischen 3 Eier verquirlen. Den Ricotta in einem Tuch gut ausdrücken und daruntermischen.
- Den übrigen Käse und den Schinken in kleine Würfelchen schneiden und hinzufügen. Die Füllung mit Salz, Pfeffer, Muskat und Petersilie würzen.
- Eine große Springform mit Öl ausstreichen und leicht bemehlen.
- 2/3 des Teigs ausrollen und die Form damit auskleiden, so daß der Teig etwas über den Rand hinausreicht.
- Die Füllung hineingeben und die Oberfläche glattstreichen.
- Aus einem Teil des restlichen Teigs eine lange, dünne Rolle formen und als Rand aufsetzen. Den überstehenden Rand des Teigbodens darüberschlagen. Den noch verbliebenen Teig ausrollen, Teigstreifen ausrädeln und als Gitter auf die Torte legen.
- Das letzte Ei verquirlen und das Teiggitter damit bestreichen.
- Die Torte im auf 200 Grad (Umluft 180 Grad, Gas Stufe 3 bis 4) vorgeheizten Ofen 40 bis 45 Minuten backen.

**Dauert etwa 2 Stunden 30 Minuten**
**1 Portion = 4911 kJ/1174 kcal**

***Zur Abwechslung***

- Den Cacciocavallo können Sie auch durch einen beliebigen anderen Hartkäse ersetzen.
- Wenn es schneller gehen soll, können Sie die Torte auch mit tiefgekühltem Blätterteig zubereiten.
- Sie können für die Füllung auch 400 Gramm Ricotta, 100 Gramm Fontinawürfel, 50 Gramm frisch geriebenen Parmesan, 150 Gramm gekochten Schinken in Würfelchen, 300 Gramm kleingehackten vorgegarten Spinat und 3 Eier

*„So war auch heute Fest des heiligen Josephs; er ist der Patron aller Frittaruolen, d.h. Gebacknesmacher, versteht sich Gebacknes im gröbsten Sinne … Große Pfannen standen vor der Türe auf leicht gebauten Herden. Ein Gesell wirkte den Teig, ein anderer formt, zog ihn zu Kringlen und warf sie in die siedende Fettigkeit. An der Pfanne stand ein dritter, mit einem kleinen Bratspieße, er holte die Kringlen, wie sie gar wurden, heraus, schob sie einem vierten auf ein ander Spießchen, der sie den Umstehenden anbot.“*
*J. W. v. Goethe, Italienische Reise (zu Neapel)*

miteinander vermengen und nach Belieben mit Gewürzen abschmecken.
• Oder Sie mischen 400 Gramm Ricotta mit 100 Gramm frisch geriebenem Parmesan, 200 Gramm gekochtem Schinken in Würfelchen, 150 Gramm gewürfeltem rohen Schinken, 3 Eiern, reichlich fein gehackter Petersilie und beliebigen Gewürzen.

## Torta di patate

*Kartoffeltorte*

• Den Teig entsprechend dem Grundrezept backfertig vorbereiten und ruhen lassen.
• Während der Ruhezeit die Kartoffeln waschen und in der Schale nicht ganz gar kochen.
• Die Kartoffeln abgießen und unter kaltem Wasser abschrecken, um den Garvorgang zu unterbrechen. Anschließend pellen und in nicht zu dünne Scheiben schneiden.
• 2/3 der Teigmenge ausrollen. Eine Springform buttern und mit dem Teig auskleiden, so daß er leicht über den Rand hinaussteht.
• Die Hälfte der Kartoffeln in die Form einschichten und mit etwas Parmesan und Petersilie bestreuen. Diesen Vorgang wiederholen.
• In einer Schüssel 4 Eier mit etwas Salz, Pfeffer und dem restlichen Parmesan verquirlen und unter ständigem Schlagen mit dem Schneebesen die Milch hinzugeben. Die Eiermilch über die Füllung gießen.
• Den restlichen Teig zu einem Fladen ausrollen und die Füllung damit abdecken. Den Rand des Teigbodens nach innen darüberschlagen, so daß sich ein fest verschlossener Teigmantel ergibt.
• Das restliche Ei verquirlen und die Teigdecke damit bestreichen. Den Teig mehrfach einstechen, damit er sich beim Backen nicht aufbläht.
• Die Torte im auf 200 Grad (Umluft 180 Grad, Gas Stufe 3 bis 4) vorgeheizten Ofen etwa 40 Minuten backen. Kurz im Ofen ruhen lassen und heiß auf den Tisch bringen.

**Dauert etwa 2 Stunden**
**1 Portion = 4693 kJ/1122 kcal**

**Teig siehe Grundrezept (Seite 530)**
**1 kg festkochende Kartoffeln**
**Butter für die Form**
**80 g frisch geriebener Parmesan (oder Fontina)**
**reichlich fein gehackte Petersilie**
**5 Eier**
**Salz**
**Pfeffer aus der Mühle**
**1/2 l Milch**

*Auf die gleiche Weise können Sie auch eine Karottentorte (Torta di carote) zubereiten.*

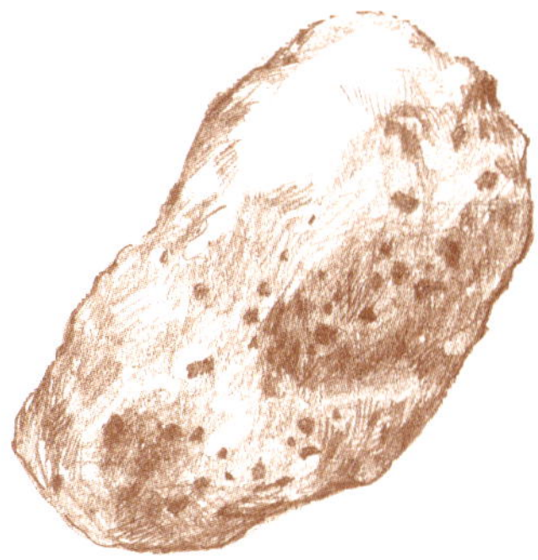

# Gelosia alla valdostana

*Käsetorte aus dem Aostatal*

**1 Packung tiefgekühlter Blätterteig (300 g)**
**Butter für die Form**
**1 Ei**
**150 g gekochter Schinken in Scheiben**
**200 g Fontina in Scheiben**

*Sagt man von jemandem, er sei „buono come il pane" – „gut wie das Brot" -, so bedeutet das: Er ist herzensgut.*

• Den aufgetauten Teig ausrollen und zur Form passend in 2 gleich große Rechtecke schneiden.
• Eine flache rechteckige Form einfetten und mit der ersten Teigplatte auskleiden. Den Teig an den Rändern ein wenig hochziehen.
• Das Ei verquirlen und den Teigboden damit leicht bestreichen. Mit dem Schinken belegen, den Käse darüberschichten und dabei darauf achten, daß überall ein Rand von 1/2 Zentimeter frei bleibt.
• Die zweite Teigplatte längs zusammenklappen und von der Faltkante ausgehend bis etwa zur Mitte mehrfach schräg einschneiden, so daß sich beim Öffnen eine Art Pfeilmuster ergibt.
• Die Füllung mit der Teigplatte abdecken und die Ränder von Teigboden und -deckel fest aneinanderdrücken.
• Die Käsetorte mit dem restlichen Ei bestreichen und im auf 200 Grad (Umluft 180 Grad, Gas Stufe 3 bis 4) vorgeheizten Ofen 30 bis 40 Minuten backen. Sofort servieren.

**Dauert etwa 1 Stunde**
**1 Portion = 2348 kJ/561 kcal**

*In kleine Stücke geschnitten eignet sich die Käsetorte auch sehr gut als Vorspeise.*

# Erbazzone

*Mangoldtorte aus der Emilia*

Der Name „Erbazzone“ leitet sich her von „erbette“ – so nennt man in Italien den wild wachsenden Mangold. Dieses Rezept ist typisch für die ländlichen Gebiete der Emilia, wo Mangold oder Spinat und Schinkenspeck Nahrungsmittel waren, die man in der Regel immer zur Verfügung hatte.

- Den Teig entsprechend dem Grundrezept backfertig vorbereiten und ruhen lassen.
- Inzwischen den Knoblauch schälen, die Petersilie putzen, waschen und trockentupfen. Beides ebenso wie den Schinkenspeck kleinhacken.
- Den Mangold putzen und waschen, aber nicht abtropfen lassen. Mit etwas Salz in einem Topf erhitzen und zusammenfallen lassen. Das Gemüse gut ausdrücken und kleinschneiden.
- Den Schinkenspeck in wenig Öl auslassen und Knoblauch und Petersilie hinzugeben.
- Nach wenigen Minuten den Mangold hinzufügen, gut durchmischen und etwa 5 Minuten schmoren lassen, anschließend vom Feuer nehmen.
- Das Ei verquirlen, mit dem Parmesan unter das Gemüse mischen und alles mit Salz, Pfeffer und Muskatnuß abschmecken.
- Mit Teig und Füllung weiter verfahren, wie auf Seite 530 (Mangoldtorte) beschrieben.

**Dauert etwa 2 Stunden 30 Minuten**
**1 Portion = 4796 kJ/1147 kcal**

**Teig siehe Grundrezept (Seite 530)**
**2-3 Knoblauchzehen**
**1 Bund Petersilie**
**100 g Schinkenspeck**
**1 kg junger Mangold (oder Spinat)**
**Olivenöl extra vergine**
**1 Ei**
**100 g frisch geriebener Parmesan**
**Salz**
**Pfeffer aus der Mühle**
**Muskatnuß**

*Falls Sie tiefgekühltes Gemüse verwenden, genügen 600 Gramm Mangold oder Spinat.*

# Alimenti conservati
## Eingemachtes

*Wenn nicht anders angegeben, sind alle Rezepte für 4 Portionen berechnet.*

Auch in Italien machen sich heutzutage nicht mehr viele Hausfrauen die Mühe, Gemüse oder andere Köstlichkeiten einzumachen, zumal man in gut sortierten Spezialgeschäften ausgezeichnete Konserven findet. Doch wenn Sie die Zeit erübrigen können, macht es auch Spaß, und Sie verfügen immer über einen kleinen Vorrat, mit dem Sie einen Imbiß für unerwartete Gäste bereichern können.

# Cipolline sott'olio

*Zwiebeln in Öl*

- Die Zwiebelchen schälen, aber Wurzel- und Blattansätze nicht zu großzügig abschneiden, damit sie nicht auseinanderfallen.
- Den Wein mit Salz, Zucker und den Kräutern erwärmen. Die Zwiebelchen hineingeben. Eventuell noch etwas Wein nachgießen, damit die Zwiebeln gut bedeckt sind.
- Die Zwiebeln bei mittlerer Hitze in 10 bis 15 Minuten nicht zu weich garen, anschließend abtropfen lassen.
- Schichtweise in ein gut verschließbares Glas geben. Jede Schicht leicht pfeffern und mit gehackter Petersilie bestreuen.
- Zum Schluß das Glas mit Öl auffüllen und verschließen.

**Dauert etwa 25 Minuten**
**1 Portion = 1130 kJ/270 kcal**

**500 g Schalotten**
**1/2-3/4 l trockener Weißwein**
**1 kleine Prise Salz**
**1 kräftige Prise Zucker**
**je etwas frischer Oregano, Rosmarin, Thymian und Lorbeer**
**Pfeffer aus der Mühle**
**1 Handvoll frische Petersilie, fein gehackt**
**Olivenöl extra vergine**

*Die Kräutermischung können Sie ganz nach Belieben verändern.*

# Funghi sott'olio

*Pilze in Öl*

- Die Pilze sorgfältig mit Küchenkrepp abreiben und möglichst nicht waschen. Die Stielenden wegschneiden.
- Zusammen mit Wein und Essig in einem Topf erhitzen, salzen und etwa 5 Minuten köcheln lassen.
- Die Pilze abgießen, auf einem Tuch ausbreiten und vollständig trocknen lassen.
- Lorbeer, Nelken und Zimtstange fein zerbröseln. Die trockenen Pilze in gut verschließbare Gläser geben und die Gewürze untermischen. Bis zum Rand mit Olivenöl auffüllen. Einige Wochen an einem dunklen, gut belüfteten Ort ziehen lassen.

**Dauert etwa 25 Minuten**
**1 Portion = 987 kJ/235 kcal**

**1 kg frische feste Pilze**
**1 Glas Weißwein**
**1 Gläschen trockener Marsala**
**1 Glas Weinessig**
**Salz**
**4 Lorbeerblätter**
**8 Gewürznelken**
**1/2 Zimtstange**
**evtl. einige Pfefferkörner**
**Olivenöl extra vergine**

***Zur Abwechslung***
Nach Belieben können Sie die Pilze auch anders würzen – zum Beispiel mit Thymian, Rosmarin, Estragon und natürlich auch mit viel Knoblauch.

# Asparagi sott'olio

*Spargel in Öl*

1 kg grüner Spargel
1 l Weinessig
Salz
einige schwarze Pfefferkörner
einige Lorbeerblätter
Olivenöl extra vergine

• Die Spargelspitzen großzügig abschneiden, unter fließendem Wasser waschen und gut mit Küchenkrepp trockentupfen.
• Den Weinessig mit 1 kräftigen Prise Salz zum Kochen bringen.
• Die Spargelspitzen hineingeben, aber nicht länger als 2 Minuten garen, damit sie nicht zu weich werden. Abtropfen lassen und auf sauberen Tüchern zum Trocknen ausbreiten.
• Den Spargel in saubere, trockene Glasgefäße geben und Pfefferkörner und Lorbeerblätter dazwischen verteilen. Mit Öl bedecken, etwas ziehen lassen und nach Bedarf weiteres Öl nachgießen.
• In den folgenden Tagen eventuell nochmals Öl nachfüllen, so daß es immer ein Fingerbreit über dem Gemüse steht.
• Wenn kein Öl mehr einzieht, die Gefäße fest verschließen und vor dem Verzehr möglichst 3 bis 4 Wochen ruhen lassen.

**Dauert etwa 20 Minuten (ohne Trockenzeit)**
**1 Portion = 803 kJ/191 kcal**

*• Da Sie für dieses Rezept nur die Spargelspitzen benötigen, können Sie den Rest beispielsweise für eine Suppe verwenden.*
*• Grüner Spargel muß in der Regel in der oberen Hälfte nicht geschält werden.*

# Cavolini di Bruxelles sott'olio

*Rosenkohl in Öl*

- Den Rosenkohl putzen, in kochendes Salzwasser geben und im offenen Topf garen, aber nicht weich werden lassen.
- Gut abtropfen und abkühlen lassen. Anschließend sehr sorgfältig mit Küchenkrepp trockentupfen.
- Ein sauberes, völlig trockenes Gefäß zu 3/4 mit dem Gemüse füllen.
- Pfefferkörner, Gewürznelken und nach Belieben auch den Knoblauch dazwischen verteilen.
- Langsam soviel Öl zugießen, bis der Kohl völlig davon bedeckt ist.
- Das Glas offen an einen kühlen, dunklen Ort stellen.
- Der Rosenkohl saugt anfangs noch etwas Öl auf. Deshalb in den nächsten Tagen eventuell Öl nachgießen, damit es immer ein Fingerbreit über dem Gemüse steht.
- Wenn sich der Ölstand hält, das Glas fest verschließen. Vor dem Verzehr möglichst einige Wochen ziehen lassen.

**1 kg Rosenkohl**
**grobkörniges Salz**
**1 EL (oder mehr) schwarze Pfefferkörner**
**4-6 Gewürznelken**
**evtl. 1-2 Knoblauchzehen, geschält und halbiert**
**Olivenöl extra vergine**

**Dauert etwa 30 Minuten**
**1 Portion = 1217 kJ/290 kcal**

# Porri sott'aceto

*Lauch in Essig*

- Den Lauch putzen, die weißen Teile in Stücke schneiden, in kochendem Salzwasser blanchieren und abgießen.
- Den Essig mit allen Gewürzen aufkochen und den Lauch knapp 10 Minuten darin sieden lassen.
- Das Gemüse abgießen und in Einmachgläser geben. Den Sud auffangen, abseihen und nochmals im Topf aufkochen lassen.
- So viel kochendheißen Sud über den Lauch gießen, daß er völlig bedeckt ist.
- Zuletzt eine Ölschicht darübergeben und die Gläser sofort fest verschließen.

**1 kg junger Lauch**
**Salz**
**1 Glas guter Weißweinessig**
**1 Zimtstange**
**3 Lorbeerblätter**
**1 1/2 EL Pfefferkörner**
**2 Zweiglein Thymian**
**4 Gewürznelken**
**Olivenöl extra vergine**

**Dauert etwa 30 Minuten**
**1 Portion = 563 kJ/135 kcal**

# Melanzane sott'olio

*Auberginen in Öl*

1 kg möglichst kleine Auberginen
Salz
1/2 l Weinessig
Olivenöl extra vergine
2 Knoblauchzehen, fein gehackt
1 TL fein gehackter Oregano
grob gemahlener schwarzer Pfeffer
evtl. 1 scharfer Peperone, entkernt und fein gehackt
evtl. etwas fein gehackter Thymian und Rosmarin

- Die Auberginen schälen und in etwa 1 cm dicke Scheiben schneiden. Salzen und mit einem Gewicht beschweren. Einige Stunden ziehen und dann abtropfen lassen.
- Den Weinessig erhitzen und die Auberginenscheiben wenige Minuten darin kochen. Abgießen und auf Küchenkrepp gut trocknen lassen.
- In gut verschließbare Gläser zuerst etwas Öl gießen, dann die Auberginen schichtweise hineingeben. Jede Lage mit einem Teil der Gewürze und Kräuter bestreuen und mit einem großen Löffel leicht zusammenpressen.
- So viel Olivenöl aufgießen, daß es ein Fingerbreit über dem Gemüse steht.
- Die Gläser fest verschließen, kühl aufbewahren und mindestens 1 Monat ziehen lassen.

**Dauert etwa 30 Minuten (ohne Einsalzzeit)**
**1 Portion = 1128 kJ/269 kcal**

*In der klassischen venezianischen Küche war der Knoblauch verpönt, denn in Venedig wurde so viel und gerne gefeiert, daß man im 18. Jahrhundert fast von einer Art „Dolce vita" sprechen konnte. Und jedes Fest bot Gelegenheit zu galanten Abenteuern ...*

***Zur Abwechslung***

- Sie können die Auberginenscheiben auch 24 Stunden in Salz ziehen lassen, anschließend sehr sorgfältig ausdrücken und wie beschrieben mit Gewürzen in Gläser füllen, ohne sie zu kochen. Jede Schicht mit ein wenig Weinessig besprühen und zum Schluß mit Olivenöl aufgießen.
- Auf ähnliche Weise können Sie gemischtes Gemüse einlegen – beispielsweise Auberginen, Paprikaschoten, Karotten, Blumenkohl, Schalotten, Bleichsellerie, Fenchel und kleine Gurken zu gleichen Teilen:
Das Gemüse putzen und in kleine Stücke schneiden. Einsalzen und 24 Stunden mit einem Gewicht beschwert ziehen lassen. Sorgfältig ausdrücken, in ein sauberes Gefäß geben, mit gutem Weinessig übergießen und nochmals 24 Stunden ziehen lassen. Das Gemüse erneut abgießen und gut ausdrücken, mit den Gewürzen in Gläser füllen und zum Schluß mit Olivenöl bedecken.

# Zucchini sott'olio

*Zucchini in Öl*

- Die Zucchini waschen und in Scheiben schneiden.
- Wein, Essig und etwas Salz mit 1/4 der Gewürze aufkochen. Die Zucchini hineingeben und einige Minuten darin sieden lassen.
- Das Gemüse abgießen, abtropfen lassen und auf sauberen Tüchern einige Stunden trocknen.
- In saubere, gut verschließbare Gläser schichten und jede Lage mit den restlichen Gewürzen bestreuen. Die Gläser mit Olivenöl auffüllen und offen stehen lassen.
- In der nächsten Zeit immer wieder etwas Öl nachgießen, bis das Öl ein Fingerbreit über dem Gemüse stehenbleibt und nicht mehr aufgesogen wird. Die Gläser fest verschließen und einige Wochen ziehen lassen.

**Dauert etwa 20 Minuten (ohne Trockenzeit)**
**1 Portion = 1532 kJ/364 kcal**

**2 1/2 kg kleine Zucchini**
**1 l Weißwein**
**1 Glas guter Weinessig**
**Salz**
**2 EL Pfefferkörner**
**1 EL Gewürznelken, zerbröckelt**
**2 Zimtstangen, zerbröckelt**
**6-8 Lorbeerblätter**
**Olivenöl extra vergine**

*Wem der Wein nicht schmeckt, dem soll Gott das Wasser wegnehmen.*
*(Spruch aus Venetien)*

# Peperoni sott'olio

*Paprikaschoten in Öl*

- Die Paprikaschoten sorgfältig waschen, längs halbieren und von Kernen und Rippen befreien. Jede Hälfte in 4 Längsstreifen teilen und diese quer halbieren.
- In einem großen Topf den Essig mit etwas Salz aufkochen. Die Paprikastücke hineingeben.
- Sobald der Essig wieder aufkocht, das Gemüse mit einem Schaumlöffel herausnehmen, sorgfältig abtropfen und auf sauberen Tüchern trocknen lassen.
- Den Paprika in Gläser füllen und jede Schicht mit etwas Knoblauch, Peperone und Oregano bedecken. Zum Schluß mit Olivenöl auffüllen.
- Immer wieder etwas Öl nachgießen, bis das Gemüse sich damit vollgesogen hat. Erst dann die Gläser fest verschließen und die Paprikaschoten vor dem Verzehr einige Wochen ziehen lassen.

**Dauert etwa 30 Minuten (ohne Trockenzeit)**
**1 Portion = 1386 kJ/331 kcal**

**1 1/2 kg fleischige, feste Paprikaschoten (möglichst verschiedenfarbig)**
**1 l guter Weißweinessig**
**Salz**
**3 Knoblauchzehen, kleingehackt**
**1 scharfer Peperone, entkernt und kleingehackt**
**1-2 TL Oregano**
**Olivenöl extra vergine**

*Nach Belieben können Sie auch andere Gewürze verwenden, etwa Lorbeerblätter und Gewürznelken.*

## Carciofi sott'olio

*Artischocken in Öl*

24 junge Artischocken
Saft von 4-5 Zitronen
einige Lorbeerblätter
1 l Weißweinessig
1 l trockener Weißwein
1 Handvoll Pfefferkörner
Olivenöl extra vergine

• Die Artischocken von den harten äußeren Blättern, Spitzen und Stielen befreien und längs in gleich große Stücke teilen. Die Stücke sofort in eine große Schüssel mit Wasser und dem Zitronensaft geben.
• Essig und Wein in einem großen Topf aufsetzen und Pfefferkörner und Lorbeerblätter hinzufügen. Sobald die Flüssigkeit aufkocht, die Artischocken hineingeben und ganz kurz blanchieren.
• Das Gemüse herausnehmen, auf Küchentüchern völlig trocknen lassen, in saubere, trockene Gläser geben und mit Öl auffüllen.
• Das Öl gut einziehen lassen und nach Bedarf nachgießen. Die Gläser erst verschließen, wenn das Öl ein Fingerbreit über den Artischocken stehenbleibt.

**Dauert etwa 30 Minuten (ohne Trockenzeit)**
**1 Portion = 2474 kJ/590 kcal**

***Zur Abwechslung***
Nach Belieben können Sie noch weitere Lorbeerblätter und Pfefferkörner zwischen die eingelegten Artischocken geben.

## Pomodori secchi

*Getrocknete Tomaten*

2 kg reife, aber feste kleine Tomaten
1 Handvoll schwarze Pfefferkörner
einige Lorbeerblätter
1 Knolle Knoblauch
Olivenöl extra vergine

In Italien trocknet man die Tomaten an der Sonne, und bei hochsommerlichen Temperaturen ist das auch bei uns möglich. Ansonsten können Sie sie auch in einem Dörrapparat trocknen – oder ganz langsam im Backofen.

• Die Tomaten waschen, trockentupfen, in der Mitte durchschneiden und einige Tage auf einem großen Holzbrett an der Sonne trocknen lassen.
• Die Tomatenhälften in saubere, gut verschließbare Gefäße geben und zwischen die einzelnen Lagen jeweils einige Pfefferkörner, 1 Lorbeerblatt und 1 geschälte Knoblauchzehe geben.

• Die Gefäße mit Öl auffüllen und offen stehen lassen. In den ersten Tagen so lange Öl nachgießen, bis die Tomaten sich vollgesogen haben. Gut verschließen und an einem trockenen, dunklen Ort etwa 1 Monat ziehen lassen.

**Dauert etwa 15 Minuten (ohne Trockenzeit)**
**1 Portion = 1267 kJ/300 kcal**

*Zur Abwechslung*
Sie können die getrockneten Tomaten natürlich auch verwenden, ohne sie in Öl einzulegen, zum Beispiel als Beilage zu Aufschnitt oder Käse oder kleingeschnitten als Zutat zu einer Pastasauce.

## Pomodori verdi e peperoni in agro

*Sauer eingelegte grüne Tomaten und Paprikaschoten*

- 750 g grüne Tomaten
- 500 g Paprikaschoten
- 1/4 l guter Weinessig
- 3/4 l trockener Weißwein
- 1 Zwiebel
- 2 Knoblauchzehen
- 2 Stangen Bleichsellerie
- 1-2 Lorbeerblätter
- 5 Gewürznelken
- 1 EL fein gehackte Petersilie
- 1 Zweig Rosmarin
- 10 Kapern
- 1 Prise Zucker
- evtl. 1 TL Pfefferkörner
- evtl. 1 scharfer Peperone, entkernt und kleingehackt

*Aus dem Langhe im Piemont*

• Tomaten und Paprikaschoten waschen und trocknen. Den Paprika putzen, entkernen und in Längsstreifen schneiden. Paprika und Tomaten in Stücke schneiden.
• Wein und Essig in einem großen Topf zum Kochen bringen.
• Zwiebel, Knoblauchzehen und Sellerie abziehen und fein hacken. Lorbeer und Nelken fein zerbröckeln und mit allen übrigen Kräutern und Gewürzen daruntermischen.
• Sobald die Flüssigkeit aufkocht, die Gemüsestücke hineingeben und etwa 1 Minute köcheln lassen. Die Gewürzmischung hinzufügen. Das Gemüse abgießen und den Sud auffangen. In Gläser füllen, sofort mit dem Sud aufgießen und die Gläser schließen.

**Dauert etwa 40 Minuten**
**1 Portion = 672 kJ/160 kcal**

*Die Essigmenge hängt sehr von der Schärfe des Essigs ab. Am besten schmecken Sie den Sud ab und gießen eventuell noch etwas Wasser oder Wein auf.*

# Carote in agro alla piemontese

*Karotten süßsauer aus dem Piemont*

**500 g möglichst kleine, junge Karotten**
**1/4 l trockener Weißwein**
**1/4 l guter Weinessig**
**1 Zweig Rosmarin**
**einige Stengel Petersilie**
**2 Zweiglein Minze**
**einige Stengel Basilikum**
**1-2 Lorbeerblätter**
**2-3 Knoblauchzehen**
**1 gehäufter EL Zucker**
**4-5 EL Olivenöl**
**Salz**
**1 TL Pfefferkörner (oder Pfeffer aus der Mühle)**
**einige Basilikumblätter zum Garnieren**

*Die berühmteste Weinlegende ist zweifellos jene, die man sich vom „Est, est, est", dem Muskateller aus Montefiascone, erzählt. Der Augsburger Domherr Johann Fugger bereiste Italien, um die besten Weine ausfindig zu machen. Um eine Tagesreise eilte ihm jeweils ein Diener voraus, der in den Tavernen den Wein vorkostete. Fand er einen besonders guten Tropfen, schrieb er „est" (im Sinne von „ist gut") an die Tür. In Montefiascone nun fand der Domherr am Wirtshaus die Aufschrift „est, est, est". Tatsächlich schmeckte ihm der Wein vorzüglich, und er trank so viel davon, daß ihn am Ende der Schlag traf.*

- Die Karotten leicht abschaben, waschen und jeweils längs in 4 Spalten schneiden, große Karotten einmal quer halbieren.
- Das Gemüse in einen Topf geben und 1/2 Liter kaltes Wasser, den Wein und den Essig darübergießen.
- Rosmarin, Petersilie, Minze, Basilikum und Lorbeer zusammenbinden und den Kräuterbund mit den übrigen Zutaten hinzufügen. Aufkochen und 15 bis 20 Minuten im offenen Topf leicht köcheln lassen, so daß die Karotten noch etwas Biß haben.
- Den Sud abschmecken. Falls er zu sauer ist, noch ein wenig Zucker und Wein hinzufügen, andernfalls vorsichtig etwas Essig.
- Die Karotten aus dem Sud nehmen und in eine große Schüssel geben. Den Sud abseihen und sofort darübergießen.
- Die Basilikumblätter grob hacken und über die Karotten streuen.
- Abkühlen lassen, die Schüssel zudecken und 2 Tage in den Kühlschrank stellen.

**Dauert etwa 45 Minuten (ohne Abkühlzeit)**
**1 Portion = 697 kJ/166 kcal**

***Zur Abwechslung***

Wenn Sie die Karotten noch etwas pikanter mögen, geben Sie statt der Pfefferkörner 1 entkernten Peperone in den Sud. Nach dem Garen können Sie ihn nach Belieben wieder entfernen.

- *Sie können den Sud auch mit den Kräutern über die Karotten gießen.*
- *Die eingelegten Karotten lassen sich eine Weile aufbewahren, auch in fest verschließbaren Gläsern. Man reicht sie traditionell vor allem zum berühmten Bollito misto (Seite 302), doch passen sie auch sehr gut auf ein Vorspeisenbüfett.*

# Mostarda di frutta

*Eingelegte Senffrüchte*

*Für 20 Portionen*

- 5 feste säuerliche Äpfel
- 5 feste Birnen
- 5 möglichst kleine unbehandelte Orangen
- 5 nicht zu weiche grüne Feigen
- 300 feste Kirschen
- 8 feste Aprikosen
- 2 kg Zucker
- Senfpulver

- Äpfel und Birnen schälen, vierteln und entkernen.
- Die Orangen sorgfältig waschen, trocknen und vierteln. Die sichtbaren Kerne entfernen.
- Die Feigen waschen, trocknen und halbieren. Kirschen und Aprikosen waschen, trocknen und entsteinen.
- Die Früchte nach Sorten getrennt in Zuckerwasser erhitzen und nicht zu weich kochen. Abgießen und alle Früchte in eine große Schüssel geben.
- Alle Fruchtsirups in einem Topf zusammengießen, den restlichen Zucker hinzugeben und aufkochen lassen. Mit Senfpulver abschmecken.
- Die Früchte möglichst gleichmäßig auf Gläser verteilen und mit dem heißen Sirup begießen. Abkühlen lassen und die Gläser fest verschließen.
- Vor dem Verzehr mindestens 1 Monat ziehen lassen.

**Dauert etwa 1 1/2 Stunden**
**1 Portion = 2032 kJ/485 kcal**

- *Je mehr Senfpulver Sie hinzugeben, desto reizvoller wird der Kontrast zwischen Süße und pikanter Schärfe.*
- *Nach Belieben können Sie die Früchte auch in kleinere Stücke schneiden.*
- *Die Mostarda schmeckt besonders gut zu gekochtem oder gebratenem Fleisch.*

# Olive piccanti

*Eingelegte Oliven*

**2-4 Knoblauchzehen**
**1 scharfer Peperone**
**250 g gemischte schwarze und grüne Oliven**
**je etwas frischer Thymian, Rosmarin und Oregano**
**1-2 Lorbeerblätter**
**Olivenöl extra vergine**

Fertig gekaufte Oliven können Sie ohne große Mühe nach Belieben pikant einlegen und in Gläser füllen. Nach Möglichkeit sollten Sie allerdings frische Gewürzkräuter verwenden.

- Die Knoblauchzehen schälen und halbieren. Den Peperone entkernen und nach Belieben kleinschneiden.
- Thymian, Rosmarin, Oregano, Lorbeer, Knoblauch und Peperone zusammen mit den Oliven in ein Glas geben und mit Olivenöl auffüllen.

**Dauert etwa 10 Minuten**
**1 Portion = 1102 kJ/263 kcal**

***Zur Abwechslung***
Möchten Sie die Oliven etwas milder einlegen, würzen Sie sie mit 1 Teelöffel gut zerriebenem Oregano, 2 Lorbeerblättern und 3 bis 4 geschälten Knoblauchzehen und übergießen sie mit einer Mischung aus Rotwein und etwas Olivenöl.

- *Wenn Sie die eingelegten Oliven verbraucht haben, können Sie neue Oliven in das Öl legen oder aber das gewürzte Öl für einen Braten verwenden.*
- *Für ein Partybüfett können Sie die eingelegten Oliven zum Beispiel mit Zitronenstückchen, Schnitzen von frischen oder eingelegten Paprikaschoten, Basilikumblättern oder Petersilienblättchen anrichten.*

# Arance in aceto

*Orangen in Essig*

*Für 8 Portionen*

**8 schöne mittelgroße unbehandelte Orangen**
**1/2 EL grobkörniges Salz**
**500 g Puderzucker**
**3 EL Rohrzucker**
**1/2 Glas Balsamessig**
**1 TL grob zermahlene Pfefferkörner**
**1 TL Kardamom**
**1 TL gemahlener Zimt**
**6 Gewürznelken, fein zerrieben**

Sehr wichtig für dieses Rezept sind frische, aromatische und nicht zu saure unbehandelte Orangen.

- Die Orangen waschen und nebeneinander in einen Topf setzen.
- Das Salz hinzufügen und die Früchte knapp mit Wasser bedecken.
- Langsam erhitzen und die Orangen etwa 1 Stunde auf sehr kleiner Flamme köcheln lassen.
- Das Salzwasser abgießen und die Früchte auf Küchenkrepp abtropfen lassen.
- In einem zweiten Topf alle weiteren Zutaten mit einem 3/4 Glas Wasser erhitzen.
- Aufkochen lassen und unter ständigem Rühren etwa 10 Minuten köcheln lassen. Der Sirup muß eine relativ dickflüssige Konsistenz annehmen. Den Topf vom Feuer nehmen und abkühlen lassen.
- Die Orangen vierteln und in Scheiben schneiden.
- Den Sirup in einen anderen Topf abseihen und die Orangenscheiben hineingeben. Langsam erhitzen und etwa 10 Minuten sanft köcheln lassen. Zwischendurch vorsichtig umrühren.
- 1 oder 2 gut verschließbare Gläser mit kochendem Wasser füllen, ausgießen und sorgfältig abtrocknen.
- Die Orangenscheiben mit dem Sirup einfüllen, verschließen und einige Wochen durchziehen lassen.

**Dauert etwa 1 1/2 Stunden**
**1 Portion = 1447 kJ/346 kcal**

- *Die Essigmenge hängt etwas von der Qualität ab. Guter Balsamessig ist in der Regel sehr konzentriert. Verwenden Sie einen leichteren Rot- oder Weißweinessig, können Sie unter Umständen etwas mehr nehmen. Am besten schmecken Sie den Sud ab. Er darf um so pikanter sein, je süßer die Orangen sind.*
- *Die pikant eingelegten Orangen schmecken besonders gut zu kaltem gebratenen Fleisch.*

*Für 8 Portionen*

# Caprino sott'olio

*Ziegenkäse in Öl*

- ca. 750 g kleine feste Ziegenkäse
- 1 Zweig Rosmarin
- 1 Zweig Thymian
- 2 Lorbeerblätter
- 4 Salbeiblätter
- 1-2 Knoblauchzehen, geschält und halbiert
- einige Pfefferkörner
- Olivenöl extra vergine

*Sie können den eingelegten Ziegenkäse einige Wochen aufbewahren.*

• Die Käse in ein großes, gut verschließbares Glas geben, alle übrigen Zutaten dazwischen verteilen und mit Öl auffüllen. Das Glas an einen möglichst kühlen und dunklen Ort, aber nicht in den Kühlschrank stellen.
• Nach ein paar Tagen gegebenenfalls noch etwas Öl nachgießen, so daß der Käse vom Öl bedeckt bleibt.

**Dauert etwa 10 Minuten**
**1 Portion = 1299 kJ/310 kcal**

***Zur Abwechslung***
• Um den Geschmack zu intensivieren, übergießen Sie den Käse zuerst mit 1 Gläschen Grappa und lassen ihn einige Stunden ziehen. Abtropfen lassen und mit den Gewürzen in Öl einlegen. Zusätzlich können Sie einen halben oder ganzen scharfen Peperone mit ins Glas geben.
• Mit frischem Weißbrot oder Focaccia eignet sich der Ziegenkäse hervorragend als kleiner Imbiß zum Aperitif.

*Für 10 Portionen*

# Olio santo

*Peperoni-Öl*

- 300 g scharfe Peperoni
- 1 l Olivenöl extra vergine

*Es empfiehlt sich sehr, zum Putzen der Peperoni Gummihandschuhe anzuziehen.*

In ganz Süditalien liebt man die scharfen kleinen Schoten, die hier peperoncini heißen. Da frische Peperoni nicht zu jeder Jahreszeit erhältlich sind, schlagen Sie zwei Fliegen mit einer Klappe, wenn Sie sie in gutem Olivenöl einlegen. Sie können die Peperoni als Zutat für scharfe Gerichte entnehmen und mit dem Öl z. B. einen Salat anmachen.

• Die Peperoni gut waschen, die Stiele entfernen und über Nacht antrocknen lassen. Mit einem scharfen Messer samt den Kernen in dünne Ringe schneiden.
• Die Peperoni in ein Einmachglas geben, am besten mit Bügelverschluß, das Öl darübergießen und verschlossen mindestens 1 Woche an einen dunklen Ort stellen.

**Dauert etwa 15 Minuten (ohne Trockenzeit)**
**1 Portion = 3710 kJ/886 kcal**

## Nocino

*Nußlikör*

*Für etwa 1,2 Liter*

- ca. 300 g möglichst frische Haselnüsse
- einige Gewürznelken
- 1 Zimtstange
- 1 l Alkohol (90%)
- 500 g Zucker

- Die Nüsse schälen, im Mörser zerstößeln oder im Mixer zerkleinern und zusammen mit Nelken, Zimtstange und Alkohol in ein Einmachglas füllen. Gut verschließen und an einem dunklen Ort aufbewahren.
- Nach etwa 40 Tagen die Flüssigkeit abfiltern.
- Aus dem Zucker und 1 Gläschen Wasser einen Sirup kochen. Leicht abkühlen lassen und gut mit dem gefilterten Alkohol vermischen.
- Den Likör mindestens 2 Monate durchziehen lassen.

**Dauert etwa 30 Minuten**
**2 cl = 596 kJ/142 kcal**

## Rosolio di limone

*Zitronenlikör*

*Für etwa 1,5 Liter*

- 10 unbehandelte Zitronen
- 1 l Alkohol (90%)
- 1 kg Zucker
- 1 Tütchen Vanillezucker

Dieses Rezept stammt aus Kampanien. Bei der Zuckermenge scheiden sich ein wenig die Geister – Sie können nach Belieben auch weniger Sirup verwenden.

- Die Zitronenschalen abreiben und zusammen mit dem Alkohol in ein großes Einmachgefäß geben.
- 1 Woche ziehen lassen und dabei möglichst täglich durchschütteln.
- Anschließend einen Sirup aus Zucker, Vanillezucker und 1/2 Liter Wasser kochen, abkühlen lassen und durchfiltern.
- Den Zitronenalkohol abseihen und mit dem Sirup vermischen. Den Likör in eine Flasche geben, sorgfältig verschließen und mindestens 1 Monat ziehen lassen.

**Dauert etwa 30 Minuten (ohne Ruhezeiten)**
**2 cl = 484 kJ/116 kcal**

***Zur Abwechslung***
Auf die gleiche Weise können Sie auch Mandarinen- oder Orangenlikör zubereiten, doch lassen Sie dann den Vanillezucker weg.

# Dolci
# Desserts und Gebäck

*Wenn nicht anders angegeben, sind alle Rezepte für 4 Portionen berechnet.*

Im Italienischen bezeichnet man jede Art von Süßspeisen als „dolce". Und „dolce" ist ein Wort, das in jedem Fall für etwas sehr Angenehmes steht: eine liebenswerte Person, ein mildes Klima, eine sanfte Musik oder eine köstliche Leckerei. Die Süßspeise gehört als Abrundung zu einem echten italienischen Essen. Ob man ein leichtes Fruchtdessert oder eine üppige Cremetorte serviert, hängt in der Regel davon ab, wie festlich oder gehaltvoll ein Essen gestaltet wird. Häufig werden Früchte, wie z.B. Pfirsiche oder Erdbeeren, nur mit Zucker und Zitronensaft mariniert oder leicht mit Wein übergossen. Gerne reicht man auch schönes reifes Obst nach Jahreszeit – in erster Linie Birnen, aber auch Trauben, Feigen, Aprikosen – mit Käse wie Parmesan oder Gorgonzola.

Besonderer Beliebtheit erfreuen sich die Plätzchen, die „biscotti", von denen wir am Schluß dieses Kapitels eine Reihe vorstellen. Man serviert sie nach dem Essen zum Kaffee oder zu einem Süßwein, z.B. einem Vinsanto, in den sie eingetaucht werden.

# Crema pasticcera

*Konditorcreme*

- 1/2 l Milch
- 120-150 g Zucker
- 1 Stück unbehandelte Zitronenschale
- 1 Vanilleschote
- 5 Eigelb
- 50-60 g Mehl
- etwas Puderzucker (oder Butter)

- Die Milch mit der Hälfte des Zuckers, der Zitronenschale und der aufgeschlitzten Vanilleschote in einem Topf erhitzen.
- Die Eigelbe gründlich mit dem restlichen Zucker in einer Schüssel verschlagen. Das Mehl hinzufügen und gut untermischen.
- Die aufkochende Milch vom Feuer nehmen. Einen kleinen Schöpflöffel Milch in die Schüssel geben und gut umrühren.
- Die Eiermischung in den Milchtopf geben und umrühren.
- Die Creme bei schwacher Hitze weiter mit dem Schneebesen schlagen, damit sich keine Klümpchen bilden.
- Den Topf vom Feuer nehmen, Vanilleschote und Zitronenschale entfernen. Die Creme durch ein Sieb in eine Schüssel streichen. Die Oberfläche mit etwas Puderzucker bestreuen oder mit kleinen Butterflöckchen besetzen, damit die Creme keine Haut bildet.
- Die abgekühlte Creme nach Belieben zum Füllen von Torten und Gebäck verwenden oder auch als Nachspeise servieren.

**Dauert etwa 20 Minuten (ohne Abkühlzeit)**
**1 Portion = 1562 kJ/373 kcal**

***Zur Abwechslung***

- Sie können die Creme je nach Verwendungszweck und Geschmack mit abgeriebener Orangenschale, starkem Kaffee (dann weniger Milch verwenden), einem Likör Ihrer Wahl oder Kakaopulver aromatisieren.
- Als eigenständiger Nachtisch schmeckt die Creme besonders gut mit Amaretti und Sahne: Von 10 bis 15 Amaretti die Hälfte zerstößeln und die restlichen Kekse auf den Boden von 4 Portionsschälchen legen. 200 Gramm süße Sahne mit etwas Puderzucker steif schlagen. Nun geben Sie schichtweise die abgekühlte Creme und die Amarettibrösel in die Schälchen und garnieren das Dessert mit der Schlagsahne. Die Amaretti können Sie hierbei auch durch mit etwas Likör beträufelte Löffelbiskuits ersetzen.
- Oder Sie heben Schlagsahne unter die Creme und garnieren sie mit fein gehobelter Schokolade, Mandelsplittern oder Nüssen.

*Für etwa 20 Stück*

# Cannoli con crema all'abruzzese

*Schillerlocken aus den Abruzzen*

- 500 g Mehl
- 2 Eier
- 150 g Zucker
- 1/2 Glas Weißwein
- 1 Prise Salz
- Öl
- Butter
- Konditorcreme (Seite 557)
- Puderzucker zum Bestreuen

*Die Metallzylinder, die man für die Zubereitung benötigt, finden Sie in gut sortierten Haushaltsgeschäften.*

• Das Mehl auf die Arbeitsfläche sieben und eine Mulde hineindrücken.
• Eier, Zucker, Wein, Salz und 3 Eßlöffel Öl hineingeben und alles zu einem geschmeidigen, nicht allzu festen Teig verkneten. Mit einem Tuch bedecken und 30 Minuten ruhen lassen.
• Den Teig ausrollen und in Rechtecke schneiden. Die Teigstücke jeweils um eine leicht eingebutterte Metallröhre wickeln und in reichlich heißem Öl goldbraun backen. Auf Küchenkrepp abtropfen lassen.
• Sobald die Cannoli leicht abgekühlt sind, vorsichtig von den Röhren abziehen und völlig erkalten lassen.
• Die Cannoli mit der Konditorcreme füllen, mit Puderzucker bestreuen und servieren.

**Dauert etwa 1 Stunde**
**1 Stück = 923 kJ/221 kcal**

# Crema frangipane

*Eier-Mandel-Creme*

- 2 Eier
- 3 Eigelb
- 70 g Zucker
- 40 g Mehl
- 1/2 l Milch
- 1 Vanilleschote
- 30 g Butter
- 50 g gehackte Mandeln

*Nach Belieben können Sie mit dieser Creme auch Torten garnieren.*

• Eier und Eigelbe zusammen mit dem Zucker schaumig schlagen. Das Mehl sorgfältig unterrühren.
• Die Milch mit der aufgeschlitzten Vanilleschote in einem Topf aufkochen lassen. Vom Feuer nehmen und die Eiermischung hineinrühren.
• Den Topf wieder auf den Herd stellen und auf der kleinsten Flamme weiterrühren, bis die Mischung cremig wird.
• Vom Feuer nehmen und die Vanilleschote entfernen. Butter und gehackte Mandeln unterziehen.
• Die Mandelcreme in Portionsschälchen füllen und abkühlen lassen.

**Dauert 30 bis 40 Minuten**
**1 Portion = 1772 kJ/423 kcal**

# Crema inglese

*Englische Creme*

| | |
|---|---|
| 1/2 l Milch | |
| 250 g Zucker | |
| 1 Päckchen Vanillezucker | |
| 5 Eigelb | |
| 1 Msp. Stärkemehl | |

Diese Creme wird wie die Crema pasticcera (Seite 557) auch für viele andere Rezepte benötigt, etwa um Torten und Kleingebäck damit zu füllen. Sorgfalt bei der Zubereitung ist wichtig, denn die Eier müssen cremig bleiben und dürfen nicht gerinnen.

- Die Milch mit der halben Zuckermenge und dem Vanillezucker in einen Topf geben und langsam erhitzen.
- Inzwischen die Eigelbe mit dem übrigen Zucker und dem Stärkemehl verquirlen.
- Sobald die Milch aufkocht, 1 kleinen Schöpflöffel davon zur Eiermischung geben, schnell durchrühren und alles in den Topf geben.
- Den Topf ins Wasserbad stellen und so lange mit einem Holzlöffel weiterrühren, bis die Creme sich über den Löffel legt und nicht mehr glatt herabfließt.
- Die Creme in Schüsselchen füllen, abkühlen lassen und nach Belieben garnieren.

**Dauert 20 bis 30 Minuten (ohne Abkühlzeit)**
**1 Portion = 1887 kJ/450 kcal**

# Crema di mascarpone

*Mascarponecreme*

| | |
|---|---|
| 400 g Mascarpone | |
| 100 g Zucker | |

- Mascarpone und Zucker in einer Schüssel mit dem Schneebesen kräftig durcharbeiten.
- Die Creme in Portionsschälchen füllen und nach Belieben garnieren. Dazu nach Möglichkeit hausgemachte Plätzchen servieren.

**Dauert etwa 10 Minuten**
**1 Portion = 1827 kJ/436 kcal**

*Zum Garnieren eignen sich besonders gut Mandel- oder Nußsplitter, geriebene Schokolade oder in Alkohol eingelegte Früchte. Sie können mit der Mascarponecreme auch Torten füllen.*

***Zur Abwechslung***
Je nach Geschmack und Verwendungszweck können Sie noch 1 Gläschen Cognac oder Mokka oder trockenen Marsala oder aber 1 Eßlöffel Kakaopulver unter die Creme ziehen.

# Crema zabaione

*Weinschaumcreme*

**1 Glas trockener Marsala**
**1/4 l trockener Weißwein**
**120-150 g Zucker**
**5 Eigelb**
**50-60 g Mehl**
**Puderzucker (oder Butter)**

- Marsala und Weißwein in einen Topf geben, die Hälfte des Zuckers hinzufügen und die Mischung auf kleiner Flamme erhitzen.
- Inzwischen die Eigelbe mit dem restlichen Zucker schaumig schlagen und das Mehl hineinquirlen.
- Wenn der Wein aufkocht, ein wenig davon in die Eiermischung rühren und alles in den Topf geben.
- Den Topf ins Wasserbad stellen und unter ständigem Rühren mit einem Holzlöffel oder Schneebesen erhitzen. So lange weiterrühren, bis die Creme sich über den Löffel legt und nicht mehr glatt herabfließt.
- Die Zabaione in eine Schüssel füllen und mit Puderzucker bestreuen oder mit Butterflöckchen besetzen, damit sich keine Haut bildet.

**Dauert 20 bis 30 Minuten**
**1 Portion = 1487 kJ/355 kcal**

***Zur Abwechslung***

- Den Marsala können Sie ohne weiteres auch durch einen anderen süßen Dessertwein oder einen guten Weißwein ersetzen.
- In einer einfacheren Version schlagen Sie 100 Gramm Zucker und 6 Eigelb in einem kleinen Topf schaumig. 300 ml Marsala hinzugeben und im Wasserbad unter ständigem Rühren erhitzen, bis eine dicke, schaumige Creme entsteht.
- Nach Belieben noch etwas Zimt oder abgeriebene Zitronenschale hinzufügen und die Creme heiß oder kalt mit Biskuits servieren.

- *Die Zabaionecreme läßt sich sehr gut zum Füllen von Torten oder Gebäck verwenden.*
- *Möchten Sie die Zabaione als Nachspeise servieren, heben Sie vorsichtig gut 1/4 Liter gezuckerte und steif geschlagene süße Sahne unter und füllen die Creme in Portionsschälchen. Dazu hausgemachte Plätzchen reichen.*

# Biancomangiare

*Mandelcreme*

Dieses Rezept geht bis auf die Zeit der Renaissance zurück.

- 10 g Gelatine
- 150 g gehackte Mandeln
- 1/2 l Milch
- 100 g Zucker
- 400 g süße Sahne
- 1-2 EL Puderzucker

- Die Gelatine in etwas kaltem Wasser einweichen.
- Die Mandeln in der Milch aufkochen, anschließend noch etwa 10 Minuten ziehen lassen.
- Die Milch durch ein feines Tuch abseihen. Die Mandeln dabei fest ausdrücken, damit die Milch möglichst viel Aroma annimmt.
- Die Milch noch einmal kurz erhitzen und vom Feuer nehmen. Die ausgedrückten Gelatineblätter und den Zucker sorgfältig darin auflösen. Die Mischung leicht abkühlen lassen.
- Die Sahne mit dem Puderzucker steif schlagen und vorsichtig von oben nach unten mit der Mandelmilch vermischen.
- Die Creme in eine Puddingform oder in Einzelförmchen füllen und mindestens 2 Stunden in den Kühlschrank stellen.
- Auf eine Platte oder auf kleine Teller stürzen und servieren.

**Dauert etwa 40 Minuten (ohne Abkühlzeit)**
**1 Portion = 2939 kJ/701 kcal**

***Zur Abwechslung***
Sie können die Milchmenge auch um 1/8 Liter reduzieren und dafür zusammen mit der Gelatine 1/8 Liter starken Kaffee zur Mandelmilch geben.

# Panna cotta

*Sahnecreme*

**300 g Zucker**
**4 Blatt weiße Gelatine**
**1 kg süße Sahne**
**1 Stück unbehandelte Zitronenschale**
**1 Päckchen Vanillezucker**
**50-70 g Puderzucker**

*Als die Araber im 9. Jahrhundert Sizilien eroberten, führten sie Zitrusfrüchte, Zucker, Reis und viele bis dahin unbekannte Gewürze ein. Sie machten die Sizilianer auch mit ihren vielen köstlichen Süßigkeiten bekannt.*

- Die halbe Zuckermenge mit wenig Wasser in ein Töpfchen geben und auf kleiner Flamme auflösen. Gerade nur soviel Wasser nehmen, daß der Zucker karamelisieren kann.
- Den Topf auf dem Feuer lassen, bis der Karamel eine goldbraune Farbe annimmt. Zwischendurch die Topfränder mit feuchtem Küchenkrepp oder mit einem Pinsel säubern, damit keine Zuckerkörner anbrennen.
- Den Karamel in eine große Puddingform geben oder auf 4 Einzelförmchen verteilen.
- Die Gelatine in etwas Wasser einweichen.
- Die Hälfte der Sahne in einen Topf geben. Den restlichen Zucker und die Zitronenschale hinzufügen, verrühren und aufkochen lassen. Die Sahne vom Herd nehmen, den Vanillezucker und die ausgedrückte Gelatine hineingeben. Gut durchrühren, bis die Gelatine sich völlig aufgelöst hat, anschließend abkühlen lassen.
- Die Zitronenschale herausnehmen. Die restliche Sahne mit dem Puderzucker steif schlagen und vorsichtig unter die gekochte Sahne heben.
- Die Sahnecreme in die Form oder in die Einzelförmchen füllen und mindestens 2 Stunden im Kühlschrank erkalten lassen. Auf eine Servierplatte oder auf Portionsteller stürzen und sofort servieren.

**Dauert 40 bis 60 Minuten (ohne Abkühlzeit)**
**1 Portion = 4558 kJ/1088 kcal**

***Zur Abwechslung***
Nach Belieben können Sie die Sahnecreme noch mit einem Likör, etwas Kakaopulver oder löslichem Kaffee aromatisieren.

- *Sie können die Creme noch leichter zubereiten, wenn Sie einfach die gesamte Sahnemenge kochen.*
- *Sehr gut schmeckt eine Fruchtsauce dazu: Pürieren Sie zum Beispiel 400 Gramm frische Erdbeeren oder Himbeeren mit 50 Gramm Zucker.*

# Tiramisù

*Tiramisù*

- Den Mascarpone in eine Schüssel geben. Zucker, Eigelbe und Cognac hinzufügen und alles mit dem Schneebesen zu einer homogenen Creme verschlagen.
- In einer rechteckigen Glasschüssel eine Schicht Löffelbiskuits auslegen und mit Hilfe eines Küchenpinsels mit Kaffee tränken.
- Eine Schicht Creme darübergeben, dann wieder Löffelbiskuits und Kaffee, bis alle Zutaten aufgebraucht sind. Die oberste Schicht sollte aus Creme bestehen.
- Mit Kakaopulver bestäuben und nach Möglichkeit einige Stunden durchziehen lassen.

**Dauert etwa 20 Minuten**
**1 Portion = 2734 kJ/653 kcal**

**300 g Mascarpone**
**150 g Zucker**
**3 Eigelb**
**1 Gläschen Cognac (oder Amaretto)**
**150 g Löffelbiskuits**
**1/8 l kalter starker Kaffee**
**Kakaopulver**

# Tiramisù all'arancia

*Tiramisù mit Orange*

- Den Mascarpone mit 150 Gramm Zucker, den Eigelben, der abgeriebenen Orangenschale und dem Likör sorgfältig vermischen. 1 großes Glas Wasser mit dem restlichen Zucker und dem Stück Schale aufkochen und den Sirup anschließend etwas abkühlen lassen.
- Eine rechteckige Schüssel mit Löffelbiskuits auslegen. Die Biskuits mit dem Sirup bestreichen, eine Schicht Creme darübergeben, dann wieder Biskuits und Sirup, bis alle Zutaten aufgebraucht sind. Die oberste Schicht sollte aus Creme bestehen.
- Das Dessert mit kandierter Orange garnieren und möglichst einige Stunden durchziehen lassen.

**Dauert etwa 30 Minuten**
**1 Portion = 2798 kJ/668 kcal**

**300 g Mascarpone**
**220 g Zucker**
**3 Eigelb**
**etwas abgeriebene unbehandelte Orangenschale**
**1/2 Gläschen Orangenlikör**
**1 Stück unbehandelte Orangenschale**
**100-150 g Löffelbiskuits**
**kandierte Orangenscheiben oder -stückchen**

***Zur Abwechslung***
Sie können die Creme statt mit Zucker auch mit Honig süßen, den Sie leicht anwärmen sollten, damit er flüssiger wird und sich besser vermischt.

# Bunet

*Karamelpudding aus dem Piemont*

**250 g Zucker**
**einige Tropfen Zitronensaft**
**1/2 l Milch**
**1 Päckchen Vanillezucker**
**4 Eier**
**20-25 g Kakaopulver**
**ca. 6 Amaretti (Mandelplätzchen), fein zermahlen**

*Die Amaretti (Mandelplätzchen) sind in allen italienischen Spezialitätengeschäften erhältlich.*

- 100 Gramm Zucker mit Zitronensaft und ein wenig Wasser auf kleiner Flamme in einem Töpfchen auflösen und weiter erhitzen, bis er eine helle Goldfarbe annimmt. Die Topfränder zwischendurch mit feuchtem Küchenkrepp oder mit einem Pinsel abstreichen, damit sich kein Zucker festsetzt und anbrennt.
- Den Karamel in eine Puddingform geben.
- Die Milch in einen Topf gießen, 75 Gramm Zucker und den Vanillezucker hinzufügen und auf kleiner Flamme zum Kochen bringen. Anschließend abkühlen lassen.
- Inzwischen die Eier mit dem restlichen Zucker schaumig schlagen.
- Kakaopulver und Amarettibrösel sorgfältig untermischen.
- Die abgekühlte Milch unter die Eiermischung rühren und die Creme in die Puddingform füllen.
- Den Pudding im Ofen bei 180 Grad (Umluft 160 Grad, Gas Stufe 2 bis 3) 40 bis 50 Minuten im Wasserbad garen, dabei in den Wassertopf zuunterst ein Zeitungsblatt legen.
- Mit einem Zahnstocher prüfen, ob der Pudding schon fest geworden ist und gegebenenfalls noch kurze Zeit weitergaren. Abkühlen lassen und auf eine Servierplatte stürzen.

**Dauert gut 1 Stunde (ohne Abkühlzeit)**
**1 Portion = 2177 kJ/519 kcal**

## Budino di zucca

*Kürbispudding*

- Das Kürbisfleisch im Ofen bei mittlerer Hitze garen, bis es weich ist. Inzwischen die Eier trennen. Die Eigelbe in einer großen Schüssel mit dem Zucker verquirlen.
- Nach und nach Mehl, Backpulver und Milch hineinrühren. Darauf achten, daß sich keine Klümpchen bilden. Den Kürbis pürieren oder durch ein Sieb passieren und ebenfalls untermischen.
- Die Amaretti fein zerstößeln und mit dem Muskat hinzugeben. Schließlich die Eiweiße sehr steif schlagen und behutsam unterheben.
- Eine große Puddingform ausbuttern und leicht mit Mehl bestäuben. Die Kürbismischung hineingießen und im Ofen bei 180 Grad (Umluft 160 Grad, Gas Stufe 2 bis 3) etwa 1 Stunde im Wasserbad garen. Kurz abkühlen lassen, auf eine Platte stürzen und noch warm servieren.

**Dauert etwa 1 Stunde 40 Minuten**
**1 Portion = 1811 kJ/432 kcal**

**600 g Kürbisfleisch ohne Schale und Kerne**
**4 Eier**
**100 g Zucker**
**100 g Mehl**
**1 TL Backpulver**
**knapp 1/4 l Milch**
**6 Amaretti (Mandelplätzchen)**
**1 Prise frisch geriebene Muskatnuß**
**Butter und Mehl für die Form**

## Budino di riso

*Reispudding*

- Die Milch in einem Topf aufsetzen, Butter, Zitronenschale und Reis hinzufügen, und den Reis auf kleiner Flamme etwa 10 Minuten köcheln lassen.
- Zucker und Sultaninen hinzufügen und noch etwa 10 Minuten sanft weitergaren. Den Topf vom Feuer nehmen.
- Eier, Eigelb und Marsala miteinander verquirlen und unter den Reis mischen.
- Eine Puddingform leicht einfetten, mit Semmelbröseln ausstreuen und die Reismischung hineinfüllen.
- Den Pudding im auf 180 Grad (Umluft 160 Grad, Gas Stufe 2 bis 3) vorgeheizten Ofen etwa 40 Minuten im Wasserbad garen, bis er fest und goldgelb geworden ist. Auf eine Servierplatte stürzen und lauwarm zu Tisch bringen.

**Dauert etwa 1 Stunde**
**1 Portion = 1904 kJ/454 kcal**

**1/2 l Milch**
**1 nußgroßes Stück Butter**
**1 abgeriebene unbehandelte Zitronenschale**
**80 g Reis**
**80 g Zucker**
**100 g Sultaninen**
**2 ganze Eier**
**1 Eigelb**
**2 EL trockener Marsala (oder Rum)**
**Butter für die Form**
**Semmelbrösel (oder zerbröselte Plätzchen)**

# Pere al vino rosso

*Birnen in Rotwein*

8-12 reife, aber feste Birnen
150 g Zucker
1 Stange Zimt
etwas unbehandelte Zitronenschale (und/oder Orangenschale)
1-2 Gewürznelken
vollmundiger Rotwein

- Die Birnen schälen und halbieren. Das Kernhaus herausschneiden.
- Die Hälften mit der Schnittfläche nach unten in einen Topf geben und mit Zucker bestreuen.
- Zimt, Zitronenschale und Gewürznelken hinzugeben und so viel Rotwein aufgießen, daß die Birnen mindestens zu 3/4 bedeckt sind.
- Im zugedeckten Topf alles etwa 20 Minuten auf kleiner Flamme garen. Der Saft sollte eine sirupartige Konsistenz bekommen. Falls nötig, kurz vor Ende der Garzeit den Deckel abnehmen und den Saft etwas einkochen lassen.
- Die Birnen heiß oder abgekühlt servieren.

**Dauert 30 bis 40 Minuten**
**1 Portion = 1422 kJ/340 kcal**

***Zur Abwechslung***
- Anstelle von Zucker können Sie auch Honig oder Melasse verwenden.
- Für Birnen mit Zabaionecreme (Pere con crema zabaione) ersetzen Sie den Rotwein durch Wasser, richten die gegarten Birnenhälften warm oder kalt auf Portionstellern an und überziehen sie mit einer Mischung aus Zabaionecreme (Seite 560) und 250 Gramm steifgeschlagener Sahne.

- *Die Kochzeit kann je nach Sorte und Reifegrad der Birnen um einiges abweichen.*
- *Am Wein sollten Sie auch bei diesem Rezept nicht sparen, denn der Geschmack hängt entscheidend von seiner Qualität ab. Besonders delikat werden die Birnen, wenn Sie sie in Marsala garen.*

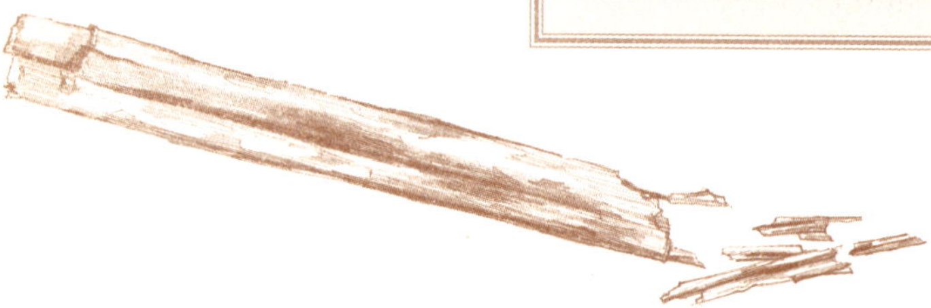

# Monte Bianco

*Maronenpüree*

- Die Maronen mit einem spitzen Messer einritzen, in einen Topf legen, salzen und mit kaltem Wasser bedecken. In 30 bis 40 Minuten weich kochen.
- Die Kastanien portionsweise aus dem Topf nehmen, kurz abkühlen lassen und mit einem scharfen Messer die Schale und die innere Haut entfernen.
- Die noch warmen Maronen pürieren und in eine Schüssel geben. Zucker und Cognac hinzufügen und gut durchmischen.
- Nochmals durchpürieren und die Masse bergförmig auf einem großen Teller aufhäufeln.
- Das Maronenpüree etwa 1/2 Stunde in den Kühlschrank stellen. Die Sahne steif schlagen, in einen Spritzbeutel geben und den Maronenberg damit überziehen.

**Dauert etwa 1 Stunde 30 Minuten**
**1 Portion = 2919 kJ/696 kcal**

**500 g Maronen**
**1 Prise Salz**
**150 g Zucker**
**2 EL Cognac (oder Rum)**
**knapp 500 g süße Sahne**

*Sie können den Monte Bianco nach Belieben noch mit Kakaopulver und/oder kandierten Maronen garnieren. Nach Belieben können Sie dem Maronenpüree auch 1 Eßlöffel Kakaopulver beifügen.*

# Insalata di arance con datteri

*Orangensalat mit Datteln*

- Eine Orange halbieren und auspressen.
- Die übrigen Orangen mit einem feinen Messerchen schälen und in Schnitze teilen. Die Schnitze sorgfältig von weißen Häutchen befreien und kreisförmig auf einer Platte anrichten.
- Die Sultaninen waschen und kurz in warmem Wasser einweichen, anschließend herausnehmen, trockentupfen und in eine Schüssel geben. Zucker, Cognac und Orangensaft hinzufügen und alles kurz ziehen lassen.
- Die Datteln entkernen, kleinschneiden und über den Orangenschnitzen verteilen.
- Die Sultaninen über dem Salat verteilen.
- Den Salat mit der Orangen-Cognac-Marinade übergießen und mit Minzeblättchen garnieren.

**Dauert etwa 30 Minuten**
**1 Portion = 1651 kJ/395 kcal**

**5 schöne saftige Orangen**
**80 g Sultaninen**
**3 EL Zucker**
**3 EL Cognac**
**8 möglichst frische Datteln**
**einige Minzeblätter**

*Wenn Sie nur konservierte Datteln zur Verfügung haben, lassen Sie sie vor dem Anrichten kurz in der Orangenmarinade ziehen.*

## Finte uova

*Aprikosen im Sahnemantel*

8 reife Aprikosen
70 g Zucker
1 Stückchen unbehandelte Zitronenschale
evtl. 1 Gläschen Amaretto (oder anderer Likör)
500 g süße Sahne
evtl. Puderzucker
Kakaopulver

• Die Aprikosen waschen, vorsichtig öffnen und den Kern entfernen.
• Den Zucker zusammen mit knapp 1/4 Liter Wasser und der Zitronenschale in einen Topf geben und erhitzen.
• Die Aprikosen hineingeben und 5 Minuten auf kleiner Flamme köcheln lassen.
• Den Topf vom Feuer nehmen und nach Belieben den Likör hinzufügen. Etwa 30 Minuten abkühlen lassen.
• Inzwischen die Sahne steif schlagen und nach Belieben mit Puderzucker süßen. Die Schlagsahne in eine Glasschüssel geben. Die Oberfläche nicht glattstreichen, sondern die Sahne stellenweise etwas hochziehen.
• Die abgekühlten Aprikosen aus dem Sirup heben und in der Sahne verteilen. Mit Kakaopulver bestäuben und servieren.

**Dauert etwa 20 Minuten (ohne Abkühlzeit)**
**1 Portion = 2003 kJ/477 kcal**

## Albicocche con crema di ricotta

*Aprikosen mit Ricottacreme*

8 reife Aprikosen
150-180 g Zucker
1 Vanilleschote
1 Stück unbehandelte Zitronenschale
400 g Ricotta
2 Eigelb
evtl. 1/2 Gläschen Likör
Cocktailkirschen zum Garnieren

*Mit der Ricottacreme können Sie natürlich auch andere Früchte füllen.*

• Die Aprikosen waschen, halbieren und entkernen. Zusammen mit 50 Gramm Zucker in einen Topf geben und knapp mit Wasser bedecken.
• Vanilleschote und Zitronenschale hinzufügen, auf kleiner Flamme erhitzen und einige Minuten köcheln lassen. Die Aprikosen im Topf erkalten lassen.
• Inzwischen den Ricotta durch ein Sieb in eine Schüssel streichen. Den restlichen Zucker, die Eigelbe und nach Belieben auch den Likör sorgfältig untermischen.
• Mit der Creme die Aprikosenhälften füllen und mit Cocktailkirschen garnieren. Vor dem Servieren eine Weile in den Kühlschrank stellen.

**Dauert etwa 40 Minuten**
**1 Portion = 1555 kJ/371 kcal**

# Pere in miele

## *Honigbirnen*

- 800 g Birnen
- trockener Weißwein
- 400 g Honig
- Salz
- Pfeffer aus der Mühle
- 6 Eier
- Olivenöl extra vergine

Dieses Dessert geht auf die Römerzeit zurück. Heutzutage bereitet man es häufig ohne Pfeffer zu – dadurch geht aber der mediterrane Pfiff des Rezeptes verloren.

- Die Birnen schälen, entkernen und in Würfelchen oder Scheiben schneiden. In einen Topf geben, mit Wein bedecken, 100 Gramm Honig hinzufügen, leicht salzen und pfeffern und 15 Minuten auf kleiner Flamme schmoren lassen. Die Flüssigkeit abgießen.
- Die Eier in einer Schüssel verquirlen.
- 200 Gramm Honig in einem Töpfchen leicht schmelzen lassen. Eier, Birnen und 4 Eßlöffel Olivenöl hinzufügen und alles gut durchmischen.
- Eine große, feuerfeste Form leicht einölen, die Birnenmischung hineinfüllen und glattstreichen. Die Füllung sollte nicht höher als 2 bis 3 cm reichen.
- Die Honigbirnen im auf 200 Grad (Umluft 180 Grad, Gas Stufe 3 bis 4) vorgeheizten Ofen 30 bis 40 Minuten garen, bis die Masse sich gefestigt hat und die Oberfläche goldbraun ist.
- Leicht mit Pfeffer bestreuen und den restlichen, leicht erhitzten Honig darübergießen.

**Dauert etwa 1 Stunde 10 Minuten**
**1 Portion = 2679 kJ/640 kcal**

# Fagottini di mele

*Äpfel im Teigmantel*

**Für den Teigmantel:**
- 400 g Mehl
- 200 g Zucker
- 1 Prise Salz
- 1 Msp. Trockenhefe
- etwas abgeriebene unbehandelte Zitronenschale
- 1 Päckchen Vanillezucker
- 200 g zimmerwarme Butter
- 4 Eigelb

**Für die Füllung:**
- 50 g Sultaninen
- 50 g Pinienkerne
- 4 kleine Äpfel
- Saft von 1 Zitrone
- 150 g Zucker
- 1 abgeriebene unbehandelte Zitronenschale

**Außerdem:**
- Butter
- 1 Eigelb
- 1 EL Milch
- Mehl für das Backblech (oder Backpapier)

*Sie können auf die gleiche Weise auch Birnen füllen.*

- Das Mehl auf die Arbeitsfläche sieben und mit Zucker und Salz vermischen. Aufhäufeln und eine Mulde in die Mitte drücken.
- Hefe, Zitronenschale, Vanillezucker, Butter und Eigelbe hineingeben und alle Zutaten mit den Fingerspitzen schnell zu einem Teig verkneten. Falls der Teig nicht bindet, tropfenweise Wasser unterkneten.
- Den Teig in Frischhaltefolie wickeln und mindestens 30 Minuten im Kühlschrank ruhen lassen.
- Inzwischen die Sultaninen in lauwarmem Wasser einweichen, anschließend abtropfen lassen. Die Pinienkerne in einer Teflonpfanne leicht anrösten.
- Die Äpfel schälen. Das Kernhaus von oben herausstechen und die Öffnung etwas erweitern. Die Äpfel in Zitronenwasser legen, damit sie nicht braun werden.
- Zucker, Sultaninen, Pinienkerne und Zitronenschale in einer Schüssel gut vermischen. Den Teig etwa 1 1/2 cm dick ausrollen und in 4 große Stücke schneiden.
- Die Äpfel sorgfältig abtrocknen, in die Mitte der Teigstücke setzen und mit der Zuckermischung füllen. Obenauf je 1 Stückchen Butter setzen.
- Das Eigelb mit der Milch verquirlen.
- Den Teig rund um die Äpfel gut schließen und mit verquirltem Eigelb bestreichen.
- Ein Backblech einbuttern und mit Mehl bestäuben oder mit Backpapier belegen und die Äpfel daraufsetzen.
- Den Ofen auf 180 Grad (Umluft 160 Grad, Gas Stufe 2 bis 3) vorheizen und die Äpfel 30 bis 40 Minuten darin backen. Herausnehmen und abkühlen lassen.

**Dauert etwa 1 Stunde 10 Minuten**
**1 Portion = 5992 kJ/1432 kcal**

***Zur Abwechslung***
Der Apfelfüllung können Sie nach Belieben noch kandierte Früchte oder 50 Gramm kleingehackte Blockschokolade beifügen, zudem eine Prise Zimtpulver. Den Zucker können Sie durch 3 Eßlöffel Marmelade oder Crema pasticcera (Seite 557) ersetzen. Sie können außerdem noch 1 Spritzer Cognac, Rum oder Likör hinzufügen.

# Arance alla siciliana

*Orangen auf sizilianische Art*

- Die Orangen gut waschen. Mit einem scharfen Messer einen Deckel abschneiden und beiseite legen.
- Vorsichtig das Fruchtfleisch aushöhlen und anderweitig verwenden.
- Alle übrigen Zutaten im Mixer zu einer gleichmäßigen Mischung vermengen.
- Die Orangen mit der Mischung füllen, die Deckel daraufsetzen und etwa 1/2 Stunde in den Kühlschrank stellen.

**4 schöne, große Orangen**
**100 g geriebene Mandeln**
**100 g Zucker**
**400 g Ricotta (oder Quark)**
**evtl. 1 Gläschen Amaretto (oder Marsala all'uovo)**
**Saft von 1/2 Orange**

**Dauert etwa 20 Minuten (ohne Abkühlzeit)**
**1 Portion = 1544 kJ/369 kcal**

***Zur Abwechslung***
Nach Belieben können Sie der Creme auch noch Schlagsahne beimischen.

# Pesche con meringata

*Pfirsiche mit Meringencreme*

- Die Pfirsiche waschen, halbieren und entkernen. Zusammen mit Zucker, aufgeschlitzter Vanilleschote und Zitronenschale in einen Topf geben und knapp mit Wasser bedecken.
- Das Obst einige Minuten köcheln, aber nicht zu weich werden lassen. Den Topf vom Feuer nehmen und erkalten lassen.
- Die Meringen fein zerkrümeln und in eine Schüssel geben. Die Sahne steif schlagen und untermischen.
- Die Pfirsichhälften mit der Creme füllen und vor dem Servieren eine Weile in den Kühlschrank stellen.

**4 schöne reife Pfirsiche**
**50 g Zucker**
**1 Vanilleschote**
**1 Stück unbehandelte Zitronenschale**
**200 g Meringen**
**gut 250 g süße Sahne**

*Sie können die gefüllten Pfirsichhälften ganz nach Belieben mit gehackten Mandeln, gehobelter Schokolade oder frischen Himbeeren bzw. Erdbeeren garnieren.*

**Dauert etwa 40 Minuten**
**1 Portion = 1924 kJ/459 kcal**

***Zur Abwechslung***
Auf die gleiche Weise können Sie auch Aprikosen zubereiten.

# Frittole

## *Karnevalskrapfen aus Venedig*

*Für etwa 30 Stück*

- **25 g Hefe**
- **80 g Zucker**
- **300 g Mehl**
- **1 Ei**
- **1 Prise Zimtpulver**
- **etwas abgeriebene unbehandelte Zitronenschale**
- **1 Gläschen Rum (oder trockener Marsala)**
- **1 Prise Salz**
- **knapp 2 Gläser Milch**
- **70-100 g Sultaninen, eingeweicht**
- **50 g Pinienkerne**
- **50 g kandierte Früchte**
- **Öl zum Ausbacken**
- **Zucker zum Bestreuen**

• Die Hefe zusammen mit 1 Eßlöffel Zucker in 1/2 Glas warmem Wasser auflösen. Ruhen lassen, bis sich Schaum an der Oberfläche bildet.

• Das Mehl in eine Schüssel sieben und mit dem restlichen Zucker vermischen. In die Mitte eine Mulde eindrücken und die aufgelöste Hefe sowie Ei, Zimt, Zitronenschale, Rum und Salz hineingeben.

• Mit einem Schneebesen oder einer Gabel die Zutaten gut vermischen. Nach und nach die Milch hinzufügen, bis sich ein leichter, geschmeidiger Teig ergibt.

• Sultaninen, Pinienkerne und kandierte Früchte unterrühren und den Teig mindestens 10 Minuten durcharbeiten. Die Schüssel mit einem Tuch bedecken und den Teig an einem warmen Ort 1 bis 1 1/2 Stunden gehen lassen.

• Sobald der Teig sein Volumen in etwa verdoppelt hat, reichlich Öl in einer Pfanne erhitzen und den Teig löffelweise hineingeben. Den Löffel zwischendurch immer wieder mit Wasser befeuchten, damit der Teig leicht abgleitet.

• Die ausgebackenen Frittole auf Küchenkrepp abtropfen lassen, mit Zucker bestreuen und sofort servieren.

**Dauert 2 bis 2 1/2 Stunden**
**1 Stück = 468 kJ/112 kcal**

***Zur Abwechslung***
Sie können die Milch auch ganz oder teilweise durch lauwarmes Wasser ersetzen.

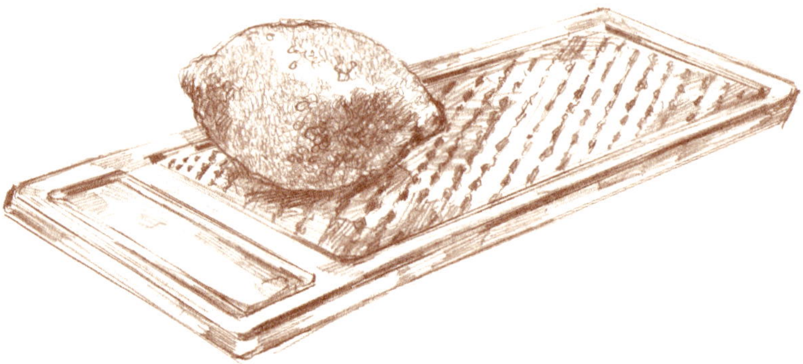

## Crema fritta veneta

*Cremeteilchen aus Venedig*

*Für etwa 20 Stück*

- Die Eier mit der Hälfte des Zuckers schaumig schlagen und sorgfältig das Mehl untermischen.
- Die Milch mit dem restlichen Zucker, der Zitronenschale und der aufgeschlitzten Vanilleschote aufkochen. Den Topf vom Feuer nehmen und die Eiermischung unterrühren.
- Die Creme auf kleinster Flamme, am besten im Wasserbad, unter ständigem Rühren vorsichtig eindicken lassen.
- Eine große rechteckige Form einölen und die Creme hineinfüllen. Mit einem feuchten oder eingeölten Messer auf eine Höhe von maximal 3 cm glattstreichen.
- Die Creme völlig abkühlen und fest werden lassen, danach in Rauten schneiden. Die Eiweiße schaumig schlagen. Reichlich Semmelbrösel in einen tiefen Teller geben.
- Die Cremerauten durch den Eischnee und anschließend durch die Semmelbrösel ziehen. In reichlich Öl ausbacken, auf Küchenkrepp abtropfen lassen und sofort servieren.

**Dauert etwa 30 Minuten (ohne Abkühlzeit)**
**1 Stück = 665 kJ/159 kcal**

**3 Eier**
**150 g Zucker**
**180 g Mehl**
**1/2 l Milch**
**1 Stück unbehandelte Zitronenschale**
**1 Vanilleschote (oder Vanillezucker)**
**Öl**
**2 Eiweiß**
**Semmelbrösel**

*Nach Belieben können Sie die Creme noch mit gehackten Mandeln oder Nüssen oder mit eingeweichten Sultaninen anreichern.*

## Frittelle di ricotta alla sarda

*Ausgebackene Ricottabällchen aus Sardinien*

*Für etwa 20 Stück*

- Den Ricotta in eine Schüssel geben und Zucker, Mehl, 100 Gramm Amarettibrösel, Zitronenschale, Zimt und 2 Eier hinzufügen.
- Alles gründlich miteinander vermengen. Sollte die Mischung zu flüssig sein, noch etwas zerstößelte Amaretti hinzugeben. Etwa 1 Stunde im Kühlschrank ruhen lassen.
- Die restlichen Eier in einem tiefen Teller verquirlen.
- Etwa walnußgroße Bällchen aus der Ricottamasse formen, im Mehl, in den Eiern und schließlich in den Semmelbröseln wenden und in reichlich heißem Öl ausbacken.
- Die Bällchen auf Küchenkrepp abtropfen lassen und sofort servieren.

**Dauert etwa 30 Minuten (ohne Ruhezeit)**
**1 Stück = 666 kJ/159 kcal**

**300 g Ricotta (oder Quark)**
**80 g Zucker**
**100 g Mehl**
**100-150 g Amaretti, fein zerstößelt**
**1 abgeriebene unbehandelte Zitronenschale**
**1 Prise Zimtpulver**
**4 Eier**
**Mehl zum Wenden**
**Semmelbrösel**
**Öl zum Ausbacken**

*Sie können die Bällchen auch in Butter ausbacken.*

*Für etwa 25 Stück*

# Frittelle di mele

*Apfelküchlein*

**Für den Teig:**
**15 g Hefe**
**300-400 g Mehl**
**1 TL Zucker**
**evtl. 2 Eiweiß**
**Für die Äpfel:**
**4-5 Äpfel**
**1/2 Gläschen Cognac (oder trockener Marsala)**
**1 EL Zucker**
**1 TL Zimtpulver**
**Saft von 1/2 Zitrone**
**etwas abgeriebene unbehandelte Zitronenschale**
**Außerdem:**
**Öl zum Ausbacken**
**Zimtzucker zum Bestreuen**

- Die Hefe in 1 Glas lauwarmem Wasser auflösen und mit Mehl und Zucker zu einem Teig verrühren. Mindestens 15 Minuten ruhen lassen. Danach nach Belieben die Eiweiße steif schlagen und vorsichtig unterheben.
- Inzwischen die Äpfel schälen und das Kernhaus ausstechen.
- Die Äpfel in nicht zu dünne Scheiben schneiden, in eine Schüssel geben und Cognac, Zucker, Zimt, Zitronensaft und -schale hinzufügen. Die Mischung kurz durchziehen lassen.
- Die Apfelscheiben einzeln durch den Teig ziehen und in reichlich heißem Öl schwimmend ausbacken.
- Die Apfelküchlein auf Küchenkrepp abtropfen lassen, auf eine Servierplatte legen und mit Zimtzucker bestreuen. Lauwarm servieren.

**Dauert etwa 1 Stunde 30 Minuten**
**1 Stück = 433 kJ/103 kcal**

***Zur Abwechslung***
- Auf gleiche Weise können Sie auch Aprikosenküchlein backen. Waschen, halbieren und entkernen Sie die Früchte, und folgen Sie im übrigen dem Rezept. Auch aus Pfirsichen, Birnen oder Feigen lassen sich diese Küchlein zubereiten.
- Sie können die geschälten und entkernten Äpfel aber auch in Würfelchen schneiden, zusammen mit 70 Gramm vorgeweichten Sultaninen, etwas Cognac, Zitronensaft, abgeriebener Zitronenschale und Zimt in einer Schüssel gut durchmischen und kurz ziehen lassen. Die Mischung abtropfen lassen, unter den Teig rühren und den Teig löffelweise in heißem Öl ausbacken.

## Sa zippulas

*Kartoffelbällchen aus Sardinien*

*Für etwa 40 Stück*

- 15 g Hefe
- 1/4 l lauwarme Milch
- 500 g Mehl
- 500 g Kartoffelpüree
- Saft von 2 Orangen
- je 1 abgeriebene unbehandelte Zitronen- und Orangenschale
- 2 Eigelb
- 1 Päckchen Vanillepulver
- 150 g Zucker
- Öl zum Ausbacken
- Zucker zum Bestreuen

• Die Hefe in der Hälfte der Milch auflösen.
• Das Mehl in eine Schüssel sieben. Kartoffelpüree, Orangensaft, Zitronen- und Orangenschale, die aufgelöste Hefe, die restliche Milch, Eigelbe, Vanillepulver und Zucker hinzufügen.
• Mit einer Gabel oder einem Schneebesen alle Zutaten gut vermengen.
• Den Teig zugedeckt an einem warmen Ort aufgehen lassen.
• Sobald der Teig sein Volumen in etwa verdoppelt hat, reichlich Öl in einer Pfanne oder Friteuse erhitzen. Eßlöffelweise den Teig abstechen, Bällchen daraus formen und im Öl goldgelb ausbacken.
• Die Bällchen auf Küchenkrepp abtropfen lassen, mit reichlich Zucker bestreuen und heiß oder lauwarm servieren.

**Dauert etwa 1 Stunde 30 Minuten**
**1 Stück = 447 kJ/114 kcal**

## Frittelle di ricotta alla romana

*Ricottabällchen auf römische Art*

*Für etwa 20 Stück*

- 300 g Ricotta
- 80-100 g Zucker
- 100 g Mehl
- etwas abgeriebene unbehandelte Zitronenschale
- 2 Eier
- Mehl zum Wenden
- Öl zum Ausbacken

• Den Ricotta durch ein Sieb streichen und in eine Schüssel geben.
• Zucker, Mehl, Zitronenschale und Eier hinzugeben und sorgfältig verrühren. Sollte der Teig zu flüssig sein, noch etwas Mehl hinzufügen. 1 Stunde im Kühlschrank ruhen lassen.
• Etwa walnußgroße Bällchen aus dem Teig formen und die Bällchen in Mehl wenden.
• In reichlich heißem Öl ausbacken und auf Küchenkrepp abtropfen lassen.

**Dauert etwa 30 Minuten (ohne Ruhezeit)**
**1 Stück = 422 kJ/101 kcal**

*Für etwa 30 Stück*

## Cannarìculi

*Teigstäbchen aus Kalabrien*

**400 g Mehl**
**100 g Zucker**
**1 abgeriebene unbehandelte Zitronenschale**
**1 Glas Weißwein**
**1 EL trockener Marsala (oder Rum)**
**1 Ei**
**1 Eigelb**
**1 Prise Salz**
**Öl zum Ausbacken**
**200-250 g Honig**

Die Cannarìculi werden in Kalabrien traditionell zu Weihnachten serviert.

- Das Mehl auf die Arbeitsfläche sieben und eine Mulde eindrücken.
- Zucker, Zitronenschale, Wein, Marsala, Ei, Eigelb und Salz hineingeben. Alle Zutaten zu einem geschmeidigen, nicht zu weichen Teig verkneten, gegebenenfalls noch ein wenig Mehl hinzufügen.
- Den Teig mit einem Tuch bedecken und etwa 30 Minuten ruhen lassen.
- Aus dem Teig etwa 5 cm lange bleistiftdicke Stäbchen formen und in reichlich heißem Öl fritieren.
- Die Stäbchen auf Küchenkrepp abtropfen lassen und auf eine nicht zu flache Servierplatte geben.
- Den Honig mit ein wenig Wasser erhitzen und über die Cannarìculi gießen. Warm servieren.

**Dauert etwa 1 Stunde 30 Minuten**
**1 Stück = 490 kJ/117 kcal**

*Für etwa 20 Stück*

## Amaretti fritti

*Fritierte Mandelplätzchen*

**Für den Ausbackteig:**
**15 g Hefe**
**60 g Zucker**
**400 g Mehl**
**2 Eigelbe**
**Außerdem:**
**1 EL Zucker**
**1 Glas Rum (oder trockener Marsala oder Likör)**
**300 g Amaretti**
**Öl zum Ausbacken**
**Puderzucker zum Bestäuben**

- Die Hefe in ein großes Glas bröckeln, mit 1 Teelöffel Zucker vermischen und mit Wasser auffüllen. Ruhen lassen, bis sich Schaum an der Oberfläche bildet.
- Das Mehl auf die Arbeitsfläche sieben, eine Mulde eindrücken und die aufgelöste Hefe, die Eigelbe und den restlichen Zucker hineingeben. Alle Zutaten gut verkneten, nach Bedarf noch ein wenig Wasser hinzufügen. Den Teig mindestens 1 Stunde ruhen lassen.
- Inzwischen 1/2 Glas Wasser mit dem Zucker erhitzen, einige Minuten kochen und leicht abkühlen lassen. Den Rum mit dem Zuckerwasser verdünnen.
- Die Amaretti kurz hineintauchen, durch den Ausbackteig ziehen und in reichlich Öl portionsweise goldgelb fritieren.

• Auf Küchenkrepp abtropfen lassen, auf eine Platte legen, mit Puderzucker bestäuben und sofort servieren.

**Dauert gut 1 Stunde 30 Minuten**
**1 Stück = 857 kJ/205 kcal**

*Unmittelbar vor dem Ausbacken können Sie nach Belieben noch 2 sehr steif geschlagene Eiweiß unter den Teig ziehen.*

## Bomboloni

*Teigbälle aus der Toskana*

*Für etwa 16 Stück*

- 20 g Hefe
- 60 g Zucker
- 250 g Mehl
- 50 g geschmolzene Butter
- 1-2 Eigelb
- 1 Prise Salz
- etwas lauwarme Milch
- Mehl zum Ausrollen
- Öl zum Ausbacken
- Puderzucker zum Bestreuen

• Die Hefe in ein Glas bröckeln, 1/2 Glas Wasser und 1 Teelöffel Zucker hinzufügen. Umrühren und ruhen lassen, bis sich Schaum an der Oberfläche bildet.
• Das Mehl auf die Arbeitsfläche sieben, aufhäufeln und eine Mulde eindrücken. Die angerührte Hefe, den restlichen Zucker, die flüssige Butter sowie Eigelbe, Salz und Milch hineingeben.
• Alle Zutaten zu einem geschmeidigen, weichen Teig verkneten. Je nach Konsistenz noch etwas Mehl oder aber lauwarme Milch hinzufügen.
• Den Teig mindestens 10 Minuten gut durchkneten und an einem warmen Ort auf das doppelte Volumen aufgehen lassen.
• Den Teig auf einer bemehlten Arbeitsfläche ungefähr 1 1/2 cm dick ausrollen.
• Mit einem Gläschen Teigkreise von etwa 5 cm Durchmesser ausstechen. In genügendem Abstand voneinander auslegen und noch einmal 40 bis 60 Minuten aufgehen lassen.
• Die Bomboloni in reichlich heißem Öl von beiden Seiten goldbraun fritieren.
• Auf Küchenkrepp abtropfen lassen und mit Puderzucker bestreut servieren.

**Dauert 2 bis 2 1/2 Stunden**
**1 Stück = 660 kJ/158 kcal**

*Für etwa 30 Stück*

# Bignè di San Giuseppe

*Josef-Beignets*

**100 g Sultaninen**
**1/4 l Milch**
**100 g Butter**
**20 g Zucker**
**300 g Mehl**
**6 Eier**
**1 Msp. Natron**
**Öl (oder Schmalz) zum Fritieren**
**Puderzucker zum Bestäuben**

Dieses Rezept stammt ursprünglich aus dem Latium, doch werden die Beignets heute auch in anderen Regionen Italiens zum Tag des heiligen Josef zubereitet. Früher verwendete man Schmalz zum Ausbacken, heute nimmt man dagegen meistens Öl.

- Die Sultaninen in etwas Wasser einweichen und abtropfen lassen.
- Inzwischen die Milch mit 1/4 Liter Wasser, Butter und Zucker in einen Topf geben und erhitzen.
- Sobald die Flüssigkeit aufkocht, den Topf vom Feuer nehmen und das Mehl unter ständigem Rühren mit dem Schneebesen auf einmal hineingeben.
- Den Topf wieder auf den Herd stellen und mit einem Holzlöffel weiterrühren, bis sich der Teig von selbst von den Topfwänden löst.
- Den Teig etwas abkühlen lassen.
- Die Eier einzeln zugeben und jeweils sorgfältig in den Teig einrühren.
- Schließlich Sultaninen und Natron hinzufügen und gut umrühren.
- Reichlich Öl erhitzen.
- Den Teig in einen Spritzbeutel mit Lochtülle füllen und jeweils kleine Portionen in das Öl gleiten lassen.
- Die Beignets goldgelb fritieren, auf Küchenkrepp abtropfen lassen, auf eine Servierplatte geben und mit Puderzucker bestäuben.

**Dauert gut 1 Stunde**
**1 Stück = 604 kJ/144 kcal**

- *Die Zubereitung erfordert Genauigkeit – die Beignets gelingen nicht, wenn Sie alle Eier zugleich an den Teig geben. Außerdem sollten Sie nicht zu viele Beignets gleichzeitig ausbacken, denn sie gehen dabei stark auf.*
- *Anstelle des Spritzbeutels können Sie auch mit einem in Öl getauchten Löffel nach und nach kleine Portionen vom Teig abnehmen.*

# Cacionetti abruzzesi

*Teigtäschchen aus den Abruzzen*

*Für etwa 30 Stück*

**Für den Teig:**
500 g Mehl
1/2 Glas Weißwein
3 Eier
1 Prise Salz
etwas Milch
**Für die Füllung:**
250-300 g vorgegarte Kichererbsen (auch aus der Dose)
70 g grob gehackte Mandeln
150 g Marmelade nach Wahl
**Außerdem:**
Öl zum Fritieren
evtl. Zimtzucker

• Das Mehl auf die Arbeitsfläche sieben, eine Mulde eindrücken und die anderen Zutaten für den Teig hineingeben.
• Alles etwa 10 Minuten zu einem geschmeidigen, nicht zu festen Teig verkneten. Je nach Konsistenz noch etwas Wein oder Mehl hinzufügen und den Teig ruhen lassen.
• Inzwischen die Kichererbsen im Mixer pürieren und in eine Schüssel geben.
• Mandeln und Marmelade untermischen und abschmekken. Ist die Mischung nicht süß genug, noch etwas Marmelade hinzufügen.
• Den Teig nicht allzu dünn ausrollen und mit einem Glas Kreise ausstechen. Jeweils etwas Fülle in die Mitte geben, die Kreise zu Halbmonden zusammenklappen und die Ränder mit Wasser befeuchten.
• Reichlich Öl erhitzen und die Cacionetti darin ganz leicht goldgelb fritieren. Auf Küchenkrepp abtropfen lassen, nach Belieben mit Zimtzucker bestreuen und heiß, lauwarm oder kalt servieren.

**Dauert etwa 1 Stunde**
**1 Stück = 548 kJ/131 kcal**

***Zur Abwechslung***
• Nach Belieben können Sie die Cacionetti auch mit Crema pasticcera (Seite 557) füllen.
• Oder Sie bereiten eine Füllung aus 1/2 Glas beliebiger Marmelade, 150 bis 200 Gramm grob gehackten Mandeln, 2 Eßlöffel Kakaopulver und 3 bis 4 Eßlöffel Honig.

*Für etwa 40 Stück*

## Cicerchiate

*Honigbällchen aus Umbrien*

**300 g Mehl**
**2 Eigelb**
**1/2 Glas Olivenöl extra vergine**
**1/2 Glas lauwarmer Weißwein**
**1 Prise Salz**
**Öl (oder Schmalz) zum Fritieren**
**50 g grob gehackte kandierte Früchte**
**50 g grob gehackte Mandeln**
**250 g Honig**

*Ursprünglich wurden die Cicerchiate, ein traditionelles Karnevalsgebäck, in Schmalz ausgebacken.*

• Das Mehl auf die Arbeitsfläche sieben und eine Mulde in die Mitte drücken. Eigelbe, Olivenöl, Wein und Salz hineingeben. Die Zutaten zu einem geschmeidigen, weichen Teig verkneten und 10 Minuten ruhen lassen.
• Den Teig halbieren und mit bemehlten Händen zu 2 etwa daumendicken Rollen formen. Weitere 15 Minuten unter einem Tuch ruhen lassen und die Rollen in haselnußgroße Stückchen schneiden. Reichlich Öl erhitzen und die Cicerchiate darin goldgelb ausbacken. Auf Küchenkrepp abtropfen lassen und auf einen tiefen Servierteller geben.
• Die kandierten Früchte und die Mandeln grob hacken und über das Gebäck streuen. Zum Schluß den Honig dünnflüssig erhitzen und darübergießen.

**Dauert etwa 1 Stunde 30 Minuten**
**1 Stück = 482 kJ/115 kcal**

*Für etwa 12 Stücke*

## Torta di bigoli

*Nudeltorte*

**400 g Bigoli (oder eine ähnliche Nudelart)**
**Salz**
**100 g zimmerwarme Butter**
**100-150 g Puderzucker**
**80-100 g Sultaninen, eingeweicht**
**50 g Pinienkerne**
**70 g Zitronat**
**etwas abgeriebene unbehandelte Zitronenschale**
**Semmelbrösel**

*Diese Süßspeise ist eine Spezialität des Veneto.*

• Die Bigoli in reichlich Salzwasser sehr bißfest garen. Abgießen, sofort unter kaltem Wasser abschrecken und in eine Schüssel geben.
• 50 Gramm Butter, Puderzucker, Sultaninen, Pinienkerne, Zitronat und Zitronenschale hinzugeben und gut mit den Nudeln vermischen. Eine große Springform mit etwas Butter einfetten und mit Semmelbröseln ausstreuen.
• Die Nudelmischung in die Form geben und mit angefeuchteten Händen glattstreichen. Die restliche Butter in Flöckchen daraufsetzen und noch etwas Semmelbrösel darüberstreuen.
• Die Nudeltorte im auf 180 Grad (Umluft 160 Grad, Gas Stufe 2 bis 3) vorgeheizten Ofen etwa 50 Minuten backen, bis die Oberfläche goldbraun ist. Abkühlen lassen und mit Puderzucker bestreuen.

**Dauert etwa 1 Stunde 10 Minuten**
**1 Stück = 1224 kJ/292 kcal**

# Struffoli

*Honigbällchen*

*Für etwa 30 Stück*

- 250 g Mehl
- 4 Eier
- 1 Eigelb
- 1/2 EL Puderzucker
- 40 g Schmalz (oder zimmerwarme Butter)
- 1 abgeriebene unbehandelte Zitronenschale
- Saft von 1 1/2 Orangen
- Öl zum Ausbacken
- 150 g Honig
- 50 g Orangeat
- 50 g Zitronat

Diese traditionelle Süßspeise aus dem Süden Italiens geht wahrscheinlich auf altgriechische Einflüsse zurück und wird in Kampanien und in den Abruzzen vor allem zu Weihnachten serviert.

- Das Mehl auf die Arbeitsfläche sieben, aufhäufeln und eine Mulde hineindrücken.
- Eier, Eigelb, Puderzucker, Schmalz, Zitronenschale und Orangensaft hineingeben und alle Zutaten zu einem weichen, geschmeidigen Teig verarbeiten. 10 Minuten ruhen lassen.
- Mit bemehlten Händen aus dem Teig fingerdicke Röllchen formen und 1 bis 2 cm lange Stückchen abschneiden. Nochmals 5 Minuten ruhen lassen.
- Die Struffoli in reichlich heißem Öl goldbraun fritieren und auf Küchenkrepp abtropfen lassen.
- Den Honig in einem Töpfchen erhitzen. Sobald er dünnflüssig ist, Orangeat und Zitronat hineingeben.
- Die Struffoli in eine Schüssel geben, die Honigmischung darübergießen und gut durchmischen, ohne die Bällchen zu beschädigen.
- Die Struffoli mit feuchten Händen auf einer Platte zu einer Art Pyramide auftürmen. Vor dem Servieren einige Stunden oder besser 1 Tag ruhen lassen.

**Dauert etwa 1 Stunde (ohne Ruhezeit)**
**1 Stück = 528 kJ/126 kcal**

*Für etwa 30 Stück*

# Tortelli di frutta

*Fruchtpastetchen*

**Für die Füllung:**
100 g getrocknete Pflaumen
70 g Sultaninen
100 g getrocknete Aprikosen
250 g Äpfel
250 g Birnen
80-100 g Zucker
Saft von 1/2 Zitrone
50 g Pinienkerne
50 g Blockschokolade
1 Gläschen Rum (oder Cognac oder trockener Marsala)

**Für den Teig:**
300 g Mehl
50 g Zucker
50 g zimmerwarme Butter
2 Eier
1 EL Weißwein

**Außerdem:**
Öl zum Ausbacken
Zucker zum Bestreuen

Dieses Gebäck ißt man in vielen Regionen Italiens zur Karnevalszeit. Mancherorts wird die fertige Fülle noch etwa 15 Minuten in etwas Weißwein geschmort.

- Pflaumen, Sultaninen und Aprikosen etwa 10 Minuten in etwas warmem Wasser einweichen.
- Äpfel und Birnen schälen, vom Kernhaus befreien, in Würfelchen schneiden und in eine Schüssel geben. Mit ein wenig Zucker bestreuen und mit dem Zitronensaft beträufeln.
- Die Pinienkerne in einer Teflonpfanne leicht anrösten. Die Trockenfrüchte abtropfen lassen und grob hacken. Beides zu den Äpfeln und Birnen geben.
- Die Schokolade fein hacken und zusammen mit dem Rum ebenfalls in die Schüssel geben. Alles gut durchmischen, mit dem restlichen Zucker bestreuen und die Füllung ruhen lassen.
- Inzwischen das Mehl auf die Arbeitsfläche sieben, aufhäufeln und eine Mulde hineindrücken.
- Zucker, Butter, Eier und Wein hineingeben und alle Zutaten etwa 10 Minuten zu einem glatten Teig verkneten. 15 Minuten unter einem Tuch ruhen lassen.
- Den Teig dünn ausrollen und mit einem Glas Kreise ausstechen.
- Jeweils etwas Fülle in die Mitte geben und die Kreise fest zu Halbmonden zusammenklappen. Die Teigränder mit etwas Wasser bestreichen, damit sie besser halten.
- Die Tortelli in reichlich heißem Öl von beiden Seiten goldbraun ausbacken.
- Die Pastetchen auf Küchenkrepp abtropfen lassen, auf eine Platte setzen, mit Zucker bestreuen und sofort servieren.

**Dauert etwa 1 Stunde 30 Minuten**
**1 Stück = 657 kJ/157 kcal**

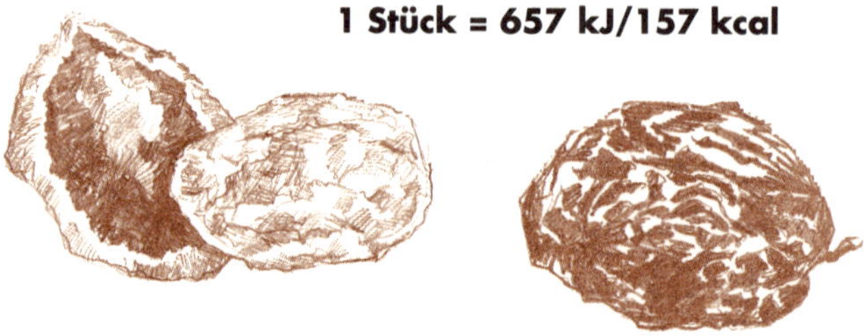

# Crostata di mele e marmellata

*Apfelkuchen mit Marmelade*

*Für 12 Stücke*

**Für den Mürbeteig:**
400 g Mehl
200 g Zucker
1 Prise Salz
etwas abgeriebene unbehandelte Zitronenschale
1 Päckchen Vanillezucker
200 g Butter
5 Eigelb

**Außerdem:**
Butter und Mehl für die Form
4-5 Äpfel
Saft von 1/2 Zitrone
250 g Sauerkirschkonfitüre (oder andere Marmelade)
Puderzucker zum Bestäuben
1 Eigelb

- Das Mehl auf die Arbeitsfläche sieben, mit Zucker und Salz vermischen, aufhäufeln und eine Mulde eindrücken.
- Zitronenschale, Vanillezucker, Butter und Eigelbe hineingeben und alle Zutaten sehr schnell zu einem Teig verkneten.
- Den Teig in Klarsichtfolie wickeln und mindestens 30 Minuten im Kühlschrank ruhen lassen.
- Eine Springform einbuttern und mit Mehl bestäuben.
- Die Äpfel schälen und das Kernhaus ausstechen.
- Die Äpfel in Scheiben schneiden und sofort in Zitronenwasser legen.
- Den Teig etwa 2 cm dick ausrollen.
- Die Springform umgekehrt auf den Teig legen und mit einem scharfen Messer rundherum eine Teigscheibe ausschneiden.
- Die Teigscheibe in die Form drücken und an den Rändern 2 bis 3 cm hochziehen.
- Den Kuchenboden gleichmäßig mit der Konfitüre bestreichen und mit den Apfelscheiben belegen. Etwas Puderzucker darüberstäuben.
- Aus der Hälfte der Teigreste eine lange Rolle formen und rundum als Rand aufsetzen. Den übrigen Teig dünn ausrollen, Streifen ausrädeln und gitterartig auf den Kuchen setzen.
- Das Eigelb verquirlen und das Teiggitter damit bestreichen.
- Den Backofen auf 180 Grad (Umluft 160 Grad, Gas Stufe 2 bis 3) vorheizen und den Kuchen etwa 40 Minuten backen. Anschließend abkühlen lassen und servieren.

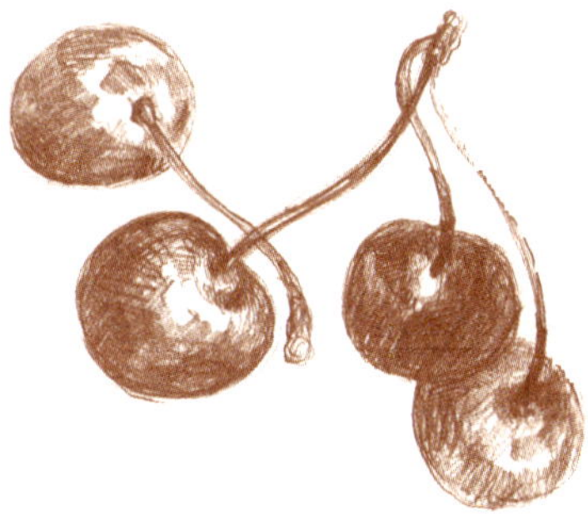

**Dauert etwa 1 Stunde 10 Minuten**
**1 Stück = 1913 kJ/457 kcal**

*Sie können die Äpfel auch weglassen und den Kuchen nur mit etwa 300 Gramm Marmelade Ihrer Wahl zubereiten.*

*Für 12 Stücke*

# Crostata di mele alle mandorle

*Apfelkuchen mit Mandeln*

**Für den Mürbeteig:**
100 g fein gemahlene Mandeln
200 g Zucker
300 g Mehl
1 Prise Salz
1 Msp. Trockenhefe
1 abgeriebene unbehandelte Zitronenschale
1 Päckchen Vanillezucker
200 g Butter
4 Eigelb

**Für die Crema pasticcera:**
1/2 l Milch
120 g Zucker
1 Stück unbehandelte Zitronenschale
1 Vanilleschote
5 Eigelb
50-60 g Mehl
30 g fein gemahlene Mandeln
etwas Amaretto (Mandellikör)
Puderzucker (oder Butter)

**Außerdem:**
4-5 Äpfel
Saft von 1 Zitrone
Butter und Mehl für die Form
Puderzucker zum Bestreuen
100 g gehackte Mandeln

- Mandeln, Zucker, Mehl, Salz und Hefe auf der Arbeitsfläche miteinander vermischen, aufhäufeln und eine Mulde eindrücken.
- Zitronenschale, Vanillezucker, Butter und Eigelbe hineingeben.
- Alle Zutaten mit den Fingerspitzen sehr zügig zu einem Teig verkneten.
- Den Teig in Klarsichtfolie wickeln und mindestens 30 Minuten im Kühlschrank ruhen lassen.
- Inzwischen eine Crema pasticcera nach Rezept (Seite 557) zubereiten. Vor dem Abkühlen Mandeln und Mandellikör unterziehen und die Creme mit Puderzucker bestreuen oder mit Butterflöckchen besetzen, damit sich keine Haut bildet.
- Die Äpfel schälen, vom Kernhaus befreien, in Scheiben schneiden und mit Zitronensaft beträufeln.
- Eine Springform ausbuttern und mit Mehl bestäuben.
- Den Teig etwa 2 cm dick ausrollen und die Form damit vollständig auskleiden und einen Rand hochziehen.
- Einen kleinen Teigrest beiseite legen.
- Die etwas abgekühlte Crema pasticcera einfüllen und glattstreichen.
- Die Creme mit den Apfelscheiben belegen und mit Puderzucker und Mandeln bestreuen.
- Den restlichen Teig dünn ausrollen, in Streifen schneiden und als Gitter über den Kuchen legen.
- Den Apfelkuchen im auf 180 Grad (Umluft 160 Grad, Gas Stufe 2 bis 3) vorgeheizten Ofen 40 bis 50 Minuten backen. Abkühlen lassen, aus der Form nehmen und den Rand mit Puderzucker bestäuben.

**Dauert etwa 1 Stunde 10 Minuten**
**1 Stück = 2524 kJ/603 kcal**

# Crostata di crema

*Gremekuchen*

*Für 12 Stücke*

**Für den Mürbeteig:**
- 500 g Mehl
- 250 g Zucker
- 1 Prise Salz
- etwas abgeriebene unbehandelte Zitronenschale
- 1 Päckchen Vanillezucker
- 250 g Butter
- 5 Eigelbe

**Für die Crema pasticcera:**
- 350 ml Milch
- 100-120 g Zucker
- 1 Stück unbehandelte Zitronenschale
- 1 Vanilleschote
- 3-4 Eigelb
- 30-40 g Mehl
- Puderzucker (oder Butter)

**Außerdem:**
- Butter und Mehl für die Form
- 1 Eigelb zum Bestreichen
- Puderzucker zum Bestäuben

• Alle Zutaten für den Mürbeteig rasch miteinander vermengen. Falls der Teig nicht bindet, tropfenweise Wasser unterkneten.
• Den Teig in Frischhaltefolie wickeln und mindestens 30 Minuten im Kühlschrank ruhen lassen.
• Inzwischen eine Crema pasticcera mit den angegebenen Mengen zubereiten (Seite 557) und weitgehend abkühlen lassen.
• Eine Springform ausbuttern und mit Mehl bestreuen.
• Den Teig etwa 2 cm dick ausrollen. Die Springform umgekehrt auf den Teig legen und mit einem scharfen Messer rundherum schneiden.
• Die Teigscheibe in die Form hineinlegen und am Rand etwas hochziehen. Die Creme hineinfüllen.
• Aus dem restlichen Teig Streifen ausrädeln und gitterartig auf den Kuchen setzen. Das Eigelb verquirlen und das Teiggitter damit bestreichen.
• Den Backofen auf 180 Grad (Umluft 160 Grad, Gas Stufe 2 bis 3) vorheizen und den Kuchen etwa 40 Minuten darin backen.
• Den Kuchen abkühlen lassen und mit Puderzucker bestreuen.

**Dauert etwa 1 Stunde 15 Minuten (ohne Abkühlzeit)**
**1 Stück = 2249 kJ/537 kcal**

*Sie können die Konditorcreme auch nach Belieben aromatisieren (Vorschläge dafür auf Seite 557).*

*Für 12 Stücke*

# Babà al rhum

*Rumkuchen aus Neapel*

**25 g Hefe**
**1 Gläschen warme Milch**
**400 g Zucker**
**350 g Mehl**
**7 Eigelb**
**125 g Butter**
**1 Prise Salz**
**1 abgeriebene unbehandelte Zitronenschale**
**1 Päckchen Vanillezucker**
**Butter für die Form**
**1 Gläschen Rum (oder Cognac oder ein anderer Schnaps)**

- Die Hefe in der Milch auflösen und 1 Teelöffel Zucker hinzufügen.
- Den Vorteig ruhen lassen, bis sich Schaum an der Oberfläche bildet.
- 100 Gramm Mehl auf die Arbeitsfläche sieben, in die Mitte eine Mulde eindrücken und die Hefemilch hineingießen. 5 Minuten gut verkneten, bis sich ein weicher, geschmeidiger Teig ergibt.
- Mit bemehlten Händen den Teig ausziehen und zu einem Ring formen. Reichlich warmes Wasser in eine große Schüssel geben und den Teigring hineinlegen. Ruhen lassen, bis er nach etwa 10 Minuten an die Oberfläche steigt.
- Inzwischen die Butter in einem Töpfchen schmelzen, aber nicht zu heiß werden lassen.
- Das restliche Mehl in eine Schüssel sieben. Den abgetropften Vorteig, 150 Gramm Zucker, die Eigelbe, die flüssige Butter, Salz, Zitronenschale und Vanillezucker hinzufügen.
- Alle Zutaten etwa 10 Minuten gut miteinander verkneten. Falls der Teig an den Händen klebt, noch etwas Mehl hinzufügen.
- Eine Springform einbuttern und den Teig bis zur halben Höhe hineinfüllen.
- Im auf 180 Grad (Umluft 160 Grad, Gas Stufe 2 bis 3) vorgeheizten Ofen etwa 40 Minuten backen, bis der Kuchen goldgelb ist.
- Den restlichen Zucker mit 1 großen Glas Wasser in einen Topf geben und unter Rühren aufkochen lassen. Den Rum hinzufügen und kurz mitkochen lassen.
- Den fertigen Kuchen auf eine Servierplatte geben und gleichmäßig mit dem Sirup tränken.

**Dauert etwa 2 Stunden (ohne Abkühlzeit)**
**1 Stück = 1616 kJ/386 kcal**

*Dazu können Sie nach Belieben einen Fruchtsalat oder auch eine Crema inglese (Seite 559) servieren.*

# Crostata napoletana

*Ricottakuchen aus Neapel*

*Für 12 Stücke*

- Alle Zutaten für den Teig schnell mit den Fingerspitzen verkneten.
- Den Teig in Folie wickeln und mindestens 30 Minuten im Kühlschrank ruhen lassen.
- Inzwischen die Sultaninen in etwas lauwarmem Wasser einweichen.
- Kandierte Früchte und Schokolade kleinhacken.
- Den Ricotta durch ein Sieb in eine Schüssel streichen. Eier, Eigelbe, Zucker, Zitronenschale, Rum und Vanillezucker hinzugeben und alles zu einer gleichmäßigen Creme verrühren.
- Die Sultaninen abtropfen lassen, mit den kandierten Früchte und der Schokolade unter die Creme rühren.
- Eine Springform mit Butter einfetten und leicht mit Mehl bestäuben.
- 2/3 des Mürbeteigs etwa 2 cm dick ausrollen. Die Kuchenform umgekehrt daraufsetzen und außenherum mit einem scharfen Messer eine Teigscheibe ausschneiden.
- Die Teigscheibe in die Form legen und am Rand hochziehen. Mit einer Gabel mehrmals einstechen. Den Teigrand leicht nach innen biegen.
- Die Ricottacreme in die Form einfüllen.
- Den restlichen Teig zu einem Deckel ausrollen und darüberlegen. Die Ränder von Teigboden und -deckel gut aneinanderdrücken. Das Eigelb verquirlen und den Kuchen damit bestreichen.
- Den Backofen auf 180 Grad (Umluft 160 Grad, Gas Stufe 2 bis 3) vorheizen und den Kuchen etwa 40 Minuten backen. Anschließend abkühlen lassen und mit Puderzucker bestreuen.

**Dauert etwa 1 Stunde 10 Minuten**
**1 Stück = 2830 kJ/676 kcal**

**Für den Mürbeteig:**
500 g Mehl
250 g Zucker
1 Prise Salz
etwas abgeriebene unbehandelte Zitronenschale
1 Päckchen Vanillezucker
250 g Butter
5 Eigelb

**Für die Ricottacreme:**
100 g Sultaninen
100 g kandierte Früchte
70 g Blockschokolade
400 g Ricotta
2 Eier
2 Eigelb
250-300 g Zucker
etwas abgeriebene unbehandelte Zitronenschale
1-2 EL Rum (oder Cognac)
1 Päckchen Vanillezucker

**Außerdem:**
Butter und Mehl für die Form
1 Eigelb zum Bestreichen
Puderzucker zum Bestreuen

*Für 12 Stücke*

# Crostata di frutta fresca

*Obstkuchen*

**Für den Mürbeteig:**
400 g Mehl
200 g Zucker
1 Prise Salz
etwas abgeriebene unbehandelte Zitronenschale
1 Päckchen Vanillezucker
200 g Butter
4 Eigelb

**Für die Crema pasticcera:**
300 ml Milch
100 g Zucker
1 Stück unbehandelte Zitronenschale
1 Vanilleschote
3 Eigelb
30 g Mehl
Puderzucker (oder Butter)

**Außerdem:**
Butter und Mehl für die Form
ca. 400 g frische Früchte nach Saison (Erdbeeren, Himbeeren, Brombeeren, Aprikosen, Pfirsiche, Bananen, Birnen, Melone, Kiwi, Feigen etc.)
Puderzucker
1 EL weißer Rum

- Alle Zutaten für den Teig mit den Fingerspitzen schnell verkneten.
- Den Teig in Klarsichtfolie oder in ein feuchtes Geschirrtuch einschlagen und mindestens 30 Minuten im Kühlschrank ruhen lassen.
- Den Teig etwa 2 cm dick ausrollen. Eine Springform umgekehrt als Schablone daraufsetzen und mit einem scharfen Messer eine Teigplatte ausschneiden.
- Die Form mit Butter ausstreichen und leicht mit Mehl überstäuben. Die Teigplatte hineinlegen und den Rand befeuchten.
- Den restlichen Teig ausrollen, zu einer Kordel formen und auf den befeuchteten Rand setzen. Den Teigboden mit einer Gabel mehrmals einstechen.
- Den Backofen auf 180 Grad (Umluft 160 Grad, Gas Stufe 2 bis 3) vorheizen und den Boden etwa 30 Minuten backen. Herausnehmen und abkühlen lassen.
- Inzwischen eine Crema pasticcera mit den angegebenen Mengen zubereiten (Seite 557).
- Die Früchte waschen oder schälen, je nach Sorte noch entkernen. Die Früchte zerkleinern.
- Den abgekühlten Teigboden aus der Springform lösen und auf eine Platte geben. Den Rand mit Puderzucker bestäuben.
- Den Boden mit der Konditorcreme bestreichen und mit den Früchten belegen.
- 100 Gramm Puderzucker, 3 Eßlöffel Wasser und den Rum in einem Töpfchen unter ständigem Rühren erwärmen.
- Die Glasur vom Feuer nehmen, kurz weiterrühren, abkühlen lassen und über den Früchten verteilen.

**Dauert etwa 1 Stunde 15 Minuten**
**1 Stück = 1855 kJ/443 kcal**

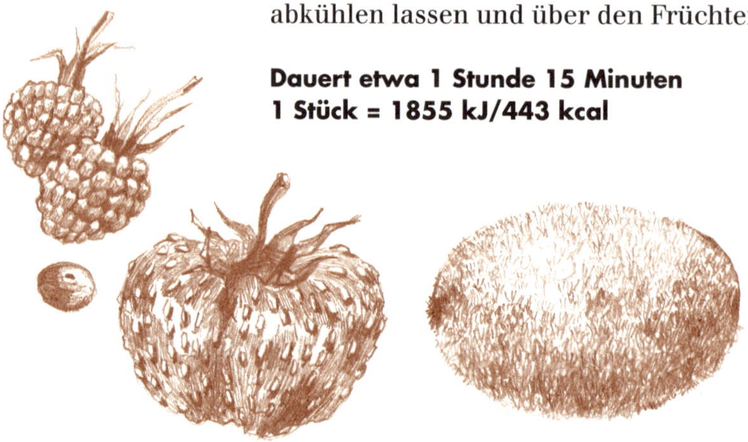

## Torta di mele all'olio d'oliva

*Apfelkuchen mit Olivenöl*

*Für 12 Stücke*

- 3-4 Äpfel
- Saft von 1/2 Zitrone
- 200 g Mehl
- 250 g Zucker
- 3 Eier
- 6-7 EL Milch
- 6 EL Olivenöl extra vergine
- 1 Päckchen Trockenhefe
- etwas abgeriebene unbehandelte Zitronenschale
- Butter (oder Öl) und Mehl für die Form

• Die Äpfel schälen, vom Kernhaus befreien, in Scheiben schneiden und in Zitronenwasser legen.
• Das Mehl in eine Schüssel sieben und Zucker, Eier, Milch und Olivenöl unter ständigem Rühren mit dem Schneebesen hinzufügen. Der Teig sollte cremig und geschmeidig sein. Die Hefe und die Zitronenschale einarbeiten.
• Eine Springform einfetten und mit Mehl bestäuben. Den Teig hineinfüllen und mit den Apfelscheiben belegen.
• Den Backofen auf 180 Grad (Umluft 160 Grad, Gas Stufe 2 bis 3) vorheizen und den Kuchen in etwa 40 Minuten goldbraun backen.

**Dauert etwa 1 Stunde**
**1 Stück = 1037 kJ/248 kcal**

## Torta sbrisolona

*Krümelkuchen aus Mantua*

*Für 10 Stücke*

- 350 g Mehl
- 150 g gemahlene Mandeln
- 150 g fein gemahlenes Maismehl
- 150 g Zucker
- 150 g zimmerwarme Butter
- 1 Päckchen Trockenhefe
- 3 Eigelb
- Butter und Mehl für die Form
- Zucker zum Bestreuen

• Das Mehl mit den Mandeln und dem Maismehl gut vermischen. Die Mischung aufhäufeln, eine Mulde eindrükken und Zucker, Butter, Hefe und Eigelbe hineingeben.
• Alle Zutaten zu vielen kleine Teigklümpchen verkneten.
• Eine Springform ausbuttern und mit Mehl bestäuben. Den Teig gleichmäßig in der Form verteilen und glätten.
• Den Kuchen mit Zucker bestreuen und im auf 180 Grad (Umluft 160 Grad, Gas Stufe 2 bis 3) vorgeheizten Ofen in etwa 50 Minuten goldgelb backen. Die Garprobe machen, und den Kuchen gegebenenfalls noch kurz weiterbacken.

*Der Kuchen ist gar, wenn beim Hineinstechen mit einem Hölzchen kein Teig mehr daran hängenbleibt.*

**Dauert etwa 1 Stunde 10 Minuten**
**1 Stück = 1990 kJ/475 kcal**

*Sie können den Krümelkuchen zum Frühstück wie zum Tee servieren oder auch zusammen mit einer Creme (z.B. Crema zabaione, Seite 560) auch als Nachspeise.*

*Für 12 Stücke*

# Torta di zucca

*Kürbiskuchen*

**Für die Kürbismarmelade:**
1 kg Kürbis, geschält und entkernt
500 g Zucker
1 Päckchen Vanillezucker
etwas abgeriebene unbehandelte Zitronenschale
1 Prise Zimtpulver
etwas Zitronensaft
50 g Sultaninen, eingeweicht
evtl. 1 Spritzer Kirschwasser

**Für den Mürbeteig:**
500 g Mehl
150 g Zucker
1 Prise Salz
250 g Butter
5 Eigelb
etwas abgeriebene unbehandelte Zitronenschale
etwas Vanillezucker

**Außerdem:**
Butter und Mehl für die Form
1 Eigelb zum Bestreichen

*Überschüssige Konfitüre können Sie gut verschlossen im Kühlschrank aufbewahren. Nach Belieben können Sie das übrige Teigdrittel auch in Streifen schneiden, als Gitter über den Kuchen legen und mit verquirltem Eigelb bestreichen.*

- Den Kürbis am Vortag in sehr kleine Stücke schneiden. Die Kürbisstücke in eine Schüssel geben und Zucker, Vanillezucker, Zitronenschale und Zimt untermischen. Mit einem Tuch bedecken und mindestens 12 Stunden an einem kühlen Ort ziehen lassen.
- Die Mischung in einen Topf geben, den Zitronensaft hinzufügen. Etwa 1 Stunde auf kleiner Flamme köcheln lassen und zwischendurch häufig umrühren, bis der Kürbis zu einer sehr dicken Konfitüre eingekocht ist.
- Inzwischen die Sultaninen in lauwarmem Wasser einweichen.
- Die Sultaninen und nach Belieben auch das Kirschwasser unter die fertige Konfitüre rühren und alles etwas abkühlen lassen.
- Das Mehl auf die Arbeitsfläche sieben und mit Zucker und Salz vermischen. Aufhäufeln und eine Mulde in die Mitte drücken.
- Die übrigen Zutaten für den Mürbeteig hineingeben und alles mit den Fingerspitzen schnell zu einem Teig verkneten. Falls nötig, tropfenweise Wasser unterkneten, um den Teig geschmeidig zu machen.
- Den Teig in Folie wickeln und mindestens 30 Minuten im Kühlschrank ruhen lassen.
- Eine Springform ausbuttern und bemehlen.
- Etwa 2/3 des Teiges in die Springform geben und zuerst mit dem Handballen, dann mit den Fingerspitzen auseinanderdrücken, bis er den Boden der Form bedeckt. Den Teig am Rand hochziehen und leicht überstehen lassen.
- Eine dicke Schicht Kürbiskonfitüre über dem Teigboden verteilen.
- Den restlichen Teig in Springformgröße dünn ausrollen, auf den Kuchen legen, und die Ränder von Teigboden und -deckel fest zusammendrücken.
- Den Backofen auf 180 Grad (Umluft 160 Grad, Gas Stufe 2 bis 3) vorheizen.
- Den Kuchen etwa 50 Minuten backen, bis die Oberfläche goldbraun ist.

**Dauert 2 1/2 bis 3 Stunden (ohne Marinierzeit)**
**1 Stück = 2501 kJ/597 kcal**

# Tartelette di albicocche

*Aprikosentörtchen*

*Für 16 Stücke*

- Das Mehl auf die Arbeitsfläche sieben und mit Zucker, Salz und Hefe vermischen. Aufhäufeln und eine Mulde hineindrücken.
- Die übrigen Zutaten für den Mürbeteig hineingeben und mit den Fingerspitzen sehr schnell verkneten. Falls der Teig sich nicht gut bindet, tropfenweise noch etwas Wasser unterkneten.
- Den Mürbeteig in Klarsichtfolie wickeln und mindestens 30 Minuten im Kühlschrank ruhen lassen.
- Inzwischen eine Crema pasticcera mit den angegebenen Mengen zubereiten (Seite 557).
- Den Teig etwa 1 cm dick auf einer bemehlten Fläche ausrollen.
- 16 kleine Tortelettförmchen ausbuttern und leicht mit Mehl bestäuben.
- Den Teig jeweils passend in die Förmchen legen und am Boden und an den Seiten gut andrücken. Überstehenden Teig abschneiden. Die Teigböden mehrmals mit einer Gabel einstechen, damit sie sich beim Backen nicht wölben.
- Die Förmchen etwa 20 Minuten in dem auf 180 Grad (Umluft 160 Grad, Gas Stufe 2 bis 3) vorgeheizten Ofen goldgelb backen.
- Inzwischen die Aprikosen waschen, halbieren und entkernen.
- Die Aprikosenhälften zusammen mit Zucker, Vanilleschote und Zitronenschale in einen Topf geben und knapp mit Wasser bedecken.
- Die Aprikosen erhitzen und 4 bis 5 Minuten köcheln lassen. Im Kochwasser abkühlen lassen.
- Die abgekühlten Törtchen vorsichtig aus den Förmchen lösen. Auf eine Servierplatte geben, mit der Crema pasticcera füllen und schließlich die Aprikosenhälften darauf verteilen.

**Dauert etwa 1 Stunde 30 Minuten**
**1 Stück = 1170 kJ/279 kcal**

***Zur Abwechslung***
Sie können die Törtchen ebensogut auch mit anderen Früchten zubereiten.

**Für den Mürbeteig:**
- 300 g Mehl
- 150 g Zucker
- 1 Prise Salz
- 1 Msp. Trockenhefe
- etwas abgeriebene unbehandelte Zitronenschale
- 1 Päckchen Vanillezucker
- 150 g Butter
- 3 Eigelb

**Für die Crema pasticcera:**
- 300 ml Milch
- 100 g Zucker
- 1 Stück unbehandelte Zitronenschale
- 1 Vanilleschote
- 3 Eigelb
- 30 g Mehl
- Puderzucker (oder Butter)

**Außerdem:**
- Butter und Mehl für die Förmchen
- 8-10 Aprikosen
- 50 g Zucker
- 1 Vanilleschote
- 1 Stück unbehandelte Zitronenschale

*Für 12 Stücke*

# Presnitz

## *Südtiroler Nußstrudel*

**Für den Teig:**
- 350 g Mehl
- 150 g weiche Butter
- 1 Prise Salz
- evtl. etwas Milch

**Für die Füllung:**
- 100 g Haselnußkerne
- 100 g geschälte Mandeln
- 100 g Walnußkerne
- 50 g Pinienkerne
- 100 g Orangeat
- 2 TL Kakaopulver
- 200 g Zucker
- 1 abgeriebene unbehandelte Zitronenschale
- 2-3 Eigelb

**Außerdem:**
- Butter und Mehl für das Backblech (oder Backpapier)
- 1 Ei
- 1 EL Milch

- Das Mehl auf die Arbeitsfläche sieben und mit Butter, Salz und ein wenig Wasser oder Milch zu einem geschmeidigen, aber festen Teig verkneten und ruhen lassen.
- Inzwischen die Haselnüsse ohne Fett in einer Pfanne anrösten.
- Haselnüsse, Walnüsse, Mandeln, Pinienkerne und Orangeat grob hacken.
- Die gehackten Zutaten in eine Schüssel geben und mit Kakao, Zucker, Zitronenschale und Eigelben sorgfältig vermischen. Die Füllung abschmecken und gegebenenfalls noch ein wenig Zucker hinzufügen.
- Den Teig rechteckig ausrollen und gleichmäßig mit der Füllung bedecken. Wie eine Wurst einrollen und an den Enden gut verschließen.
- Ein Backblech buttern, leicht mit Mehl bestäuben, den Presnitz darauflegen und ganz leicht spiralförmig verdrehen.
- Das Ei mit der Milch verquirlen und darüberstreichen.
- Den Backofen auf 180 Grad (Umluft 160 Grad, Gas Stufe 2 bis 3) vorheizen und den Strudel etwa 40 Minuten darin backen, bis er goldgelb ist.
- Abkühlen lassen und möglichst erst am nächsten Tag servieren.

**Dauert etwa 1 Stunde 10 Minuten**
**1 Stück = 2077 kJ/496 kcal**

# Castagnaccio

*Kastanienkuchen*

*Für 10 Stücke*

Dieser Kuchen ist eine Spezialität Liguriens und der Toskana. Dort wird er häufig noch mit fein gehackten Rosmarinnadeln oder mit Fenchelsamen angereichert.

- Die Sultaninen in etwas lauwarmem Wasser einweichen und abtropfen lassen.
- Das Kastanienmehl in eine Schüssel geben. Nach und nach unter ständigem Rühren knapp 1/2 Liter Wasser zugießen, so daß ein geschmeidiger Teig entsteht.
- Das Öl sorgfältig hineinarbeiten. Sollten sich dennoch Klümpchen ergeben, den Teig durch ein Sieb pressen.
- Sultaninen und Pinienkerne unterrühren und den Teig 20 Minuten ruhen lassen. Eine große feuerfeste Form einölen und den Teig maximal 1 1/2 cm hoch hineinfüllen. Den Kuchen im auf 180 Grad (Umluft 160 Grad, Gas Stufe 2 bis 3) vorgeheizten Ofen 40 bis 50 Minuten backen.

**Dauert etwa 1 Stunde (ohne Ruhezeit)**
**1 Stück = 922 kJ/220 kcal**

**100 g Sultaninen**
**350 g Kastanienmehl**
**1/2 Glas Olivenöl extra vergine**
**70 g Pinienkerne**
**Öl für die Form**

*Der Kastanienkuchen schmeckt besonders gut lauwarm.*

# Parrozzo

*Mandelkuchen aus den Abruzzen*

*Für 10 Stücke*

- Die Butter schmelzen und abkühlen lassen.
- Die Eier trennen und das Eiweiß kalt stellen. Eigelbe und Zucker in einer Schüssel schaumig schlagen. Mandeln, Mehl, Kartoffelmehl und Butter untermischen.
- Die Eiweiße steif schlagen und vorsichtig unterheben.
- Eine Springform mit Butter einfetten und leicht mit Mehl bestäuben. Den Teig hineinfüllen.
- Den Kuchen im auf 180 Grad (Umluft 160 Grad, Gas Stufe 2 bis 3) vorgeheizten Ofen 40 bis 50 Minuten backen. Aus der Form nehmen und abkühlen lassen.
- Die Schokolade im Wasserbad schmelzen und den abgekühlten Mandelkuchen damit bestreichen.

**Dauert etwa 1 Stunde 20 Minuten**
**1 Stück = 1409 kJ/336 kcal**

**50 g Butter**
**8 Eier**
**150 g Zucker**
**50 g gemahlene Mandeln**
**50 g Mehl**
**100 g Kartoffelmehl**
**Butter und Mehl für die Form**
**150 g Blockschokolade**

*Für 12 Stücke*

# Ciambella al vino dolce

*Napfkuchen mit Süßwein*

150 g Zucker
1 Glas Olivenöl extra vergine (ca. 1 dl)
3 Eier
gut 1/8 l Marsala (oder anderer Süßwein wie Vinsanto oder Porto)
50 g gemahlene Mandeln
300 g Mehl
1 Päckchen Trockenhefe
Butter und Mehl für die Form
Puderzucker zum Bestäuben

- Den Zucker in eine Schüssel geben und mit dem Öl vermischen. Unter ständigem Rühren mit dem Schneebesen nach und nach die Eier, anschließend den Wein hinzufügen.
- Mandeln, Mehl und ganz zum Schluß die Hefe untermischen. Es soll ein geschmeidiger, nicht allzu fester Teig entstehen.
- Den Backofen auf 180 Grad (Umluft 160 Grad, Gas Stufe 2 bis 3) vorheizen.
- Eine Napfkuchenform ausbuttern und leicht mit Mehl bestäuben. Den Teig hineinfüllen und den Kuchen etwa 45 Minuten im Ofen backen, bis er eine schöne, goldbraune Farbe hat.
- Mit einem Hölzchen in den Kuchen einstechen. Wenn noch Teig daran hängenbleibt, den Kuchen noch kurz weiterbacken.
- Den fertigen Kuchen abkühlen lassen, auf eine Platte stürzen und mit Puderzucker bestäuben.

**Dauert etwa 1 Stunde (ohne Abkühlzeit)**
**1 Stück = 1202 kJ/287 kcal**

- *Sie können die Eigelbe auch fortlassen und nur das Eiweiß verwenden.*
- *Den Zucker können Sie auch durch Melasse oder Honig ersetzen.*

# Pangiallo romano

*Römischer Hefekuchen*

*Für 24 Stücke*

**Für den Teig:**
1 kg Sultaninen
200 g Zitronat und Orangeat gemischt
200 g Haselnußkerne (oder Walnußkerne)
200 g geschälte Mandeln
150 g Pinienkerne
25 g Hefe
1/2 Glas lauwarme Milch (oder Wasser)
160 g Zucker
450 g Mehl
2-3 EL Olivenöl extra vergine
1/2 TL Fenchelsamen
1 Msp. Zimtpulver
etwas weißer Pfeffer aus der Mühle
etwas frisch geriebene Muskatnuß
3 Gewürznelken, fein zerstößelt
1 Prise Salz

**Außerdem:**
Butter und Mehl für das Backblech
2 Eiweiß
30 g Mehl
20 g Zucker
10 g Kakaopulver

*Dieser üppige Hefekuchen ist ein typisches Weihnachtsgebäck aus Rom.*

- Die Sultaninen waschen und in lauwarmem Wasser einweichen.
- Kandierte Früchte, Nüsse, Mandeln und Pinienkerne grob hacken.
- Die Hefe in eine Tasse bröckeln, die Milch und 1 Teelöffel Zucker hinzufügen. Umrühren und ruhen lassen, bis sich Schaum an der Oberfläche bildet.
- 100 Gramm Mehl mit der angerührten Hefe vermischen und mit etwas lauwarmem Wasser zu einem geschmeidigen, nicht zu festen Vorteig verkneten.
- Den Vorteig zu einem Kringel formen und so lange in eine große Schüssel mit reichlich lauwarmem Wasser legen, bis er hochschwimmt.
- Das restliche Mehl auf die Arbeitsfläche sieben, mit dem restlichen Zucker, Öl, Fenchelsamen und den anderen Gewürzen verkneten und zuletzt auch den Vorteig hineinarbeiten. Den Teig 10 Minuten gut durchwalken, bis er etwas weicher als ein Brotteig ist.
- Die Sultaninen abtropfen lassen und zusammen mit den gehackten Früchten und Kernen sorgfältig unter den Teig kneten.
- Ein Backblech mit Butter bestreichen und mit Mehl bestäuben.
- Aus dem Teig nach Belieben 1 oder 2 Laibe formen und 2 Stunden auf dem Blech aufgehen lassen.
- Das Eiweiß steif schlagen und mit Mehl, Zucker und Kakao zu einem leichten Teig vermischen. Den Hefekuchen damit bestreichen.
- Den Backofen auf 180 Grad (Umluft 160 Grad, Gas Stufe 2 bis 3) vorheizen und den Kuchen 40 bis 50 Minuten darin backen, bis bei der Garprobe kein Teig mehr am Hölzchen hängenbleibt.

**Dauert etwa 2 Stunden (ohne Ruhezeit)**
**1 Stück = 1677 kJ/401 kcal**

*Nach Belieben können Sie den Zucker auch durch Honig oder Melasse ersetzen.*

*Für 12 Stücke*

# Pandolce genovese

*Rosinenstollen aus Genua*

**Für den Vorteig:**
**50 g Hefe**
**1 TL Zucker (oder Melasse)**
**150 g Mehl**
**Für den Teig:**
**250 g Mehl**
**100 g zimmerwarme Butter**
**120 g Zucker**
**einige Tropfen Orangenextrakt**
**100 g Sultaninen**
**100 g Pinienkerne**
**80 g Zitronat**
**Außerdem:**
**Butter und Mehl für das Backblech**

- Die Hefe zusammen mit 1 Gläschen warmem Wasser und dem Zucker in eine Tasse geben. Gut verrühren und ruhen lassen, bis sich Schaum an der Oberfläche bildet.
- Das Mehl auf die Arbeitsfläche sieben und mit der aufgelösten Hefe zu einem geschmeidigen, weichen Vorteig verkneten. Je nach Konsistenz noch etwas Wasser oder Mehl hinzufügen.
- Den Vorteig zu einem Kringel formen und in eine Schüssel mit reichlich warmem Wasser legen.
- Inzwischen das Mehl für den Teig auf die Arbeitsfläche sieben und eine Mulde hineindrücken.
- Butter, Zucker, Orangenextrakt und ein wenig Wasser hineingeben. Die Zutaten zu einem geschmeidigen Teig verkneten.
- Sultaninen, Pinienkerne und Zitronat hinzufügen und den Teig erneut sorgfältig durchkneten.
- Ein Backblech mit Butter bestreichen und leicht bemehlen.
- Sobald der Vorteig im Wasser hochschwimmt, herausnehmen und 10 Minuten sehr sorgfältig mit dem Teig verkneten. Die Konsistenz sollte der eines Brotteigs ähnlich sein – geschmeidig, aber nicht allzu weich. Falls nötig, noch etwas Mehl hinzufügen.
- Einen runden Laib daraus formen, auf das Backblech legen und noch 10 Minuten gehen lassen.
- Den Ofen auf 180 Grad (Umluft 160 Grad, Gas Stufe 2 bis 3) vorheizen und den Stollen darin 50 bis 60 Minuten backen. Mit einem Hölzchen die Garprobe machen und eventuell noch kurz weiterbacken.

**Dauert 1 1/2 bis 2 Stunden**
**1 Stück = 1343 kJ/321 kcal**

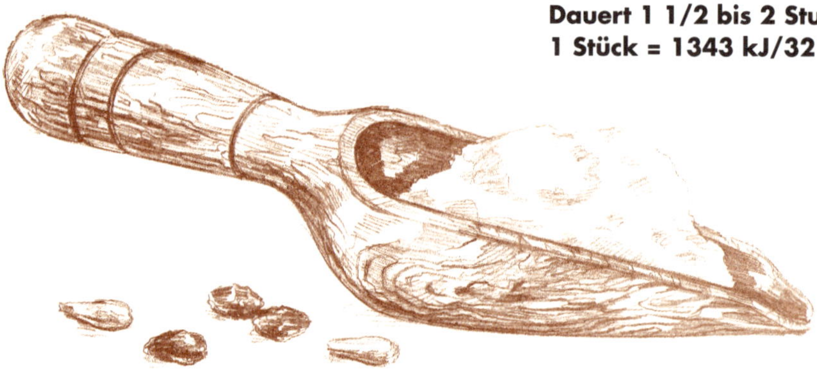

## Torta meinia (Pan dei mei)

*Maiskuchen*

*Für 10 Stücke*

- 150 g Butter
- 300 g Maismehl (zur Hälfte fein, zur Hälfte grob gemahlen)
- 150 g Weizenmehl
- 200 g Zucker
- 4 Eier
- 1 1/2 Gläser Milch
- 1 Päckchen Trockenhefe
- Butter und Mehl für die Form
- 2 EL getrocknete Holunderblüten
- Puderzucker zum Bestreuen

• Die Butter schmelzen und abkühlen lassen. Das gesamte Mehl in eine Schüssel sieben. Zucker, Butter, Eier, Milch und Hefe hinzugeben und alle Zutaten zu einem geschmeidigen Teig verkneten. Falls nötig, noch etwas Milch hinzufügen.

• Eine Springform mit Butter ausstreichen, mit Mehl bestäuben und den Teig hineinfüllen.

• Holunderblüten und Puderzucker darüberstreuen und den Kuchen im auf 190 Grad (Umluft 170 Grad, Gas Stufe 3) vorgeheizten Ofen 30 bis 40 Minuten backen.

• Die Garprobe machen und den Kuchen eventuell noch einige Minuten weiterbacken. Mit flüssiger Sahne oder Crema inglese (Seite 559) servieren.

**Dauert etwa 1 Stunde**
**1 Stück = 1784 kJ/426 kcal**

*Eine Spezialität aus Mailand zum Tag des heiligen Georg (23. April), dem Schutzheiligen der Milchhändler. Die Holunderblüten können Sie auch fortlassen.*

## Bussolà alla vicentina

*Napfkuchen aus Vicenza*

*Für 12 Stücke*

- 500 g Mehl
- 1 Prise Salz
- 1 Päckchen Trockenhefe
- 100 g zimmerwarme Butter
- 250 g Zucker
- Eier
- 1 Gläschen Grappa (oder trockener Marsala)
- Butter und Mehl für die Form
- 1 Eigelb zum Bestreichen

• Das Mehl auf die Arbeitsfläche sieben, aufhäufeln und eine Mulde eindrücken.

• Salz, Hefe, Butter, 200 Gramm Zucker, 6 Eier und den Grappa hineingeben und alles zu einem elastischen, weichen Teig verarbeiten.

• Falls der Teig allzu weich ist, noch etwas Mehl hinzufügen. Im umgekehrten Fall noch 1 Ei untermischen.

• Eine Napfkuchenform ausbuttern und mit Mehl bestäuben. Den Teig hineingeben, aber nicht mehr als 2/3 der Form füllen, weil der Kuchen beim Backen stark aufgeht. Das Eigelb verquirlen und den Kuchen damit bestreichen. Den restlichen Zucker darüberstreuen.

• Den Napfkuchen im auf 180 Grad (Umluft 160 Grad, Gas Stufe 2 bis 3) vorgeheizten Ofen in 40 bis 50 Minuten goldgelb backen.

**Dauert etwa 1 Stunde (ohne Abkühlzeit)**
**1 Stück = 1490 kJ/356 kcal**

*Während der ersten 20 Minuten Backzeit den Ofen nicht öffnen.*

*Für 12 Stücke*

# Pane Martino

*Nußbrot aus Ligurien*

**350 g Weizenmehl**
**250 g Kastanienmehl**
**25-30 g Hefe**
**1/2 TL Zucker (oder Melasse)**
**250 g grob gehackte Walnüsse**
**Öl für die Form**

Dies ist ein typisches Rezept der Lunigiana, einer Gegend in der Nähe von La Spezia. Pane Martino, zu deutsch Martinsbrot, ist weniger ein Kuchen als vielmehr ein leicht süßliches Brot.

- Alles Mehl durchsieben und auf die Arbeitsfläche häufeln.
- Die Hefe in eine Tasse bröckeln, 1/2 Glas warmes Wasser und den Zucker hinzufügen. Umrühren und ruhen lassen, bis sich Schaum an der Oberfläche bildet.
- Eine Mulde in das Mehl eindrücken und die aufgelöste Hefe hineingeben. Mit so viel lauwarmem Wasser verkneten, daß sich ein geschmeidiger, aber ziemlich fester Teig ergibt.
- Sollte der Teig zu weich geraten, noch etwas Mehl hinzufügen. Den Teig 10 Minuten kräftig durchwalken.
- Die Nüsse hinzugeben und einige Minuten gründlich unterkneten. Aus dem fertigen Teig einen Laib formen.
- Ein Backblech leicht einölen und den Teig darauflegen. Mit einem feuchten Tuch bedecken und an einem warmen Ort in etwa 40 Minuten auf das doppelte Volumen aufgehen lassen.
- Den Ofen auf 180 Grad (Umluft 160 Grad, Gas Stufe 2 bis 3) vorheizen und das Nußbrot darin 50 bis 60 Minuten backen.
- Mit einem Hölzchen in die Mitte des Laibes einstechen. Wenn Teig daran hängenbleibt, das Brot noch einige Minuten weiterbacken.

**Dauert etwa 2 Stunden**
**1 Stück = 1178 kJ/281 kcal**

*Nach Belieben können Sie auch noch 150 Gramm eingeweichte Sultaninen unter den Teig mischen.*

# Castagnole

*Schokoladenkastanien*

*Für etwa 36 Stück*

- 250 g Mehl
- 125 g Kakaopulver
- 300 g Zucker
- 1 knapper TL Zimtpulver
- 2-3 Gewürznelken, fein zerstößelt
- 1/2 TL Natron
- 1 1/2 Tassen starker Kaffee
- Butter und Mehl für das Backblech
- etwas Orangenblütenwasser
- Zucker zum Garnieren

• Das Mehl auf die Arbeitsfläche sieben und mit Kakao, Zucker, Zimt, Gewürznelken und Natron vermischen.
• Nach und nach den Kaffee zugeben und alle Zutaten zu einem geschmeidigen Teig verarbeiten. 10 Minuten ruhen lassen. Ein Backblech ausbuttern und mit Mehl bestäuben.
• Kleine Teigstücke abnehmen und in eine kastanienähnliche Form kneten, unten ein wenig flachdrücken.
• Die Plätzchen auf das Backblech setzen und im auf 180 Grad (Umluft 160 Grad, Gas Stufe 2 bis 3) vorgeheizten Ofen 15 bis 20 Minuten backen. Eines der Plätzchen öffnen. Wenn es innen noch nicht trocken ist, kurz weiterbacken. Die Unterseite der abgekühlten Plätzchen mit Orangenblütenwasser anfeuchten und in Zucker tauchen.
• Die Kekse wieder auf das Blech setzen und bei gleicher Temperatur noch 5 Minuten im Ofen trocknen lassen.

**Dauert etwa 45 Minuten**
**1 Stück = 325 kJ/78 kcal**

# Stroscia

*Bruchbrot aus Pietrabruna*

*Für 12 Stücke*

- 500 g Mehl
- 150 g Zucker
- 1/2 Glas trockener Marsala (oder Wermut)
- 1/2 Päckchen Trockenhefe
- 1/4 l Olivenöl extra vergine
- Öl und Mehl für das Backblech
- 100 g gehackte Mandeln (oder Zucker) zum Bestreuen

*Sie können das süße Brot auch sehr gut mit einer Crema inglese (Seite 559) oder Crema zabaione (Seite 560) servieren.*

Eine Spezialität aus Pietrabruna, einem kleinen Ort in der Provinz Imperia. Weil das süße Brot sich schlecht schneiden läßt, bricht man es mit den Händen.

• Das Mehl auf die Arbeitsfläche sieben. In der Mitte eine Mulde eindrücken und Zucker, Marsala, Hefe und Öl hineingeben. Alle Zutaten zu einem Teig verkneten.
• Den Teig halbieren und 2 runde Laibe von etwa 2 cm Höhe formen. Ein Backblech einölen, mit Mehl bestäuben und die beiden Laibe daraufsetzen. Mit gehackten Mandeln oder mit Zucker bestreuen. Das Bruchbrot im auf 180 Grad (Umluft 160 Grad, Gas Stufe 2 bis 3) vorgeheizten Backofen 30 bis 40 Minuten backen.

**Dauert gut 1 Stunde**
**1 Stück = 1672 kJ/399 kcal**

*Für etwa 20 Stück*

# Cornetti di pasta lievitata

*Hefeteighörnchen (Brioches)*

**Für den Vorteig:**
50 g Hefe
1 TL Zucker
250 g Mehl
**Für den Teig:**
250 g Mehl
10 g Hefe
1 Gläschen lauwarme Milch
70 g Butter
6 Eigelb
100 g Zucker
1 Prise Salz
**Außerdem:**
Butter und Mehl für die Form (oder Backpapier)
100 g beliebige Marmelade (oder Crema pasticcera, Seite 557)

• Die Hefe in eine Tasse bröckeln, Zucker und gut 1/8 Liter lauwarmes Wasser hinzufügen und umrühren. Ruhen lassen, bis sich Schaum an der Oberfläche bildet.
• Das Mehl auf die Arbeitsfläche sieben und mit der aufgelösten Hefe 5 Minuten zu einem Vorteig verkneten.
• Den Vorteig zu einem Ring formen und in eine große Schüssel mit lauwarmem Wasser legen, bis der Teigring an die Oberfläche steigt.
• Das Mehl für den Teig auf die Arbeitsfläche sieben.
• Die Hefe in der Milch auflösen und ruhen lassen, bis die Oberfläche schaumig wird. Die Butter schmelzen und weitgehend abkühlen lassen.
• Eine Mulde in das Mehl eindrücken. Die aufgelöste Hefe und nach und nach Eigelbe, Zucker, Butter und Salz hineingeben. Die Zutaten etwa 5 Minuten zu einem weichen Teig verkneten. Falls der Teig zu fest ist, noch etwas lauwarme Milch hinzufügen.
• Vorteig und Teig 10 Minuten gut miteinander verkneten, mit einem Tuch bedecken und an einem warmen Ort etwa 30 Minuten ruhen lassen, bis sich das Volumen verdoppelt hat. Ein Backblech ausbuttern und mit Mehl bestäuben.
• Den Teig etwa 1 cm dick ausrollen. Dreiecke von etwa 10 cm Seitenlänge ausschneiden.
• Ein wenig Marmelade oder Konditorcreme in die Mitte geben und die Dreiecke zu Hörnchen zusammenrollen. Die Spitzen biegen, so daß Halbkreise entstehen.
• Die Hörnchen mit genügend Zwischenraum auf das Backblech legen, mit einem Tuch bedecken und an einem warmen Ort nochmals aufgehen lassen.
• Im auf 180 Grad (Umluft 160 Grad, Gas Stufe 2 bis 3) vorgeheizten Ofen etwa 40 Minuten backen.

**Dauert etwa 2 Stunden 30 Minuten**
**1 Stück = 772 kJ/184 kcal**

*Sie können den Vorteig auch trocken an einem warmen Ort aufgehen lassen – das dauert allerdings etwas länger.*

# Gobeletti

*Marmeladentörtchen*

*Für 16 Stück*

- Das Mehl auf die Arbeitsfläche sieben und mit Zucker und Salz vermengen. Hefe, Zitronenschale und Vanillezucker untermischen.
- Die Mischung aufhäufeln, eine Mulde in die Mitte hineindrücken und Butter und Eigelbe hineingeben.
- Alle Zutaten schnell zu einem Teig verkneten. Falls der Teig nicht geschmeidig wird, tropfenweise noch etwas Wasser unterkneten.
- Den Mürbeteig in Klarsichtfolie oder in ein feuchtes Tuch wickeln und mindestens 30 Minuten im Kühlschrank ruhen lassen.
- 16 Tortelettförmchen ausbuttern und mit Mehl bestäuben.
- Den Teig nicht zu dünn ausrollen und mit einem passenden Glas 16 Kreise in der Größe der Förmchen ausstechen.
- Die Förmchen mit dem restlichen Teig auskleiden. Den Teig sorgfältig an den Seiten hochziehen und festdrücken. Mit Marmelade füllen.
- Über jedes Förmchen eine Teigscheibe legen und die Ränder von Teigboden und -deckel fest zusammendrücken.
- Die Törtchen mit der Gabel ein wenig einstechen und leicht mit Eigelb bestreichen.
- Den Backofen auf 180 Grad (Umluft 160 Grad, Gas Stufe 2 bis 3) vorheizen. Die Torteletts auf ein Backblech setzen und in 20 bis 30 Minuten goldbraun backen.
- Die Törtchen abkühlen lassen, vorsichtig aus den Förmchen nehmen und mit Puderzucker bestäuben.

**Dauert etwa 1 Stunde 10 Minuten**
**1 Stück = 1242 kJ/297 kcal**

**Für den Mürbeteig:**
400 g Mehl
200 g Zucker
1 Prise Salz
1 Msp. Trockenhefe
etwas abgeriebene unbehandelte Zitronenschale
etwas Vanillezucker
200 g Butter
4 Eigelb
**Außerdem:**
Butter und Mehl für die Förmchen
Marmelade nach Belieben
1 Eigelb zum Bestreichen
Puderzucker zum Bestäuben

*Gut verschlossen halten sich die Marmeladentörtchen einige Tage.*

*Für etwa 24 Stück*

# Baicoli veneziani

*Kekse aus Venedig*

**15-20 g Hefe**
**90 g Zucker**
**500 g Mehl**
**50 g Butter**
**etwas abgeriebene unbehandelte Zitronenschale**
**Butter und Mehl für das Backblech**

*Sie können die Kekse in einer gut verschließbaren Dose sehr lange aufheben.*

*Über die „Colomba", das Mailänder Ostergebäck in Form einer Taube, erzählt man sich folgende Legende: Nachdem der Langobardenkönig Alboin im 6. Jahrhundert die Stadt Pavia eingenommen hatte, forderte er, daß man ihm eine große Menge Edelsteine, Silber und Gold sowie zwölf Jungfrauen übergebe. Nur eines der verzweifelten Mädchen, die sehr wohl wußten, was ihnen bevorstand, behielt die Ruhe. Es ließ sich Mehl, Hefe, Zucker, Eier, kandierte Früchte und Spezereien geben und bereitete daraus einen Kuchen in Form einer Taube. Damit trat sie in das Schlafgemach des Königs, und dieser verschonte sie.*

• Die Hefe in eine Tasse bröckeln und mit 1 Eßlöffel Zucker und 1/2 Glas lauwarmem Wasser vermischen. Ruhen lassen, bis sich Schaum an der Oberfläche bildet.
• 100 Gramm Mehl auf die Arbeitsfläche sieben und mit der angerührten Hefe und etwas lauwarmem Wasser zu einem geschmeidigen, aber nicht allzu weichen Vorteig verkneten. Falls nötig, noch etwas Mehl hinzufügen.
• Den Vorteig zu einem Kringel formen und in eine Schüssel mit reichlich lauwarmem Wasser geben, bis er an die Oberfläche steigt. Inzwischen die Butter zergehen und abkühlen lassen. Das restliche Mehl auf die Arbeitsfläche sieben und mit dem restlichen Zucker, Vorteig, Butter, Zitronenschale und etwas lauwarmem Wasser zu einem sehr geschmeidigen Teig verarbeiten.
• Falls der Teig zu fest ist, noch etwas lauwarmes Wasser hinzufügen. Ist er zu weich und bleibt an der Arbeitsfläche hängen, noch ein wenig Mehl unterkneten. Den Teig gut 10 Minuten kräftig durchwalken und zwischendurch immer wieder auf den Tisch schlagen. Zu einer Kugel formen und 5 Minuten ruhen lassen. In 3 oder 4 möglichst gleiche Teile teilen, langziehen und mit bemehlten Händen zu Rollen von etwa 2 cm Durchmesser formen.
• Ein Backblech mit Butter bestreichen und mit Mehl bestäuben. Die Teigrollen mit genügend Zwischenraum darauflegen, mit einem feuchten Tuch luftdicht bedecken und an einem warmen Ort etwa 1 Stunde auf das Doppelte aufgehen lassen. Die Teigrollen mit Wasser bepinseln und im auf 150 Grad (Umluft 140 Grad, Gas Stufe 1) vorgeheizten Ofen in etwa 20 Minuten goldgelb backen. Dabei immer wieder mit Wasser bestreichen, damit sich keine Kruste bildet.
• Die Rollen aus dem Ofen nehmen, abkühlen lassen, mit einem Tuch bedecken und mindestens 12 Stunden ruhen lassen. Am folgenden Tag schräg in dünne Scheiben schneiden. Den Ofen mit dem Backblech auf 190 Grad (Umluft 170 Grad, Gas Stufe 3) vorheizen. Die Teigscheiben auf das Blech legen und backen, bis sie Farbe annehmen und hart werden. Wenden und 5 bis 10 Minuten weiterbacken.

**Dauert 2 Stunden (ohne Ruhezeiten)**
**1 Stück = 442 kJ/106 kcal**

# Chiacchiere

*Nonnenfürzchen*

*Für etwa 36 Stück*

**500 g Mehl**
**70-80 g Zucker**
**4 Eier**
**50 g zimmerwarme Butter**
**knapp 1/2 Glas Weißwein**
**2-3 Tropfen Weinessig**
**etwas abgeriebene unbehandelte Zitronenschale (oder Orangenschale)**
**etwas Vanillezucker**
**1 EL Rum (oder Likör)**
**Öl zum Ausbacken**
**Zucker zum Bestreuen**

Dieses Gebäck ist typisch für die Karnevalszeit, und man findet die Plätzchen in vielen Gegenden Italiens unter den unterschiedlichsten Bezeichnungen. In Ligurien heißen sie „Crustoli“ oder „Bugie“, in der Toskana „Sfrappole“, „Cenci“ oder „Donzellette“, im Piemont und in der Lombardei „Chiacchiere“ und im Latium „Frappe“.

- Das Mehl auf die Arbeitsfläche sieben und eine Mulde hineindrücken.
- Zucker, Eier, Butter, Wein, Essig, Zitronenschale, Vanillezucker und den Rum hineingeben und alles miteinander 10 Minuten gründlich zu einem Teig verkneten. Der Teig sollte geschmeidig, aber nicht allzu weich sein. Je nach Bedarf noch etwas Mehl oder Wasser hinzufügen und den Teig 20 Minuten unter einem Tuch ruhen lassen.
- Den Teig dünn ausrollen und mit einem Teigrädchen in schmale Streifen schneiden.
- Die Enden miteinander verknoten und die Teigkränze in reichlich heißem Öl goldbraun ausbacken.
- Das Gebäck auf Küchenkrepp abtropfen lassen und mit Zucker bestreuen.

**Dauert etwa 1 Stunde**
**1 Stück = 437 kJ/105 kcal**

***Zur Abwechslung***
Anstelle des Weißweins wird mancherorts auch trockener Marsala verwendet.

- *Die Chiacchiere werden nach Belieben warm oder kalt serviert – Sie können sie aber auch einige Tage aufheben.*
- *Sie können die Ruhezeit für den Teig auf 10 Minuten verkürzen, indem Sie einen großen Topf erhitzen und über den Teig stülpen.*
- *Nach Belieben können Sie auch Quadrate oder Rechtecke aus dem Teig ausrädeln, die Sie in der Mitte mehrfach einschneiden.*

*Für etwa 28 Stück*

# Offelle mele

*Äpfelplätzchen*

**Für den Mürbeteig:**
500 g Mehl
200 g Zucker
1 Prise Salz
200 g Butter
4 Eigelb
etwas Vanillezucker
1 abgeriebene unbehandelte Zitronenschale

**Für die Füllung:**
50 g Sultaninen
3 Äpfel
Saft von 1/2 Zitrone
1-2 EL Semmelbrösel
50 g Pinienkerne
1 Prise Zimtpulver
100-150 g Zucker

**Außerdem:**
Butter und Mehl für die Form
1 Eigelb zum Bestreichen

*Sie können die Äpfel auch durch andere Früchte nach Wahl ersetzen.*

Die Offelle sind ein Gebäck mit langer Tradition, das schon in Texten der Renaissancezeit erwähnt wird. Sie werden gerne mit Vinsanto serviert.

• Das Mehl auf die Arbeitsfläche sieben und mit Zucker und Salz vermischen. Aufhäufeln und eine Mulde in die Mitte drücken.
• Die übrigen Zutaten hineingeben und mit den Fingerspitzen schnell zu einem Mürbeteig verkneten. Falls der Teig nicht geschmeidig genug ist, tropfenweise noch etwas Wasser darunterkneten.
• Den Teig in Klarsichtfolie oder ein feuchtes Handtuch wickeln und mindestens 30 Minuten im Kühlschrank ruhen lassen.
• Inzwischen die Sultaninen in etwas Wasser einweichen.
• Die Äpfel schälen, entkernen und in Würfelchen schneiden. In eine Schüssel geben und mit dem Zitronensaft beträufeln.
• Die Semmelbrösel leicht anrösten und zu den Äpfeln geben. Die abgetropften Sultaninen und die restlichen Zutaten für die Füllung sorgfältig untermischen.
• Den Teig etwa 1/2 cm dick ausrollen und mit einem runden, am Rand gewellten Förmchen Kreise ausstechen.
• Einen Klecks Fülle in die Mitte einer Teigscheibe setzen und den Rand anfeuchten. Ein zweites Teigstück darüberlegen und die Ränder zusammendrücken. Auf gleiche Weise den gesamten Teig und die Füllung verarbeiten.
• Ein Backblech einfetten und mit Mehl bestäuben. Das Eigelb verquirlen.
• Die Plätzchen auf das Blech legen und mit dem Eigelb bestreichen. Im auf 180 Grad (Umluft 160 Grad, Gas Stufe 2 bis 3) vorgeheizten Ofen 25 bis 30 Minuten backen.

**Dauert etwa 1 Stunde (ohne Ruhezeit)**
**1 Stück = 858 kJ/205 kcal**

## Ossi da mordere

*Mandelknochen*

*Für etwa 24 Stück*

- Die Hälfte der Mandeln und die Gewürznelken zusammen mit dem Zucker im Mixer fein zermahlen.
- Den Mandelzucker mit dem Mehl vermischen und nach und nach so viel Marsala hinzugeben, daß ein geschmeidiger, aber fester Teig entsteht. Die Eiweiße steif schlagen.
- Ein Backblech mit Backpapier auslegen.
- Mit leicht bemehlten Händen eine dünne Rolle aus dem Teig formen und etwa 3 cm lange Stücke abschneiden.
- Die Teigstücke schnell im Eischnee und anschließend in den restlichen Mandeln wenden. Die Plätzchen auf das Blech setzen und im auf 180 Grad (Umluft 160 Grad, Gas Stufe 2 bis 3) vorgeheizten Ofen 5 bis 10 Minuten backen, bis sie goldbraun und von außen ganz hart sind.

**300 g fein gehackte Mandeln**
**4-5 Gewürznelken**
**250 g Zucker**
**200 g Mehl**
**trockener Marsala**
**2 Eiweiß**
**Backpapier**

*Die Mandelknochen servieren Sie am besten zusammen mit Eis oder zum Tee. Gut verschlossen halten sich die Plätzchen einige Zeit.*

**Dauert etwa 30 Minuten**
**1 Stück = 622 kJ/149 kcal**

## Ricciarelli di Siena

*Mandelmakronen*

*Für etwa 16 Stück*

- Die Mandeln in eine Schüssel geben. Zucker, Vanillezucker, Orangenschale und 1 Eiweiß hinzufügen und mit dem Schneebesen zu einer einheitlichen Masse verrühren. Falls der Teig zu fest ist, noch 1 steif geschlagenes Eiweiß unterziehen. Den Teig auf die Arbeitsfläche geben und sorgfältig mit dem Puderzucker vermengen.
- Mit Hilfe eines angefeuchteten Messers kleine Rauten aus dem Teig formen und auf Oblaten setzen. Die Oberfläche glattstreichen. Die Makronen auf ein Blech setzen und über Nacht an einem kühlen Ort ruhen lassen.
- Den Backofen auf 60 Grad (Gas Stufe 1) vorheizen und die Ricciarelli etwa 20 bis 30 Minuten darin trocknen.
- Die Makronen aus dem Ofen nehmen, abkühlen lassen und mit einem scharfen Messer die überstehenden Ränder der Oblaten wegschneiden. Mit Puderzucker bestäuben.

**300 g fein gemahlene Mandeln**
**200 g Zucker**
**1 Päckchen Vanillezucker**
**etwas abgeriebene unbehandelte Orangenschale**
**1-2 Eiweiß**
**100 g Puderzucker**
**Backoblaten**
**Puderzucker zum Bestäuben**

*Gut verschlossen bleiben die Makronen eine ganze Weile frisch.*

**Dauert etwa 40 Minuten (ohne Ruhezeit)**
**1 Stück = 605 kJ/144 kcal**

*Für etwa 40 Stück*

# Zelten

*Zelten*

**ca. 1 kg einer Mischung aus Nüssen, Kernen, getrockneten und kandierten Früchten nach Belieben**
**1/2 Glas Grappa (oder Rum)**
**1 abgeriebene unbehandelte Zitronenschale**
**50 g Hefe**
**1/2 Glas lauwarme Milch**
**200 g Zucker**
**500 g Mehl**
**200 g zimmerwarme Butter**
**4 Eier**
**1 Prise Zimtpulver**
**Butter und Mehl für das Backblech**
**Puderzucker zum Bestäuben**

*Den gleichen Teig können Sie auch als Kuchen backen: Sie füllen den Teig nach dem Aufgehen in eine große ausgebutterte Kuchenform, lassen ihn nochmals gehen und backen ihn bei 180 Grad (Umluft 160 Grad, Gas Stufe 2 bis 3) 50 bis 60 Minuten im Ofen.*

Die Zelten sind ein besonders typisches Weihnachtsgebäck aus Südtirol.

• Nüsse, Kerne und Früchte grob hacken, in eine Schüssel geben und mit dem Grappa übergießen.
• Die Zitronenschale hinzufügen, gut umrühren und die Mischung einige Stunden, am besten über Nacht, ziehen lassen.
• Die Hefe in eine Tasse bröckeln, die Milch und 1 Teelöffel Zucker hinzufügen, gut umrühren und ruhen lassen, bis sich Schaum an der Oberfläche bildet.
• 150 bis 200 Gramm Mehl mit der angerührten Hefe zu einem Vorteig verkneten.
• Einen Kringel daraus formen und in eine Schüssel mit reichlich lauwarmem Wasser geben.
• Inzwischen das restliche Mehl mit dem restlichen Zucker, der Butter und den Eiern zu einem Teig verarbeiten.
• Den an die Oberfläche gestiegenen Vorteig sorgfältig mit dem Teig verkneten und etwa 10 Minuten durchwalken, dabei mehrfach auf der Arbeitsfläche aufschlagen.
• Die Nuß-Früchte-Mischung abtropfen lassen und mit dem Zimt sorgfältig unter den Teig mischen.
• Den Teig zudecken und etwa 1 Stunde an einem warmen Ort gehen lassen.
• Etwa nußgroße Stücke vom Teig abnehmen und zu Mandeln formen.
• Ein Backblech mit Butter einfetten und mit etwas Mehl bestäuben.
• Die Zelten daraufsetzen und noch etwa 15 Minuten gehen lassen.
• Die Plätzchen etwa 20 Minuten im auf 180 Grad (Umluft 160 Grad, Gas Stufe 2 bis 3) vorgeheizten Ofen backen. Abkühlen lassen und mit Puderzucker bestäuben.

**Dauert etwa 2 Stunden (ohne Marinierzeit)**
**1 Stück = 985 kJ/235 kcal**

***Zur Abwechslung***
Sie können die Hälfte des Mehls auch durch Roggenmehl ersetzen.

# Casadinas (Pàrdulas)

*Käsegebäck aus Sardinien*

*Für etwa 12 Stück*

Dieses sardische Ostergebäck heißt im Norden der Insel „Casadinas“, im Süden „Pàrdulas“.

- Das Mehl auf die Arbeitsfläche sieben, aufhäufeln und eine Mulde hineindrücken. Salz, Öl und ein wenig lauwarmes Wasser hineingeben und alles zu einem geschmeidigen, aber festen Teig verkneten.
- Den Teig 30 Minuten unter einem Tuch ruhen lassen.
- Inzwischen den Ricotta durch ein Sieb streichen oder mit der Gabel fein zerdrücken. In eine Schüssel geben und mit den übrigen Zutaten für die Füllung sorgfältig vermischen.
- Den Teig nicht allzu dünn ausrollen und mit einem Glas Teigscheiben von etwa 10 cm Durchmesser ausstechen.
- Jeweils ein wenig Fülle in die Mitte der Scheiben setzen. Mit den Fingerspitzen den Teigrand ringsum hochziehen und stellenweise zusammendrücken, so daß eine Art Körbchen entsteht.
- Den Ofen auf 180 Grad (Umluft 160 Grad, Gas Stufe 2 bis 3) vorheizen. Ein Backblech ausbuttern, mit Mehl bestäuben, die Casadinas daraufsetzen und 30 bis 40 Minuten im Ofen backen.

**Dauert etwa 1 Stunde 30 Minuten**
**1 Stück = 971 kJ/232 kcal**

***Zur Abwechslung***
Von diesem Gebäck existiert auch eine salzige Version. Dabei lassen Sie den Zucker fort, eventuell auch die Zitronen- und Orangenschale, und mischen statt dessen etwas fein gehackte Petersilie unter den Teig.

**Für den Teig:**
300 g Mehl
1 Prise Salz
3-4 EL Olivenöl extra vergine
**Für die Füllung:**
300 g Ricotta (oder anderer Frischkäse)
50 g Mehl
150 g Zucker
3 Eigelb
je 1 abgeriebene unbehandelte Zitronen- und Orangenschale
1 Päckchen Safran
1 Prise Salz
**Außerdem:**
Butter und Mehl für die Form (oder Backpapier)

*Für etwa 16 Stück*

# Maritozzi

*Römische Rosinenbrötchen*

- 20 g Hefe
- 4 EL Zucker
- 300 g Mehl
- 1 Ei
- 1 Eigelb
- 2 EL Olivenöl extra vergine
- 1 Prise Salz
- 100 g Sultaninen
- 50 g Pinienkerne
- 60 g Orangeat (oder Zitronat)
- Butter und Mehl für das Backblech (oder Backpapier)
- etwas Vanillesirup

• Die Hefe in eine Tasse bröckeln, mit 1 Eßlöffel Zucker und 1/2 Glas lauwarmem Wasser vermischen und ruhen lassen, bis die Oberfläche schäumt.

• Das Mehl auf die Arbeitsfläche sieben, aufhäufeln und eine Mulde hineindrücken. Die aufgelöste Hefe, Ei, Eigelb, Öl und Salz hineingeben.

• Alle Zutaten vermengen, den Teig 10 Minuten gut durchwalken und zwischendurch immer wieder auf den Tisch schlagen, bis die Konsistenz ähnlich wie bei einem Brotteig ist.

• Den Teig mit einem feuchten Tuch bedeckt an einem warmen Ort etwas aufgehen lassen. Die Sultaninen inzwischen in lauwarmem Wasser einweichen.

• Sobald der Teig aufgegangen ist, in der Mitte öffnen, die abgetropften Sultaninen, Pinienkerne und Orangeat hineingeben und noch einmal 10 Minuten gut durchkneten.

• Den Teig in Stücke teilen und zu länglichen Brötchen formen.

• Ein Backblech mit Butter bestreichen und mit Mehl bestäuben. Die Brötchen in einigem Abstand voneinander daraufsetzen.

• Das Blech mit einem feuchten Tuch bedecken und die Brötchen etwa auf das doppelte Volumen aufgehen lassen.

• Den Backofen auf 180 Grad (Umluft 160 Grad, Gas Stufe 2 bis 3) vorheizen und die Maritozzi darin je nach Größe in 10 bis 15 Minuten goldgelb backen. Mit einem Zahnstocher überprüfen, ob sie gar sind.

• In einer Tasse den restlichen Zucker mit etwas warmem Wasser und etwas Vanillesirup verrühren, bis der Zucker sich aufgelöst hat.

• Die fertig gebackenen Brötchen sofort mit dem Zuckersirup bestreichen und noch einige Minuten im ausgeschalteten Ofen trocknen lassen.

**Dauert 2 1/2 bis 3 Stunden**
**1 Stück = 670 kJ/160 kcal**

***Zur Abwechslung***
Sie können das Olivenöl ohne weiteres auch durch 40 Gramm geschmolzene, abgekühlte Butter ersetzen.

# Papini

*Teigringe aus Chioggia*

*Für etwa 16 Stück*

- Das Mehl auf die Arbeitsfläche sieben, aufhäufeln und eine Mulde hineindrücken.
- Ein Ei trennen und das Eiweiß beiseite stellen.
- Das Eigelb mit den ganzen Eiern, Butter, Zucker, Salz, Zitronenschale, Vanillezucker und Rum in die Mulde geben. Die Zutaten zu einem geschmeidigen, aber festen Teig verkneten. 15 Minuten ruhen lassen.
- Den Teig mit bemehlten Händen in Stücke zerteilen und diese zu Rollen formen, die etwa 1 1/2 cm dick und 16 bis 18 cm lang sind.
- Die Enden jeder Rolle mit Eiweiß bestreichen und fest zusammendrücken, so daß Teigkringel entstehen. Auf einem sauberen Tuch 2 Stunden ruhen lassen.
- Reichlich leicht gesalzenes Wasser in einem Topf aufkochen lassen.
- Die Flamme kleiner stellen und die Papini portionsweise im Salzwasser garen. Herausheben, sobald sie an die Oberfläche steigen.
- Die Teigringe 3 Stunden trocknen lassen und mit einem scharfen Messer rundum leicht einschneiden.
- Ein Backblech leicht ausbuttern und mit Mehl bestäuben. Die Teigringe daraufsetzen und im auf 180 Grad (Umluft 160 Grad, Gas Stufe 2 bis 3) vorgeheizten Ofen in etwa 20 Minuten goldgelb backen.

**Dauert etwa 1 Stunde und 15 Minuten (ohne Ruhe- und Trockenzeit)**
**1 Stück = 968 kJ/231 kcal**

**500 g Mehl**
**3 Eier**
**100 g zimmerwarme Butter**
**200 g Zucker**
**1 Prise Salz**
**1 abgeriebene unbehandelte Zitronenschale**
**1 Päckchen Vanillezucker**
**1 kräftiger Spritzer Rum**
**Butter und Mehl für das Backblech**

*Die Papini werden gerne morgens zum Frühstück gegessen. Gut verschlossen lassen sie sich eine Weile aufheben.*

*Für etwa 24 Stück*

# Crumiri

*Spritzgebäck aus dem Piemont*

**250 g fein gemahlenes Maismehl**
**200 g Weizenmehl**
**120-150 g Zucker**
**250 g zimmerwarme Butter**
**4 Eigelb**
**1 Päckchen Vanillezucker**
**Butter und Mehl für das Backblech**

*Ein traditionelles Gebäck der Stadt Casale Monferrato im Piemont.*

• Mais- und Weizenmehl auf die Arbeitsfläche sieben und mit dem Zucker vermischen. Eine Mulde hineindrücken und Butter, Eigelbe und Vanillezucker hineingeben.
• Alle Zutaten zu einem geschmeidigen, relativ weichen Teig verkneten. Mindestens 30 Minuten unter einem Tuch ruhen lassen.
• Ein Backblech ausbuttern und mit Mehl bestäuben. Den Ofen auf 180 Grad (Umluft 160 Grad, Gas Stufe 2 bis 3) vorheizen.
• Den Teig in einen Spritzbeutel mit mittelgroßer Sterntülle füllen. Etwa 3 bis 4 cm lange, leicht gebogene Streifen auf das Backblech spritzen und die Kekse etwa 20 Minuten im Ofen backen.

**Dauert etwa 1 Stunde 10 Minuten**
**1 Stück = 765 kJ/183 kcal**

*Für etwa 40 Stück*

# Bicciolani

*Würzplätzchen aus Vercelli*

**400 g Mehl**
**150 g Zucker**
**4 Eigelb**
**300 g zimmerwarme Butter**
**3 Gewürznelken**
**8-10 Korianderkörner**
**etwas weißer Pfeffer aus der Mühle**
**1 Msp. gemahlener Zimt**
**ca. 5 EL Milch**
**Butter und Mehl für die Form (oder Backpapier)**

• Das Mehl auf die Arbeitsfläche sieben, eine Mulde eindrücken und Zucker, Eigelbe und Butter hineingeben. Alle Zutaten gut miteinander verkneten.
• Gewürznelken und Korianderkörner so fein wie möglich zerstößeln und zusammen mit Pfeffer, Zimt und so viel Milch unter den Teig mischen, daß er geschmeidig und sehr weich wird. 4 bis 5 Stunden ruhen lassen.
• Ein Backblech ausbuttern und bemehlen.
• Den Teig in einen Spritzbeutel mit flacher, gezahnter Tülle füllen und Stangen von etwa 8 bis 10 cm Länge in genügendem Abstand voneinander auf das Backblech spritzen.
• Die Plätzchen im auf 190 Grad (Umluft 170 Grad, Gas Stufe 3) vorgeheizten Ofen in etwa 15 Minuten goldgelb backen, abkühlen lassen und möglichst frisch verzehren.

**Dauert etwa 1 Stunde (ohne Ruhezeit)**
**1 Stück = 480 kJ/117 kcal**

## Noccioline

*Nußbällchen*

*Für etwa 40 Stück*

- 2 Eier trennen und das Eiweiß kalt stellen. Haselnüsse, Zucker, Mehl und Kartoffelmehl auf der Arbeitsfläche miteinander vermischen und eine Mulde eindrücken.
- Die Eigelbe, das ganze Ei, Butter, Vanillezucker und Rum hineingeben. Alle Zutaten sehr schnell zu einem geschmeidigen, aber festen Teig verarbeiten. Falls nötig noch ein wenig Kartoffelmehl hinzufügen.
- Den Teig in 3 oder 4 Teile aufteilen und mit bemehlten Händen zu etwa daumendicken Rollen formen. Etwa nußgroße Stücke abschneiden und zu Bällchen formen.
- Die Eiweiße steif schlagen. Ein Backblech mit Butter bestreichen und mit Mehl bestäuben. Die Teigbällchen daraufsetzen und mit dem Eischnee bestreichen. Den Ofen auf 150 Grad (Umluft 140 Grad, Gas Stufe 1) vorheizen und die Plätzchen in 15 bis 20 Minuten goldgelb backen.

**Dauert etwa 40 Minuten**
**1 Stück = 442 kJ/106 kcal**

**3 Eier**
**350 g fein gemahlene Haselnüsse**
**150 g Zucker**
**100 g Mehl**
**70 g Kartoffelmehl**
**50 g zimmerwarme Butter**
**1 Päckchen Vanillezucker**
**1 EL Rum (oder trockener Marsala)**
**Butter und Mehl für die Form (oder Backpapier)**

*Diese Plätzchen sind eine Spezialität der Region Venetien.*

## Buzolai

*Teigringe aus dem Friaul*

*Für etwa 16 Stück*

- Das Mehl auf der Arbeitsfläche mit dem Zucker vermischen, aufhäufeln und eine Mulde eindrücken.
- Alle übrigen Zutaten hineingeben und alles etwa 5 Minuten gut miteinander verkneten. Falls der Teig zu weich ist, noch ein wenig Mehl hinzufügen. Anschließend 30 Minuten unter einem Tuch ruhen lassen.
- Den Teig mit bemehlten Händen zu einer etwa daumendicken Rolle formen. Die Rolle in 10 bis 12 cm lange Stücke schneiden und zu Ringen zusammenfügen.
- Ein Backblech ausbuttern und mit Mehl bestäuben. Die Ringe darauflegen und im auf 180 Grad (Umluft 160 Grad, Gas Stufe 2 bis 3) vorgeheizten Ofen 20 bis 30 Minuten backen. Abgekühlt mit Puderzucker bestäuben.

**Dauert etwa 1 Stunde 30 Minuten**
**1 Stück = 602 kJ/144 kcal**

**300 g Mehl**
**100 g Zucker**
**80 g zimmerwarme Butter**
**1 Gläschen Weißwein**
**etwas abgeriebene unbehandelte Zitronenschale**
**1 Päckchen Vanillezucker**
**1 Prise Salz**
**Butter und Mehl für das Backblech (oder Backpapier)**
**Puderzucker**

*In einem gut verschließbaren Gefäß halten sich die Buzolai einige Tage.*

*Für etwa 16 Stück*

# Biscotti del legaccio

*Fenchelzwieback aus Genua*

**25 g Hefe**
**1 TL Zucker**
**300 g Mehl**
**60 g weiche Butter**
**120 g Zucker**
**1 Prise Salz**
**etwas Fenchelsamen**
**Butter und Mehl für das Backblech (oder Backpapier)**

- Die Hefe in eine Tasse bröckeln, 1/2 Glas lauwarmes Wasser und den Zucker hineinrühren und ruhen lassen, bis sich Schaum an der Oberfläche bildet.
- 150 Gramm Mehl mit der aufgelösten Hefe zu einem geschmeidigen, nicht zu festen Vorteig verkneten.
- Den Vorteig zu einem Kringel formen, in eine Schüssel geben, mit lauwarmem Wasser bedecken und ruhen lassen, bis er an die Oberfläche steigt.
- Inzwischen das restliche Mehl auf die Arbeitsfläche sieben und mit Butter, Zucker, Salz und ein wenig Fenchelsamen zu einem nicht zu festen Teig verkneten. Gegebenenfalls noch etwas warmes Wasser hinzufügen.
- Auf einer bemehlten Arbeitsfläche den Teig mit dem Vorteig 10 Minuten durchwalken, bis sich ein geschmeidiger, weicher Teig ergibt. Falls er an der Arbeitsfläche kleben bleibt, noch etwas Mehl hinzufügen.
- Den Teig zu einer Kugel formen, mit einem Tuch bedecken und an einem warmen Ort 1 Stunde aufgehen lassen. Die Teigkugel halbieren und 2 Rollen von 7 bis 8 cm Durchmesser daraus formen.
- Ein Backblech ausbuttern und leicht mit Mehl bestäuben. Die Teigrollen in einigem Abstand voneinander darauflegen und 10 Minuten ruhen lassen.
- Die Teigrollen im auf 180 Grad (Umluft 160 Grad, Gas Stufe 2 bis 3) vorgeheizten Ofen 20 bis 30 Minuten backen, aber nur ganz leicht Farbe annehmen lassen.
- Aus dem Ofen nehmen, abkühlen lassen und in 1 bis 1 1/2 cm dicke Scheiben schneiden.
- Die Scheiben auf das Backblech legen und bei gleicher Temperatur im Ofen noch 5 bis 10 Minuten backen, bis sie gleichmäßig goldbraun sind. Umdrehen und von der anderen Seite fertig backen. Den Zwieback abkühlen lassen und fest verschlossen aufbewahren.

**Dauert gut 2 Stunden**
**1 Stück = 528 kJ/126 kcal**

*Der Zwieback schmeckt besonders gut mit Butter und Marmelade bestrichen.*

# Malfatti alle mandorle

*Mandelkekse*

*Für etwa 36 Stück*

- Das Mehl auf die Arbeitsfläche sieben und mit dem Zucker vermischen.
- In der Mitte eine Mulde eindrücken und Zucker, Butter, Hefe, Eier und Zitronenschale hineingeben.
- Alle Zutaten sehr schnell zu einem Teig verarbeiten, zum Schluß die Mandeln hineinkneten.
- Ein Backblech mit Butter einfetten und leicht mit Mehl bestäuben.
- Nußgroße Stücke vom Teig abnehmen, zu Plätzchen formen und auf das Backblech geben.
- Die Plätzchen im auf 180 Grad (Umluft 160 Grad, Gas Stufe 2 bis 3) vorgeheizten Ofen etwa 15 bis 20 Minuten backen, bis sie ganz leicht goldgelb sind.

**Dauert 30 bis 40 Minuten**
**1 Stück = 554 kJ/132 kcal**

**500 g Mehl**
**170 g Zucker**
**150 g weiche Butter**
**1 Päckchen Trockenhefe**
**2 Eier**
**1 abgeriebene unbehandelte Zitronenschale**
**170 g grob gehackte Mandeln**
**Butter und Mehl für das Backblech**

*Statt mit Mandeln können Sie die Malfatti auch mit leicht angerösteten Pinienkernen, Haselnüssen, grob gehackter Blockschokolade, Sultaninen oder kandierten Früchten zubereiten.*

# Coviglia al caffè

*Halbgefrorenes aus Neapel*

- Die Eigelbe mit 4 Eßlöffel Zucker zu einer sämigen Creme schlagen.
- Den restlichen Zucker im Espresso auflösen und unter die Creme mischen.
- 3/4 der Sahne steif schlagen und sorgfältig unter die Eiercreme ziehen. Die Eiweiße mit Vanillezucker zu Schnee schlagen und ebenfalls unterheben.
- Die Mischung in Portionsschalen oder in einem Eisbehälter 3 bis 4 Stunden einfrieren.
- Die restliche Sahne steif schlagen. Das Halbgefrorene damit garnieren und Kaffeebohnen daraufsetzen.

**Dauert etwa 30 Minuten (ohne Gefrierzeit)**
**1 Portion = 3023 kJ/721 kcal**

***Zur Abwechslung***
Den Kaffee können Sie auch durch geschmolzene Schokolade oder geriebene Haselnüsse ersetzen.

**4 Eigelb**
**250 g Zucker**
**2 kleine Tassen warmer Espresso**
**500 ml süße Sahne**
**3 Eiweiß**
**1 Päckchen Vanillezucker**
**einige Kaffeebohnen zum Garnieren**

# Granita di limone alla menta

*Zitroneneis mit Minze*

**300 g Zucker**
**1/2 l Zitronensaft**
**1 abgeriebene unbehandelte Zitronenschale**
**4 Zweiglein Minze**

In Sizilien kamen schon die alten Griechen auf die Idee, den Schnee vom Ätna ins Tal zu bringen, um ihren Wein im Sommer trinkfrisch abzukühlen. Der Schnee wurde eingegraben und mit viel Stroh zugedeckt – so ließ er sich lange aufbewahren. Dieses System hat sich jahrhundertelang bewährt. Später vermischte man den Schnee dann auch mit Honig und Früchten.
Die Eiscreme, wie wir sie heute kennen, soll ein gewisser Bernardo Buontalenti im 16. Jahrhundert in der Toskana erfunden haben, doch haben die Sizilianer und die Neapolitaner sie als besondere Künstler auf diesem Gebiet in der ganzen Welt verbreitet.

- Den Zucker mit 1/4 Liter Wasser in einem Topf erhitzen, bis er sich aufgelöst hat.
- Den Zitronensaft untermischen und die Zitronenschale hinzufügen.
- Die Mischung abkühlen lassen und in einer Schale etwa 1 1/2 Stunden einfrieren. Das Eis zwischendurch ab und zu mit einem Spachtel von den Rändern lösen und gut durchrühren, damit keine Kristallklumpen entstehen.
- Zum Schluß die körnige Masse in hohe Kelche füllen und mit den Minzeblättchen garnieren.

**Dauert 15 Minuten (ohne Gefrierzeit)**
**1 Portion = 1796 kJ/429 kcal**

### *Zur Abwechslung*

- Vor dem Servieren können Sie auch eingelegte Früchte unter das Eis mischen und die Minze dafür weglassen.
- Statt Zitronen können Sie auch Orangensaft und -schale verwenden.
- Für Mokkaeis vermischen Sie den Zuckersirup einfach mit starkem Kaffee.

# Cassata alla siciliana

*Sizilianische Eistorte*

*Für etwa 8 Stücke*

Früher war die Cassata in Sizilien das Osterdessert schlechthin, und sie durfte auch bei keiner Hochzeit fehlen. Noch heute wird sie bei jeder festlichen Gelegenheit serviert. Ursprünglich wurde die Cassata ausschließlich in Klöstern hergestellt, wo man sie auch kaufen konnte. Die Nonnen waren aber schließlich durch die starke Nachfrage so in Anspruch genommen, daß sie keine Zeit mehr für ihre Gebete fanden. Um die Mitte des 16. Jahrhunderts wurde deshalb die Zubereitung in den Klöstern verboten...

**1 fertiger Biskuitboden**
**Für die Füllung:**
**450 g Ricotta**
**6 EL Zucker**
**1 TL Vanillezucker**
**2 EL Aurum (oder Rum oder Marsala)**
**50 g bittere Schokolade**
**150 g kandierte Früchte, fein gehackt**
**Für die Glasur:**
**100 g Puderzucker**
**2-3 EL mit Spinat grün gefärbtes Wasser**

*In Neapel heißt es, für ein Sorbet sei selbst ein „lazzarone“, ein Nichtstuer, bereit, eine Arbeit anzunehmen.*

- Eine passende runde Schüssel mit Klarsichtfolie auslegen.
- Den Biskuit in Scheiben und dann in etwa 1 cm dicke Streifen schneiden. Mit etwa 2/3 der Biskuitstreifen die Schüssel auslegen.
- Den Ricotta mit Zucker, Vanillezucker und Likör zu einer sämigen Creme verrühren.
- Schokolade und kandierte Früchte fein hacken und unter die Käsemischung ziehen.
- Die Masse in die Schüssel füllen und mit dem restlichen Biskuit bedecken.
- Die Cassata 4 bis 5 Stunden im Kühlschrank fest werden lassen, anschließend auf eine Servierplatte stürzen.
- Den Puderzucker mit dem gefärbten Wasser verrühren, so daß ein zähflüssiger Guß entsteht, und die Torte damit bestreichen.

**Dauert etwa 50 Minuten (ohne Gefrierzeit)**
**1 Stück = 2857 kJ/682 kcal**

***Zur Abwechslung***
Nach Belieben können Sie die Cassata auch mit einer Schokoladenglasur überziehen.

*Zum Schluß können Sie die Eistorte außerdem noch mit kandierten Früchten, gehackten Mandeln, geraspelter Schokolade oder ganz nach Belieben garnieren.*

# Zum Nac

# hschlagen

# Rezeptregister Deutsch

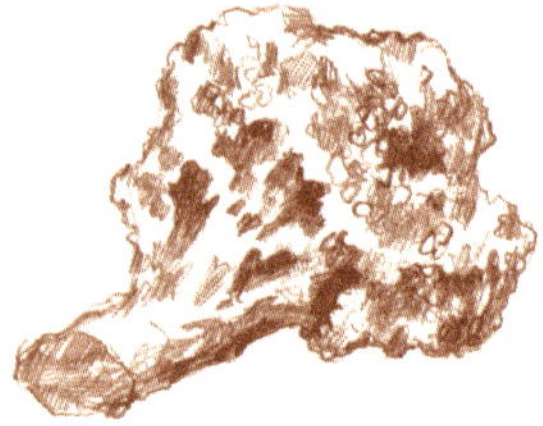

# C



# D



# E

# F

# G

## H

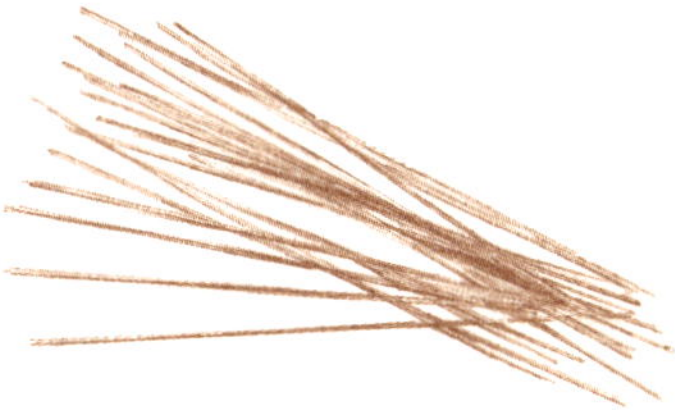



## I



## J



## K

## L

# M

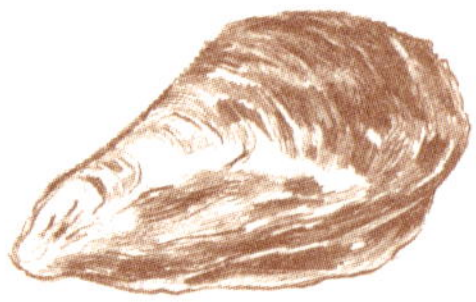



# N



# O

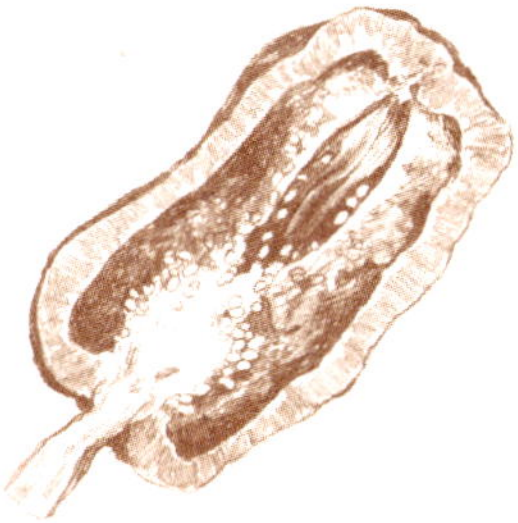

# P

# R

# S

## T



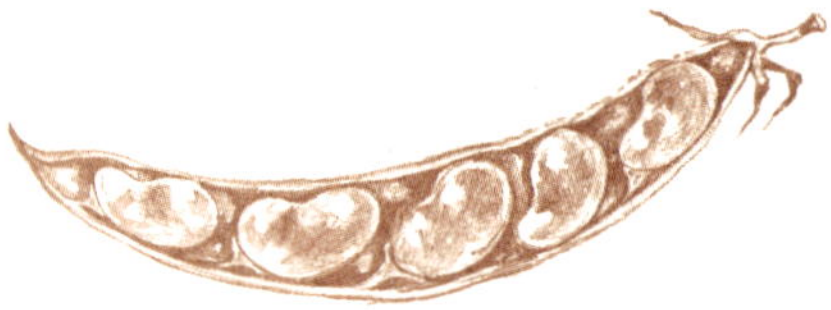

# U



# V



# W



# Z

# Rezeptregister
## Italienisch

## A

## B

## D



## E



## F

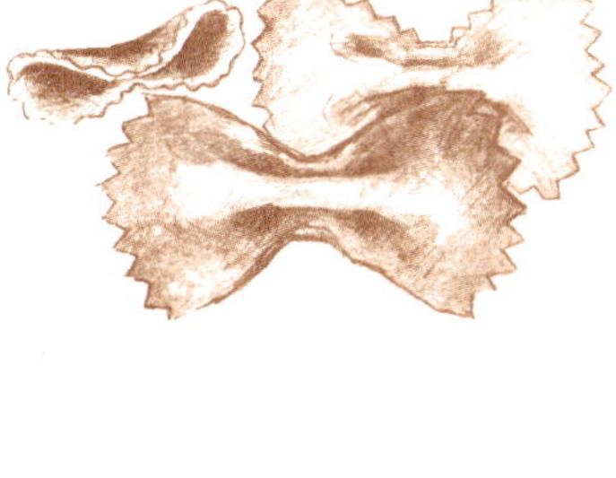



## G

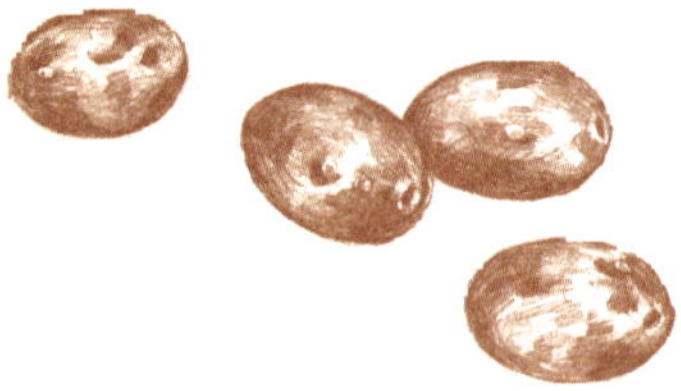

# R

# S

## T

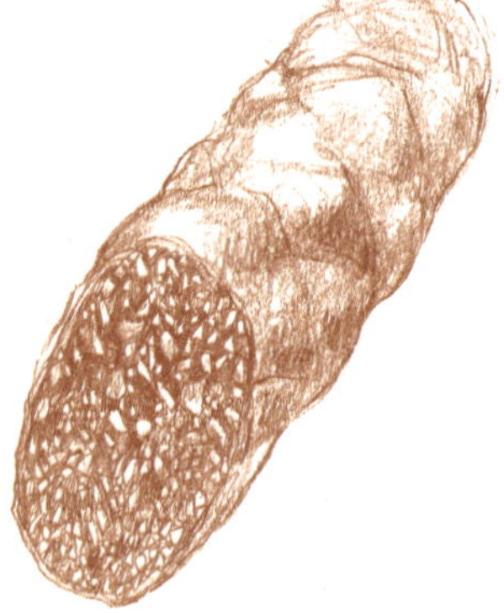

## V



## Z

## Impressum



Redaktion: Christine Pfützner
Projektleitung: Sandra Klaucke
Redaktionsleitung: Dr. Reinhard Pietsch
Illustrationen: Beate Brömse
Weinkapitel von Michael Franke
Umschlag: Manuela Hutschenreiter
Titelbild: Karl Newedel
Layout: Manuela Hutschenreiter
DTP/Satz: Journalsatz GmbH, München
Produktion: Manfred Metzger
Druck und Bindung: Legoprint, Trento

Printed in Italy

Gedruckt auf chlor- und säurearmem Papier

ISBN 3-517-01627-6

**In gleicher Ausstattung sind im SÜDWEST Verlag erschienen:**

Barbara Rias-Bucher
**Vegetarische Küche**
Das große Buch der Rezepte

Gesunde Ernährung leicht gemacht: über 500 einfach-raffinierte Rezepte ohne Fleisch, die sicher gelingen und köstlich schmecken.

*416 Seiten, zweifarbig*
*ISBN 3-517-01655-1*

Barbara Rias-Bucher
**Das große Buch der Kochrezepte**

Das Nachschlagewerk für jede Küche – preiswert, praktisch und schön.
Mit allen wichtigen Grundrezepten, interessanten klassischen Gerichten und vielen neuen Ideen.

*832 Seiten, zweifarbig*
*ISBN 3-517-01563-6*

SÜDWEST
Der Verlag für die ganze Familie